水渭松 注譯

新譯莊子本義

三民書局

國家圖書館出版品預行編目資料

新譯莊子本義／水渭松注譯.－－初版三刷.－－臺北市：三民，2022
面；　公分.－－（古籍今注新譯叢書）

ISBN 978-957-14-4517-5（平裝）
1. 莊子－註釋

121.331　　95023797

古籍今注新譯叢書

新譯莊子本義

注譯者　水渭松
發行人　劉振強
出版者　三民書局股份有限公司
地　址　臺北市復興北路 386 號（復北門市）
臺北市重慶南路一段 61 號（重南門市）
電　話　(02)25006600
網　址　三民網路書店 https://www.sanmin.com.tw

出版日期　初版一刷 2007 年 4 月
初版三刷 2022 年 1 月
書籍編號　S032870
ISBN　978-957-14-4517-5

三民書局

刊印古籍今注新譯叢書緣起

劉振強

人類歷史發展，每至偏執一端，往而不返的關頭，總有一股新興的反本運動繼起，要求回顧過往的源頭，從中汲取新生的創造力量。孔子所謂的述而不作，溫故知新，以及西方文藝復興所強調的再生精神，都體現了創造源頭這股日新不竭的力量。古典之所以重要，古籍之所以不可不讀，正在這層尋本與啟示的意義上。處於現代世界而倡言讀古書，並不是迷信傳統，更不是故步自封；而是當我們愈懂得聆聽來自根源的聲音，我們就愈懂得如何向歷史追問，也就愈能夠清醒正對當世的苦厄。要擴大心量，冥契古今心靈，會通宇宙精神，不能不由學會讀古書這一層根本的工夫做起。

基於這樣的想法，本局自草創以來，即懷著注譯傳統重要典籍的理想，由第一部的四書做起，希望藉由文字障礙的掃除，幫助有心的讀者，打開禁錮於古老話語中的豐沛寶藏。我們工作的原則是「兼取諸家，直注明解」。一方面熔鑄眾說，擇善而從；一方面也力求明白可喻，達到學術普及化的要求。叢書自陸續出刊以來，頗受各界的喜愛，使我們得到很大的鼓勵，也有信心繼續推廣這項工作。隨著海峽兩岸的交流，我們注譯的成員，也由臺灣各大學的教授，擴及大陸各有專長的學者。陣容的充實，使我們有更多的資源，整理更多樣化的古籍。兼採經、史、子、集四部的要典，重拾對通才器識的重視，將是我們進一步工作的目標。

古籍的注譯，固然是一件繁難的工作，但其實也只是整個工作的開端而已，最後的完成與意義的賦予，全賴讀者的閱讀與自得自證。我們期望這項工作能有助於為世界文化的未來匯流，注入一股源頭活水；也希望各界博雅君子不吝指正，讓我們的步伐能夠更堅穩地走下去。

新譯莊子本義　目次

外篇

雜篇

導讀

莊子，是我國戰國時期著名的思想家，是繼老子之後的道家代表人物。《史記》本傳曰：「莊子者，蒙人也，名周。周嘗為蒙漆園吏，與梁惠王、齊宣王同時。」蒙，即春秋時宋之蒙澤，漢置蒙縣，治所在今河南商丘市東北。漆園吏，當是地方小官吏。梁惠王於西元前三三五年至前三一九年在位，齊宣王於西元前三二〇年至前三〇二年在位，則他約生活於戰國中期。至於具體的生卒年月，因無確實的證據，故難以推定。關於他的生平事跡，人們所知亦甚少。司馬遷在其傳文之末尾曰：

楚威王聞莊周賢，使使厚幣迎之，許以為相。莊周笑謂楚使者曰：「千金，重利；卿相，尊位也。子獨不見郊祭之犧牛乎？養食之數歲，衣以文繡，以入太廟。當是之時，雖欲為孤豚，豈可得乎？子亟去，無汙我！我寧遊戲汙瀆之中自快，無為有國者所羈，終身不仕，以快吾志焉。」

這段文字，很明顯具有傳奇色彩。《莊子》中，有不少關於莊子事跡的寓言。由於寓言意在闡發事理，其情節大多出於虛構，因此即使其中帶有某些現實的影子，也不能認為實有其事。

《莊子》一書，今所見者為晉郭象刪訂本，全書三十三篇。而《漢書．藝文志》所載，為五十二篇。我們根據日本京都高山寺所藏郭象《莊子注》古鈔卷子本〈天下〉篇之末的郭氏後語知道，他將書中十分之三認為有背莊子「弘旨」的「諸巧雜」之作予以刪除，只裁取其通達而能完好體現作者基本思想者三十三篇。文中所舉部分被刪或全篇被刪的篇目有〈閼弈〉、〈意修〉、〈危言〉、〈遊鳧〉、〈子胥〉等。其實，郭象不僅僅是刪訂篇目與篇文，他還對篇章作了調整。郭氏的整理固然有其可取之處，但是使後人不能再窺《莊子》舊本，則是莫大的缺憾。

《莊子》三十三篇，分為〈內篇〉七篇、〈外篇〉十五篇、〈雜篇〉十一篇。〈內篇〉、〈外篇〉、〈雜篇〉之分，並非郭象所為。陸德明《經典釋文》於〈齊物論〉「夫道未始有封」章釋曰：「崔云：〈齊物〉七章，此連上章，而班固說在〈外篇〉。」《經典釋文・序錄》曰：「《漢書・藝文志》『《莊子》五十二篇』，即司馬彪、孟氏所注是也。」而於「司馬彪《(莊子)注》二十一卷五十二篇」之下，注曰：「字紹統，河內人，晉祕書監。〈內篇〉七，〈外篇〉二十八，〈雜篇〉十四，〈解說〉三，為音三卷。」則可知班固所見已有〈內篇〉、〈外篇〉、〈雜篇〉之分。那麼，為什麼要分為〈內篇〉、〈外篇〉、〈雜篇〉呢？一般認為，這與文章的作者有關。

《莊子》不是莊周一人之作。先秦諸子之文集，大多前有援述，後有增附，均非出自一人之手，《莊子》亦不例外。論者一般認為，〈內篇〉為莊子所作；〈外篇〉、〈雜篇〉則為其弟子與後學所作。也有人以為，原本只有〈內篇〉和〈外篇〉，後因〈外篇〉增附之作較多，於是分出部分而成為〈雜篇〉。凡此，皆為推測而已，至今無以定論。但是，有一點是可以肯定的，《莊子》是莊子學派的文集，旨在闡述莊子學派的學術思想。故凡與此相背離者，當視為別家作品之羼入。為了使讀者對於莊子學派的學術思想有一個基本的了解，茲概要闡述如下：

一、論「道」。道是道家學術思想的核心，是一個內涵豐富而複雜的概念。什麼是道呢？它是天地萬物之本源，及其體現於人生、社會與萬千世界的內在規則。道之學說，首創於老子，而莊子繼之。老子莊子生活的時代，人們迷信天帝神靈，即使賢哲者亦在所難免。老子莊子提出道之學說，是突破這種蒙昧思想束縛的表現，儘管它帶有明顯的主觀玄虛色彩，但亦包含著某些合理的內涵，因而它意味著思想觀念上的一種飛躍，在我國哲學思想史上具有重要價值。莊子學派以為，道具有以下的性質：1.自為根本，無對立面。2.虛無（無形質）而實存，無所不在。3.具有永恆性，無有始終。4.以靜寂自處而又運行不息。5.具有純素之品性。6.它不可見，不可知，不可意會，不可得，不可言，亦不可默示。或以為心靈虛靜則可知道，無所假借則可得道。兩種說法，反映了莊子學派在認識上的固有矛盾。說道終不可知，則怎樣悟道？又怎麼會有得道之人？顯然難以自圓其說。

二、論道之作用。1.生成天地萬物，並為其歸宿，故是天地萬物之本源。2.對天地萬物之存亡變化起主宰作用。其主宰是無為而任其自然，並不訴諸手段。故道亦即自然之謂。宇宙與萬物世界如何生成，何以萬變不息？此種奧祕，雖時至今日，也無法解開。莊子學派將之歸結於道，結論固然失之玄虛，然而也有其正確的方面。莊子學派的此種探索精神，確實難能可貴，顯示出其心胸與視野之無比寬廣，我們應當給予充分的肯定。

三、論道與人之關係。認為兩者是對立同一之關係，道不僅派生人，而且體現了人生與社會的內在規則，對於社會人事始終起著主宰作用，故道意味著萬能和完善；而人則處於順從的地位，必須順從道，不可以人為相攖。我們說，假若所順從者是指內在規則而言，則固所當然。可是，實際上，其目為規則者基本上是主觀意念，對此主觀意念而認為必須順從，這就是以己見強加於人的作法。

四、論世界觀。認為當從道的高度來觀察世界，道本身無對立面，故為道所派生與主宰之世界，處於對立之雙方亦無不同一：1.雙方並存一體；2.對立面相互轉化；3.雙方無區分之界限與標準。主張事物之辯證統一，揭示其相對性，這是正確的。而將相對性視為絕對，認為對立雙方不存在性質之差異，這就陷入了相對主義，則分明是錯誤的。

五、論心性修養。以為心性修養在於使心靈淨化，從而領悟道。為此，當使內心虛靜，依順天道自然，不為外物所攖，凡是非、得失、名利、生死、禍福、爵祿、禮義等，皆不入於心，以致淡忘自己，從而反璞歸真，與道為一，達到得道而逍遙之境。作者將此亦稱為「立德」。莊子學派認為，道具有純樸的品性，為道所派生之人其本性原本亦純樸無瑕，後因受世俗之影響，其精神已被汙染與束縛，故心性修養即在淨化心靈，解除束縛，從而反璞歸真。我們於此可見，莊子學派在心性修養上，不是主張從現實出發，結合現實以完善自我，而是迴避與脫離現實，單純尋求內向的覺悟，這明顯是虛幻與消極的。

六、論處世之道。以為處世當優遊閒適，以生命為重（此與其等視生死，認為生死皆當順應道之主張不一），以不失本性為至要，故當擺脫世俗之制約，鄙棄世俗之道德，對於身外之物能無動於衷，成為對於社會「無用」之人，以求避害安身（亦非齊等利害），得享天年。這就充分暴露出莊子學派只注重自身（亦非「無己」）而漠視社會的處世哲學。然而，上之所述，只是反映其處世觀的一個方面。我們從其對於社會昏暗的盡情揭露，對於統治者暴虐無道的憤怒抨擊，對於民生安定的深切關注，對於阿諛奉承者的刻薄諷刺，對於卑下的世俗人情的憤懣不容等，則看到了其處世觀的另一方面。既想求得自身閒適，又難以按抑其憤世嫉俗之情懷，莊子學派就處於這種矛盾之中。我們也只有看到了這兩個方面，對於莊子學派的處世觀的認識才比較全面。

七、論治道。主張無為而治。即統治者依循天道，任物自然，無所用心，使人民回復其純樸之本性，使其生活自在安樂。此亦即作者所稱道的古代達到「至治」之「盛德之世」。在作者筆下，其時人民渾噩無知，任情嬉玩，而萬類諧和。史前之原始社會，處於未開化的蒙昧時代，豈會如此美好？這顯然是將之理想化。與此相反，作者認為，若違背天道自然，憑藉聰明智巧、禮義法制為治，則勢必擾亂人心，背離萬物之情，致使天下大亂。作者對於人之聰明智巧、社會之禮義法制，不區分其是非曲直，一概予以否定，這實際上是抹煞了社會文明。作者提倡無為而治，原本出於對亂世之否定與反思，轉而欲求療救之方，意在社會之太平，可見其初衷未始不善。然而，將社會賴以進步的人之聰明才智，將標誌社會文明的禮義法制，一概指為造成世亂之根源，而予以貶斥，這是十分錯誤的。其主張回復到所謂古代之

「盛德之世」，也分明是倒退的。

八、攻擊儒家。司馬遷在其本傳中，說其「剽剝儒墨，雖當世宿學，不能自解免也」。其實，儒家是其攻擊的主要目標。其對儒家的攻擊，表現於以下幾方面：1.儒家將仁義視為人之本性，莊子學派認為這種說法是荒謬的。以為仁義非但不是人之本性，而且是對本性的束縛。2.認為儒家之所謂仁義，本質上是虛假的；儒家以推行仁義之道作為救治之方，不僅危害當世，而且將貽患無窮。3.儒者是偽君子，表面上道貌岸然，其實內心醜惡。4.儒者其人無真才實學，徒為禮儀所拘，卻好為人師。5.儒者目光短淺，熱衷功名，涉於迷途而不知返。6.儒家之仁義為竊國者所竊取，用以自我標榜。此外，作者也往往將孔子與其賢弟子描寫成道家的化身。這樣的寫法，並非真的是在肯定其人，恰恰相反，完全是出於對其人的嘲弄。由此可見，莊子學派對於儒家的攻擊，涉及到其為人之品格與其學說，可謂一無是處。學術觀點的對立，自容不得對方有立足之地，這就向我們揭示了其時爭鳴氣氛的激烈。爭鳴，乃是學術發展的契機，也是學術繁榮的象徵，對此，我們理應予以充分的肯定。其實，儒道兩家各有長短，具有互補性。我們在〈天下〉篇中，看到莊子學派一反上述之見，對於儒家的學術思想多所肯定與吸取，這就表明學術思想的融合與進步的趨向。

上述對於莊子學派學術思想的概述，使我們瞭解了其學說的宗旨，同時，也從中看出了其學說的基本體系：它是以道為核心，而輻射到萬物世界的各個方面，即認為道是至高無上的存在，是唯一的法則，故為人處世、社會治理務必遵循道。他們認為儒家背此而行，而影響甚巨，故將其作為攻擊的主要靶子。至此，我們可以說，若以莊子學派學術思想的總體取向而論，則誠非積極進取，而是消極倒退，欲於消極倒退之中另闢生存空間。其學說，在其自身雖尚能自成其說，但欲將之付諸實踐，則無論是修心養性，還是蘄求世治，皆非人之所能，包括作者自身，故其之立說亦有不足之處。

上述對於莊子學派學術思想的概述，也可以作為我們辨別《莊子》中作品真偽的參考。凡符合者為是，背離者則為非。《莊子》是莊子及其弟子與後學作品之集成，基本上體現了一家的學術思想，極大部分作品當無可置疑。但也必須看到，其中也摻雜著與此相背的一些篇章。以篇而論，〈天道〉與〈說劍〉兩篇顯為偽作。〈天道〉篇雖然也說要以虛靜為德，以自然為本，而實際上卻強調帝王「治人」之道，並謂「上必無為而用天下」。無為，竟成了其達到享用天下的一種手段，並且還不妨礙其進身有為，功成名就。如此等等，完全背離了莊子學派的學術宗旨。〈說劍〉篇表面上是對莊子讚美有加，而實際上則在嘲弄醜化，故無疑亦為偽作。此外，歷來頗有爭議的，如〈天地〉、〈天運〉、〈漁父〉等篇，我認為，只要其主旨是闡述莊子學派的學術思想，那麼其中雖然夾雜著某些調和折衷或相背離的內容，也不得判為偽作。至於在一篇之中，出現某些乖離篇旨之章節，則在所多見，更不可據以懷疑其真。

莊子學派是作為春秋戰國時期學術上百家爭鳴中的一家出現的，而這種爭鳴的生動局面，則是時代的產物。周平王東遷之後，姬周政權已一蹶不振，完全喪失了它對全國的統治；相反，它要依賴於強大的諸侯，並屈從於他們的霸權。所以，它實際上已淪於一個小國的地位。這種大權旁落的情況，就使得原來用以鞏固王朝統治的曾被視為天經地義的種種禮制與觀念，也相應地失去了它的制約作用。權威意識的倒臺，禁錮的被破除，自我意識的覺醒與活躍，伴隨著士這一階層的興起，就勢必造成百家爭鳴的熱烈局面。諸子號為百家，而實際上根據《漢書・藝文志・諸子略》的記載，主要指儒、道、陰陽、法、名、墨、縱橫、雜、農九家，而其中影響最大的，則是儒、墨、道、法四家。各家就諸如人性、身心修養、對往古帝王及其治道之評價、天道民心、世亂之治理、社會發展方向等社會問題各抒己見，用以總結以往，構想當今，從而為統治者提供借鑑。各家之學說，如百花爭豔，並無高低優劣之分，都是我國民族文化的瑰寶。

《莊子》是繼老子《道德經》之後的道家代表作，是我國具有民族特色的哲學名著，對於研究道家的學術思想和哲學發展史具有重大價值。莊子學派繼承並豐富發展了老子的學術思想，如：認為道無對立面；認為道無所不在，凡物皆存在道，突出了其體現事物內在規則的內涵，部分地廓清了老子之道的不可捉摸性；其對於事物辯證關係的闡述，尤為充分，是對哲學發展史的傑出貢獻。其對人之身心自由深切關注，對之作重點探討，這在我國思想史上尚無先例，其價值非同一般。其以為論人在其德而不在其形貌的審美觀，在客觀上更有其重要價值。總之，莊子學派在學術思想與為人處世、社會治理等方面都提出了獨特的足以醒人耳目的見解，這就大大拓展了人們的視野與思維空間，具有永恆的價值。

莊子學派對於後世的影響，從積極方面講，其主張崇尚自然，嚮往精神自由，尋求個性解放；其潔身自好，蔑視權貴，敢於貶斥無道，不屑與之同流合汙等，是其精華所在，影響深遠。魏晉時期之名士阮籍、嵇康等，正是此種精神的體現者，而嵇康尤為顯著。他稱「老子、莊周，吾之師也」（〈與山巨源絕交書〉）。他崇尚自然，想超脫現實，而對於欲借「名教」陰謀篡權的司馬氏又極其鄙薄，敢於挑戰，終於被害，可見此種精神之深刻影響。東晉時之陶淵明亦為明顯的例子。他自稱「質性自然」，不願「為五斗米折腰」，以「脫樊籠」而「返自然」為樂，可見其精神之寄託。莊子學派的此種精神，是我們民族傳統品格的組成部分，其影響貫穿於我們民族的整個歷史，直至今天。莊子學派對後世的消極影響也是十分明顯的。其注重自我，強調超脫，放任不拘，孤高自賞，迴避社會責任；其遺棄智巧，否定文明，對現實悲觀無奈，消沉厭世等方面，也在很大程度上給人們的心靈投下了暗影。魏晉時期玄學興起，士人空談玄理，即是受其消極面之影響。我們閱讀其書，必須持取其精華、棄其糟粕的正確態度，對其消極因素尤須警覺，善於識別，予以抵制。如此，才有益於傳承高尚的精神傳統，提高自己的素養。

《莊子》是我國古代哲學名著，又是一部優秀的文學著作，在我國散文史上開創了浪漫主義的藝術風格，且達到了很高的成就，可謂是奠基之作。司馬遷謂其文「洸洋自恣以適己」，指出了其浪漫主義的藝術特色。洸洋謂其內容荒誕離奇，自恣謂其行文縱恣自如，適己謂其以此自得。劉熙載謂其「意出塵外，怪生筆端」（《藝概》），亦正言其為文之怪誕恣肆，出人意表。魯迅謂其文「汪洋辟闔，儀態萬方，晚周諸子之作莫能先也」（《漢文學史綱要》）。指出了其風格特色與其所達到的藝術境界，對其成就給予了高度的評價。其書富於藝術魅力，故僅就我國歷代文人學士而言，可以說無不欽羨其文，受其滋養，其影響於後代非若等閒。我們閱讀《莊子》，對於提高文學藝術的涵養，和運用語言的能力，都是十分有幫助的。

《莊子》之散文是為寓言體，司馬遷曰：「其著書十餘萬言，大抵率寓言也。」以寓言為文，此為開創，無有先例。作者為何要以寓言為文呢？我認為，其一，是時俗使然。因其「以天下為沉濁，不可與莊語」（〈天下〉）故也。其二，是內容使然。由於作者所論常玄虛而不可及，故以寓言示其仿佛，誠最為恰當。其三，是慮及其效果使然。作者自言，「藉外論之」（〈寓言〉），其收效勝於正言。所謂「寓莊於諧」，正是讓讀者透過詼諧風趣之寓言，自行發掘其內在之義理。《莊子》作為散文作品，其藝術成就是多方面的。如其描寫景物，繪聲繪色，真使人有如臨其境如在目前之感；其刻畫人情物態，長於點睛傳神，唯妙唯肖；其語言之運用，運斤自如，各致佳境。作者誠為語言藝術之高手，故讀其文而不禁歎為觀止。

《莊子》其書甚有價值，然而閱讀並非易事。早時，我為學生選講《莊子》中的部分篇目，在備課時發現，若扣其字句，則疑點紛至，雖然有古今諸多注家之注釋可資參考，然而仍不能解除疑惑。於是冥思苦索，頻頻翻檢，竟有所獲，喜不自勝。因此而萌生了注釋《莊子》之願望，覺得這是一件十分有意義的工作。退休之後，得以從容其事。寒去暑來，樂此不疲，琢磨數載，終竟其功，自以為疑難之處大體已得到疏通。就思想內容方面而言，涉及糾正句讀，移正錯簡，對觀點齟齬處之辨析，對題意、章旨篇意、寓言寓意之判定等。而對於詞語本意之發掘這一最為基礎的工作，自己用力尤勤，體會亦較深。下面即就此作一簡述，以供讀者參考：

一、從辨明其物入手。例如：1.〈逍遙遊〉「洴澼絖」之「絖」，究為何物？絖，《說文》作「纊」，曰：「絮也。」《急就篇》顏師古注曰：「漬繭擘之，清者為緜，麤者為絮。」故絖是蠶繭之不完好者經初加工而成的半成品絲綿。其尚須在河面上用小棒拍打漂洗，而後成質地差的成品絲綿。我生長於蠶桑之鄉，洴澼絖之事，乃少時所習見。2.〈秋水〉曰：鵷雛「非練食不食」。「練食」即「竹實」，然常見之竹子並不結子實，故總成疑問。我日前參觀浙江安吉竹子博物館，見到所展示之竹米（即「竹實」）。學友方君知其情，告我曰：「山上有名箬竹者，株身細小，葉片肥大，可作粽箬。生長至百年，頂部抽穗結子，隨即枯死。其所結子實即竹米，可食。」知此，可見鵷雛所食者是珍稀之食品。3.〈盜跖〉記述盜跖言孔子「冠枝木之冠」。何為「枝木」？案孔子身為大夫，而凡大夫以上所戴禮冠稱為冕。《儀禮．士冠禮》賈公彥疏曰：「凡冕以木為體。」朱駿聲《說文通訓定聲》曰：「其制以木為幹。」故「枝木」者，即謂以木為骨架。枝，古通「支」。

二、從詞語之本義或作者生活時期詞語所衍生的引申假借義中尋求貼切的解釋。此種義項，人們一般均已生疏隔膜，然而往往是原意所在。例如：1.加，本有增加之義，引申而有變化之義。故〈逍遙遊〉述宋榮子「且舉世而譽之而不加勸，舉世而非之而不加沮」，即謂其不變得勉力，不變得沮喪。〈秋水〉曰：「禹之時，十年九潦，而水弗為加益；湯之時，八年七旱，而崖不為加損。」即謂水位不因此變得升高；不因此變得下降。〈山木〉述騰猿謂其「筋骨非有加急而不柔也」。「加急」即謂變得僵硬。凡此皆為例證。2.舟，古有「乘舟」之義，故〈山木〉「方舟而濟於河」，即謂正乘舟而渡河。3.天，本義為人之頭腦，故〈知北遊〉曰「解其天弢，墮其天袠」，即謂解除世人頭腦之束縛。4.彼，通「匪」，即「非」，故〈齊物論〉論述辯論雙方無從裁定是非而曰：「然則我與若與人俱不能相知也，而待彼邪？」「待彼」即「待非」。因本無是非，故謂非所待。同樣，非，因與「匪」通，故可讀作「彼」。〈外物〉「非佚者之所未嘗過而問焉」，即其例。5.畔，通「般」，即「槃」。〈徐無鬼〉管仲言隰朋之為人能「上忘而下畔」，「下畔」即謂其能使居下者得其樂。6.來，通「賚」，故〈徐無鬼〉言堯舉舜而「冀得其來之澤」，即謂得其所賜之恩澤。7.博，有寬度之義，故〈徐無鬼〉言足之踐於地而「恃其所不蹍而後善博也」，「善博」即謂安穩的寬度。8.問，古有贈送之義，故〈則陽〉「長梧封人問子牢曰」，即謂向其贈言。9.茂，自古至今皆有優異之義，故〈讓王〉孔子言松柏歷寒冬而知其「茂」，即謂知其卓異。10.薄，古有束縛之義，故〈天下〉「將薄知而後鄰傷之者」，「薄知」即謂為知所束縛。上述所舉，即容易致誤的明顯例子，此種例子實不勝枚舉。

三、辨其異讀與因異體而致誤。例如：1.閒，古有閑、間之異讀。〈人閒世〉，是篇名，篇文所論是人安閒於人世之道，故當讀作「閑」。若讀作〈人間世〉，則當論世道，顯與篇文所論不合。2.期，為「示」之誤。因「其」，古或作「亓」，與「示」形似，而「亓」又誤作「期」，故致誤（見俞樾《諸子平議・墨子平議》）。〈知北遊〉「期而後可」、〈寓言〉「無經緯本末以期年耆者」，即為其例。

關於詞語之注釋，尚須說明的是，文中所有之注釋，皆信實有據，非敢隨意杜撰，含糊敷衍。即使虛詞，亦概無例外。

關於體例，需要說明者，有以下幾方面：1.每篇篇首有【題解】，交代本篇之題意與大旨。2.每段之後有【章旨】，說明該段之大意，或略作提示。3.【注釋】文字以達意為準而力求簡潔，若少數不詳言無以明者，則稍多其語。其中採用諸家之說，因限於體例，除較為重要的校勘者外，一般均不出示作者與書名。4.凡屬寓言，即在【注釋】中隨文揭示其寓意。5.篇末有【研析】，闡述對本篇思想內容之分析研究，和對其藝術特色之賞析。前者凡涉及學術思想之爭議者，不展開論述，敬請諒解。闡述之文字以前者為主，後者則視前者所據篇幅之多寡而作進退。凡此，僅供讀者參考。

我認為，求解《莊子》是一項無有止境的工程，拙作若能對此略有補益，則於願已足。最後，當感謝三民書局對本人之苦心孤詣予以認可而使其得以面世，此誠莫大之幸事。限於本人水平，書稿謬誤之處定為不少，期待專家與讀者批評指正。

水渭松

於杭州大營盤寓舍

內篇

逍遙遊第一

【題　解】本篇是莊子闡述其自由觀，即人之精神怎樣才能不受任何束縛而達到逍遙自由的境界。結論是必須使精神返歸自然，還其素樸。文中舉述了鵬，蜩與學鳩，斥鴳，知效一官、行比一鄉、德合一君、而徵一國者，宋榮子，列子等事例，說明他（牠）們雖然在受束縛與獲得自由的程度上有很大的差別，但是都無例外地有所憑藉，也即都受到一定條件的束縛，所以都達不到絕對自由的境界。然後指出，只有擺脫功名，擺脫自我，達到無所憑藉而與自然為一的人，才能達到絕對自由的境界。

北冥❶有魚，其名為❷鯤❸。鯤之大❹，不知其幾千里也；化❺而為鳥，其名為鵬。鵬之背❻，不知其幾千里也；怒❼而飛，其翼若垂天之雲❽。是❾鳥也，海運❿則將徙⓫於南冥⓬。南冥者，天池⓭也。

【章　旨】此節描述北海中奇大之鯤魚變而為奇大之鵬鳥，鵬鳥又高飛遠徙至於南海，作者以此極力表現牠非凡的自由。

【注　釋】❶北冥　北海。冥，同「溟」。即海。❷為　通「謂」。❸鯤　魚名。❹大　指其體長。❺化　變化。❻背　指背之長。❼怒　奮起。❽垂天之雲　天一邊之雲。垂，邊陲。❾是　此。❿海運　大海波濤翻騰。運，動。⓫徙　轉移；飛往。⓬南冥　南海。⓭天池　南海之名。

【語　譯】北海中有條魚，名叫鯤。鯤魚之身體，不知道有幾千里長；變化而成為鳥，名叫鵬。鵬鳥之背，不知道有幾千里長；奮起而上飛，牠的翅膀好像天空一邊之雲。這鳥，待大海波濤翻騰之時將飛往南海。南海，名叫天池。

《齊諧》[1]者，志怪[2]者也。《諧》[3]之言曰：「鵬之徙於南冥也，水擊[4]三千里，摶[5]扶搖[6]而上者[7]九萬里，去[8]以[9]六月息[10]者也。」野馬[11]也，塵埃也，生物之以息相吹也[12]。天之蒼蒼[13]，其正色[14]邪？其遠而無所至極[15]邪？其[16]視下也，亦若是[17]則已[18]矣[19]？且夫水之積也不厚，則其負大舟也無力[20]。覆[21]杯水於坳堂[22]之上，則芥[23]為之舟，置杯也則膠[24]，水淺而舟大也。風之積也不厚，則其負大翼也無力。故九萬里則風[25]斯[26]在下[27]矣，而後[28]乃今[29]培風[30]，背負青天而莫之夭閼者[31]，而後乃今將圖南[32]。蜩[33]與學鳩[34]笑之曰：「我決起[35]而飛，槍[36]榆枋[37]而止，時則[38]不至，而[39]控[40]於地而已矣；奚以之九萬里而南為[41]？」適莽蒼者，三飡而反，腹猶果然；適百里者，宿舂糧；適千里者，三月聚糧[42]。之二蟲又何知[43]！小知不及大知[44]，小年不及大年[45]。奚以知其然也？朝菌[46]不知晦朔[47]，蟪蛄[48]不知春秋[49]，此小年也。楚[50]之南有冥靈[51]者，以五百歲[52]為春，五百歲為秋；上古有大椿者，以八千歲為春，八千歲為秋，此大年也[53]。而彭祖[54]乃今[55]以久[56]

特聞57，眾人匹之58，不亦悲乎！

【章旨】此節說明鵬之自由尚須待大氣之浮力與高空之風力；又說明對於鵬之自由飛翔，蜩與學鳩因自身活動領域之局限而頗為不解，可見對於自由的理解本有層次之異。

【注釋】❶齊諧　書名。❷志怪　記載怪異之事。志，通「誌」。記載。❸諧　《齊諧》之簡稱。❹水擊　以翼拍擊水面。❺搏　字為「摶」之形誤。摶，拍，此謂拍翼。❻扶搖　盤旋。❼者　通「諸」。之於。❽去　飛往。❾以　憑藉。❿六月息　六月之大海風。六月，指周曆，相當於農曆之四月。息，氣，指風。⓫野馬　浮動的水氣。⓬生物句　謂生物以其氣息在拂動它們。此說明即使極細微之物亦須由外力驅動。息，氣息。相吹，拂動它們。⓭蒼蒼　蔚藍色。⓮正色　本色。⓯至極　邊極。⓰其　指鵬。⓱若是　如此。謂如人之視高空。⓲則已　而已。⓳矣　猶「吧」。⓴且夫二句　說明水之深淺關係浮力之大小，喻大氣層之厚薄亦關係浮力之大小。且夫，況且。不厚，不深。負，托浮。㉑覆　倒。㉒坳堂　堂上凹陷處。㉓芥　小草。㉔膠　著地。㉕風　指厚積之巨風。㉖斯　就。㉗在下　在其大翼之下。㉘而後　然後。㉙乃今　在此時。㉚培風　憑藉風力。培，通「憑」。㉛莫之夭閼者　即「莫夭閼之者」。夭閼，阻遏。㉜圖南　謀劃南飛。圖，謀劃。南，南飛。用作動詞。㉝蜩　蟬。㉞學鳩　小鳥名。㉟決起　快速騰起。㊱槍　衝向。㊲榆枋　榆樹或枋樹。㊳時則　時或；有時。㊴而猶「則」。㊵控　掉落。㊶奚以句　謂為何飛上九萬里高空而南飛呢。奚以，為何。之，飛往。南，南飛。為，猶「呢」。㊷適莽蒼者七句　意謂因出行路程有遠近，故或無須帶糧，或所帶糧食有多少之別，再喻大氣之浮力與之同理。適，前往。莽蒼，指郊野。三飡，即三餐，謂多吃，指出行前盡量多吃一些。反，同「返」。果然，飽貌。宿，夜。舂糧，搗糧。謂準備途中用糧。三月，數月。㊸之二蟲句　謂蜩與學鳩不知鵬必待九萬里高空之巨大浮力與風力才能南飛天池的道理。之，此。二蟲，指蜩與學鳩。㊹小知句　謂智慧有淺薄深厚之差異。二蟲對鵬之不解，說明對自由之認識，頗有層次之差異。小知，智慧淺薄者。大知，智慧深厚者。知，同「智」。㊺小年句　意謂生命之長短，是造成智之或「小」或「大」的一種原因。小年，短命。大年，長壽。㊻朝菌　朝生暮死之菌類。㊼晦朔　指一個月之長。晦，農曆每月三十。朔，農曆每月初一。㊽蟪蛄　寒蟬。其春生則夏死，夏生則秋死。㊾春秋　指一年之長。㊿楚　諸侯國名。其地域在今湖北、湖南地區。51冥靈　木名；一說為靈龜。52歲　年。53此大年也　「此大年也」四字，與上文「此小年也」相對為文，而通行本脫落，此據陳碧虛《莊子闕誤》引成玄英本補。[54]彭祖　即彭鏗，傳說為堯之臣，壽長八百歲。[55]乃今　如今。[56]久　長壽。[57]聞　聞名。[58]匹之　比之，謂以他為長壽之冠而與之相比。

【語　譯】《齊諧》這書，是記載怪異之事的。《齊諧》記載說：「鵬鳥之飛往南海，用翼拍擊水面三千里，然後騰空盤旋而上，到達九萬里的高空，牠飛往南海是憑借六月的大海風。」水氣的浮動，塵土的飛揚，是由於生物以氣息在拂動它們。天空蔚藍的顏色，是它的本色嗎？它是遙遠而沒有邊際的嗎？鵬鳥往下面看，也如同人之視高空，如此而已吧？況且水之積聚不深，那麼它無力托負大舟，倒一杯水在堂上凹陷之處，那麼只能以小草作為舟，放上杯子就會著地，因為水淺而舟大的緣故。大氣之積聚不深厚，那麼它無力托負大的翅膀，所以到達九萬里的高空，則厚積之巨風就在牠的翅膀下面了，然後憑藉風力，背托青天而沒有什麼東西能夠阻擋牠了，然後才謀劃南飛。蜩與學鳩笑牠說：「我快速騰起而往上飛，衝向榆樹或枋樹而止，有時飛不到，則掉落到地面上罷了，為什麼牠要飛上九萬里的高空而南飛呢？」前往郊野的人，臨行前盡量吃得多一些，返回時，肚子還是感到飽的；前往百里之遠的人，連夜準備糧食；前往千里之遠的人，用幾個月的時間儲備糧食。這二蟲怎會知道鵬鳥的道理！智慧淺薄的比不上智慧深厚的，短命的比不上長壽的，憑什麼知道是這樣的呢？朝生暮死的菌類，不知道一個月有多長，寒蟬不知道一年有多長，這些是短命的；楚國的南面有一種叫冥靈的大樹，它以五百年作為春季，五百年作為秋季；上古時代有一種大椿樹，它以八千年作為春季，八千年作為秋季，這些是長壽的。然而彭祖如今卻因為長壽而特別聞名，眾人把他作為長壽的標準而與他相比，不是可悲嗎！

湯❶之問棘❷也是❸已❹：「窮髮❺之北，有冥海者，天池也。有魚焉，其廣❻數千里，未有知其修❼者，其名為鯤。有鳥焉，其名為鵬，背若太山❽，翼若垂天之雲，摶扶搖羊角❾而上者九萬里，絕❿雲氣⓫，負青天，然後圖南，且⓬適南冥也。斥鴳⓭笑之曰：『彼且奚適也？我騰躍而上，不過數仞⓮而下，翱翔蓬蒿⓯之間⓰，此亦飛之至⓱也，而彼且奚適也？』」此小大⓲之辯⓳也。

【章　旨】此節為舉述與上文相似之事例，以重申「小知不及大知」即對自由之認識有層次差異之意。

【注　釋】❶湯　商朝君主成湯。❷棘　即夏革，湯之臣。湯、棘皆為借其名以述寓言。❸是　此。謂正如此說的。❹已　同「矣」。❺窮髮　不毛之地。❻廣　寬。❼修　長。❽太山　即泰山。❾羊角　旋風名。❿絕　穿過。⓫雲氣　雲層。⓬且　將。⓭斥鴳　小雀名。⓮仞　量詞。古以八尺（或說七尺）為一仞。⓯蓬蒿　蓬草與蒿草。此泛指草叢。⓰間　中。⓱至　謂極好之境界。⓲小大　此承上「小知」「大知」言，為「小知」「大知」之省稱。⓳辯　通「辨」。

【語　譯】成湯問夏革正是如此說的：「在不毛之地的北面，有大海，稱為天池。其中有魚，牠的身體有數千里寬，沒有人知道牠有多長，魚之名稱為鯤。其中有鳥，牠的名稱為鵬，背如泰山，翅膀如天一面之雲，拍著翅膀如旋風般盤旋而上至於九萬里之高空，穿過雲層，托著青天，然後謀劃南飛，將飛往南海。斥鴳笑牠，說：『牠將飛往何處呀？我騰起身子向上飛，不過數仞即往下掉，翱翔於蓬蒿之草叢間，這也是飛翔的極好境界了，而牠將飛往何處呀？』」這就是小智與大智的差別。

故夫❶知效一官❷、行比一鄉❸、德合一君❹、而徵一國❺者，其自視也亦若此❻矣。而宋榮子❼猶然❽笑之❾。且❿舉世⓫而譽之而不加勸⓬，舉世而非⓭之而不加沮⓮，定乎內外之分，辯乎榮辱之境⓯，斯已⓰矣。彼其於世，未⓱數數然⓲

也。雖然，猶有未樹⑲也。夫列子⑳御風㉑而行㉒，泠然㉓善也，旬有㉔五日而後反㉕。彼於致福㉖者，未數數然也。此雖免乎行㉗，猶有所待者㉘也。若夫㉙乘㉚天地之正㉛，而㉜御㉝六氣㉞之辯㉟，以遊無窮㊱者，彼且惡乎待哉㊲？故曰：至人㊳無己㊴，神人㊵無功㊶，聖人無名㊷。

【章　旨】此節論述人或為世俗所束縛，或能漸次擺脫而稍獲自由，然而唯有無待者，即一切順應自然，使精神返歸於道者，才能達到逍遙之境界。

【注　釋】❶故夫　承上啟下之連詞。❷知效一官　謂其才智在某一官職上取得成效。知，同「智」。❸行比一鄉　謂憑其品行之威望而庇護一鄉之人。比，猶「庇」。❹德合一君　謂其品德符合一國之君對其之要求。❺而徵一國　謂其才能取信於一國之人。而，同「能」。徵，信。❻若此　如此。謂如同蜩、學鳩、斥鴳之自我滿足。❼宋榮子　即宋鈃，戰國學者，其學兼取墨、道兩家。此借其名。❽猶然　笑貌。❾之　指上文「知效一官……者」此類人。❿且　猶「其」。⓫舉世　全社會。⓬不加勸　不變得勉力。加，原為增加意，此引申為變。⓭非　譴責。⓮沮　沮喪。⓯定乎二句　意謂能明辨守己則榮，徇外則辱。內外，自身與外界。分，分際。辯，通「辨」。境，分界。⓰斯已　如此而已。⓱未　不。⓲數數然　急迫（有所求）貌。⑲未樹　未樹立，指逍遙自由之精神境界。⑳列子　即列禦寇。戰國鄭人，道家學者。此借其名。㉑御風　駕風。㉒行　飛行。㉓泠然　輕快貌。㉔有　通「又」。㉕反　同「返」。㉖致福　求福。㉗行　行走。㉘所待者　所依賴者。指必須依賴風這一條件。㉙若夫　至於。㉚乘　順應。㉛天地之正　天地自然之常情。㉜而　猶「又」。㉝御　順應。㉞六氣　指陰、陽、風、雨、晦、明，亦即自然。㉟辯　通「變」。指異變。㊱以遊無窮　意謂使精神返歸於道（即自然），還其純樸。無窮，指「道」。因其在空間上和時間上皆無窮。㊲彼且句　謂他尚且要依賴什麼。意謂無所待而達到逍遙。且，尚且。惡，何。㊳至人　修養達到至高境界的人。㊴無己　無我。㊵神人　修養達到神妙境界的人。㊶無功　不求事功。㊷無名　不求名。

【語　譯】至於憑其才智在某一官職上能取得成效、憑其品行之威望而能庇護一鄉之人、其品德能符合一國之君對其之要求，其才能能取信於一國之民，如此之人，其看待自身，也如同蜩、學鳩、斥鴳之自我滿足一般。然而宋榮子要笑他們。他能做到全社會稱譽他而不變得勉力，全社會譴責他而不變得沮喪，他明確了自身與外界的分際，辨清了榮辱的分界。如此而已。他對於社會，沒有急迫之需求。雖然如此，尚有未樹立的方面。列子駕風而飛行，輕快美好，十五天然後返回。他對於求福，沒有急迫之意。此人雖然免於行走，還是要有所依賴。至於順應天地自然之常情，又能順應天地自然之異變，使精神返歸於道，他還要依賴什麼呢？因此說：修養達到最高境界的人，沒有自我；修養達到神妙境界的人，不求事功；聖人不求名。

堯讓天下於許由❶，曰：「日月❷出矣，而爝火❸不息，其於光❹也，不亦難乎！時雨❺降矣，而猶浸灌❻，其於澤❼也，不亦勞❽乎！夫子立而天下治❾，而我猶尸之❿，吾自視缺然⓫，請致⓬天下。」許由曰：「子治天下，天下既已治也，而我猶代子，吾將⓭為名乎？名者，實之賓⓮也，吾將為賓乎？鷦鷯巢於深林，不過一枝；偃鼠飲河，不過滿腹⓯。歸休乎君⓰，予無所用天下為⓱！庖人⓲雖不治庖⓳，尸祝不越樽俎而代之矣⓴。」

【章　旨】此節由堯讓天下於許由而遭拒之寓言，闡明所謂「聖人無名」。

【注　釋】❶許由　傳說之隱士，鄙棄功名。❷日月　指「日」，為偏義詞組。日喻許由。❸爝火　火把。堯喻己。❹光　照亮。用作動詞。❺時雨　應時之雨水。喻許由。❻浸灌　灌溉。以浸灌者喻己。❼澤　潤澤作物。❽勞　徒勞。❾夫子句指許由以無為致治。夫子，稱許由。立，在世。❿尸之　主掌天下。⓫缺然　欠缺。⓬致　交還。⓭將　欲。⓮賓　附屬物。⓯鷦鷯四句　喻自己於社會所取甚微。鷦鷯，小鳥名。巢，做窩。偃鼠，或作「鼴鼠」，即田鼠。河，河水。⓰歸休乎君　即「君歸休乎」。休，罷了。⓱予無所句　謂天下於我無所用。為，呢。⓲庖人　廚師。⓳不治庖　不行治廚職事。⓴尸祝句　意謂尸祝不代行庖人之事。尸祝，掌管祭祀之官。因其祭祀時對神主（尸）掌祝，故稱。越，治。樽俎，祭祀時盛放酒食的器具。樽以盛酒，俎以置牲體。此指庖人之職事。許由借此言以拒堯。

【語　譯】堯將管理天下之職位讓給許由，說：「太陽出來了，而火把不熄滅，它要照亮，不是困難嗎！及時雨下了，而還在用水灌溉，它對於潤澤作物，不是徒勞嗎！因先生在世而使天下得治，而我還在主掌天下，我自以為欠缺，請把天下交還給你。」許由說：「你治天下，天下已經治理了，而我還要來替代你，我想追求名嗎？名，是實際的附屬品，我想追求附屬品嗎？鷦鷯在深密的樹林裡做窩，所用不過一根枝條；田鼠在河中飲水，不過喝飽一肚子。君主你回去吧！天下對於我無所用呢！廚師即使不行治廚之職事，掌管祭祀之官也不代行其事。」

肩吾❶問於連叔❷曰：「吾聞言於接輿❸，大而無當❹，往而不反❺，吾驚怖其言，猶河漢❻而無極❼也，大有逕庭❽，不近人情焉。」連叔曰：「其言謂何哉？」曰：「『藐姑射❾之山有神人居焉，肌膚若冰雪，淖約❿若處子⓫，不食五穀，吸風飲露，乘雲氣，御飛龍，而遊乎四海⓬之外；其神凝⓭，使物不疵癘⓮而年穀⓯熟⓰。』吾以是⓱狂⓲而不信也。」連叔曰：「然。瞽者⓳無以⓴與㉑乎文章㉒之觀㉓，聾者無以與乎鐘鼓之聲㉔，豈唯㉕形骸㉖有聾盲哉！夫知㉗亦有之㉘。是其言也，猶時女也㉙。之㉚人也，之德也，將旁礴㉛萬物以㉜為一世㉝蘄㉞乎亂㉟，孰弊弊㊱焉以天下為事！之人也，物莫之傷㊲：大浸㊳稽㊴天而不溺，大旱金石流、土山焦而不熱。是其塵垢粃糠㊵將猶陶鑄㊶堯舜者也，孰肯以物㊷為事！宋人資章甫而適諸越，越人斷髮文身，無所用之㊸。堯治天下之民，平海內之政，往見四子藐姑射之山，汾水之陽，窅然喪其天下焉㊹。」

【章旨】此節闡述「神人」遠離世俗，盡其自由，不求事功，然而社會卻正因其無為而致治，並進一步說明無為而治是治世之正途。

【注釋】❶肩吾　虛構人物名。❷連叔　虛構人物名，為得道者。❸接輿　春秋末楚國隱士，佯狂以保身。❹大而無當　誇大不實。當，猶「實」。❺往而不反　喻肆意放言，不著邊際。反，同「返」。❻河漢　銀河。❼無極　無邊際。❽大有逕庭　喻與事理相差甚遠。逕，同「徑」。指門外路。庭，堂前地。兩者大有差距。❾藐姑射　傳說山名。❿淖約　姿態美好。⓫處子　處女。⓬四海　天下，指俗世。⓭凝　寧靜。⓮疵癘　受病害。⓯年穀　莊稼。⓰熟　有收成。⓱是　此。⓲狂　同「誑」。欺誑；謊言。⓳瞽者　瞎者。⓴無以　無法。㉑與　參與（欣賞）。㉒文章　即「文彰」，有文采。㉓觀　可觀者。㉔聲　音樂。㉕唯　只。㉖形骸　身體。㉗知　同「智」。㉘之　指如聾盲一樣的缺陷。㉙是其言二句　謂此「知亦有之」之言猶如說的是你。時，通「是」。女，同「汝」。㉚之　猶「其」。㉛旁礴　廣泛庇護。㉜以　猶「而」。㉝一世　整個世界。㉞蘄　求得。㉟亂　治理。㊱弊弊　勞苦疲憊。㊲物莫之傷　即「物莫傷之」。㊳大浸　發大水。㊴稽　至。㊵粃糠　喻身上之皮屑。粃，同「秕」。癟穀。㊶陶鑄　本意是燒製瓦器與鑄造金屬器具，此謂製造。㊷物　指天下。㊸宋人三句　此寓言說明商品盲目銷售則必然失敗，以喻治天下違背正道（無為而治），必然失敗。宋，諸侯國名。其地域在今河南東部和山東、江蘇、安徽間。資，採購。章甫，一種禮冠之名。諸，之於。越，諸侯國名。其地域在今浙江北部，以及江蘇、安徽、江西部分地區。斷髮，剪短頭髮。文身，身刺花紋。㊹堯治五句　謂堯以有為致治，及至拜訪藐姑射之山之神人，受其無為致治境界之感化，都城臨汾變得悠遠縹緲，以至遺忘其天下。平，平定。海內，國內。四子，疑為「是子」之聲誤。指前文藐姑射之山之神人。汾水之陽，指今山西臨汾一帶，傳說曾為堯都。汾水，黃河支流，在今山西省境。陽，水之北面。窅然，深遠貌。喪，忘。

【語譯】肩吾問連叔說：「我聽到接輿的說話，誇大而不實，恣意而不著邊際，他的說話使我感到吃驚，如同銀河而無有邊際，與事理相差甚遠，不近人情。」連叔說：「他說什麼呀?」說：「『藐姑射之山，有一位神人生活著，他的肌膚白如冰雪，體態美好如同處女，不食五穀，吸風飲露，乘著雲氣，駕著飛龍，而遊於俗世之外；他的精神寧靜，使得萬物不遭受病害而莊稼有收穫。』我認為這是謊言而不相信。」連叔說：「是的。瞎子無法參與欣賞有文采的觀賞物，聾子無法參與欣賞擊鐘打鼓的聲樂，豈止身體有聾盲的缺陷！智慧也會有缺陷。這話好像是指你說的。其人，其德，將廣泛庇護萬物而為整個世界求得治理，誰勞苦疲憊地以治天下為事！其人，事物不能傷害他，發大水，水滿至於天而不被淹，大旱天，金石流動、土山枯焦而不感到熱。他身上的塵垢皮屑，尚且將製造出堯舜來，誰肯以天下為事！宋人採購章甫之冠而前往越國，越人剪短髮、身刺花紋，章甫無所用。堯治天下之民，平治國內之政，前往藐姑射之山訪見神人，臨汾變得悠遠縹緲，竟遺忘他的天下了。」

惠子❶謂莊子曰：「魏王❷貽❸我大瓠❹之種❺，我樹❻之成❼而實❽五石。以盛水漿❾，其堅不能自舉也❿。剖之以為瓢，則瓠落⓫無所容，非不呺然⓬大也，吾為其無用而掊⓭之。」莊子曰：「夫子固拙於用大矣！宋人有善為⓮不龜手⓯之藥者，世世以洴澼⓰絖⓱為事⓲。客聞之，請買其方⓳百金⓴。聚族㉑而謀㉒曰：『我世世為洴澼絖，不過數金，今一朝㉓而鬻㉔技㉕百金，請與㉖之。』客得之，以說㉗吳王㉘。越有難㉙，吳王使之將㉚。冬，與越人水戰，大敗越人，裂地㉛而封㉜之。能不龜手一㉝也，或以封，或不免於洴澼絖，則所用之異㉞也。今子有五石之瓠，何不慮以為大樽而浮乎江湖㉟，而憂其瓠落無所容，則夫子猶有蓬之心㊱也夫！」

【章旨】此節借大瓠例說明，惠子出於為我，故精神為物欲所制而不自由。莊子教以「無己」而擺脫物欲，從而使物盡其自在而己亦得逍遙。

【注釋】❶惠子　即惠施，戰國名家學者，與莊子同時，曾為魏相。此亦借其名。❷魏王　魏國君主。魏國其地域在今河南北部及山西南部。❸貽　贈。❹大瓠　大葫蘆。❺種　種子。❻樹　種下。❼成　收穫一大瓠。❽實　容納。❾水漿　液汁。❿其堅句　謂因其殼不堅固，故盛液汁後不能用以提舉。自，用。⓫瓠落　空廓貌。⓬呺然　大而空虛貌。⓭掊　擊破。⓮為　製作。⓯不龜手　使手不凍裂。龜，同「皸」。⓰洴澼　漂洗。⓱絖　同「纊」。由不完好的蠶繭經初加工（如沸水浸漬、去除蠶蛹等步驟）而成的半成品絲綿。此絖尚須漂洗而後成質地差的成品絲綿。⓲事　職業。⓳方　配方。⓴百金　出價百金。古以一鎰（二十兩，或二十四兩）為一金。㉑聚族　召集族人。㉒謀　商議。㉓一朝　一時。㉔鬻　出賣。㉕技　製藥技術。㉖與　給予。㉗說　遊說。㉘吳王　吳國君主。吳國地域在今江蘇大部，及毗連的安徽、浙江之一部分。㉙有難　指對吳國有軍事行動。㉚將　率領軍隊。㉛裂地　分劃一部分土地。㉜封　賜。㉝一　同樣。㉞所用之異　藥所投用之處不同。上述宋人與客對於不龜手之藥的不同使用，說明對於物有善於用與拙於用之別。㉟何不慮句　謂當使此大瓠漂浮於江湖之上。如此則惠子可以從為我所用之束縛中獲得解脫，而大瓠亦免於為人所制而獲其自在。此即對大瓠之善用。大樽，瓠如樽形，故稱大樽。古人將瓠縛於腰間用於渡水，稱之為腰舟。㊱蓬之心　謂為物欲所制而不能忘我之心。蓬，蓬雜。

【語譯】惠子告訴莊子說：「魏王贈我大葫蘆的種子，我把它種下而收穫了一個大葫蘆，其容積有五石。用它盛放液汁，則因皮殼不堅固而不能用以提舉。把它剖為瓢，則空廓而無物可放置，真是虛有其大，我由於它無用而將它擊破。」莊子說：「您使用大的東西真是笨拙！宋人有善於製造使手不皸裂之藥的，世世代代以漂洗纊為職業。有個外地人聽聞此事，請以百金的價錢購買其製藥的配方。於是召集族人而商議說：『我們世世代代漂洗纊，所得不過數金，現在一時而出賣製藥之技術，可得百金，請賣給他。』此外地人得到了配方技術，用以遊說吳王。越國對吳國發動戰爭，吳王使他率領軍隊。冬天，與越人水戰，大敗越人，吳王於是封地給他。同樣是使手不凍裂，有的人得到封賜，有的人僅止於漂洗纊，那是將藥所投用之處不同的緣故。現今你有容積五石之葫蘆，為何不考慮把它作為大樽而讓它漂浮於江湖之上，卻憂慮其空廓無物可放置，您的心仍受物所制而不能忘我吧！」

惠子謂莊子曰：「吾有大樹，人謂之樗❶，其大本❷擁腫❸而不中❹繩墨❺，其小枝卷曲而不中規矩❻。立❼之塗❽，匠者❾不顧。今子之言，大而無用，眾所同去也。」莊子曰：「子獨❿不見狸⓫狌⓬乎？卑⓭身而伏，以候⓮敖者⓯，東西跳梁⓰，不辟⓱高下，中於機辟⓲，死於罔罟⓳。今夫⓴斄牛㉑，其大若垂天之雲，此能為㉒大矣，而不能執㉓鼠。今子有大樹，患其無用，何不樹之於無何有之鄉㉔，廣莫㉕之野，彷徨㉖乎無為其側，逍遙乎寢臥其下，不夭㉗斤斧㉘，物無害者，無所可用，安㉙所困苦哉？」

【章　旨】此節接上節意，以樗為例，惠子以其於己無用而憂慮，莊子教以不求其為我所用而與之相安無事，則皆得自在。

【注　釋】❶樗　臭椿。木質粗劣。❷大本　主幹。❸擁腫　即臃腫。指樹幹上多贅瘤。❹不中　不合。❺繩墨　墨線。木匠用墨斗拉線以取直。❻規矩　圓規與畫方形的工具。❼立　矗立。❽塗　通「途」。道路。❾匠者　木匠。❿獨　猶「豈」。⓫狸　豹貓，亦稱山貓、野貓。⓬狌　黃鼠狼。狸狌之皮毛皆可製裘。⓭卑　低。⓮候　等待。⓯敖者　遨遊的小動物。敖，借作「遨」。⓰跳梁　跳躍。⓱辟　通「避」。⓲中於句　謂被機辟所射中。機辟，機械發箭之裝置。⓳罔罟　即網。罔，同「網」。⓴今夫　發語詞。㉑斄牛　犛牛。㉒為　通「謂」。㉓執　捕捉。㉔無何有之鄉　任何東西皆無之地。㉕廣莫　廣大。莫，通「漠」。㉖彷徨　悠閒。㉗夭　夭折。㉘斤斧　斧頭。㉙安　何。

【語　譯】惠子對莊子說：「我有大樹，人們稱它為臭椿，它的主幹多贅瘤而不合繩墨，它的小枝卷曲而不合規矩。聳立在道路上，木匠不看一眼。現今你的言論誇大而無用，大家會一同把它拋棄。」莊子說：「你豈不見豹貓、黃鼠狼呀？低身俯伏，以等候遨遊的小動物，東西跳躍，不避高低，或為機辟所射中，或死於捕網。犛牛，其大如天一邊之雲，此牛能稱為大物了，卻不能捕捉老鼠。現今你有大樹，憂慮其無用，為何不把它移栽到任何東西皆無之地，廣大之原野，從而在其側悠閒而無所事事，自在地躺臥於樹下，使它不夭折於斧頭之下，別物也不會傷害它，無所可用，又有什麼困苦呀？」

【研　析】由本篇，我們可以洞察莊子所嚮往之自由的深層內涵，他是在尋求個性的徹底解放，他對自由的理解也達到了無與倫比的徹底。這就極大地開闊了人們的視野，豐富了人們的想像空間。可是其思想局限也是十分明顯的。作者提出要達到精神自由，必須無功、無名、無己，視功、名、自身三者為實現逍遙遊的主要障礙。不求功名，從文中可見，它與「無為而治」的理想相關。然而所謂「無為而治」，是出於作者的虛擬與誇張，是在迴避自己的社會責任，它不過是空中樓閣而已。無己，即無我，擺脫自我。比之於無功無名是最高的修養境界，故也是能否實現逍遙遊的關鍵所在。至於如何達到「無己」，文中只說明要擺脫物為我所用的束縛。然而僅言及此，並非即已闡明達到「無己」，因為畢竟有「己」在。再說，人為了生存，又怎能無物質需求呢？可見「無己」之境界不過是其心造的幻影而已，在現實生活中是不可能實現的。

此文被人譽為千古奇文，它實為浪漫主義的傑作，其特點表現在如下幾方面：1.從內容性質上看，本文所論述的是玄虛的精神自由的境界，是超離於現實生活的。2.從其表達的方法上看，作者主要是借助於眾多的寓言，將之連綴成篇。這些寓言荒誕離奇，充分顯示了作者豐富的想像力。作為哲學家的莊子，善於通過荒誕離奇、詼諧多趣的寓言來闡述嚴肅正經的人生哲理（可謂「寓莊於諧」），這是他的獨到之處。把玄虛的不可捉摸的思想境界用寓言來暗示，也許是恰當不過的。從藝術角度看，由於只有形形色色的寓言，而其寓意又不作揭示，這就使人猶如霧中觀景，但得其仿佛，呈現出朦朧之意境。3.從文章結構上看，全文幾無軌跡可尋，行文恣肆放縱，隨意所至，故有人把它稱為「飛」文。如文章開頭無端從鯤鵬落筆，出人意表。再如文中往往文意不相連貫，出現斷隔與跳躍，而實際上則是形斷而神連。又如寫鵬鳥用先揚後抑的手法。一開頭寫牠出神入化，如何了得，隨後寫其憑藉非同一般，最後在述列子時才兼帶而點出其不免亦有所待，將前面描寫鵬之濃墨重彩盡行抹去。更如全文自開頭洋洋灑灑一直寫到列子御風而行，占去大半篇幅，卻又隨即一筆勾消，眾多形生，無一可取，這才托出逍遙遊之境界，顯得其至高無上，令人叫絕。

齊物論第二

【題解】齊物論，即論述「齊物」，作者之旨意是要從道的高度闡明對立雙方之同一。本文之作是以當時的百家爭鳴為背景。當時各家各派皆熱衷於是非之爭，以己為是而以人為非。作者認為人們所以為此所困惑，皆由於未能從道之高度來審視。道主宰萬物，然道之存在本無「有無」之界限，故凡所謂是非、彼此、利害、生死、成毀、有無等相對立之雙方，無不相互依存，無不同一，無不同存亡，無區分之界限。故明於道，則是非之爭自息。人之處世應當超脫於彼此是非之域，以渾然無知自處。

南郭子綦❶隱❷机❸而坐，仰天而噓❹，荅焉❺似喪❻其耦❼。顏成子游❽立侍❾乎前，曰：「何居❿乎？形固可使如槁木，而心固可使如死灰乎⓫？今之隱机者⓬，非昔之隱机者⓭也。」子綦曰：「偃，不亦善乎，而⓮問之也。今者吾喪我⓯，女⓰知之乎？女聞人籟⓱而未聞地籟⓲，女聞地籟而未聞天籟⓳夫！」子游曰：「敢問⓴其方㉑。」子綦曰：「夫大塊㉒噫氣㉓，其名為風。是㉔唯㉕無作㉖，作則萬竅怒呺㉗。而獨㉘不聞之㉙翏翏㉚乎？山林之畏佳㉛，大木百圍㉜之竅穴，似鼻，似口，似耳，似枅㉝，似圈㉞，似臼，似洼㉟者，似污㊱者；激者㊲，謞者㊳，叱者，吸者，叫者，譹者㊴，宎者㊵，咬者㊶。前者㊷唱『于』㊸，而隨者㊹唱『喁』㊺。泠風㊻則小和㊼，飄風㊽則大和，厲風㊾濟㊿，則眾竅為虛(51)。而獨不見之調調(52)之(53)刁刁(54)乎？」子游曰：「地籟則眾竅是已(55)，人籟則比竹(56)是已，敢問天籟。」子綦曰：「夫吹萬(57)不同(58)，而使其(59)自已(60)也。咸(61)其自取(62)，怒(63)者其誰邪？」

【章 旨】此節以眾竅之聲皆齊一於天籟為喻，說明百家之鳴當齊一於道（此從下文所述即可知）。而能作如是觀者，唯精神逍遙超脫之得道者。

【注 釋】❶南郭子綦　虛構的得道者。南郭原指居住於南面之外城，因而以為其號。❷隱　憑靠。❸机　通「几」。即几案。❹噓　吐氣。❺荅焉　失神貌。❻喪　失。❼耦　通「偶」。指神。人乃形與神兩者之結合，現失其神而徒有其形，故云。❽顏成子游　姓顏成，名偃，字子游。子綦弟子。虛構之人物。❾侍　奉陪。❿何居　謂形與神當何以處之。⓫形固二句　此所謂形如槁木，心如死灰，這是一種精神不受束縛而至於逍遙的境界。槁木，枯木。⓬今之隱机者　指如槁木死灰。⓭昔之隱机者　指往日非如此之情。⓮而　通「爾」。你。⓯喪我　失去自我，即達到無有自我的境界。⓰女　同「汝」。⓱人籟　人吹奏管樂器發出的聲音。⓲地籟　風吹地面各種竅穴所發出的聲音。⓳天籟　就地籟而言，其發生與止息皆出於自然，故稱為天籟。⓴敢問　敬問。㉑其方　三籟之道。㉒大塊　大地。㉓噫氣　呼氣。㉔是　此，指風。㉕唯　猶「有」。㉖無作　不發作。㉗怒呺　猛烈呼號。㉘獨　猶「豈」。㉙之　猶「其」。㉚翏翏　遠處風來之聲。㉛畏佳　即崔嵬，猶崔巍。㉜大木百圍　指在崔巍山林中百圍之大樹。百圍，誇言樹幹之粗，以見此樹之高大。圍為計量圓周的約略單位，一圍之長度所言不一，此處約指兩臂合抱之長度。㉝枅　通「鈃」。似鍾而頸長之瓶罍之屬。㉞圈　借作「棬」。屈木製成之盂。㉟洼　深池。㊱污　坑。㊲激者　謂其聲音如水流激揚之聲。㊳謞者　箭矢飛逝之聲。㊴譹者　嚎哭之聲。㊵宎者　笑聲。㊶咬者　悲哀淒切之聲。㊷前者　指風。㊸唱于　發出「于」之聲音。㊹隨者　指竅穴。㊺唱喁　發出「喁」之聲音。㊻泠風　輕柔之風。㊼小和　小聲應和。㊽飄風　疾風。㊾厲風　即疾風。㊿濟　止。(51)為虛　變為靜寂。(52)調調　枝葉搖曳漸止貌。(53)之　語助詞，表語氣。(54)刁刁　意同「調調」。(55)已　同「矣」。(56)比竹　指編管以成樂器，如笙等。(57)吹萬　風吹萬竅。(58)不同　發出不同的聲音。(59)其　指風與竅穴之聲。(60)自已　自然而止。(61)咸　皆。(62)自取　自為。(63)怒者句　意謂沒有誰在用力。怒，通「努」。

【語譯】南郭子綦靠著几案而坐，抬頭向著天空吐氣，發呆似的失了神。顏成子游站在跟前陪侍，說：「形體與精神當何以處之呀？形體固然可以使它如枯木，而心神固然可以使它如死灰嗎？現今之靠几案者，不同往昔之靠几案者了。」子綦說：「偃，你問得好啊！現今我失去了神，你知道嗎？你聞知人籟而未聞知地籟，你聞知地籟而未聞知天籟吧！」子游說：「敬問三籟之道。」子綦說：「大地之呼氣，其名稱為風。此風有不發作之時，發作時則千萬個孔穴猛烈呼號。你難道聽不到遠處吹來的風聲嗎？崔巍的山林，其中百圍大木之孔穴，似鼻、似口、似耳、似枅、似盂、似臼、似深池、似坑；如水流激揚之聲、如箭矢飛逝之聲、如叱罵之聲、如吸氣之聲、如叫聲、如嚎哭之聲、如笑聲、如悲哀淒切之聲。風唱著『于』的聲音，孔穴相隨而唱著『喁』的聲音。輕柔之風則小聲應和，猛烈之風則大聲應和，猛烈之風停息，則眾多孔穴變為靜寂。你難道沒有看到枝葉在搖曳而漸止嗎？」子游說：「地籟則眾多的孔穴就是，人籟則編管之樂器就是，敬問天籟。」子綦說：「風吹千萬孔穴，發出不同的聲音，而使其自然而止，都本於自為，會有誰在強力操縱呀？」

大知閑閑，小知間間❶；大言炎炎，小言詹詹❷。其寐也魂交❸，其覺❹也形開❺，與接❻為構❼，日以心鬭❽。縵者❾，窖者❿，密者⓫。小恐惴惴⓬，大恐縵縵⓭。其發⓮若機栝⓯，其司⓰是非⓱之謂也。其留⓲如詛盟⓳，其守勝⓴之謂也。其殺㉑如秋冬㉒，以言其日消㉓也。其溺之所為之㉔，不可使復之㉕也。其厭㉖也如緘㉗，以言其老洫㉘也。近死之心㉙，莫使復陽㉚也。喜怒哀樂，慮歎變慹㉛，姚佚㉜啟態㉝。樂㉞出虛㉟，蒸㊱成菌㊲，日夜相代㊳乎前，而莫知其所萌㊴。已乎㊵，已乎！旦暮得此㊶，其所由以生㊷乎！

【章旨】此節闡述困擾於是非之爭，實為自我摧殘而走上絕路，當知一切都是道在起作用，明於此方得生存之道。

【注釋】❶大知二句　謂爭辯者智有高下之別。大知，即「大智」，指富有才智者。閑閑，才智廣博之貌。小知，即「小智」，指才智貧弱者。間間，狹窄貌。❷大言二句　謂爭辯者神態各異。大言，指雄辯者。炎炎，氣焰囂張貌。小言，指不善論辯者。詹詹，言辭繁瑣貌。❸魂交　精神被糾纏。❹覺　睡醒。❺形開　肌體鬆散無力。❻與接　與人與事接觸。❼為構　相糾纏。❽以心鬬　施心計相爭辯。❾縵者　寬心從容者。❿窖者　設陷阱者。⓫密者　嚴密謹慎者。⓬惴惴　不安貌。⓭縵縵　喪魂落魄貌。⓮發　發言。⓯機栝　弩上發箭的機件。此指扣發機栝，喻突然出擊。⓰司　即「伺」，伺察。⓱是非　為偏義詞組，指人之「非」。⓲留　緘默不言。⓳詛盟　盟誓。謂如信守盟誓一般。⓴守勝　坐守勝機。㉑殺　指自我摧殘。㉒秋冬　此兩季節草木凋謝。㉓日消　日益衰敗。㉔所為之　所造成如此。㉕復之　回復其初。㉖厭　閉藏。㉗緘　封閉。㉘老洫　十分謹慎。洫，同「溢」。《爾雅．釋詁》：「溢，慎也。」㉙近死之心　其心已瀕於死亡。㉚復陽　恢復生機。㉛慮歎句　謂由思慮、歎息變為恐懼。慹，怖。㉜姚佚　浮躁放縱。㉝啟態　情態畢露。㉞樂　指人籟地籟之音。㉟虛　指竅穴。㊱蒸　水氣。㊲菌　菌類植物。㊳相代　變化。㊴所萌　產生的根源。㊵已乎　猶「罷了」。㊶得此　得知「其所萌」之道理。㊷所由以生　言因此可以生於天地之間。

【語譯】爭辯雙方，有才智廣博的大智者，有才智貧弱的小智者；有雄辯者的氣焰囂張，有不善論辯者的言辭繁瑣。他們睡著時心神被糾纏，醒來時則肌體鬆散無力。與人與事相糾纏，每日施心計相爭辯。其中有寬心從容者，有設陷阱者，有嚴密謹慎者。心懷恐懼，小恐懼則惴惴不安，大恐懼則喪魂落魄。他伺察到對方有所失言，則發言出擊如扣發機栝之迅疾；他坐守勝機，如信守盟誓般的緘口不言。如此，其對身心的自我摧殘，猶如秋冬草木的凋謝，說明他的日益衰敗。他陷溺於此而造成如此之結果，故不可使他回復如初。其閉藏心意如封閉，說明他十分的謹慎。瀕於死亡之心，無法使它恢復生機。他的喜怒哀樂全繫於此，由思慮、歎息而變為恐懼，浮躁放縱，情態畢露。人籟地籟之音皆由空虛產生，由水氣的作用而生成菌類，變化日夜不息地出現在眼前，而不知它產生的根源。罷了，罷了！能早晚得知產生的根源，因而可以生於天地之間吧！

非彼無我，非我無所取❶。是❷亦近❸矣，而不知其❹所為使❺。若有真宰❻，而特❼不得其眹❽。可行❾己信❿，而不見其形，有情⓫而無形。百骸⓬、九竅⓭、六藏⓮，賅⓯而存焉，吾誰與⓰為親⓱？汝皆說⓲之乎？其⓳有私⓴焉？如是皆有為㉑臣妾㉒乎？其臣妾不足以相治乎㉓？其遞相㉔為君臣㉕乎？其有真君㉖存焉？如求，得其情與不得，無益損㉗乎其真㉘。一受㉙其成形㉚，不亡㉛以待㉜盡㉝。與物相刃㉞相靡㉟，其行㊱盡如馳㊲，而莫之能止㊳，不亦悲乎！終身役役㊴而不見其成功，苶然㊵疲役㊶而不知其所歸㊷，可㊸不哀邪！人㊹謂之不死，奚益㊺？其形化㊻，其心與之然㊼，可不謂大哀乎？人之生也，固若是芒㊽乎？其㊾我獨芒，而人亦有不芒者乎？夫㊿隨其成心(51)而師之(52)，誰獨且(53)無師乎？奚必(54)知代(55)而心自取者(56)有之，愚者與(57)有焉。未成乎心(58)而有(59)是非，是今日適越而昔至也(60)。是以無有(61)為有。無有為有，雖有神禹(62)且(63)不能知，吾獨且奈何(64)哉？

【章旨】此節論述萬物世界有道在主宰，人當依道行事，而不能反其道而行，自行折磨。是非本無，卻糾纏於是非之爭，這是可悲的。

【注釋】❶非彼二句　謂彼我二者相對立又相依存。無所取，謂彼無所依憑。取，依憑。❷是　此，指上說。❸近　近乎正確。❹其　即「彼我」。❺所為使　主使者。❻真宰　主使者。❼特　只。❽眹　跡象。❾行　猶「使」。❿信　指信其固有。⓫有情　有其實。⓬百骸　人身上之上百骨節。此下以人體之眾多器官有其主使者，以喻天地萬物有道在主使之理。⓭九竅　指眼、鼻、耳、口與前後陰。⓮六藏　即六臟，指心、肝、脾、肺、二腎。⓯賅　兼備。⓰誰與　與何者。⓱親　親密。⓲說　同「悅」。⓳其　猶「豈」。⓴私　偏愛。㉑有為　猶「以為」。㉒臣妾　供使役之奴僕。㉓其臣妾句　謂臣妾之間不可以相互管理（主使）。㉔遞相　輪流。㉕君臣　主使者與被使役者。㉖真君　主使者。㉗無益損　不改變。㉘真　實在。㉙一受　一旦稟受元氣。㉚成形　成人之形體。㉛不亡　謂不忘其身。亡，通「忘」。㉜待　防禦。㉝盡　生命之終結。㉞相刃　相互傷害。㉟相靡　相互摩擦。靡，通「磨」。㊱行　指人生之過程。㊲馳　馬之奔馳。㊳莫之能止　即莫能止之。㊴役役　勞苦於事。㊵苶然　困疲貌。㊶疲役　疲於役事。㊷所歸　歸宿。㊸可　猶「豈」。㊹人　指如此之人。㊺奚益　謂其人雖活著，對其自己又有何益。㊻形化　身體變為衰老。㊼與之然　與形同樣的變化。㊽芒　昏昧。㊾其　猶「或」。㊿夫猶「若」。(51)成心　心有成見。(52)師之　從中取法（標準）。(53)且　句中語助詞。(54)奚必　何必。(55)代　指自然變化。(56)心自取者　心有所得者。(57)與　通「舉」。皆。(58)未成乎心　心無成見。(59)有　產生。(60)是今日句　喻違背事理而不可能。作者認為本無是非，是非乃出自成見（偏見）。是，此。適，前往。越，指越國。(61)無有　無有是非。(62)神禹　神靈若夏禹。(63)且尚且。(64)奈何　如何（能知）。

【語　譯】無彼就無我，無我則彼無所依憑。此說近乎正確，然而不知彼我的主使者。好像存在有一主使者，而只是不得其跡象。可使自己信其固有，而不見其形，有其實而無其形。人體的百個骨節、九竅、六臟，皆兼存於身，我與何者相親密？你都喜歡它們吧？難道有所偏私嗎？如此都以為是供使役的奴僕吧？奴僕之間不可以相互管理吧？它們輪流作主使者與被使役者嗎？它們有主使者存在嗎？假如尋求主使者，得其實與不得其實，不改變它的實在。人一旦稟受元氣而成人之形體，總不忘其身而防禦生命之終結。與事物相傷害，相摩擦，其人生之過程盡如馬之奔馳，而無人能停止這種作為，不是可悲嗎！終身勞苦於事而不見其成功，困疲於所役，而不知其歸宿，可不是悲哀嗎！人說他不死，對自己有何益處？其身體變為衰老，其心神同樣變為衰老，可不謂大的悲哀嗎？人活著，就是如此昏昧嗎？或是只有我昏昧，而人家有不昏昧的嗎？假若隨心之成見而從中取法，則誰會無準則呢？豈止只有知道自然變化而心有所得者有其準則，愚笨者全都有其準則。如果是心無成見而會生出是非之辨，這真是今日前往越國而昔日已至了。這是以無有是非為有是非。以無有是非為有是非，即使有神靈若夏禹者尚且不能知，我如何獨能知之呢？

夫言非吹❶也，言者有言❷，其所言者❸特❹未定❺也。果有言邪？其未嘗有言邪？其以為異於鷇音❻，亦有辯乎？其無辯乎❼？道惡乎隱而有真偽❽？言❾惡乎隱而有是非❿？道惡乎往而不存？言惡乎存而不可⓫？道隱於小成⓬，言隱於榮華⓭。故有儒墨之是非⓮，以是其所非而非其所是⓯。欲是其所非而非其所是，則莫若以⓰明⓱。

【章　旨】此節言世上本無是非，是非之爭乃源自道被掩蓋，故能明乎道則其爭自息。

【注　釋】❶吹　吹氣。❷有言　有所言之意。❸所言者　所言之意。❹特　只是。❺未定　指所言之意無以確定。❻鷇音　雛鳥之鳴叫聲。❼亦有二句　作者問意是以為並無區別。辯，通「辨」。區別。❽道惡句　謂道何以被掩蓋而生出真偽。惡，何。隱，掩蓋。❾言　指真樸之言。❿是非　指是非之辯。⓫道惡二句　意謂道無往而不在，真樸之言所在皆可。⓬小成　指人們粗淺的見識。⓭榮華　華美之言辭。⓮故有句　謂因此而有儒家與墨家的是非之爭。儒墨兩家在許多問題上觀點對立，各以為是而以對方為非，故有是非之爭。儒，儒家。是春秋末期由孔子所創立的學派。墨，墨家。是戰國初年由墨子所創立的學派。⓯以是句　謂以對方所非為是，所是為非。⓰以　能夠。⓱明　指復命知常。老子《道德經》十六章云：「復命曰常，知常曰明。」常，即道。知道為明。從道觀之，則所謂是非乃偏見妄識。

【語　譯】人說話不是吹氣，說話有其所言之意，只是其所言之意無以確定。果真有說話嗎？其未嘗有說話嗎？其以為異於雛鳥之鳴叫，亦有區別嗎？還是沒有區別呢？道何以被掩蓋而生出真偽？真樸之言何以被掩蓋而引起是非之辯？道何往而不存？真樸之言何所在而不可？道被粗淺的見識所掩蓋，真樸之言被華美的言辭所掩蓋。因而有儒家與墨家的是非之爭，兩家各以對方之所非為是，而以對方之所是為非。欲以對方之所非為是而以所非為是，則不如能夠明乎道。

物無非彼，物無非是❶。自彼則不見❷，自知❸則知之。故曰彼出於是，是亦因❹彼。彼是方生❺之說也，雖然，方生方死❻，方死方生；方可❼方不可❽，方不可方可；因是❾因非❿，因非因是。是以⓫聖人不由⓬，而照之於天⓭，亦因是⓮也。是亦彼也，彼亦是也。彼亦一是非⓯，此亦一是非。果且有彼是乎哉？果且無彼是乎哉⓰？彼是莫得其偶⓱，謂之道樞⓲。樞始得其環中⓳，以應無窮⓴。是亦一無窮，非亦一無窮也㉑。故曰莫若以明。

【章　旨】此節言凡彼此、是非等諸相對偶之事物無不同時產生與消亡，兩者相互依存，只有歸一於道才能使兩者之對立相泯滅。

【注　釋】❶物無二句　意謂物本無彼此之別。是，此。❷不見　指不見物無彼此之別。❸自知　指自知物無彼此之別。❹因　依。❺方生　並生，即同時產生。❻方死　同時消亡。❼方可　同時被認為可。❽方不可　同時被認為不可。❾因是　依憑於是。❿因非　依憑於非。⓫是以　因此。⓬不由　指不由此種分辨彼此是非之道。⓭照之於天　以天道觀照之。⓮因是　由於如此之緣故。⓯一是非　一種是非。⓰果且二句　作者問意是「無彼是」。且，句中語助詞。⓱偶　對偶。⓲道樞　道中樞。意謂道為之中樞。⓳樞始句　謂中樞才處於環之中心的地位。樞，中樞。得其環中，處於環中。處於環中，則彼是二者莫得其偶。⓴以應無窮　以順應無窮之變化。㉑是亦二句　謂使是非兩者皆歸一於無窮的變化之中。如此則固無是非。一，歸一。

【語譯】事物無不為彼，又無不為此。從彼一方看，則不見事物無非彼又為此；能自知無非彼又為此，則可謂知之。因此說彼由此引出，此亦因彼而存在。此為彼此同時產生之說，雖然如此，彼此二者同時產生也同時消亡，同時消亡也同時產生；同時被認為可也同時被認為不可，同時被認為不可也同時被認為可；依憑於是即依憑於非，依憑於非即依憑於是。因此聖人不由此種分辨彼此是非之道，而以天道觀照之，也是由於如此之緣故。彼是一種是非，此也是一種是非。果真有彼此嗎？果真沒有彼此嗎？彼此二者都不存在其對偶，稱為道中樞。中樞才處於環中心的地位，以順應無窮的變化。是也歸一於無窮的變化之中，非也歸一於無窮的變化之中。因此說不如能夠明乎道。

以指喻指之非指，不若以非指喻指之非指也❶。以馬喻馬之非馬，不若以非馬喻馬之非馬也❷。天地一指也，萬物一馬也❸。可乎可，不可乎不可❹。道❺行之而成，物謂之而然❻。惡乎然❼？然於然❽。惡乎不然❾？不然於不然❿。物固有所然⓫？物固有所可⓬？無物不然，無物不可。故為是舉莛⓭與楹⓮，厲⓯與西施⓰，恢恑憰怪⓱，道⓲通為一⓳。其分⓴也，成也；其成也，毀也。凡物無成與毀，復通為一。唯達者㉑知通為一，為是㉒不用㉓而寓㉔諸庸㉕。庸也者，用㉖也。用也者，通㉗也。通也者，得也。適㉘得而幾㉙矣。因是㉚已㉛，已㉜而不知其然㉝，謂之道㉞。勞神明㉟為一㊱，而不知其同也，謂之朝三㊲。何謂朝三？狙公㊳賦㊴芧㊵，曰：「朝三㊶而暮四㊷。」眾狙皆怒。曰：「然則朝四而暮三。」眾狙皆悅。名實未虧㊸，而喜怒為用㊹，亦因是㊺也，是以聖人和㊻之以㊼是非而休乎天鈞㊽，是㊾之謂兩行㊿。

【章旨】此節言天地萬物可視為一物，其間凡相對立者皆一通於道，故是非之爭當從道這高度察其同一。

【注釋】❶以指二句　謂以某手指為例說明其非為手指，不如以非手指來說明。以此易彼，兩者無關是非，而利於說明之。指之非指，謂某手指非為手指。後之「指」為類概念。此與下「(白)馬非馬」為當時名家之論題，作者藉以論之。❷以馬二句　謂以白馬為例說明其非為馬，不如以非馬說明之。❸天地二句　謂天地如一指，萬物如一馬。意謂天地萬物固當以同一之體視之，無須分彼此。❹可乎二句　謂人以為可者即可之，不可者即不可之。❺道　道路。❻物謂句　謂事物因人之說而以為是。❼惡乎然　謂何以為是。惡，何。❽然於然　謂因其是而是之。❾惡乎不然　謂何以為不是。❿不然句　謂因其不是而不是之。⓫所然　其是。所，猶「其」。⓬所可　其可。⓭莛　草之莖。⓮楹　木柱子。⓯厲　醜惡之人。⓰西施　傳說春秋時越國美女。越王句踐為吳王夫差所敗而獻於夫差。⓱恢恑憰怪　指甚為怪異之事物。⓲道　謂從道的角度視之。⓳通為一　相通而齊一。⓴分　毀。㉑達者　明達事理者。㉒為是　為此。㉓不用　指不務世事。㉔寓　寄。㉕庸　愚。㉖用　指自盡其用。㉗通　明。㉘適　達到。㉙幾　近，指近於道。㉚因是　依此而為。㉛已　同「矣」。㉜已　已然。㉝不知其然　不知其所以然。㉞道　指道之作用。㉟勞神明　勞心神。㊱為一　執一偏之見。㊲朝三　即下「朝三暮四」之例，為囿於一偏而不識本同。㊳狙公　養獼猴者。狙，獼猴。㊴賦　給予。㊵芧　橡實。㊶朝三　早上給予三顆橡實。㊷暮四　晚上給予四顆橡實。㊸名實未虧　橡實之名實未變。㊹喜怒為用　表現出喜怒。㊺因是　由於執一而不知其同之偏見。㊻和　同；同一。㊼以　猶「使」。㊽天鈞　天道之同一。鈞，同「均」。㊾是　此。㊿兩行　指是非兩者之歸宿。

【語譯】以某手指為例說明其非為手指，不如以非手指來說明。以某白馬說明其非為馬，不如以非馬來說明。天地如一指，萬物如一馬。人們以為可者即可之，以為不可者即不可之。道路因人行走而成，事物因人之言說而以為是。何以為是？因其是而是之。何以為不是？因其不是而不是之。事物固有其是？事物固有其可？沒有事物不為是，沒有事物不為可。故為此舉草之莖與木柱子，醜惡之人與西施，甚為怪異之事物，從道的角度視之，則相通而齊一。事物之毀，也即是成；其成，也即是毀。凡事物無成與毀，因兩者又相通為一。唯有明達事理者知道對立雙方相通為一，因此不務世事而以愚暗自處。以愚暗自處，則自盡其用。自盡其用，則明。明者，則有所得。達到有所得則近於道了。依此而為，已如此而為而不知其所以然，稱之為道的作用。勞其心神而執一偏之見，而不知對立雙方本相同，稱之為「朝三」。什麼叫做「朝三」？養獼猴者給予橡實餵養，說：「早上給三顆而晚上給四顆。」眾獼猴皆怒。又說：「那麼早上給四顆而晚上給三顆好了。」眾獼猴皆喜。橡實之名實未變，而表現出喜怒之色，也是由於執一偏之見而不知其本相同之緣故，因此聖人將對立雙方混同為一。天道之同一使是非雙方之對立止息，此之謂兩者之歸宿。

古之人，其知❶有所至❷矣。惡❸乎至？有以為未始有物者❹，至矣，盡矣，不可以加❺矣！其次以為有物矣，而未始有封❻也。其次以為有封焉，而未始有是非也。是非之彰❼也，道❽之所以虧❾也。道之所以虧，愛❿之所以成。果且有成與虧乎哉？果且無成與虧乎哉⓫？有成與虧，故昭氏之鼓琴也⓬；無成與虧，故昭氏之不鼓琴也⓭。昭文之鼓琴也，師曠⓮之枝策⓯也，惠子之據⓰梧⓱也，三子之知⓲幾乎皆其盛者也，故載⓳之末年⓴。唯其㉑好之也，以異於彼㉒，其好之也，欲以明之㉓。彼㉔非所明㉕而明之，故以堅白㉖之昧㉗終㉘。而其子㉙又以文㉚之綸㉛終，終身無成。若是而可謂成乎？雖我亦成也；若是而不可謂成乎？物㉜與我無成也。是故滑疑㉝之耀㉞，聖人之所圖㉟也。為是不用而寓諸庸，此之謂以明。

【章旨】此節闡述彰明是非，所以造成對道之認識有失。人以其智欲有所成，而以道觀之本無成與虧，故當明道以廓清眩惑之論。

【注釋】❶知　知識。❷所至　最高境地。❸惡　何。❹有以為句　意謂唯有非「物」之道存在。未始，未曾。❺不可以加　謂此種認識境地之高無以復加。❻封　界域。❼彰　明辨。❽道　謂對於道之認識。❾虧　失。❿愛　偏執。⓫果且二句　問意實謂無成與虧，即偏執無可成而道無可虧。⓬有成二句　謂昭氏能成功地彈奏某種樂曲，故「有成」；然而他不能盡現天下樂曲之美，故云「有虧」。故，猶「若」。昭氏，姓昭，名文，古之善奏琴者。鼓琴，彈奏琴。⓭無成二句　謂昭氏不奏琴，雖無成，然而於天下優美之樂曲亦無損，故云「無成與虧」。⓮師曠　春秋晉國著名樂師。⓯枝筴　以手彈奏。枝，通「肢」。筴，同「策」。本有驅使意，此引申為操作意。⓰據　持。⓱梧　通「迕」。指違背人之常識之言，詳〈天下〉篇。⓲知　同「智」。⓳載　載譽。⓴末年　後代。㉑其　指惠子。㉒彼　指昭文與師曠。㉓明之　闡明其說。㉔彼　指惠子。㉕非所明　對於無可說明者。㉖堅白　堅白論。以為白石之白與堅皆離於石，是名家的重要命題。此論已不知肇始於何人，本文作者以為惠子亦有此說。戰國晚期公孫龍子有〈堅白論〉。㉗昧　謬誤。㉘終　至終了。㉙其子　疑指惠子之子。㉚文　疑為「父」字之誤。㉛綸　借作「論」。㉜物　指人。㉝滑疑　惑亂。㉞耀　炫耀。㉟圖　為「鄙」之誤。

【語譯】古代之人，他們的知識有達到最高境界的。什麼是最高境界？有人認為未曾有物，最高了，到頂了，無以復加了！第二種人認為有物了，而未曾有界域。第三種人認為有界域了，而未曾有是非。是非之明辨，對於道之認識所以有失。由於對道之認識有失，所以偏執就形成。果真有成與虧損嗎？果真沒有成與虧損嗎？

有成與虧損，若昭氏之奏琴；無成與虧損，若昭氏之不奏琴。昭文之奏琴，師曠之彈奏，惠子之持其謬論，三人之智幾乎都是最高的，因而載譽於後代。只因惠子之所好，與昭氏師曠有別，其欲闡明其說。他對於無法說明者而欲闡明之，故持其堅白論之謬誤至於終了。而其子又以其父之所論至於終了，終身無成。如此而可謂成嗎？即使我亦有成了；如此而不可謂成嗎？人與我皆無成。因此炫耀惑亂之說，是聖人之所鄙視的。為此不務世事而以愚暗自處，此之謂能夠明乎道。

今且❶有言於此，不知其與是❷類❸乎？其與是不類❹乎？類與不類❺，相與❻為類❼，則與彼❽無以異矣。雖然，請嘗言之：有始也者❾，有未始有始也者❿，有未始有夫未始有始也者⓫。有有也者⓬，有無也者⓭，有未始有無也者⓮，有未始有夫未始有無也者⓯。俄而⓰有無⓱矣，而未知有無之果孰有孰無也⓲。今我則已有謂⓳矣，而未知吾所謂之其果有謂乎？其果無謂乎⓴？

【章　旨】此節闡述人們糾纏於爭辯，己則鑑於宇宙肇始於有還是無均不可辨，而無意介入。

【注　釋】❶今且　句首語助詞。❷是　此。指某家之論。❸類　類同。❹不類　不類同。❺類與不類　不論其類同與否。❻相與　同樣。❼為類　自成一類。❽彼　指某家。❾有始句　謂以為宇宙有其開始。❿有未句　謂有以為宇宙未曾有其開始。⓫有未句　謂有以為連「以為宇宙未曾有其開始」之意念也未曾有過。夫，猶「彼」。⓬有有句　謂有以為宇宙開始時有所存在者。⓭有無句　謂有以為宇宙開始時唯有「無」。⓮有未句　謂有以為此「無」也未曾有過。⓯有未句　謂有以為連「以為此『無』也未曾有過」之意念也未曾有過。⓰俄而　不久。⓱有無　始有「無」。⓲而未句　謂不知始有「無」之時真會「有」什麼還是什麼也「無」。⓳有謂　有所言。⓴而未二句　意謂已雖有言，然本意在使人我皆無所爭言。

【語 譯】在此而有所言，不知其與某家之言類同呀？其與某家之言不類同呀？不論其類同與否，同樣自成一類，則與某家無以有別了。即使這麼說，請試言之：有以為宇宙有其開始，有以為宇宙未曾有其開始，有以為連「以為宇宙未曾有其開始」之意念也未曾有過。有以為宇宙開始時有所存在者，有以為宇宙開始時唯有「無」，有以為此「無」也未曾有過，有以為連「以為此『無』也未曾有過」之意念也未曾有過。不久始有「無」，而不知始有「無」之時真會「有」什麼還是什麼也「無」。現在我已有所言了，而不知我所言其果真有所言呢？其果真無所言呢？

天下莫大於秋豪之末❶，而太山❷為小；莫壽❸於殤子❹，而彭祖❺為夭❻。天地與我並生❼，而萬物與我為一❽。既已為一矣，且得有言乎❾？既已謂之一矣，且得無言乎❿？一⓫與言⓬為二⓭，二與一⓮為三⓯。自此以往⓰，巧歷⓱不能得⓲，而況其凡⓳乎⓴！故自無㉑適㉒有㉓以至於三，而況自有適有乎㉔！無適㉕焉，因是㉖已。

【章 旨】此節作者誇大事物間之相對性，用以突出言辭在達意上的差失。既而表示既與萬物為一體，當以紛辭繁語為累。

【注 釋】❶秋豪之末 秋天獸類長出的細毛之尖端，喻極微小之物。豪，借作「毫」。❷太山 即泰山。❸壽 壽長。❹殤子 未成年而死者。❺彭祖 見〈逍遙遊〉注。❻夭 少壯而死。❼天地句 天地與人皆道所派生，故云。❽萬物句 己為萬物之一，故與萬物為一體。❾既已二句 謂已既與萬物為一體，能獨自有言乎。且，而。❿既已謂二句 謂既已表述了與萬物為一，而能說無言乎。⓫一 指萬物一體。⓬言 指表述萬物一體。⓭為二 萬物一體與表述萬物一體，此二者各為一回事，故為「二」。⑭一　指表述「我」為萬物之一體。⑮為三　前之「二」與此「一」相加，則為「三」。⑯自此句　指自此往下推算。⑰巧歷　巧於計算者。⑱不能得　不能算得其總數。因萬物其數無窮盡，故如此云。⑲而況　何況。⑳凡　平凡者。㉑無　指道言。㉒適　至。㉓有　謂產生物。㉔而況句　指產生之物復滋生物。㉕無適　謂無須往下推算。㉖因是　因其無可計算之故。

【語　譯】天下之物沒有比秋毫之末更大，而泰山是小的；沒有比未成年而死亡者更長壽，而彭祖是短命的。天地與我一起產生，而萬物與我為一體。既已與萬物為一體了，而能獨自有言嗎？既已說了與萬物為一體了，而能說無言嗎？萬物一體與表述萬物一體二者成為二，此二與表述我為萬物之一體即成為三。自此往下推算，巧於計算者不能算得其總數，何況平凡者呢！因而從無至產生物以至於三，何況產生之物復滋生物呢！無須往下推算了，因其無可推算之故。

夫道未始有封❶，言未始有常❷，為「是」而有畛也❸。請言其畛：有左，有右❹，有倫❺，有義❻，有分❼，有辯❽，有競❾，有爭❿，此之謂八德⓫。六合⓬之外，聖人存⓭而不論；六合之內，聖人論而不議⓮。「春秋」⓯經世先王之志⓰，聖人議而不辯。故分⓱也者，有不分⓲也；辯⓳也者，有不辯⓴也。曰：何也？聖人懷之㉑，眾人辯之以相示㉒也。故曰：辯也者有不見㉓也。夫大道不稱㉔，大辯不言，大仁不仁㉕，大廉不嗛㉖，大勇不忮㉗。道昭㉘而不道㉙，言辯㉚而不及㉛，仁常㉜而不成㉝，廉清而不信㉞，勇忮㉟而不成。五者㊱园㊲而幾㊳向方㊴矣，故知止其所不知㊵，至矣。孰㊶知不言之辯，不道之道？若有能知，此之謂天府㊷。注㊸焉而不滿，酌㊹焉而不竭，而不知其所由來，此之謂葆光㊺。

【章　旨】此節論述道無所不在而無有界限，道又無可言表，只能得之於心。言語亦無準則。眾人不察，為辨明「是」而設界論辯。

【注　釋】❶夫道句　言道無所不在而未嘗有界限。封，界限。❷常　準則。❸為是句　謂為分辨正確與否而區分界限。是，正確。畛，界限。❹有左二句　謂以左或以右為界限而分辨之。左或指下，右或指高。❺倫　倫理。❻義　道義。❼分　區分。❽辯　通「辨」。辨識。❾競　競爭。❿爭　敵對。⓫德　通「植」。立木。此謂所立之界限。⓬六合　指人世間。⓭存　謂讓其自然存在。⓮不議　不加評議。⓯春秋　古時史書之通稱。⓰經世先王之志　即「先王經世之志」。經世，治世。志，記載。⓱分　謂世人區分界限。⓲不分　謂聖人不區分。⓳辯　謂世人辯論。⓴不辯　謂聖人不辯論。㉑懷之　藏之內心。㉒相示　以己見示人。㉓不見　不知事無須辯。㉔不稱　無可稱其名。《道德經》二十五章云：「吾不知其名，字之曰道。」㉕不仁　無仁愛之心。㉖不嗛　不自感得意。嗛，通「慊」。得意。㉗不忮　不強悍。㉘道昭　道可明示。㉙不道　不為道。㉚言辯　以言明辨。辯，通「辨」。㉛不及　謂於理有所不及。㉜仁常　以仁為常道。㉝不成　當作「不周」（據陳碧虛《莊子闕誤》引江南古藏本）。不周，為不能周遍。㉞不信　人所不信。㉟勇忮　有勇而至於強悍。㊱五者　指道之昭、言之辯、仁之常、廉之清、勇之忮。㊲园　同「刓」。削去稜角使成圓形。此指拋棄昭、辯、常、清、忮。㊳幾　近。㊴方　道。㊵所不知　不可知之領域。㊶孰　誰。㊷天府　指無所不容之心胸。㊸注　注入。㊹酌　酌取。㊺葆光　隱含著光明。葆，通「保」。

【語　譯】道無所不在而未嘗有界限，言語未嘗有準則，為分辨正確與否而區分界限。請言其界限：有左，有右，有倫理，有道義，有區分，有辨識，有競爭，有敵對，此謂八種確立的界限。人世間之外，聖人任其自然存在而不論述；人世間之內，聖人論述而不加評議。「春秋」是先王治世的記載，聖人評議而不辯論。故世人區分界限而聖人不區分；世人辯論而聖人不辯論。問道：為什麼？聖人藏之內心，眾人則辯論而以己見示人。因此說：辯是由於有所不知。大道無可稱其名，大的辯論不用言語，大的仁愛無仁愛之心；大的廉潔不自感得意，大勇不強悍。道若可明言則不為道，以言明辨則於理有所不及。以仁為常道則不能周遍，廉潔而至於清高則人所不信，有勇而至於強悍則無所成事。五者而棄其所失則近於道了。因此，所知當止於不可知之領域，是至境了。誰知道不言之辯，不言之道？若有能知，此之謂無所不容之心胸。注入而永不滿，酌取而永不竭，而不知其來源，此之謂隱含著光明。

故昔者堯問於舜曰：「我欲伐宗、膾、胥敖❶，南面❷而不釋❸然，其故何也？」

舜曰：「夫三子❹者，猶❺存❻乎蓬艾❼之間❽，若❾不釋然何哉？昔者十日並出，萬物皆照，而況德❿之進⓫乎日者乎！」

【章旨】此節為寓言，借舜言以明君主當有相容之心胸，而無分彼此。

【注釋】❶宗膾胥敖　三小國名，或出於假託。❷南面　臨朝聽政。因臨朝聽政，尊者南向，故用以指代。❸釋　同「懌」。喜悅。❹三子　三國。❺猶　尚且。❻存　處。❼蓬艾　兩種雜草，喻荒僻草野之地。❽間　中。❾若　你。❿德　恩德。⓫進　勝過。

【語譯】往時堯問舜道：「我想要討伐宗、膾、胥敖，臨朝聽政而心中感到不悅，這是什麼緣故呀？」舜說：「這三個國家，尚且存在於荒僻草野中間，你為什麼心中感到不悅呢？往時十日並出，萬物普照，何況恩德超過日的人呢！」

齧缺❶問乎王倪❷曰：「子知物❸之所同是❹乎？」曰：「吾惡乎知之❺！」

「子知子之所不知邪？」曰：「吾惡乎知之！」「然則物❻無知邪？」曰：「吾

惡乎知之！雖然，嘗試言之：庸詎知吾所謂知之非不知邪？庸詎知吾所謂不知之非知邪⑦？且吾嘗試問乎女⑧：民溼寢⑨則腰疾偏死⑩，鰌⑪然⑫乎哉？木處⑬則惴慄恂懼⑭，猨猴⑮然乎哉？三者孰知正處⑯？民食芻豢⑰，麋⑱鹿食薦⑲，蝍蛆⑳甘帶㉑，鴟㉒鴉㉓耆鼠㉔，四者㉕孰知正味㉖？猨，猵狙以為雌㉗；麋與鹿交㉘；鰌與魚游㉙；毛嬙㉚麗姬㉛，人之所美也，魚見之深入，鳥見之高飛，麋鹿見之決驟㉜。四者㉝孰知天下之正色㉞哉？自我觀之，仁義之端㉟，是非之塗㊱，樊然㊲殽亂㊳，吾惡能㊴知其辯㊵！」齧缺曰：「子不知利害，則至人㊶固不知利害乎？」王倪曰：「至人神㊷矣！大澤㊸焚而不能熱，河漢沍㊹而不能寒，疾雷破山，風㊺振海㊻而不能驚。若然者，乘雲氣，騎日月，而遊乎四海之外。死生無變於己㊼，而況利害之端㊽乎！」

【章旨】此節闡述當知所謂是非利害本無區分之標準，故當知至人之超然物外。

【注釋】❶齧缺　為作者虛構之人名。❷王倪　亦作者虛構之人名，為得道者。❸物　即人。❹同是　共同以為是。❺吾惡句　意即不知。惡，何。❻物　即人。❼庸詎二句　意謂說知之反表明自己之不知，說不知反表明自己知之。據下文引例，知作者其意是事物固無是非利害之標準故不可知，能知此不可知則反為知。庸詎，何。❽女　同「汝」。❾溼寢　睡於溼處。❿偏死　偏癱。⓫鰌　同「鰍」。泥鰍。⓬然　如此。⓭木處　人處於樹上。⓮惴慄恂懼　皆恐懼意。⓯猨猴　即「猿猴」。⓰三者句　謂三者之中以何者為知居住之標準。實則各自為正，故「正處」不可知。能知此不可知乃為知之。三者，指民、泥鰍、猿猴。正處，居住之標準。⑰芻豢　指肉類食品。凡牲畜用草料餵養稱芻，用穀物餵養稱豢。⑱麋　哺乳動物。或稱麋鹿、四不像。毛淡褐色，雄的有角，角像鹿，尾像驢，蹄像牛，頸像駱駝，但從整體上看，哪一種動物都不像。⑲薦　獸所食之草。⑳蝍蛆　蜈蚣之別名。㉑甘帶　以食小蛇為味美。帶，小蛇。㉒鴟　貓頭鷹。㉓鴉　烏鴉。㉔耆鼠　以食鼠為嗜好。耆，同「嗜」。㉕四者　指民、麋鹿、蝍蛆、鴟鴉。㉖正味　口味之標準。㉗猨猵狙二句　謂猵狙以雌猿為交配對象。猵狙，似猿而犬首之獸。㉘交　結伴。㉙游　結伴。㉚毛嬙　古美人名。㉛麗姬　亦作驪姬。春秋時，驪戎君之女。晉獻公伐驪戎，得之，納為夫人，故稱驪姬。㉜決驟　快速奔離。㉝四者　指猵狙、麋、鰍、人。㉞正色　美色之標準。㉟端　觀點。㊱是非之塗　區分是非二途。塗，通「途」。㊲樊然　紛雜貌。㊳殽亂　混雜。㊴惡能　何能。㊵辯　通「辨」。區別。㊶至人　見〈逍遙遊〉注。㊷神　神奇。㊸大澤　大藪澤。㊹沍　凍。㊺風　上脫一「飄」字，當據《莊子闕誤》引江南李氏本補。飄風，狂風。㊻振海　使大海振盪。㊼無變於己　自己無動於衷。㊽端　事。

【語　譯】齧缺問王倪說：「你知道人所共同以為是對的事嗎？」回答說：「我怎麼知道！」又問：「你對於自己之不知是否知道？」回答說：「我怎麼知道！」又問：「如此說來人是無知呀？」回答說：「我怎麼知道！雖然這麼說，請試言之：哪裡知道我所謂知之不是不知呢？哪裡知道我所謂不知不是知呢？我試問你：人睡在潮濕處，則得腰病偏癱，泥鰍是這樣嗎？人處於樹上則恐懼，猿猴是這樣嗎？三者誰知道居處之標準？人吃肉類食品，麋鹿食草，蜈蚣以食小蛇為美味，貓頭鷹與烏鴉嗜好食鼠，四者誰知道口味之標準？猵狙以雌猿為交配對象，麋與鹿結伴，泥鰍與魚結伴；毛嬙驪姬，人視為美人，魚見之而深入水中，鳥見之而高飛，麋鹿見之迅疾奔離。四者誰知道天下美色之標準呀？從我觀察，仁義之觀點，區分是非二途，紛雜混亂，我怎能知道其中的區別！」齧缺說：「你不知道利害，則修養達到至高境界的人確實不知道利害嗎？」王倪說：「修養達到至高境界的人神奇了！大藪澤焚燒而不能使他感到炎熱，銀河凍結而不能使他感到寒冷，迅雷毀山、狂風使大海振盪而不能使他震驚。如此，乘著雲霧，騎著日月，而遊於俗世之外。對於自己連生死都無動於衷，何況利害之事呢！」

瞿鵲子❶問乎長梧子❷曰：「吾聞諸夫子❸：『聖人❹不從事於務❺，不就❻利，不違害❼，不喜求❽，不緣道❾；無謂有謂❿，有謂無謂⓫，而游乎塵垢⓬之外。』夫子以為孟浪⓭之言，而我以為妙道⓮之行⓯也。吾子⓰以為奚若⓱？」長梧子曰：「是⓲黃帝⓳之所聽熒⓴也，而丘㉑也何足以知之。且女㉒亦大早計㉓，見卵㉔而求時夜㉕，見彈㉖而求鴞炙㉗。予嘗為女妄㉘言之，女以㉙妄聽之奚㉚？旁日月，挾宇宙，為其脗合，置其滑涽，以隸相尊㉛。眾人役役㉜，聖人愚芚㉝，參萬歲而一成純㉞。萬物盡然，而以是㉟相蘊㊱。予惡乎知說生之非惑邪？予惡乎知惡死之非弱喪而不知歸者邪㊲？麗之姬㊳，艾㊴封人㊵之子㊶也。晉國㊷之始得之也，涕泣沾襟。及其至於王㊸所，與王同筐床㊹，食芻豢，而後悔其泣也。予惡乎知夫死者不悔其始之蘄生㊺乎？夢飲酒者，旦而哭泣；夢哭泣者，旦而田獵㊻。方其夢也，不知其夢也，夢之中又占㊼其夢焉，覺而後知其夢也。且有大覺而後知此其大夢也。而愚者自以為覺，竊竊然㊽知之。君乎？牧乎㊾？固㊿哉！丘也與女皆夢也，予謂女夢亦夢也。是其言(51)也，其名為弔詭(52)。萬世之後，而一遇大聖知其解(53)者，是旦暮遇之也(54)。

【章　旨】此節言聖人能超脫塵俗之束縛，而以渾然無知處世，而其精神則獲得逍遙。世人則尚在夢中。

【注　釋】❶瞿鵲子　作者虛構之人物，屬道家。❷長梧子　亦虛構之人物，為得道者。❸吾聞句　謂我從孔子處聽說。諸，之於。夫子，對孔子之尊稱。❹聖人　指道家之聖人。❺務　世務。❻就　趨。❼違害　迴避禍害。❽喜求　樂於追求。❾緣道　遵循常規。❿無謂句　謂無謂若有謂。即其意盡在不言之中。⓫有謂句　謂有謂若無謂。即雖有所謂而意在無謂。⓬塵垢　塵世。⓭孟浪　猶荒誕。⓮妙道　至道，即最完美之道。⓯行　作法。❿吾子　稱長梧子。⓱奚若　如何。⓲是　此。指瞿鵲子所述聖人之作為。⓳黃帝　傳說之古帝，道家將之奉為始祖。⓴熒　疑惑。㉑丘　孔丘。孔子名丘，字仲尼，春秋魯人。是儒家學派的創始人。㉒女　同「汝」。㉓大早計　過早考慮。大，太。㉔卵　雞蛋。㉕時夜　即司夜，報曉之雞。㉖彈　彈丸。㉗鴞炙　烤熟的貓頭鷹。鴞，鵩鴞，即貓頭鷹。炙，烤。㉘妄　姑且。㉙以　猶「亦」。㉚奚　如何。㉛旁日月五句　皆就「聖人」之超脫境界言。旁，依傍。挾，懷抱。為，猶「與」。其，指宇宙。吻合，混合為一體。置，棄。滑涽，雜亂昏暗。指世俗之見識。以，猶「於」。隸，卑賤者。㉜役役　勞苦不息貌。㉝愚芚　渾然無知貌。㉞參萬歲句　謂混合古今全至於渾樸。參，混合；等同。萬歲，指古今。一，全。純，渾樸。㉟是　此，指渾樸。㊱相蘊　蘊含之。㊲予惡句　意謂生死本自然之現象，世人悅生而惡死，乃迷惑而不知歸宿。下即以事例明之。惡，怎麼。說，同「悅」。弱，幼弱者。喪，離家。㊳麗之姬　即麗（驪）姬。㊴艾　地名。㊵封人　守邊境者。㊶子　女兒。此與驪姬事不合，然莊子文中人事多為虛擬，本不可實證。㊷晉國　諸侯國名。其地域在今山西大部，及河北西南、河南北部和陝西一角。㊸王　即指晉獻公。㊹筐床　方正之床。㊺蘄生　求生。㊻田獵　打獵。㊼占　占卜凶吉。㊽竊竊然　猶察察然，明晰貌。㊾君乎二句　二者指夢境。君，指尊貴。牧，春秋時為下等奴僕之稱。此借指下賤。㊿固　陋。(51)是其言　指上瞿鵲子所引道家之論。是，此。(52)弔詭　至異。(53)解　解意。(54)是旦暮句　謂猶如早晚間相遇，誇張其得之甚難。

【語　譯】瞿鵲子問長梧子說：「我從夫子處聽說：『聖人不從事於世務，不趨利，不迴避禍害，不樂於追求，不遵循常規；無所言若有所言，有所言若無所言，而遊於塵世之外。』夫子以為是荒誕之言，而我以為是體現最完美之道的作法。你以為怎麼樣？」長梧子說：「這是黃帝聽了也疑惑的，而孔丘怎麼能知道。況且你也過早考慮此事了，見到雞蛋就想得到報曉之雞，見到彈丸就想得到烤熟的貓頭鷹。我姑且試著為你說說，而你也姑且聽聽如何？聖人依傍日月，懷抱宇宙，與其混合為一體，棄置其雜亂昏暗，尊尚世俗所卑賤者。眾人勞苦不息，聖人渾然無知，混同古今而全至於渾樸。所有萬物，全以此渾樸蘊含之。我怎麼知道悅生不是疑惑呢？我怎麼知道惡死不是如幼弱者之離家而不知歸宿呢？驪姬，是艾地守邊境者的女兒，晉國人當初得到她時，眼淚沾濕了她的衣襟，等她到了晉王之所在，與王同睡在方正之床上，吃肉類食品，這才懊悔她當初的哭泣了。我怎麼知道死者不懊悔他當初之求生呢？做夢飲酒的人，天亮而哭泣；做夢哭泣的人，天亮而打獵。當其做夢時，不知在做夢，夢中又在占卜其夢之凶吉，醒後方才知道在做夢。並且有大的覺醒而後知道這是大夢。然而愚笨的人自以為醒了，明明白白地知道其事。是尊貴呀？是下賤呀？真愚昧呀！孔丘與你都在做夢，我說你在做夢自己也在做夢。此言，名為最怪異之言。萬世之後，一旦遇到大聖人懂得它的含意，則是如同與他在早晚間相遇到一樣了。

「既使❶我與若❷辯矣，若勝我，我不若勝❸。若果是也，我果非也邪？我勝若，若不吾勝，我果是也，而❹果非也邪？其或❺是也，其或非也邪？其俱是也，其俱非也邪？我與若不能相知❻也。則❼人固受❽其黮闇❾，吾誰使❿正之⓫？使同乎若者正之，既與若同矣，惡能正之？使同乎我者正之，既同乎我矣，惡能正之？使異乎我與若者正之，既異乎我與若矣，惡能正之？使同乎我與若者正之，既同乎我與若矣，惡能正之？然則我與若與人俱不能相知也，而待彼⓬也邪？化聲⓭之相待⓮，若其不相待⓯。和⓰之⓱以天倪⓲，因之⓳以曼衍⓴，所以㉑窮年㉒也。何謂和之以天倪？曰：是不是㉓，然不然㉔。是若果是也，則是之異乎不是也亦無辯㉕；然若果然也，則然之異乎不然也亦無辯。忘年㉖忘義㉗，振㉘於無竟㉙，故寓㉚諸無竟。」

【章旨】此節論述雙方相辯論，固無從裁定其是非，因是非本無。故只有以同一是非之見，使人之精神與道為一而獲得自由。

【注釋】❶既使　假使。❷若　你。❸我不若勝　我不勝你。❹而　通「爾」。你。❺其或　其中一方。❻相知　知其是非。❼則　猶「而」。❽受　執持。❾黮闇　不明。❿誰使　使誰。⓫正之　裁定是非。⓬待彼　即「待非（彼，通「匪」。即「非」。）」，謂非所待。因皆不相知，故云。⓭化聲　指是非之辯。⓮相待　待裁定者。⓯若其句　謂如同不待其人一樣。因為無人能裁定之。⓰和　同一。⓱之　指是非。⓲天倪　天道之無所分辨，混和為一。倪，本為幼弱者之稱，因其幼弱，固無所識辨，故藉以為意。⓳因之　順應天倪。⓴曼衍　猶變化。㉑所以　以此。㉒窮年　盡其年歲。自「化聲之相待」至「所以窮年也」二十五字，舊誤次於下「忘年忘義」之上，文意不相屬，據褚伯秀《南華真經義海纂微》引呂惠卿說移正於此。㉓是不是　是即不是。㉔然不然　然即不然。㉕無辯　無須辯論。㉖忘年　忘年歲之短長。㉗忘義　忘道義之是非。㉘振　動，猶「遊」。㉙無竟　猶「無窮」。㉚寓　指精神寄託。

【語譯】「假使我與你辯論，你勝我，我不勝你。就說明你果真是正確的，我果真是不正確的嗎？我勝你，你不勝我，就說明我果真是正確的，你果真是不正確的嗎？其中一方是正確的，其中一方是不正確的嗎？其中雙方都是正確的，或雙方都是不正確的嗎？我與你不能知道其正確與否。而他人本來執持其暗昧，我讓誰來裁定是非？讓與你觀點相同的人裁定是非，既然與你相同，怎能裁定是非？讓和我觀點相同的人裁定是非，既然與我相同，怎能裁定是非？讓與我們觀點不同的人裁定是非，既然不同於我與你了，怎能裁定是非？讓與我們觀點相同的人裁定是非，既然相同於我與你了，怎能裁定是非？如此則我與你與他人都不能知其是非，因而待裁定者，是不可得其人呀？是非之辯而待裁定者，如同不待其人一樣。以天道之無所分辨同一是非，然順應天道之無所分辨而變化，以此盡其年歲。什麼叫做以天道之無所分辨同一是非？即是說：是即不是，然即不然。「是」如果真的是「是」，則「是」不同於「不是」就無須辯論；「然」如果真的是「然」，則「然」不同於「不然」亦無須辯論。忘記年歲之長短，忘記道義之是非，心遊於無窮之道，故精神寄託於無窮之道。」

罔兩❶問景❷曰：「曩❸子行，今子止；曩子坐，今子起。何其❹無特操❺與❻？」景曰：「吾有待❼而然❽者邪？吾所待又有待而然者邪？吾待蛇蚹❾蜩翼邪？惡識❿所以然，惡識所以不然？」

【章　旨】此節借寓言說明事物各有所依賴的道理。

【注　釋】❶罔兩　影外之副影。❷景　「影」本字。❸曩　昔。❹何其　為何。❺特操　獨自之操守。❻與　通「歟」。❼有待　有所依賴。❽然　如此。❾蛇蚹　蛇腹下之鱗。❿惡識　何知。

【語　譯】影外副影問影子說：「往昔你行走，現在你停止；往昔你坐下，現在你站起。為何沒有獨自之操守呢？」影子說：「我有所依賴而如此呀？我所依賴者又有所依賴而如此呀？我之所依賴，猶如蛇之遊動依賴其蚹，蜩之飛行依賴其翼呀？怎麼知道所待者所以如此，怎麼知道所待者所以不如此？」

昔❶者莊周夢為胡蝶❷，栩栩然❸胡蝶也，自喻❹適志❺與❻，不知周也。俄然❼覺❽，則蘧蘧然❾周也。不知周之夢為胡蝶與，胡蝶之夢為周與？周與胡蝶則必有分矣，此之謂物化❿。

【章　旨】此節以現實與夢境變化莫辨之寓言說明世間事物之變化也如此，即物我為一。

【注　釋】❶昔　夜晚。❷胡蝶　即蝴蝶。❸栩栩然　猶翩翩然，輕快貌。❹喻　通「愉」。❺適志　適意。❻與　句末語氣詞，表感歎。❼俄然　不久。❽覺　醒。❾蘧蘧然　驚覺貌。❿物化　事物之變化。

【語　譯】夜晚莊周做夢變為蝴蝶，翩然飛舞是蝴蝶了，自以為愉悅適意，不知自己是莊周。不久醒來，則驚覺自己是莊周。不知是莊周做夢變為蝴蝶呢，還是蝴蝶做夢變為莊周呢？莊周與蝴蝶則必有區別，這叫做事物的變化。

【研　析】齊物論，即論事物之同一，作者認為凡對立雙方無不同一。本文所涉及之主要對立面，有是非、彼此、利害、生死、成毀、有無等。為什麼說它們是同一呢？作者從三個方面加以闡述：1.對立雙方並存一體，即相依附而存在，同時產生又同時消亡，失此即無彼，失彼即無此。所論可謂淋漓盡致，這極大地豐富了老子之辯證思想，應該充分肯定。2.對立之雙方因無區分之界限與標準，故無從區分。這就將兩者混同為一，陷入了相對主義。對立面的差異雖然具有相對性，但是其質的差異是客觀存在，絕不是出於主觀偏見而帶有隨意性，其間自有區分之界限與標準。3.道是天地萬物唯一之本源與主宰，它沒有對立面，故從道的高度來審視，一切對立面自當齊一。道是其思想體系的根本出發點，其所謂道，基本上是虛擬的，是意念的產物。作者言其存在與主宰作用，是無從驗證的。故所謂從道的高度來審視，亦為無根之談，無法作為依據。再說，莊子既以各家各派之爭為非，而又自以為是地參與論辯，則可見其所謂擺脫是非云云，不過是一句空話而已。

作者由齊物而論及處世之道，以為為人處世，當明於道，擺脫事物相對立之偏見與束縛，使精神與道為一，從而達到逍遙自由。現實世界本身是矛盾對立的統一體，作者想迴避矛盾而尋求心靈的寄託，這顯然是一種幻想罷了。

本文在體例上採取寓言與論述並用的方法。首節是寓言，作者描述所謂「地籟」甚為出色。首先寫大地風起而萬竅怒號之壯觀，隨後具體寫在崔巍的山林中百圍大樹八種竅穴之形狀，接寫風吹眾竅所發出的八種不同的聲響。至此，再疊一層，補寫風聲與竅穴之聲相應和而變化之情。最後寫疾風驟停而眾竅一片靜寂，一筆收住。餘韻未盡，於是再寫樹枝尚在搖曳之狀，然後結束。可見作者非但將風聲寫得變化入微，而且將無形之風寫得如在目前，聲情俱佳，堪稱神來之筆，前所未見。作者既以萬竅怒號喻百家爭鳴，故下一節即寫學者爭辯之情狀。寫他們心情之緊張，以至於心力交瘁；寫他們所使用的計謀與手法等。指出「近死之心莫使復陽也」，無可救藥。對於論辯者之投入，其激烈之情態，除描述他們的外表神色外，側重於揭示他們的心態，生動地勾畫了當時百家爭鳴的情景。

本文冗長，全文雖然綜論齊物，然而各節又獨自為文，具有相對的獨立性，有別於〈逍遙遊〉之渾然一體。不說寫寓言之各節各具其趣，單就論述各節而言，其風格亦無同一者，可以多姿多彩一詞概括之。此種體例，在《莊子》中是為主體，顯示其鬆而不散、恣肆自適的特色。

養生主第三

【題解】養生主，即養生之關鍵。綜觀全文，可以看出作者認為養生之關鍵在於下述幾方面：其一是不求知而使身心困疲；二是以身心自由為貴，不求名，當遠刑；三是要迴避矛盾衝突，保養生機；四是要安於天賦，生死皆順應造化，不為世俗所累而動哀樂之情。

吾生❶也有涯❷，而知❸也無涯，以有涯❹隨❺無涯❻，殆❼已❽。已❾而為知者，殆而已矣。

【章旨】此節謂養生不可以有限之生命去尋求無限之知識，否則困疲害生而已。

【注釋】❶生　生命。❷涯　邊際；極限。❸知　知識。❹有涯　有涯之生。❺隨　尋求。❻無涯　無涯之知。❼殆　困疲。❽已　同「矣」。❾已　猶「此」。

【語譯】我的生命有限，而知識無限，以有限之生命去尋求無限之知識，夠困乏了。如此而成為有知識的人，則心力交瘁了。

為善無❶近名❷，為惡無近刑❸，緣❹督❺以為經❻，可以保身，可以全生❼，可以養親❽，可以盡年❾。

【章旨】此節謂養生當遠名遠利，保全天性，以盡天年。

【注釋】❶無　豈不。❷名　成名。❸刑　受刑。❹緣　循。❺督　中，即名與刑之間。❻經　常；原則。❼全生　保全天性。生，通「性」。本性。❽親　至《說文》。❾盡年　終其自然之年歲。

【語譯】做善事豈不會接近於成名，做惡事豈不會接近於受刑，循著成名與受刑中間生活作為處世的原則，可以保護生命，可以保全天性，可以最好地養生，可以終其自然之年歲。

庖丁❶為文惠君❷解牛❸，手之所觸，肩之所倚，足之所履，膝之所踦❹，砉然❺嚮❻然，奏刀❼騞然❽，莫不中音❾，合於《桑林》❿之舞⓫，乃⓬中《經首》⓭之會⓮。文惠君曰：「譆⓯！善哉！技蓋⓰至此乎？」庖丁釋刀⓱對⓲曰：「臣之所好者道⓳也，進乎技⓴矣。始臣之解牛之時，所見無非牛㉑者。三年之後，未嘗見全牛也。方今之時，臣以神遇㉒而不以目視，官知㉓止而神欲㉔行。依乎天理㉕，批㉖大郤㉗，導㉘大窾㉙，因㉚其固然㉛，技經㉜肯綮㉝之未嘗㉞，而況大軱㉟乎！良庖㊱歲㊲更刀㊳，割㊴也；族庖㊵月更刀，折㊶也。今臣之刀十九年矣，所解數千牛矣，而刀刃若新發於硎㊷。彼節㊸者有間㊹，而刀刃者無厚㊺，以無厚㊻入有間㊼，恢恢乎㊽其於游刃㊾必有餘地矣，是以十九年而刀刃若新發於硎。雖然，每至於族㊿，吾見其難為(51)，怵然(52)為戒，視為止(53)，行為遲(54)，動刀甚微，謋然(55)已解，如土委地(56)。提刀而立，為之四顧(57)，為之躊躇(58)滿志(59)，善刀(60)而藏之。」文惠君曰：「善哉！吾聞庖丁之言，得養生焉(61)。」

【章旨】此節由庖丁解牛之寓言而揭示養生之道，即養生當迴避矛盾衝突，使生機不致挫折而常新。

【注釋】❶庖丁　廚師名丁。庖本指廚師，此指職掌屠宰言。❷文惠君　作者虛構之君名。❸解牛　屠宰牛。❹踦　用膝頂住。❺砉然　身體觸物時發出的聲響。❻嚮　借作「響」。❼奏刀　進刀。❽騞然　宰牛聲。❾中音　合於音節。❿桑林　湯樂曲名。⓫舞　指舞曲節奏。⓬乃　又。⓭經首　堯樂曲《咸池》樂章名。⓮會　節奏。⓯譆　同「嘻」。讚歎聲。⓰蓋　同「盍」。何。⓱釋刀　放下刀。⓲對　答。⓳道　事物之規則。⓴進乎技　謂比技術進了一步。乎，同「於」。㉑牛　指全牛，即整頭牛。㉒神遇　心神與之相合。㉓官知　視覺器官之感知活動。㉔神欲　心神活動。㉕天理　自然的生理結構。㉖批　劈開。㉗大郤　大的筋骨間隙。郤，同「隙」。㉘導　依循。㉙大窾　大骨節空隙處。㉚因　依。㉛固然　原本之生理結構。㉜技經　疑為「枝經」之誤。經絡支脈。㉝肯綮　附著於骨上之肉稱肯，筋骨盤結處稱綮。㉞未嘗　不曾接觸。㉟大軱　大骨。㊱良庖　技術高的屠宰工。㊲歲　每年。㊳更刀　更換其刀。㊴割　刀有卷刃或破口。《說文》：「割，剝也。」㊵族庖　多數屠宰工。族，眾。㊶折　折斷。㊷新發於硎　剛從磨石上磨好。硎，磨刀石。㊸節　骨節。㊹間　間隙。㊺無厚　謂極薄而無可計其厚度。㊻無厚　指刀刃。㊼有間　指骨節。㊽恢恢乎　寬大貌。㊾遊刃　動刀。㊿族　筋骨聚結交錯處。(51)為　動手。(52)怵然　警惕貌。(53)視為止　謂視力為之集中。(54)遲　徐緩。(55)謋然　解開貌。(56)委地　堆積於地。(57)四顧　環視四周，為得意之神情。(58)躊躇　從容自得。(59)滿志　心滿意足。(60)善刀　擦拭其刀。善，猶「拭」。(61)得養生焉　謂從中得到養生的啟示。

【語譯】庖丁為文惠君宰牛，手之觸碰，肩之倚靠，足之履踏，膝之頂撞，都發出聲響，騞然進刀，無不合於音節，合於《桑林》舞曲之節奏，又合於《經首》樂章之節奏。文惠君說：「嘻！好啊！技術怎麼達到如此地步呀？」庖丁放下刀回答說：「臣之所好是事物之規則，比技術進了一步了。臣開始宰牛之時，見到的無非是整頭牛。三年之後，未嘗見整頭牛。當今之時，臣以心神與之相合而不以目視，視覺器官的感知活動停止而心神活動在進行。依照牛之生理結構，劈開大的筋骨間隙，循著大的骨節的空隙處，依循其原本的生理結構，經絡支脈、附著於骨上之肉、筋骨盤結之處都不曾接觸，何況大骨呢！技術高的屠宰工每年更換一把刀，因為有破口；多數屠宰工每月更換一把刀，因為折斷。現今臣之刀使用十九年了，所宰之牛數千頭，而刀刃如同剛磨好一樣。牛的骨節有間隙，而刀刃卻無厚度，用無厚度之刀刃進入有間隙之骨節，則動刀必有寬大的餘地了，因此使用十九年而刀刃如同剛磨好一樣。雖然這麼說，每至於筋骨聚集交錯之處，我見其難以動手，為此而警惕戒備，視覺為之集中，動作放慢，略微動刀，一下已破解開，如泥土堆積於地上。於是提刀而立，為此而環視四周，為此而從容自得心滿意足，於是將刀擦拭乾淨而收藏。」文惠君說：「好啊！我聽了庖丁之言，從中得到養生的啟示了。」

公文軒❶見右師❷而驚曰：「是❸何人也？惡❹乎介❺也？天❻與？其❼人❽與？」曰：「天也，非人也，天之生是❾使獨❿也。人之貌⓫有與⓬也，以是知其天也，非人也。」

【章旨】此節借右師天生獨足例，闡明養生當安於天賦。

【注釋】❶公文軒　姓公文，名軒，作者虛擬人名。❷右師　官名。❸是　此。❹惡　何。❺介　特，謂一足。❻天　天生。❼其　猶「抑」。❽人　人為造成。❾是　如此。❿獨　獨足。⓫貌　形貌。⓬與　給與者。

【語譯】公文軒見到右師而吃驚，說：「這是什麼人呀？為什麼是一隻腳呀？天生的呢？抑或是人為造成的呢？」右師說：「天生的，不是人為的，天生如此使我獨腳的。人之形貌有給與者，因此知道它是天生的，不是人為的。」

澤雉❶十步一啄，百步一飲，不蘄❷畜乎樊❸中。神❹雖王❺，不善也。

【章　旨】此節借澤雉之例，說明養生當以身心自由為貴，但足物欲而身心受制為不善。

【注　釋】❶澤雉　藪澤之雉鳥。雉，俗稱野雞、山雞。❷不蘄　不求。❸樊　籠。❹神　神情。❺王　做君王。用作動詞。畜於籠中，飲食皆為人所供，故神情如做君主一般。

【語　譯】藪澤之雉鳥行十步一啄食，行百步一飲水，不求畜養於籠中。如果被畜養於籠中，神情雖然像做君王似的，其實並不美好。

老聃❶死，秦失❷弔❸之，三號❹而出。弟子曰：「非夫子之友邪？」曰：「然❺。」「然則弔焉若此可乎？」曰：「然❻。始也吾以為其人❼也，而今非❽也。向❾吾入而弔焉，有老者哭❿之，如哭其子；少者哭之，如哭其母。彼其所以會之，必有不蘄言而言，不蘄哭而哭者⓫。是⓬遁天倍情⓭，忘其所受⓮，古者⓯謂之遁天之刑⓰。適來⓱，夫子時⓲也；適去⓳，夫子順⓴也。安時㉑而處順㉒，哀樂不能入㉓也，古者謂是㉔帝㉕之縣解㉖。」

【章　旨】此節借秦失弔唁老子事，闡述養生當順應自然造化而安於出生入死，不當受世情之束縛而悅生惡死。

【注　釋】❶老聃　即老子。《史記・老子韓非列傳》曰：「老子者……姓李氏，名耳，字伯陽，謚曰聃。」著作《道德經》

五千言。❷秦失　作者虛擬人名。❸弔　弔唁。❹三號　呼號三聲。❺然　是友。❻然　可。❼人　世俗之人。❽非　謂知其非世俗之人。❾向　剛才。❿哭　哭弔。⓫彼其三句　此為囿於常人之見之情。言，通「唁」（二「言」字同）。⓬是　此種作法。⓭遁天倍情　違背自然之情理。倍，同「背」。⓮所受　人皆受自然造化而生。⓯古者　古時。⓰遁天之刑　謂違背自然之理，而受世俗人情之束縛，猶如在受刑。⓱適來　當生（來到人世）。⓲時　應時而生。⓳適去　當歸去（離開人世）。⓴順　順應變化。㉑安時　安於應時而生。㉒處順　安於順應變化而死。㉓入　入於內心。㉔是　此。㉕帝　天；自然。㉖縣解　解除倒懸。縣，同「懸」。解除倒懸，即能安時處順，哀樂不入。倒懸，指悅生而惡死，動哀樂之情等。

【語　譯】老聃死，秦失進門弔唁，呼號三聲而出。弟子問：「他不是老師的朋友嗎？」回答說：「是朋友。」又問：「那麼這樣弔唁他可以嗎？」回答說：「可以。開始我以為他是世俗之人，如今知道他不是世俗之人。剛才我進去弔唁，看見有老年人在哭弔他，就好像哭弔自己的孩子；年輕人在哭弔他，就好像哭弔自己的母親。他們所以聚集於此，必有不求其弔唁而弔唁，不求其哭弔而哭弔者。這是違背自然之情理，忘記自己受自然造化而生，古時稱之為對違背自然之理的懲罰。當生，老師應時而生；當歸，老師順應變化而死。安於應時而生，安於順應變化而死，哀樂不能入於內心，古時稱之為自然之主宰使人得以解除倒懸。」

指❶窮❷於為薪❸，火傳也，不知其盡也。

【章　旨】此節以脂盡火傳之例，喻人之形體有窮盡之時，而精神返歸自然卻可永存，故養生貴在養神。

【注　釋】❶指　疑為「脂」之誤，或為假借，指油脂。❷窮　盡。❸薪　借指燃料。

【語　譯】油脂作為燃料其燃燒有窮盡之時，火則可以相傳不息，不知其有盡時。

【研　析】此文是論述養生之道，以為養生當以求得身心自由為貴，當重視保養生機，使之常新，避免無謂之磕碰，這都是可取的。尤其是對於生死之事，認為當持達觀之胸懷，順其自然，安於自然，不動哀樂之情。

這真是驚世駭俗之見。然而其消極之主張亦很突出：1.關於人生之目的，認為但求不成名，避免受刑，求得保身、全性而終其壽，這只能說是苟且偷生而難言崇高。2.以為以有限之生命去尋求無限之知識，只會落得困疲之結果，明智者自當退縮卻步。這與進取精神無疑是背道而馳的。3.關於保養生機，避免受挫折，這有正確的一面。但是，同時也必須看到，人在生活上，尤其是事業上，磕碰與挫折總是難免的，只有經得起磨練，生機才會勃發，人生也才會贏得更大的價值。4.關於生死之道，作者之見固然不俗，然而生命誠可貴，作者因此而專論養生之道，假如生死二字且由它，一切付之自然，漠然處之，則作者又何必要論述養生呢？這暴露出其自相矛盾，難以自圓其說的弱點。

庖丁解牛是本文最出色的一則寓言。對於庖丁之解牛，作者從兩個層面去寫：1.寫其操作表演。先是將庖丁之動作，做舞蹈化處理，成為一種優美的舞姿，以突出其解牛已進入無比自由之境界，從而為下面描寫其技術之得心應手做鋪墊。2.寫其獨到之技術。作者從庖丁的視覺與手感著眼，而對牛之生理結構之把握則是關鍵。寫其視覺說：開始是所見無非全牛；其後是未嘗見全牛，即已能透視牛之生理結構；最後是以神遇而不以目視，即已能擺脫視覺而全憑手感行事。其分寸在握之技術，來自實踐中之不斷琢磨。此寓言說明解牛之道在於按牛之生理結構操作，業在求精。而其寓意則在說明養生之道當按自然之理加以涵養，貴在心靈體驗之深入。寓意通過篇末點題完成，得來自然，回味無窮。

寓言之主角庖丁其形象源自現實，其操作與體驗無不具有濃厚的生活氣息，使人親切可感。然而他又是一個藝術形象，作者對其之一舉一動，對其精湛的技術，對其獨有所獲的體驗，都作了提煉，並運用藝術誇張渲染等手法進行藝術加工，使一介屠夫，成為一個技藝絕倫的藝術形象。再說，此寓言中的有些詞語，由於其內含深厚，而表達又極其凝煉傳神，故具有很強的生命力。

人間世第四

【題解】本篇所論是人安閒於人世之道。閒，在此作「安閒」解，謂安靜閒適。作者從對待外界與對待自身兩個方面進行論述。關於對待外界，文中主要是就對待殘暴之統治者而言，認為為安閒計，只能在外表上親近依從，絕不可輕易規諫，不然則會受刑或遭殺身之禍。關於對待自身，則以為當以寧靜為德，使心靈空虛，這樣，不僅可以求得不合世用，擺脫外界之制約，而且因此而可以明道，從而獲得逍遙自由，此則可謂安閒之至境。不僅如此，作者並且認為，唯其人如此，方可使殘暴之統治者轉化，故不失為救治安世之良策。

顏回❶見仲尼，請行。曰：「奚之❷？」曰：「將之衛❸。」曰：「奚為❹焉？」

曰：「回聞，衛君其年壯，其行獨❺，輕❻用❼其國而不見其過❽。輕用民死，死者以國量❾乎澤，若蕉❿，民其無如⓫矣。回嘗聞之夫子曰：『治國去之⓬，亂國就之，醫門多疾⓭。』願以所聞思其則⓮，庶幾⓯其國有⓰瘳⓱乎！」

【注釋】❶顏回　字子淵，孔子弟子。此所記述顏回、孔子其事皆為虛構。❷奚之　至何處。❸衛　諸侯國名。其地域在今河南黃河以北地區。❹奚為　為何。❺獨　獨斷專行。❻輕　輕率。❼用　對待。❽其過　自己之過錯。❾量　比。❿蕉　同「樵」。⓫無如　無往，謂無路可走。⓬去之　離去之。⓭醫門多疾　喻救人急難是本分之事。醫門，醫生之門。疾，病人。⓮則　指當趨危圖救之立身原則。⓯庶幾　或許。⓰有　得。⓱瘳　救治。

【語譯】顏回見仲尼，請求出行。問：「至何處？」答：「將至衛國。」問：「為什麼？」答：「我聽說，衛君年輕，其行為獨斷專行，輕率地對待他的國家而不知自己的過錯。輕率地對待人民之死，如果將國家比作藪澤，則死者猶如柴草，人民無路可走了。我曾聽老師說：『治國離開它，亂國歸趨它，醫生之門多病人。』願以所聞而思及趨危圖救之立身原則，或許其國得以救治。」

仲尼曰：「譆❶！若❷殆❸往而刑❹耳！夫道❺不欲❻雜，雜則多❼，多則擾❽，擾則憂，憂而不救❾。古之至人，先存❿諸己，而後存諸人。所存於己者未定⓫，何暇⓬至⓭於暴人⓮之所行？且若亦知夫德之所蕩⓯而⓰知⓱之所為出⓲乎哉？德蕩乎名⓳，知出乎爭。名也者，相札⓴也；知也者，爭之器㉑也。二者凶器㉒，非所以盡行㉓也。」

【注釋】❶譆　驚懼聲。❷若　你。❸殆　恐怕。❹刑　遭受刑罰。❺道　治國之道。❻不欲　不宜。❼多　頭緒多。❽擾　亂。❾不救　不可救治。❿存　確立。⓫未定　未確立。⓬何暇　豈能顧及。⓭至　通「窒」。阻止。⓮暴人　指衛君。⓯蕩　失。⓰而　猶「與」。⓱知　同「智」。⓲所為出　所以產生，即產生之根源。⓳名　求名。⓴札　同「軋」。㉑器　工具。㉒凶器　不吉祥之物。㉓盡行　阻止暴行。盡，止。

【語譯】仲尼說：「譆！你前去恐怕只會遭受刑罰罷了！治國之道不宜雜，雜則頭緒多，頭緒多則亂，亂則憂愁，憂愁而不可救治。古代修養達到至高境界的人，先使自己確立，然後使人確立。自己所當確立者尚未確立，豈能顧及阻止暴人之暴行？並且你也知道使德喪失者與智之所以產生嗎？德因求名而喪失，智因爭辯而產生。名，產生於人相傾軋；智，是爭辯之工具。二者是不吉祥之物，不是用以阻止暴人暴行之具。

「且德厚信矼❶，未達❷人氣❸；名聞不爭❹，未達人心❺。而強以仁義繩墨❻之言術❼暴人之前者，是以人❽惡有❾其美❿也，命⓫之曰菑人⓬。菑人者，人必反菑之。若殆為人菑夫！

【注釋】❶信矼　誠實可信。指顏回言。❷未達　不明白。❸人氣　對方之意氣。❹名聞不爭　即「不爭聞名」。❺人心　對方之心意。❻仁義繩墨　以仁義為準則。繩墨，木工用墨斗畫出的墨線，此借指準則。❼術　通「述」。❽人　指暴人。❾有　猶「於」。❿美　善行。⓫命　稱。⓬菑人　害人。

【語譯】「你雖然品行忠厚誠實可信，卻不明白對方之意氣；你雖然不爭聞名，卻不明白對方之心意。而極力在暴人之前闡述以仁義為準則之言，因此暴人對於此種善意心生厭惡，稱他為害人。害人者，人必反害之，你恐怕為人所害吧！

「且苟為悅賢而惡不肖❶，惡❷用而❸求有以異❹？若❺唯無❻詔❼，王公❽必將乘人❾而鬭其捷❿。而⓫目⓬將熒⓭之，而色⓮將平⓯之，口將營⓰之，容將形⓱之，心⓲且成之。是以火救火，以水救水，名之曰益多。順始⓳無窮⓴，若殆㉑以不信厚言㉒，必死於暴人之前矣。

【注釋】❶且苟句　此句乃就衛君言。苟，若。為，猶「能」。❷惡　何。❸而　你。❹有以異　謂進諫不同之見。❺若　你。❻唯無　語助詞，無義。❼詔　告諫。❽王公　指衛君。❾乘人　憑其淩駕於人之地位。❿鬭其捷　爭其勝。⓫而　你。⓬目　目光。⓭熒　眩。⓮色　臉色。⓯平　謂使寬恕。⓰營　辯解。⓱形　通「刑」。指處罰。⓲心　思慮。⓳順始　由順從開始。⓴無窮　指永遠順從。㉑殆　開始。㉒厚言　重諫。

【語譯】「假若衛君能悅賢者而惡不肖者，何用你請求進諫不同之見？你有所告諫，衛君必將憑其淩駕於人之地位而爭其勝，將使你目光眩惑，將使你有請求寬恕之色，將使你開口辯解，將使你有請求處罰之容，使你思慮姑且成其事。這是以火救火，以水救水，名叫更加多。由起始順從以至永遠順從，假若你以不被信任之身而開始重諫，則必死於暴人之前。」

「且昔者桀殺關龍逢❶，紂殺王子比干❷，是❸皆修其身以下❹傴拊❺人❻之民，以下拂❼其上者也，故其君因其修❽以擠❾之。是好名❿者也。昔者堯攻叢、枝、胥敖⓫，禹攻有扈⓬，國⓭為虛厲⓮，身⓯為刑戮⓰。其用兵不止，其求實⓱無已，是皆求名實者也，而⓲獨⓳不聞之乎？名實者，聖人之所不能勝⓴也，而況若㉑乎！雖然，若必有以㉒也，嘗㉓以語㉔我來㉕！」

【注釋】❶關龍逢　傳說夏桀時賢臣，桀無道，因極諫而被殺。❷王子比干　殷紂之叔父，紂暴虐，比干強諫，被剖心而死。❸是　此（二人）。❹以下　以處臣下之地位。❺傴拊　憐愛。❻人　指國君。❼拂　抵觸。❽修　修身。❾擠　陷害。❿好名　以為修身、傴拊人民、拂上皆為求美名。⓫叢枝胥敖　三小國名。⓬有扈　小國名。其地在今陝西戶縣。⓭國　指小國。⓮虛厲　居宅無人曰虛，死而無後曰厲。⓯身　指小國之君言。⓰刑戮　刑殺。⓱實　指利。⓲而　你。⓳獨　猶「豈」。⓴勝　克制。㉑若　你。㉒有以　有所想法。㉓嘗　試。㉔語　告。㉕來　句末語氣詞。

【語譯】「以前夏桀殺關龍逢，商紂殺王子比干，此二人皆修養其身而以處臣下之地位憐愛其君之民，以下屬而抵觸其君上，故其君因其修身而陷害之，此為好名聲之結果。以前堯攻伐叢、枝、胥敖，禹攻伐有扈，使其國無倖存，其君遭受刑殺。其人用兵不止，求利無已，此皆為求名利者，你難道沒有聽說其事嗎？名利，是聖人所不能克制的，何況你呢！雖然這麼說，你必有所想法，試把它告訴我吧！」

顏回曰：「端❶而虛❷，勉而一❸，則可乎？」曰：「惡❹！惡可❺！夫❻以陽❼為充❽孔揚❾，采色❿不定，常人之所不違⓫，因⓬案⓭人之所感⓮，以求容與⓯其心。名之曰日漸之德⓰不成⓱，而況大德乎！將執而不化，外合⓲而內⓳不訾⓴，其庸詎㉑可乎！」

【注　釋】❶端　正直。❷虛　虛心。❸一　專心一意。❹惡　歎詞。❺惡可　何可。❻夫　猶「彼」，指衛君。❼陽　剛猛之氣勢。❽充　充滿。❾孔揚　十分明顯。❿采色　神采氣色。⓫不違　謂不敢違。⓬因　於是。⓭案　壓抑。⓮所感　對其之感想。⓯容與　放縱。⓰日漸之德　日有所進之小德。⓱不成　不能使其致之。⓲外合　謂顏回外表迎合。⓳內　內心。⓴訾　希求。㉑庸詎　何以；怎麼。

【語　譯】顏回說：「端正而虛心，勉力而專心一意，則可以嗎？」回答說：「噢！怎麼可以！他十分明顯地充滿剛猛之氣勢，神采氣色不定，常人對他不敢違背，於是壓抑他人對其之所感，以求放縱其心。稱為小的德操日有所進都不成，何況大德呢！他將固執而不改變，你外表迎合而內心不敢希求，怎麼可以呢！」

「然則我內直❶而外曲❷，成❸而上比❹。內直者，與天❺為徒❻。與天為徒者，知天子之與己皆天之所子❼，而獨❽以己言蘄❾乎而人善之，蘄乎而人不善之邪？若然❿者，人謂之童子⓫，是之謂與天為徒。外曲者，與人之為徒也。擎⓬跽⓭曲拳⓮，人臣之禮也。人皆為之，吾敢不為邪？為人之所為者，人亦無疵⓯焉，是之謂與人為徒。成而上比者，與古⓰為徒。其言雖教，讁⓱之實也。古之有也，非吾有也。若然者，雖直⓲而不病⓳，是之謂與古為徒。若是則可乎？」仲尼曰：「惡！惡可！大⓴多政㉑，法㉒而不諜㉓，雖固㉔亦無罪。雖然，止是耳矣，夫胡㉕可以及化㉖，猶師心㉗者也。」

【注　釋】❶內直　內心正直。❷外曲　外表屈從。❸成　考慮成熟。❹上比　指上合於古人之言。❺天　天道自然。❻徒類；同類。❼所子　所派生。❽獨　豈。❾蘄　祈求。❿若然　如此。⓫童子　猶赤子，喻其純樸無瑕。⓬擎　執笏。⓭跽長跪。⓮曲拳　鞠躬。⓯無疵　不會指責過錯。⓰古　古人，指古之聖賢。⓱讁　同「謫」。譴責。⓲直　直言。⓳不病無害。⓴大　通「太」。㉑政　通「正」。糾正。㉒法　合於法度。㉓不諜　不便辟；不諂媚奉承。㉔固　堅持。㉕胡　通「何」。㉖及化　達到使其改變。㉗師心　自以為是。

【語　譯】「那麼我內心正直而外表屈從，考慮成熟而上合於古人之言。內心正直，是與天道自然為同類。與天道自然為同類，知天子與自己都是天道所派生，而豈是以一己之言祈求人而人或以為善，祈求人而人或以為不善呢？如此，人說自己為赤子，這就稱為與天道自然為同類。外表屈從，是與常人為同類。執笏長跪鞠躬行禮，是臣子之禮節。別人都這樣做，我敢不這樣做嗎？做人家所做的，人家也不會指責，這就稱為與常人為同類。考慮成熟而上合於古人之言，是與古之聖賢為同類。其言論雖然是教導，實際上是譴責。然而古代聖賢有這說法，不是我有這說法。如此，雖然直言而無害，這就稱為與古之聖賢為同類。如此則可以嗎？」仲尼說：「噢！怎麼可以！糾正人太多，雖合於法度而不諂媚奉承，即使堅持也無罪。雖然如此，僅止於此罷了，怎麼可以達到使其改變，還自以為是。」

顏回曰：「吾無以進❶矣，敢問其方❷。」仲尼曰：「齋❸，吾將語若❹。有心❺而為之，其❻易邪？易之者，皞天不宜❼。」顏回曰：「回之家貧，唯❽不飲酒不茹❾葷者數月矣。若此，則可以為❿齋乎？」曰：「是祭祀之齋，非心齋⓫也。」回曰：「敢問心齋。」仲尼曰：「若一志⓬，無聽之以耳而聽之以心⓭，無聽之以心而聽之以氣⓮。聽止於耳⓯，心止於符⓰。氣也者，虛而待物者也。唯道集虛⓱。虛者⓲，心齋也。」

【注釋】❶無以進　謂不能提出更好的辦法。❷方　辦法。❸齋　孔子所言之齋指下文所述之「心齋」，而通常所謂之齋，即齋戒，指祭祀前沐浴更衣，不飲酒，不吃葷，以表示虔誠。❹語若　告訴你。❺心　此字原脫，據《莊子闕誤》引張君房本補。❻其　猶「豈」。❼皞天不宜　與天道自然不相適合。皞天，光明之天，指代天道自然。❽唯　猶「已」。❾不茹　不食。❿為　通「謂」。⓫心齋　指使心靈空虛而唯道所存之境界。⓬一志　心志純一不雜。⓭聽之以心　謂以心去體驗。⓮聽之以氣　謂以心靈的空虛狀態與外界相應。氣，指心靈的空虛狀態。⓯聽止於耳　即耳不再聽。⓰心止於符　心靈不再體驗。符，體驗。⓱唯道集虛　空虛之心靈唯道所在。集，止。⓲虛者　謂達到心靈空虛。

【語譯】顏回說：「我不能提出更好的辦法了，敬問其辦法。」仲尼說：「做齋事，我將告訴你。有心而做齋事，其事豈容易呀？以其為容易，與天道自然不相適合。」顏回說：「回之家貧窮，不飲酒不食葷已數月了。如此，則可以說做齋事吧？」回答說：「這是祭祀之齋，不是心齋。」顏回說：「敬問心齋。」仲尼說：「你純一心志，不要用耳去聽而用心去體驗，不要用心去體驗而以心靈的空虛狀態與外界相應。耳不再聽，心靈不再體驗。心靈的空虛狀態，是虛而待物。空虛之心靈唯道所在。達到心靈空虛，即為心齋。」

顏回曰：「回之未始得使❶，實自回❷也；得使之也，未始有回❸也，可謂虛乎？」夫子曰：「盡❹矣！吾語若：若能入遊其樊❺而無感其名❻，入❼則鳴❽，不入則止。無門無毒❾，一宅❿而寓於不得已⓫，則幾⓬矣。絕迹⓭易，無行地⓮難。為人使⓯易以偽⓰，為天⓱使難以偽。聞以有翼飛者矣，未聞以無翼飛⓲者也；聞以有知知⓳者矣，未聞以無知知⓴者也。瞻彼闋者㉑，虛室生白㉒，吉祥止止㉓。夫且㉔不止㉕，是之謂坐馳㉖。夫徇㉗耳目內通㉘而外於心知㉙，鬼神將來舍㉚，而況人乎！是萬物之化㉛也，禹、舜之所紐㉜也，伏戲㉝、几蘧㉞之所行終㉟，而況散焉者㊱乎！」

【章　旨】此節借顏回與孔子議出行於衛事，闡述想為名而憑其智行事，必致災禍；單憑正直勉力，或取內直外從之策也不行。唯有內心虛靜，領悟於道，以聽其自然處之，則可致吉祥而化物之效。

【注　釋】❶得使　謂受教。❷實自回　確實覺得自己是顏回。❸未始有回　謂未曾覺得有自我之存在。❹盡　通「進」。謂見識有所提高。❺入遊其樊　進入其籠，喻至衛任事。樊，籠。❻無感其名　不為衛君之名位所動。❼入　採納。❽鳴　猶「言」。❾無門無毒　謂不執守己意並督察之。門，守。毒，通「督」。❿一宅　謂心靈處於純一之境。⓫寓於不得已　謂以順應自然處之。⓬幾　近。⓭絕迹　絕跡於世，即隱居。⓮無行地　不行於地，喻既入世則不能不依賴於世。⓯使　驅使。⓰以偽　以作偽對待之。⓱天　指天道自然。⓲無翼飛　即無待之飛，指精神「遊無窮」之自由境界。⓳有知知　依靠才智去認識。上「知」字，同「智」。下句「無知知」同。⓴無知知　不依靠才智去認知，指心靈空虛才能體認道。㉑彼闋者　指空虛之心靈言。闋，空虛。㉒虛室生白　謂心靈空虛而產生對道之明悟。室，指心。㉓止止　下「止」字借作「之」。指虛室。㉔且　猶「若」。㉕不止　指心不能虛靜。㉖坐馳　形雖坐而神馳。㉗徇　使。㉘內通　向內與空虛之心靈相通。㉙外於心

知　將心智排除於外。知，同「智」。㉚舍　依附。㉛萬物之化　謂萬物因此而變化。㉜所紐　謂禹、舜達到至治之樞紐。㉝伏戲　即伏羲，傳說古帝名。㉞几蘧　傳說古帝名。㉟行終　奉行終身。㊱散焉者　平庸無用之人。

【語譯】顏回說：「回未曾受教時，確實覺得自己是顏回；受教後，未曾覺得有自我之存在，可說心靈空虛了吧？」夫子說：「見識提高了！我告訴你：你能進入其籠而不為衛君之名位所動，所言被採納則言，不被採納則止。不執守己意並督察之，內心處於純一之境而以順應自然處之，則差不多了。絕跡於世容易，不行於地困難。被人驅使容易以作偽對待之，被天道自然驅使難以作偽。聽說憑有翅膀而飛的，沒有聽說憑無翅膀而飛的；聽說憑有才智去認識的，沒有聽說憑無才智去認識的。觀察彼空虛的心靈，心靈空虛而產生對道之明悟，心靈靜止而吉祥。若不能靜止，此稱為形坐而神馳。使耳目向內與空虛之心靈相通，而將心智排除於外，鬼神將來依附，何況人呢！萬物因此而變化，是禹、舜達到至治之樞紐，伏羲、几蘧所奉行終身，何況平庸無用之人豈會不為所化！」

葉公子高❶將使❷於齊❸，問於仲尼曰：「王❹使❺諸梁也甚重❻，齊之待使者，蓋❼將甚敬而不急❽。匹夫猶未可動❾，而況諸侯❿乎！吾甚慄⓫之。子常語諸梁也，曰：『凡事若⓬小若大，寡不道⓭以⓮歡成⓯。事若不成，則必有人道之患⓰；事若成，則必有陰陽之患⓱。若成若不成而後無患者，唯有德者能之。』吾食也執⓲粗而不臧⓳，爨⓴無欲清㉑之人。今吾朝受命而夕飲冰，我其㉒內熱㉓與？吾未至乎事之情㉔，而既有陰陽之患矣，事若不成，必有人道之患，是兩也。為人臣者不足以任之㉕，子其有以㉖語我來㉗！」

【注釋】❶葉公子高　姓沈，名諸梁，字子高，春秋楚大夫。楚王封之於葉（今河南葉縣南），故稱葉公。❷使　出使。❸齊　諸侯國名。其地域在今山東省境。所敘之事亦為假託。❹王　楚王。❺使　遣。❻甚重　指使命甚為重要。❼蓋　大概。❽不急　以不急迫處之。❾未可動　不可驅使。❿諸侯　指齊君。⓫慄　恐懼。⓬若　或。⓭不道　不遵循道義。⓮以　猶「而」。⓯歡成　歡喜地獲得成功。⓰人道之患　指君主之懲罰。人道，君臣之道。⓱陰陽之患　指陰陽失調之憂患。人平時身心處於陰陽平衡之狀態，憂或喜則陰陽失調，有傷身心，故謂患。⓲執　取。⓳不臧　不精。⓴爨　煮食而食。㉑無欲清　不求清涼。㉒其　或許。㉓內熱　體內燥熱。㉔情　實際。㉕任之　受此二患。㉖有以　有釋患之法。㉗來　猶「哉」。句末語氣詞。

【語　譯】葉公子高將出使齊國，問仲尼說：「楚王派遣諸梁之使命甚為重要，齊國對待使者，大概將會十分敬重而不急於處理其事。平民尚且不可驅使，何況諸侯呢！我十分恐懼。你常告訴諸梁說：『凡事或大或小，少有不遵循道義而歡喜地獲得成功的。事若不成，則必有君主懲罰之禍患；事若成，則必有身心陰陽失調之憂患。或成或不成而無後患者，只有有德養者能夠做到。』我是飲食取粗食而不求精細、煮食食品不求清涼之人。現在我早上接受君命而晚上必須喝冰水，我或許體內燥熱吧？我尚未至於實際辦事，而已有陰陽失調之憂患，事若不成，又必致遭受君主懲罰的禍患，這是兩種患難了。作為臣子不能擔任其事，你或許有釋患之法能告訴我吧！」

仲尼曰：「天下有大戒❶二：其一命❷也，其一義❸也。子之愛親❹，命也，不可解❺於心；臣之事君，義也，無適❻而非君❼也，無所逃於天地之間。是之謂大戒。是以夫❽事❾其親者，不擇地❿而安之⓫，孝之至也；夫事其君者，不擇事而安之⓬，忠之盛⓭也；自事⓮其心者，哀樂不易施乎前⓯，知其不可奈何而安之若命，德之至也。為人臣子者固有所不得已，行事之⓰情⓱而忘其身，何暇⓲至於悅生而惡死！夫子其行可矣⓳！

【注　釋】❶大戒　大的法則。❷命　指天賦之稟性。❸義　指人當秉持之道義。❹親　指父母親。❺解　解除。❻無適　無往。❼非君　猶「無君」。❽夫　猶「彼」。❾事　侍奉。❿不擇地　不區分境遇。⓫安之　使親安。⓬安之　使君主安心。⓭盛　猶「至」。⓮自事　自我修養。⓯哀樂句　謂面對哀樂之境遇而無所變易。易施，變易。⓰之　至。⓱情　通「誠」。⓲何暇　豈能。⓳其行可矣　即「其可行矣」。

【語　譯】仲尼說：「天下有二條大的法則：其一是天賦之稟性，其一是人當秉持之道義。子之愛父母，這是天賦之稟性，在心中不可解除；臣之侍奉君主，是人當秉持之道義，人之所往而都有君主，在天地之間無可逃避。這稱為大的法則。因此侍奉其父母，不區分境遇而使其安寧，這是最孝；侍奉其君主，不區分何事而使君主安心，這是最忠；自我修養其心，面對哀樂之境遇而無所變易，知道事情無可奈何而處之平靜，若命運之安排，這是最高的德操。作為臣子本有不得已之事，辦事能至誠而不顧自身之安危，豈能至於悅生而惡死！你可出發了！

「丘請復❶以所聞：凡交近❷則必相靡以信❸，遠❹則必忠之以言❺，言必或❻傳之。夫傳兩喜兩怒❼之言，天下之難者也。夫兩喜必多溢美❽之言，兩怒必多溢惡❾之言。凡溢之類妄❿，妄則其信之也莫⓫，莫則傳言者殃。故法言⓬曰：『傳其常情，無傳其溢言，則幾⓭乎全⓮。』

【注　釋】❶復　告。❷交近　交接鄰近之國。❸相靡以信　以信相維繫。靡，同「縻」。維繫。❹遠　指交接遠道之國。❺忠之以言　以言表示誠心。❻或　有人。❼兩喜兩怒　兩方皆喜或皆怒。❽溢美　過分讚美。❾溢惡　過分厭惡。❿妄　虛而不實。⓫莫　否。⓬法言　猶格言。⓭幾　庶幾。⓮全　保全。

【語　譯】「丘請將所聞告訴你：凡交接鄰近之國則必須以誠信相維繫，交接遠道之國則必須以言語表示誠心，言語必定有人傳達。傳達使兩國皆喜或皆怒之言語，是天下的難事。使兩國都喜則必定多過分讚美之言語，使兩國都怒則必定多過分厭惡之言語。凡過分之類則虛而不實，虛而不實則不能取信，不能取信則傳言之人遭殃。因此格言說：『傳達常情，不要傳達過分之言，則或許能保全。』

「且以❶巧鬬力者，始乎陽❷，常卒❸乎陰❹，大至❺則多奇巧❻；以禮飲酒者，始乎治❼，常卒乎亂❽，大至則多奇樂❾。凡事亦然，始乎諒❿，常卒乎鄙⓫，其⓬作始⓭也簡⓮，其將畢也必巨。言者，風波也；行⓯者，實喪⓰也。夫風波易以動⓱，實喪易以危⓲。故忿設無由，巧言偏辭⓳。獸死不擇音⓴，氣息茀然㉑，於是並生㉒心厲㉓。剋核大至㉔，則必有不肖㉕之心應㉖之，而不知其然也。苟為㉗不知其然也，孰㉘知其所終！故法言曰：『無遷令㉙，無勸成㉚，過度益㉛也。』遷令勸成殆事㉜，美成㉝在久，惡成不及改，可不慎與！且夫㉞乘物㉟以遊心㊱，託不得已㊲

以養中㊳，至矣。何作㊴為㊵報㊶也，莫若㊷為致命㊸，此其㊹難者！」

【章　旨】此節記述葉公子高奉命出使齊國而甚為恐懼，孔子先告以儒道君臣之義，後轉而言傳言之難，勸其但傳達君命，一切付之自然。

【注　釋】❶以　憑藉。❷陽　明鬥。❸卒　終。❹陰　暗鬥。❺大至　極致。❻奇巧　奇異之詭計。❼治　依照禮節行事。❽亂　不顧禮制而胡為。❾奇樂　非分之樂。❿諒　誠信。⓫鄙　相鄙薄。⓬其　指「相鄙薄」之事。⓭作始　起始。⓮簡　細微。⓯行　行事。⓰實喪　實有所失。⓱風波句　喻言語易造事端。⓲危　危害。⓳故忿二句　謂本無由泄其憤恨，而巧詐之言片面之辭適為其託詞。忿，憤恨。設，設端。⓴不擇音　指亂叫。㉑茀然　急促貌。㉒並生　同時產生。㉓心厲　不良之心。㉔剋核大至　太過苛刻。剋核，苛嚴。大，通「太」。㉕不肖　不良。㉖應　相應產生。㉗苟為　若是。㉘孰　誰。㉙無遷令　不變易君令。㉚無勸成　不勉力求成。㉛過度益　謂過乎度則致溢美或溢惡。益，「溢」之初文。㉜殆事　於事有危害。㉝美成　成就完美。㉞且夫　況且。㉟乘物　順應外物。㊱遊心　使心意自在。㊲託不得已　謂一切任其自然。㊳養中　保養其心。㊴何作　何必作意。㊵為　猶「於」。㊶報　齊國之答覆。㊷莫若　即漠然。莫，為「漠」之省形。㊸為致命　處置傳達楚王之命之事。㊹其　通「豈」。

【語　譯】「憑藉巧詐鬥力之人，開始時是明鬥，通常至終了時是陰鬥，極致則多奇異之詭計；遵循禮節飲酒的人，開始時是依禮節行事，通常至終了時是恣意胡為，極致則多非分之樂。一切事情也這樣，開始時誠信，通常至終了時則相鄙薄，其起始細微，其將畢時必巨大。言語，是風波；行事，必實有所失。風波易造事端，實有所失易造成危害。因而本無由泄憤，而巧詐之言片面之辭適為其託詞。獸類將死時則亂叫，氣息急促，於是同時產生不良之心。太過苛刻，則必有不良之心相應產生，然而對此卻無所知。若是對此無所知，誰知其結果會怎樣！因此格言說：『不變易君令，不勉力求成，過乎度則致溢美或溢惡。』變易君令勉力求成於事有危害，成就完美在長時，造成惡事已來不及改易，能不謹慎嗎！況且順應外物以使心意自在，一切任其自然以保養其心，是最好了。何必作意於齊國之答覆，淡漠地處置傳達楚王之命之事，此豈為難事！」

顏闔❶將傅❷衛靈公❸大子❹，而問於蘧伯玉❺曰：「有人❻於此，其德天殺❼。與❽之為❾無方❿，則危吾國；與之為有方⓫，則危吾身。其知⓬適足以知人之過⓭，而不知其所以過。若然⓮者，吾奈之何⓯？」蘧伯玉曰：「善哉問乎！戒之⓰，慎之，正女⓱身也哉！形莫若就⓲，心莫若和⓳。雖然，之⓴二者有患。就不欲㉑入㉒，和不欲出㉓。形就而入，且㉔為㉕顛㉖為滅，為崩㉗為蹶㉘；心和而出，且為聲為名，為妖為孽㉙。彼且㉚為㉛嬰兒，亦與之為嬰兒；彼且為無町畦㉜，亦與之為無町畦；彼且為無崖㉝，亦與之為無崖。達之㉞，入於無疵㉟。

【注　釋】❶顏闔　春秋魯國賢人。❷傅　為師傅。❸衛靈公　春秋衛國君主。❹大子　即「太子」，指蒯聵。❺蘧伯玉　姓蘧，名瑗，字伯玉，衛之賢大夫。顏闔問蘧伯玉事為假託。❻人　指蒯聵。❼天殺　天性嗜好殺人。❽與　親近。❾為　猶「以」。❿無方　無道。⓫有方　有道。⓬知　同「智」。⓭過　指責。⓮若然　如此。⓯奈之何　如何對待他。⓰戒之　對其戒備。⓱女　同「汝」。⓲形莫若就　外表不如親近。⓳和　平和，即寧靜。⓴之　此。㉑不欲　不可。㉒入　陷入。㉓出　顯露。㉔且　猶「則」。㉕為　被。㉖顛　顛覆。㉗崩　毀滅。㉘蹶　意同「顛」。㉙且為聲二句　謂則被視為追求名聲，被視為妖孽。㉚且　猶「若」。㉛為　如。㉜町畦　田界。喻法度。㉝無崖　無邊際。喻放縱無度。㉞之　此。指「形莫若就，心莫若和」。㉟入於無疵　達到無可指責。

【語　譯】顏闔將出任衛靈公太子之師傅，而問蘧伯玉說：「在此有人，他天性嗜好殺人，若以無道親近他，則危害我國；若以有道親近他，則危害自身。其智力剛可以知道人們的指責，而不知道人們為什麼要指責他。若這樣，我如何對待他？」蘧伯玉說：「問得好！對他要戒備，對他要謹慎，你自身須端正呀！外表不如親近，內心不如平和。即使如此，這二者尚有隱患。親近不可陷入，平和不可顯露。外表親近而陷入，則被顛覆被毀滅，被崩毀被顛蹶；內心平和而顯露，則被視為追求名聲，被視為妖孽。他假若如嬰兒一般，則亦如嬰兒一般親近他；他假若無法度，則亦如無法度一般親近他；他假若放縱無度，則亦如放縱無度一般親近他。達到外表不如親近，內心不如平和，也就達到無可指責。

「汝不知夫螳蜋❶乎？怒其臂以當車轍❷，不知其不勝任也，是❸其才之美❹者也。戒之，慎之，積伐而美者❺以犯之❻，幾❼矣！汝不知夫養虎者乎？不敢以生物❽與之，為其殺之之怒也；不敢以全物❾與之，為其決❿之之怒也。時⓫其飢飽，達⓬其怒心。虎之與人異類而媚⓭養己者，順也；故其殺者，逆也。夫愛馬者，以筐盛矢⓮，以蜄⓯盛溺⓰。適有蚉蝱⓱僕緣⓲，而拊⓳之不時，則缺銜⓴毀首碎胸。意有所至㉑而愛有所亡㉒，可不慎邪！」

【章　旨】此節述顏闔將傅衛靈公太子，蘧伯玉告誡其對待暴人，只有採取外表親近依順，不觸犯，而內心寧靜，方可保全。

【注　釋】❶螳蜋　即螳螂。❷怒其句　謂於車道上奮舉其臂欲以擋車。怒，奮舉。臂，指鋸齒狀之前足。當，同「擋」。車轍，車道。❸是　表肯定。❹美　完美。❺積伐而美者　多所誇耀你自以為美者。而，猶「爾」。❻犯之　沖犯對方。❼幾　危殆。❽生物　活的動物。❾全物　整個活物。❿決　撕裂。⓫時　伺察。⓬達　曉。⓭媚　討好。⓮矢　通「屎」。⓯蜄　大蛤。⓰溺　尿。⓱蚉蝱　同「蚊虻」。虻，昆蟲名，像蠅而大，能吸叮人或畜之血。⓲僕緣　附著。⓳拊　拍。⓴缺銜　掙斷口勒。㉑意有所至　指愛馬之心意得到表達。㉒愛有所亡　謂因愛馬而喪命。

【語　譯】「你不知道螳螂吧？牠在車道上奮舉其臂欲以擋車，不知自己不能勝任，自恃其才能之完美。警惕呀！謹慎呀！多所誇耀你自以為美者而去沖犯對方，就危險了！你不知養老虎的情況嗎？不敢用活的動物餵養牠，因為殺死活物會觸發其兇暴的習性；不敢用整個活的動物餵養牠，因為撕裂活的動物會激怒牠。要伺察牠的飢飽，知道牠發怒的心理。老虎與人不同種類而討好畜養自己的人，是由於依順其性；牠所以會殺傷人，是由於觸犯其性。愛馬的人，用筐盛放牠的糞便，用大蛤盛放牠的小便。恰逢有蚊虻附著其身，而拍打不及時，牠就掙斷口勒，毀壞養馬者的頭，破碎其胸。愛馬者愛馬之心意得到表達卻因此而喪命，能不謹慎呀！」

匠石❶之❷齊，至乎曲轅❸，見櫟社樹❹。其大蔽❺數千牛，絜❻之百圍❼，其高臨山❽十仞而後❾有枝，其可以為舟❿者旁⓫十數⓬。觀者如市⓭，匠伯⓮不顧，遂⓯行不輟⓰。弟子厭觀⓱之，走及⓲匠石，曰：「自吾執斧斤以隨夫子，未嘗見材如此其美⓳也。先生不肯視，行不輟，何邪？」曰：「已矣⓴！勿言之矣！散木㉑也。以為舟則沉，以為棺槨㉒則速腐，以為器則速毀㉓，以為門戶則液樠㉔，以為柱則蠹㉕，是不材㉖之木也。無所可用，故能若是㉗之壽㉘。」

【注　釋】❶匠石　木匠其名為石。❷之　至。❸曲轅　地名。此所述之人、地與其事皆出於假託。❹櫟社樹　以此櫟樹為祭祀土神之所，故稱。❺蔽　遮蔽。❻絜　以繩圍量。❼百圍　見〈齊物論〉注。❽臨山　到達山頂。❾而後　猶「以上」。❿為舟　造船。⓫旁　旁枝。⓬十數　以十計。⓭市　集市。⓮伯　石之字。⓯遂　繼續。⓰不輟　不停。⓱厭觀　飽觀。

⓲走及 跑著趕上。⓳美 優良。⓴已矣 罷了。㉑散木 無用之樹。㉒槨 棺外之套棺。㉓毀 壞。㉔液樠 樹液滲出。㉕蠹 蛀蝕。㉖不材 無用。㉗若是 如此。㉘壽 長命。

【語譯】匠石至齊國，到了曲轅，見到櫟社樹。此樹大到能遮蔽數千頭牛，用繩圍量有百圍，樹之高，到達山頂十仞以上始有樹枝，樹之旁枝可以造船者以十計。觀看的人如集市，而匠石不看，繼續行走不停步。其弟子一飽眼福，跑著趕上匠石，說：「自從我拿斧頭而跟隨師傅，未曾看到木材如此之優良的，師傅不肯顧視，行走不停步，為什麼呀？」匠石回答說：「罷了！不要說了！是無用之樹。用它造船則沉，用它做棺與套棺則迅速腐爛，用它作器具則很快毀壞，用它作門戶則樹液滲出，用它作柱子則蛀蝕，此是無用之樹木。因為無所可用，所以能如此長命。」

匠石歸，櫟社❶見夢❷曰：「女❸將惡❹乎比予哉？若❺將比予於文木❻邪？夫柤❼梨橘柚，果蓏❽之屬，實熟則剝❾，剝則辱，大枝折，小枝泄❿。此以其能⓫苦其生者也，故不終其天年⓬而中道⓭夭⓮，自掊擊⓯於世俗者也。物莫不若是。且予求無所可用久矣，幾死⓰，乃今⓱得之，為予大用⓲。使予也而有用，且得⓳有此大也邪？且⓴也若與予也皆物也，奈何哉其相物㉑也？而㉒幾死之散人㉓，又惡知㉔散木！」匠石覺㉕而診㉖其夢。弟子曰：「趣㉗取㉘無用，則為社何㉙邪？」曰：「密㉚！若無言。彼亦直寄焉㉛，以為㉜不知己者詬厲㉝也。不為社者，且幾有翦㉞乎！且也彼其所保㉟與眾異㊱，而以義㊲譽㊳之，不亦遠乎！」

【章　旨】此節借櫟社樹之寓言說明一種人生哲理，即求得對人對社會無所可用，方才對己大有益，可保全而長生。

【注　釋】❶櫟社　即櫟社樹。❷見夢　猶託夢。❸女　同「汝」。❹惡　何。❺若　你。❻文木　可用之木。❼相　山楂。❽果蓏　果實有核為果，無核為蓏。或說木實曰果，草實曰蓏。❾剝　敲打。❿泄　通「抴」。牽拉。⓫能　才能。⓬天年　自然之年歲。⓭中道　中途。⓮夭　夭折。⓯自掊擊　自招打擊。⓰幾死　幾乎死。⓱乃今　如今。⓲為予大用　對我大有益。⓳且得　尚且能。⓴且　並且。㉑相物　看待物。㉒而　你。㉓散人　平庸無用之人。㉔惡知　何知。㉕覺　夢醒。㉖診　告訴。㉗趣　旨意。㉘取　求。㉙為社何　為何為社樹。㉚密　通「默」。謂閉嘴。㉛直寄焉　只是寄託社樹之名。㉜以為　以此被。㉝詬厲　侮辱。㉞且幾有翦　將恐怕被砍伐。且，將。幾，殆。有，猶「為」。被。翦，砍伐。㉟所保　保全自身的方法。㊱異　所異者借社樹之名而求無所可用。㊲義　常理。㊳譽　當從今本作「喻」。喻，理解。

【語　譯】匠石返歸，櫟社樹託夢說：「你將用什麼與我相比呀？你將把我比作有用之樹呀？那些山楂梨橘柚，無論是果實有核還是無核之類，果實成熟則被敲打，敲打則受辱，大枝被折，小枝被牽拉。這是以其才能而使其活著受苦，因而不終其自然之年歲而中途夭折，這是在世上自招打擊。物無不如此。我尋求無所可用之法許久了，幾乎死，如今得到，對我大有益。假使我有用，尚且能有這麼大嗎？並且你與我都是物，你如何看待物呀？你是近於死之平庸無用之人，又怎知無用之樹！」匠石夢醒而將夢告訴他的弟子。弟子說：「用意在尋求無用，則為何成為社樹呀？」匠石說：「閉嘴！你不要說。它也只是寄託社樹之名，因而被不知己者所侮辱。不成為社樹，恐怕將被砍伐吧！並且它保全自身的方法與眾物不同，而用常理去理解，不是大有差距嗎！」

南伯子綦❶遊乎商之丘❷，見大木焉，有異，結駟千乘❸隱❹將❺芘其所藾❻。

子綦曰：「此何木也哉？此必有異材❼夫！」仰而視其細枝，則拳曲❽而不可以為棟梁；俯而視其大根❾，則軸解❿而不可以為棺槨；咶⓫其葉，則口爛而為傷⓬；嗅之，則使人狂酲⓭，三日而不已。子綦曰：「此果不材之木也，以至於此其大⓮也。嗟乎！神人以此不材。」

【章　旨】此節與上節意同。

【注　釋】❶南伯子綦　作者虛擬人名。❷商之丘　即商丘。今河南商丘。❸結駟千乘　四馬所駕之車千輛相連接。❹隱　憑。謂憑此大樹。❺將　語助詞。❻芘其所藾　庇息於樹蔭之下。芘，本亦作「庇」。藾，蔭。❼異材　特殊用處。❽拳曲　卷曲。❾大根　基幹。❿軸解　中間開裂。⓫咶　同「舐」。舔。⓬為傷　受傷。⓭狂酲　大醉。⓮以至於此其大　即「其大以至於此」。

【語　譯】南伯子綦出遊商丘，看見大樹，不同於一般，憑此大樹，四馬所駕之車千輛可庇息於樹蔭之下。子綦說：「這是什麼樹呀？這樹必有特殊用處吧！」抬頭看它的細枝，則卷曲而不可以做棟梁；低頭看它的基幹，則中間開裂而不可以做棺槨與套棺；舔它的葉，則口爛而受傷；嗅它的葉，則使人大醉，三日而不醒。子綦說：「這果真是無用之樹，故其大以至於此。啊！神人因此但求於世無用。」

宋有荊氏❶者，宜楸❷、柏、桑。其拱把❸而上者，求狙猴之杙❹者斬之；三圍❺四圍，求高名❻之麗❼者斬之；七圍八圍，貴人富商之家求樿傍❽者斬之。故未終其天年，而中道之夭於斧斤，此材❾之患也。故解❿之以牛之白顙⓫者與豚⓬

之亢鼻⑬者，與人有痔病者，不可以適河⑭，此皆巫祝⑮以⑯知之矣，所以為⑰不祥也。此⑱乃神人之所以為大祥⑲也。

【章　旨】此節以楸、柏、桑因有用遇害，而白額之牛等因無用免害之對比事例，說明人生當求無用以得保全。

【注　釋】❶荊氏　虛擬地名。❷楸　木名。紫葳科，落葉喬木。❸拱把　兩手合握謂拱，一手所握謂把。❹杙　椿。❺圍　此指兩手拇指與食指合圍之長度。❻高名　高大。❼麗　同「欐」。棟梁。❽樿傍　獨板之棺木。❾材　有用。❿解　指以巫術除災。其下「之以」二字原誤倒，依世德堂本乙正。⓫白顙　白額。⓬豚　小豬。⓭亢鼻　高鼻。⓮適河　指作為祭品投入河中。適，為「擿」之省文。《說文》曰：「擿，投也。」⓯巫祝　事鬼神掌祭祀者。⓰以　通「已」。⓱為　認為。⓲此　指巫祝所以為不祥之物。⓳大祥　因可不擿河而得以活命，故為大祥。

【語　譯】宋有荊氏之地，適宜楸樹、柏樹、桑樹生長。樹幹之粗在拱把以上的，尋求拴獮猴之樁的人砍伐它；三圍四圍的，尋求高大房屋之棟梁的人砍伐它；七圍八圍的，貴人富商之家尋求獨板之棺木的人砍伐它。因而未終其自然之年歲，而半途在斧下夭折，此是有用之禍患。故以巫術除災，以為白額之牛與高鼻之小豬，與有痔瘡之人，不可以投入河中，這些都是巫祝已經知道的，所以認為不吉祥的。巫祝認為不吉祥之物乃是神人所以認為大吉祥之物。

支離疏❶者，頤❷隱❸於臍❹，肩高於頂❺，會撮❻指❼天，五管❽在上，兩髀❾為脅❿。挫鍼⓫治繲⓬，足以餬口；鼓筴⓭播精⓮，足以食十人。上徵武士，則支離⓯攘臂⓰而遊⓱於其間⓲；上有大役⓳，則支離以有常疾⓴不受功㉑；上與病者粟，則受三鍾㉒與十束薪。夫支離其形者，猶足以養其身，終其天年，又況支離其德㉓者乎！

【章旨】此節述支離疏畸形殘疾，於世無用，卻因禍得福，用以說明若人之德能與世俗之德相乖，則可保身盡年。

【注釋】❶支離疏　作者虛擬之人。支離，指其人殘疾而畸形。疏，蓋其名。❷頤　面頰。❸隱　藏。❹臍　指臍下。❺頂　頭頂。❻會撮　項椎。❼指　朝向。❽五管　五臟之穴道。本在背部，因其背曲故在上。❾兩髀　兩大腿。❿為脅　處於肋骨之部位。⓫挫鍼　縫衣。鍼，同「針」。⓬治繲　洗衣。⓭鼓筴　揮鞭，指耕地。筴，同「策」。⓮精　種子。⓯支離　即支離疏。⓰攘臂　捋起袖口，伸出手臂。狀其欲應徵之情態。⓱遊　行走。⓲其間　指應徵者中間。⓳大役　大的勞役。⓴常疾　痼疾。㉑功　差事。㉒鍾　量名。計六斛四斗為一鍾。㉓又況句　意謂將更為得益。支離其德，謂其德與世俗之德相乖，即以虛靜無為為德。

【語譯】支離疏，面頰藏於臍下，肩膀高於頭頂，項椎朝天，五臟之穴道在上，兩大腿處於肋骨之部位。他縫衣洗衣，足以餬口；耕地播種，足以供十人吃飯。上面徵武士，則支離疏捋起袖口，伸出手臂而行走於應徵者中間；上面有大的勞役，則支離疏因為有痼疾而不交給差事；上面給與生病者糧食，則接受三鍾粟與十束柴。形體畸殘者尚且可以養活自身，終其自然之年歲，又何況其德與世人相異呢！

孔子適❶楚，楚狂❷接輿❸遊❹其門❺，曰：「鳳❻兮，鳳兮！何如❼德之衰❽也！來世❾不可待，往世不可追❿也。天下有道，聖人成⓫焉；天下無道，聖人生⓬焉。方今之時，僅免刑焉。福輕乎羽，莫之知載⓭；禍重乎地，莫之知避。已乎，已乎！臨人以德⑭。殆乎，殆乎！畫地而趨⑮。迷陽⑯迷陽，無傷⑰吾行。吾行郤曲⑱，無傷吾足。」

【章旨】此節借接輿歌諷孔子，說明處亂世無道之時，能保自身即為福，臨人以德則自招其禍。世多棘刺，當避而行之。

【注釋】❶適　至。❷楚狂　楚國佯狂之人。❸接輿　楚國隱逸之士。❹遊　行經。❺其門　指孔子所宿之門前。❻鳳鳳凰，傳說之瑞鳥，謂其出現，預示世將大治。此以鳳凰比孔子。❼何如　何以。❽衰　卑微。孔子處亂世而周遊列國以求行其道，故諷其德衰。❾來世　未來世道之事。❿不可追　無可挽回。⓫成　成其功業。⓬生　活命。⓭福輕二句　謂得福之易猶如載比羽毛還輕之物而不知。乎，猶「比」。載，承載。⓮臨人以德　即「以德臨人」。⓯畫地而趨　喻自蹈困境。⓰迷陽　草名。多刺。⓱無傷　無害。⓲郤曲　曲折。謂曲折以避之。郤，同「卻」。

【語譯】孔子至楚，楚國佯狂之人接輿行經其門，說：「鳳凰呀，鳳凰呀！何以德操如此卑微！未來世道之事不可等待，以往之世道無可挽回。天下有道，聖人成其功業；天下無道，聖人但求活命。當今之時，僅求避免刑罰。福比羽毛輕，無人知道去承載；禍比地還重，無人知道要迴避。罷了，罷了！以德臨人。危險呀，危險呀！畫地自限而趨走其中。迷陽迷陽，不要妨害我行走。我行走曲折，不要傷害我的足。」

山木自寇❶也，膏火❷自煎❸也。桂❹可食，故伐之❺；漆可用，故割之。人皆知有用之用，而莫知無用之用也。

【章旨】此節借眾例重申對社會有用乃自毀之途，唯求無用，方為自全之良策。

【注　釋】❶自寇　自招砍伐。因對人有用之故。❷膏火　油脂燃燒之火。膏，油脂。❸自煎　自招煎熬。❹桂　指桂皮。❺伐之　桂樹被砍伐。

【語　譯】山上的樹木是自招砍伐，油脂燃燒之火是自招煎熬。桂皮可食，故桂樹被砍伐；漆可用，故漆樹被割。人都知道有用之用，而無人知道無用之用。

【研　析】本篇論述人生活於世上如何求得安靜閒適，特別是處於暴虐者當道之亂世。綜觀所論，作者從三方面進行闡述：其一是對於殘暴之統治者，認為當以外表親近依從為先，不然自無容身之地。其二是以內心平和為重，當守持寧靜。其三是在內心修養上達到心靈空虛而唯道所存，從而擺脫世俗之制約而獲得逍遙自由。

我們由此可見，作者之尋求安靜閒適，是想由被動應對而達到超脫自主。所謂被動應對者，因殘暴之統治者操生殺之權，嗜殺成性，己則處於受制之地位，故為安身計只能在外表上親近依從。然而外表上的親近依從卻絕不有損於內心之寧靜，其人以此為德。其德既與世俗相違，不合世用，故可擺脫制約而得以自主。文中以諸多事例說明，能做到於人於社會「無用」，才能避害安身，得享天年，故而於己大有用，作者因而感歎「神人以此不材（無用）」。獲得自主的另一方面，是使內心明道而達於逍遙之境。文中所謂之「心齋」，即內心修養，通過修養而使之空虛，這是一個心靈淨化的過程。如此，精神即可「無待」而逍遙，安靜閒適者莫此為上。可見作者所論安閒之道實為闡述如何擺脫制約而追求自由之理想境界。可注意的是，作者認為人達到此種境界，即可以達到化物而救亂之效。然而實際上是否能達到以靜致勝的神奇效果呢？

總的來說，作者立說之基調不是提倡面向現實而是超離現實，雖然其論出於棘刺滿途之亂世，然觀其十分強調所謂「無用之用」，則其自為之計而消極避世亦已暴露無遺。

本文前三則寓言皆用對話體，通過對話將內容引向深入，且顯得有聲有色。如第一則寓言，先寫顏回得知衛君暴虐，欲銳身前往以救生靈於塗炭，可見其年輕氣盛。孔子則對其分析利害，警告其若如此輕舉妄動，則非但一無所成而且難免受刑，用以挫其銳氣。又謂其若為衛君之淫威所屈服，則難逃一死，並以先賢遭戮之教訓相告誡。顏回於是轉而尋求自安而婉諫之策。孔子又言，此策不可能改變衛君之成性。至此，顏回已無計可施，於是孔子以「心齋」之術相開導，並言其可使暴君轉變以致救治之效。另外，本文也運用了藝術誇張的手法。如描寫櫟社樹和商丘之大樹之巨大，謂「其大蔽數千牛」，謂「結駟千乘」可庇息於其樹蔭之下，使讀者可以想見其情。又如作者筆下之支離疏，其之畸形被誇張得無從想像，更不要說圖畫其形，可謂是文學史上罕見的怪醜形象。

德充符第五

【題　解】德充符，意謂德養完善之標誌。關於「德」，認為是指內心達到平和即寧靜的一種修養。而德養完善的標誌，則是具有合道之心，能保持寧靜的心境。對一切變故，均能坦然處之，不使其侵入心靈而擾亂之，使思想行為達到「無人之情」而以自然為依歸。又認為，達到德養完善，是基於其人才識完備，即能認識到生死、存亡、窮達、貧富、賢不肖、毀譽、飢飽、寒暑等皆為自然之變，實為同一。以為看待人當重在其德而不計其形。故形體雖或殘缺與醜陋怪誕，然而以德論卻可以是完美之人。相反，形體雖然完好，心靈卻為名利得失所束縛，故以德論則為傷殘之人。

魯❶有兀者❷王駘❸，從之遊❹者與仲尼相若❺。常季❻問於仲尼曰：「王駘，兀者也，從之遊者與夫子中分❼魯❽。立不教，坐不議，虛❾而往，實❿而歸。固有不言之教，無形⓫而心成⓬者邪？是⓭何人也⓮？」仲尼曰：「夫子，聖人也。丘也直後⓯而未往耳。丘將以為師，而況不若丘者乎！奚假⓰魯國，丘將引⓱天下而與⓲從之。」

【注　釋】❶魯　諸侯國名。其地域在今山東西南部。❷兀者　受斷足之刑者。兀，為「刖」之假借。❸王駘　作者虛構之得道者。❹遊　從學。❺相若　相當。指與孔子之從學弟子數量相當。❻常季　或云孔子弟子，或云魯之賢人，實亦虛擬之人。❼中分　平分。❽魯　指魯國從學弟子。❾虛　指頭腦空虛。❿實　指頭腦充實。⓫無形　指不露形跡，即在無形之中。

⑫心成　以其心感化對方。⑬是　此人。⑭也　通「邪」。⑮直後　只是落人之後。⑯奚假　何止。⑰引　帶領。⑱與　一起。

【語　譯】魯國有受斷足之刑者王駘，跟隨他學習的人與仲尼之弟子相當。常季問仲尼說：「王駘，是受斷足之刑者，跟隨他學習的人與老師平分魯國從學弟子。他站著不教導，坐著不議論，然而從學者前去時頭腦空虛，返歸時頭腦充實。確實有不言之教，在無形之中而以其心感化對方的嗎？這是怎樣之人呀？」仲尼說：「這位夫子，是聖人。我只是落人之後而未往。我將以他為老師，何況不如我的人呢！何止魯國，我將帶領天下弟子一起跟隨他。」

常季曰：「彼兀者也，而王❶先生，其與庸❷亦遠矣。若然❸者，其用心❹也，獨❺若之何❻？」仲尼曰：「死生亦大❼矣，而不得與❽之變。雖❾天地覆墜❿，亦將不與之遺⓫。審⓬乎無假⓭，而不與⓮物遷⓯，命物⓰之化，而守其宗⓱也。」

【注　釋】❶王　勝過。❷庸　常人。❸若然　如此。❹用心　思想。❺獨　猶「乃」。❻若之何　如何；怎麼樣。❼大　謂人生之大事。❽與　使。❾雖　即使。❿天地覆墜　天傾地陷。⓫不與之遺　不能使之有所失。⓬審　明。⓭無假　無所假借，即「無待」。⓮與　隨。⓯遷　變化。⓰命物　使人。⓱宗　本，指道。

【語　譯】常季說：「他是受過斷足之刑的人，而勝過先生，常人與他相差就更遠了。如此，他的思想乃怎麼樣？」仲尼說：「死與生是人生之大事，而不能使其思想有所變化。即使天傾地陷，也將不能使之有所失。明白無所假借，而不隨物變化，他能使人變化，而守其道。」

常季曰：「何謂也？」仲尼曰：「自其❶異者視之，肝膽楚越❷也；自其同者視之，萬物皆一❸也。夫若然者❹，且不知耳目之所宜❺，而遊心❻乎德之和❼；物視其所一❽而不見其所喪❾，視喪其足猶遺土❿也。」

【注釋】❶其 指事物。❷肝膽楚越 謂相連之肝膽而若遠隔之楚越。❸一 同；無差異。❹若然者 指以「萬物皆一」視萬物。❺且不知句 謂尚且無有宜否之別。❻遊心 處心。❼和 指無彼此得失之分別。❽所一 所同。❾所喪 所失。❿遺土 捨棄泥土。

【語譯】常季說：「怎麼說呀？」仲尼說：「從事物之差異性去觀察事物，則相連之肝膽而若遠隔之楚越；從事物之同一性去觀察事物，萬物都相同。如此，尚且不知耳目有宜否之別，而處心於無得失無差異之境界；對事物視其所同而不見其所失，視失去其足猶如捨棄泥土一樣。」

常季曰：「彼為己❶，以其知❷得其心❸，以其心得其常心❹，物❺何為最❻之哉？」仲尼曰：「人莫鑑❼於流水，而鑑於止水❽，唯止❾能止眾❿止⓫。受命⓬於地，唯松柏獨也正⓭，在冬夏青青；受命於天，唯堯舜獨也正，在萬物之首⓮。幸⓯能正生⓰，以正眾生⓱。夫保⓲始之徵⓳，不懼之實，勇士一人雄入⓴於九軍㉑。將㉒求名而能自要㉓者而猶若是㉔，而況官天地㉕，府萬物㉖，直㉗寓㉘六骸㉙，象耳目㉚，一㉛知㉜之所知，而心未嘗死㉝者乎！彼且㉞擇日而登假㉟，人則從是㊱也，彼且㊲何肯以物㊳為事乎！」

【章　旨】此節借孔子之口來讚頌王駘。王駘雖遭刖刑，而其德養卻達到無得失無差異之完美境界，能在無形中感化人，故從學者甚眾。

【注　釋】❶為己　修養自己。❷知　同「智」。❸得其心　指明其本心。❹常心　合道之心。❺物　人。❻最　聚。❼鑑　照。❽止水　靜止之水。❾止　止水。❿止眾　使眾止而鑑之。⓫止　猶「焉」。⓬受命　獲得生命。⓭正　字原缺，據《莊子闕誤》引張君房本補。正，完美。⓮受命三句　原脫「堯」、「在萬物之首」六字，依《莊子闕誤》引張君房本補。萬物，萬民。首，首位。⓯幸　希望。⓰正生　完美之性。生，通「性」。⓱眾生　即「眾性」，眾人之性。⓲保　守持。⓳徵　信用。⓴雄入　威武地衝入。㉑九軍　泛指敵軍。古時軍隊編制，天子六軍，大國諸侯三軍。㉒將　欲。㉓自要　強制自己。㉔若是　如此。㉕官天地　謂與天地精神往來。官，通「關」。㉖府萬物　包容萬物。㉗直　只是。㉘寓　寄寓於世。㉙六骸　本指頭身四肢，此泛指形體。㉚象耳目　有耳目之形。象，形。㉛一　玄同。㉜知　同「智」。指世人之智。㉝心未嘗死　謂其心處於虛靜而未嘗死亡。㉞且　猶「將」。㉟登假　升登遠方。假，通「遐」。㊱從是　從之。㊲且　猶「則」。㊳物　世務。

【語　譯】常季說：「他是要修養自己，以其智明其本心，以其心得其合道之心，那麼人為何聚集於他門下呢？」仲尼說：「人不會在流水中照自己，而在靜止之水中照自己，只有靜止之水能使眾人止而照之。從大地獲得生命者，只有松柏獨為完美，在冬夏青青；從天道獲得生命者，只有堯舜獨為完美，處萬民之首位。堯舜希望能以自己完美之性，使眾人之性完美。勇士守持當初之信用，一人而威武地衝入敵軍。欲求名而能強制自己的人尚且能如此，何況與天地精神往來，包容萬物，只是形體寄寓於世，有耳目之形，能玄同世人之智，其心處於虛靜而未嘗死亡的人呢！他將擇日而升登遠方，人們則跟從他，他則怎肯以世務為事呢！」

申徒嘉❶，兀者也，而與鄭❷子產❸同師於伯昏無人❹。子產謂申徒嘉曰：「我先出則子止，子先出則我止❺。」其明日，又與合堂❻同席❼而坐。子產謂申徒嘉曰：「我先出則子止，子先出則我止。今我將出，子可以止乎？其❽未❾邪？且子見執政❿而不違⓫，子齊執政⓬乎？」申徒嘉曰：「先生之門，固⓭有執政焉如此哉！子而⓮說⓯子之執政而後人⓰者也。聞之曰：『鑑明則塵垢不止⓱，止則不明也。久與賢人處，則無過。』今子之所取⓲大者⓳，先生也，而猶出言若是，不亦過⓴乎！」

【注　釋】❶申徒嘉　虛擬之人，為學而得道者。❷鄭　諸侯國名。其地域在今河南中部。❸子產　即公孫僑，字子產，春秋鄭人。自鄭簡公時始執國政，歷定、獻、聲公三朝。此為借其名以敘事。❹伯昏無人　虛擬之得道者。❺我先二句　意謂二人行止當有先後，因恥與刖者同行。止，止步。❻合堂　同堂。❼席　坐席。古時席地而坐。❽其　也許。❾未　不。即不可以止。❿執政　執政者，指自己。⓫違　迴避。⓬齊執政　與執政者平等。⓭固　原來。⓮而　猶「則」。⓯說　同「悅」。⓰後人　輕賤人。⓱鑑明句　喻心明則塵雜不染。鑑，鏡。不止，不落。⓲取　尋求。⓳大者　指思想品德之高尚者。⓴過　有失。

【語　譯】申徒嘉，是遭受斷足之刑罰者，而與鄭國子產同以伯昏無人為老師。子產對申徒嘉說：「我先出門則你止步，你先出門則我止步。」第二天，子產又與他同堂同席而坐。子產對申徒嘉說：「我先出門則你止步，你先出門則我止步。現在我將出門，你能夠止步吧？也許不能夠止步吧？並且你見執政者而不迴避，你與執政者平等嗎？」申徒嘉說：「先生之門，原來有執政者如此呀！你則喜悅你的執政地位而輕賤人。我聽說過這樣的話：『鏡子明亮則塵垢不落，落則不明亮。久與賢人相處，則無過失。』現今你所尋求的思想品德之高尚者，是先生，而尚且出言如此，不是有所失嗎！」

子產曰：「子既若是❶矣，猶與堯爭善❷，計❸子之德，不足以自反❹邪？」

申徒嘉曰：「自狀❺其過，以不當亡❻者眾；不狀其過，以不當存者寡。知不可奈何❼而安之若命❽，唯有德者能之。遊❾於羿❿之彀中⓫，中央⓬者，中地⓭也，然而不中者，命也。人以其全足笑吾不全足者多矣，我怫然⓮而怒；而適⓯先生之所，則廢然⓰而反⓱。不知先生之洗⓲我以善邪，吾之自寤邪⓳？吾與夫子遊⓴十九年矣，而未嘗知吾兀者也。今子與我遊於形骸之內㉑，而子索㉒我於形骸之外㉓，不亦過乎！」子產蹴然㉔改容更貌㉕曰：「子無乃稱㉖！」

【章旨】此節以子產與申徒嘉之爭執事，說明視人當重內在而不計其外表，有德者能對一切遭遇安之若素。

【注釋】❶若是　指犯法而受刖刑。❷猶與句　此反譏申徒嘉不知恥辱而自視甚高。爭善，比德之善。❸計　慮。❹自反　自我反悔。❺狀　述。❻亡　亡足，指處以刖刑。❼知不可奈何　謂知處亂世而事出無奈。❽若命　如同出於自然。❾遊　行。❿羿　傳說古時善射者。⓫彀中　射程範圍之內。⓬中央　射程範圍之居中位置。⓭中地　被射中之地。⓮怫然　發怒貌。⓯適　往。⓰廢然　怒氣消除貌。⓱反　反悔其怒。⓲洗　教化。⓳吾之自寤邪　五字原脫，依《莊子闕誤》引張君房本補。自寤，自己醒悟。⓴遊　相往來。㉑遊於形骸之內　謂以從事內心修養相交往。形骸之內，指內心。㉒索　要求。㉓形

骸之外　外在形骸。㉔蹴然　驚慚貌。㉕改容更貌　改變容貌。㉖無乃稱　不要如此說。

【語譯】子產說：「你既已如此了，還與堯比德之善，想想你之德，還不足以自我反悔呀？」申徒嘉說：「眾人自述其過，以為不當受刖足之刑的人眾多；少數人則不自述其過，以為不當存其足的人少有。知道處於亂世而事出無奈，能安於此種遭遇如同出於自然，只有有德者能夠做到。行走在羿的射程範圍之內，處於射程範圍之居中位置，即被射中之地，然而未被射中，也是出於自然。眾多的人憑其全足而笑我足殘缺，我憤然而怒；然而前往先生之所，則怒氣消除而反悔其怒。不知道是先生以善教化我呢，是我自己醒悟呢？我與先生相交往十九年了，而未曾知道我是刖足者。現今你與我以從事內心修養相交往，而你竟在外在形骸上要求我，未免有所失吧！」子產驚慚地改變容貌說：「你不要如此說！」

魯有兀者叔山無趾❶，踵❷見仲尼。仲尼曰：「子不謹❸，前既犯患❹若是矣。雖今來，何及❺矣！」無趾曰：「吾唯❻不知務❼而輕用吾身❽，吾是以亡足。今吾來也，猶有尊足者❾存，吾是以務全之❿也。夫天無不覆，地無不載，吾以夫子為天地⓫，安知⓬夫子之猶若是也！」孔子曰：「丘則陋⓭矣！夫子胡⓮不入⓯乎？請講以所聞。」無趾出。孔子曰：「弟子勉之！夫無趾，兀者也，猶務學以復補⓰前行之惡⓱，而況全德⓲之人乎！」無趾語⓳老聃⓴曰：「孔丘之於至人，其㉑未邪？彼何賓賓㉒以學子㉓為㉔？彼且蘄㉕以諔詭幻怪㉖之名聞，不知至人之以是為己桎梏㉗邪！」老聃曰：「胡不直㉘使彼以死生為一條㉙，以可不可為一貫㉚

者，解其桎梏，其可乎？」無趾曰：「天刑㉛之，安㉜可解！」

【章旨】此節借叔山無趾與孔子交往之情節，闡述視人不在其外形，要在其德之完善，所忌外形完好，而精神受桎梏。

【注釋】❶叔山無趾　學而得道之虛擬人物。趾，腳指。因其曾受刖刑，故以「無趾」稱之。❷踵　以腳跟行走。❸不謹　不慎。❹犯患　遭遇災禍。❺何及　怎麼來得及。❻唯　因為。❼不知務　不懂世務。❽輕用吾身　自己輕舉妄動。❾尊足者　比足尊貴者，指德。❿務全之　努力使德完善。⓫為天地　作為具有如天地般大德之人。⓬安知　何知。⓭陋　淺薄。⓮胡　通「何」。⓯入　進內。⓰復補　補償。⓱前行之惡　以前行為之過錯。⓲全德　德操完善。⓳語　告。⓴老聃　即老子。㉑其　猶「殆」。㉒賓賓　恭敬貌。㉓學子　向你求教。㉔為　猶「呢」。㉕蘄　求。㉖諔詭幻怪　指奇異怪誕之言行。㉗桎梏　腳鐐手銬。㉘直　徑直。㉙一條　猶「等同」。㉚一貫　等同意。㉛刑　懲罰。㉜安　何。

【語譯】魯國有受刖足之刑者叔山無趾，以腳跟行走而訪見仲尼。仲尼說：「你不謹慎，以前已遭遇災禍如此了，今雖來，怎麼來得及呀！」無趾說：「我因為不懂世務而自己輕舉妄動，因此失去了腳指。現今我前來，還有比雙足尊貴者在，我因此努力要使之完善。天無不覆蓋，地無不承載，我把先生看作天地，哪知先生尚且如此呀！」孔子說：「丘則淺薄了！先生為什麼不進來呀？請將你所知者說說。」無趾出門。孔子說：「弟子勉力！無趾，是受刖足之刑者，尚且努力學習以補償以前行為之過錯，何況德操完善之人呢！」無趾告訴老聃說：「孔子至於至人之境界，恐怕尚未達到吧？他為何恭敬地向你求教呢？他將祈求以奇異怪誕之言行聞名，不知道至人以此為自己之腳鐐手銬呀！」老聃說：「何不徑直使他把死生視為等同，把可與不可視為同一，解除他的腳鐐手銬，或許可以吧？」無趾說：「天道在懲罰他，怎麼可以解除！」

魯哀公❶問於仲尼曰：「衛有惡人❷焉，曰哀駘它❸。丈夫❹與之處者，思而不能去❺也。婦人見之，請於父母曰『與❻為人妻❼，寧為夫子❽妾』者，十數❾而未止也。未嘗有聞其唱❿者也，常和⓫人而已矣。無君人⓬之位以濟⓭乎人之死，無聚祿⓮以望⓯人之腹，又以惡駭天下⓰，和而不唱，知⓱不出乎四域⓲，且而⓳雌雄⓴合㉑乎前，是必有異乎人者也。寡人㉒召而觀之，果以惡駭天下。與寡人處，不至以月數㉓，而寡人有意乎其為人也；不至乎期年㉔，而寡人信之。國無宰㉕，寡人傳國㉖焉。悶然㉗而後應㉘，氾而若辭㉙。寡人醜㉚乎，卒㉛授之國。無幾何㉜也，去寡人而行，寡人卹㉝焉，若有亡也，若無與㉞樂是國㉟也。是何人者也？」

【注釋】❶魯哀公　春秋末魯國君主。❷惡人　醜人。❸哀駘它　醜人之名，為虛擬。❹丈夫　男子。❺去　離去。❻與　與其。❼為人妻　做別人之妻。❽夫子　敬稱哀駘它。❾十數　以十計。指有此意向之人。❿唱　倡導。⓫和　附和。⓬君人　即統治人。⓭濟　救濟。⓮祿　俸祿。⓯望　飽。⓰駭天下　使天下人震驚。⓱知　同「智」。⓲四域　指世俗之人。⓳且而　猶「然而」。⓴雌雄　指男女。㉑合　親附。㉒寡人　諸侯對自己的謙稱。㉓不至以月數　計其時間尚不到一個月，一個月。數，計。㉔期年　一整年。㉕宰　指執國政之相。㉖傳國　委託國政。傳，委。㉗悶然　默然。㉘應　回答。㉙氾而若辭　當作「氾若而辭」。氾，同「泛」。「而若」二字誤倒。泛若，漠然。㉚醜　羞慚。㉛卒　終於。㉜無幾何　無多少時間。㉝卹　憂。㉞無與　無人相與。㉟樂是國　享樂此國。

【語譯】魯哀公問仲尼說：「衛國有醜人，叫做哀駘它。男子與他相處，思念他而不能離去。未婚女子見到他，告請父母說『與其做別人之妻，寧可做夫子之妾』者，以十計且未止其數。未曾聽說他有所倡導，常附和人家而已。沒有統治人的地位以救濟人們免於死，沒有聚積之俸祿以飽人之腹，又以醜使天下震驚，附和而不倡導，智不超出世俗之人，然而男女親附於其跟前，此人必有與人不同之處。寡人召而觀察他，果然以醜使天下震驚。與寡人相處，計其時間尚不到一個月，而寡人已屬意於他的為人；不到一年，而寡人信賴他。國家沒有相，寡人就將國政委託於他。他先沉默，而後回答，漠然而辭。寡人羞慚，終於將國政授予他。無多少時間，他離寡人而去，寡人憂慮，若有所失，好像再沒有人可以一起享樂此國。這是什麼人呀？」

仲尼曰：「丘也嘗使於楚❶矣，適見豚子❷食於其死母者，少❸焉眴若❹，皆棄之而走❺。『不見己焉爾？不得類焉爾❻？』所愛其母者，非愛其形也，愛使其形者❼也。戰而死者，其人之葬也，不以翣❽資❾；刖者之屨❿，無為⓫愛之：皆無其本⓬矣。為天子之諸御⓭，不爪翦，不穿耳⓮；取妻者⓯止於外⓰，不得復使⓱。形全⓲猶足以為爾⓳，而況全德之人乎！今哀駘它未言而信，無功而親，使人授己國，唯恐其不受也，是必才全⓴而德不形㉑者也。」

【注釋】❶使於楚　案：孔子並無出使於楚事，所述皆作者虛擬。使，出使。❷豚子　即豬仔。❸少　不久。❹眴若　驚貌。❺走　奔跑。❻不見己二句　為作者捉摸豬仔當時之心理。不見己，謂豬母不看自己。焉爾，為何如此。不得類，不與往時一樣。❼使其形者　主使其形者，指內在之神。❽翣　棺飾，垂於棺之兩旁。❾資　送葬。因無棺，故不用翣。❿屨　古之鞋。⓫無為　無須。⓬本　主體。⓭諸御　諸多男女侍從。⓮不爪二句　此皆為保全其原形。爪，不修剪指甲。用作動詞。翦，借作「鬋」。修剪鬢髮。不穿耳，不穿耳孔。⓯取妻者　謂將娶妻者。⓰止於外　留止於外地。⓱不得復使　不能再差使。因恐傷其身。⓲形全　形貌完好。⓳為爾　如此。謂如此為人所重。⓴才全　才識完備。㉑德不形　德不外露。

【語譯】仲尼說：「丘曾出使於楚國，剛巧見到豬仔在死的豬母那裡吸吮奶，不久驚懼，都離棄其母而奔跑。『不看自己，為何如此？不與往時一樣，為何如此？』豬仔愛其母，非愛其形體，是愛其內在之神。戰死的人，他的安葬，不用棺飾送葬；遭刖足之刑者之於其鞋，無須愛惜：因為都無其主體了。作為天子之諸多男女侍從，不修剪指甲，不修剪鬚髮，不穿耳；將娶妻者留止於外地，不能再差使。形貌完好尚且能如此為人所重，何況以完善德養為本的人呢！今哀駘它不言而使人信賴，無功於人而使人親近，使人將自己的國家授予他管理，唯恐他不接受。此人必定是才識完備而且德不外露之人。」

哀公曰：「何謂才全？」仲尼曰：「死生、存亡、窮達、貧富、賢與不肖、毀譽、飢渴❶、寒暑，是❷事之變，命之行❸也。日夜相代❹乎前，而知❺不能規❻乎其始者也。故不足以滑❼和❽，不可入於靈府❾。使之❿和豫⓫，通⓬而不失於兌⓭；使日夜無郤⓮，而⓯與⓰物⓱為⓲春，是⓳接⓴而生時㉑於心者也。是之謂才全。」「何謂德不形？」曰：「平者，水停之盛㉒也。其可以為法㉓也，內保之㉔而外不蕩㉕也。德者，成和之修㉖也。德不形者，物㉗不能離也。」哀公異日㉘以告閔子㉙曰：「始也吾以南面而君天下㉚，執民之紀㉛而憂其死，吾自以為至通㉜矣。今吾聞至人㉝之言，恐吾無其實㉞，輕用吾身而亡其國㉟。吾與孔丘，非君臣也，德友㊱而已矣。」

【章　旨】此節述奇醜者哀駘它於人有巨大魅力，究其故，乃由於其德全而才全。德全即心平和若水，才全即視外物變化為出於自然而能無動於衷。

【注　釋】❶渴　疑為「飽」字之誤，不然與「飢」不相對，有違文例。❷是　此。❸命之行　自然之推移。❹相代　替代轉變。❺知　同「智」。指人之智。❻規　為「窺」省形。❼滑　亂。❽和　指得道者心境之平和。❾靈府　心靈。❿使之　使內心。⓫和豫　和樂。⓬通　指對於相對雙方等同視之。⓭兌　悅。⓫無郤　不間斷。⓯而　因而。⓰與　如。⓱物　指萬物。⓲為　猶「向」。⓳是　這。⓴接　指接觸其人者。㉑時　指春日。㉒停之盛　最靜止之狀態。㉓法　法則。㉔內保之　內心保持平靜。㉕不蕩　不動。㉖成和之修　達到平和之修養。㉗物　人。㉘異日　他日。㉙閔子　孔子弟子閔子騫，魯人。㉚君天下　統治魯國。㉛執民之紀　執持治民之綱紀。㉜至通　十分明理。㉝至人　稱孔子。㉞無其實　無憂民治國之實。㉟其國　猶己國。㊱德友　以德相交之友。

【語　譯】哀公說：「怎樣稱為才識完備？」仲尼說：「死與生、存與亡、窮與達、貧與富、賢與不肖、毀與譽、飢與飽、寒與暑，這是事物之變化，是自然之推移。相對待之雙方，在眼前日夜不息地替代轉變，而人之智不能窺知此種變化之起始。故不足以擾亂得道者心境之平和，不能入於其心靈。使內心和悅，對於相對雙方等同視之而不失其和悅；使內心之和悅日夜持續，因而如萬物之向春，這就使接觸其人者在心中產生春日之感。這稱為才全。」「怎樣稱為德不外露？」仲尼說：「平，是水最靜止之狀態。它可以作為法則，內心保持平靜而外物不能動蕩。德，是達到平和之修養。德不外露，人就不能離去。」哀公他日將它告訴閔子說：「開始我居君位而統治魯國，執持治民之綱紀而憂慮其死亡，我自以為十分明理了。現在我聽到至人之言，恐怕我無其實，自身輕易作為而使國家危亡。我與孔丘，不是君臣關係，而是以德相交之友罷了。」

闉跂支離無脤❶說衛靈公，靈公說之❷。而視全人❸，其脰❹肩肩❺。甕㼜大癭❻說齊桓公❼，桓公說之。而視全人，其脰肩肩。故德有所長❽，而形有所忘❾。

人不忘其所忘❿，而忘其所不忘⓫，此謂誠忘⓬。故聖人有⓭所遊⓮，而知為孽⓯，約為膠⓰，德為接⓱，工為商⓲。聖人不謀，惡⓳用知⓴！不斲㉑，惡用膠㉒！無喪㉓，惡用德㉔！不貨㉕，惡用商㉖！四者㉗，天鬻㉘也。天鬻者，天食㉙也。既受食於天，又惡用人㉚！有人之形，無人之情。有人之形，故群於人㉛；無人之情，故是非不得㉜於身。眇㉝乎小哉！所以屬於人㉞也；謷㉟乎大哉！獨成㊱其天㊲。

【章　旨】此節借衛靈公、齊桓公皆喜悅奇醜之人的虛擬事例，說明德有所進，對於人之外形就會淡忘的道理，從而要求人們做到雖有人之形，而無人之情，即擺脫常人的是非好惡之心，而順從自然。

【注　釋】❶闉跂支離無脤　一殘疾者，以其形態為其名號。闉，曲，指下體盤曲。跂，起踵，即踮起腳跟。支離，此為傴僂（駝背）意。脤，同「唇」。❷說之　喜歡他。說，同「悅」。❸全人　形體完好之人。❹脰　頸。❺肩肩　以肩托著。❻甕㼜大癭　此亦以其形為其名號，謂頸部生有大瘤猶如甕㼜之人。甕，腹較大之瓦器。㼜，大腹小口之瓦器。癭，頸瘤。❼齊桓公　春秋齊國君主，為春秋霸主。此亦假借之。❽長　長進。❾形有所忘　於形有所淡忘不計。❿所忘　指所當忘之形。⓫所不忘　指所不當忘之德。⓬誠忘　真忘。⓭有　猶「之」。⓮所遊　指所生活之世。⓯知為孽　謂世人之智如新芽之萌生。知，同「智」。⓰約為膠　以粘膠使結合。喻人際以倫理相結合。⓱德為接　以恩德作為交接手段。⓲工為商　以工巧經營商務。⓳惡　何。⓴知　同「智」。㉑不斲　即不斫，謂使不破裂。㉒惡用膠　何必用倫理相結合。㉓無喪　使無所失。㉔惡用德　何必用恩德。㉕不貨　使不買。㉖惡用商　何必經營商務。㉗四者　知、約、德、工。㉘天鬻　產生於自然。鬻，借作「育」。㉙天食　自然所供養。㉚惡用人　何必用人為。㉛群於人　合於人群。㉜得　及。㉝眇　借作「渺」。㉞所以屬於人　指與人同類之形。㉟謷　借作「傲」。偉大。㊱成　成全；完備。㊲天　自然天性。

【語　譯】闉跂支離無脤勸說衛靈公，衛靈公喜歡他。而看形體完好之人，唯見肩膀托著項頸。甕㼜大癭勸說齊桓公，桓公喜歡他。而看形體完好之人，唯見肩膀托著項頸。故德有所長進，則於形有所忘。人不能忘其所當忘之形，而忘其所不當忘之德，這稱為真忘。故聖人所生活之世，世人之智如新芽之萌生，人際以倫理相結合，以恩德作為交接手段，以工巧經營商務。而聖人不謀劃，何必用智！不使破裂，何必用倫理相結合！使無所失，何必用恩德！使不買，何必經營商務！四者，產生於自然。產生於自然，即自然所供養。既然接受自然之供養，又何必用人為！聖人有人之形貌，而無人之情感。有人之形貌，故與人合群；無人之情感，故自身不涉及是非。渺小啊！與人同類之形；偉大啊！獨自成全其自然之天性。

惠子謂莊子曰：「人故❶無情乎？」莊子曰：「然。」惠子曰：「人而無情，何以謂之人？」莊子曰：「道與之貌，天與之形❷，惡得❸不謂之人？」惠子曰：「既謂之人，惡得無情？」莊子曰：「是❹非吾所謂情也。吾所謂無情者，言人之不以好惡內傷其身，常因❺自然而不益生❻也。」惠子曰：「不益生，何以有其身？」莊子曰：「道與之貌，天與之形，無以好惡內傷其身。今子外❼乎子之神，勞乎子之精，倚樹而吟，據槁梧而瞑。天選子之形❽，子以堅白鳴❾。」

【章旨】莊子在與惠子論辯中闡述其觀點，認為人之形貌是天道自然所賦予，故為人當依順自然，擺脫好惡之情和智巧之束縛。

【注釋】❶故　通「固」。❷道與二句　謂天道自然賦予人形貌。因人為道所派生，故云。❸惡得　怎能。❹是　此。指惠子所謂之情。❺因　依順。❻不益生　不做有益生命之事。❼外　外騖。神當內守。❽天選句　人之形貌各異，皆天所主宰，故云。選，選定。❾堅白鳴 見〈齊物論〉注。

【語 譯】惠子對莊子說：「人固然無情感嗎？」莊子說：「是的。」惠子說：「人而無情感，為何稱為人？」莊子說：「天道自然賦予人形貌，怎麼能不稱為人？」惠子說：「既稱為人，怎麼能無情感？」莊子說：「你所謂之情，不是我所謂之情。我所謂之無情，言人不以好惡內傷其身，常依順自然而不做有益生命之事。」惠子說：「不做有益生命之事，怎麼能有其身？」莊子說：「天道自然賦予人形貌，不以好惡內傷其身。現今你使神外鶩，使你精神勞頓，倚樹而吟，據枯乾之梧桐而眠。天道選定你的形貌，你卻以『堅白論』爭鳴。」

【研 析】本文主要論述德之修養。關於「德」之定義，文中借孔子之口說：「德者，成和之修也。」指內心達到平和即寧靜的一種修養。而德養完善的標誌是：1.具有合道之心，能保持寧靜的心境。對一切變故，均能坦然處之，不使其侵入心靈而擾亂之，即使天覆地墜，亦無動於衷。能擺脫感情羈絆，達到「無人之情」之境界。2.思想行為皆能以自然為依歸。

德養之達到完善，是基於「才全」，即才識完備。可以說，正因其才識完備，所以能成就其德養之完善。所謂才識完備，指能認識到生死、存亡、窮達、貧富、賢不肖、毀譽、飢飽、寒暑等皆為自然之變，實為同一。能有如此識見，故申徒嘉雖遭刖足之刑而能「安之若命」，德養之高超可見一斑。兀者王駘、貌醜駭人之哀駘它之所以為人傾慕，闉跂支離無脤、甕㼜大癭之所以為衛靈公、齊桓公喜歡，無不由於其人之德養具有魅力，也由於人們「德有所長，而形有所忘」。相反，若其識見與此相背，則被認為是心靈戴上了桎梏，是受到自然之懲罰。作者能注意到才識與德養之關係，這是頗有見地的。雖然這兩者並非完全一致，但是見多識廣，無疑對於德養有一定的積極意義。尤可注意的是，作者對於內在之德養與外在之形貌兩者之關係，提出了不同凡響的見解。以為論人在其德而不在其形貌，形體雖或殘缺與醜陋怪誕，然而以德論卻可以是完美之人。相反，形體雖然完好，心靈卻為名利得失所束縛，故以德論則為傷殘之人。此論雖帶有道家的思想色彩，但在客觀上有其重要價值。

本文也論及有德養者能在無形中感化人的問題。如王駘，凡接觸其人者都有溫暖如春之感，從而得到薰陶。無形中給人以影響，在現實生活中是存在的。但一個所謂「成和之修」者，是否能達到此種境界呢？

本文中所寫寓言的主人公都是一些遭刑而肢體殘缺與畸形奇醜者，這反映了作者獨特的審美觀。所謂美，當是內在美與外在美的完美結合，而作者則突出表現二者之不一致，用以說明才識與德養是為人之根本。為此，作者借用了反襯手法。其中有自襯者，如以主人公形體如此而甚富魅力，則愈見其才識與德養之非凡絕倫；有他襯者，如用聖賢孔子與子產才識與德養之低下作襯托。另外，作者也運用了渲染的手法。如描寫哀駘它，先寫男子為其所吸引，既而寫眾多未婚女子願為其妾，再寫魯哀公對其有意，充分顯示其對各色人都具有無窮的魅力。

大宗師第六

【題　解】大宗師者，謂大的宗師。宗師即所尊之師。本篇之意是以道為大宗師。文中所論除闡述道之特徵外，主要是論述如何以道為師，亦即如何得道之問題。關於道之特徵，認為它是自為根本，先天地生，長生而無形，無為而其作用無所不在，微妙而神奇。關於如何得道，認為人可由漸忘而使精神擺脫形體之束縛，然後悟道而與之一體。其所謂「真人」，即得道者。文中亦論及生死問題，認為生死是造化所為，自然之變化，皆為善事，當順應莫違，不可訴之哀樂之情。關於天道自然與人為，認為兩者不是相互克制，而是相互依存而同一之關係。

知天❶之所為，知人之所為者，至❷矣。知天之所為者，天而生❸也；知人之所為者，以其知之所知❹以養其知之所不知❺，終其天年而不中道❻夭❼者，是知之盛❽也。雖然，有患❾。夫知❿有所待⓫而後當⓬，其所待者特⓭未定⓮也。庸詎知吾所謂天之非人乎？所謂人之非天乎⓯？

【章　旨】此節論述人當知自然與人為之別，亦當知兩者相依存而同一。

【注　釋】❶天　指自然。❷至　謂其智為至高。❸天而生　自然產生。❹其知之所知　即其智之所知，指道家的養生之術。❺其知之所不知　即「其智之所不知」，指年命之數。❻中道　半途。❼夭　早死。❽知之盛　即至高之智。知，同「智」。❾有患　有憂。❿知　知識。⓫有所待　依賴於認識對象。⓬當　得當；正確。⓭特　只是。⓮未定　因處於變易之中。⓯庸

詎二句　謂天人兩者相依存而同一。庸詎，何。天之非人，謂自然有賴人為。人之非天，謂人為受制於自然。

【語　譯】知道自然之所為，知道人之所為，其智為至高。知道自然之所為，是自然而產生；知道人之所為，是以其智之所知之養生之術養護其智之所不知之年歲之數，終其自然之年歲而不半途夭折，是至高之智。雖然如此，尚有憂患。知識依賴於認識對象而後得當，只是所依賴之認識對象不固定。怎知我之所謂自然不是人為呢？所謂人為不是自然呢？

且有真人❶，而後有真知❷。何謂真人？古之真人，不逆寡❸，不雄成❹，不謨士❺。若然者，過❻而弗悔，當而不自得❼也。若然者，登高不慄❽，入水不濡❾，入火不熱，是知之能登假❿於⓫道者也若此。

【注　釋】❶真人　即得道者。❷真知　指對於道的領悟。❸不逆寡　謂細微之事亦不違逆。❹不雄成　不以力求成。雄，有力。❺不謨士　不計謀事情。士，通「事」。❻過　有過失。❼不自得　不自己得意。❽不慄　不恐懼。❾不濡　不沾濕。❿登假　上升遠方。假，通「遐」。⓫於　猶「之」。

【語　譯】況且有真人，然後有真知。何謂真人？古之真人，連細微之事亦不違逆，不以力求成，不計謀事情。如此，則有過失而不後悔，得當而不自我得意。如此，則登高不恐懼，入水不被沾濕，入火不覺熱，此人其所知能上升遠方達於道者如此。

古之真人，其寢不夢，其覺無憂，其食不甘❶，其息❷深深❸。真人之息以踵，眾人之息以喉。屈服者，其嗌言❹若哇❺。其耆欲深者，其天機❻淺。

【注釋】❶不甘 不辨味之美否。❷息 呼吸。❸深深 深沉。❹嗌言 喉之出言。嗌，喉。❺哇 嘔，謂吞吞吐吐。❻天機 自然稟賦之素質。

【語譯】古之真人，其睡覺不做夢，其睡醒無憂，其飲食不辨味之美否，其呼吸深沉。真人用足跟呼吸，眾人用喉呼吸。屈服的人，喉之出言若吞吞吐吐。其人嗜欲深的，其自然稟賦之素質淺薄。

古之真人，不知說❶生，不知惡死。其出❷不訢❸，其入❹不距❺；翛然❻而往❼，翛然而來❽而已矣。不忘其所始❾，不求❿其所終⓫。受⓬而喜之，忘而⓭復之⓮。是之謂不以心⓯捐道⓰，不以人助⓱天。是之謂真人。若然者，其心志⓲，其容寂⓳，其顙⓴頯㉑。淒然似秋，煖然似春，喜怒通㉒四時㉓，與㉔物有㉕宜，而莫知其極㉖。故聖人之用兵也，亡國而不失人心。利澤施㉗乎萬世，不為愛人。故樂通物㉘，非聖人也；有親㉙，非仁㉚也；天㉛時㉜，非賢也；利害不通㉝，非君子也；行名㉞失己㉟，非士㊱也；亡身㊲不真㊳，非役人㊴也。若狐不偕㊵、務光㊶、伯夷、叔齊㊷、箕子胥餘㊸、紀他㊹、申徒狄㊺，是㊻役人之役㊼，適人之適㊽，而不自適其適㊾者也。

【注　釋】❶說　同「悅」。❷出　出生。❸不訢　不欣喜。訢，同「欣」。❹入　死亡。❺距　通「拒」。❻翛然　自在貌。❼往　指進入死亡。❽來　指出生。❾所始　生之本源。❿不求　不慮。⓫所終　死亡之歸宿。⓬受　接受死亡。⓭而　猶「其」。⓮復之　生死之往復。⓯心　己之心願。⓰捐道　拋棄天道自然。⓱助　借作「鋤」。損害。⓲志　字為「忘」之形誤。⓳寂　平靜。⓴顙　額。㉑頯　厚（《廣雅．釋詁三》），此謂戇厚質樸貌。㉒通　同。㉓四時　四季。㉔與　隨。㉕有　猶「為」。㉖極　準則。㉗施　延及。㉘樂通物　樂於與人交往。物，人。㉙有親　有所愛。㉚非仁　非天道之仁。因天道之仁無所不及。㉛天　仰賴。㉜時　時機。㉝不通　不同一。㉞行名　追求名位。㉟失己　喪失自己本性。㊱士　指有識之士。㊲亡身　身不能自持。㊳不真　失其本性。㊴非役人　不能役使他人。㊵狐不偕　傳說堯時賢人。堯讓天下於他，不受，投河而死。㊶務光　相傳湯時賢人。湯讓天下於他，不受，投水而死。㊷伯夷叔齊　商末孤竹君之二子，其父欲傳位於叔齊，伯夷避讓，叔齊亦不受，兩人皆出走。後兩人阻止武王伐紂，商亡，以食周食為恥，在首陽山採薇而食，終於餓死。㊸箕子胥餘　箕子，名胥餘。箕子為商紂諸父，紂暴虐，箕子諫不聽，乃披髮佯狂，為紂所囚。武王滅紂後釋之以歸鎬京。㊹紀他　相傳湯時賢人，湯讓天下於務光，恐及己，遂投水而死。㊺申徒狄　相傳湯時賢人，聞紀他死，遂負石自沉於河。㊻是　此。指上述諸人。㊼役人之役　勞於他人之所勞。㊽適人之適　以他人所適宜為適宜。㊾自適其適　以自身適宜為適宜。聞一多《莊子內篇校釋》謂自上文「故聖人之用兵也」至此，與上下詞指不類，疑係錯簡。

【語　譯】古之真人，不知喜悅生，不知厭惡死。其對出生不欣喜，其對入死不抗拒。自在地去死，自在地出生而已。不忘出生之本源，不慮死亡之歸宿。欣喜地接受死亡，遺忘生死之往復。這稱為不以自己之心願拋棄天道自然，不以人為損害天道自然。這就稱為真人。如此，其心能忘懷，其容平靜，其額戇厚。似秋天般淒涼，似春天般溫暖，喜怒同四季，隨物為宜，而不知其準則。故聖人之用兵，雖亡人之國而不失人心。恩澤延續至萬代，不是為了愛人。故樂於與世人交往，非為聖人；有所愛，非天道之仁；仰賴時機，非為賢人；利害不同一，非為君子；追求名聲而喪失自己之本性，非為有識之士；身不能自持而失其本性，不能役使他人。如狐不偕、務光、伯夷、叔齊、箕子胥餘、紀他、申徒狄，此為勞於他人之事，以他人所適宜為適宜，而不是以自身適宜為適宜。

古之真人，其狀❶義❷而不朋❸，若不足❹而不承❺，與❻乎其觚❼而不堅❽也，張❾乎其虛而不華❿也，邴邴⓫乎其似喜乎，崔⓬乎其不得已⓭乎，滀⓮乎進我⓯色⓰也，與⓱乎止⓲我德⓳也，厲⓴乎其似世㉑乎，謷㉒乎其未可制㉓也，連㉔乎其似好閉㉕也，悗㉖乎忘其言㉗也。以刑為體㉘，以禮為翼㉙，以知㉚為時㉛，以德為循㉜。以刑為體者，綽㉝乎其殺也；以禮為翼者，所以行㉞於世也；以知為時者，不得已㉟於事也；以德為循者，言其與㊱有足者至於丘㊲也。而人真以為勤行者也㊳。故其㊴好之㊵也一㊶，其弗好之也一。其一也一㊷，其不一也一。其一㊸與㊹天為徒，其不一與人㊺為徒。天與人不相勝㊻也，是之謂真人。

【注釋】❶狀　狀態。❷義　公正。❸不朋　謂不結黨營私。❹不足　虛懷若谷。❺不承　無所承擔。❻與　當是「趣」字之省形。《說文》：「趣，安行貌也。」❼觚　通「孤」。孤而不群。❽不堅　不固執。❾張　心胸廣大。❿不華　不事浮華。⓫邴邴　喜貌。⓬崔　動貌。⓭不得已　謂本於自然之驅動。⓮滀　聚。此指真人之底蘊。⓯我　指稱受化者。⓰色　容顏，此指儀容涵養。⓱與　容與。指真人之從容閒適。⓲止　靜寂。⓳德　德養。⓴厲　字當從崔譔本作「廣」，指心胸廣大。㉑世　謂整個世界。㉒謷　大。㉓未可制　不可制約。㉔連　合；緘口。㉕閉　沉默。㉖悗　無心貌。㉗忘其言　指不知以言達意。㉘體　本。㉙翼　輔。㉚知　通「智」。㉛為時　謀取時機。㉜為循　作依循。㉝綽　寬緩。㉞行　施行。此指施治。㉟不得已　不能不如此。㊱與　猶「如」。㊲有足者至於丘　凡有足者皆可至山，喻循德可致成效。㊳而人句　謂而人們真以為「以刑為體」云云是勤於治世者之作為。案：自「以刑為體」至此句，張默生《莊子新釋》以為不類莊子思想，或為他書錯簡。㊴其　指人。㊵之　指「天」與「人」之相依存。㊶一　同一。㊷其一也一　謂其認為同一亦同一。㊸其

一　其認為同一。㊹與　隨。㊺人　指世人。㊻相勝　相克制。案：自「故其好之也一」至此句四十六字，與前文不相承接，疑為錯簡，當移於首節「庸詎知吾所謂天之非人乎？所謂人之非天乎」句之後，則文意相貫，且與下節始論「真人」亦甚合。

【語　譯】古之真人，其狀態公正而不結黨營私，若虛懷若谷而無所承擔，安於孤而不群卻不固執，心胸廣大而不事浮華。和顏悅色地似有所喜，有所動則出於不得已。胸富底蘊，使我儀容之涵養得以長進；從容閒適，使我之德養至於靜寂之境。其心胸廣大似容納整個世界，其廣大而無可制約，緘默不言似喜好閉口，無知無慮而忘其所言。以刑罰為本，以禮儀為輔，以才智謀取時機，以德作依循。以刑罰為本，即寬緩其殺戮；以禮儀為輔，即作為世之施治之手段；以才智謀取時機，即遇事不能不如此；以德作依循，即如凡有足者皆可至山。而人們真以為「以刑為體」云云是勤於治世者之作為。故不論人喜好「自然」與「人為」之相依存，二者也同一；人不喜好「自然」與「人為」之相依存，二者也同一。認為同一也同一，認為不同一也同一。認為同一則相隨自然而為之徒從，認為不同一則相隨世人為之徒從。認為自然與人為不是一方克制一方之關係，如此方謂真人。

死生，命❶也；其有夜旦之常❷，天❸也。人之有所不得與❹，皆物之情❺也。彼❻特❼以天為父❽，而身猶愛之，而況其卓❾乎！人特以有❿君為愈乎己⓫，而身猶死之，而況其真⓬乎！

【章　旨】以上數節從多方面論述真人所達到的真知境界，即能超脫，達到對於道的領悟而崇尚之，能依循自然而不做有損於道之事。其情狀則心胸寬廣，心靈平和虛靜，沉默無言。

【注　釋】❶命　自然之變易。❷常　常規。❸天　天道自然。❹與　干預。❺物之情　事物之本性。❻彼　人們。❼特只是。❽為父　謂作為所依賴而尊敬者。❾卓　指卓著之道。❿有　此字按上文例疑衍。⓫愈乎己　超過自己。愈，通「逾」。⓬真　真宰，指道。

【語譯】死與生，是自然之變易；其有黑夜與白晝之常規，是天道自然。人有不得干預之事物，因事物皆有其本性。人們只是以天作為所依賴而尊敬者，自身尚且愛之，何況對於卓著之道呢！人們只是以為君主超過自己，自身尚且為其而死，何況對於真宰之道呢！

泉涸❶，魚相與❷處於陸❸，相呴❹以濕，相濡❺以沫❻，不如相忘於江湖。與其譽堯而非桀也，不如兩忘❼而化其道❽。

【章旨】此節以魚處陸而相救，不如處江湖而自樂為喻，說明與其處亂世而仰賴救人之道，不如處自在自樂之理想社會。

【注釋】❶涸　乾枯。❷相與　一起。❸陸　地面上。❹相呴　相互呼氣。❺相濡　相互濕潤。❻沫　唾沫。❼兩忘　指對於堯桀兩者皆忘。❽化其道　以其道化之。謂順大道而使之自然變化。

【語譯】泉水乾枯了，魚兒一起處於陸地之上，相互呼氣用以濕潤，用唾沫相互潤澤，與其如此，不如處於江湖之時相互遺忘。與其讚譽堯而指責桀，不如兩者皆忘而順大道使之自然變化。

夫大塊載我以形，勞我以生，佚我以老，息我以死。故善吾生者，乃所以善吾死也❶。夫藏舟於壑❷，藏山❸於澤，謂之固矣。然而夜半有力者負❹之而走，昧者❺不知也。藏小大❻有宜，猶有所遯❼。若夫藏天下於天下，而不得所遯，是恆物❽之大情❾也。特❿犯⓫人之形而猶喜之，若人之形者，萬化⓬而未始有極⓭也，其為樂可勝計邪！故聖人將遊⓮於物之所不得遯而皆存⓯。善⓰妖⓱善老⓲，善始善終，人猶效之，又況萬物之所係⓳而一化⓴之所待乎！

【章　旨】此節言當善待道，使生命永無所失而長存。

【注　釋】❶夫大塊六句　自節首至此句三十一字，為本篇重出之文，當刪。❷壑　山谷。❸山　字疑為「車」之壞字。❹負　背負。❺昧者　愚昧者。❻藏小大　藏小大之物。❼遯　失。❽恆物　永恆不變之物。❾大情　基本情況。❿特　僅。⓫犯　通「範」。即模型。此謂定型。⓬萬化　指萬物之無窮變化。⓭未始有極　無有終極。⓮遊　心遊。⓯所不得遯而皆存　指為萬物本源與歸宿之道。⓰善　善待。⓱妖　通「夭」。指少時。⓲老　老時。⓳萬物之所係　一切變化所依賴，指道。⓴一化　一切變化。

【語　譯】將舟藏於山谷，將車藏於藪澤，可稱為穩固了。然而有力的人半夜背起而逃走，愚昧的人是不知道的。藏小大之物各有所宜，尚且有所失。至於將天下藏於天下，則不能有失，這是永恆不變之物的基本情況。僅定型為人之形而尚且喜悅之，而如人之形者，在萬物世界之無窮變化中無可盡計，則其歡樂可盡計呀！故聖人將心遊於萬物本源與歸宿之道。善待少時善待老時，善始善終，人們尚且仿效之，又何況對於萬物所繫而一切變化所依賴之道呢！

夫道，有情❶有信❷，無為❸無形；可傳❹而不可受❺，可得❻而不可見；自本自根⑦，未有天地，自古以⑧固存⑨；神鬼神帝⑩，生天生地；在太極⑪之先⑫而不為高，在六極⑬之下而不為深，先天地生而不為久，長⑭於上古而不為老。狶韋氏⑮得之，以挈⑯天地；伏戲氏得之，以襲⑰氣母⑱；維斗⑲得之，終古⑳不忒㉑；日月得之，終古不息；堪坏㉒得之，以襲㉓崑崙；馮夷㉔得之，以遊大川㉕；肩吾㉖得之，以處大山㉗；黃帝得之，以登雲天；顓頊㉘得之，以處玄宮㉙；禺強㉚得之，立乎北極；西王母㉛得之，坐乎少廣㉜，莫知其始，莫知其終；彭祖得之，上及有虞㉝，下及五伯㉞；傅說㉟得之，以相㊱武丁，奄㊲有天下，乘東維，騎箕尾㊳，而比㊴於列星㊵。

【章　旨】此節闡述道之性質，其存在之形式，以及它的神奇莫測的作用。

【注　釋】❶有情　有其實。❷有信　有驗證。❸無為　無所行為。❹傳　心傳。❺受　口授。❻得　得之於心。❼自本自根　以自身為根本。❽以　通「已」。❾固存　本來即存在。❿神鬼神帝　使鬼和古帝神靈。⓫太極　原指陰陽未判之元氣，此指天。⓬先　字為「上」之誤。⓭六極　六合。⓮長　久。⓯狶韋氏　傳說上古帝王名。⓰挈　掌管。⓱襲　合。⓲氣母　元氣之母。⓳維斗　北斗。⓴終古　永遠。㉑不忒　不差。㉒堪坏　傳說崑崙山神名。㉓襲　入。㉔馮夷　傳說河神。㉕大川　黃河。㉖肩吾　傳說泰山之神名。㉗大山　即泰山。㉘顓頊　傳說古帝名，即高陽氏。㉙玄宮　北方之宮。㉚禺強　傳說北海神名。㉛西王母　傳說西方之神。㉜少廣　西極之山名。㉝有虞　即舜。㉞五伯　指春秋齊桓公、晉文公等五個稱霸諸侯。㉟傳說　相傳殷高宗武丁時，版築於傅巖，為武丁所尋訪而得之，舉以為相，使殷朝得以中興。㊱相　輔佐。㊲奄　廣。㊳乘東二句　謂凌駕維繫於東方之箕、尾二星宿之上。箕、尾為東方七宿之末二宿。傳說傳說死後化為箕、尾之間的一星，故云。㊴比　並列。㊵列星　眾星。

【語譯】道，有其實，有驗證，無所行為，無其形體；可心傳而不可口授，可得之於心而不可見；以自身為根本，未有天地，自古即本已存在；使鬼與古帝神靈，派生天派生地；在天之上而不為高，在六合之下而不為深，先於天地產生而不為久，比上古久遠而不為老。狶韋氏得之，以掌管天地；伏羲氏得之，以調和元氣；北斗得之，永無偏差；日月得之，永不停息；堪坏得之，以入崑崙山；馮夷得之，以遊歷黃河；肩吾得之，以處泰山；黃帝得之，以登雲天；顓頊得之，以處玄宮；禺強得之，立於北極；西王母得之，坐於少廣山，無人知其所始，無人知其所終；彭祖得之，上至舜時，下至五伯；傅說得之，以為武丁之相，使廣有天下；死後則變為一星，凌駕並維繫於東方之箕、尾二宿之上，而並列於眾星。

南伯子葵❶問乎女偊❷曰：「子之年長❸矣，而色❹若孺子❺，何也？」曰：「吾聞道矣。」南伯子葵曰：「道可得學邪？」曰：「惡！惡可！子非其人也。夫卜梁倚❻有聖人之才而無❼聖人之道，我有聖人之道而無聖人之才，吾欲以教之，庶幾❽其果為聖人乎！不然，以聖人之道告聖人之才，亦易矣。吾猶守❾而告之：參❿日而後能外⓫天下；已外天下矣，吾又守之⓬，七日而後能外物；已外物矣，吾又守之，九日而後能外生；已外生矣，而後能朝徹⓭；朝徹，而後能見獨⓮；見獨，而後能無古今⓯；無古今，而後能入於不死不生⓰。殺生者不死，生生者不生⓱。其為物，無不將⓲也，無不迎也；無不毀也，無不成也。其名為攖寧⑲。攖寧也者，攖而後成⑳者也。」南伯子葵曰：「子獨㉑惡㉒乎聞之？」曰：「聞諸副墨之子㉓，副墨之子聞諸洛誦㉔之孫，洛誦之孫聞之瞻明㉕，瞻明聞之聶許㉖，聶許聞之需役㉗，需役聞之於謳㉘，於謳聞之玄冥㉙，玄冥聞之參寥㉚，參寥聞之疑始㉛。」

【章旨】此節借女偊之答南伯子葵，闡述得道乃是漸忘漸悟而至於與道為一之過程。

【注釋】❶南伯子葵　作者虛擬人物。❷女偊　虛擬人物，為得道者。❸年長　年齡大。❹色　容顏。❺孺子　兒童。❻卜梁倚　假設之人名。❼無　謂不掌握。❽庶幾　或許。❾守　守持其道。❿參　同「三」。⓫外　遺忘。⓬守之　守持所得。⓭朝徹　謂心境明徹。朝，通「昭」。⓮見獨　獨有所見。⓯無古今　謂泯滅古今之別，因道無始無終。⓰入於不生不死　謂與道一體。不生不死，指道。⓱殺生二句　謂道有生殺之作用，而其自身則是永恆的存在。生生，使生者得生。⓲將　送。⓳攖寧　意謂由擾動而致寂靜。攖，擾動。寧，寂靜。⓴成　成其寂靜。㉑獨　猶「乃」。㉒惡　何處。㉓副墨之子　虛擬之人。下皆同。副墨，指書籍。文字源自語言，故稱寫本為副墨。㉔洛誦　連續誦讀。洛，借作「絡」。㉕瞻明　所見明白。㉖聶許　審聽而心得。㉗需役　需待實行。㉘於謳　形之謳歌。㉙玄冥　渺茫靜寂。㉚參寥　參悟空虛。㉛疑始　疑有所始。

【語譯】南伯子葵問女偊說：「你的年齡大了，而容顏如兒童，為什麼呀？」回答說：「我聽說道了。」南伯子葵說：「道能夠學嗎？」回答說：「噢！怎麼可以！你不是這種人。那個卜梁倚有聖人之才而不掌握聖人之道，我掌握聖人之道而無聖人之才，我想把聖人之道教給他，或許他果真成為聖人吧！不然，以聖人之道告訴聖人之才，是容易之事。我尚且守持其道而告之：三日而後能遺忘天下；已遺忘天下了，我又守持其道，七日而後能遺忘物；已遺忘物了，我又守持其道，九日而後能遺忘生；已遺忘生了，而後能心境明徹；心境明徹，而後能獨有所見；獨有所見，而後能泯滅古今之別；泯滅古今之別，而後能進入於道。殺生者而自不死，使生者得生者其自身不生。道之為物，無不送，無不迎，無不毀，無不成。其名稱為攖寧。攖寧，是說由擾動而後致寂靜。」南伯子葵說：「你是從哪裡聽說的？」答道：「從副墨之子那裡聽說，副墨之子從洛誦之孫那裡聽說，洛誦之孫從瞻明那裡聽說，瞻明從聶許那裡聽說，聶許從需役那裡聽說，需役從於謳那裡聽說，於謳從玄冥那裡聽說，玄冥從參寥那裡聽說，參寥從疑始那裡聽說。」

子祀、子輿、子犁、子來❶四人相與語曰：「孰能以無為首，以生為脊，以死為尻❷；孰知死生存亡之一體❸者，吾與之友矣。」四人相視而笑，莫逆於心❹，遂相與為友。俄而❺子輿有病，子祀往問❻之。曰❼：「偉哉！夫造物者❽將❾以❿予為⓫此拘拘⓬也。」曲僂發背⓭，上有五管，頤隱於齊，肩高於頂⓮，句贅⓯指⓰天，陰陽之氣有沴⓱，其心閒而無事，跰𨇤⓲而鑑⓳於井，曰：「嗟乎！夫造物者又將以予為此拘拘也。」子祀曰：「女⓴惡之乎？」曰：「亡㉑，予何惡！浸㉒假㉓而化予之左臂以為雞，予因以㉔求㉕時夜㉖；浸假而化予之右臂以為彈㉗，予因以求鴞炙㉘；浸假而化予之尻以為輪，以神為馬，予因以乘之，豈更駕㉙哉！且夫得㉚者，時㉛也；失㉜者，順㉝也。安時而處順，哀樂不能入也。此古之所謂縣解也㉞，而不能自解者，物有結之㉟。且夫物㊱不勝㊲天久矣，吾又何惡焉！」

【注釋】❶子祀子輿子犁子來　四人皆虛擬人物。❷孰能三句　此以人體為喻，謂視人生為始於無，經生之環節而以死為歸宿。首，頭。脊，脊椎。尻，臀部。❸一體　同一。❹莫逆於心　心意諧和。❺俄而　不久。❻問　問候。❼曰　此下為子輿之言。❽造物者　指道。❾將　猶「正」。❿以　使。⓫為　變成。⓬拘拘　身子彎曲不伸貌。⓭曲僂發背　脊背發生佝僂。曲僂，佝僂。⓮上有三句　見〈人間世〉注。齊，「臍」之省形。⓯句贅　項脊。⓰指　向。⓱沴　凌亂失調。⓲跰蹮　行步傾跌不穩貌。⓳鑑　照。⓴女　同「汝」。㉑亡　通「無」。不然。㉒浸　漸漸地。㉓假　假如。㉔因以　於是。㉕求　要（它）。㉖時夜　司夜，即報曉。㉗彈　彈丸。㉘鴞炙　烤熟的貓頭鷹。㉙更駕　改駕別的馬車。㉚得　得生。㉛時　應時。㉜失　喪生。㉝順　順應變化。㉞安時三句　見〈養生主〉注。㉟物有結之　受事物之束縛。㊱物　人。㊲不勝　不能超越。

【語　譯】子祀、子輿、子犁、子來四人相互說道：「誰能以無為頭，以生為脊椎，以死為臀部；誰知死生存亡之同一者，我與他為友。」四人相視而笑，心意諧和，於是相互為友。不久，子輿有病，子祀前往問候他。（子輿）說：「偉大呀！那造物者正使我變成這樣身子彎曲不伸。」脊背發生佝僂，五臟之穴道在上，面頰藏於臍下，肩膀高於頭頂，項椎朝天，陰陽之氣凌亂失調，其心悠閒而無事，行步傾跌不穩地去照於井水，說：「啊！那造物者又正使我變成這樣身子彎曲不伸。」子祀說：「你厭惡嗎？」說：「不，我怎會厭惡！假如把我的左臂漸漸地變成雞，我因此要牠報曉；假如把我的右臂漸漸地變成彈丸，我因此要求得烤熟的貓頭鷹；假如把我的臀部漸漸地變成輪子，將我的精神變為馬，我因此乘坐牠，難道還要改駕別的馬車呀！況且得生，是應時；喪生，是順應變化。安於應時而生，安於順應變化而死，哀樂不能入於內心。此古之所謂解除倒懸，而不能自行解除倒懸，是受事物之束縛。況且人不能超越天道自然恆久了，我又為何厭惡呢！」

俄而子來有病，喘喘然❶將死，其妻子環而泣之。子犁往問之，曰：「叱❷！避❸！無怛化❹。」倚其戶❺，與之語曰：「偉哉造化❻！又將奚以汝為❼？將奚以汝適❽？以汝為鼠肝乎？以汝為蟲臂乎？」子來曰：「父母於子，東西南北❾，唯命之從。陰陽❿於人，不翅⓫於父母。彼近吾死⓬而我不聽，我則悍⓭矣，彼何罪⓮焉？夫大塊⓯載我以形⓰，勞我以生⓱，佚我以老⓲，息我以死⓳。故善吾生⓴者，乃所以善吾死㉑也。今之大冶㉒鑄金㉓，金踴躍㉔曰：『我且必為鏌鋣㉕！』大冶必以為不祥之金。今一㉖犯人之形，而曰：『人耳！人耳！』夫造化者必以為不祥之人。今一以天地為大鑪㉗，以造化為大冶，惡乎往而不可哉！」成然㉘寐㉙，蘧然㉚覺。

【章　旨】此節以子輿、子來之患病與臨死之事例，闡述人之患病、死亡與異變，皆造物者所為，人當泰然順應，無須動哀樂之情。

【注　釋】❶喘喘然　呼吸急促貌。❷叱　呵斥聲。❸避　走開。❹無怛化　不要恐懼變化。❺戶　門戶。❻造化　指道。❼奚以汝為　將你變化成什麼。❽奚以汝適　將你送往何處。❾東西南北　謂父母欲其或東、或西、或南、或北。❿陰陽　指代造化。⓫不翅　不啻；無異於。⓬近吾死　使我臨近死亡。⓭悍　本亦作「捍」，抵觸。⓮何罪　如何懲罰我。⓯大塊　大地。⓰載我以形　使我身體得到負載。⓱勞我以生　使我生時勞於事。⓲佚我以老　使我老時得以安逸。⓳息我以死　使我死而得安息。⓴善吾生　以吾之生為善事。㉑善吾死　以吾之死為善事。㉒大冶　技術高超的冶煉工人。㉓鑄金　鑄造金屬器物。㉔踴躍　跳躍。㉕鏌鋣　古時名劍名。㉖一　一旦。㉗鑪　同「爐」。㉘成然　熟睡貌。㉙寐　睡。㉚蘧然　悠然。

【語　譯】不久子來有病，呼吸急促而將死，其妻與子環繞而哭泣。子犁前往問候他，對子來妻子說：「叱！走開！不要恐懼變化。」靠其門，與子來說道：「偉大啊造化！又將把你變化成什麼？把你送往何處？把你變成鼠肝嗎？把你變成蟲臂嗎？」子來說：「父母對於其子，欲其或東、或西、或南、或北，其子皆唯命是從。陰陽對於人，無異於父母。它使我臨近死亡而我不聽從，則我抵觸了，它會如何懲罰我？大地負載我的形體，使我生時勞於事，使我老時得以安逸，使我死而得安息。因此以我之生為善事，也正是以我之死為善事的道理。現今技術高超的冶煉工人鑄造金屬器物，熔化之金屬跳躍說：『必須將我製成鏌鋣！』則技術高超的冶煉工人必定認為是不吉祥之金屬。今一旦鑄成人之形狀，因而說：『人了！人了！』那造化者必定認為是不吉祥之人。今一旦以天地為大熔爐，以造化為技術高超的冶煉工人，何往而不可呢！」深沉地睡去，又悠閒地醒來。

子桑戶、孟子反、子琴張❶三人相與友❷，曰：「孰能相與於無相與，相為於無相為❸？孰能登天遊霧❹，撓挑❺無極❻，相忘以生❼，無所終窮？」三人相視而笑，莫逆於心，遂相與為友。莫然❽有間❾，而子桑戶死，未葬。孔子聞之，使子貢❿往侍事⓫焉。或⓬編曲，或鼓琴，相和⓭而歌曰：「嗟來⓮，桑戶乎！嗟來，桑戶乎！而⓯已反⓰其真⓱，而我猶為人⓲猗⓳！」子貢趨而進曰：「敢問臨尸而歌，禮乎？」二人相視而笑曰：「是⓴惡㉑知禮意！」

【注釋】❶子桑戶孟子反子琴張　三人皆虛擬人物。❷友　字疑「語」之誤。❸孰能二句　謂誰能以其得道之心在無形跡中相交相助。相與，相交往。相為，相助。❹登天遊霧　喻超然世外。❺撓挑　猶宛轉，意謂悠遊。❻無極　指在茫無邊際之中。❼相忘以生　將生忘卻。❽莫然　即漠然。❾有間　有一段時間。❿子貢　姓端木，名賜，字子貢，孔子弟子。然此借其名，本無其事。⓫侍事　助治喪事。⓬或　其一。⓭相和　二人相合。⓮嗟來　猶「嗟乎」。歎詞。⓯而　你。⓰反　同「返」。⓱真　本源。⓲猶為人　尚且是人。⓳猗　語氣詞。⓴是　此人。㉑惡　何。

【語　譯】子桑戶、孟子反、子琴張三人相互說道：「誰能在不交往中交往，在不相助中相助？誰能登天遊霧，悠遊於茫無邊際之中，將生忘卻，無窮盡之時？」三人相視而笑，內心諧和，於是相互為友。漠然相交往一段時間，而子桑戶死，尚未安葬。孔子聽說其事，使子貢前往助治喪事。見有人編歌曲，有人奏琴，二人合唱道：「啊，桑戶呀！啊，桑戶呀！你已返歸本源，而我尚且是人呀！」子貢快步而進，說：「敬問面對屍體而唱歌，符合禮嗎？」二人相視而笑，說：「此人何知禮之意！」

子貢反❶，以告孔子，曰：「彼何人者邪？修行無有❷，而外其形骸❸，臨尸而歌，顏色❹不變，無以命之❺。彼何人者邪？」孔子曰：「彼遊❻方❼之外者也，而丘遊方之內者也。外內❽不相及❾，而丘使女❿往弔之，丘則陋⓫矣。彼方且⓬與造物者為人⓭，而遊乎天地之一氣⓮。彼以生為附贅⓯縣疣⓰，以死為決𤻅潰癰⓱。夫若然者，又惡知死生先後之所在⓲！假於異物，託於同體⓳；忘其肝膽，遺⓴其耳目；反覆終始，不知端倪㉑；芒然㉒彷徨㉓乎塵垢㉔之外，逍遙乎無為之業㉕。彼又惡㉖能憒憒然㉗為世俗之禮，以觀眾人之耳目㉘哉！」

【注　釋】❶反　同「返」。❷修行無有　以「無有」為修行之要旨。無有，即指「相忘以生」。❸外其形骸　將身體視為外物，即非己所固有。❹顏色　臉色。❺無以命之　對其無法用名稱表述。❻遊　活動；生活。❼方　世俗。❽外內　遊方外、方內之人。❾不相及　不相交往。❿女　通「汝」。⓫陋　淺薄。⓬方且　方將。⓭為人　猶「為偶」，相為伴。⓮一氣　指作為天地本源之道。⓯附贅　皮膚上多餘的附生物。⓰縣疣　皮膚上附生的黃褐色小疙瘩。縣，通「懸」。此喻所厭煩。⓱決

疣潰癰　刺破毒瘡，以排除膿液。疣、癰皆毒瘡名。此喻所適意。⓲又惡知句　謂是死在先、生在後，抑或生在先、死在後，不可得知。惡，何。⓳假於二句　謂假借之物雖異，而其實皆寄託於同一之體（萬物一體）。⓴遺　遺忘。㉑反覆二句　謂將生死視為循環往復之過程，無其始亦無有其終。端倪，開端、始終。㉒芒然　無知無欲貌。㉓彷徨　悠遊自得。㉔塵垢　塵世。㉕無為之業　清靜無為之事。㉖惡　何。㉗憒憒然　煩亂貌。㉘以觀眾人之耳目　謂以示於眾人之目。觀，示。耳目，為偏義詞組。

【語　譯】子貢返回，將其事告訴孔子，說：「他們是什麼人呀？以將生忘卻作為修養之要旨，而將身體視為外物，面對屍體而唱歌，臉色不變，對其無法用名稱表述。他們是什麼人呀？」孔子說：「他們是生活於世俗之外的人，而我是生活於世俗之內的人。生活於世俗之外的人與生活於世俗之內的人不相交往，而我使你前往弔唁，我則淺薄了。他們方將與造物者相為伴，遊歷於作為天地本源之道。他們把生視為如同皮膚上多餘的附生物，把死視為如同挑破毒瘡。如此，又何知是死在先、生在後，抑或生在先、死在後！生與死假借之物雖異，而其實皆寄託於同一之體；遺忘其肝膽，遺忘其耳目；將生死視為循環往復之過程，無其始亦無有其終；無知無欲地悠遊自得於塵世之外，逍遙於清靜無為之事。他們又怎能煩亂地行世俗之禮，而讓眾人觀看呀！」

子貢曰：「然則夫子何方之依❶？」孔子曰：「丘，天之戮民❷也。雖然，吾與汝共之❸。」子貢曰：「敢問其方❹。」孔子曰：「魚相❺造❻乎水，人相造乎道。相造乎水者，穿池❼而養給❽；相造乎道者，無事而生❾定❿。故曰：魚相忘乎江湖，人相忘乎道術⓫。」子貢曰：「敢問畸人⓬。」曰：「畸人者，畸於人⓭而侔⓮於天。故曰：天之小人⓯，人之君子⓰；人之君子，天之小人也。」

【章　旨】此節借子桑戶死，其友孟子反、子琴張歌以送之，子貢不解而孔子感悟之寓言，說明當視生死為一體，自然之轉化，擺脫俗見之束縛，使精神進入大道之自由境界。

【注　釋】❶何方之依　謂對於方之內外依從何者。❷天之戮民　受天道自然所懲罰之人。因其學術思想與道家迥然不同，故譏其桎梏加身。❸共之　同為天之戮民。❹其方　指解除之法。❺相　共同。❻造　進入。❼穿池　鑿池。❽養給　供給飼料。❾生　同「性」。❿定　平靜。⓫人相忘句　謂人進入得道之境界就相互遺忘。道術，即道。⓬畸人　奇異之人。⓭畸於人　與常人相異。⓮侔　同。⓯天之小人　對天道自然來說是卑賤之人。因其對天道自然無知而受羈於世俗人事。⓰人之君子　指世人以為尊貴之人。因其勞於世事。

【語　譯】子貢問道：「如此則老師對於方之內外依從何者？」孔子說：「我，是受天道自然所懲罰之人。雖然如此，我與你同為受天道自然所懲罰之人。」子貢說：「敬問解除之法。」孔子說：「魚共同進入於水，人共同進入於道。共同進入於水的，鑿池而供給飼料；共同進入於道的，無事而性情平靜。因此說：魚在江湖中相互遺忘，人進入得道之境界就相互遺忘。」子貢說：「敬問奇異之人。」孔子說：「奇異之人，與常人相異而同於天道自然。因此說：對天道自然來說是卑賤之人，卻是世人所尊貴之人；世人所尊貴之人，卻是天道自然所卑賤之人。」

顏回問仲尼曰：「孟孫才❶，其母死，哭泣無涕❷，中心❸不戚❹，居喪❺不哀。無是❻三者❼，以善處喪蓋魯國❽。固有無其實而得其名者乎？回壹❾怪之。」

仲尼曰：「夫孟孫氏盡之❿矣，進於知⓫矣。唯⓬簡之而不得⓭，夫⓮已有所簡⓯矣。孟孫氏不知所以生⓰，不知所以死，不知就⓱先，不知就後。若化為物⓲，以⓳待其所不知之化已⑳乎！且方將㉑化，惡知不化㉒哉？方將不化，惡知已化㉓哉？吾特與汝其夢未始覺者邪㉔！且彼㉕有駭形㉖而無損心㉗，有旦㉘宅㉙而無情死㉚。孟孫氏特覺㉛，人哭亦哭，是自其所以乃㉜。且也相與吾之㉝耳矣，庸詎知㉞吾所謂吾之㉟乎？且汝夢為鳥而厲㊱乎天，夢為魚而沒於淵。不識今之言者㊲，其覺者乎，其夢者乎？造適不及笑，獻笑不及排㊳，安排㊴而去化㊵，乃入於寥天一㊶。」

【章旨】此節孔子由孟孫才特異之居喪事，說明人死乃改換軀殼而無損於其心神，要安於此種變化，使精神能與道為一。

【注釋】❶孟孫才　作者虛擬的體現道家之孝道者。❷無涕　無淚。❸中心　內心。❹戚　悲。❺居喪　即處喪，在直系尊親者喪期中守喪盡孝。❻是　此。❼三者　指落淚、心悲、居喪盡哀。❽蓋魯國　壓倒魯國之人。❾壹　甚。❿盡之　對於居喪達到了完善。⓫進於知　謂超過世俗知居喪之禮者。⓬唯　通「雖」。⓭簡之而不得　指孟孫氏人哭亦哭。簡，指簡易喪事。⓮夫　彼，指孟孫才。⓯已有所簡　指內心不戚。⓰所以生　生之緣故。⓱就　疑「孰」字之誤。下句「就」字同。⓲若化為物　若已變化為人。⓳以　猶「則」。⓴已　此，謂如此。㉑方將　即「將」，為同義複詞。㉒惡知不化　何知不會變化。㉓已化　已在變化。㉔吾特句　此句就對於變化之認識而言。特，只是。㉕彼　指死者。㉖駭形　謂形態有變易。駭，借作「改」。㉗無損心　心神無損。㉘旦　借作「嬗」。改換。㉙宅　指軀殼。㉚無情死　非真死。㉛特覺　獨能覺悟。㉜是自句　謂此因隨人故如此。乃，如此。㉝相與吾之　謂世人共同認為此身為我的。吾之，即「我的」，也即為己所私有。㉞庸詎知　何知。㉟吾所謂吾之　吾之「吾之」只是暫寄之形而已。㊱厲　通「戾」。至。㊲不識句　此就己言。㊳造適二句　意謂事皆出於自然。造適，遇到適意之事。獻笑，發笑之時。排，安排。㊴安排　指安於自然之安排，即順應自然。㊵去化　隨所往而變化。㊶寥天一　與寥廓之天道一體。

【語譯】顏回問仲尼說：「孟孫才，其母死，哭泣無淚，內心不悲，守喪不哀。無落淚、心悲、守喪盡哀此三事，卻以善於守喪壓倒魯國之人。確實有無其實而得其名的事情嗎？回甚為奇怪。」仲尼說：「他孟孫氏對於守喪達到了完善，超過了世俗知守喪之禮者。他雖欲簡易喪事而不能，而他已有所簡了。孟孫氏不知道為什麼會生，不知道為什麼會死，不知何者為先，不知何者為後。若已變化為人，則等待其所不可知之變化，如此吧！並且將要變化，怎知不會變化呢？將不變化，怎知已在變化呢？只是我與你對於變化之認識尚且還在夢中而未醒悟吧！且那死者形態有變易而心神無損，有所改換軀殼而非真死。孟孫氏獨能覺悟，人哭亦哭，這是由於隨從世人的緣故。且世人共同認為此身是『我自己的』，哪裡知道我所謂的『我自己的』呀？且你夢中成為鳥而飛至天，夢中成為魚而沉於淵。不知我今之所言，是醒時之言呀，還是夢語呀？遇到適意之事來不及笑，發笑之時來不及安排，安於自然之安排而隨所往而變化，於是進入與寥廓之天道一體。」

意而子❶見許由，許由曰：「堯何以資❷汝？」意而子曰：「堯謂我，汝必躬服❸仁義而明言是非。」許由曰：「而❹奚來為❺軹❻？夫堯既已黥汝以仁義❼，而劓汝以是非❽矣，汝將何以遊夫遙蕩❾恣睢❿轉徙⓫之塗⓬乎？」意而子曰：「雖然，吾願遊於其藩⓭。」許由曰：「不然。夫盲者無以⓮與⓯乎眉目顏色⓰之好，瞽者無以與乎青黃黼黻⓱之觀⓲。」意而子曰：「夫無莊⓳之失⓴其美，據梁㉑之失其力，黃帝之亡㉒其知㉓，皆在鑪捶㉔之間耳。庸詎知夫造物者之不息我黥而補我劓㉕，使我乘成㉖以隨先生邪？」許由曰：「噫！未可知也。我為汝言其大略：

吾師㉗乎！吾師乎！韲㉘萬物而不為義㉙，澤及萬世而不為仁㉚，長於上古㉛而不為老，覆載天地㉜、刻彫㉝眾形㉞而不為巧。此所遊㉟已㊱。」

【章　旨】此節由許由答意而子之事例說明行仁義、明是非，乃是對於人精神之殘害。人應當以道為師，讓精神進入與道為一之逍遙自在的境界。

【注　釋】❶意而子　作者虛擬人物。❷資　幫助，指教導。❸躬服　身行。❹而　你。❺奚來為　為何而來。❻軹　同「只」。語氣詞。❼黥汝以仁義　即「以仁義黥汝」。黥，古時在犯人臉上刺字並塗以墨之刑罰。❽劓汝以是非　即「以是非劓汝」。劓，古時割鼻之刑罰。❾遙蕩　逍遙。❿恣睢　恣肆自得。⓫轉徙　自由往來。⓬塗　通「途」。⓭其藩　指此途之邊沿。此為謙辭。⓮無以　無法。⓯與　參與（觀賞）。⓰顏色　臉色。⓱黼黻　白與黑錯雜為黼，黑與青錯雜為黻。⓲觀　可觀者。⓳無莊　疑為作者虛擬之古美人名。⓴失　猶「忘」。㉑據梁　疑為作者虛擬之古力士名。㉒亡　通「忘」。㉓知　同「智」。㉔鑪捶　依憑爐火而捶打成器，比喻教導。㉕庸詎句　喻使所受之傷害得以救治。夫，猶「彼」。息，生長。黥，指因受黥刑所造成的面部創傷。劓，指割去的鼻子。㉖乘成　乘傷害得以救治之時。㉗師　指所師法之道。㉘韲　調和。㉙不為義　不是為了體現義。㉚不為仁　不是為了體現仁愛。㉛長於上古　比上古久遠。㉜覆載天地　使天覆地載。㉝刻彫　雕刻。㉞眾形　萬物之形。㉟此所遊　謂如此之道，乃己所遊。㊱已　即「矣」。

【語　譯】意而子見許由，許由說：「堯用什麼教導你？」意而子說：「堯對我說，你必須躬行仁義而表明是非。」許由說：「你為何而來？那堯已經如處黥刑一樣用仁義摧殘你，如處劓刑一樣用是非殘害你了，你將怎樣遊歷那逍遙自得恣肆往來之途呢？」意而子說：「雖然如此，我願遊歷於此途之邊沿。」許由說：「不然。那盲者無法參與欣賞眉目臉色之美好，瞎者無法參與欣賞青、黃、白黑錯雜、黑青錯雜之可觀者。」意而子說：「無莊之忘其美，據梁之忘其力，黃帝之忘其智，皆成於錘煉之中。怎知那造物者不使我受黥刑的面部長好而受劓刑失去的鼻子修補上，使我乘傷害得以救治之時而跟隨先生呀？」許由說：「噫！未可預知。

我給你說其大略：我的師呀！我的師呀！調和萬物而不是為了體現義，恩澤延及萬代而不是為了體現仁愛，比上古久遠而不為老，使天覆地載、雕刻眾形而不為巧。如此之道乃自己所遊。」

顏回曰：「回益❶矣。」仲尼曰：「何謂也？」曰：「回忘仁義矣。」曰：「可矣，猶未❷也。」他日復見，曰：「回益矣。」曰：「何謂也？」曰：「回忘禮樂矣。」曰：「可矣，猶未也。」他日復見，曰：「回益矣。」曰：「何謂也？」曰：「回坐忘❸矣。」仲尼蹴然❹曰：「何謂坐忘？」顏回曰：「墮❺肢體，黜❻聰明❼，離形❽去知❾，同於大通❿，此謂坐忘。」仲尼曰：「同⓫則無好⓬也，化⓭則無常⓮也。而⓯果其賢乎！丘也請從而後⓰也。」

【章旨】此節借顏回其人而由其自述如何從忘仁義、忘禮樂而達到「坐忘」之修養境界。所謂「坐忘」，即忘卻自我之存在，遺棄感官之作用，擯棄智慧，使精神與大道一體。

【注釋】❶益　進步。❷猶未　尚未達到要求。❸坐忘　形體雖在坐，然而已忘卻自我，精神已進入無窮之大道而與之為一。❹蹴然　吃驚貌。❺墮　忘卻。❻黜　棄。❼聰明　聽覺視覺。❽離形　精神超離形體。❾去知　棄智。❿同於大通　與大道一體。⓫同　指同於大道。⓬無好　無所偏好。⓭化　謂對於變化。⓮無常　無所拘執。⓯而　你。⓰從而後　隨從在後向你請教。而，你。

【語譯】顏回說：「我進步了。」仲尼說：「怎麼說？」顏回說：「我忘掉仁義了。」仲尼說：「可以了，尚未達到要求。」另日又見，說：「我進步了。」仲尼說：「怎麼說？」顏回說：「我忘掉禮樂了。」仲尼說：「可以了，尚未達到要求。」另日又見，說：「我進步了。」仲尼說：「怎麼說？」顏回說：「我達到坐忘了。」仲尼吃驚地問道：「什麼稱為坐忘？」顏回說：「忘卻肢體，遺棄聽覺視覺，精神超離形體而棄智，與大道一體，此稱為坐忘。」仲尼說：「同於大道則無所偏好，對於變化則無所拘執。你果真是賢者呀！丘請隨從在後向你請教。」

子輿❶與子桑❷友，而霖雨❸十日。子輿曰：「子桑殆病矣。」裹❹飯而往食之。至子桑之門，則若歌若哭，鼓琴❺曰：「父邪？母邪？天乎？人乎❻？」有不任其聲❼而趨❽舉❾其詩焉。子輿入，曰：「子之歌詩，何故若是？」曰：「吾思夫使我至此極❿者弗得也。父母豈欲吾貧哉？天無私覆，地無私載，天地豈私⓫貧我哉？求⓬其為之⓭者而不得也。然而至此極者，命⓮也夫！」

【章旨】此節記述子桑生活貧乏，思索其原因，歸結於自然。

【注釋】❶子輿　作者虛擬之人物。❷子桑　虛擬之人物。❸霖雨　連續下雨。❹裹　包。❺鼓琴　彈奏琴。❻父邪四句　謂自己之貧而挨餓，是出於父？母？自然？人為？❼不任其聲　謂因乏力而不能續唱。不任，不勝。❽趨　急促。❾舉　唱出。❿此極　此種困境。⓫私　偏。⓬求　思索。⓭為之　造成如此境遇。⓮命　指自然。

【語譯】子輿與子桑結友，而連續十天下雨。子輿說：「子桑恐怕生病了。」包了飯送去給他吃。來到子桑之門，則聽到如唱歌如哭泣之聲，彈著琴唱道：「父呢？母呢？天呢？人呢？」其聲不能繼續而急促唱出其詩句。子輿入門，說：「你的唱詩，為何如此？」說：「我想是誰使我至於此種困境而不得。父母難道希望我貧困嗎？天之覆蓋無偏私，地之負載無偏私，天地難道偏使我貧困嗎？思索其造成者而不得。然而至此困境，是自然吧！」

【研　析】本篇環繞「道」主要論述五方面的問題。第一，論道。1.認為道無形而不可見，但卻確有其實。2.它自為根本。3.它是永恆的存在（不死不生）。4.它無為，即不求有所作為，然其作用卻無所不在，凡自然存在與發生之事無不出於道。5.使鬼與古帝神靈。可見作者之所謂道，有與自然規則相一致之處，又將之神格化而視為超現實的主宰。第二，論得道。認為人可由修養而得道，其大致過程是：遺忘天下，遺忘外物，遺忘倫理道德，遺忘禮樂制度，遺忘生死，遺忘自己肢體之存在，遺棄感知，使精神擺脫形體之束縛，然後明道，領悟無始無終，從而進入無窮之大道而與之一體。可見它不是外向地去研究發現自然規律，而是背離現實，內向地去尋求心悟，如此能悟到什麼呢？第三，論真人。真人即作者所描摩的得道者。他具有以下特性：1.達到真知，即對於道的領悟。2.其心能遺忘外界與自我，儀容靜寂。3.其行為皆與天道自然相一致，即能不求有所作為而順從自然。4.生死皆由自然。第四，論天人關係，即天道自然與人為之關係。作者認為天道有賴於人為，人為當順應天道。天道與人為不是相互克制，而是相互依存而同一之關係。如此說，可以認為反映了作者的辯證觀點。然而我們必須看到，其所謂天道，雖然包含有自然規則之內涵，而基本上則是主觀想像的產物。故所順從者若是就自然規則而言，則固所當然。而實際上，是將其主觀意念目為自然規則而認為必須順從，這是以己見強加於人的作法。第五，生死觀。認為生死現象是造化所為，自然之變化，皆為善事，當順應莫違，不可訴之哀樂之情，這是一種達觀的態度。可是值得注意的是，作者為了一反世人以死為悲痛哀傷之事而將之說成是痛快可喜之事，如借孔子說：「彼以生為附贅縣疣，以死為決疣潰癰。」如此等等，則顯然與上述的基本觀點相左，這是有失照應的地方。

本篇中幾則有關生死的寓言較富於藝術性，為我們生動地描寫了對待疾病死亡如何順從自然的範例。如寫子輿得病，軀體嚴重變形致殘，他感歎這是偉大的造物者之所為，故不僅安閒無事不以為痛苦，而且還跌跌撞撞地去到井邊自我賞鑑，又風趣地對子祀說：自己死後，造物者或許會將自己的左臂變成報曉的雞，將右臂變成彈丸，將臀部變成車輪云云。作者正是要極力表現主人公的超常心態，用以突出生死全由自然安排，是得道者的自覺意識與行為。另外，作者善於用點睛之筆來刻畫人物的內心世界。如寫子祀等四人相結交，有話在先，隨後「相視而笑」。這一笑，即將內心之默契表露無遺。

應帝王第七

【題解】應帝王者，謂應當成為帝王，所述即為為帝王之道。作者主要從其人如何自處和如何行使治道兩個方面作闡述。前者，認為當善持本性，擯棄才智，內心空虛，不求名，忘卻自我，領悟道，使精神與道融為一體。後者，認為當安閒無事，順物自然，不傷害外物。以為如此即能化育萬物，達到功蓋天下的成效。與此相反，或用仁義之道去籠絡人，或以法度去強制人，都不可能達到治理的效果。可見，此所謂帝王，即得道之帝王；所謂治道，即「無為而治」。

齧缺問於王倪，四問而四不知❶。齧缺因躍而大喜❷，行以告蒲衣子❸。蒲衣子曰：「而❹乃今❺知之❻乎？有虞氏❼不及泰氏❽。有虞氏其猶藏❾仁以要❿人，亦得人矣，而未始出於非人⓫。泰氏其臥徐徐⓬，其覺于于⓭。一⓮以己為馬，一以己為牛。其知情信⓯，其德甚真⓰，而未始入於非人⓱。」

【章旨】此節借蒲衣子告齧缺之言，闡述治天下當如泰氏之安閒無事，不為外物所牽累。

【注釋】❶齧缺二句　事見〈齊物論〉。四問為：1.「子知物之所同是乎？」2.「子知子之所不知邪？」3.「物無知邪？」4.「至人固不知利害乎？」❷齧缺句　齧缺因得「不知」之妙旨故大喜。因，因而。❸蒲衣子　虛擬之得道者。❹而　你。❺乃今　如今。❻知之　知所問。❼有虞氏　即舜。❽泰氏　虛擬之上古帝王。❾藏　心懷。❿要　籠絡。⓫而未句　謂未嘗超脫於外物之束縛。非人，物，指外物。⓬徐徐　安舒貌。⓭于于　自得貌。⓮一　猶言「一任」，即聽憑。⓯情信　誠可信。情，通「誠」。⓰真　純真。⓱人於非人　謂為外物所束縛。

【語　譯】齧缺問王倪，四問而四次以不知作答。齧缺因而跳起身而大喜，走去告訴蒲衣子。蒲衣子說：「你如今知所問了吧？舜不及泰氏。舜尚且心懷仁以籠絡人，也得人了，而未嘗超脫外物之束縛。泰氏其臥安舒，其醒來自得。聽憑人把己作為馬，聽憑人把己作為牛。其見識誠可信，其德甚為純真，而未嘗為外物所束縛。」

肩吾見狂接輿。狂接輿曰：「日中始❶何以語女❷？」肩吾曰：「告我君人者❸以己❹出❺經式義度❻，人孰敢不聽而化❼諸❽！」狂接輿曰：「是欺德也❾。其於治天下也，猶涉海鑿河❿而使蚉負山也。夫聖人之治也，治外⓫乎？正⓬而後行⓭，確乎能其事者而已矣⓮。且鳥高飛以避矰弋⓯之害，鼷鼠⓰深穴乎神丘⓱之下以避熏鑿⓲之患，而曾⓳二蟲⓴之無知㉑！」

【章　旨】此節借接輿告肩吾之言，闡述治政如以法度強行使人聽從，不僅絕不能治，而且必自招其禍。

【注　釋】❶日中始　虛擬的主張人為致治者。❷語女　告汝。❸君人者　治人者。❹以己　憑己意。❺出　出示。❻經式義度　法度。❼化　改變。❽諸　之乎。❾是欺德句　謂此言見其欺人之德性。是，此言。❿涉海鑿河　到大海中去開鑿河流。⓫治外　由外在的法度為治。⓬正　正己。⓭後行　然後使人行之。⓮確乎句　謂其事限於確實可行者。⓯矰弋　箭。⓰鼷鼠　小鼠。⓱神丘　社壇，即祭土地神之壇。⓲熏鑿　用煙熏掘鼠穴之法以驅趕與消滅鼠類。⓳曾　猶「竟」。⓴二蟲　指鳥與鼷鼠。㉑知　字為「如」之誤。

【語　譯】肩吾見佯狂之接輿，佯狂之接輿說：「日中始怎樣告訴你？」肩吾說：「告訴我治人者憑己意出示法度，人誰敢不聽從而改變呢！」佯狂之接輿說：「此言見其欺人之德性。它對於治天下，如同到大海中去開鑿河流，而使蚊子背負山。聖人之治，是由外在的法度為治嗎？端正自己然後使人行之，其事限於確實可行者而已。況且鳥高飛以避免箭矢之傷害，小鼠在社壇之下深挖洞穴以避免煙熏與掘鼠穴之禍患，而日中始竟不如鳥與小鼠！」

天根❶遊於殷陽❷，至蓼水❸之上，適遭❹無名人❺而問焉，曰：「請問為❻天下。」無名人曰：「去！汝鄙人也，何問之不豫❼也！予方將與造物者為人❽，厭❾則又乘夫❿莽眇之鳥⓫，以出六極⓬之外，而遊無何有之鄉，以處壙埌⓭之野。汝又何帠⓮以治天下感⓯予之心為⓰？」又復問，無名人曰：「汝遊心於淡⓱，合氣於漠⓲，順物自然而無容私焉，而天下治矣。」

【章旨】此節以無名人告語天根之事例，闡述治天下不能容私，務必精神超脫，處於恬靜之境而順應自然。

【注釋】❶天根　虛擬人名。❷殷陽　虛擬地名。❸蓼水　虛擬水名。❹適遭　恰好遇到。❺無名人　虛擬之得道者。❻為　治。❼不豫　使人不悅。❽為人　為偶。❾厭　滿足。❿夫　猶「彼」。⓫莽眇之鳥　謂以清虛之氣為鳥。莽眇，清虛之氣。⓬六極　猶「六合」。即天地四方。⓭壙埌　廣漠。⓮帠　疑為「事」字之形誤。⓯感　通「撼」。動搖。⓰為　猶「呢」。⓱遊心於淡　心遊於恬淡之境。⓲合氣於漠　使精神融合於靜寞。氣，指精神。

【語譯】天根遊於殷陽，至蓼水之上，恰好遇到無名人而問於他，說：「請問治天下。」無名人說：「去！你是淺陋之人，為何所問使人不悅呀！我將與造物者為伴，得到快足則又乘清虛之氣，以出於天地之外，而遊於什麼都沒有之地，處於廣漠之野。你又何事而以治天下動搖我的心呢？」又再問，無名人說：「你心遊於恬淡之境，使精神融合於靜寞，順物自然而不容私，則天下得治了。」

陽子居❶見老聃，曰：「有人於此，嚮疾❷強梁❸，物徹❹疏明❺，學道不勸❻。如是者，可比明王❼乎？」老聃曰：「是❽於❾聖人也❿？胥⓫易⓬技係⓭，勞形怵心⓮者也。且也虎豹之文來田，猨狙之便、執斄之狗來藉⓯。如是者，可比明王乎？」陽子居蹴然⓰曰：「敢問明王之治。」老聃曰：「明王之治，功蓋⓱天下而似不自己⓲，化⓳貸⓴萬物而民弗恃㉑。有㉒莫舉名㉓，使物自喜㉔。立乎不測㉕，而遊㉖於無有㉗者也。」

【章　旨】此節借老聃告語陽子居，闡述所謂「聖人」之治，既勞苦恐懼又會招禍；而「明王」之治，則能順乎自然，使人所不察而功德廣被天下。

【注　釋】❶陽子居　姓陽名朱，字子居，秦人。❷嚮疾　謂其敏捷猶如嚮之應聲。嚮，通「響」。❸強梁　剛強果斷。❹物徹　對事理透徹。❺疏明　明達。❻勸　同「倦」。❼明王　英明君王。❽是　此人。❾於　《說文》：「古文烏。」烏，何。❿也　猶「邪」。⓫胥　胥徒；服勞役者。⓬易　治事。⓭技係　以技事上者為技所牽制。⓮勞形怵心　即「形勞心怵」，謂體勞心驚。怵，驚懼。⓯且也二句　意謂虎、豹、猿、狙、狗，各有特色或特長，卻因此而招禍。也，語助詞。文，皮毛之文采。來田，招來田獵。便，靈活。執，捕捉。斄，即豹貓。藉，繫。⓰蹴然　恭敬貌。⓱蓋　廣被。⓲不自己　不從己出。⓳化　化育。⓴貸　施及。㉑弗恃　不以為依恃明王。㉒有　指有其實。㉓莫舉名　不求成名。㉔使物自喜　使人自喜其得。㉕立乎不測　立足於人所不知。㉖遊　優遊。㉗無有　無有其事。

【語　譯】陽子居見老聃，說：「在此有人，其敏捷猶如響之應聲而剛強果斷，對事理透徹而明達，學道不倦。如此者，可比英明君王嗎？」老聃說：「這是什麼聖人呀？這種人猶如胥徒之治事和以技事上者之為技所制，身體勞累且心中驚懼。虎豹因皮毛之紋彩而招來田獵，靈活的猿與獮猴、能捕捉豹貓之狗卻招來繫縛。如此者，可比明王嗎？」陽子居恭敬地說：「敬問明王之治。」老聃說：「明王之治，功勞廣被天下而似不從己出，化育施及萬物而民不以為依恃明王。有其實而不求成名，使人自喜其得。立足於人所不知，而優遊於無有其事。」

鄭❶有神巫❷曰季咸❸，知人之死生、存亡、禍福、壽夭，期❹以歲月旬日，若神。鄭人見之，皆棄而走❺。列子❻見之而心醉❼，歸以告壺子❽，曰：「始吾以夫子之道為至❾矣，則❿又有至焉者矣。」壺子曰：「吾與⓫汝既⓬其文⓭，未既其實，而⓮固得道與？眾雌而無雄，而又奚卵⓯焉？而⓰以道⓱與世亢⓲，必信⓳，夫故使人得而相⓴女㉑。嘗試㉒與來㉓，以㉔予示之㉕。」

【注　釋】❶鄭　諸侯國名。此為假託。❷神巫　為人祈禱而效驗神靈之巫師。❸季咸　巫師之名。❹期　預言。❺棄而走　即跑開。棄，離。走，跑。❻列子　此假託其名。❼醉　入迷。❽壺子　虛構的列子之師。❾至　高。❿則　然則。⓫與　教給。⓬既　盡。⓭文　指道之表。⓮而　你。⓯奚卵　怎樣生育。⓰而　你。⓱道　即道之表。⓲亢　為「抗」省文，相較量。⓳信　通「伸」。謂求伸己見。⓴相　察識。㉑女　同「汝」。㉒嘗試　即「試」，為同義複詞。㉓與來　帶其前來。㉔以　猶「為」。㉕示之　觀察我之死生、存亡、禍福等。示，通「視」。

【語　譯】鄭國有靈驗的巫師名叫季咸，能知人之死生、存亡、禍福、壽命之長短，預言以何年何月何旬何日，如同神。鄭國人見到他，都跑開。列子見到他而心迷，歸來將此告訴壺子，說：「開始我以為先生之道術是高了，然而又有比你高的了。」壺子說：「我教給你的盡於道之表，尚未盡道之實，你確實得道了嗎？有眾多雌鳥而無雄鳥，又如何生育？你以道之表與世較量，必求伸發己見，故使人得以察識你。試帶其前來，為我看相。」

明日，列子與之見壺子。出而謂列子曰：「嘻！子之先生死矣，弗活矣！不以旬數❶矣！吾見怪焉，見濕灰❷焉。」列子入，泣涕沾襟，以告壺子。壺子曰：「鄉❸吾示之以地文❹，萌❺乎不震❻不正❼。是❽殆見吾杜❾德機❿也。嘗又與來。」明日，又與之見壺子。出而謂列子曰：「幸矣！子之先生遇我也，有瘳⓫矣！全然有生⓬矣！吾見其杜權⓭矣。」列子入，以告壺子。壺子曰：「鄉吾示之以天壤⓮，名實不入⓯，而機⓰發於踵，是殆見吾善者機⓱也。嘗又與來。」明日，又與之見壺子。出而謂列子曰：「子之先生不齊⓲，吾無得而相焉。試齊⓳，且⓴復相之。」列子入，以告壺子。壺子曰：「吾鄉示之以太沖㉑莫勝㉒，是殆見吾衡氣機㉓也。鯢桓之審為淵㉔，止水之審為淵㉕，流水之審為淵㉖。淵有九名㉗，此處三㉘焉。嘗又與來。」明日，又與之見壺子。立未定，自失㉙而走。壺子曰：「追之！」列子追之不及。反㉚，以報㉛壺子曰：「已滅㉜矣，已失㉝矣，吾弗及已。」壺子曰：「鄉吾示之以未始出吾宗㉞。吾與之㉟虛㊱而委蛇㊲，不知其誰何㊳。因以為弟靡，因以為波流㊴，故逃也。」

【注　釋】❶不以旬數　謂活不到十天。旬數，旬計。❷濕灰　濕灰不可復燃，故為死兆。❸鄉　通「向」。剛才。❹地文　地象。指大地一片靜寂。❺萌　顯示。❻不震　不動。❼不正　異常。❽是　此人。❾杜　閉塞。❿德機　猶「生機」。陽氣萌動化育萬物故謂德。⓫有瘳　有好轉。⓬有生　有生機。⓭杜權　謂閉藏之中稍露動變端倪。權，變動。⓮天壤　天地之象。⓯不入　不入於心。⓰機　生機。⓱善者機　即指生機。⓲齊　通「齋」。⓳試齊　請齋。⓴且　猶「則」。㉑太沖　極虛靜和諧之境界。㉒莫勝　《列子・黃帝》作「莫朕」。勝，借為「朕」。莫朕，無徵兆；無形跡。㉓衡氣機　平衡之機能。㉔鯢桓句　謂鯢盤桓而深則成為淵。鯢，指雌鯨魚。桓，盤桓。之，猶「而」。審，當為「瀋」之假字，引申之則有深意。此象徵「衡氣機」。㉕止水句　謂止水而深則成為淵。此象徵「杜德機」。㉖流水句　謂流水而深則成為淵。此象徵「善者機」。㉗淵有九名　《列子・黃帝》云：「鯢旋之潘為淵，止水之潘為淵，流水之潘為淵，濫水之潘為淵，沃水之潘為淵，氿水之潘為淵，雍水之潘為淵，汧水之潘為淵，肥水之潘為淵，是為九淵焉。」㉘此處三　此居三。在此舉淵，喻深不可測之意。㉙自失　茫然失措。㉚反　同「返」。㉛報　告。㉜滅　無蹤影。㉝失　指去向不明。㉞未始出吾宗　我之所宗尚未產生。㉟與之　給其視者。㊱虛　虛其機。㊲委蛇　隨順貌。㊳其誰何　它是什麼。㊴因以二句　所舉兩者皆無定相可相之。因，於是。弟，「稊」之省形。一種似稗之草。靡，披靡。波流，水波之動蕩。

【語　譯】次日，列子帶他見壺子。出門而對列子說：「嘻！你的先生要死了，不能活了！活不到十天了，我見到怪兆，見到濕灰了。」列子進門，淚水沾濕了衣襟，將此告訴壺子。壺子說：「剛才我向他出示地象，顯示寂然不動之異常之象。因此恐怕見我生機閉塞了。試再帶他來。」又次日，又帶他見壺子。出門而對列子說：「幸運呀！你的先生遇到我呀，有好轉了！完全有生機了！我見他閉塞之中有變動之端倪了。」列子進門，將此告訴壺子。壺子說：「剛才我向他出示天地之象，名實不入於心，而生機自腳跟發動，因此恐怕見我之生機了。試再帶他來。」再次日，又帶他見壺子。出門而對列子說：「你的先生不做齋戒，我不能看相了。請做齋戒，則再給他看相。」列子進門，將此告訴壺子。壺子說：「剛才我向他出示極虛靜和諧之境界而無所徵兆，因此恐怕是見我平衡之機能。雌鯨魚盤桓而深則成為淵，靜止之水而深則成為淵，流動之水而深則成為淵。有九種名稱之淵，此居三種。試再帶他來。」又次日，又帶他見壺子。季咸尚未站定，茫然失措地跑了。壺子說：「把他追回來！」列子追趕他未追到。返回，將此告訴壺子，說：「已無蹤影了，已不明去向了，我沒有追到他。」壺子說：「剛才我向他出示我之所崇尚者尚未產生。我給其視者虛其機而隨順之貌，不知它是什麼。於是以為稊草之隨風倒伏，於是以為水波之動蕩，故逃跑了。」

然後，列子自以為未始學而歸，三年不出，為其妻爨，食豕如食人❶，於事無與親❷。彫琢復樸❸，塊然❹獨以其形立❺。紛❻而封❼哉，一❽以是終。

【章旨】此節述神巫季咸以為人看相行其騙術，壺子以變相之術破之。壺子所以能巧於應變，而使季咸陷入困境，是由於其內心修養達到虛靜莫測。又述列子因此而悔悟，重新修養道術，終於達到虛靜淡泊之境界。

【注釋】❶食豕句　意謂不辨貴賤。食，餵。❷無與親　不給與關心。❸彫琢復樸　雕琢者還其簡樸。❹塊然　如土塊，形容去琢復樸之狀。❺獨以其形立　謂無所外飾。❻紛　紛雜之事。❼封　自我封閉，不與關心。❽一　皆。

【語譯】然後，列子自以為未曾學而回家，三年不出家門，幫助其妻煮食，餵豬如餵人，對於事情不給與關心。雕琢者還其簡樸，如土塊而無所外飾。於紛雜之事則自我封閉，皆以此終年。

無為名尸❶，無為謀府❷，無為事任❸，無為知主❹。體盡❺無窮❻，而遊❼無朕❽。盡❾其所受乎天❿，而無見得⓫，亦虛而已。至人之用心若鏡，不將⓬不迎，應⓭而不藏⓮，故能勝物⓯而不傷⓰。

【章旨】此節論述至人能做到無名無智無事，完善天賦之性而領悟道，使心達到虛無，如此則不為物所制亦不受其傷害。

【注釋】❶名尸　名聲之歸屬者。尸，主。❷謀府　智謀之府庫。❸事任　任事。❹知主　知識之主人。❺體盡　盡心體悟。❻無窮　指大道。❼遊　心遊。❽無朕　無形跡，亦指大道。❾盡　完善。❿所受乎天　指天賦之性。⓫無見得　不顯示所得。見，顯示。⓬將　送。⓭應　應接。⓮不藏　不留形跡。⓯勝物　不為外物所制。⓰不傷　不受傷害。

【語譯】不要成為名聲之歸屬者，不要成為智謀之府庫，不要任事，不要做知識之主人。盡心體悟無窮之大道，而心遊無形跡之大道，完善天賦之性，而不顯示所得，也即空虛無所有。至人之用心如鏡子，不送不迎，應接而不留形跡，因此能不為外物所制亦不受其傷害。

南海之帝為儵，北海之帝為忽，中央之帝為渾沌❶。儵與忽時相與遇於渾沌之地，渾沌待之甚善。儵與忽謀報❷渾沌之德，曰：「人皆有七竅以視聽食息，此獨無有，嘗試鑿之❸。」日鑿一竅，七日而渾沌死。

【章旨】此寓言述渾沌作為帝王，是以渾樸無知為生命，以成其無為而治。故一旦開啟其才智，則身死而業敗。

【注釋】❶南海三句　此所言之地名與帝名，皆為虛擬。為，通「謂」。❷謀報　商議報答。❸鑿之　開七竅。因其本無七竅。

【語　譯】南海之帝名叫儵，北海之帝名叫忽，中央之帝名叫渾沌。儵與忽時常相遇於渾沌之地，渾沌招待他們非常好。儵與忽商議報答渾沌之好意，說：「人都有七竅用以視聽飲食呼吸，此人獨無，試為他開鑿。」每日開鑿一竅，七日而渾沌死。

【研　析】本篇論述為帝王之道，主要從其人如何自處和如何行使治道兩個方面作闡述。關於其人如何自處方面，認為：1.當善持本性，擯棄才智，猶如土塊一般木然無知；2.內心空虛，不求名，忘卻自我；3.領悟道，使精神與道融為一體。關於如何行使治道方面，認為：1.悠閒自得，於事漠不關心，無所事事；2.順物自然，不傷害外物。以為如此即能化育萬物，達到功蓋天下的成效。與此相反，作者指責用仁義之道去籠絡人，或以法度去強制人，認為它們都不可能達到治理的效果。可見，此所謂帝王，即得道之帝王；所謂治道，即「無為而治」。這是作者為當時社會指出的一條出路與美好前景。

篇中描寫了兩個帝王形象，即泰氏與渾沌，主要是寫他們的德養。泰氏以純樸為德，內心恬靜，不為外物所制而安舒自得。渾沌是一個擯棄才智的形象。他無七竅，對外界無感知能力，故能獨具其渾樸無知之品性。作者認為德養如此，方才能一切付之自然，以「無為」達到致治。我們由此可見：1.作者以為為帝王者，當求自身恬靜閒適，不加管治，則人自必和諧相處，萬物受益。相反，運用仁義禮樂等統治手段，則自遭禍亂。作者以自然為完美，以為參以人為，自然即被損毀，故求治之道在於順從自然。作者強調崇尚自然的思想有其可貴的一面，而其失誤，正如荀子所說的「蔽於天而不知人」，對人為不加分析地一概排斥。2.以為為帝王者必須擯棄才智，將才智視為治國的禍害。此即發揮老子「以智治國，國之賊；不以智治國，國之福」的思想。將社會的離亂歸咎於才智，這分明是一種幼稚無知的見解。

在此，要特別一提季咸看相這則寓言。它在本篇中占據很大分量並非無謂。實際上季咸以看相預測人事禍福，即以其智巧行其詐騙之術。壺子所顯示之面相，即大地一片靜寂；天地之象，名實不入於心；極虛靜和諧之境，無形跡可尋；虛而隨順至於無可測度等，實為內心修養之外化。借此說明帝王之治，亦當識破賣弄智巧之騙術，而以虛靜無為致治。作如此理解，方與下節「渾沌」之寓言在思想內容上緊密關連。

本篇在藝術性上亦以季咸看相與「渾沌」兩則寓言為優。前者寫季咸之賣弄玄虛而至黔驢技窮，壺子之胸有成竹而巧於應變，列子之由深受迷惑而最後痛改前非，都寫得個性鮮明，情節也頗生動，已近於小說筆法。後者寫渾沌渾無七竅之顏面，頗為奇特。寫儵、忽欲好心圖報而反置對方於死地，在風趣的情節背後，寓催人深思之意。

外篇

駢拇第八

【題解】本篇為〈外篇〉之首篇，篇名取自首句句首之詞，並無別意。本篇主要論述仁義是否是人之本性的問題。作者認為仁義不是人之本性，仁義為本性說乃為邪說，它束縛並傷害人之本性，以至於殘害生命，擾亂天下。與此相反，作者強調人自有其自然本性，不失本性是為至正之道。只有不務殉外而求之於內，持其本性，完善其本性，任其自然，自得自適，方為不誤。

駢拇❶枝指❷，出乎性❸哉，而侈❹於德❺，附贅縣疣❻，出乎形❼哉，而侈於性❽；多方乎仁義❾，而用之者，列於五藏❿哉，而非道德之正⓫也。是故駢於足者⓬，連無用之肉也；枝於手者⓭，樹⓮無用之指也；多方駢枝⓯於五藏之情者，淫僻⓰於仁義之行，而多方於聰明⓱之用也。是故駢⓲於明者，亂五色⓳，淫⓴文章㉑，青黃黼黻㉒之煌煌㉓非乎？而㉔離朱㉕是已。多於聰者，亂五聲㉖，淫六律㉗，金石絲竹㉘黃鐘大呂之聲非乎？而師曠是已。枝㉙於仁者，擢㉚德塞性㉛，以收㉜名聲，使天下簧鼓㉝，以奉㉞不及㉟之法㊱非乎？而曾㊲、史㊳是已。駢於辯者㊴，纍瓦結繩㊵，竄句㊶，遊心㊷於堅白㊸同異㊹之間，而敝跬㊺譽無用之言非乎？而楊㊻、墨㊼是已。故此皆多駢旁枝㊽之道，非天下之至正也。

【章 旨】此節論述凡仁義、聲樂、論辯等皆有違於大道之自然素樸，故為多餘歧生之歪道。

【注 釋】❶駢拇 指足之大拇趾與第二趾並連為一。駢，並連。❷枝指 指歧生的手指。枝，同「歧」。❸性 自然本性。❹侈 多餘。❺德 通「得」。指應得。❻附贅縣疣 見〈大宗師〉注。❼形 形體自生。❽侈於性 為自然本性所多餘之物。❾多方乎仁義 指儒家之仁義。因莊子認為「大仁不仁」（〈齊物論〉），故以儒家之仁義為多餘旁出。多方，多餘旁出。❿列於五藏 謂將仁義等列為五臟之神，即仁為肝神，義為肺神，禮為心神，智為腎神，信為脾神。將之視為人所固有。五藏，即五臟，指心肝脾肺腎。⓫道德之正 以道家之道德（虛靜無為）為正，故云。⓬駢於足者 指使足之大拇趾與第二趾相連者。⓭枝於手者 指手上歧生之指。⓮樹 長。⓯多方駢枝 謂若駢枝之多方。⓰淫僻 邪惡不正。⓱聰明 聽力視力。⓲駢 多餘旁出。⓳五色 青黃赤白黑。⓴淫 惑亂。㉑文章 錯雜的色彩或花紋。㉒黼黻 白與黑錯雜為黼，黑與青錯雜為黻。㉓煌煌 眩目貌。㉔而 猶「如」。㉕離朱 傳說黃帝時人，能在百步之遠見秋毫之末。㉖五聲 古代五聲音階中的五個音級，即宮、商、角、徵、羽，相當於簡譜中的1、2、3、5、6。㉗六律 律為定音器。相傳黃帝時伶倫截竹為管，以管之長短分別音的高低清濁，樂器的音調皆以此為準。樂律有十二，陰陽各六，陽稱律，陰稱呂。六律即黃鐘、大蔟、姑洗、蕤賓、夷則、無射；六呂即大呂、夾鐘、仲呂、林鐘、南呂、應鐘。㉘金石絲竹 指以其為材料所製成之樂器。金，指銅。㉙枝 歧生。㉚擢 標舉。㉛塞性 抑制本性。㉜收 取得。㉝簧鼓 吹簧打鼓。此以吹打喻喧嚷。簧，指笙、竽。㉞奉 尊崇。㉟不及 不可達到。㊱法 模式；榜樣。㊲曾 曾參，春秋魯人，孔子弟子，以至孝著稱。㊳史 史魚，春秋衛國大夫，以正直敢諫著稱。相傳他死前遺命以屍諫衛靈公黜退佞臣彌子瑕而用賢臣蘧伯玉。曾、史二人古代視為體現仁與義的典型人物。㊴駢於辯者 莊子認為「大辯不言」（〈齊物論〉），故以為辯論是多餘旁出。㊵纍瓦結繩 喻堆砌詞句。纍，同「累」。疊。結繩，結長繩子。㊶竄句 改易語句。唐寫本《釋文》所出「竄句」下有「棰辭」二字，當從補。棰辭，推敲用辭。㊷遊心 用心思。㊸堅白 見〈齊物論〉注。㊹同異 同異論。以為事物間雖有同異，但可視為合而為一。此說創自惠施，見〈天下〉篇。㊺敝跬 分外用力之貌。㊻楊 楊朱，戰國魏人，主張「貴生」、「重己」，輕物而不受物累。無著作傳世，其言論散見於諸子。《列子・楊朱》則為依託。㊼墨 墨子，名翟。《墨子》中有〈經〉上下篇、〈經說〉上下篇、〈大取〉、〈小取〉包含名辯之內容。㊽多駢旁枝 如駢拇枝指之多餘旁出。

【語譯】足之大拇趾與第二趾並連、手指之歧生，出於自然本性，而多於應得；皮膚上多餘的附生物，出於形體自生，而非本性所當有；仁義之說為多餘旁出，而用之為說者，將其列為五臟之神，然而其非道德之正。因此，足趾之並連，是連著無用之肉；手指之歧生，是長了無用之指；如駢拇歧指之多餘旁出而加於五臟之性，於是就有邪惡不正的仁義之行為，對於聽覺視覺之使用也就至於多餘旁出了。因此多餘旁出於視覺者，五色使人迷亂，錯雜的色彩與花紋使人惑亂，青、黃、白黑錯雜、黑青錯雜之色彩使人目眩，不是嗎？如離朱即是。多餘於聽覺者，五聲使人迷亂，六律使人惑亂，用金、石、絲、竹之器樂，以黃鐘、大呂之律演奏之聲樂，不是嗎？如師曠即是。歧生於仁者，標舉德行而抑制本性，用以取得名聲，使天下吹打喧嚷，以尊崇不可達到之模式，不是嗎？如曾參、史魚即是。多餘旁出於辯者，如疊瓦結繩，推敲用辭，用心思於「堅白」、「同異」論之中，而分外用力地稱譽無用之言，不是嗎？如楊朱、墨翟即是。故這些都是如駢拇歧指之多餘旁出之道，不是天下至正之道。

彼正正❶者，不失其性命之情❷。故合者不為駢，而枝者不為跂❸，長者不為有餘，短者不為不足。是故鳧脛❹雖短，續之則憂；鶴脛雖長，斷之❺則悲。故性長非所❻斷，性短非所續，無所去憂❼也。意❽仁義其非人情❾乎，彼仁人何其❿多憂也？且夫⓫駢於拇者，決之⓬則泣；枝於手者，齕⓭之則啼⓮。二者或有餘於數，或不足於數，其於憂⓯一⓰也。今世之仁人，蒿目⓱而憂世之患；不仁之人，決⓲性命之情而饕⓳貴富。故意仁義其非人情乎！自三代⓴以下者，天下何其囂囂㉑也？

【章　旨】本節論述循至正之道，則聽任自然，故無憂；然而「仁人」反之，其憂世之患而鼓吹仁義，則違背人之本性。

【注　釋】❶正正　據上文當作「至正」。❷性命之情　即本性。❸故合者二句　意謂以駢拇歧指為出於自然本性則安之若素。跂，同「歧」。❹鳧脛　野鴨之腿。❺斷之　將之裁短。❻非所　不可。❼無所去憂　無有可去之憂。❽意　著意。❾人情　人之本性。❿何其　為何那樣。⓫且夫　猶「況且」。⓬決之　將之剖開。⓭齕　咬。⓮啼　啼哭。⓯憂　指憂於改變。⓰一　相同。⓱蒿目　愁視貌。⓲決　毀壞。⓳饕　貪。⓴三代　夏、商、周三朝。㉑囂囂　喧嚷貌。指喧嚷仁義。

【語　譯】至正之道，使事物不失其本性。因此，對於駢拇不以為是駢拇，對於歧指不以為是歧指，長的不以為有餘，短的不以為不足。為此，野鴨之腿雖短，給它接長則憂；鶴之腿雖長，將之裁短則悲。故本性長的不可裁短，本性短的不可接長，則無所憂懼。著意於仁義其非人之本性吧，仁人為何那樣多憂呀？況且足之大拇趾與第二趾並連者，將之剖開則哭泣；手上有歧生之指者，把它咬掉則啼哭。二者有的於數有餘，有的於數不足，其憂於改變則相同。現今世俗之仁人，愁視而憂慮世俗之患難；不仁之人，毀壞本性而貪圖富貴。故著意仁義其非人之本性吧！自三代之後，天下為何那樣喧嚷仁義呀？

且夫待❶鉤繩❷規矩而正❸者，是削❹其性❺者也；待繩約❻膠漆而固❼者，是侵❽其德❾者也；屈折❿禮樂，呴俞⓫仁義，以慰天下之心者，此失⓬其常然⓭也。天下有常然。常然者，曲者不以鉤，直者不以繩，圓者不以規，方者不以矩，附離⓮不以膠漆，約束⓯不以纆索。故天下誘然⓰皆生，而不知其所以生；同⓱焉皆得⓲，而不知其所以得。故古今不二，不可虧也⓳，則仁義又奚⓴連連如膠漆纆索而遊㉑乎道德之間㉒為哉？使天下惑也。夫小惑易方㉓，大惑易性。何以知其然邪？自虞氏㉔招㉕仁義以撓㉖天下也，天下莫不奔命㉗於仁義，是非以仁義易其性與？

【章旨】此節言天下事物皆有其自然本性，仁義之說則損害自然本性而擾亂天下。

【注釋】❶待　依靠。❷鉤繩　畫曲線和直線的工具。❸正　合乎規範。❹削　損害。❺性　本性。❻纆約　據下文，二字宜作「纆索」。纆索，繩索。❼固　固定。❽侵　害。❾德　本性。❿屈折　屈折肢體，為行禮作樂之狀。⓫呴俞　愛撫。⓬失　違背。⓭常然　自然本性。⓮附離　即附麗，謂相合。⓯約束　束縛。⓰誘然　自然地。⓱同　同時。⓲得　得益。⓳故古今二句　此就自然本性言。⓴奚　為何。㉑遊　放任。㉒道德之間　道德之境界之中。㉓易方　變易方向。㉔虞氏　指舜。㉕招　舉。㉖撓　擾亂。㉗奔命　應命奔走，言急趨。

【語譯】況且依靠鉤繩規矩而合乎規範的，此為損害其本性；依靠繩索膠漆而固定的，此為傷害其本性；屈折肢體以行禮作樂，以仁義體現愛撫，以安慰天下人之心的，此為違背天下人之自然本性。天下人有其自然本性。所謂自然本性，曲者不用鉤，直者不用繩，圓者不用規，方者不用矩，相合不用膠漆，束縛不用繩索。故天下人自然地都生，而不知其生之緣故；同時都得益，而不知其得益之緣故。天下人之自然本性古今同一，不可虧損，則所謂仁義又為何接連不斷地如膠漆繩索般，放任於道德之境界之中呢？使天下人疑惑了。小的疑惑變易方向，大的疑惑變易本性。何以知道是如此呀？自舜標舉仁義以擾亂天下，天下人無不應命急趨仁義，這不是因仁義變易其本性嗎？

故嘗試論之：自三代以下者，天下莫不以物❶易其性矣。小人❷則以身殉利❸，士❹則以身殉名，大夫則以身殉家❺，聖人則以身殉天下。故此數子❻者，事業❼不同，名聲❽異號❾，其於傷性以身為殉一❿也。臧與穀⓫，二人相與⓬牧羊，而俱亡⓭其羊。問臧奚事⓮，則挾筴⓯讀書；問穀奚事，則博塞⓰以遊⓱。二人者事業不同，其於亡羊均⓲也。伯夷⓳死名⓴於首陽㉑之下，盜跖㉒死利於東陵㉓之上。二人者所死不同，其於殘生㉔傷性均也。奚必㉕伯夷之是㉖而盜跖之非乎！天下盡殉也。彼其所殉仁義也，則俗謂之君子；其所殉貨財也，則俗謂之小人。其殉一也，則有君子焉，有小人焉。若其殘生損性，則盜跖亦㉗伯夷已㉘，又惡㉙取㉚君子小人於其間哉！

【章旨】此節論述世人皆為外物所惑，故致損害其本性，其雖有殉利殉名之異，然其殘生傷性則無別。

【注釋】❶物　外在事物。❷小人　指百姓。❸殉利　為利而死。❹士　古時貴族與職官等級名稱。周代在國君下有卿、大夫、士三等，士為最低等級。❺家　指大夫的封邑、政權與家族。❻數子　幾種人。❼事業　所事。❽名聲　名稱。❾號　呼。❿一　相同。⓫臧與穀　假設之牧羊人名。⓬相與　一起。⓭亡　走失。⓮奚事　做何事。⓯挾筴　持書冊。筴，同「策」。書冊。⓰博塞　棋類遊戲。⓱遊　遊戲。⓲均　相同。⓳伯夷　事見〈大宗師〉注。⓴死名　為保持名節而死。㉑首陽　山名。所在不詳。或以為在今山西永濟縣南。㉒盜跖　傳說為春秋魯人，是聚眾反叛統治之首領。「盜」為對其之貶稱。㉓東陵　山名。在今山東章丘縣南，山南有盜跖冢。㉔殘生　傷害生命。㉕奚必　何必。㉖之是　以之為是。㉗亦　猶「即」。㉘已　猶「也」。㉙惡　何；何必。㉚取　取捨。

【語　譯】試對之作論述：自三代之後，天下莫不因外在事物而變易其本性。百姓則以其身為利而死，士則以其身為名而死，大夫則以其身為家而死，聖人則以其身為天下而死。因而這幾種人，所事不同，稱呼不同，其於傷害本性以身死事則同。臧與穀，二人一起牧羊，而羊都走失。問臧做何事，則持書讀書；問穀做何事，則做棋類遊戲。二人所事不同，而同樣走失羊。伯夷為名而死於首陽山之下；盜跖為利而死於東陵山之上。二人所死之事不同，而同樣是傷害生命與本性。何必以伯夷為是而以盜跖為非呢！天下人盡以身殉事，那人為仁義而死，則世俗稱為君子；此人為財貨而死，則世俗稱為小人。他們同樣是死事，而有君子，有小人。若以其傷害生命與本性言，則盜跖亦即伯夷，又何必在君子與小人之間作取捨呢！

且夫屬❶其性乎仁義者，雖通❷如曾、史，非吾❸所謂臧❹也；屬其性於五味，雖通如俞兒❺，非吾所謂臧也；屬其性乎五聲，雖通如師曠，非吾所謂聰❻也；屬其性乎五色，雖通如離朱，非吾所謂明❼也。吾所謂臧者，非仁義之謂也，臧於其德❽而已矣；吾所謂臧者，非所謂仁義之謂也，任其性命之情而已矣；吾所謂聰者，非謂其聞彼❾也，自聞❿而已矣；吾所謂明者，非謂其見彼也，自見而已矣。夫不自見而見彼，不自得⓫而得彼⓬者，是得人之得而不自得其得⓭者也，適人之適而不自適其適者也⓮。夫適人之適而不自適其適，雖盜跖與伯夷，是同為淫僻也。余愧乎道德⓯，是以上不敢為仁義之操⓰，而下不敢為淫僻之行也。

【章　旨】此節論述人當以持其本性、任其自然，即自得自適為善。仁義非為本性所屬，非為道德之正，故不可為。

【注　釋】❶屬　歸屬。❷通　聞名。❸吾　作者自稱。❹臧　善。❺俞兒　傳說古時善於品味之人。❻聰　好的聽力。❼明　好的視力。❽臧於其德　完善其本性。❾聞彼　聽聞彼方。❿自聞　聽聞自身。⓫自得　得於自身。⓬得彼　得於彼方。⓭自得其得　得於自身之得。⓮適人句　見〈大宗師〉注。⓯愧乎道德　謂因有愧於道德之故。⓰操　行。

【語　譯】況且將仁義歸為人之本性，即使聞名如曾、史，非我所謂善；將品嘗五味歸為人之本性，即使聞名如俞兒，非我所謂善；將聽賞五聲歸為人之本性，即使聞名如師曠，非我所謂聽力靈敏；將辨識五色歸為人之本性，即使聞名如離朱，非我所謂視力明晰。我所謂善者，說的不是仁義，其德善而已；我所謂善者，說的不是仁義，任其本性而已；我所謂聽力靈敏，說的不是聽聞別方，聽聞自身而已；我所謂視力明晰，說的不是看見別方，看見自身而已。不看見自身而看見別方，不得於自身而得於別方，此得人之所得而不是得於自身之得，以他人所適宜為適宜而不是以自身適宜為適宜。以他人所適宜為適宜而不是以自身適宜為適宜，即使盜跖與伯夷是同為邪惡不正。我因有愧於道德之故，因此上不敢為仁義之行，而下不敢為邪惡不正之行。

【研　析】關於人性問題，儒家創始人孔子說「性相近也」，至孟子而言「性善」，認為人皆有仁義禮智之心，為人之天性，並說不具此天性者則不是人。孟子想以此作為其提出「仁政」說之心理依據。本文關於人性問題主要論述：

一、仁義不是人之本性。作者認為，人自有自然本性，仁義對於人之本性，完全是多餘旁出之物，猶如大拇趾與第二趾相並連之肉、手上歧生之手指一樣。

二、以仁義為人之本性說之危害。作者從以下四方面痛斥以仁義為人之本性說之危害：1.造成人對於本性的迷惑，從而使本性受到束縛；2.使天下人變易其本性，喪失其本性，擾亂了天下；3.使人損害本性，以致殘害生命；4.仁人雖憂世之患而倡此說，然而不仁者之貪圖富貴依舊如故，故實為空慰天下人之心而已。

三、人當不失本性，並且要完善其本性，任其自然。與仁義為人之本性說相反，作者提出不失本性是天下最正確之道。認為天下人有其自然本性，人當完善其自然本性，任其自然。其作法是不殉外而求之於內。不殉外者，不為身外之物諸如名利等而損害本性以致殘害生命。求之於內者，所謂見自身，聽自身，得於自身，求自身之適宜。可見這是以本性為出發點與歸宿。

孟子以仁義為人之本性之說，顯然是不正確的。仁義，作為一種道德與是非觀念，不可能是與生俱來的。至於仁義為人之本性說之利弊，則牽涉到對於仁義的評價。儒家倡導仁義（文中說，舜標舉仁義，其說非是），主要是出於對無視他人與道義之社會現象的不滿，用以調和人際關係，是順應民心的。儘管它帶有局限性，統治階級也確實不可能實行仁義之道，卻不能不說它具有崇高性，凡與仁義相關連的思想行為都無疑是高尚的。作者以自身為本位，故凡有礙其本性者一概予以否定，明顯是一種偏見。順此，作者關於完善本性與任其自然之說，雖不務殉外，將聲色美味名利等統予排斥，見其清純恬淡，然而總不免以自我為中心，此其所以為失。

馬蹄第九

【題解】本文亦以首句之詞為篇名。道家以追求本性自由為人生宗旨，本篇之主題即抒發對於本性受制之不滿。文中以馬設喻，謂馬之本性欲自在，故為人所制則死亡隨之；且謂有所制，然後知所抵制。正論即謂民本具素樸之本性與道德，故處於順其本性之「至德之世」，則天下諧和而興盛；至為「聖人」之「仁義禮樂」所制，然後追求才智而逐利，此為「聖人」之罪過。

馬，蹄可以踐霜雪，毛可以禦風寒，齕❶草飲水，翹足❷而陸❸，此馬之真性也。雖有義臺❹路寢❺，無所用之。及至伯樂❻曰：「我善治馬。」燒❼之，剔❽之，刻❾之，雒❿之，連之以羈⓫馽⓬，編之⓭以皁⓮棧⓯，馬之死者十二三⓰矣；飢之，渴之，馳之，驟⓱之，整⓲之，齊⓳之，前有橛⓴飾㉑之患㉒，而後有鞭筴㉓之威，而馬之死者已過半矣。陶者曰：「我善治埴㉔，圓者中㉕規，方者中矩。」匠人曰：「我善治木，曲者中鉤，直者應㉖繩。」夫埴木之性，豈欲中規矩鉤繩㉗哉？然且㉘世世稱之曰：「伯樂善治馬，而陶匠善治埴木。」此亦治天下者之過也。

【章旨】此節以馬為喻，謂馬有本性，順其本性則悠然自適，制其本性而折磨之，則死亡隨之。陶者之處治黏土，木匠之處治木材，亦以損毀原物為事。指出治天下者亦同其理。

【注釋】❶齕　咀嚼。❷翹足　舉足。❸陸　跳。❹義臺　高臺。義，與「峨」通。❺路寢　君主處理政務之正廳。❻伯樂　據傳姓孫名陽，字伯樂，春秋秦穆公時人，擅長相馬。此為借其名。❼燒　烙上印記。❽剔　修剪其毛。❾刻　削其蹄甲。❿雒　通「絡」。指給馬首加上絡頭。⓫羈　勒，即帶有嚼口的絡頭。⓬馽　或作「縶」，絆馬前兩足，此指絆索。⓭編之　將馬分別編排。⓮皁　槽櫪，即食馬器。⓯棧　木棚。⓰十二三　十分之二、三。⓱驟　意同「馳」，疾奔。⓲整　整飭。⓳齊　限制。⓴橛　馬口中所銜的橫木，即馬嚼子。㉑飾　指加飾之馬鑣，與橛連用。㉒患　苦。㉓鞭筴　鞭子。㉔埴　黏土。治埴以燒製陶器。㉕中　合。㉖應　合。㉗鉤繩　解見〈駢拇〉。㉘然且　然而。

【語譯】馬，蹄可以踐踏霜雪，毛可以抵禦風寒，咀嚼草而飲水，舉足而跳躍，此馬之真性。即使有高臺路寢，無所用之。到了伯樂，說：「我善於治馬。」將馬烙上印記，修剪其毛，削其蹄甲，加上絡頭，繫連帶有嚼口的絡頭和絆索，將其分別編排槽櫪與木棚，馬之死者十之二、三；使其飢，使其渴，使其奔馳，使其疾奔，整飭牠，限制牠，在前受馬嚼子與加飾馬鑣之苦楚，在後有馬鞭之威逼，而馬之死者已過半了。製造陶器者說：「我善於處治黏土，圓的合於規，方的合於矩。」木匠說：「我善於處治木材，曲的合於鉤，直的合於繩墨。」彼黏土與木材之本性，難道想合於規矩鉤繩嗎？然而世世稱道他們說：「伯樂善於治馬，而製陶器者與木匠善於處治黏土木材。」此也是治理天下者的過錯。

吾意❶善治天下者不然。彼民有常性❷，織而衣，耕而食，是謂同德❸。一❹而不黨❺，命❻曰天放❼。故至德之世，其行填填❽，其視顛顛❾。當是時也，山無蹊隧❿，澤無舟梁；萬物群生⓫，連屬其鄉；禽獸成群，草木遂長⓬。是故禽獸可係羈⑬而遊，烏鵲之巢可攀援而闚⑭。夫至德之世，同與禽獸居，族與萬物並⑮，惡⑯乎知君子小人哉！同乎無知，其德⑰不離；同乎無欲，是謂素樸。素樸而民性得矣。及至聖人，蹩躠⑱為仁，踶跂⑲為義，而天下始疑⑳矣；澶漫㉑為樂，摘僻㉒為禮，而天下始分㉓矣。故純樸㉔不殘，孰為㉕犧尊㉖！白玉不毀，孰為珪璋㉗！道德不廢，安取㉘仁義！性情㉙不離㉚，安用禮樂！五色不亂，孰為文采㉛！五聲㉜不亂，孰應㉝六律㉞！夫殘樸以為器，工匠之罪也；毀道德以為仁義，聖人之過也。

【章　旨】此節論述在至德之世，民具素樸之性，故使天下極其諧和與興盛。至「聖人」出而倡仁義，行禮樂，於是民素樸之本性與其道德遭到毀壞，此「聖人」之罪過。

【注　釋】❶意　以為。❷常性　不變之習性。❸同德　共性。❹一　渾一。❺不黨　不偏。❻命　名。❼天放　自然放任。❽填填　穩重貌。❾顛顛　專一貌。❿蹊隧　小路。⓫群生　一切生物。⓬遂長　生長。⓭係羈　繫縛。⓮闚　觀看。⓯同與二句　謂與禽獸同居，與萬物同類。⓰惡　何。⓱德　本性。⓲蹩躠　用心力貌。⓳踶跂　用心力貌。⓴疑　困惑。㉑澶漫　放縱。㉒摘僻　煩瑣。㉓分　人們相互間隔。㉔純樸　完整的未加工的木材。㉕孰為　怎會成為。㉖犧尊　古代盛酒器。作犧牛形，背上開孔以盛酒。㉗珪璋　玉之上銳下方為珪，半珪為璋。㉘安取　何用。㉙性情　本性。㉚不離　不棄。㉛文采　黼麗而錯雜的色彩。㉜五聲　見〈駢拇〉注。㉝應　合。㉞六律　見〈駢拇〉注。

【語　譯】我以為善於治天下的人不是如此。那民眾有不變之習性，紡織而穿衣，耕種而飲食，此謂共性。渾一而不偏，名謂自然放任。故道德極完美之世，人民行走穩重，顧視專一。當此時，山無小路，河澤無舟與橋梁；萬類生物，連綿其鄉；禽獸成群，草木生長。因此禽獸可繫縛而行走，鳥鵲之窩可攀引而觀看。那種道德極完美之世，人民與禽獸同居，與萬物同類，何知所謂君子小人呀！同樣無知，不離其本性；同樣無欲，此謂素樸。素樸而得民之本性了。到了聖人用其心力推行仁，用其心力推行義，而天下始困惑了；放縱地作樂，煩瑣地行禮，而天下始相互間隔了。因此原本完整的木材不毀壞，怎會成為犧牛形的盛酒器！白玉不毀壞，怎會成為珪璋！道德不廢毀，何用仁義！本性不離，何用禮樂！五色不雜亂，怎會成為黼黻而錯雜的色彩！五聲不雜亂，怎麼合於六律！毀壞原本完整的木材而製作器具，是工匠之罪過；廢毀道德而推行仁義，是聖人之罪過。

夫馬，陸居則食草飲水，喜則交頸相靡❶，怒則分背❷相踶❸。馬知已此❹矣。夫加之以衡扼❺，齊❻之以月題❼，而馬知介倪❽、闉扼❾、鷙曼❿、詭銜⓫、竊轡⓬。故馬之知⓭而⓮態至盜⓯者，伯樂之罪也。夫赫胥氏⓰之時，民居⓱不知所為，行不知所之⓲，含哺⓳而熙⓴，鼓腹㉑而遊，民能以此㉒矣。及至聖人，屈折禮樂㉓以匡㉔天下之形㉕，縣跂㉖仁義以慰天下之心，而民乃始踶跂好知㉗，爭歸於利，不可止也。此亦聖人之過也。

【章旨】此節論述馬本悠閒自得，至受制於人然後知所抗拒，以喻民本無知無欲，盡其安逸，至受制於仁義禮樂，然後追求才智而趨利，此為「聖人」之過。

【注釋】❶靡　通「摩」。❷分背　背向。❸踶　踢。❹已此　止於此。❺衡扼　亦作「衡軛」。車轅前的橫木和架在馬頸上用以拉車的曲木。❻齊　美好，指美飾。❼月題　馬額上的飾物，其形似月。❽介倪　猶「睥睨」。即側目而視。❾闉扼　曲頸於軛以示抵制。❿鷙曼　抵突。形容馬性猛戾不馴，欲掙脫羈勒。⓫詭銜　吐出嚼子。⓬竊轡　咬轡繩。竊，借為「齧」。⓭知　同「智」。⓮而　猶「其」。⓯盜　喻其強暴。⓰赫胥氏　傳說上古帝王名。⓱居　家居。⓲所之　所往。⓳哺　口中所含的食物。⓴熙　同「嬉」。戲樂。㉑鼓腹　飽腹。㉒民能以此　民所能止於此。以，通「已」。㉓屈折禮樂　見〈駢拇〉注。㉔匡　正。㉕形　儀態。㉖縣跂　標舉。縣，同「懸」。㉗知　同「智」。智巧。

【語　譯】馬，在草地上即吃草飲水，高興則交頸相摩，發怒則背向相踢。馬之所知止於此而已。而用衡軛加於其身，用月題使之美觀，而後馬側目而視，曲頸於軛以示抵制，猛戾而欲掙脫羈勒，吐出嚼子，咬嚼轡繩。故馬其智且其狀態至於強暴者，是伯樂之罪過。赫胥氏之時，民在家不知所為，出行不知所至，口中含著食物而戲樂，飽腹而行走，民之所能止於此。到了聖人產生，屈折肢體以行禮作樂用以端正天下人之儀態，標舉仁義以安慰天下人之心，民於是盡其心力喜好智巧，爭相向往於利，不可阻止。此亦聖人之過錯。

【研　析】本篇的中心思想是抗議對於本性的束縛以求維護本性。作者認為人民本來具有素樸之常性，織衣耕食，無知無欲，自然放任。由於聖人將仁義禮樂強加於人，致使人好智而趨利，喪失了本性，這是聖人的罪過。文中以馬為喻，說明求得自在地生活，這是其真性。真性受到束縛，必定會激起抗爭，這也是其天賦的本性。真性受到束縛，其後果是難免一死。本性乃生命所繫，故維護本性即維護生命。作者將維護本性提到如此高度來認識，言當還其自由，不容侵犯和制約，這無疑具有進步意義。文中將矛頭直指仁義禮樂，這也有其積極意義。就仁義言，確有其抑制本性自由的一面。以禮樂而論，其本質上是維護等級統治之工具與手段，其作為「規範」自容不得人有自由之餘地。然而作者之失誤亦顯而易見：1.就人之本性而言，所謂素樸，並非即無知無欲。人之所以為人，有知有欲，正是其天生之屬性，故好知而逐利，未嘗非人之本性。人而不好知，不逐利，則無以生存，更不要說社會無以發展。2.人生活在社會上，是社會的一分子，因此不能單求自身悠閒放任本性作為人生之宗旨，而必須受到社會的約束。3.儒家倡導仁義，是順應歷史潮流的進步主張（見上篇【研析】），作者以其為罪孽，顯為偏執之辭。4.禮樂是社會文明的重要標誌。社會秩序，靠禮節以維繫，人而無禮，若禽獸然，則勢必跌落到野蠻無倫之境地。5.文中所謂的至德之世，實際上是將原始社會理想化。處於原始社會，人們生活無著，豈能如此自在自樂，任情嬉遊？再說，人類若處於無知無欲之狀態，則與愚昧無別，故作者所提出的社會理想，分明是倒退的。歷史在進步中不可能是完美的，自會出現許多令人無法容忍的弊病與罪惡，但倒退畢竟不是出路。

本文可欣賞者：一是寫馬。寫馬在文中明顯處於突出的位置，從中可見作者匠心獨運，故效果頗佳：1.首先描寫其生活自在的情景，以見其本性；2.接寫治馬之舉，將種種束縛強加於自由之身，所列舉之事計十四項之多，用以表明其事已到了忍無可忍的地步；3.再轉寫馬之抗爭，欲盡其所能地掙脫束縛，亦鋪敘五事，說明有束縛就會引起抗爭，乃勢所必然；4.作者寫的是馬，而指意則在人。於人雖不置一詞，而意已自明。一是寫人。作者善於描摹其神情。如寫赫胥氏之民，云其「含哺而熙，鼓腹而遊」，僅八字，其自得其樂之情態已宛然在目。

胠篋第十

【題解】此篇亦以篇首首句之詞命篇。全篇集中論述治世之道，以為聖人依靠其聰明智巧制訂法制與仁義之道為治，然而其反為竊國大盜所利用，而民亦因而棄其素樸之性而不安其分，致使天下大亂，故聖人實為世亂之禍首。認為只有拋棄聰明智巧，使盜者無所資，民得返其樸而安其分，則天下自然太平。

將為❶胠篋❷、探囊❸、發匱❹之盜而為守備❺，則必攝❻緘縢❼、固扃❽鐍❾，此世俗之所謂知❿也。然而巨盜至，則負⓫匱、揭⓬篋、擔囊而趨，唯恐緘縢、扃鐍之不固也。然則鄉⓭之所謂知者，不乃⓮為大盜積⓯者也⓰？

【章旨】此節說明世俗之智適有益於盜者之行盜。

【注釋】❶為 因為。❷胠篋 從旁打開箱子。❸探囊 伸手摸袋子。❹發匱 打開櫃子。匱，同「櫃」。❺守備 防備。❻攝 縛。❼緘縢 繩索。❽扃 環紐。❾鐍 鎖。❿知 同「智」。⓫負 背。⓬揭 舉。⓭鄉 先時。⓮不乃 不是。⓯積 準備。⓰也 猶「邪」。

【語譯】因為盜賊將會從旁打開箱子、伸手摸袋子、打開櫃子進行盜竊而作防備，則用繩子綑縛、加固環紐與鎖，此世俗之所謂有智。然而大盜至，則背著櫃子、舉著箱子、挑著袋子而快速離開，唯恐繩索、環紐與鎖之不牢固。如此則先時之所謂智者，不是為大盜作準備嗎？

故❶嘗試論之：世俗之所謂知者，有不為大盜積者乎？所謂聖者，有不為大盜守❷者乎？何以知其然邪？昔者，齊國鄰邑相望，雞狗之音相聞，罔罟❸之所布❹，耒❺耨❻之所刺❼，方二千餘里。闔❽四竟之內❾，所以❿立宗廟⓫社稷⓬，治邑屋州閭⓭鄉曲⓮者，曷⓯嘗不法⓰聖人⓱哉？然而田成子⓲一旦殺齊君⓳而盜其國⓴，所盜者豈獨其國邪？並與㉑其聖知之法㉒而㉓盜之。故田成子有乎盜賊之名，而身處堯舜之安，小國不敢非，大國不敢誅，十二世有齊國㉔。則是不乃竊齊國並與其聖知之法，以守其盜賊之身乎？

【章旨】此節以田成子竊國之事例說明，其竊國之時，連同「聖知之法」亦竊而用之，故「聖知之法」實起著護衛盜竊者之作用。

【注釋】❶故　句首語助詞。❷守　守衛。❸罔罟　即網。罔，通「網」。❹所布　所設置。此指水域與山林。❺耒　犁。❻耨　除草農具，似鋤。❼刺　插入。此指耕地。❽闔　全。❾四竟之內　指國內。竟，通「境」。❿所以　用以。⓫宗廟　祭祀祖宗之建築。⓬社稷　祭祀土神和穀神之建築。⓭邑屋州閭　四者均為地方區域之名稱。據《周禮・小司徒》鄭玄注引《司馬法》云：「六尺為步，步百為畝，畝百為夫，夫三為屋，屋三為井，井四為邑。」又《大司徒》云：「五家為比，五比為閭，四閭為族，五族為黨，五黨為州。」⓮鄉曲　鄉野偏僻之地。⓯曷　何。⓰不法　不效法。⓱聖人　指周朝之開國君主與周公等人。⓲田成子　亦稱田常，春秋時齊國擅權大臣。⓳殺齊君　西元前四八一年，田常弒齊簡公而立平公。⓴盜其國　將齊國竊為己有。田常立平公後，自任齊相，專齊國之政。㉑並與　連同。㉒聖知之法　聰明智巧之法制。㉓而　猶「亦」。㉔十二世有齊國　此句有誤。嚴靈峰《道家四子新編》云當作「專有齊國」。因簡公被殺之日，即田常竊國之時，何必待「十二世」之久。

【語譯】試對此加以論述：世俗之所謂智者，有不為大盜作準備的嗎？所謂聖人，有不為大盜守衛的嗎？怎麼知道是如此呢？從前，齊國國內鄰近之城邑相望，雞狗之鳴叫相聞，網之所設置，耒耨之所用，方二千餘里。整個國家中，用以立宗廟社稷，治理邑屋州閭鄉曲之法，何嘗不效法聖人呀？然而田成子一旦殺齊君而將齊國竊為己有，所盜者豈獨其國呢？連同聰明智巧之法制亦盜之。故田成子雖有盜賊之名而身處堯舜之安，小國不敢非議，大國不敢討伐，專有齊國。則此不是將齊國連同聰明智巧之法制竊為己有，用以守衛其盜賊之身嗎？

嘗試論之：世俗之所謂至知❶者，有不為大盜積者乎？所謂至聖❷者，有不為大盜守者乎？何以知其然邪？昔者，龍逢斬，比干剖❸，萇弘❹胣❺，子胥❻靡❼。故四子之賢而身不免乎戮。故跖❽之徒問於跖曰：「盜亦有道❾乎？」跖曰：「何適❿而無有道邪？夫妄意⓫室⓬中之藏，聖⓭也；入先，勇也；出後，義也；知可否，知⓮也；分均⓯，仁⓰也。五者不備而能成大盜者，天下未之有也。」由是觀之，善人不得聖人之道⓱不立⓲，跖不得聖人之道不行⓳。天下之善人少而不善人多，則聖人之利天下也少而害天下也多。故曰：脣竭⓴則齒寒，魯酒薄而邯鄲圍㉑，聖人生而大盜起。掊擊㉒聖人，縱舍㉓盜賊，而天下始治矣。

【章旨】此節論述大盜因得聖人之道而產生，聖人實為世亂之禍首，故欲天下之治則必須打擊聖人。

【注　釋】❶至知　即至智，指絕頂的智者。❷至聖　絕頂的聖人。❸龍逢二句　其事並見〈人閒世〉注。龍逢，即關龍逢。❹萇弘　春秋周大夫。❺胣　剖腹。萇弘事據史載，晉趙鞅伐范氏、中行氏，而萇弘親二氏，故趙氏遂討伐萇弘而周人殺之。❻子胥　姓伍，名員，春秋楚人。子胥事吳王夫差，切諫當以越王句踐為憂，不聽，被賜死，且以馬革為囊盛其屍而浮之江中。❼靡　靡爛。謂使其屍體靡爛於江中。❽跖　盜跖，見〈駢拇〉注。❾道　行事規範。❿適　往；進行。⓫妄意　無事實根據地臆測。⓬室　家，指被盜者之家。⓭聖　神通。⓮知　同「智」。⓯分均　所得與徒眾平均分配。⓰仁　愛人。⓱聖人之道　即指上述所謂聖、勇、義、智、仁。⓲不立　無成。⓳不行　無所作為。⓴脣竭　失去嘴唇。脣，同「唇」。㉑魯酒薄句　戰國時，楚宣王朝會諸侯，魯恭公後至且所獻之酒薄，楚宣王怒，魯恭公亦不辭而歸。於是宣王發兵而與齊攻魯。梁（魏）惠王常欲擊趙而畏楚救之，得此機會遂出兵圍邯鄲。句喻兩事相為因果。魯酒，魯恭公所獻之酒。薄，酒味不醇厚。邯鄲，戰國時趙國國都。㉒掊擊　打擊。㉓縱舍　捨而不懲治。

【語　譯】試對此加以論述：世俗之所謂絕頂的智者，有不為大盜作準備的嗎？所謂絕頂的聖人，有不為大盜守衛的嗎？怎麼知道是如此呢？從前，關龍逢被斬，比干被剖心，萇弘被剖腹，伍子胥身子靡爛江中。故四人因其賢而不免於被殺戮。因此盜跖之徒從問盜跖說：「作盜者也有行事規範嗎？」跖說：「從事何事而沒有行事規範呢？無所根據而能臆測被盜者家中所藏，是聖智；先進入，是勇；後出來，是義；判知事情之可否，是智；所得與徒眾平均分配，是仁。五者不具備而能成為大盜者，天下尚未有其人。」由此看來，善人不得聖人之道則無成，跖不得聖人之道則無所作為。天下之善人少而不善之人多，則聖人之利天下少而害天下多。所以說：失去嘴唇而齒寒，魯恭公所獻之酒味薄而邯鄲被圍，聖人產生而大盜興起。打擊聖人，對盜賊捨而不懲治，則天下始能治理了。

夫川❶竭而谷❷虛，丘夷❸而淵實❹，聖人已死則大盜不起，天下平❺而無故❻矣。聖人不死，大盜不止，雖重聖人而治天下，則是重利❼盜跖❽也。為之❾斗斛❿

以量之，則並與斗斛而竊之；為之權衡⑪以稱之，則並與權衡而竊之；為之符璽⑫以信之，則並與符璽而竊之；為之仁義以矯之，則並與仁義而竊之。何以知其然邪？彼竊鉤⑬者誅⑭，竊國者為諸侯，諸侯之門而仁義存⑮焉，則是非竊仁義聖知邪？故逐⑯於大盜、揭⑰諸侯、竊仁義並斗斛權衡符璽之利者，雖有軒冕⑱之賞弗能勸⑲，斧鉞⑳之威弗能禁。此重利盜跖而使不可禁者，是㉑乃聖人之過也。

【章旨】此節論述聖人主張以仁義治天下，而為盜者既竊國並竊仁義以自詡，故盜不能禁乃聖人之過。

【注釋】❶川　指兩山之間的水流。❷谷　指兩山之間的流水道。❸夷　平。❹淵實　淵被填實。❺平　太平。❻無故　無事。❼重利　大利。❽盜跖　泛指大盜。❾為之　創制出。❿斗斛　皆量器名。一斛容十斗。⓫權衡　秤；衡器。權為秤錘，衡為秤桿。⓬符璽　契約和印章。⓭鉤　指腰帶鉤。其花紋多錯金銀以為飾，故貴重。⓮誅　懲罰。⓯仁義存　仁義所在。謂竊國而為諸侯者以仁義自我標榜。⓰逐　追隨。⓱揭　舉，謂奪取。⓲軒冕　本指大夫以上官員的車乘和冠服，此指官位爵祿。⓳勸　勉其棄惡從善。⓴斧鉞　指刑罰。㉑是　通「實」。

【語譯】川水乾竭則水道空虛，山丘夷平則淵被填實，聖人已死則大盜不再興起，天下太平而無事了。聖人不死，大盜之興起不止，雖尊重聖人而治天下，則是大利盜跖之輩。聖人創制出斗斛以使世人用以計量，則連同斗斛而竊之；創制出衡器以使世人用以稱物，則連同衡器而竊之；創制出契約印章以使世人用以取信，則連同契約印章而竊之；創制出仁義以使世人用以棄邪歸正，則連同仁義而竊之。怎麼知道是如此呢？盜竊衣鉤者被懲罰，盜竊國家者成為諸侯，諸侯之門庭則仁義自在，則此不是盜竊仁義聰明智巧嗎？因此追隨大盜、奪取諸侯、盜竊仁義斗斛衡器契約印章之利者，雖有官位爵祿之賞不能勉其棄惡從善，刑罰之威懾不能禁止。此大利盜跖輩而使得不可禁止者，實為聖人之罪過。

故曰：「魚不可脫於淵，國之利器不可以示人❶。」彼聖人❷者，天下之利器也，非所以明❸天下也。故絕聖棄知❹，大盜乃止；擿❺玉毀珠，小盜不起❻；焚符破璽，而民樸鄙❼；掊斗折衡，而民不爭；殫殘❽天下之聖法，而民始可與論議；擢亂❾六律，鑠絕❿竽瑟，塞瞽曠⓫之耳，而天下始人含⓬其聰⓭矣；滅⓮文章⓯，散⓰五采⓱，膠離朱⓲之目，而天下始人含其明⓳矣；毀絕鉤繩⓴，而棄規矩，攦㉑工倕㉒之指，而天下始人有其巧㉓矣。故曰：「大巧若拙㉔。」削㉕曾、史㉖之行，鉗楊、墨㉗之口，攘棄㉘仁義，而天下之德始玄同㉙矣。彼人含其明，則天下不鑠㉚矣；人含其聰，則天下不累㉛矣；人含其知，則天下不惑矣；人含其德，則天下不僻㉜矣。彼曾、史、楊、墨、師曠、工倕、離朱，皆外立其德㉝，而以爚亂㉞天下者也，法㉟之所無用也。

【章旨】此節闡述盜賊之起，天下之亂，皆源自聖人欲以聰明智巧之法制致治，故只有將之拋棄，使民反璞歸真，才可得治。

【注釋】❶魚不可二句　語出老子《道德經》三十六章。國之利器，喻權勢。以利器示人，即以權勢治國。魚失水則死亡，以權勢治國亦必失其國。❷聖人　「人」字有誤，據上下文疑當作「聖法」，即上文所謂之「聖知之法」。❸明　示。❹絕聖棄知　擯棄聰明智巧。絕，猶「棄」。知，同「智」。❺擿　同「擲」。扔。❻不起　不產生。❼樸鄙　質樸。❽殫殘　盡毀。❾擢亂　猶「攪亂」。❿鑠絕　盡行銷毀。⓫瞽曠　即師曠。樂師本盲人，故稱「瞽」。⓬含　具有。⓭聰　靈敏的聽覺。⓮滅毀棄。⑮文章　見〈駢拇〉注。⑯散　毀棄。⑰五采　即五色。見〈駢拇〉注。⑱離朱　見〈駢拇〉注。⑲明　明晰的視力。⑳鉤繩　見〈駢拇〉注。㉑攦　折斷。㉒工倕　傳說堯時巧匠。㉓巧　指天生之技巧。㉔大巧若拙　謂最靈巧者如同笨拙。語出《道德經》四十五章。因得道者崇尚自然，體察自然天成而不事人為，故云。㉕削　棄。㉖曾史　見〈駢拇〉注。㉗楊墨　見〈駢拇〉注。㉘攘棄　排斥拋棄。㉙玄同　混同為一。㉚不鑠　指目力不致被五采所損壞。㉛不累　指聽力不致被聲樂所傷害。㉜不僻　不致偏邪。㉝外立其德　謂其務求身外之事功以為德。㉞爚亂　炫惑迷亂。㉟法　效法。

【語譯】因此說：「魚不可脫離於淵，國家的權勢不可向人顯示。」那聰明智巧之法制，即天下之權勢，不是用以向天下顯示之物。故擯棄聰明智巧，大盜才不致產生；砸毀珠玉，小盜才不致產生；焚毀契約，毀壞印章，而民質樸；擊破斗斛，折斷秤桿，而民不相爭；盡毀聰明智巧之法制，而民始可與之議論了；攪亂六律，盡行銷毀竽瑟，堵塞師曠之耳，而天下始人各具其本能之聽覺了；毀棄錯雜的色彩與花紋，毀棄五色，將離朱之目膠住，而天下始人各具其本能之視力了；盡毀鉤繩，拋棄規矩，折斷工倕之手指，而天下始人各具其天生之技巧了。因此說：「最靈巧者如同笨拙。」棄曾參、史魚之德行，鉗楊朱、墨翟之口，排斥拋棄仁義之道，而天下人之德始混同為一了。人各具其本能之視力，則天下人之目力不致被五采所損壞；人各具其本能之聽覺，則天下人之聽力不致被聲樂所傷害；人各具其本能之才智，則天下之人不致被迷惑了；人各具其自然之德性，則天下之人不致偏邪了。曾、史、楊、墨、師曠、工倕、離朱，皆務求身外之事功以為德，而以炫惑迷亂天下，效法他們無所可用。

子獨❶不知至德之世乎？昔者容成氏、大庭氏、伯皇氏、中央氏、栗陸氏、驪畜氏、軒轅氏、赫胥氏、尊盧氏、祝融氏、伏犧氏、神農氏❷，當是時也，民結繩而用之❸，甘其食❹，美其服，樂其俗，安其居，鄰國相望，雞狗之音相聞，民至老死而不相往來。若此之時則至治已❺。今遂❻至使民延頸舉踵❼，曰「某所有賢者」，贏糧❽而趣❾之。則內❿棄其親，而外去⓫其主之事，足迹接⓬乎諸侯⓭之境⓮，車軌⓯結⓰乎千里之外，則是上好知⓱之⓲過也。上誠好知而無道，則天下大亂矣。

【章　旨】此節論述在傳說之至德之世，民性質樸而生活安樂；今因統治者尊賢而追求才智，故使民不安其分，天下大亂。

【注　釋】❶獨　猶「豈」。❷昔者句　容成氏及以下十一氏，皆為古代傳說之帝王，或為作者所自撰。伏犧，即伏羲。❸民結繩而用之　以下八句皆引用老子《道德經》八十章之文，文字稍有出入。結繩而用之，以結繩之法記事。❹甘其食　使民食美味。❺已　同「矣」。❻遂　竟。❼延頸舉踵　伸長脖子踮起腳跟。❽贏糧　背負糧食。❾趣　奔赴。❿內　家內。⓫去　棄。⓬接　遍及。⓭諸侯　指諸侯國。⓮境　境域。⓯車軌　車轍。⓰結　交錯。⓱知　同「智」。智巧。⓲之　原誤作「也」。

【語　譯】你豈不知道道德完美之世呀？從前在容成氏、大庭氏、伯皇氏、中央氏、栗陸氏、驪畜氏、軒轅氏、赫胥氏、尊盧氏、祝融氏、伏犧氏、神農氏之時，民結繩以記事，使民美其食，美其服，樂其俗，安其居，鄰國相望，雞鳴狗叫之聲相聞，而民至老死不相往來。如此之時則為完美的治理了。現今竟然使民伸長脖子踮起腳跟，說「某地有賢者」，於是背負糧食而奔赴其地，則拋棄其家中之親人，而外棄其主上之事，足跡遍及諸侯國之境域，車轍交錯於千里之外，則是在上者喜好智巧之罪過。在上者確實喜好智巧而無道，則天下大亂了。

何以知其然邪？夫弓弩❶、畢弋❷、機變❸之知❹多，則鳥亂於上矣；鉤餌、罔❺罟、罾笱❻之知多，則魚亂於水矣；削格❼、羅落❽、罝罘❾之知多，則獸亂於澤❿矣；知詐⓫漸毒⓬，頡滑⓭堅白⓮，解垢⓯同異⓰之變多，則俗惑於辯矣。故天下每每大亂，罪在於好知。故天下皆知求其所不知，而莫知求其所已知⓱者；皆知非其所不善⓲，而莫知非其所已善⓳者，是以大亂。故上悖日月之明，下爍山川之精，中墮四時之施，惴耎之蟲，肖翹之物，莫不失其性⓴。甚矣夫！好知之亂天下也。自三代以下者是已。舍夫㉑種種㉒之民，而悅夫役役㉓之佞㉔；釋夫恬淡㉕無為，而悅夫啍啍㉖之意。啍啍已亂天下矣。

【章旨】此節論述追求才智者其所求不在大道，以使天下清靜安寧，相反，其所求者乃違背自然之情，故使天下困惑而大亂。

【注釋】❶弩　以機關發箭之弓。❷畢弋　捕鳥之長柄小網和繫有繩子的短箭。❸機變　指機巧的捕鳥裝置。❹知　同「智」。謀術。❺罔　同「網」。❻罾笱　一種用支架的方形魚網和捕魚的竹簍子。❼削格　裝有機關的捕獸木籠。❽羅落　用以攔捕禽獸的器具。❾罝罘　泛指捕獸網。❿澤　藪澤。⓫知詐　智謀巧詐。知，同「智」。⓬漸毒　欺詐。⓭頡滑　錯亂。⓮堅白　見〈齊物論〉注。⓯解垢　詭詐。⓰同異　見〈駢拇〉注。⓱所已知　指自然之現象。意謂世人皆以平常視之，而不求知其所蘊含之道。⓲所不善　指盜竊兇暴之事。⓳所已善　指聖智仁義等。⓴故上悖六句　所言日月山川四時以及昆蟲云云，其意只在說明追求才智之害在於悖逆天地之情與萬物之性。悖，亂。爍，毀壞。精，純美。墮，破壞。四時，四季。施，改易。惴耎，蟲蠕動貌。肖翹，細小之飛蟲。物，生物。㉑夫　猶「彼」。㉒種種　淳樸貌。㉓役役　狡黠貌。㉔佞　諂媚巧言之人。㉕恬淡　清靜淡泊。㉖啍啍　懇切教導。

【語　譯】怎麼知道其如此呢？用於弓弩、畢弋、機巧的捕鳥裝置之謀術多，則鳥亂於上空了；用於鉤餌、網、罟笱之謀術多，則魚亂於水中了；用於削格、羅落、捕獸網之謀術多，則獸亂於藪澤了；用於智謀巧詐欺騙，錯亂事理之堅白論，詭詐之同異論之變術多，則世俗為論辯所惑了。故天下每每大亂，罪惡在於喜好智巧。天下皆知道追求其所不知者，而沒有人知道追求其所已知者；皆知道非議其以為不善者，而沒有人知道非議其已認為善者，因此大亂。故上則悖亂於日月之明，下則有毀於山川之純美，中則破壞四季之推移，蠕動之蟲，細小之飛蟲等生物，莫不失其本性。到極點了！喜好智巧之亂天下。從三代以後即如此。捨棄那淳樸之民，而喜悅那狡黠的諂媚巧言之人；放棄那清靜淡泊無為，而喜悅那懇切教導之意。懇切教導已亂天下了。

【研　析】本篇主要是論述治國之道，認為聖人以其聰明智巧治國，其結果只會造成世亂，只有將之擯棄，天下才會太平。其理由是：一、聖人依靠其聰明智巧建立法制以進行統治，而聰明智巧也正孕育了大盜，大盜起而竊國篡位，並利用原有之法制實行統治。二、聖人以其聰明智巧立國，使得人民好智趨賢成風而擯棄其素樸之本性。反之，若能擯棄聖人之聰明智巧和其所建立之法制，則大盜無所資，人民亦回復其素樸，使之生活清靜安樂，是為至治。

作者不問聰明智巧之見諸行事是否正確，即將之一概否定，斥之為造成世亂的禍根，而極力讚美所謂無知無欲，這明顯是錯誤的。聰明智巧是人類賴以進步的必要條件，作者所以對聰明智巧深惡痛絕，是由於其身處亂世，嚮往清靜無為，因無所歸罪，故將之作為攻擊的目標。其反對聖人以其聰明智巧立國，即為宣揚其無為而治之主張。無為而治，雖然在順其自然方面有其可取之處，而從實質上言則不能不說是一種脫離實際的幻想。

在本篇中，作者發表了一些大膽的言論，使人震驚：1.認為聖人的產生與存在是滋生大盜的根源，將聖人視為世亂之禍首。以為只有打擊聖人，大盜才會消失，天下自然也就太平了。作者此見是建立在其排斥聰明智巧這一基礎上的，故雖將聖人統統罵倒，卻未必可取。2.認為一些諸侯，實為竊國大盜。其不僅竊國，而且連同法制與仁義之道亦一併竊之以為己所用，故權勢之門即有「仁義」。這就撕下了這些「仁義」之君的假面目而暴露其強盜之真相。作者目光之冷峻犀利，揭露之深刻，可謂罕有其比。然而作者之失誤亦十分明顯：既然承認「仁義」本為矯非，則其被竊而成為假仁假義，兩者已非為一，豈可等視而妄加誅伐？既然聖人是「仁義」被竊，而盜者是竊「仁義」而為非，則自當歸罪於盜者而不能歸罪於被竊者。其是非莫辨，竟至於此。

本篇在詞語運用上表現出作者善於創新，使人感到風趣別致，又見其寄意良深。如盜竊一詞，一般均指以暴力奪取他人之財物，而篇中將奪取者轉而指國家、仁義；又如聖勇仁義等本為正面的倫理道德觀念，卻轉而指大盜之必要修養，一名大盜儼然是富有仁義道德修養者，作者諷刺之尖刻，令人拍案。

在宥第十一

【題解】此篇亦摘取篇首首句之詞為篇名。全篇集中論述治道。所謂「在」，謂任人民自在；所謂「宥」，謂寬容待之。此所謂寬容，意謂無礙其自在，對其無所求，而不是恩賜之意。作者以為治天下者當明白一切自有道在主宰，故能從容無為，擯棄聰明智巧，使人民恬靜愉悅而安其本性。以為人心本不善，能不擾亂人心，則天下可得久治。能使天下無為而治者，其自身之修養必然是精神靜穆，渾沌無知，能無己而達到逍遙自在。與此相反，治天下若訴諸人為，以聰明智巧、仁義禮樂、法度賞罰為治，則必擾亂人心，使人不能安其本性，故使天下大亂。

聞在宥❶天下，不聞治天下也。在之也者，恐天下之淫❷其性也；宥之也者，恐天下之遷❸其德❹也。天下不淫其性，不遷其德，有治天下者哉？昔堯之治天下也，使天下欣欣焉人樂其性❺，是不恬❻也；桀之治天下也，使天下瘁瘁❼焉人苦其性，是不愉也。夫不恬不愉，非德❽也，非德也而可長久者，天下無之。

【章旨】此節論述治天下當順從民之本性，任其自在，寬容待之，使之寧靜愉悅；若施加管治，則不可長久維持。

【注釋】❶在宥　自在寬宥。❷淫　背離。❸遷　改易。❹德　猶「性」。❺性　生。下「性」同。❻不恬　不寧靜。❼瘁瘁　憂傷貌。❽非德　不合民之本性。

【語　譯】聽說使天下人自在，對之寬宥，沒有聽說管理天下。使其自在，是因為唯恐天下人背離其本性；對其寬宥，是因為唯恐天下人改變其本性。天下人不背離其本性，不改變其本性，有管理天下之事嗎？從前，堯之治理天下，使天下人欣喜地各樂其生，這是不得寧靜；桀之治理天下，使天下人憂傷地各苦其生，這是不得愉悅。不得寧靜不得愉悅，不合民之本性。不合民之本性而治理可長久維持，天下無其事。

人大喜邪，毗於陽❶；大怒邪，毗於陰❷。陰陽並毗，四時不至❸，寒暑之和❹不成，其反傷人之形❺乎！使人喜怒失位❻，居處❼無常❽，思慮不自得❾，中道❿不成章⓫。於是乎天下始喬詰⓬卓鷙⓭，而後有盜跖、曾、史之行。故舉天下⓮以賞其善者不足，舉天下以罰其惡者不給⓯，故天下之大不足以賞罰⓰。自三代以下者匈匈⓱焉終以賞罰為事，彼⓲何暇⓳安其性命之情⓴哉！

【章　旨】此節謂治天下者不能使人心態寧靜，以致行為失常，然後雖訴諸賞罰，亦已無濟於事。

【注　釋】❶毗於陽　謂人因陽氣盛而受到傷害。喜屬陽。毗，傷。人處於陰陽平衡時身心健康，失衡則致病。❷毗於陰　謂人因陰氣盛而受到傷害。怒屬陰。❸四時不至　意謂患病之人體溫失常，故不辨四季寒暑之更易。❹和　調和。❺形　身。❻失位　失正。❼居處　日常生活。❽無常　失常。❾不自得　謂不得其意。❿中道　中途，指事情進行之中途。⓫不成章　不能竟其事。⓬喬詰　借作「狡黠」。詭詐。⓭卓鷙　行為反常。⓮舉天下　謂盡天下之財。⓯舉天下句　謂惡者受懲罰而令其出財，盡天下之財亦不足。⓰不足以賞罰　謂其財不足以供賞罰之用。⓱匈匈　喧譁貌。⓲彼　指天下之人。⓳何暇　豈能顧得上。⓴性命之情　即本性。

【語　譯】人大喜，則因陽氣盛而受到傷害；大怒，則因陰氣盛而受到傷害。陰陽之氣同時傷害，則四季不辨，不能使冷暖調和，其反而傷害人之身吧！使人喜怒失正，日常生活失常，思慮不得其意，進行之事不能終結。於是天下人始狡黠而行為反常，然後有盜跖、曾參、史魚之作為。故盡天下之財以賞其善者而不足，盡天下之財以罰其惡者亦不足，故天下之大而不足以供賞罰之用。自三代以下喧嚷不絕終以賞罰為事，天下之人豈能顧得上安其本性呀！

而且說❶明❷邪，是淫於色❸也；說聰❹邪，是淫於聲❺也；說仁邪，是亂於德也❻；說義邪，是悖於理也。說禮邪，是相於技❼也；說樂邪，是相於淫也；說聖❽邪，是相於藝❾也；說知❿邪，是相於疵⓫也。天下將安其性命之情，之⓬八者⓭，存可也，亡可也；天下將不安其性命之情，之八者，乃始臠卷⓮獊囊⓯而亂天下也。而天下乃始尊之惜之，甚矣！天下之惑也。豈直⓰過⓱也而去⓲之邪？乃⓳齊戒⓴以言之，跪坐㉑以進㉒之，鼓歌以儛㉓之，吾㉔若是何哉？

【章旨】此節謂明、聰、仁、義、禮、樂、聖、智八者使天下人不安其本性而亂天下，然而人們反而尊尚珍貴之，可見惑亂之甚。

【注釋】❶說　同「悅」。❷明　本指視力，此指視覺欣賞。❸淫於色　使色彩紛雜。❹聰　本指聽覺，此指聽覺欣賞。❺淫於聲　使聲音紛雜。❻說仁二句　道家其德尚虛靜無為，故以悅仁為亂德。❼相於技　有助於不端。禮本為文飾，故云。相，助。技，不端；不正當。❽聖　聰明。❾藝　為「勢」字之誤（藝，或體作「埶」，而「埶」又為古「勢」字，故致誤）。勢，權勢。❿知　同「智」。⓫疵　非議。⓬之　此。⓭八者　指上述明、聰、仁、義、禮、樂、聖、知。⓮臠卷　拘束貌。

⑮猶囊 紛亂貌。⑯直 猶「只」。⑰過 責。⑱去 棄。⑲乃 猶「竟」。⑳齊戒 即齋戒。指臨事沐浴更衣，不飲酒，不吃葷，以示虔誠。㉑跪坐 古人席地而坐，跪坐則身子挺起以示敬意。㉒進 奉告。㉓儛 同「舞」。㉔吾 當為「牾」之省文，背逆。

【語譯】而且喜悅於視覺欣賞，此則使色彩紛雜；喜悅於聽覺欣賞，此則使聲音紛雜；喜悅於仁，此則亂於德；喜悅於義，此則違背於理；喜悅於禮，此則有助於不正當；喜悅於樂，此則有助於淫亂；喜悅於聰明，此則有助於權勢；喜悅於智，此則有助於非議。天下人將安其本性，則此八者，可存，可棄；天下人將不安其本性，則此八者，拘束而紛亂天下。而天下竟開始尊重它愛惜它，到極點了！天下人之迷惑。此八者豈只當責而棄之呢？然而竟齋戒而言之，跪坐而奉告之，以擊鼓歌舞表演之，為何如此背逆呀？

故君子不得已而臨蒞天下❶，莫若無為，無為也而後安其性命之情。故貴以身於為天下則可以託天下，愛以身於為天下則可以寄天下❷。故君子苟能無解❸其五藏❹，無擢❺其聰明，尸居❻而龍見❼，淵默❽而雷聲❾，神動而天隨❿，從容無為而萬物炊累⓫焉，吾⓬又何暇治天下哉！

【章旨】此節論述君子不得已而臨治天下，則唯自貴自愛而以無為處之，其影響可至巨。

【注釋】❶臨蒞天下 指就天子之位。❷故貴二句 此文見於《道德經》十三章，文字稍異。貴以身，以身為貴。於，猶「而」。為，治。❸解 放縱。❹五藏 即五臟。《韓詩外傳》云：「情藏於腎，神藏於心，魂藏於肝，魄藏於肺，志藏於脾。」此借指「性命之情」。❺擢 顯示。❻尸居 寂處。❼見 出現。❽淵默 深沉緘默。❾聲 鳴。❿天隨 順乎自然。⓫炊累 若遊塵之自動，喻任其自然。⓬吾 代「君子」自稱。

【語譯】故君子不得已而就天子之位，不如無為，無為然後安其本性。故以自身為貴而治天下則可以託天下，以自身為愛而治天下則可以託天下。故君子若能不放縱其本性，不顯示其聰明，雖寂處而如同龍之出現於世，雖深沉緘默而如同雷鳴，心神活動則順乎自然，從容無為而任萬物之自然，我又豈能顧得上治天下呀！

崔瞿[1]問於老聃曰：「不治天下，安[2]藏[3]人心？」老聃曰：「汝慎無[4]攖[5]人心。人心排[6]下而進[7]上，上下囚殺[8]，淖約[9]柔[10]乎剛強，廉劌彫琢[11]；其熱焦火[12]，其寒凝冰；其疾俛仰[13]之間而再撫[14]四海之外；其居也淵而靜，其動也縣而天[15]，僨驕[16]而不可係[17]者，其[18]唯人心乎！昔者黃帝始以仁義攖人之心，堯舜於是乎股無胈，脛無毛[19]，以養天下之形[20]。愁其五藏[21]以為仁義，矜[22]其血氣[23]以規[24]法度，然猶有不勝[25]也。堯於是放[26]讙兜[27]於崇山[28]，投[29]三苗[30]於三峗[31]，流[32]共工[33]於幽都[34]，此不勝天下也夫！施及[35]三王[36]而天下大駭矣。下有桀、跖，上有曾、史，而儒墨畢起。於是乎喜怒相疑，愚知[37]相欺，善否[38]相非，誕[39]信[40]相譏，而天下衰矣；大德不同，而性命[41]爛漫[42]矣；天下好知[43]，而百姓求[44]竭[45]矣。於是乎釿鋸[46]制[47]焉，繩墨[48]殺[49]焉，椎鑿[50]決[51]焉。天下脊脊[52]大亂，罪在攖人心。故賢者伏處大山嵁巖[53]之下，而萬乘之君[54]憂慄乎廟堂[55]之上。今世殊死者[56]相枕也，桁楊[57]者相推也，刑戮者相望[58]也，而儒墨乃始離跂[59]攘臂[60]乎桎梏之間。意[61]，甚矣哉！其無愧而不知恥也甚矣！吾未知聖知(62)之不為桁楊椄槢(63)也，仁義之不為桎梏鑿枘(64)也，焉知(65)曾、史之不為桀、跖嚆矢(66)也！故曰：絕聖棄知而天下大治。」

【章　旨】本節論述人心本不善且難測，故求治天下之途在於切不可攖亂之。然而歷代之治，自黃帝至三代皆以聖智仁義與嚴刑酷法攖之，及今世而愈演愈烈，致使天下大亂。故以為欲求治務必棄絕聖智仁義。

【注　釋】❶崔瞿　假託之人物名。下所述之事亦為假託。❷安　何。❸藏　為「臧」字之誤。臧，善。❹慎無　絕不可。❺攖　攖亂。❻排　排斥。❼進　奉承。❽囚殺　殘害。❾淖約　同「綽約」。柔弱貌。此指柔弱者。❿柔　順從。⓫廉劌　若尖利者之雕琢。廉劌，尖利。⓬焦火　火之燒炙。⓭俛仰　低頭抬頭。俛，同「俯」。⓮撫　抵臨。⓯其居二句　意謂人心或靜或動皆難以捉摸。居，靜止。淵而靜，謂若淵水之平靜。而，猶「之」。縣，同「懸」。指懸浮之物。天，天然；自在。⓰僨驕　不可控制。⓱係　繫縛。⓲其　猶「大概」。⓳堯舜二句　意指辛苦操勞。股，大腿。胈，肉。脛，小腿。⓴形　指人。㉑愁其五藏　猶言其心腸憂愁。㉒矜　勞苦。㉓血氣　精神。㉔規　謀劃。㉕不勝　不能抵敵。㉖放　放逐。㉗讙兜　傳說為堯時佞臣。㉘崇山　在今湖南大庸縣西南。㉙投　遷逐。㉚三苗　古族名。傳說其居於今河南南部至湖南、江西兩省北部一帶。因數為亂，故遭遷逐。㉛三峗　山名。在今甘肅敦煌縣東南。㉜流　放逐。㉝共工　傳說為堯臣，因作惡故被放逐。㉞幽都　指北方邊遠之地。㉟施及　延續至。㊱三王　夏、商、周三代君王。㊲知　同「智」。㊳否　不善。㊴誕　欺騙。㊵信　誠實。㊶性命　天賦之本性。㊷爛漫　散亂。㊸知　同「智」。㊹求　思索。㊺竭　衰敗。㊻釿鋸　皆為刑具。釿，同「斤」。即斧。㊼制　製作。㊽繩墨　喻法律。㊾殺　字當為「設」。㊿椎鑿　槌子和鑿子，此亦指刑具。(51)決　處決。(52)脊脊　相踐踏。(53)嵁巖　高峻之山岩。(54)萬乘之君　指大國之君，即擁有萬乘兵車之國君。(55)廟堂　朝廷之代稱。(56)殊死者　被處死刑者。(57)桁楊　加於頸與足之刑具。(58)相望　謂陸續不絕。(59)離跂　自異於眾之意。(60)攘臂　見〈人間世〉注。(61)意　同「噫」。感歎詞。(62)知　同「智」。(63)椄槢　桁楊所用之接合之木。(64)鑿枘　指桎梏上的鑿孔與榫頭。(65)焉知何知。㊅嚆矢，響箭，喻先聲。

【語譯】崔瞿問老聃說：「不治理天下，怎麼使人心善良？」老聃說：「你絕不可擾亂人心。人心是排斥下面而奉承上面，上下相互殘害，柔弱者順從剛強者，若用尖利之器雕琢；其熱如火之燒炙，其寒如凝冰；其迅疾，抬頭低頭之間而再度抵臨四海之外；其靜止若淵水之平靜，其活動若懸浮物之自在，不可控制且不可繫縛者，大概只有人心吧！從前，黃帝開始用仁義擾亂人之心，堯舜於是大腿無肉，小腿無毛，以養天下之人。其內心憂愁而創說仁義，勞苦其精神以規範法度，然而還是不能抵敵人心之亂吧！堯於是放逐讙兜於崇山，遷逐三苗於三峗，流放共工於幽都，此不能抵敵天下人心之亂吧！延續至夏、商、周三代君王，而天下大驚駭。下有夏桀、盜跖，上有曾參、史魚，而儒家墨家皆興起。於是喜怒皆相互懷疑，愚者智者相互欺騙，善者不善者相互指責，欺騙者誠實者相互譏諷，而天下衰敗了；因根本德操不同而散亂了天賦本性，天下追求才智成風而百姓之思慮衰竭了。於是斧鋸之刑具製造了，法律設置了，以椎子和鑿子之刑具處決罪犯。天下人相踐踏而大亂，罪惡在於擾亂人心。因此賢者隱居於大山中高峻的山岩之下，而大國之君憂慮恐懼於朝廷之上。當今之世，被處死者相互枕藉，帶枷鎖腳鐐的人前後相推地在路上行走，遭刑戮者陸續不絕，而儒家墨家這才開始自異於人地捋袖伸臂於帶手銬腳鐐者中間。噫，到極點了！其無愧疚而不知恥到極點了！我不知聰明聖巧之不為枷鎖腳鐐之接合之木，仁義之不為手銬腳鐐之鑿孔與椎頭，怎知曾參、史魚之不為夏桀、盜跖之先聲！因此說：拋棄聰明智巧而天下大治。」

黃帝立為天子十九年，令行天下，聞廣成子❶在於空同❷之上，故往見之，曰：「我聞吾子達於至道，敢問至道之精❸。吾欲取天地之精❹，以佐五穀❺，以養民人。吾又欲官❻陰陽❼，以遂❽群生❾，為之奈何？」廣成子曰：「而❿所欲問者[11]，物之質[12]也；而所欲官者[13]，物之殘[14]也。自而[15]治天下，雲氣不待族[16]而雨，草木不待黃而落，日月之光益以荒[17]矣。而[18]佞人[19]之心翦翦[20]者，又奚足以語至道！」黃帝退，捐天下[21]，築特室[22]，席白茅[23]，閒居三月，復往邀[24]之。

廣成子南首[25]而臥，黃帝順下風[26]膝行而進，再拜[27]稽首[28]而問曰：「聞吾子達於至道，敢問治身奈何而可以長久？」廣成子蹶然[29]而起，曰：「善哉問乎！來！吾語女[30]至道。至道之精，窈窈冥冥[31]；至道之極，昏昏默默[32]。無視無聽，抱[33]神以靜，形將自正[34]。必靜必清，無勞女形，無搖[35]女精，乃可以長生。目無所見，耳無所聞，心無所知，女神將守形，形乃長生。慎[36]女內[37]，閉女外[38]，多知為[39]敗[40]。我為[41]女遂[42]於大明[43]之上矣，至彼至陽之原[44]也；為女入於窈冥之門[45]矣，至彼至陰之原也。天地有官[46]，陰陽有藏[47]，慎守女身，物將自壯。我守其一[48]以處其和[49]，故我修身千二百歲矣，吾形未嘗衰。」

黃帝再拜稽首曰：「廣成子之謂天[50]矣！」廣成子曰：「來！余語女。彼其物[51]無窮，而人皆以為有終；彼其物無測，而人皆以為有極[52]。得吾道者，上為皇[53]而下為王[54]；失吾道者，上見光[55]而下為土[56]。今夫[57]百昌[58]，皆生於土而反[59]於土。故余將去女，入無窮之門，以遊無極之野[60]。吾與日月參光[61]，吾與天地為常(62)。當(63)我，緡(64)乎！遠我，昏乎！人其盡死，而我獨存乎！」

【章　旨】此節為一則黃帝向廣成子問道之寓言。黃帝先欲請教如何治天下，遭到廣成子之斥責；既而改問修身，如何能如廣成子般達於至道？廣成子教以靜養精神，入於幽昧之境，從而與道一體，則可以久長不衰，而天下亦自治。

【注　釋】❶廣成子　作者虛擬之得道者。❷空同　或作「崆峒」。虛擬山名。❸精　精要。❹精　精氣。❺佐五穀　謂有助於五穀之種植。❻官　通「管」。❼陰陽　天地間化生萬物之二氣。❽遂　育。❾群生　眾多生物。❿而　通「爾」。你。⓫所欲問者　指至道之精。⓬質　本。⓭所欲官者　指欲管陰陽其事。⓮殘　毀壞。⓯而　你。⓰族　聚集。⓱荒　有荒昧義，猶「不明」。⓲而　你。⓳佞人　能言善辯以奉承人者。此貶稱黃帝。⓴翦翦　狹小之貌。㉑捐天下　棄天下而不治。㉒特室　單獨之居室。㉓席白茅　齋戒以白茅為鋪墊，以示潔淨。席，鋪設。㉔邀　請求。㉕南首　頭南向。㉖下風　下位。㉗再拜　致拜禮兩次。拜為跪時兩手拱合，低頭至手與心齊平之禮節。㉘稽首　磕頭。㉙蹶然　疾起貌。㉚女　同「汝」。下「女」皆同。㉛窈窈冥冥　幽深渺茫。㉜昏昏默默　昏昧靜寂。㉝抱　守持。㉞自正　自然靜止。正，止。㉟搖　動搖。㊱慎　安靜。㊲內　內心。㊳外　對外界之感知。㊴為　猶「則」。㊵敗　害。㊶為　使。㊷遂　達。㊸大明　最明徹之境。㊹至陽之原　指道，下「至陰之原」同，陰陽本於道。㊺窈冥之門　最幽深渺茫之域。對於萬物世界認識最明徹亦即最暗昧，此為體悟大道之境界。㊻天地有官　謂一統於道。官，通「管」。㊼陰陽有藏　蘊藏於道。㊽一　指道。㊾和　平和，即寧靜。㊿天　謂得天道自然。(51)物　亦指天道自然。(52)極　法則。(53)皇　通「遑」。閒暇。謂閒暇之人。(54)王　君主。謂得道之君主。(55)光　日月之光。(56)為土　指死而成為土壤，意謂回歸自然。(57)夫　猶「彼」。(58)百昌　百物昌盛。(59)反　同「返」。(60)入無窮二句　皆指精神與道一體。因為道在空間與時間上都是無窮的。無極，無邊際。(61)參光　同樣光明。參，齊。(62)為常　成為永恆。(63)當　向著。(64)緡　昏昧。

【語　譯】黃帝立為天子十九年，令行天下，聽說廣成子在空同之山，故前往拜見他，說：「我聽說先生達到了最高的道的境界，敬問最高的道之精要。我想吸取天地之精氣，幫助五穀之成熟，以供養人民。我又想管理陰陽二氣，以養育眾多生物，對此該怎麼辦？」廣成子說：「你所想問的，是物之本；你所想管理的，將使物毀壞。自從你治理天下，雲不待聚集而下雨，草木不待黃而隕落，日月之光更加不明。你心地狹小，慣於言說以奉承人，又怎可向你說最高之道！」黃帝退身，棄天下而不治，築單獨之居室，鋪設白茅，閒居三個月，再前往請求廣成子。

廣成子頭南向而臥，黃帝順下位，以膝行上前，拜而再拜，磕頭而問道：「聽說先生達到了最高的道的境界，敬問如何養身而可以長久？」廣成子迅疾起身而說：「問得好啊！來！我告訴你最高之道。最高之道之精要，幽深渺茫；最高之道之極致，昏昧靜寂。不視不聽，守持精神而靜寂，則形體將自然靜止。必須靜寂，必須清心，不使你的形體勞頓，不要動搖你的精神，於是可以長生。目無所見，耳無所聞，心無所知，你的精神將守持形體，形體於是可以長生。使你的內心安靜，封閉對外界的感知，多所知則有害。我使你達到最明徹之境界之上，到達那陽氣至盛之本源；使你進入最幽深渺茫之域，到達那陰氣至盛之本源。天地有掌管者，陰陽之氣有所藏，謹慎守持你的身體，外物將自然興盛。我守持其道，以寧靜自處，因此我修身一千二百年了，我的形體未嘗衰敗。」

黃帝拜而再拜，磕頭而問道：「廣成子可以說得天道了。」廣成子說：「來！我告訴你。天道無窮，而人皆以為有終極；天道不可測，而人皆以為有其法則。得我之道者，在上可為閒暇之人而在下可為得道之君主；失我之道者，上見日月之光而下則隨其死亡而成為土壤。今百物昌盛，皆生於土而返於土。故我將離開你，進入無窮之門，以遊於無邊際之野。我與日月齊光，我與天地成為永恆。人們向著我，我以昏昧對待吧！人們遠離我，我以昏昧對待吧！人們將盡死，而我則獨存吧！」

雲將❶東遊，過扶搖❷之枝而適遭❸鴻蒙❹，鴻蒙方將拊❺脾❻雀躍❼而遊。雲將見之，倘然❽止，贄然❾立，曰：「叟❿何人邪？叟何為此⓫？」鴻蒙拊脾雀躍不輟[12]，對雲將曰：「遊。」雲將曰：「朕[13]願有問也。」鴻蒙仰而視雲將曰：「吁[14]！」雲將曰：「天氣不和，地氣鬱結，六氣[15]不調[16]，四時[17]不節[18]。今我願合[19]六氣[20]之精[21]以育群生，為之奈何？」鴻蒙拊脾雀躍掉頭[22]曰：「吾弗知！吾弗知！」雲將不得問。

又三年，東遊過有宋[23]之野，而適遭鴻蒙。雲將大喜，行趨而進曰：「天[24]忘朕邪？天忘朕邪？」再拜稽首，願聞於鴻蒙。鴻蒙曰：「浮遊[25]不知所求，猖狂[26]不知所往，遊者[27]鞅掌[28]，以觀無妄[29]。朕又何知！」雲將曰：「朕也自以為猖狂，而民隨予所往，朕也不得已於民，今則民之放[30]也。願聞一言。」鴻蒙曰：「亂天之經[31]，逆物之情，玄天[32]弗成；解[33]獸之群，而鳥皆夜鳴[34]；災及草木，禍及止蟲[35]。意！治人之過也。」雲將曰：「然則吾奈何？」鴻蒙曰：「意！毒[36]哉！」「僊僊[37]乎？」「歸矣！」雲將曰：「吾遇天[38]難，願聞一言。」鴻蒙曰：「意！心養[39]。汝徒[40]處無為，而物自化。墮爾形體[41]，吐[42]爾聰明，倫[43]與物忘，大同乎涬溟[44]。解心釋神，莫然[45]無魂[46]。萬物云云[47]，各復[48]其根[49]，各復其根而不知。渾渾沌沌[50]，終身不離。若彼知之[51]，乃是離之[52]。無問其名，無闚[53]其情，物固自生[54]。」雲將曰：「天[55]降[56]朕以德[57]，示朕以默。躬身[58]求之，乃今[59]也得。」

再拜稽首，起辭而行。

【章旨】此節亦為寓言，述雲將治天下而欲使天下受益，為此請教鴻蒙。鴻蒙則數其過，以為此實亂常道、逆物情而禍亂天下而已。然後教其以靜寂無知養心，以無為待物而任其自然。雲將因此而感悟。

【注釋】❶雲將　作者虛擬人物。❷扶搖　傳說之神木，生東海。❸遭　遇。❹鴻蒙　虛擬人物，為得道者。❺拊　拍。❻脾　同「髀」。大腿外側。❼雀躍　如雀之跳躍。表示欣喜之極。❽倘然　驚疑貌。❾贄然　不動貌。❿叟　對老年男性之稱。⓫何為此　為何如此。⓬不輟　不止。⓭朕　我。⓮吁　驚疑之辭。⓯六氣　指陰、陽、風、雨、晦、明。⓰不調　不調和。⓱四時　四季。⓲不節　失時序。⓳合　聚集。⓴六氣　此指天之氣，地之氣，日夜遞轉之氣（即朝霞，為朝旦之氣），日中之氣（正陽），日沒之氣（飛泉），夜半之氣（流瀣）。㉑精　精華。㉒掉頭　搖頭。㉓有宋　即宋國。㉔天　對鴻蒙之尊稱。㉕浮遊　自在地遨遊。㉖猖狂　隨心所欲，無所拘束。㉗遊者　所遊之處。㉘鞅掌　眾多。㉙無妄　萬物之真相。㉚放　依仿。㉛經　常道。㉜玄天　玄妙的自然之化。㉝解　離散。㉞鳥皆夜鳴　謂使鳥不得安寧。㉟止蟲　崔本作「正」，為是。字又作「征」。征蟲，爬蟲。㊱毒　受毒。㊲僊僊　輕舉貌，此謂解脫。㊳天　尊稱鴻蒙。㊴心養　即養心。㊵徒　但。㊶墮爾形體　謂形如槁木。墮，同「隳」。廢毀。㊷吐　拋棄。㊸倫　理。㊹涬溟　自然混沌之氣。㊺莫然　即漠然，靜寂貌。㊻無魂　猶如失魂死亡。㊼云云　同「芸芸」。複雜眾多貌。㊽復　歸。㊾根　本，指自然。㊿渾渾沌沌　無知貌。(51)知之　知萬物之情。(52)離之　背離於無知。(53)闚　窺視。(54)自生　自然生長。(55)天　天道自然。(56)降　賦予。(57)德　猶「性」。(58)躬身　親自。(59)乃今　如今。

【語譯】雲將東遊，經過扶桑之枝而恰巧遇到鴻蒙，鴻蒙正拍著大腿外側雀躍而遊。雲將見到他，驚疑而止步，立而不動，說：「老人家您是什麼人呀？為何如此呀？」鴻蒙拍著大腿外側雀躍不止，對雲將說：「遊。」雲將說：「我願有所問。」鴻蒙抬頭看著雲將說：「吁！」雲將說：「天氣不和順，地氣鬱結，六氣不調和，四季失時序。我願聚集六氣之精華，以養育眾多生物，對此該怎麼辦呀？」鴻蒙拍著大腿外側雀躍而搖頭說：「我不知道！我不知道！」雲將不得問。

又過了三年，雲將東遊過宋國之郊野，恰巧遇到鴻蒙。雲將大喜，快步上前說：「您忘記我了嗎？您忘記我了嗎？」拜而再拜，磕頭，希望從鴻蒙那裡有所聞。鴻蒙說：「自在地遨遊而不知所求，隨心所欲，無所拘束而不知所往，所遊之處眾多，以觀看萬物之真相。我又知道什麼？」雲將說：「我自以為隨心所欲，無所拘束，而民隨我所往，我之於民乃不得已，而民仿效我。希望能聽到一言之教。」鴻蒙說：「擾亂天道之常，背逆事物之情，玄妙的自然之化不成；離散禽獸之群居，而鳥皆夜鳴；災難及於草木，禍害及於爬蟲。噫！治人之罪過。」雲將說：「如此則我應該怎麼樣？」鴻蒙說：「噫！受毒呀！」「能解脫嗎？」「回去吧！」雲將說：「我遇到您不容易，希望能聽到一言之教。」鴻蒙說：「噫！養心。你但處於無為，則物將自然變化。廢棄你的形體，拋棄你的聽覺視覺，理念與事物盡忘，完全混同於自然混沌之氣。消解你的心神，使心神靜寂猶如失魂死亡。萬物複雜眾多，各自回復其根本，各自回復其根本而無所知。渾沌無知，終身不離棄。假若他知萬物之情，則是背離於無知。不要問萬物之名，不要窺視萬物之情，萬物本來在自然生長。」雲將說：「天道將本性賦予我，將靜默告示我。我自身求之，如今方才得到。」拜而再拜又磕頭，起身告辭而行。

世俗之人皆喜人之同乎己，而惡人之異於己也。同於己而欲之，異於己而不欲者，以出乎眾為心也❶。夫以出乎眾為心者，曷常出乎眾❷哉！因眾❸以寧❹，所聞不如眾技❺，眾矣！而欲為❻人❼之國者，此攬❽乎三王之利而不見其患者也。此以人之國僥倖❾也，幾何僥倖而不喪❿人之國乎？其存人之國也，無萬分之一；而喪人之國也，一不成⓫而萬有餘喪矣。悲夫！有土者之不知也。夫有土者有大物也，有大物者不可以物物⓬，而不物⓭故能物物。明乎物物者之非物⓮也，豈獨治天下百姓而已哉！出入六合⑮，遊乎九州，獨往獨來，是謂獨有⑯。獨有之人，是謂至貴。

【章旨】此節謂世俗之人皆望能出眾，持其能而僥倖成事，然而事與願違。故為君主者當不為治天下所困，精神逍遙自在乃為至貴。

【注釋】❶以出乎句　謂其心意在於使自己能出眾。❷曷常出乎眾　即未曾出眾，因此心為眾所共有。曷常，何曾。❸眾　承前而指「出乎眾」。❹寧　心安。❺眾技　百工。❻為　治理。❼人　指君主。❽攬　本亦作「覽」。❾僥倖　謂幸遇其治而得利。❿喪　亡。⓫一不成　萬分之一的僥倖亦不成。⓬物物　主宰物。⓭不物　不主宰。⓮非物　指道。⓯六合　天地四方。⓰獨有　謂獨有其逍遙自由。

【語譯】世俗之人皆喜歡別人與自己所見相同，而厭惡與自己所見不同。與自己相同則為所望，與自己不同則非所望，原其心意，在於使自己能出眾。抱著能出眾為心意之人，何曾能出眾呀！因出於眾而心安，其所知還不如百工，如此之人多了！而希望為君主治理其國的人，此有見於夏、商、周三代君主之利而不見其禍患。這是以他人之國而僥倖其成，能有多少僥倖而使他人之國不喪亡呢？他能保存他人之國者，沒有萬分之一；而喪亡他人之國者，萬分之一的僥倖亦不成而萬有餘國卻喪亡了。可悲呀！此擁有國土者之所不知。彼擁有國土者是擁有大物，擁有大物的人不可以主宰物，而不主宰故能主宰物。明白了主宰物者之為非物，擁有國土者豈只治理天下百姓而已呀！出入六合，遊於九州，獨往獨來，此之謂獨有其逍遙自由。獨有其逍遙自由之人，此之謂最高貴。

大人❶之教，若形之於影，聲之於響，有問而應之，盡其所懷，為天下配❷。

處乎無響，行乎無方。挈汝適復之撓撓❸，以遊無端❹，出入無旁❺，與日❻無始❼。頌❽論❾形軀，合乎大同❿。大同而無己。無己，惡乎得⓫有有⓬！覩有⓭者，昔之君子⓮；覩無⓯者，天地之友⓰。

【章旨】此節論述得道之「大人」盡心教導世人，精神要超離世俗，以達到無己，與自然一體而逍遙自在。

【注釋】❶大人　指得道聖人。❷配　相匹配者。❸挈汝句　謂將你的精神從與世俗往來之紛擾中超舉出來。挈，提舉。適復，往來。撓撓，紛亂貌。❹無端　無邊際。❺無旁　無邊。❻日　時。❼無始　無有始終。❽頌　儀容。❾論　言論。❿大同　指與天道自然同一。⓫惡乎得　何能。⓬有有　有私有。⓭有　私有。⓮昔之君子　往日之聖賢。⓯無　無己。⓰天地之友　猶言「與天地精神往來」（見〈天下〉篇）者，亦即自然之友。

【語譯】大人之教導，若形之於影，聲音之於回響，有問而後回答之，為天下相匹配者盡其懷抱。處於靜寂，行則隨所往。使你的精神從與世俗往來之紛擾中超舉出來，以遊於無邊際之境，出入於無邊際之域，隨時日而無所始終。儀容言論與軀體，均與天道自然同一。與天道自然同一而無己。無己，怎麼有私有！睹私有者，是往日之聖賢；睹無己者，是自然之友。

賤而不可不任❶者，物也；卑而不可不因❷者，民也；匿❸而不可不為者，事也；麤❹而不可不陳❺者，法也；遠而不可不居❻者，義也；親❼而不可不廣者，仁也；節❽而不可不積❾者，禮也；中❿而不可不高⓫者，德也；一⓬而不可不易⓭

者，道也；神⓮而不可不為⓯者，天⓰也。故聖人觀於天而不助，成於德⓱而不累⓲，出於道而不謀，會⓳於仁而不恃⓴，薄㉑於義而不積㉒，應㉓於禮而不諱㉔，接㉕於事而不辭，齊㉖於法而不亂，恃於民而不輕㉗，因㉘於物而不去㉙。物者莫足為㉚也，而不可不為㉛。不明於天者不純於德；不通於道者無自㉜而可。不明於道者，悲夫！何謂道？有天道㉝，有人道㉞。無為而尊者，天道也；有為而累㉟者，人道也。主者天道也，臣者人道也。天道之與人道也相去遠矣，不可不察也。

【章　旨】此節所論較為紛雜，主旨在突出天道自然之尊貴，同時認為仁義禮法等人為之道雖居次，然而亦較為重要而不可或缺，故其折衷調和之傾向十分明顯。對照上文，作者明言天下當無為而治，指斥仁義禮樂等為擾亂人之本性而亂天下之物，理當棄絕，人們反而尊尚之，實為惑亂，與此節所論相為南北，故此節非出於作者之手，當無可置疑。

【注　釋】❶不任　不利用。❷不因　不依靠。❸匿　隱微。❹麤　疏略。❺不陳　不出示。❻不居　不守持。❼親　愛。❽節　約束。❾不積　不習。❿中　得當。⓫不高　不提高。⓬一　萬物之本源。⓭不易　不變易。⓮神　神奇。⓯不為　無作為。⓰天　自然。⓱德　恩德。⓲不累　不負擔。⓳會　合。⓴不恃　不依賴。㉑薄　勉。㉒不積　不停滯。㉓應　適應。㉔不諱　不忌諱。㉕接　遇。㉖齊　統一。㉗不輕　不輕賤。㉘因　依靠。㉙不去　不棄。㉚莫足為　不可謀求。意指為物欲所困。㉛不可不為　因有養生所必需者。㉜無自　無從。㉝天道　自然之道。㉞人道　人為之道。㉟累　負擔。

【語　譯】低賤而不可不利用者，是物；卑下而不可不依靠者，是民；隱微而不可不做者，是事；疏略而不可不出示者，是法；遠而不可不守持者，是義；愛而不可不擴大者，是仁；約束而不可不習者，是禮；得當而不可不提高者，是德；萬物之本源而不可不變易者，是道；神奇而不可無作為者，是自然。因此聖人觀於自然而不助，成其恩德而不負擔；出於天道而不謀；合於仁而不依賴；勉於義而不停滯；適應於禮而不忌諱；遇於事而不推辭；統一於法而不紛亂，依賴於民而不輕賤，依靠於物而不背棄。物者不可謀求，然而不可不謀求。不明於自然者其德不純；不明於道者無所適從。不明於道之人，悲哀呀！什麼稱為道？有自然之道，有人為之道。無為而尊貴者，自然之道；有為而負擔者，人為之道。主導者自然之道；從屬者人為之道。自然之道與人為之道相差遠了，不可不看到。

【研　析】本文專論治道，闡明能順天道以無為則可致治，以人為手段求治則反致亂。作者從正反兩方面作論述。關於治道之正，認為：1.為治者當從容無為，對於人民，必須任其自在，以寬容為懷，使其恬靜愉悅，安於其本性而不致改變。2.以為人心本不善，表現為勢利、詭詐，不可測度，亦不可約束。有鑑於此，故切不可擾亂人心。3.尤為重要的是，當明白一切自有道在主宰，聰明智巧在所擯棄，如此則天下得治而久安。關於治道之反，則是違背天道自然，以聰明智巧、仁義禮樂、法度賞罰等為治，擾亂人心，背離萬物之情，致使天下大亂。

作者在論治道之同時，亦論及修身與治道之關係。其論修身謂當使精神靜寂，渾沌無知，以至於無己，如此可與道為一，達到逍遙自在。唯其能以自身為貴，愛其自身，故能使人民得以自在，使萬物得以自生自壯，天下自然致治。可見修身體道正是致治之關鍵。

本文有兩點值得關注。第一，關於人心問題。文中借老聃之口謂人心「排下而進上」云云，以見人心之勢利與詭詐，說明人心本不善。然而我們知道，道家一直認為人具有素樸之本性。就是在本篇中，亦十分強調要使人安其本性，不可使其改變本性，則本性之善無可置疑。所謂本性，是與生俱來之稟性。人心若本不善，則豈會有素樸之稟性呢？可見作者之自相矛盾。再說，作者提出不可擾亂人心，這是對的。但他將人心所以不可擾亂，歸咎於人心本身之不善，則又顯然是不正確的。第二，關於所謂聖知仁義等。作者一方面認為正是它們在擾亂人心，使得人們不安其本性，是罪惡的根源，故務必擯棄。可是一方面又說，在天下將安其本性之時，它們可存可亡，取容忍的態度。一個「將」字，透露出以為其後果未必然之見解。於此，可見其思想之混亂。

天地萬物為一體，這是一個抽象的觀念，而在本文中卻給我們作了描述。廣成子指責黃帝之治天下，致使「雲氣不待族而雨，草木不待黃而落，日月之光益以荒矣」。鴻蒙指責雲將之治天下，致使「解獸之群，而鳥皆夜鳴；災及草木，禍及止蟲」。以人為求治，致使天地失常，殃及萬物，可謂傷一指而累及全身。作者化抽象的觀念為可見可聞之景象，雖是虛構，卻使人有真實感。

天地第十二

【題解】本篇亦以篇首首句之詞為篇名。全篇主要論述三個議題：第一，論述道之存在特徵與其作用，涉及宇宙之形成，人與萬物之生成，道之主宰諧和作用，為萬物之歸宿等，均發揮老子之思想。第二，論述人如何明道與修養身心。以為人能持其素樸之本性，虛靜無知，德養如此，方可使道存心而明道。第三，論述世治。以為能以無為致治是為上乘，然而也不絕然排斥摻雜人為因素之治理，如所列舉之所謂「聖治」與「德人」之治。綜觀全篇，雖然主要是闡述道家思想，然而也明顯地吸取與融合了別家別派的思想。

天地雖大，其化❶均❷也；萬物雖多，其治一❸也。人卒❹雖眾，其主❺君也。君原於德❻而成於天❼。故曰：玄古❽之君❾天下，無為也，天、德而已矣。以道觀言❿，而天下之君⓫正；以道觀分⓬，而君臣之義⓭明；以道觀能⓮，而天下之官治⓯；以道汎⓰觀，而萬物之應備⓱。故通於天地者⓲，德也；行⓳於萬物者，道也；上治人者，事⓴也；能有所藝㉑者，技也。技兼㉒於事，事兼於義，義兼於德，德兼於道，道兼於天㉓。故曰：古之畜㉔天下者，無欲而天下足，無為而萬物化，淵靜㉕而百姓定。《記》㉖曰：「通㉗於一而萬事畢，無心得㉘而鬼神服。」

【章旨】此節論述君主當本於無為，而使其下盡人事，則天下治。

【注釋】❶化　化育萬物。❷均　同一而無偏私。❸一　一種治道，即無為。❹人卒　民眾。❺主　主宰。❻德　指虛靜無為之修養。❼天　自然。❽玄古　遠古。❾君　統治。❿以道觀言　謂君主以天道觀察天下是非之言。⓫天下之君　對天下之統治。⓬分　職分。⓭君臣之義　指君無為而臣盡職。⓮能　指臣之才能。⓯治　有政績。⓰汎　廣泛。⓱應備　相應完備。⓲通於天地者　謂與天地之化育萬物相通者。⓳行　作用。⓴事　任用。㉑藝　區分。㉒兼　包含。㉓天　指自然。㉔畜　養育。㉕淵靜　沉靜淡泊。㉖記　疑假託書名。㉗通　明。㉘無心得　無心於治而得治。

【語譯】天地雖大，其化育萬物同一而無私；萬物雖多，其治理憑一種治道。民眾雖多，其主宰是君主。君主本於其德而成於自然。因此說：遠古之統治天下，憑無為，即憑自然與君之德而已。君主以天道觀察天下是非之言，則對天下之統治正確；以天道觀察職分，則君臣之義明確；以天道觀察臣下之才能，則天下之官吏有政績；以天道遍觀，則萬物之相應者完備。與天地之化育萬物相通者，是德；作用於萬物者，是道；君主之治人者，是任用；才能有所區分者，是技巧。技巧包含於任用，任用包含於義，義包含於德，德包含於道，道包含於自然。因此說：古代養育天下者，無欲而天下足，無為而萬物自化，沉靜淡泊而百姓安定。《記》說：「明於一種治道則萬事畢，無心於治而得治則鬼神服。」

夫子❶曰：「夫道，覆載❷萬物者也，洋洋❸乎大哉！君子不可以不刳心❹焉。無為❺為之❻之謂天，無為言之❼之謂德，愛人利物之謂仁，不同同之❽之謂大，行不崖異❾之謂寬❿，有萬不同⓫之謂富。故執德⓬之謂紀⓭，德成⓮之謂立⓯，循於道之謂備⓰，不以物挫志之謂完⓱。君子明於此十者⓲，則韜⓳乎其事心⓴之大也，沛乎㉑其為㉒萬物逝㉓也。若然者，藏金於山，藏珠於淵；不利貨財，不近貴富；不樂壽，不哀夭；不榮通㉔，不醜窮㉕；不拘㉖一世㉗之利以為己私分㉘，不以王天下㉙為㉚己處顯。顯㉛則明萬物一府㉜，死生同狀㉝。」

【章旨】此節述「夫子」之言，其大意謂鑑於道覆育包容萬物之偉大，君子當以之為則，做到無為，任物自然，以得愛人利物之效；不謀私利，對於富貴，對於通達與困厄以致生死，皆能超然處之。

【注釋】❶夫子　對人之尊稱，此當出於假託而不必坐實其人。然而從此人之言論看，雖然以道家思想為主體，但是已融合了儒家思想。❷覆載　覆育包容。❸洋洋　盛大貌。❹刳心　剔淨其心。謂盡心於道。❺無為　不用。❻為之　作「覆載萬物」之事。❼言之　言「覆載萬物」之事。❽不同同之　謂將不同者歸於一統。❾崖異　乖異違眾。❿寬　寬容。⓫有萬不同　擁有千種萬類。⓬執德　把握德行。⓭紀　綱要。⓮德成　德行完善。⓯立　有成。⓰備　完備。⓱完　完善。⓲十者　即上述自「無為為之之謂天」起之十項。⓳韜　包含。⓴事心　養心。㉑沛乎　寬廣貌。㉒為　猶「與」。㉓逝　謂共化。㉔不榮通　不以通達為榮耀。㉕不醜窮　不以困厄為羞恥。㉖不拘　不取。㉗一世　整個社會。㉘私分　私份。㉙王天下　稱王天下。㉚為　使。㉛顯　所當顯者。㉜一府　猶「一體」。㉝同狀　同類。

【語譯】夫子說：「道，是覆育包容萬物的，無比的盛大呀！君子不可以不盡心於道。不用操作覆育包容萬物之事之謂自然，不用言說覆育包容萬物之事之謂德，愛人利物之謂仁，將不同者歸於一統之謂大，行為不乖異違眾之謂寬容，擁有千種萬類之謂富。故把握德行之謂綱要，德行完善之謂有成，遵循於道之謂完備，不以外物挫志之謂完善。君子明於此十者，則包含了其養心之大的方面，寬廣呀其與萬物一起變化。如此，則如藏金於山，藏珠於淵；不得益於財貨，不近富貴；不因長壽而樂，不因夭折而哀；不以通達為榮耀，不以困厄為羞恥；不取全社會之利作為自己的私份，不以稱王天下而使自己處於顯要之地位。所顯者在於明萬物一體，死生同類。」

夫子曰：「夫道，淵❶乎其居❷也，漻❸乎其清也。金石❹不得❺無以鳴❻，故金石有聲❼，不考❽不鳴。萬物孰能定之❾？夫王德❿之人素逝⓫而恥通⓬於事⓭，立⓮之本原⓯而知⓰通⓱於神⓲，故其德廣。其心之出⓳，有物⓴採㉑之。故形非道不生㉒，生㉓非德不明㉔。存形窮生㉕，立德明道，非王德者邪？蕩蕩㉖乎，忽然㉗出，勃然㉘動，而萬物㉙從之乎！此謂王德之人。視乎冥冥㉚，聽乎無聲。冥冥之中，獨見曉㉛焉；無聲之中，獨聞和㉜焉。故深之又深㉝而能物㉞焉，神之又神而能精㉟焉。故其與萬物接㊱也，至無㊲而供其求㊳，時騁㊴而要㊵其宿㊶。大小、長短、修遠㊷。」

【章旨】此節再述「夫子」之言，其大意有二：一是論道，認為道之存在深淵而虛無，其之主宰萬物而為萬物之歸宿皆神奇莫測；二是論盛德之人，認為其能超乎俗累而獨能體悟道之偉大神妙之功能，故為人們所依從。

【注釋】❶淵 深。❷居 處。❸漻 清澈貌。❹金石 指鐘與磬。❺不得 不蘊含其道。❻鳴 發出聲響。❼有聲 指蘊含聲響。❽不考 不叩擊。考，通「攷」。❾萬物句 謂對於萬物誰能明確其道。❿王德 盛德。⓫素逝 胸懷素樸而超離世俗。⓬通 交接。⓭事 指世務。⓮立 立足。⓯本原 指道。⓰知 同「智」。⓱通 曉。⓲神 指神化之境。⓳出 顯示。⓴物 指人。㉑採 取。㉒形非句 人為道所化生故云。形，指人體。㉓生 指有生命之人。㉔不明 不能明於道。㉕存形句 謂持其身軀而盡其生命。㉖蕩蕩 心野寬廣貌。㉗忽然 無心而動之貌。㉘勃然 意同「忽然」。㉙萬物 即萬民。㉚冥冥 渺茫。道之為物，本恍惚渺茫。㉛曉 明，指道之作用之昭明。㉜和 諧和，指道使萬物諧和。㉝深之又深指道深微而不測。㉞物　主宰。㉟精　完美。㊱接　應合。㊲至無　最空虛。㊳供其求　萬物皆依賴於道故云。㊴時騁　隨時日之瞬逝。㊵要　會合。㊶宿　歸宿。萬物無不以道為歸宿。㊷大小長短修遠　此六字，吳汝綸《莊子點勘》謂為郭象注文誤入正文，當刪。

【語譯】夫子說：「道，其所處幽深，極其清澈。鐘與磬不蘊含其道不能發出聲響，故鐘與磬之有聲響，不叩擊則不響。對於萬物誰能明確其道？盛德之人心懷素樸而超離世俗，以交接世務為恥，立足於道而其智明於神化之境，故其恩德廣大。其心所顯示，有人採取之。因此人非道不能產生，有生命之人非有德不能明於道。持其身軀而直至生命之終極，都能立德明道，非盛德之人嗎？心野寬廣，忽然顯示，勃然而動，而萬民依從於他吧！此之謂盛德之人。視麼渺茫無所見，聽麼寂然無聲。渺茫之中，獨見其昭明；無聲之中，獨聞其諧和萬物。故雖深微不測而能主宰，神奇又神奇而能完美。故其與萬物相應合，最為空虛而能供其所求，隨時日之瞬逝而為萬物會合之歸宿。」

黃帝遊乎赤水❶之北，登乎崑崙之丘❷而南望。還歸，遺其玄珠❸。使知❹索❺之而不得，使離朱索之而不得，使喫詬❻索之而不得也。乃❼使象罔❽，象罔得之。黃帝曰：「異❾哉！象罔乃❿可以得之乎⓫！」

【章旨】此則寓言說明對於道之真諦不能以智求，亦不能求之於外，相反，唯有棄智而絕外知方可獲得。

【注釋】❶赤水　神話傳說之水名。❷丘　山。❸玄珠　色澤玄妙之珠，喻道之真諦。❹知　同「智」。❺索　尋求。❻喫詬　用力爭辯。❼乃　於是。❽象罔　此假借名，意謂於外物無知無覺。❾異　奇怪。❿乃　竟。⓫乎　猶「也」。

【語　譯】黃帝遊於赤水之北，登崑崙之山而南望。回歸時，遺失了色澤玄妙之珠。使智去尋求而不得，使離朱去尋求而不得，使力辯去尋求而不得。於是使象罔，象罔得之。黃帝說：「奇怪呀！象罔竟可以得之呢！」

堯之師曰許由❶，許由之師曰齧缺❷，齧缺之師曰王倪❸，王倪之師曰被衣❹。堯問於許由曰：「齧缺可以配天❺乎？吾藉❻王倪以要❼之。」許由曰：「殆哉！圾❽乎天下。齧缺之為人也，聰明睿知❾，給數❿以⓫敏，其性過人，而又乃⓬以人受天⓭。彼審⓮乎禁過，而不知過之所由生。與⓯之配天乎，彼且乘人⓰而無天⓱。方且本身⓲而異形⓳，方且尊知⓴而火馳㉑，方且為緒使㉒，方且為物絯㉓，方且四顧而物應㉔，方且應㉕眾宜，方且與㉖物化而未始有恆㉗，夫何足以配天乎？雖然，有族有祖㉘，可以為眾父㉙，而不可以為眾父父㉚。治，亂之率㉛也，北面㉜之禍也，南面㉝之賊㉞也。」

【章　旨】此節述堯欲使齧缺即己之位，許由以為不可。謂其人有過人之才智而無視自然，若為天子而務為治，則徒困於事而致亂而已。

【注　釋】❶許由　見〈逍遙遊〉注。❷齧缺　見〈齊物論〉注。❸王倪　見〈齊物論〉注。❹被衣　虛擬之人名。其所述師承與下述之事皆為假託。❺配天　即為天子。❻藉　借助。❼要　通「邀」。謂邀請齧缺接替己位。❽圾　通「岌」。危貌。❾知　同「智」。❿給數　快速。⓫以　猶「而」。⓬又乃　又且。⓭以人受天　以人為加於自然。⓮審　明察。⓯與　使。⓰乘人　依仗人。⓱無天　無視天道。⓲本身　以己為本。⓳異形　以自身為卓異。⓴知　同「智」。指智者。㉑火馳　火急趨之。㉒為緒使 為事所役使。㉓絯 拘束。㉔物應 接應事物。㉕應 適應。㉖與 隨。㉗未始有恆 未嘗有準則。㉘有族有祖 謂各族自有世系。祖，族之祖先。㉙眾父 其族眾之長。㉚眾父父 眾族長之長，即天子。㉛亂之率 導致亂。㉜北面 指為臣。㉝南面 指為君。㉞賊 禍害。

【語譯】 堯之師名叫許由，許由之師名叫齧缺，齧缺之師名叫王倪，王倪之師名叫被衣。堯問許由說：「齧缺可以作天子嗎？我借助王倪邀請他即位。」許由說：「危險呀！天下危險呀！齧缺之為人，聰明睿智，快速而敏捷，其才性過人，又且以人為加於自然。他明於禁止過錯，而不知過錯產生的原因。使他作天子吧，他將依仗人而無視天道，將以己為本而以自身為卓異，將尊重智者而火急趨之，將為事所役使，將為物所拘束，將四顧而接應事物，將適應眾之所宜，將隨物變化而未嘗有準則，他怎麼可以作天子呢？雖然如此，各族自有世系，可以作族眾之長，而不可以作天子。治，則導致亂，為臣之災禍，天子之禍害。」

堯觀❶乎華❷，華封人❸曰：「嘻❹！聖人。請祝聖人，使聖人壽。」堯曰：「辭❺。」「使聖人富。」堯曰：「辭。」「使聖人多男子❻。」堯曰：「辭。」封人曰：「壽、富、多男子，人之所欲也，女❼獨不欲，何邪？」堯曰：「多男子則多懼，富則多事，壽則多辱。是三者非所以養德也，故辭。」封人曰：「始也我以女為聖人邪❽，今然❾君子也。天生萬民，必授之職，多男子而授之職，則何懼之有？富而使人分之，則何事之有？夫聖人鶉居❿而鷇食⓫，鳥行而無彰⓬。天下有道，則與物皆昌；天下無道，則修德就閒。千歲厭世⓭，去⓮而上僊⓯，乘彼白雲，至於帝鄉⓰。三患⓱莫至，身常無殃，則何辱之有？」封人去之，堯隨之，曰：「請問。」封人曰：「退已⓲！」

【章旨】此節記堯與華封人交遇之情節，其側重則由華封人辨明堯僅為君子而非聖人。此因堯但以己不受俗累為慮，而為聖人當生活無所求，行為無蹤跡，審世道而出入，一任己意，死則獲解脫而成仙。

【注釋】❶觀　視察。❷華　今陝西華縣。❸封人　守邊境之官職名。❹嘻　讚歎詞。❺辭　不接受。❻男子　即兒子。❼女　同「汝」。下「女」同。❽邪　猶「呢」。❾然　猶「乃」。❿鶉居　野處。言居不求安。⓫鷇食　言食不求飽。鷇，待母鳥哺食之幼鳥。⓬無彰　無痕跡。⓭厭世　去世。⓮去　離世。⓯上僊　升而為仙。僊，同「仙」。⓰帝鄉　天帝所居之地。⓱三患　指上文說的多懼、多事、多辱。⓲退已　歸矣。

【語譯】堯在華視察，華之封人說：「嘻！聖人。請祝願聖人，使聖人長壽。」堯說：「不受。」「使聖人富裕。」堯說：「不受。」「使聖人多兒子。」堯說：「不受。」封人說：「長壽、富裕、多兒子，是常人所想要的，你獨不想要，為什麼呢？」堯說：「多兒子則多所懼，富裕則多事，長壽則多辱。此三者不是用以養德之事，故不受。」封人說：「開始我以為你是聖人呢，如今乃知為君子。天生育萬民，必授予他職務，多兒子而授予他職務，則有何懼？富裕而使人分之，則有何事？彼聖人居不求安而食不求飽，如鳥之飛行而無痕跡。天下有道，則與人皆昌盛；天下無道，則修德處閒。千歲後去世，離世而升為仙人，乘著那白雲，至於天帝所居之地。三患不至，身常無殃，則有何辱？」封人離去，堯跟隨他，說：「請問。」封人說：「回去吧！」

堯治天下，伯成子高❶立為諸侯。堯授舜，舜授禹，伯成子高辭為諸侯而耕。

禹往見之，則耕在野。禹趨就下風立而問焉，曰：「昔堯治天下，吾子立為諸侯。堯授舜，舜授予，而吾子辭為諸侯而耕，敢問其故何也？」子高曰：「昔堯治天下，不賞而民勸❷，不罰而民畏。今子賞罰而民且不仁，德自此衰，刑自此立，後世之亂自此始矣。夫子闔❸行邪？無落❹吾事！」俋俋❺乎耕而不顧。

【章旨】此節記述禹往見棄職歸耕之伯成子高而問其故，子高讚堯不以賞罰而致治，斥禹以賞罰為治，天下自此而亂，故鄙棄之。

【注釋】❶伯成子高　作者虛擬人名。❷勸　勤勉。❸闔　通「盍」。何不。❹無落　不要耽誤。❺俋俋　耕貌。

【語譯】堯治天下之時，伯成子高被立為諸侯。堯傳位於舜，舜傳位於禹，伯成子高辭去諸侯之職而歸耕。禹前往看望他，他正在田野裡耕作。禹快步上前處於下位而問他：「往時堯治天下，你被立為諸侯。堯傳位於舜，舜傳位於我，而你辭去諸侯之職而耕作，敬問這是為什麼？」子高說：「往時堯治天下，不賞而民勤勉，不罰而民畏懼。現今你行賞罰而民尚且不仁，德自此衰敗，刑罰自此確立，後世之亂自此開始了。你何不走呀？不要耽誤我的事！」顧自耕作而不理舜。

泰初❶有無❷，無有❸無名❹。一❺之所起❻，有一而未形❼。物得以生謂之德❽。未形者有分❾，且然❿無間⓫謂之命⓬；留動⓭而生物，物成生理⓮謂之形⓯；形體⓰保神⓱，各有儀則⓲謂之性⓳。性修⓴反德㉑，德至同於初㉒。同乃虛㉓，虛乃大㉔。合喙鳴，喙鳴合㉕，與天地為合㉖。其合緡緡㉗，若愚若昏㉘，是謂玄德㉙，同乎大順㉚。

【章　旨】此節論述宇宙之形成與其孕育萬物，以為人既生之後，當持其本性而返歸於初始，即與天地合一而順乎自然。

【注　釋】❶泰初　即太初，指宇宙之最初。❷有無　唯有「無」。❸無有　尚未有物。❹無名　無名稱。❺一　指元氣。❻起　產生。❼未形　無有形態。❽德　指造化之德。❾有分　分出陰陽。❿且然　猶「始焉」。⓫無間　陰陽尚無分界。⓬命　生命，指孕育生命的原始狀態。⓭留動　指含陰陽成分之元氣言。留，為「流」之假借。⓮生理　產生生理機能。⓯形　生物之形體。⓰形體　以形為質。⓱保神　保守其神。⓲儀則　規則。⓳性　本性。⓴性修　養其性。㉑反德　指回復其未形之渾沌。㉒初　泰初之無。㉓同乃虛　因同於泰初之無故「虛」。同，即「同於初」。㉔虛乃大　虛則寥廓無垠，故云「大」。㉕合喙鳴二句　謂同一於寂然無聲，順乎自然。合，同一。喙鳴，眾口之鳴。㉖與天地句　謂與天地同一於無所言而順乎自然。㉗緡緡　昏昧貌。㉘若愚若昏　謂其合出於無心。㉙玄德　虛靜無為之德養。《道德經》五十一章云：「生而不有，為而不恃，長而不宰，是為玄德。」㉚大順　自然之理。

【語　譯】宇宙之最初唯有「無」，尚未有物亦無名稱。元氣之產生，雖有元氣而未有形態。物得以產生稱為造化之德。尚未有形態之元氣分出陰陽，開始時陰陽尚無分界稱為孕育生命的原始狀態；元氣流動而產生物，物之生理機能產生稱為生物之形體；以形為質而保守其神，各有規則稱為本性。修養其本性而回復其未形之渾沌，渾沌之極致則同於最初之無。同於最初之無故虛，虛則寥廓無垠故大。同一眾口之鳴，眾口之鳴同一，與天地同一於無所言而順乎自然。其同一昏昧，猶如愚昧不明，此稱為玄德，同於自然之理。

夫子❶問於老聃曰：「有人治道❷若相放❸，可不可❹，然不然❺。辯者有言曰：『離堅白❻，若縣寓❼。』若是則可謂聖人乎？」老聃曰：「是胥易技係❽，勞形怵心者也。執留❾之狗成思❿，猿狙之便⓫自山林來⓬。丘，予告若⓭，而⓮所不能聞與而所不能言：凡有首有趾⓯，無心無耳⓰者眾，有形者與無形無狀而皆存者盡無⓱。其動，止也；其死，生也；其廢，起也⓲。此又非其所以⓳也。有治⓴，在人忘乎物，忘乎天，其名為忘己㉑。忘己之人，是之謂入於天㉒。」

【章　旨】此節言孔子看重治名辯之學者，問老子其人可否稱為聖人。老子告以此種人乃勞形怵心而自受困擾而已，當重者則是能無知無聞，使心靈虛靜而道存，與萬物、天道自然一體者。

【注　釋】❶夫子　稱孔子。❷道　指學術。❸相放　相逐。指緊隨對方之判斷而進行否定，以相爭辯。❹可不可　對方以為可者則以為不可。❺然不然　對方以為然者則以為不然。❻離堅白　見〈齊物論〉注。❼若縣寓　謂若懸物於居室，顯而易見。縣，同「懸」。寓，居室。❽胥易技係　見〈應帝王〉注。❾留　當從一本作「狸」。❿成思　疑當作「成繫」，聲近而誤。〈應帝王〉作「來藉」。藉亦繫縛意。⓫猿狙之便　見〈應帝王〉注。⓬自山林來　謂自山林被捕獲而繫歸。⓭若　你。⓮而　你。⓯有首有趾　指具有人之形體。⓰無心無耳　無知無聞。⓱有形句　謂無人能達到心靈空虛而唯道所存（即所謂「心齋」，見〈人間世〉）之境界。有形者，指有形之人。無形無狀，指道。盡無，無一人。⓲其動六句　謂對立雙方相齊一。⓳所以　所及，謂智之所及。⓴有治　得治。㉑在人三句　謂得道之人能與萬物、與天道自然合為一體，故忘物忘天亦可稱為忘己。為，同「謂」。㉒入於天　進入與天道自然合一之境界。

【語　譯】孔子問老聃說：「有人治學術若相逐，對方以為可者則以為不可，對方以為是者則以為不是。論辯者有言道：『堅白相分離，如同懸物於居室。』如此則可稱為聖人嗎？」老聃說：「此種人皆樂於為才技所繫縛，使身體勞頓而內心驚懼。捕捉豹貓之狗自遭繫縛，猿與獮猴之便捷而自山林被捕獲而繫歸。丘，我告訴你，你不可能聞知與不可能言說之事：凡有頭有趾而無知無聞的人眾多，有人之形與無形無狀之道並存於一體的人無一人。其動，即是止；其死，即是生；其廢棄，即是興起。此又不是眾人之智所及。得治，在於人忘物，忘天道自然，其名稱為忘己。忘己之人，稱為進入與天道自然合一之境界。」

將閭葂❶見季徹❷曰：「魯君謂葂也曰：『請受教。』辭不獲命❸，既已告矣，未知中❹否，請嘗❺薦❻之。吾謂魯君曰：『必服❼恭儉，拔出❽公忠❾之屬而無阿私❿，民孰敢不輯⓫！』」季徹局局然⓬笑曰：「若夫子之言，於帝王之德，猶螳蜋之怒⓭臂以當⓮車軼⓯，則必不勝任矣。且若是，則其自為處危⓰，其觀臺⓱多物⓲，將往投迹⓳者眾。」將閭葂覤覤然⓴驚曰：「葂也汒若㉑於夫子之所言矣！雖然，願先生之言其風㉒也。」季徹曰：「大聖之治天下也，搖蕩㉓民心，使之成教㉔易俗，舉㉕滅其賊心㉖，而皆進其獨志㉗，若性之自為，而民不知其所由然。若然者，豈兄㉘堯舜之教民溟涬然㉙弟㉚之哉？欲同乎德㉛而心居㉜矣。」

【章旨】此節述將閭葂教魯君治國當恭儉，舉拔當公正而不偏私。季徹以為如此則自招危困多事而已，當如大聖之治，使民心自然向善。

【注釋】❶將閭葂　作者虛擬之人名。❷季徹　虛擬之人名，而為得道者。❸不獲命　未獲許可。❹中　恰當。❺嘗　試。❻薦　陳述。❼服　行。❽拔出　提拔。❾公忠　公正忠直。❿無阿私　不偏私。⓫不輯　不和諧。⓬局局然　大笑貌。⓭怒奮舉。⑭當　同「擋」。⑮車軼　即車轍。⑯自為處危　使自己處於危境。⑰觀臺　君所居之地，指代朝廷。⑱多物　多事。⑲投迹　舉足前往。⑳覤覤然　驚貌。㉑汒若　茫然。汒，同「茫」。㉒風　大概。㉓搖蕩　猶「轉移」。㉔成教　實現教化。㉕舉　盡。㉖賊心　有害之心。㉗獨志　異於世俗之志。㉘兄　尊。㉙溟涬然　無知愚沌貌。㉚弟　跟從。㉛德　指玄德。㉜心居　心安。

【語譯】將閭葂見季徹，說：「魯君對葂說：『請給予指導。』推辭而未獲許可，已經奉告了，不知恰當不恰當，請試陳述之。我對魯君說：『必須做到恭儉，提舉公正忠直之輩而無偏私，民誰敢不和諧！』」季徹咯咯大笑著說：「如您之言，至於帝王之德，猶如螳螂奮舉其臂以擋於車轍，則必不能勝任了。況且如此的話，則是使自己處於危境，其朝廷多事，舉足前往者將眾多。」將閭葂吃驚地說：「葂對於先生之所言茫然呢！雖然如此，願先生說其大概。」季徹說：「大聖人之治理天下，轉移民心，使他們實現教化改易習俗，盡滅其害人之心，而盡力提高其異於世俗之志，如同出於其自然本性，而不知其所以然。如此則豈會尊重堯舜之教民而愚沌無知地跟從他們呢？要能同一於玄德而後才心安了。」

子貢南遊於楚，反❶於晉，過漢陰❷，見一丈人❸方將❹為❺圃畦❻。鑿隧而入井，抱甕而出灌，搰搰然❼用力甚多而見功❽寡❾。子貢曰：「有械於此，一日浸百畦，用力甚寡而見功多，夫子不欲乎？」為圃者卬❿而視之曰：「奈何？」曰：「鑿木為機，後重前輕，挈水⓫若抽⓬，數⓭如泆湯⓮，其名為⓯槔⓰。」為圃者忿然⓱作色⓲而笑曰：「吾聞之吾師，有機械者必有機事⓳，有機事者必有機心⓴。機心存於胸中㉑，則純白㉒不備；純白不備則神生㉓不定㉔；神生不定者，道之所不載㉕也。吾非不知，羞而不為也。」子貢瞞然㉖慚，俯而不對㉗。有間㉘，為圃者曰：「子奚為者邪？」曰：「孔丘之徒也。」為圃者曰：「子非夫㉙博學以擬聖㉚，於于㉛以蓋眾㉜，獨弦㉝哀歌以賣名聲於天下者乎？汝方將㉞忘㉟汝神氣㊱，墮㊲汝形骸而庶幾㊳乎！而㊴身㊵之不能治，而何暇治天下乎！子往矣，無乏㊶吾事！」

【注釋】❶反　同「返」。❷漢陰　漢水之南。❸丈人　年長者。❹方將　正在。方，猶「將」。❺為　管理，此指灌溉。❻圃畦　菜地。畦，本指田五十畝，此概指田地。❼搰搰然　用力貌。❽見功　見效。❾寡　少。❿卬　同「仰」。⓫挈水　提水。⓬抽　引。⓭數　快速。⓮泆湯　即泆蕩，水奔湧而出。⓯為　通「謂」。⓰槔　即桔槔，為利用槓桿原理在井上汲水的工具。⓱忿然　發怒貌。⓲作色　改變臉色。⓳機事　機巧之事。⓴機心　機巧之心。㉑胸中　心中。㉒純白　光明。〈人間世〉云：「虛室生白」。㉓神生　即神性。指心神。㉔不定　不寧靜。㉕不載　不居。㉖瞞然　羞慚貌。㉗不對　不回答。㉘有間　過一會兒。㉙夫　猶「彼」。㉚擬聖　自比聖人。㉛於于　誇誕貌。㉜蓋眾　壓倒眾人。㉝弦　奏弦樂器。㉞方將　當。方，猶「將」。㉟忘　捨棄。㊱神氣　思想意氣。㊲墮　廢毀，此作遺棄解。㊳庶幾　差不多。㊴而　你。㊵身　自身。㊶乏　廢；耽誤。

【語譯】子貢南遊於楚國，返回晉國，經過漢水之南，看見一位年長者正在灌溉菜地。他從開鑿的隧洞進入井中，抱著甕出井灌溉，艱難地用力甚多而見效少。子貢說：「有機械在此，一日可灌溉百畦，用力甚少而見效多，老人家不想要它嗎？」灌溉菜地者抬頭看著子貢說：「什麼？」說：「鑿木做成機械，後面重而前面輕，提水好像抽水，速度之快如同水奔湧而出，其名稱作槔。」灌溉菜地者頓生怒色卻又笑著說：「我從我老師那裡聽說，有機械者必有機巧之事，有機巧之事者必有機巧之心。機巧之心存在於心中，則光明不存；光明不存則心神不寧靜；心神不寧靜者道之所不居。我非不知道，是羞恥而不願意做。」子貢臉露羞愧，低頭不回答。過了一會兒，灌溉菜地者說：「你是做什麼的？」說：「孔子的弟子。」灌溉菜地者說：「你不是那個博學而自比聖人，誇誕以壓倒眾人，獨奏弦樂哀歌用以在天下兜賣名聲的人嗎？你當擯棄你的思想意氣，對你的身體棄之不顧，這才差不多呢！你自身都不能養治，你怎麼顧得上去治理天下呢！你走吧，不要耽誤我的事情！」

子貢卑陬❶失色，頊頊然❷不自得❸，行三十里而後愈。其弟子曰：「向❹之人何為者邪？夫子❺何故見之變容失色，終日不自反❻邪？」曰：「始吾以為天下一人❼耳，不知復有夫人❽也。吾聞之夫子❾：事求可，功求成，用力少，見功多者聖人之道。今徒❿不然，執道者德全⓫，德全者形全⓬，形全者神全⓭。神全者，聖人之道也。託生與民並行⓮而不知其⓯所之⓰，汒⓱乎淳備⓲哉！功利機巧必忘⓳夫⓴人之心。若夫人者，非其志不之㉑，非其心不為。雖以天下譽之，得其所謂㉒，謷然㉓不顧；以天下非之，失其所謂㉔，儻然㉕不受㉖。天下之非譽，無益損焉，是謂全德之人哉！我之謂風波之民㉗。」反㉘於魯，以告孔子。孔子曰：「彼假修㉙渾沌氏㉚之術者也。識㉛其一㉜，不知其二㉝；治其內㉞，而不治其外㉟。夫明白入素㊱，無為復樸㊲，體性㊳抱神㊴，以遊世俗之間者，汝將㊵固㊶驚邪！且渾沌氏之術，予與汝何足以識之哉！」

【章　旨】此節論述子貢與漢陰為圃者對如何灌溉一事見識相左，即是以機巧之心謀求功利，還是寧費力而以心靈之淳樸載道為貴。事後，孔子與子貢皆敬仰為圃者為全德之人，而自己則相形見鄙。

【注　釋】❶卑陬　慚愧貌。❷頊頊然　若有所失貌。❸不自得　不舒適。❹向　剛才。❺夫子　稱子貢。❻自反　自行恢復。反，同「返」。❼天下一人　指孔子，意謂無與倫比。❽夫人　彼人，指「為圃者」。❾夫子　指孔子。❿徒　猶「乃」。竟。⓫德全　德養完美。⓬形全　形體完好。⓭神全　精神完善。⓮並行　猶共處。⓯其　指聖人。⓰所之　所至。⓱汒渺茫。⓲淳備　所具之質樸。⓳忘　捨棄。⓴夫　猶「其」。㉑不之　不至。㉒得其所謂　成其所為。謂，通「為」。㉓謷然即傲然，高傲貌。㉔失其所謂　敗其所為。㉕儻然　無心貌。㉖不受　不顧。㉗風波之民　隨世風而波動之人。㉘反　同「返」。㉙假修　遠修。假，通「遐」。㉚渾沌氏　傳說古帝名，見〈應帝王〉注。其人無七竅，寓無知無為而任物自然之意。㉛識知。㉜其一　指「淳」。㉝其二　猶「其他」。㉞治其內　從事於內心淳樸之修養。㉟外　指身外之功利。㊱明白人素　謂內心明亮而進入清淡之境。㊲復樸　反璞歸真。㊳體性　依其本性。㊴抱神　守持其精神。㊵將　猶「又」。㊶固　何。

【語　譯】子貢羞愧得變了臉色，心中若有所失而不舒適，行走三十里然後恢復。其弟子問道：「剛才之人是做什麼的呢？老師為什麼見到他變了臉色，終日不能自行恢復呢？」說：「開始我以為天下唯有一人而已，不知又有那樣的人。我從老師那裡聽說：事求適可，功求成，用力少而見效多者為聖人之道。今竟不然，守持道者德養完美，德養完美者形體完好，形體完好者精神完善。達到精神完善才是聖人之道。託生在世與民共處而不知其所至，其所具之質樸渺乎莫測呀！功利機巧必然捨棄人之本心。若那樣的人，不合其意志所向則不往，不合其心意則不做。即使天下人都稱譽他，成其所為，會傲然不顧；使天下人都譴責他，敗其所為，亦無心理睬。天下之譴責稱譽，都對其無所損益，這稱為德養完美之人呢！我則稱為隨世風波動之人。」回到魯國，將此事告訴孔子。孔子說：「那人是遠修渾沌氏之術的。他只知其一，不知其二；養治其內心，而不管其身外之功利。他內心明亮而進入清淡之境，無為而反璞歸真，依其本性而守持其精神，而生活於世俗之中，你又何必吃驚呢！並且渾沌氏之術，我與你怎能知道呢！」

諄芒❶將東之❷大壑❸，適遇苑風❹於東海之濱。苑風曰：「子將奚之❺？」曰：「將之大壑。」曰：「奚為❻焉？」曰：「夫大壑之為物也，注焉而不滿，酌焉而不竭，吾將遊焉。」苑風曰：「夫子無意於橫目之民❼乎？願聞聖治❽。」諄芒曰：「聖治乎？官施❾而不失其宜，拔舉而不失其能，畢見其情事而行其所為❿，行言自為⓫而天下化。手撓⓬顧指⓭，四方之民莫不俱至，此之謂聖治。」「願聞德人⓮。」曰：「德人者，居無思，行無慮，不藏是非美惡。四海之內共利之之謂悅，共給⓯之之為安⓰。怊乎⓱若嬰兒之失其母也，儻乎⓲若行而失其道也。財用有餘而不知其所自來，飲食取足而不知其所從⓳，此謂德人之容⓴。」「願聞神人。」曰：「上神㉑乘光㉒，與形滅亡㉓，此謂照曠㉔。致命盡情㉕，天地㉖樂而萬事銷亡㉗，萬物復情㉘，此之謂混冥㉙。」

【章旨】此節以諄芒答苑風之問而闡述治世之等次：居下者為聖人之治，以有為而求天下之化；居其上者為德人之治，以求造福於民；居上者為神人無為之治，精神超脫而逍遙，使天下回復於渾沌。

【注釋】❶諄芒　作者虛擬之人名。❷之　至。❸大壑　大海，指東海。❹苑風　作者虛擬之人名。❺奚之　至何處。❻奚為　為何。❼橫目之民　指人民。因人兩目橫生於面部故云。❽聖治　聖人之治。❾官施　官吏施政。❿所為　指所當為。⓫自為　出於自身。⓬撓　借為「招」。⓭顧指　猶「目指」。⓮德人　即「全德之人」。⓯給　供給。⓰安　心安。⓱怊乎　惆悵貌。喻德人在四海之內不能「共利」、「共給」時之惆悵情緒，與上文之「悅」、「安」相對為文。⓲儻乎　意同「怊乎」。

⑲財用二句　財用有餘即「共利」，飲食取足即「共給」，然不知皆有賴於德人。所從，即「所自來」。⑳容　情狀。㉑上神　至上之神人。㉒光　指日月。㉓與形滅亡　謂與精神相依存之形體消亡，即精神達到逍遙之境界。與，相依。㉔照曠　昭明。㉕致命盡情　盡其天賦自在之本性。㉖天地　猶「天下」。㉗萬事銷亡　萬事皆被解脫。㉘復情　回復其本性。㉙混冥　即渾沌。

【語譯】諄芒將東至大海，恰巧在東海之濱遇到苑風。苑風說：「你將到何處去？」說：「將去大海。」說：「為什麼呀？」說：「那大海之為物，流入則永不滿，酌取則不乾竭，我將往遊。」苑風說：「先生無意於眼睛橫生之民嗎？願聽說聖人之治。」諄芒說：「聖人之治嗎？官吏施政而不失其宜，舉拔人材而不失其能，畢見其事而行其所當為，言行出於自身而天下相隨變化。手招目指，四方之民莫不皆至，此稱為聖人之治。」「願聽說德養完美之人。」說：「德養完美之人，居則無所思，行則無所慮，心不存是非美惡，四海之內共利之稱為心悅，共供給之稱為心安。他之惆悵呀，若嬰兒之失其母，惘然呀，若行走而迷路。使民財用有餘而不知其來源，飲食之獲得充分而不知其來源，此稱為德養完美之人的情狀。」「願聽說達到神妙境界之人。」說：「達到至上之神妙境界的人乘日月，與精神相依存之形體消亡，此稱為昭明。盡其天賦自在之本性，天下皆樂而萬事盡被解脫，萬物回復其本性，此稱為渾沌。」

門無鬼❶與赤張滿稽❷觀於武王之師❸。赤張滿稽曰：「不及有虞氏❹乎！故離❺此患❻也。」門無鬼曰：「天下均治而有虞氏治之邪？其亂而後治之與？」赤張滿稽曰：「天下均治之為願，而❼何計❽以有虞氏為❾！有虞氏之藥瘍也，禿而施髢，病而求醫❿。孝子操⓫藥以修⓬慈父，其色⓭燋然⓮，聖人羞之⓯。至德之世，不尚賢，不使能，上如標枝⓰，民如野鹿⓱。端正而不知以為義，相愛⓲而不知以為仁，實⑲而不知以為忠，當⑳而不知以為信，蠢動㉑而相使㉒不以為賜㉓。是故行而無迹，事而無傳。」

【章　旨】此節借赤張滿稽答門無鬼之問，闡述舜之為治不足論，因其乃世既亂而求治，固無濟於事，更無論周武王之訴諸征伐以除暴。以為至德之世，則處上者無所用心，而民亦無所拘束，一切皆出於自然本性，故能至於至善之境界。

【注　釋】❶門無鬼　作者虛構人物之名。❷赤張滿稽　虛構人物之名，為得道者。❸武王之師　周武王討伐商紂之軍。❹不及有虞氏　謂低於舜。因為對於君位，舜取讓賢，而武王取征伐。有虞氏，即舜。❺離　通「罹」。遭遇。❻患　指戰亂。❼而　你。❽何計　何必計較。❾為　猶「呢」。❿有虞氏三句　以治病喻世治，世已亂而求治，則不可治而徒為文飾。意謂當措意於亂之不起。藥，用藥醫治。用作動詞。瘍，頭瘡。施，用。髢，假髮。⓫操　持。⓬修　通「羞」。進。⓭色　臉色。⓮燋然　憔悴貌。燋，通「憔」。⓯聖人羞之　聖人羞恥其已致病而勞心盡力以求治。⓰標枝　樹枝之末梢。喻在上而無所用心。⓱野鹿　喻無所拘束。⓲相愛　愛人。⓳實　真誠。⓴當　合意。㉑蠢動　出於本性自然的行動。㉒相使　相互做事。㉓賜　恩惠。

【語　譯】門無鬼與赤張滿稽觀看武王的軍隊。赤張滿稽說：「不及舜吧！故遭遇此戰亂。」門無鬼說：「天下普治是舜治的嗎？它是亂而隨後治的嗎？」赤張滿稽說：「天下普治是天下人所共願，你何必計較以為是舜之治績呢！舜之醫治頭瘡，已禿而用假髮，已病而求醫。孝子持藥以進奉其慈父，臉色憔悴，聖人羞恥其事。盛德之世，不崇尚賢者，不任用能者，在上者如樹枝之末梢，人民如野鹿。行為端正而不知以為義，愛人而不知以為仁，真誠而不知以為忠，合意而不知以為信，出於本性而相互做事不以為是恩惠。因此所行無跡，其事無傳。」

孝子不諛其親❶，忠臣不諂其君，臣、子之盛❷也。親之所言而然，所行而善，則世俗謂之不肖子；君之所言而然，所行而善，則世俗謂之不肖臣。而未知此其必然邪？世俗之所謂然而然之，所謂善而善之，則不謂之道諛❸之人也。然則俗故❹嚴❺於親而尊於君邪？謂己道人❻，則勃然❼作色❽；謂己諛人❾，則怫然❿作色。而終身道人也，終身諛人也，合譬⓫飾辭聚眾也，是終始⓬本末⓭不相坐⓮。垂衣裳，設采色⓯，動容貌，以媚一世，而不自謂道諛；與夫人⓰之為徒⓱，通⓲是非，而不自謂眾人⓳，愚之至也。知其愚者非大愚也，知其惑者非大惑也。大惑者終身不解⓴，大愚者終身不靈㉑。三人行而一人惑㉒，所適者㉓猶可致㉔也，惑者少也；二人惑則勞而不至，惑者勝㉕也。而今也以天下惑，予㉖雖有祈嚮㉗，不可得也，不亦悲乎！大聲㉘不入於里耳㉙，《折楊》、《皇荂》㉚則嗑然㉛而笑。是故高言㉜不止㉝於眾人之心，至言㉞不出㉟，俗言勝也。以二缶鍾惑㊱而所適不得㊲矣，而今也以天下惑，予雖有祈嚮，其庸㊳可得邪？知其不可得也而強之，又一惑也。故莫若釋㊴之而不推㊵。不推，誰其㊶比㊷憂？厲之人夜半生其子，遽取火而視之，汲汲然唯恐其似己也㊸。

【章　旨】此節論述世有阿諛媚世之人，且有其徒眾。此種人陷於大愚大惑而終身不悟。更其可悲者，如今天下大惑而無可導引使之覺悟。

【注　釋】❶親　父母。❷盛　品行高尚。❸道諛　諂媚阿諛。道，諂媚。❹故　本來。❺嚴　尊敬。❻道人　諂媚之人。❼勃然　發怒貌。❽作色　臉色改變。❾諛人　阿諛之人。❿怫然　發怒貌。⓫合譬　聯綴譬喻。⓬終始　先後。⓭本末　指表裡。⓮不相坐　謂不相關連。⓯垂衣二句　狀其注意服飾儀態。垂衣裳，衣裳下垂。設采色，謂衣裳上設有文采。⓰夫人　即彼人，指聚眾之道諛者。⓱為徒　為其徒眾。⓲通　統一。⓳不自謂眾人　謂不自以為眾俗之人。即以為是出眾之人。謂，通「為」。⓴不解　不悟。㉑不靈　不明事理。㉒惑　迷路。㉓所適者　所往之目的地。㉔致　到達。㉕勝　猶得逞。㉖予　我，為作者自稱。㉗有祈嚮　有請求為之嚮導之意願。㉘大聲　高雅之樂曲。㉙里耳　俗人之耳。㉚折楊皇荂　疑為俗樂之名。㉛嗑然　笑聲。㉜高言　高雅之言。㉝不止　不至。㉞至言　至理之言。㉟出　出示。㊱二缶鍾惑　謂為此兩種樂器之音所惑。缶，古時一種瓦質打擊樂器。㊲所適不得　謂其人不能到達目的地。《道德經》三十五章云：「樂與餌，過客止。」㊳庸　豈。㊴釋　放棄。㊵不推　不強求。㊶其　猶「將」。會。㊷比　及。㊸厲之人三句　言容貌之醜惡易見故惶恐，以明心理之愚惑難識，故深固不移。厲，醜。遽，急忙。汲汲然，惶恐貌。

【語　譯】孝子不阿諛其父母，忠臣不諂媚其君主，是子、臣的品行高尚。凡父母之言皆以為正確，其行事皆以為恰當，則世俗稱其為不賢之子；凡君主之言皆以為正確，其行事皆以為恰當，則世俗稱其為不賢之臣。而不知此為必然嗎？凡世俗所說是而以為是，所說善而以為善，則不稱他為諂媚阿諛之人。如此則世俗本來對父母尊敬而對君主尊重嗎？說自己是諂媚之人，則一下子滿臉怒色；說自己是阿諛之人，則一下子滿臉怒色。然而終身是諂媚之人，終身是阿諛之人，聯綴譬喻巧飾辭藻以聚眾，這是先後表裡不相關連。衣裳下垂，上設文采，變易容貌，以媚惑全社會，而不自稱是諂媚阿諛之人；為其人之徒眾，統一是非，而不自稱是眾俗之人，愚蠢到極點了。知道自己愚蠢者非大愚之人，知道自己迷惑者非大惑之人。大惑之人終身不覺悟，大愚之人終身不明事理。三人行而一人迷路，所往之目的地猶可到達，這是由於迷路的人少；二人迷路則徒勞而不能到達，這是由於迷路的人得逞。如今天下人皆迷路，我即使有請求為之嚮導之意願，亦不能實現，不可悲嗎！高雅的樂曲不入於俗人之耳，《折楊》、《皇荂》則咯咯而笑。因此高雅之言不至於眾人之心，至理之言不能出示，是由於俗言得逞。途中因缶鍾之音所惑而不能到達目的地，如今天下人皆迷惑，我即使有請求為之嚮導之意願，豈有可能呀？知道其不可能而強求之，則又是一種迷惑。故不如放棄而不強求。不強求，誰會遇到憂愁？醜人半夜生孩子，急忙取燈火照視之，惶恐地唯恐孩子像自己。

百年之木，破為犧尊❶，青黃而文之❷，其斷❸在溝中。比犧尊於溝中之斷，則美惡有間❹矣，其於失性❺一❻也。跖與曾、史，行義有間矣，然其失性均❼也。且夫❽失性有五：一曰五色亂目，使目不明；二曰五聲亂耳，使耳不聰；三曰五臭❾薰鼻，困惾❿中顙⓫；四曰五味濁口⓬，使口厲爽⓭；五曰趣⓮舍滑⓯心，使性飛揚⓰。此五者皆生之害也，而楊、墨⓱乃始離跂⓲自以為得⓳，非吾所謂得也。夫得者困，可以為⓴得乎？則鳩鴞之在於籠也，亦可以為得矣。且夫趣舍聲色以柴㉑其內㉒，皮弁鷸冠搢笏紳修以約其外㉓，內支㉔盈於㉕柴柵㉖，外重㉗纆繳㉘，睆睆然㉙在纆繳之中而自以為得，則是罪人交臂㉚歷指㉛而虎豹在於囊檻㉜亦可以為得矣！

【章　旨】此節闡述凡身心離樸之求皆致喪失本性而害生。楊、墨之說亦只會困擾人心。至於為官宦者，其心為是非物欲所亂，身為服飾所拘，尤為失其本性。

【注　釋】❶犧尊　見〈馬蹄〉注。❷青黃句　謂以青黃之色彩塗飾之。❸斷　截斷而被遺棄者。❹美惡有間　犧尊之美與被遺棄者之不美兩者有別。❺失性　喪失本性。❻一　相同。木之本性宜自然生長，故云。❼均　相同。❽且夫　況且。❾五臭　五種氣味，即羶、薰、香、腥、腐。❿困惾　壅塞不通。⓫中顙　傷額。中，傷。⓬濁口　亂口味。⓭厲爽　受損害。⓮趣　通「取」。⓯滑　亂。⓰飛揚　浮躁妄動。⓱楊墨　見〈駢拇〉注。⓲離跂　見〈在宥〉注。⓳得　得當。⓴為　通「謂」。㉑柴　通「𢫬」。積。㉒內　心中。㉓皮弁句　此指臣子在朝之服飾。皮弁鷸冠，謂以鷸之翠羽為飾之皮冠。鷸，翠鳥。搢笏，插笏。笏為君臣朝會時臣所執之狹長板子，用以記事。紳修，修長之紳。紳為臣子在朝服外用以束腰之大帶，一端下垂。笏不用之時則插於紳上。約，束縛。外，體外。㉔支　阻塞。㉕於　猶「比」。㉖柴柵　竹木所編之柵欄，用以障蔽。㉗重　加上。㉘纆繳　繩索。㉙睆睆然　遠視貌。㉚交臂　反綁。㉛歷指　即拶指，為一種酷刑。以繩索穿五根小木棍，套入手指，用力抽緊。㉜囊檻　關獸之木籠。囊，疑為「櫜」之省。櫜，盛物器。

【語　譯】百年之樹木，剖解而製作成犧牛形之盛酒器，且以青黃之色彩塗飾，而被截去者則遺棄於溝中。犧牛形之盛酒器比之於被棄溝中者，則有美與不美之別，而喪失其本性則是相同的。盜跖與曾參、史魚所奉行之義有別，而喪失其本性則是相同的。況且喪失本性有五類：一是五色亂目，使目不明；二是五聲亂耳，使耳不聰；三是五種氣味熏鼻，使鼻壅塞不通而傷額；四是五味亂口味，使口受損害；五是取捨亂心，使性情浮躁妄動。此五者皆有害於生命，而楊朱、墨翟竟始創異說而自以為得當，此非我之所謂得當。使得者而困苦，可以稱為得當嗎？那麼鳩與貓頭鷹在籠中也可以說是得當了。況且取捨聲色存積於內心，翠羽為飾之皮冠、所插之笏、修長之紳以拘束於體外，內心為充盈的取捨聲色所阻礙，猶如為柵欄所障蔽，體外為繩索所束縛，眼睜睜地在繩索之中而自以為得當，則是罪人被反綁被拶指而虎豹在籠中也可以稱為得當了！

【研　析】本篇所論較為龐雜，且有自相抵牾之處，大致論述三個議題：一為論道，二為論人如何悟道和修養身心，三是論世治。論道一題，闡述道之存在與其作用。認為道之存在淵深渺茫，靜寂而虛無。道之作用，是生成萬物，並為萬物之歸宿；主宰天地萬物，供萬物之所求，使萬物諧和。此均承老子之意而發揮之。論人之悟道和修養身心一題，以為立德方可明道。所謂立德，即身心修養，是指能達到虛靜無為，渾沌無知，無機巧之心，忘物忘己，反璞歸真，成為盛德之人。立德如此，方才能使道存心而徹悟。這合於道家思想，然而作者又將「愛人利物」之仁愛思想列為養心之要事，則分明是摻雜了儒家思想，自相矛盾。論世治一題，所論更為複雜。雖然主張無為而治為其主調，然而於人為之治卻持模棱兩可之態度。他最為肯定的是所謂神人之治，或稱大聖之治，即為君者無為，無所用心，一任自然，民亦一無拘束而自然向善，以為此為至善之境界。而於人為之治，在指責其勢必致亂，帶來禍害之同時，卻又肯定所謂「聖治」，即官吏施政而不失其宜，舉拔能人，行所當行；肯定「德人」之治，稱道其人能為人民生活無著而惆悵，為人民得以共利共給而喜悅和安心。對於此種抵牾之處，應該怎樣理解呢？這並不是作者的疏忽，而是其思想矛盾的必然反映。一方面他不離其宗，故推尚虛靜素樸而鄙視為塵雜所困，稱讚無為而治而貶斥人為，另一方面又吸收與容納了他認為較為合理的具有現實意義的內容。類此者，如見於首段言及君臣之義，謂君須「原於德而成於天」，即以無為自處，而臣則當盡其能而有政績，以為如此則兩全其美。凡此，可見作者之思想並非單一。然而若以全篇總體而論，則仍不失為反映道家思想之作品。

本篇在藝術上，可欣賞的是作者塑造了漢陽為圃者之形象，這是一個可愛又可悲的人物。可愛者，他憨厚純樸，不怕勞苦；可悲者，他拒絕使用先進工具，堅持其保守落後之操作，並以此自賞。他貶斥「機事」，尤其痛恨「機心」。所謂「機心」，即可省事而多得功利之心。以為一有此心，則心不能寧靜與載道。然而將「機心」「機事」排除，則與愚暗又有什麼區別呢？作者對之稱道，亦甚可悲。

天道第十三

【題解】本文亦以篇首首句之詞為篇名，主要論述修身養德與治世之道，而側重於後者。於修身養德，強調使內心虛靜，以自然為本，以無為為原則。其論治世之道，卻有背於此而極言人為。謂帝王之治世，是在「治人」而不是為人所治，故當驅使下屬各任其事，使其遵循尊卑先後之序，諸凡仁義、是非、賞罰等務必明告世人；又謂其靜則為聖，動則為王，以其無為而為人所尊。可見其熱衷於此，而涵養虛靜之德乃出於虛假。觀之於全篇，雖不盡為此意，然此為主體則無疑。文中亦論及道，謂其在形色名聲之外，可得之於心靈體驗而不能言傳。

天道運❶而無所積❷，故萬物成；帝道❸運❹而無所積，故天下歸；聖道❺運而無所積，故海內服❻。明於天❼，通於聖❽，六通四辟於帝王之德者❾，其自為❿也，昧然⓫無不靜者矣。聖人之靜也，非曰靜也善故靜也，萬物無足以鐃心⓬者故靜也。水靜則明燭⓭鬚眉，平⓮中⓯準⓰，大匠⓱取法焉。水靜猶明，而況精神！聖人之心靜乎！天地之鑑也，萬物之鏡也⓲。

【章旨】此節論述聖人鑑於天道與帝王治道之所以成，故能處心虛靜而不受物擾而得天地萬物之情。

【注釋】❶運　運行。❷積　積滯。❸帝道　帝王之治道。❹運　運作。❺聖道　聖人之道。❻服　相從。❼天　天道。❽通於聖　明於聖人之道。❾六通句　謂明於天下民眾萬物之逐時變化在於帝王之治道。六通，六合，指天下。四辟，春秋冬夏。⑩自為　自處。⑪昧然　暗昧貌。⑫鐃心　擾亂內心。鐃，同「撓」。擾亂。⑬燭　照出。⑭平　水之平。⑮中　合。⑯準　水平儀。⑰大匠　技藝高的工匠。⑱聖人三句　謂因聖人之心靈虛靜得道，故能得天地萬物之情。鑑、鏡，皆映照之意。用作動詞。

【語譯】天道運行而無所積滯，故萬物成；帝王之治道運作而無所積滯，故天下往歸；聖人之道推行而無所積滯，故海內相從。明於天道，明於聖人之道，明於天下民眾萬物之逐時變化在於帝王之治道，而其自處，則暗昧而靜寂。聖人之靜，不是說靜者善故取靜，而是萬物不能擾亂其心故靜。水靜止則明淨而能照出鬚眉，水之平合於水平儀，技藝高的工匠從中取法。水靜止尚且明淨，何況精神呢！聖人之心靈虛靜得道，故能得天地萬物之情。

夫虛靜恬淡寂漠無為①者，天地之平②而道德之至，故帝王聖人休③焉。休則虛④，虛則實⑤，實者⑥倫⑦矣。虛則靜，靜則動⑧，動則得⑨矣。靜則無為，無為也則任事者責⑩矣。無為則俞俞⑪，俞俞者憂患不能處，年壽長矣。夫虛靜恬淡寂漠無為者，萬物之本⑫也。明此以南鄉⑬，堯之為君也；明此以北面⑭，舜之為臣也。以此處上，帝王天子之德也；以此處下，玄聖素王⑮之道也。以此退居而閒遊，江海山林之士服；以此進為⑯而撫世⑰，則功大名顯而天下一⑱也。靜而聖，動而王⑲，無為也而尊，樸素⑳而天下莫能與之爭美。夫明白於天地之德者，此㉑之謂大本大宗㉒，與天和㉓者也。所以均調㉔天下，與人和者也。與人和者謂之人樂㉕，與天和者謂之天樂㉖。莊子曰：「吾師乎！吾師乎！𩐋萬物而不為戾，澤及萬世而不為仁，長於上古而不為壽，覆載天地、刻彫眾形而不為巧。」㉗此之謂天樂。故曰：知天樂者，其生也天行㉘，其死也物化㉙。靜而與陰同德㉚，動而與陽同波㉛。故知天樂者，無天怨㉜，無人非㉝，無物累，無鬼責。故曰：其動也天㉞，其靜也地㉟，一心定㊱而王天下；其鬼不祟㊲，其魂㊳不疲，一心定而萬物服。言以虛靜推㊴於天地，通㊵於萬物，此之謂天樂。天樂者，聖人之心以畜㊶天下也。

【章旨】本節論述虛靜恬淡寂寞無為為德之至，以此處世可盡得悠閒，同時可使臣下任事而功名顯著，故既可與天道自然諧和而安樂，又可與人諧和而安樂。

【注釋】❶虛靜恬淡寂漠無為　四者異名而同實，為一種修養的心理境界。寂漠，即「寂寞」，靜寂。❷平　正。❸休　養。❹虛　心靈空虛。❺實　道所充實。❻者　猶「則」。❼倫　順，指順應自然。❽靜則動　謂靜而有所動。❾得　得當。❿責　任其事。⓫俞俞　悠閒自得貌。⓬萬物之本　萬物所賴。⓭南鄉　即南向，為君位。⓮北面　即北向，為臣位。⓯玄聖素王　有盛德而無爵位之聖人。⓰進為　進身有為。⓱撫世　治世。⓲一　一統。⓳靜而聖二句　謂靜則為聖人，動則為帝王天子。⓴樸素　淳樸。㉑此　指虛靜恬淡寂寞無為。㉒大本大宗　最根本者。㉓與天和　與自然諧和。㉔均調　調和。㉕人樂　與人諧和之樂。㉖天樂　與自然諧和之樂。㉗莊子曰七句　已見〈大宗師〉。戾，善。㉘天行　天道自然之變化。㉙物化　物類之轉化。㉚靜而句　靜屬陰性之特徵故云。德，性。㉛動而句　動屬陽性之特徵故云。同波，同流，即同性。㉜無天怨　不怨天。㉝無人非　不責怪人。㉞動也天　謂其動似天道之運行。㉟靜也地　謂其靜如大地之靜寂。㊱一心定　一心於安靜。㊲不祟　不加災禍。㊳魂　神。㊴推　順隨。㊵通　諧和。㊶畜　養育。

【語譯】虛靜恬淡寂寞無為，是天地之正和道德之至境，故帝王聖人涵養此心境。涵養則心靈空虛，空虛則為道所充實，為道所充實則順應自然了。心靈空虛則靜，靜而有所動，則其動得當了。靜則無為，無為則任事者任其事了。無為則悠閒自得，悠閒自得的人不可能心存憂患，其壽長了。虛靜恬淡寂寞無為，是萬物所賴。明白於此而為君主，如堯之為君主；明白於此而為臣子，如舜之為臣子。以此處於上位，是帝王天子之德；以此處於下位，是有盛德而無爵位之聖人之道。以此隱退而閒遊，則身在江海山林之士順從；以此進身而治世，則功大名顯而天下一統。靜則為聖人，動則為帝王天子，無為而受尊，淳樸而天下沒有人能與他爭完美。明白天地之德者，此虛靜恬淡寂寞無為可謂是其最根本之內容，能與自然諧和。也可用以調和天下，與人諧和。與人諧和稱為與人諧和之樂，與自然諧和稱為與自然諧和之樂。莊子說：「我的師呀！我的師呀！調和萬物而不是為了體現善，恩澤延及萬代而不是為了體現仁愛，比上古久遠而不為長壽，使天覆地載、雕刻眾形而不為巧妙。」此稱為與自然諧和之樂。因而說：知道與自然諧和之樂者，視其生為天道自然之變化，其死為物類之轉化。靜則於陰同性，動則與陽同性。故知道與自然諧和之樂者，不怨天，不責怪人，無事物之牽累，無鬼魂之責難。因此說：其動似天道之運行，其靜如大地之靜寂，一心於安靜而稱王天下；鬼不加災禍於其人，其神不疲，一心於安靜而萬物相從。此言以虛靜順隨於天地，諧和於萬物，此之謂與自然諧和之樂。與自然諧和之樂，是聖人之心用以養育天下之道。

夫帝王之德以天地❶為宗❷，以道德❸為主❹，以無為為常❺。無為也則用天下❻而有餘❼，有為也則為天下用❽而不足❾，故古之人貴夫無為也。上無為也，下亦無為也，是下與上同德❿，下與上同德則不臣⓫；下有為也，上亦有為也，是上與下同道⓬，上與下同道則不主⓭。上必無為而用天下，下必有為為天下用，此不易之道也。

【章旨】此節論述為帝王必以無為為法則，為臣民必以有為盡其用，認為此乃不易之道。

【注釋】❶天地　指自然。❷宗　根本。❸道德　即指虛靜恬淡寂寞無為。❹主　首要。❺常　法則。❻用天下　享用天下。❼有餘　指其物有餘。❽為天下用　被天下事所驅使。❾不足　指其物不足。❿同德　同以無為為德。⓫不臣　不作臣民。⓬同道　同以有為為道。⓭不主　不作君主。

【語譯】帝王之德以自然為根本，以虛靜恬淡寂寞無為之道德為首要，以無為為法則。無為則享用天下而其物有餘，有為則被天下事所驅使而其物不足，故古之人以無為為貴。在上者無為，在下者亦無為，此下與上同以無為為德，下與上同以無為為德則不作臣民；在下者有為，在上者亦有為，此上與下同以有為為道，上與下同以有為為道則不作君主。在上者必須無為以享用天下，在下者必須有為而被天下事所驅使，此為不易之道。

故古之王天下者，知❶雖落❷天地，不自慮也；辯❸雖彫❹萬物，不自說也；能雖窮海內❺，不自為❻也。天不產而萬物化，地不長而萬物育，帝王無為而天下功❼。故曰：莫神❽於天，莫富於地，莫大❾於帝王。故曰：帝王之德配天地，此乘❿天地、馳⓫萬物而用人群之道也。

【章旨】此節謂古之帝王鑑於天地化育萬物之功效，故以無為之道驅使人群以致治。

【注釋】❶知　同「智」。❷落　同「絡」。包羅。❸辯　言論。❹彫　借作「周」。窮盡。❺窮海內　謂遍及全國。❻為謀求。❼天不產三句　皆言無為之成效。不產，不主使萬物生長。化，化育；生長。功，治。❽神　神奇。❾大　偉大。❿乘　依賴。⓫馳　驅使。

【語　譯】故古之稱王天下者，其智雖包羅天地，卻不考慮自己；言論雖窮盡萬物，卻不說自己；才能之施展雖遍及全國，卻不為自己謀求。天不主使萬物生長而萬物自生，地不主使萬物生長而萬物自長，帝王無為而天下得治。因此說：沒有比天神奇的，沒有比地富有的，沒有比帝王偉大的。因此說：帝王之德合於天地，此為依賴天地、驅使萬物而利用人群之道。

本❶在於上，末❷在於下；要❸在於主，詳❹在於臣。三軍❺五兵❻之運❼，德之末❽也；賞罰利害，五刑❾之辟❿，教⓫之末也；禮法度數⓬，刑名⓭比詳⓮，治之末也；鐘鼓之音，羽旄⓯之容⓰，樂之末也；哭泣衰絰⓱，隆殺之服⓲，哀⓳之末也。此五末者，須精神之運⓴，心術㉑之動，然後從之㉒者也。末學㉓者，古人有之，而非所以先㉔也。君先㉕而臣從，父先而子從，兄先而弟從，長先而少從，男先而女從，夫先而婦從。夫尊卑先後，天地之行㉖也，故聖人取象㉗焉。天尊地卑，神明㉘之位也；春夏先，秋冬後，四時之序也；萬物化作㉙，萌區㉚有狀㉛，盛衰之殺㉜，變化之流㉝也。夫天地至神㉞而有尊卑先後之序，而況人道㉟乎！宗廟尚親㊱，朝廷尚尊㊲，鄉黨㊳尚齒㊴，行事尚賢，大道㊵之序也。語道而非㊶其序者，非其道㊷也；語道而非其道者，安取道㊸？

【章旨】此節論述世俗治道之諸方面皆屬卑下，謂若能明人倫之尊卑先後之次序，即可致治。

【注釋】❶本　主。❷末　次。❸要　綱要之事。❹詳　繁雜事務。❺三軍　大國諸侯之軍隊編制，泛指國家軍隊。❻五兵　五種兵器，所指不一。顏師古《漢書．吾丘壽王傳》注，謂矛、戟、弓、劍、戈。此泛指各種兵器。❼運　使用。❽末　卑下者。❾五刑　五種刑罰，即墨、劓、剕、宮、大辟。❿辟　法。⓫教　政教。⓬度數　據《治要》引成《疏》，二字誤倒。數度，制度。⓭刑名　即「形名」。形名謂循名責實。形指實。⓮比詳　考校審核。⓯羽旄　樂舞時所執的雉羽和旄牛尾。⓰容　裝飾。⓱衰絰　謂披縗繫絰。衰，同「縗」。古時喪服，用粗麻布製成，披於胸前。絰，繫於頭上與腰間的麻帶。⓲隆殺之服　謂行喪禮時，人們因與死者尊卑親疏的關係不同而穿戴不同的服飾。隆殺，本為增減之意，此指等差。⓳哀　致哀。⓴運　運用。㉑心術　猶心思。㉒從之　從事其事。㉓末學　治五末之說。㉔先　先倡。㉕先　尊。㉖天地之行　謂天地之運行變化顯示了尊卑相從之關係。㉗象　法。㉘神明　天地神靈。㉙化作　變化生長。㉚萌區　植物萌芽直出曰萌，曲出曰區。區，通「句」。㉛有狀　謂各有情狀。㉜殺　差異。㉝流　進行。㉞至神　最神聖。㉟人道　人倫。㊱宗廟尚親　謂宗廟祭祀崇尚自身先祖。㊲尊　受尊重者。㊳鄉黨　相傳周制以五百家為鄉，一萬二千五百家為黨，因以鄉黨泛指鄉里。㊴齒　年長者。㊵大道　治道之大者。㊶非　否定。㊷非其道　謂實際上是否定其道。㊸安取道　謂於道何所取。

【語譯】主要者處於上，次要者處於下；綱要之事在於主，繁雜事務在於臣；軍隊與兵器之使用，是道德卑下之表現；以賞罰顯示利害，用五刑之法，是政教卑下之表現；禮法制度，循名責實，考校審核，是治理卑下之表現；擊鐘鳴鼓之音，羽旄之裝飾，是聲樂卑下之表現；哭泣且披縗繫絰，穿戴等差有別之喪服，是致哀卑下之表現。此五種卑下者，必須運用精神，動心思，然後從事其事。治五末之說者，古時已有其人，不是先倡的作法。君尊而臣從，父尊而子從，兄尊而弟從，長者尊而少者從，男尊而女從，夫尊而妻從。尊卑先後，是天地運行變化所顯示，故聖人從中取法。天尊地卑，是天地神靈之位；春夏在先，秋冬在後，是四季之次序；萬物變化生長，萌芽直出曲出各有情狀，盛衰各異，是變化之進行。天地最神聖而有尊卑先後之次序，何況人倫呢！宗廟祭祀崇尚自身先祖，朝廷崇尚尊者，鄉里崇尚年長者，興辦事業崇尚賢者，此為治道之大者。言治道而否定其次序者，實質是否定其道；言治道而否定其道，於道何所取？

是故古之明❶大道❷者，先明天❸而道德次之，道德已明而仁義次之，仁義已明而分守❹次之，分守已明而形名次之，形名已明而因任❺次之，因任已明而原省❻次之，原省已明而是非次之，是非已明而賞罰次之，賞罰已明而愚知處宜❼，貴賤履位❽，仁賢不肖襲情❾。必分❿其能，必由其名⓫。以此事上，以此畜下，以此治物，以此修身，知⓬謀不用，必歸⓭其⓮天，此之謂大平⓯，治之至也。故書⓰曰：「有形有名。」形名者，古人有之，而非所以先也。古之語大道者，五變⓱而形名可舉⓲，九變⓳而賞罰可言⓴也。驟而㉑語形名，不知其本㉒也；驟而語賞罰，不知其始㉓也。倒㉔道而言、迕㉕道而說者，人之所治也，安能㉖治人！驟而語形名賞罰，此有㉗知治之具㉘，非知治之道。可用於天下，不足以用天下。此之謂辯士，一曲㉙之人也。禮法數度，形名比詳，古人有之，此下之所以事上，非上之所以畜下也。

【章　旨】此節論述所謂至治之道，以為首先要向世人明示天（自然），然後逐次明示各種治理之手段，諸如道德、仁義、是非、賞罰等，以為如此可致太平而享用天下。反之，若不辨其主次先後，則為囿於偏見之辯士而已。

【注　釋】❶明　明示；顯示。❷大道　治道之大者。❸天　指自然。❹分守　職守。❺因任　因材受任。❻原省　省察。❼愚知處宜　愚者智者各處其所宜。❽履位　各處其位。❾襲情　各合其實。襲，合。情，實。❿分　區別。⓫由其名　謂由其名分而責其實。⓬知　同「智」。⓭歸　歸依。⓮其　猶「於」。⓯大平　即「太平」。⓰書　古書。⓱五變　指上文自「天」至「形名」五者逐一之變易。⓲形名可舉　謂可舉述「形名」。⓳九變　指自「天」至「賞罰」九者逐一之變易。⓴賞罰可言　謂可言及「賞罰」。㉑驟而　驟然。㉒本　指「天」。㉓始　亦指「天」。㉔倒　毀。㉕迕　違背。㉖安能　怎能。㉗有　猶「為」。㉘具　工具；手段。㉙一曲　囿於一偏之見。

【語　譯】因此古之明治道之大者，先明自然而道德次之，道德已明而仁義次之，仁義已明而職守次之，職守已明而循名責實次之，循名責實已明而因材受任次之，因材受任已明而省察次之，省察已明而是非次之，是非已明而賞罰次之。賞罰已明而愚者智者各處其所宜，貴者賤者各處其位，仁者賢者不肖者各合其實。必區分其才能，必由其名分而責其實。以此侍奉在上者，以此養育在下者，以此治物，以此修身，不用智謀，必歸依於自然，此稱為太平，治理之至境。故書上說：「有實有名。」循名責實，古人已有之，不是先倡之作法。古之言治道之大者，明於五者逐一之變易而始可舉述循名責實，明於九者逐一之變易而始可言及賞罰。驟然而言循名責實，是不知其根本；驟然而言賞罰，是不知其本始。毀道而言、逆道而說者，是為人所治，怎能治人！驟然而言循名責實與賞罰，此為知治之工具，非為知治之道。可任用於天下，不可以享用天下。此種人稱為辯士，是囿於一偏之見的人。禮法制度，循名責實，考校審核，古人有之，此為在下者侍奉在上者之作法，不是在上者養育在下者之作法。

昔者舜問於堯曰：「天王❶之用心何如❷？」堯曰：「吾不敖❸無告❹，不廢❺

窮民，苦❻死者，嘉❼孺子❽而哀婦人❾：此吾所以用心已。」舜曰：「美則美矣，而未大❿也。」堯曰：「然則何如？」舜曰：「天德⓫而出寧⓬，日月照而四時行，若晝夜之有經⓭，雲行而雨施⓮矣。」堯曰：「膠膠擾擾⓯乎！子，天之合⓰也；我，人⓱之合也。」夫天地者，古之所大也，而黃帝、堯、舜之所共美也。故古之王天下者，奚為⓲哉？天地⓳而已矣。

【章　旨】此節借堯舜交談之寓言論述堯初時用心於民事世治，舜告誡以一任自然，堯因而感悟。

【注　釋】❶天王　舜稱堯。❷何如　即「如何」。❸敖　通「傲」。傲慢。❹無告　無可訴說之人。❺不廢　不棄。❻苦　憐憫。❼嘉　憐愛。❽孺子　承上「死者」言，指孤兒。❾婦人　指寡婦。❿未大　不是大美。⓫天德　天道自然之恩德。⓬出寧　出現安寧。⓭經　常規。⓮施　散布。⓯膠膠擾擾　擾亂貌。意謂己之用心適為亂世。⓰天之合　即合於自然。⓱人　人為。⓲奚為　何所為。⓳天地　意指自然。

【語　譯】往時，舜問堯說：「天王如何用心？」堯說：「我對無可訴說者不傲慢，不棄窮民，憐憫死者，憐愛孤兒而哀憐寡婦：此即我用心之事。」舜說：「美是美了，而不是大美。」堯說：「如此則怎麼辦？」舜說：「因天道自然之恩德而出現安寧，日月照耀而四季推移，若晝夜之有常規，雲飄移而雨散布了。」堯說：「我是在擾亂呢！你，是合於自然；我，是合於人為。」那天地自然者，古人以為偉大的事物，黃帝、堯、舜所共同讚美。故古之稱王天下者，做什麼呀？順天地自然而已。

孔子西❶藏書於周室❷，子路❸謀曰：「由聞周之徵藏史❹有老聃者，免❺而歸居，夫子欲藏書，則試往因❻焉。」孔子曰：「善。」往見老聃，而老聃不許。於是繙❼十二經❽以說，老聃中其說❾，曰：「大謾❿，願聞其要⓫。」孔子曰：「要在仁義。」老聃曰：「請問，仁義，人之性邪？」孔子曰：「然。君子不仁則不成，不義則不生。仁義真人之性也，又將⓬奚為⓭矣⓮？」老聃曰：「請問，何謂仁義？」孔子曰：「中心⓯物愷⓰，兼愛⓱無私⓲，此仁義之情⓳也。」老聃曰：「意⓴！幾㉑乎後言㉒。夫兼愛不亦迂㉓乎！無私焉乃私也。夫子若欲使天下無失其牧㉔乎，則天地固有常矣，日月固有明矣，星辰固有列㉕矣，禽獸固有群矣，樹木固有立㉖矣。夫子亦放德㉗而行，循道而趨，已至㉘矣，又何偈偈㉙乎揭㉚仁義，若擊鼓而求㉛亡子㉜焉？意！夫子亂人之性也。」

【章旨】此節述孔子與老子關於仁義之辯：孔子以為仁義本為博愛，出於人之性；老子則以為本於自然乃為完善，孔子標舉仁義是亂人之性。

【注釋】❶西　西行。❷周室　周朝廷。❸子路　仲氏，名由，字子路，孔子弟子。❹徵藏史　典掌藏書之史官，即《史記・老子韓非列傳》所謂之「守藏室之史」。❺免　辭職。❻因　依靠。❼繙　疑借作「泛」。❽十二經　成玄英《疏》謂「六經」加「六緯」合為十二經。然緯書乃出於漢代以神學附會「六經」之書，孔子時尚無其書。其實，作者所寫本為寓言，故無須坐實其事。❾中其說　謂於其說之半中。中，半。❿大謾　太繁多。⓫要　要點。⓬將　猶「會」。⓭奚為　為何。⓮矣　猶「呢」。表反詰。⓯中心　誠心。中，通「忠」。⓰物愷　人之和樂。⓱兼愛　博愛。⓲私　偏私。⓳情　實。⓴意　即「噫」，為歎詞。㉑幾　近。㉒後言　擯棄之言。㉓迂　不近事理。㉔牧　管理。㉕列　位次。㉖立　通「位」。㉗放德　依順其性。放，通「仿」。德，性。㉘至　善。㉙偈偈　用力之貌。㉚揭　高舉。㉛求　尋找。㉜亡子　逃亡之人。

【語　譯】孔子西行以藏書於周朝廷，子路出謀說：「我聽說周朝廷典掌藏書之史官有老聃，辭職而歸居，老師欲藏書，則試前往依靠於他。」孔子說：「好的。」往見老聃，而老聃不許。孔子於是就十二經泛泛而言，老聃在其說之半中，說：「太繁多，願聽其要點。」孔子說：「要點在於仁義。」老聃說：「請問，仁義是人之本性嗎？」孔子說：「是的。君子不仁則不成，不義則不生。仁義真是人之本性，不然，又會是什麼呢？」老聃說：「請問，什麼稱為仁義？」孔子說：「誠心於人之和樂，博愛而無偏私，此仁義之實。」老聃說：「噫！近於擯棄之言。博愛不迂腐嗎！無偏私乃自私。您若欲使天下不失其管理呢，則天地本有常規，日月本有光明，星辰本有位次，禽獸本有其群，樹木本有其位。您依順其性而行，遵循天道自然而為，已完善了。又何必用力地高舉仁義，若擊鼓而尋找逃亡之人呀？噫！您是在亂人之性。」

士成綺❶見老子而問曰：「吾聞夫子聖人也，吾固❷不辭遠道而來願見，百舍❸重趼❹而不敢息。今吾觀子非聖人也。鼠壤❺有餘蔬❻，而❼棄妹❽之者，不仁❾也。生熟❿不盡⓫於前，而積斂⓬無崖⓭。」老子漠然不應。士成綺明日復見，曰：「昔者吾有刺於子，今吾心正卻⓮矣，何故也？」老子曰：「夫巧知⓯神聖之人，吾自以為脫⓰焉。昔者子呼我牛也而⓱謂⓲之牛，呼我馬也而謂之馬。苟⓳有其實，人與之名而弗受，再受其殃。吾服⓴也恆服㉑，吾非以服㉒有服。」士成綺鴈行避影㉓，履行㉔遂進㉕，而問：「修身若何㉖？」老子曰：「而㉗容崖然㉘，而目衝然㉙，而顙㉚頯然㉛，而口闞然㉜，而狀義然㉝，似繫馬而止㉞也。動而持㉟，發也機㊱，察而審㊲，知巧而覩於泰㊳，凡㊴以為不信㊵。邊竟㊶有人㊷焉，其名為㊸竊㊹。」

【章　旨】此節寫士成綺請教老子之寓言。起初士成綺因對老子不解故有所諷刺，老子漠然處之而告以自己本以順從為常。對於士成綺之問修身之道，老子告以其容貌舉動皆與修身相反背，修身在於求諸己，而不在向外竊取。

【注　釋】❶士成綺　虛擬之人名。❷固　通「故」。❸舍　三十里為一舍。❹重趼　足繭相疊。❺鼠壤　鼠作穴所扒出之土。❻蔬　通「糈」。米粒。❼而　猶「乃」。❽棄妹　即「棄蔑」，拋棄。❾不仁　不愛惜糧食。❿生熟　生與熟之食品。⓫不盡　即有餘。⓬積斂　聚斂。⓭無崖　無有限止。⓮正郤　糾正過失。郤，通「隙」。⓯巧知　即「智巧」。知，同「智」。⓰脫　擺脫。⓱而　猶「則」。⓲謂　通「為」。⓳苟　猶「若」。⓴服　順從。㉑恆服　以順從為常。㉒以服　即「以服子」。㉓鴈行避影　喻側行側視，形容其恭慎之態。鴈行，群鴈飛時或排成「人」形，此喻側行貌。影，字疑原作「景」。避景，避光，喻側視貌。㉔履行　穿履行走。㉕遂進　即入室。入室時本當脫履於外，現穿履即入室，狀其恭而失態。㉖修身若何　如何修身。㉗而　通「爾」。你。㉘崖然　傲岸貌。㉙衝然　突出貌。㉚顙　額。㉛頯然　顴厚質樸貌。㉜闞然　張大貌。㉝義然　公正貌。㉞繫馬而止　馬被繫而止其奔馳，喻事乃出於不得已。㉟動而持　謂心浮動而強持。㊱發也機　謂行動如扣動機栝之迅疾。㊲察而審　謂察事詳審。㊳知巧句　謂智巧而顯露於驕泰。知，同「智」。㊴凡　一切。㊵不信　不可信。㊶邊竟　即邊境，指界外。㊷有人　即指士成綺。謂其處於修身之道之界外。㊸為　通「謂」。㊹竊　指其只想竊取於他人而不求自得。

【語　譯】士成綺見老子而問道：「我聽說先生是聖人，我因此不推託路遠而希望來見你，行走三千里路，足繭相疊而不敢休息。今天我看你不是聖人。老鼠打洞扒出的土中有殘餘的米粒，是被拋棄的，這是不愛惜糧食。生與熟之食品在跟前有餘，是聚斂無有限止。」老子冷漠地不作回答。士成綺第二天又見老子，說：「昨天我對你有所諷刺，今天我內心糾正過失了，什麼緣故呢？」老子說：「做那種智巧神聖之人，我自以為擺脫了。往時你呼我為牛而自己亦以為牛，呼我為馬而自己亦以為馬。若有其實，人給予他名而不接受，則會再受其禍殃。我之順從乃以順從為慣常，我並非因順從於你而才有順從。」士成綺側行側視，穿履行走即入室，而問：「如何修身？」老子說：「你容貌傲岸的樣子，你眼珠突出的樣子，你額頭戇厚的樣子，你口張大的樣子，你的情狀公正不偏的樣子，似馬被繫而止其奔馳。心浮動而強持，行動如扣動機栝之迅疾，察事詳審，智巧而顯露於驕泰，一切都以為不可信。邊境有人，其名稱為竊。」

夫子❶曰：「夫道，於大不終❷，於小不遺❸，故萬物備❹。廣廣乎其無不容也，淵乎其不可測也。形德仁義❺，神之末❻也，非至人孰能定之❼？夫至人有世，不亦大乎！而不足以為之累。天下奮棅❽而不與之偕，審❾乎無假❿而不與利遷⓫，極物之真⓬，能守其本⓭，故外天地，遺萬物，而神未嘗有所困也。通乎道，合乎德，退⓮仁義，賓⓯禮樂，至人之心有所定⓰矣。」

【章　旨】此節為「夫子」論道及人如何得道。以為道深而廣，無所不容，唯至人能棄仁義禮樂，外天地萬物而反璞歸真以安於道。

【注　釋】❶夫子　所指不明，成《疏》謂莊周稱老子。❷於大不終　謂從宏觀言是無窮的。❸於小不遺　謂從微觀言是無所疏漏的。❹萬物備　謂萬物皆為道所包含。備，完備。❺形德仁義　以仁義體現德。❻神之末　精神之卑下者。❼定之　安於道。❽奮棅　逞其所秉之才智。奮，逞。棅，同「秉」。❾審　明。❿無假　無所假借，即「無待」。⓫不與利遷　不隨利而變化。⓬極物之真　盡人之淳樸。⓭本　本性。⓮退　排除。⓯賓　擯棄。⓰有所定　有所安。

【語　譯】夫子說：「道，從宏觀言是無窮的，從微觀言是無所疏漏的，故萬物皆為道所包含。廣大啊其無所不容，深沉啊其不可測度。以仁義體現德，是精神之卑下者，非至人誰能安於道？至人擁有世界，不廣大嗎！而不能成為他的負擔。天下各逞其所秉之才智而已則不與偕同，明於無所假借而不隨利而變化，盡人之淳樸，能守持其本性，故遺忘天地，遺忘萬物，而其精神未嘗有所困。明於道，合於虛靜無為之德，排除仁義，擯棄禮樂，至人之心有所安。」

世之所❶貴道者書也，書不過語，語有貴也。語之所貴者意也，意有所隨❷。意之所隨者，不可以言傳也，而世因貴言傳書。世雖貴之，我❸猶不足貴❹也，為其貴非其貴也。故視而可見者形與色也，聽而可聞者名❺與聲也。悲夫！世人以形色名聲為足以得彼❻之情❼。夫形色名聲果不足以得彼之情，則知者不言，言者不知，而世豈識之哉！

【章　旨】此節論述道之可貴為其在形色言表之外，故不可從形色言表得之，所謂知者不言而言者不知。

【注　釋】❶所　語助詞。❷所隨　依從者，指道。❸我　作者自稱。❹猶不足貴　還是以為不值得貴重。❺名　本指文字，此指語言。❻彼　指道。❼情　實。

【語　譯】世人看重道是由於書之作用，書不過語言，語言有所貴。語言之所貴是意思，意思有依從者。意思所依從者，不可以語言相傳，而世人卻因貴重語言而使書流傳。世人雖貴重它，我還是以為不值得貴重，為其所貴重者並非值得貴重。故視而可見者是形與色，聽而可聞者是語言與聲音。可悲啊！世人以為形色語言聲音可以得彼之實。形色語言聲音終究不可以得彼之實，則知者不言，言者不知，而世人豈知道呢！

桓公❶讀書於堂上，輪扁❷斲輪❸於堂下，釋❹椎❺鑿❻而上，問桓公曰：「敢問公之所讀者何言邪？」公曰：「聖人之言也。」曰：「聖人在乎？」公曰：「已死矣。」曰：「然則君之所讀者，古人之糟魄❼已夫！」桓公曰：「寡人讀書，輪人❽安得❾議乎！有說則可，無說則死。」輪扁曰：「臣❿也以臣之事觀之：斲輪，徐則甘而不固，疾則苦而不入⓫，不徐不疾，得之於手而應⓬於心，口不能言，有數⓭存焉於其間。臣不能以喻⓮臣之子，臣之子亦不能受之於臣，是以行年⓯七十而老斲輪。古之人與其不可傳也⓰死矣，然則君之所讀者，古人之糟魄已夫！」

【章　旨】此節亦為寓言，輪扁以己斫輪之技得於手而應於心，不可言傳，從而推知桓公所讀之「聖人之言」不過糟粕而已。此寓言實在印證上節道無可言表之意。

【注　釋】❶桓公　疑指齊桓公，然此實借其名以編撰寓言。❷輪扁　製作車輪者，其名謂扁。❸斲輪　製作車輪。❹釋　放下。❺椎　捶擊器具。❻鑿　鑿子。❼糟魄　即糟粕。❽輪人　造車輪之工人。❾安得　怎能。❿臣　古人對君主之自稱。⓫斲輪二句　指在輪圈與車轂上鑿孔，並斫輻木之兩端以裝入鑿孔而言。徐，寬。甘，鬆滑。疾，緊。苦，澀滯。⓬應　會。⓭數　技術。⓮喻　告。⓯行年　年紀。⓰也　猶「者」。

【語　譯】桓公在堂上讀書，輪扁在堂下製作車輪，放下椎子鑿子而上，問桓公說：「敬問公之所讀者是何人之言呢？」桓公說：「聖人之言。」問道：「聖人在嗎？」桓公說：「已死了。」說：「如此則君所讀之書，是古人之糟粕罷了！」桓公說：「寡人讀書，造輪者怎能議論呢！有話說則可活命，無話說則死。」輪扁說：「臣以臣之事觀察其事：造輪時輻木與輪圈、轂木銜接處寬則鬆滑而不牢固，緊則澀滯而不能裝入，不寬不緊，得之於手而會於心，口不能言，有技術存在於其間。臣不能把它告訴給臣之子，臣之子也不能從臣處接受，因此年紀七十而老造車輪。古之人和他不可傳者死了，如此則君所讀之書，古人之糟粕罷了！」

【研 析】本文由論德養而論治道，而以論治道為主。論德養，強調以虛靜為德，即以自然為本，使心靈空虛而無塵雜私欲，不為物擾而寧靜。這固然是道家修養之根本。虛靜、恬淡、寂漠、無為，同一詞義而用四個不同之詞作重疊表述，除考慮詞采因素外，主要是起加重語氣之作用，讀來顯得十分突出。那麼，如何達到虛靜呢？文中寡有其辭，卻頗有興致地議論有為之治道，因此不禁使人懷疑其論虛靜乃出於虛假：其一，其言為帝王者是在「治人」，而不是為人所治，故而認定「上必無為而用天下，下必有為為天下用」為「不易之道」。「無為」竟是為了達到享用天下，則虛靜之德何在？它實際上不過是達到享用天下的一種手段而已；又謂要驅使在下者各任其事，則他又如何能達到虛靜無為呢？其二，謂具此虛靜之德之帝王，並不妨礙其進身有為，且謂其治世之日，可功大名顯而使天下一統，故靜可為聖而動可為王，無為而受尊。如此，則此種虛靜無為，豈不成為欺世圖名之招牌罷了！其三，稱治道之大者，首先舉述人倫之尊卑先後，以為必須遵循；其次舉述天、道德、仁義、分守、形名、因任、原省、是非、賞罰九者，以為當明示世人。這裡雖將天、道德置於序首，而其餘七項皆與道家無為而治針鋒相對。那麼，作者為什麼要借論虛靜而大論人為之治呢？毋庸諱言，其雖然還舉著道家的旗號，而實質上卻已背離。棄此而取彼，正是諸子百家學術思想交融的產物，並不構成是非正誤，而背離則無可否認。

雖則如此，我們注意到篇文之後半，有述老聃否定孔子以仁義為人本性之說，而教其依德而行，循道而趨之文；又見所謂「夫子」之言，謂至人之心有所安，當明道合德而黜退仁義禮樂。此二例顯與上述之論不一，如不是出於編者之誤植，則為作者之自相抵牾。

本篇之末，作者還論述道，言其可知而不可言。道本身是理念的產物，故玄之又玄，自無可明言。作者通過輪扁向桓公言斫輪之體驗，闡明斫輪之技巧無可言傳，只能得之於手而應於心。有此比喻，推此及彼，則作者想表明道不可言傳而只能得之於心靈體驗這一點就顯得可想而知了，可見其巧妙諧合。

天運第十四

【題解】本篇取首段首句之詞組合為篇名。全篇主要論述治世之道。認為治天下當順乎自然，使天下皆得其自在，安其本性，因而受益，此即「至仁」之境界。反之，若如三皇五帝之以智為治，則但擾亂人心與萬物之性，使天下深受其害而已。以為治天下者必須領悟道，而對於道的領悟，只有擯棄名利，得之於內心。篇中調和折衷之說亦不少見，如認為在順乎自然之同時，亦當克盡人事；認為依循自然，亦不妨礙使用治人之器；認為可以假借仁義以達到逍遙無為等等。至於說三皇五帝之於禮義法度，因能應時而變，故皆能致治，則明顯陷於自相矛盾。

「天其運乎❶？地其處乎？日月❷其爭於所❸乎？孰主張❹是❺？孰維綱是❻？孰居❼無事推而行是❽？意者❾其有機緘❿而不得已邪？意者其運轉而不能自止邪？雲者為雨乎？雨者為雲乎？孰隆⓫施⓬是⓭？孰居無事淫樂⓮而勸是⓯？風起北方，一⓰西一東，有⓱上彷徨⓲，孰噓吸⓳是⓴？孰居無事而披拂㉑是？敢問何故？」巫咸袑㉒曰：「來！吾語㉓女㉔。天㉕有六極㉖五常㉗，帝王順之則治，逆之則凶。九洛㉘之事，治成德備，監照㉙下土㉚，天下戴㉛之，此謂上皇㉜。」

【章旨】此節敘述有人問天地自然現象有無主使者，咸袑答以能順乎自然又克盡人事，可成至尊帝王。

【注　釋】❶天其二句　自此開首二句起，至「敢問何故」，連續發問十五事，然而其為何人所問，因前無交代，故不得而知，當有缺文。天，天體。其，大概，表揣度。運，運轉。處，靜止。❷日月　指日月之運行日夜輪替。❸所　居所。❹主張　主宰與設置。❺是　此。指天運。❻維綱句　謂誰維繫地而使其靜止。維綱，維繫。是，指地。❼居　處。❽推而行是　謂推動日月之行。❾意者　或許。❿機緘　機關開閉。⓫隆　興起。指雲言。⓬施　散布。指雨言。⓭是　指雲雨。⓮淫樂　高興。⓯勸是　勉力於此。⓰一　或。⓱有　猶「於」。⓲彷徨　飄動。⓳噓吸　呼吸。⓴是　指風起雲飄。㉑披拂　吹拂；扇動。㉒巫咸祒　巫者其名咸祒。㉓語　告。㉔女　同「汝」。㉕天　天生。㉖六極　即六合。㉗五常　即五行。㉘九洛　九疇洛書。傳說為天帝賜禹之書，由洛水中神龜負載而出。因其載治理天下之九類大法，故稱九疇洛書。據《尚書・洪範》，九類大法是：一五行，二五事，三八政，四五紀，五皇極，六三德，七稽疑，八庶徵，九五福六極。㉙監照　臨察。㉚下土　指國土。㉛戴　擁戴。㉜上皇　至尊帝王。

【語　譯】「天體大概在運轉吧？地大概靜止吧？日月大概在爭奪居所吧？誰主宰與設置天體之運轉？誰維繫地而使其靜止？誰處於無事而推動日月之行？或許其有機關開閉而不能停止吧？或許其運轉而不能自己停止吧？雲成為雨嗎？雨成為雲嗎？誰興起雲散布雨？誰處於無事高興而勉力於此？風起於北方，雲或向西，或向東，在上空飄動，誰在呼吸而使風起雲飄？誰處於無事而扇動之？敬問是什麼緣故？」巫者咸祒說：「來！我告訴你。天生有六合五行，帝王順之則治，逆之則凶。九疇洛書之事，以其成治而德養完美，臨察國土，天下擁戴他，稱之為至尊帝王。」

商❶大宰❷蕩❸問仁於莊子。莊子曰：「虎狼，仁也❹。」曰：「何謂也？」莊子曰：「父子❺相親，何為❻不仁？」曰：「請問至仁。」莊子曰：「至仁無親❼。」大宰曰：「蕩聞之，無親則不愛，不愛則不孝，謂至仁不孝可乎？」莊子曰：「不然。夫至仁尚矣，孝固不足以言之。此❽非過孝❾之言也，不及孝❿之言也。夫南行者至於郢⓫，北面⓬而不見冥山⓭，是何也？則去之遠也。故曰：以敬孝⓮易，以愛孝⓯難；以愛孝易，以忘親⓰難；忘親易，使親忘我難；使親忘我易，兼忘天下⓱難；兼忘天下易，使天下兼忘我難⓲。夫德遺堯舜而不為也⓳，利澤⓴施㉑於萬世，天下莫知也，豈直㉒太息㉓而言仁孝乎哉！夫孝悌㉔仁義，忠信貞廉㉕，此皆自勉以役其德㉖者也，不足多㉗也。故曰：至貴，國爵㉘并㉙焉；至富，國財㉚并焉；至願，名譽并焉。是以道㉛不渝㉜。」

【章旨】此節記述太宰蕩與莊子關於「仁」之論辯，莊子提出了「至仁無親」之見解，以為「至仁」乃超脫了世俗之仁愛而順乎自然，使世人在無所察知中受益之境界。有識於此，故能擯棄名利而唯道是重。

【注釋】❶商　指宋國，因宋承商後。❷大宰　官名，職掌國家之內外事務。大，通「太」。❸蕩　太宰其名。❹虎狼二句　謂虎狼雖兇殘而亦存仁愛。❺父子　指虎狼言。❻何為　即「何謂」，怎麼說。❼無親　不親密。❽此　指至仁。❾過孝　超過孝。❿不及孝　無關於孝。⓫郢　楚國都，在今湖北江陵。⓬北面　向北。⓭冥山　所在不詳，或云在北極，或云在北海中。⓮敬孝　以敬示孝。因敬見於外表故易。⓯愛孝　以愛示孝。因愛出於內心故難。⓰忘親　淡忘自己父母之念。⓱兼忘天下　謂使自己全遺忘天下。⓲使天下句　意謂我以無為而致治，故能使天下全然遺忘我之為治，然此為至難之事。⓳夫德句　謂其所謂德，乃棄而不為堯舜之事。⓴利澤　利益恩澤。㉑施　延續。㉒直　猶「只」。㉓太息　即歎息。㉔孝悌　孝順父母，敬愛兄長。㉕貞廉　廉正。㉖役其德　為其德所役使。㉗多　看重。㉘國爵　國家授予之爵位。㉙并　借作「屏」。擯棄之意。㉚國財　傾國之資財。㉛道　指其所守之道。㉜不渝　不變。

【語　譯】商之太宰蕩向莊子問仁。莊子說：「虎狼，有仁愛。」問道：「怎麼說呢？」莊子說：「虎狼父子之間親密，怎能說不是仁愛？」說：「請問完美之仁。」莊子說：「完美之仁不親密。」太宰說：「我聽說，不親密則不愛，不愛則不孝，說完美之仁不孝可以嗎？」莊子說：「不然。完美之仁高尚呢，和它相對照，孝本無以可言。這不是說它超過孝，而是說它與孝無關。南行之人而至於郢，向北而不見冥山，這是什麼緣故呢？是因為距離遙遠。因此說：以敬表示孝容易，以愛表示孝困難；以愛表示孝容易，以淡忘自己父母之念困難；淡忘自己父母之念容易，使父母亦淡忘我為其子之念困難；使父母淡忘我為其子之念容易，使自己全遺忘天下困難；使自己全遺忘天下容易，使天下全然遺忘我困難。其所謂德，乃棄而不為堯舜之事，利益恩澤延續萬代，而天下無人知道，豈只是歎息而言仁孝呢！那孝悌仁義，忠信廉正，這些都是其自身所勉力而實為其德所役使，不可看重。因此說：最高貴，國家授予之爵位擯棄之；最富有，傾國之資財擯棄之；最高的心願，名譽擯棄之。因而其所守之道不變。」

北門成❶問於黃帝❷曰：「帝❸張❹《咸池》❺之樂於洞庭❻之野，吾始聞之懼，復聞之怠，卒聞之而惑，蕩蕩默默❼，乃❽不自得❾。」帝曰：「汝殆其然❿哉！吾奏之以人⓫，徵⓬之以天⓭，行⓮之以禮義，建⓯之以太清⓰。夫至樂者，先應之以人事，順之以天理，行之以五德，應之以自然，然後調理四時，太和萬物⓱。四時⓲迭起⓳，萬物循生⓴。一㉑盛一衰，文武㉒倫經㉓。一清㉔一濁㉕，陰陽調和，流光其聲㉖。蟄蟲㉗始作㉘，吾驚之以雷霆。其卒無尾，其始無首㉙。一死一生，一僨[30]一起，所常[31]無窮[32]，而一[33]不可待[34]。汝故懼也。吾又奏之以陰陽之和，燭[35]之以日月之明。其聲能短能長，能柔能剛，變化齊一，不主[36]故常[37]。在谷滿谷，在阬[38]滿阬。塗郤[39]守神[40]，以物為量[41]。其聲揮綽[42]，其名高明[43]。是故鬼神守其幽，日月星辰行其紀[44]。吾止之於有窮，流之於無止[45]。予[46]欲慮之而不能知也，望之而不能見也，逐之而不能及也，儻然[47]立於四虛之道[48]，倚於槁梧而吟：『目知窮乎所欲見[49]，力屈[50]乎所欲逐，吾既不及已夫！』形充[51]空虛[52]，乃至委蛇[53]。汝委蛇，故怠。吾又奏之以無怠之聲，調[54]之以自然之命[55]，故若混逐[56]叢生，林樂[57]而無形[58]，布揮[59]而不曳[60]，幽昏[61]而無聲。動[62]於無方[63]，居[64]於窈冥[65]；或謂[66]之死，或謂之生；或謂之實[67]，或謂之榮[68]；行流散徙[69]，不主常聲[70]。世疑之，稽於聖人[71]。聖[72]也者，達於情[73]而遂於命[74]也。天機[75]不張[76]而五官皆備，此之謂天樂[77]，無言而心說[78]。故有焱氏[79]為之頌曰：『聽之不聞其聲，視之不見其形，充滿天地，苞裹[80]六極。』汝欲聽之而無接[81]焉，而[82]故惑也。樂也者，始於懼，懼故祟[83]；吾又次之[84]以怠，怠故遁[85]；卒之於惑，惑故愚，愚故道[86]，道可載[87]而與之俱[88]也。」

【章　旨】此節述北門成告黃帝聞奏《咸池》之樂之感受，黃帝於是為之解，泛述樂曲乃逐次表現自然之變化，體現天道之玄妙，故而人感知為難，唯有達到棄智得道方可領悟。

【注　釋】❶北門成　虛構人物之名。❷黃帝　此借為得道者。❸帝　稱黃帝。❹張　演奏。❺咸池　傳說樂曲名。❻洞庭　疑為假借之山名。❼蕩蕩默默　恍惚無知貌。❽乃　竟。❾不自得　忘卻自身。❿殆其然　大概是如此。⓫人　指人事。⓬徵　驗。⓭天　自然。⓮行　貫穿。⓯建　通「鍵」。閉藏，此謂終結。⓰太清　天道。⓱夫至樂七句　據馬敘倫《莊子義證》引蘇輿說，為郭象注文誤入正文。⓲四時　四季。⓳迭起　交替而至。⓴循生　順時而生。㉑一　或。㉒文武　指氣候或柔和或肅殺。㉓倫經　順乎常規。㉔清　白晝。㉕濁　黑夜。㉖流光其聲　其聲音傳播廣遠。光，通「廣」。㉗蟄蟲　藏伏之蟲。㉘作　動。㉙其卒二句　謂聲樂所表現的天道之運行本無始無終。㉚一死二句　皆就生物而言。僨，倒仆。起，挺起。㉛所常　此種規律。所，猶「此」。㉜無窮　謂其體現無有窮期。㉝一　全。㉞待　防備。㉟燭　照耀。㊱主　守。㊲故常　陳規。㊳阬　同「坑」。㊴塗郤　填塞空隙。㊵守神　保持其神妙。㊶以物為量　以物為度，意謂隨物而盡其變。㊷揮綽　悠揚清越。㊸其名高明　其名為高明之聲。㊹紀　軌道。㊺吾止二句　此亦就音樂之表現功能而言。止之，使樂音休止。有窮，有窮之境。流，傳播。無止，無窮之境。㊻予　當依各本作「子」，為形誤。㊼儻然　悵然自失貌。㊽四虛之道　四方空虛之道。㊾目知句　文有脫誤，對照上文，當作「□窮乎所欲知，目窮乎所欲見」。空缺字當為「心」字。窮，困。㊿屈　困。51形充　指思慮與視覺。形，指心與目。52空虛　因皆不得其欲故云空虛。53委蛇　隨順貌。54調　調諧。55自然之命　自然之歸趨。56混逐　並逐。57林樂　樂音紛繁。58無形　指不能辨別其所出。59布揮　散布。60不曳　無所阻礙。曳，頓。61幽昏　幽微。62動　起。63無方　無定所。64居　處。65窈冥　極遙遠之處。66謂　告；表示。67實　指事物之內蘊。68榮　指事物之外象。69行流散徙　指傳布之樂曲。70不主常聲　不固守一成不變之聲調。71稽於聖人　謂考察聖人之道。72聖　即聖人之道。73達於情　明白萬物之本性。74遂於命　順從自然之歸趨。75天機　天賦之靈性。76不張　不動。77天樂　與自然諧和之樂。78說　同「悅」。79有焱氏　傳說古帝名，成《疏》謂即神農氏。80苞裹　包含。苞，通「包」。81無接　無以接受。82而　通「爾」。你。83祟　有災禍。84次之　繼之。85遁　躲避。86愚故道　謂愚而無知近於得道者之擯棄聰明智巧而本乎自然。87載　接受。88與之俱　與之一體。

【語　譯】北門成問黃帝說：「帝在洞庭山之野奏《咸池》之樂，我開始聽時恐懼，再聽之則懈怠，最後聽之則困惑，恍惚而無所知，竟忘卻自身。」黃帝說：「你大概是如此。我奏以人事，以自然作驗證，貫穿以禮樂，以天道作終結。四季交替而至，萬物順時而生。或盛或衰，氣候或柔和或肅殺，皆順於常規。或白天，或黑夜，陰陽調和，故而聲音傳播廣遠。藏伏之蟲始動，我以雷霆驚之。聲樂所表現的天道之運行本無始無終。萬物或死或生，或倒仆或挺起。此種規律的體現將無有窮期，故而完全不可防備，你因此恐懼了。我又奏之以陰陽之和，以日月之明照耀之。其聲音能短能長，能柔能剛，其或變化，或歸於同一，皆不守陳規。在山谷則滿山谷，在坑窪則滿坑窪。填塞空隙，保持其神妙，以物為度。其聲音悠揚清越，名為高明之聲。因此鬼神據守其幽僻之境，日月星辰在其軌道上運行。我使樂音休止於有窮之境，又傳播之於無窮之境。你欲思考它而不能知，望之而不能見，追尋之而不能追上，悵然自失地立於四方空虛之道，倚靠枯槁的梧桐枝而吟：『心困於所欲知，目困於所欲見，力困於所欲追尋，我已不能追上吧！』思慮與視覺皆空虛，以至於隨順。你隨順，故懈怠。我又奏之以不懈怠之聲，以自然之歸趣調諧之，因而如同並相追逐叢聚勃發，樂音紛繁而不辨其所出，散布而無所阻礙，至於幽微而無聲。其起於無定所，處於極遙遠之地；其或表示事物之死亡，或表示事物之產生；或表示事物之內蘊，或表示事物之外象；傳播之樂曲，不固守一成不變之聲調。世人疑之，考察於聖人之道。聖人之道，是明白萬物之本性而順從自然之歸趣。五官皆備而天賦之靈性不動，此稱為與自然諧和之樂，無所言而心自樂。故有焱氏之頌說：『聽之不聞其聲，視之不見其形，充滿於天地，包含六合。』你欲聽之而無法接受，你因此困惑。聽樂而開始於恐懼，恐懼因而有災禍；我又繼之以懈怠，懈怠因而躲避；最後至於困惑，困惑因而愚昧，愚昧因而得道，道可接受而與之一體了。」

孔子西遊於衛，顏淵問師金❶曰：「以夫子之行為奚如❷？」師金曰：「惜乎！而❸夫子其窮❹哉！」顏淵曰：「何也？」師金曰：「夫芻狗❺之未陳❻也，盛以篋衍[7]，巾[8]以文繡[9]，尸祝[10]齊戒[11]以將[12]之。及其已陳也，行者踐其首脊，蘇者[13]取而爨[14]之而已。將復取而盛以篋衍，巾以文繡，游居[15]寢臥其下[16]，彼不得夢，必且數[17]眯[18]焉。今而[19]夫子亦取先王已陳芻狗[20]，聚弟子游居寢臥其下，故伐樹於宋[21]，削迹於衛[22]，窮於商周[23]，是非其夢邪？圍於陳蔡之間[24]，七日不火食[25]，死生相與鄰[26]，是非其眯邪？夫水行莫如用舟，而陸行莫如用車。以舟之可行於水也，而求[27]推之於陸，則沒世[28]不行尋常[29]。古今非水陸與？周[30]魯非舟車與？今蘄[31]行周於魯[32]，是猶推舟於陸也。勞而無功，身必有殃。彼未知夫無方之傳[33]，應物而不窮[34]者也。且子獨[35]不見夫[36]桔槔[37]者乎？引之則俯[38]，舍之則仰[39]。彼人之所引，非引人也，故俯仰而不得罪於人[40]。故夫三皇五帝[41]之禮義[42]法度，不矜[43]於同而矜於治。故譬三皇五帝之禮義法度，其猶柤梨橘柚[44]邪，其味相反而皆可[45]於口。故禮義法度者，應時而變者也。今取猨狙而衣[46]以周公[47]之服，彼必齕齧[48]挽[49]裂，盡去而後慊[50]。觀古今之異，猶猨狙之異乎周公也。故西施病心[51]而矉[52]其里[53]，其里之醜人見而美之，歸亦捧心而矉其里。其里之富人見之，堅閉門而不出；貧人見之，挈[54]妻子而去之走[55]。彼知矉美，而不知矉之所以美[56]。惜乎！而夫子其窮哉！」

【章　旨】此節述魯太師金評議孔子，以為孔子推行先王之道而遭遇困厄，乃不察時變而妄加效法之故，不知先王之治道只適應其時。並謂當領悟道以順應事物之無窮變化。

【注　釋】❶師金　魯太師名金。然其人其事皆為虛構。❷奚如　如何。❸而　爾。❹窮　困厄。❺芻狗　結草為狗形，供祭祀之用，祭畢則棄之。❻陳　陳設，指使用。❼篋衍　盛物之竹器。❽巾　猶「覆」。❾文繡　繪有彩色圖案的絲織品。❿尸祝　掌管祭祀之官。⓫齊戒　即齋戒。⓬將　供奉。⓭蘇者　取柴草者。⓮爨　燒火做飯。⓯遊居　出外遊說留居。⓰下　側旁。⓱數　屢。⓲眯　視物昏花，此為迷糊意。⓳而　爾。⓴先王已陳芻狗　喻先王之道。㉑伐樹於宋　據《史記．孔子世家》載，孔子周遊列國，至宋，與弟子習禮於大樹下，宋司馬桓魋欲殺孔子，孔子去。桓魋拔其樹。此謂遭人厭惡。㉒削迹於衛　在衛被逐。據〈孔子世家〉載，孔子去魯適衛，衛靈公聽信讒言，使公孫余假以兵仗脅之，孔子恐獲罪，故去衛。此謂「削迹於衛」，疑即借其事以申發之。㉓窮於商周　商周疑為地名。據〈孔子世家〉載，孔子去陳過蒲（今河南長垣縣境），適公叔氏以蒲叛，故蒲人阻止孔子。孔子弟子公良孺與之死鬥，蒲人懼而孔子得出。此所謂「窮於商周」，或借此申發。㉔圍於陳蔡之間　孔子出遊時曾處於陳蔡之間，楚聘孔子，孔子將往。陳蔡大夫懼楚用孔子將於己不利，於是發徒卒圍之，致使孔子絕糧。陳，諸侯國名。其地域在今河南東部和安徽北部。蔡，諸侯國名。其地域在今河南汝南、上蔡、新蔡等地。㉕不火食　不能燒飯吃。㉖死生句　謂雖生而瀕於死。㉗求　慮。㉘沒世　終身。㉙尋常　八尺為尋，倍尋為常。㉚周　指西周王朝。㉛蘄　冀求。㉜行周於魯　謂將西周盛世的禮樂制度推行於魯國。孔子曾云：「如有用我者，吾其為東周乎？」（《論語．陽貨》）㉝無方之傳　即〈齊物論〉之所謂「道樞」。無方，無所定向。傳，猶「轉」。㉞應物而不窮　順應物無窮之變化。㉟獨　猶「豈」。㊱夫　猶「彼」。㊲桔槔　亦稱「槔」，見〈天地〉注。㊳引之句　謂拉槓桿之尾部則使之低下。㊴舍之句　謂放手則尾部高舉。㊵彼人三句　意謂桔槔順人意故不得罪於人，喻行事亦該順其自然，不可逆勢而動。㊶三皇五帝　泛指遠古時代的帝王，所指說法不一。㊷禮義　即禮儀。㊸矜　尚。㊹柤梨橘柚　見〈人閒世〉注。㊺可　適。㊻衣　穿。㊼周公　周武王之弟，名旦。曾助武王滅紂，武王死，成王尚幼，故由他攝政。他曾東征平定叛亂，分封諸侯，制訂典章制度，鞏固了周王朝的統治。被奉為聖人。㊽齕齧　用牙齒咬。㊾挽　撕。㊿慊　滿足。(51)病心　患心病。(52)矉　借為「顰」，皺眉。(53)里　鄉里。(54)挈　帶領。(55)去之走　跑著離開其地。(56)彼知二句　意謂彼不知西施顰之所以美，乃本於西施之麗質，醜而效顰則更顯其醜。喻先王治道之善乃適應其時，照搬於今則亦適得其反。

【語　譯】孔子西遊於衛，顏淵問太師金說：「你以為先生之行怎麼樣？」太師金說：「可惜啊！你的先生將遭遇困厄呢！」顏淵說：「為什麼呢？」太師金說：「那結草之狗未陳設之時，盛放在竹器之中，用繪有彩色圖案的絲織品覆蓋，尸祝齋戒而供奉之。到已經陳設之後，走路的人踐踏其頭與脊梁，撿柴草的人取而用它燒飯而已。再將它拿來盛放在竹器之中，用繪有彩色圖案的絲織品覆蓋，出遊留居時睡在它的側旁，他不是做夢，必定是一再迷糊。現今你先生亦取先王已經陳設的結草之狗，聚集弟子出遊留居時睡在它的側旁，因而在宋桓魋拔樹，被逐於衛，困於商周，這不是在做夢嗎？被圍於陳蔡之間時，七天不能燒飯吃，雖活著而瀕於死亡，這不是迷糊嗎？行於水上不如用舟，而行於陸上不如用車。因舟可行於水上，而想把它在陸上推行，則終身不能移動尋常。古今不是水與陸嗎？周與魯不是舟與車嗎？今祈求將實施於周者推行於魯，這猶如將舟在陸上推行，勞而無功，身必有災禍。他不知那個無所定向之轉動，能順應物無窮之變化。並且你難道沒有看見那桔槔嗎？拉它則低下，放開它則抬起。它是為人所拉，而不是在拉人，故低下抬起不得罪於人。因而三皇五帝之禮儀法度，不崇尚其同而崇尚其能治。以三皇五帝之禮儀法度設譬，其猶如柤梨橘柚吧，其味不同而皆適於口。故禮儀法度，是順應時代而變化的。今取來猿獮猴而讓牠們穿上周公之衣服，牠們必定用牙齒咬將它撕裂，盡行撕去然後滿意。觀察古今之不同，猶如猿獮猴之不同於周公。故西施患心病而在其鄉里皺著眉，其鄉里之醜人見了以為美，返回後也托著心窩在其鄉里皺著眉。其鄉里之富人見到她，緊緊地關上門而不出；貧窮人見到她，帶領妻子孩子跑著離開其地。她知道皺眉是美，而不知道皺眉為什麼美。可惜啊！你的先生將遭遇困厄呢！」

孔子行年五十有❶一而不聞道，乃南之❷沛❸見老聃。老聃曰：「子來乎！吾聞子北方之賢者也，子亦得道乎？」孔子曰：「未得也。」老子曰：「子惡❹乎求之哉？」曰：「吾求之於度數❺，五年而未得也。」老子曰：「子又惡乎求之哉？」曰：「吾求之於陰陽，十有二年而未得。」老子曰：「然。使❻道而可獻，則人莫不獻之於其君；使道而可進，則人莫不進之於其親❼；使道而可以告人，則人莫不告其兄弟；使道而可以與人，則人莫不與其子孫。然而不可者，無佗❽也，中❾無主❿而不止⓫，外無正⓬而不行⓭。由中出者⓮，不受於外，聖人不出⓯；由外入者，無主於中⓰，聖人不隱⓱。名，公器⓲也，不可多取；仁義，先王之蘧廬⓳也，止⓴可以一宿而不可久處，覯㉑而多責。古之至人假道㉒於仁，託宿㉓於義，以遊逍遙之虛㉔，食於苟簡㉕之田，立於不貸㉖之圃。逍遙，無為也；苟簡，易養也；不貸，無出也。古者謂是采真㉗之遊㉘。以富為是㉙者不能讓祿，以顯㉚為是者不能讓名，親權㉛者不能與人柄㉜。操之㉝則慄，舍之則悲，而一㉞無所鑒㉟，以㊱闚其所不休者㊲，是天之戮民㊳也。怨、恩、取、與、諫、教、生、殺，八者正之器㊴也，唯循大變㊵無所湮㊶者為㊷能用之。故曰：正㊸者正㊹也。其心以為不然㊺者，天門㊻弗開矣。」

【章　旨】此節述孔子問道於老子，老子告其道只能由己得之於內心而無可告人。又云至人能假借仁義以達到逍遙，政治之手段唯循自然造化而無所阻滯者能用之。

【注釋】❶有　同「又」。❷之　通「至」。❸沛　今江蘇沛縣東。❹惡　何處。❺度數　規則。❻使　假使。❼親　指父母。❽佗　通「他」。❾中　內心。❿無主　無有主導。⓫不止　指道不存。⓬外無正　外界無使之得正者。⓭不行　謂不能使之得道。⓮由中出者　由內心產生者。⓯不出　不能出示於人。⓰無主於中　在其內心不能主導。⓱聖人不隱　謂雖聖人不隱其道。⓲公器　國家之器物。⓳蘧廬　傳舍。⓴止　只。㉑覯　通「構」。構成。此謂以仁義構成其說。㉒假道　借道；假借。㉓託宿　寄宿；寄託。㉔虛　區域。㉕苟簡　耕作苟且粗略。㉖不貸　不施與。㉗采真　採取真淳。㉘遊　指遊世，即生活。㉙是　準則。㉚顯　出名。㉛親權　愛重權力。㉜柄　權柄。㉝操之　把持祿、名位、權柄。㉞一　全。㉟鑒　識察。㊱以　猶「唯」。㊲所不休者　指無休止追求之富、顯、權。㊳天之戮民　見〈大宗師〉注。㊴正之器　使人得正之工具。㊵大變　指自然造化。㊶無所湮　無所阻滯。㊷為　猶「則」。㊸正　通「政」。政治。㊹正　使人得正。㊺不然　指可不循自然造化而有所阻滯者為能用之。㊻天門　以天道致治之門。

【語譯】孔子年紀五十一而尚未聞知道，於是南行至沛見老聃。老聃說：「你來了麼！我聽說你是北方的賢者，你得道嗎？」孔子說：「未得。」老子說：「你從何處求道呢？」說：「我從規則求道，五年而未得。」老子說：「你又從何處求道呢？」說：「我從陰陽求道，十二年而未得。」老子說：「是的。假如道可奉獻，則人莫不將它奉獻給他的君主；假如道可進奉，則人莫不將它進奉給他的父母；假如道可告訴人，則人莫不將它告訴給他的兄弟；假如道可給予人，則人莫不將它給予他的子孫。然而不可者，沒有其他的原因，內心沒有主導則道不能存在，外界沒有使之得正者則不能得道。由內心產生者，不能從外界接受，雖聖人不能出示於人；由外界進入者，在其內心不能主導，雖聖人不隱其道。名，是國家之器物，不可多取；仁義，是先王之過路居舍，只可以一宿而不可以久住，以仁義構成其說則多遭責難。古之至人假借於仁，寄託於義，以遊於逍遙自在之區域，依靠苟且粗略耕作之田飲食，身處不施與人之菜園。逍遙，因而無為；耕作苟且粗略，因而容易養生；不施與，因而無所出。古時稱其為採取真淳之生活。以富有為準則者不能讓俸祿，以出名為準則者不能讓名位，愛重權力者不能給人權柄。把持俸祿、名位、權柄則使自己陷於恐懼，放棄則陷於悲哀，而全無識察，唯窺見其孜孜以求之富有、出名、權力，此種人為受天道自然所懲罰的人。怨、恩、取、與、諫、教、生、殺，八者是使人得正之工具，只有遵循自然造化而無所阻滯者能用之。因此說，政治是使人得正。其心以為不然者，以天道致治之門不為他打開。」

孔子見老聃而語仁義。老聃曰：「夫播穅❶眯目❷，則天地四方易位矣；蚊虻❸噆❹膚，則通昔❺不寐矣。夫仁義憯然❻，乃憤❼吾心❽，亂莫大焉。吾子使天下無失其朴❾，吾子亦放❿風⓫而動，總⓬德⓭而立⓮矣，又奚⓯傑然⓰若負⓱建鼓⓲而求亡子⓳者邪！夫鵠⓴不日浴而白，烏不日黔㉑而黑。黑白之朴㉒，不足以為辯；名譽之觀㉓，不足以為廣㉔。泉涸，魚相與處於陸，相呴以溼，相濡以沫，不若相忘於江湖㉕。」

【章旨】此節述孔子以仁義告老子，老子認為仁義不僅於救世無補，反而會擾亂人心，故不如順乎自然，使天下得其自在。

【注釋】❶穅　同「糠」。❷眯目　糠屑飛入眼中而視物模糊。❸虻　昆蟲名，像蠅而大，能叮吸人或畜之血。❹噆　叮。❺通昔　通夜。❻仁義憯然　出於仁義而憂傷。憯然，憂傷貌。❼憤　鬱結。❽吾心　自己之心。❾朴　通「樸」。素樸。❿放　通「仿」。順隨。⓫風　世風。⓬總　執。⓭德　指性。⓮立　處。⓯奚　何必。⓰傑然　用力貌。⓱負　借作「拊」。擊。⓲建鼓　大鼓。⓳亡子　逃亡之人。⓴鵠　天鵝。㉑黔　染黑。㉒朴　通「樸」。本色。㉓觀　示人。㉔廣　通「光」。炫耀。㉕泉涸五句　此寓言見〈大宗師〉注。其寓意謂以仁義之道救世，不如使其處自在之境。

【語譯】孔子見老聃而言仁義。老聃說：「揚播米糠，糠屑飛入眼中而視物模糊，則天地四方方位變了；蚊蚖叮皮膚，則通夜不能睡了。因出於仁義而憂傷，此憂傷之情於是鬱結自己心中，心亂沒有比這大的。你使天下不失其素樸，你順隨世風而動，持本性而處，又何必像用力地敲擊大鼓尋找逃亡之人那樣呢！天鵝不每日洗浴而白，烏鴉不每日染黑而黑。黑白之本色，不可作為論辯；名譽之示人，不可作為炫耀。泉水乾竭了，魚一起處於地面上，相互呼氣用以濕潤，用唾沫相互濕潤，不如處在江湖之時相互遺忘。」

孔子見老聃歸，三日不談。弟子問曰：「夫子見老聃，亦將❶何規❷哉？」孔子曰：「吾乃今❸於是乎❹見龍❺。龍，合❻而成體❼，散❽而成章❾，乘雲氣而養乎陰陽❿。予口張而不能嗋⓫，予又何規老聃哉？」子貢曰：「然則人固有尸居而龍見，雷聲而淵默⓬，發動⓭如天地者乎？賜亦可得而觀乎？」遂以孔子聲⓮見老聃。老聃方將⓯倨堂⓰，而應微⓱，曰：「予年⓲運⓳而往⓴矣，子將何以戒㉑我乎？」子貢曰：「夫三王㉒五帝之治天下不同，其係聲名㉓一㉔也，而先生獨以為非聖人，如何哉？」老聃曰：「小子㉕少進㉖。子何以謂不同？」對曰：「堯授舜，舜授禹，禹用力㉗而湯用兵㉘，文王㉙順紂而不敢逆㉚，武王逆紂而不肯順，故曰不同。」老聃曰：「小子少進。余語汝三皇五帝之治天下：黃帝之治天下，使民心一㉛，民有其親死不哭而民不非也㉜；堯之治天下，使民心親㉝，民有為其親㉞殺其殺㉟而民不非也；舜之治天下，使民心競，民孕婦十月生子，子生五月而能言，不至乎孩㊱而始誰㊲，則人始有夭矣；禹之治天下，使民心變，人有心㊳而兵㊴有順㊵，殺盜非殺㊶，人自為種而天下耳㊷，是以天下大駭㊸，儒墨皆起㊹。其㊺作㊻始有倫㊼，而今乎婦女㊽，何言哉！余語汝，三皇五帝之治天下，名曰治之，而亂莫甚焉。三皇之知，上悖日月之明，下睽山川之精，中墮四時之施㊾。其知㊿憯(51)於蠇蠆(52)之尾，鮮規(53)之獸莫得安其性命之情者，而猶自以為聖人，不可恥乎？其(54)無恥也(55)？」子貢蹴蹴然(56)立不安。

【章旨】此節亦論述治道。述孔子、子貢先後訪老子，孔子識其為龍，子貢問其為何責三皇五帝非為聖人。老子以為三皇五帝仗其智以為治，故使萬物不能安其本性，天下深受其毒害，稱之謂聖人乃無恥之極。又謂延及當今，其亂更甚。

【注釋】❶將　猶「欲」。❷規　規諫。❸乃今　如今。❹於是乎　因此。❺龍　喻老子。❻合　總觀。❼體　龍形。❽散　分觀。❾章　文采。❿養乎陰陽　以天地陰陽二氣涵養自身。⓫噏　閉口。⓬尸居二句　見〈在宥〉注。⓭發動　指生長萬物。⓮聲　名義。⓯方將　正。「方將」為同義複詞。⓰倨堂　坐於堂上。倨，通「踞」。⓱應微　輕聲應答。⓲年　年歲。⓳運　逝。⓴往　老死。㉑戒　教。㉒三王　即「三皇」。㉓係聲名　為名聲所繫。㉔一　相同。㉕小子　對年輕人之稱謂。㉖少進　稍上前。㉗用力　指勉力於治水土。㉘用兵　以武力滅夏桀。㉙文王　周文王。姬姓名昌，周武王之父。㉚順紂而不敢逆　姬昌殷時為諸侯，居於岐山之下。因受諸侯之擁戴，被紂囚於羑里。後獲釋而為西方諸侯之長，稱西伯。終不敢起兵反紂。㉛一　純正。㉜民有句　意謂民皆順乎自然而不強求於人。親，指親人。㉝親　親切。㉞為其親　為其間之親切。㉟殺其殺　消除親疏之等差。㊱孩　同「咳」。嬰兒笑。㊲始誰　開始辨認是誰。㊳人有心　人各有心。㊴兵　使用武器。㊵有順　有理。《說文》：「順，理也。」㊶殺盜句　謂殺盜人並非殺人。此論點見於《墨子．小取》，以為盜人為非作歹，故當排斥於所愛之「人」之外。㊷人自為句　謂在天下人各自為本。種，本。而，猶「於」。㊸大駭　大動亂。㊹起　興起。㊺其　指儒墨百家。㊻作　興起。㊼有倫　有理。㊽婦女　婦人之道，謂其但媚俗而已。㊾上悖三句　解見〈胠篋〉注。睽，乖離。㊿知　同「智」。(51)憯　毒。(52)蠇蠆　蠍子一類的毒蟲，尾端有毒鉤。(53)鮮規　不常見。規，通「窺」。(54)其　還是。(55)也　猶「邪」。(56)蹴蹴然　不安貌。

【語　譯】孔子見老聃歸來，三日不言。弟子問道：「老師見老聃，想要規諫什麼？」孔子說：「我如今因此而見到龍。龍，總觀而成龍形，分觀而成文采，乘雲而以天地陰陽二氣涵養自身。我口張而不能閉，我又能規諫老聃什麼呢？」子貢說：「如此則人確有雖寂處而如龍之出現於世，雖深沉緘默而如雷聲之震，生長萬物如天地的嗎？我也能夠見他嗎？」於是以孔子之名義訪見老聃。老聃正坐於堂上，而輕聲應答，說：「我年歲逝而老死了，你將如何教戒我呢？」子貢說：「那三皇五帝治天下之方法不同，其為名聲所繫則相同，而先生獨以為不是聖人，怎麼說呀？」老聃說：「年輕人稍上前。你怎麼說不同？」回答說：「堯授舜，舜授禹，禹勉力於治水土而湯以武力滅夏，文王順從商紂而不敢違背，武王違背商紂而不肯順從，因而說不同。」老聃說：「年輕人稍上前。我告訴你三皇五帝之治天下：黃帝之治天下，使民心純正，民有其親人死而不哭而民眾不加非議的；堯之治天下，使民心親切，民有為相互親切而消除親疏之等差而民眾不加非議的；舜之治天下，使民心競爭，民有孕婦十月生子，子生五月而能言，還不會笑而開始辨認人，則人開始有夭折了；禹之治天下，使民心變，人各有心，以為使用武器有理，殺盜不是殺人，人在天下各自為本，因此天下大動亂，儒家墨家皆興起。其興起之初有其理，如今則但媚俗而已，有什麼可說呢！我告訴你，三皇五帝之治天下，名義說治，而亂沒有比此時更劇烈的。三皇之智，上面違背日月之明，下面乖離山川之純美，中間破壞四季之改易。其智毒於蠍子之尾，不常見之獸不能安其本性，而尚且自以為聖人，不可恥嗎？還是無恥呢？」子貢局促不安地站著。

孔子謂老聃曰：「丘治《詩》❶、《書》❷、《禮》、《樂》❸、《易》❹、《春秋》❺六經❻，自以為久矣，孰❼知其故❽矣，以奸❾者七十二君❿，論先王之道而明周召⓫之迹，一君無所鉤用⓬。甚矣夫⓭！人之難說也⓮？道之難明邪？」老子曰：「幸矣！子之不遇治世之君也。夫『六經』，先王之陳迹⓯也，豈其所以迹⓰哉？今子之所言猶迹⓱也。夫迹，履之所出，而迹豈履哉？夫白鶂⓲之相視，眸子⓳不運⓴而風化㉑；蟲，雄鳴於上風，雌應於下風而風化。類㉒自為雌雄故風化。性不可易，命㉓不可變，時不可止，道不可壅㉔。苟㉕得於道，無自㉖而不可；失焉者無自而可。」孔子不出㉗三月，復見曰：「丘得之矣。烏鵲孺㉘，魚傅沫㉙，細要㉚者化㉛，有弟而兄啼㉜。久矣夫！丘不與化㉝為人㉞。不與化為人，安能化人㉟？」老子曰：「可。丘得之矣。」

【章旨】此節述孔子以先王之道遊說列國，終被棄於人，故詢問老子。老子告其先王之道已為陳跡，與當務無涉，故當順應自然。孔子遂醒悟。

【注釋】❶詩　即《詩經》。❷書　《尚書》。❸禮樂　二書亦古書，早佚。❹易　《易經》。❺春秋　孔子所編的魯國之編年史書。❻六經　儒家以上列六種典籍為經典。然孔子時尚無「六經」之稱。❼孰　通「熟」。❽故　事。❾奸　干；求。❿七十二君　指遊說列國君主之數。⓫周召　周公與召公，是輔弼年幼之成王成就王業之鼎臣。⓬鉤用　取用。⓭矣夫　歎詞。⓮也　猶「邪」。⓯陳迹　往時之足跡。⓰所以迹　足跡之成因。⓱迹　足跡。⓲白鶂　水鳥名，色白。⓳眸子　眼珠。

⑳不運　不動。㉑風化　雌雄相誘惑而成孕。㉒類　傳說獸名。自孕而生。㉓命　指自然之趨勢。㉔壅　阻塞。㉕苟　若。㉖無自　無從。㉗不出　不出門。㉘孺　借為「乳」，孵化生育。㉙傅沫　謂依附唾沫生育。㉚細要　即細腰蜂。要，同「腰」。㉛化　指取桑蟲使為己子。㉜有弟句　因人之性，愛少而薄長，故為兄而哭。啼，哭。㉝化　造化。㉞人　偶。㉟安能化人　怎能教化人。

【語　譯】孔子對老聃說：「我研究《詩》、《書》、《禮》、《樂》、《易》、《春秋》六經，自以為久了，熟知其事了，以求七十二位君主，論先王之道而明周公與召公之事跡，一位君主都無所取用。嚴重啊！是人之難說呢？還是道之難以說明呢？」老子說：「幸運呢！你之不遇治世之君主。那「六經」，是先王往時之足跡，豈是其足跡之成因呀？現今你之所言猶如足跡。足跡，出於鞋，而足跡豈是鞋呀？白鶂雌雄相視，眼珠不動而因誘以成孕；蟲，雄蟲鳴叫於風所來之上方，雌蟲應於風所來之下方而因以成孕。類自身為雌雄因以成孕。本性不可改變，自然之趨勢不可改變，時不可止，道之運行不可阻塞。若得於道，所從無不可；失於道則所從無可。」孔子三個月不出門，又見而說：「丘得到道了。烏鴉喜鵲孵化生育，魚依附唾沫生育，細腰蜂取桑蟲使為己子，有弟而為兄者哭。長久啊！丘不與造化相伴。不與造化相伴，怎能教化人？」老子說：「可以。丘得到道了。」

【研　析】本篇主要論述治世之道。認為治天下必須領悟道，順應自然，使人得其自在而安其本性，則無事不可而天下治；若違背自然，使人不能自在而安其本性，則無事而可而天下亂。文中攻擊所謂三皇五帝以其「智」治天下，名義謂「治」，其實卻是擾亂天下，使天下深受其毒害。指斥其以「聖人」自稱，乃無恥之極。作者將三皇五帝統統罵倒，將其治理一概否定，言詞之激烈，可謂無以復加，鮮明地體現了道家的思想。可是，文中對於治道也多調和折衷之說，例如：1.以為在順應自然之同時，亦當克盡人事，方可成至尊帝王。2.就是對於三皇五帝之治，也還認為由於三皇五帝對於禮義法度皆能應時而變，故均達到治理。此言雖是就孔子不能應時而變而發，但其對之持肯定之態度則無疑。3.認為能遵循自然而治天下者，可使用怨、恩、取、與、諫、教、生、殺八種正人之器。凡此，雖然皆比較切近現實，然而畢竟已乖離正宗。

對於領悟道，認為必須擯棄名利，由其內心自得，非能由他人告知。這也是符合道家思想的。然而，亦不無調和之說。如認為，對於仁義，不妨暫時假借，從而達到逍遙無為。可見對於仁義明顯取相容的態度。

本文在藝術表現上比較突出的有以下三處：1. 文章開頭即對天文地理自然現象發問，接連提出了十五個問題，充分表現出作者的好奇心理與豐富的想像力，尤其是其探索宇宙奧祕之精神，與同時期屈原之〈天問〉甚相類似。巫咸祒以五行之變作答，則在是非之間。2. 對於黃帝在洞庭之野演奏《咸池》之樂曲之描寫。樂曲之音是很難表現的，更何況要表現自然的變化、天道之玄妙等內容。作者根據聲音具有傳播性的特點，寫其流動飄逸，若近若遠，若有若無。而主要手法則是將其描寫為似若有形之物，使人憑藉視覺經驗可以觀望，可以尋求相逐。3. 醜婦效顰之寓言。這是一則膾炙人口的寓言。作者極力運用了反襯與誇張等手法。寫西施因心病發作而皺眉，為痛苦之狀，然而即使如此，亦楚楚動人，則其平時之美更不待言，此為反襯。寫醜婦見而仿效之，則愈見其醜，到了嚇人的地步。作者寫里中之人，不管富人與貧人，都避之唯恐不及，似乎大難臨頭，一片恐怖的氣氛。貌醜之嚇人，竟至於此，誇張於此為極。

刻意第十五

【題解】本篇亦以篇首首句之詞為篇名。首先論述人之志向之異，以為世人之志向在於節操、功名、長壽等，而聖人之志向則在於虛靜無為，物我皆忘。其次論述聖人對於精神之涵養，以為其涵養在於使內心虛靜而得道之純樸精粹，故能排除才智、經驗世故與外界之干擾，擺脫事物之牽累。如此，則其精神可與道渾然一體，獲得逍遙自由，而天下亦因而致治。

刻意❶尚行❷，離世異俗，高論怨誹❸，為亢❹而已矣：此山谷之士❺、非世❻之人、枯槁赴淵者❼之所好也。語仁義忠信，恭儉推讓，為修❽而已矣：此平世❾之士、教誨之人、游居學者❿之所好也。語大功，立大名，禮君臣⓫，正上下⓬，為治而已矣：此朝廷之士、尊主強國之人、致功⓭并兼⓮者之所好也。就⓯藪澤⓰，處閒曠⓱，釣魚閒處，無為而已矣：此江海之士⓲、避世之人、閒暇者之所好也。吹呴⓳呼吸，吐故納新⓴，熊經㉑鳥申㉒，為壽而已矣：此道引㉓之士、養形㉔之人、彭祖㉕壽考㉖者之所好也。若夫不刻意而高，無仁義㉗而修，無功名㉘而治，無江海㉙而閒，不道引而壽，無不忘㉚也，無不有㉛也，澹然㉜無極㉝而眾美從之㉞：此天地之道㉟，聖人之德也。

【章　旨】此節論述世人之志向不一，或在節操，或在修養、功名、閒適、長壽等，其取向雖異，然為之繫累則同，故認為唯有無所求而得之自然，與道渾然一體，方為聖人之德。

【注　釋】❶刻意　磨礪意志。❷尚行　行為高尚。❸怨誹　對世俗怨恨指責。❹亢　高。指超塵拔俗。❺山谷之士　指隱居山谷之人士。❻非世　詆毀世俗，譏刺世事。❼枯槁赴淵者　指與世俗不合而殉節者。枯槁，形容容顏憔悴。赴淵，投水。❽修　修養身心。❾平世　太平之世。❿遊居學者　出外遊說留居之學者。⓫禮君臣　使君臣以禮相待。⓬正上下　端正上下之名分。⓭致功　建功。⓮并兼　指兼併他國領土。⓯就　歸隱。⓰藪澤　指沼澤之地。⓱閒曠　空曠之野。⓲江海之士　隱居於江海之人士。⓳吹呴　即吹噓。出氣急為吹，出氣緩為噓。⓴吐故納新　呼出體內濁氣，吸納清新之氣。㉑熊經　謂如熊攀樹之懸掛。經，懸掛。㉒鳥申　謂如鳥飛行之舒展。申，通「伸」。㉓道引　即導引。一種傳統的養生方法。運用呼吸俯仰、肢體屈伸、意念活動或局部按摩等方法，使體內血氣暢通，促進身體健康。㉔養形　養身。㉕彭祖　見〈逍遙遊〉注。㉖壽考　高壽。㉗無仁義　不從事於仁義。㉘無功名　不從事於功名。㉙無江海　不處於江海之上。㉚無不忘　物我皆忘。㉛無不有　因無有自我而與道一體，故云。㉜澹然　靜寂貌。㉝無極　無限。㉞從之　相隨而至。㉟天地之道　謂天地所體現之法範。

【語　譯】磨礪意志，行為高尚，與世間隔離，與習俗相異，高談闊論，對世俗怨恨指責，為超塵拔俗而已：此為隱居山谷之士、詆毀譏刺世俗人事之人、容顏憔悴而投水者之所好。言仁義忠信，恭儉辭讓，為修養身心而已：此太平之士、教誨之人、出外遊說留居之學者之所好。言大功，立大名，使君臣以禮相待，端正上下之名分，為治而已：此朝廷之士、尊君主強國家之人、建立功業兼併他國領土者之所好。歸隱沼澤之地，處於空曠之野，釣魚閒處，無為而已：此隱居於江海之士、避世之人、閒暇者之所好。吹噓呼吸，呼出濁氣，吸納清新之氣，如熊之攀樹懸掛，如鳥之飛行舒展，為長壽而已：此以導引養生之士、修養身體之人、欲如彭祖之高壽者之所好。至於不磨礪意志而高尚，擺脫仁義而修養身心，排除功名而治理，不處於江海而悠閒，不以導引養生而高壽，無不忘，無不有，無限靜寂而眾美相隨而至：此天地所體現之法範，聖人之德養。

故曰：夫恬惔寂寞，虛無無為❶，此天地之平❷而道德之質❸也。故曰聖人休休焉則平易矣❹，平易則恬惔矣。平易恬惔，則憂患不能入，邪氣不能襲❺，故其德全❻而神不虧。故曰：聖人之生也天行❼，其死也物化❽。靜而與陰同德❾，動而與陽同波❿。不為福先⓫，不為禍始⓬。感而後應，迫而後動，不得已而後起。去知⓭與故⓮，循天之理。故無天災，無物累，無人非，無鬼責。其生若浮⓯，其死若休。不思慮，不豫謀。光⓰矣而不燿⓱，信⓲矣而不期⓳。其寢⓴不夢，其覺㉑無憂。其神純粹，其魂不罷㉒。虛無恬惔，乃合天德㉓。故曰：悲樂者㉔德之邪㉕，喜怒者㉖道之過㉗，好惡者德之失。故心不憂樂，德之至也。一㉘而不變，靜㉙之至也；無所於忤㉚，虛㉛之至也。不與物㉜交㉝，惔之至也；無所於逆，粹之至也。故曰：形勞而不休則弊㉞，精用而不已則勞，勞則竭㉟。水之性，不雜則清，莫動則平；鬱閉㊱而不流，亦不能清：天德之象㊲也。故曰：純粹而不雜，靜一而不變，惔而無為，動而以天行，此養神之道也。

【章旨】本節論述養神之道，以為使內心達到虛靜是為至要。若此，則一切順從自然，既無喜怒憂樂，又無物累災禍，精神一無所損而得其閒適，是為德養之至善而相符於天道。

【注　釋】❶夫恬惔二句　見〈天道〉注。恬惔，內心安靜。❷平　正。❸質　根本。❹故曰句　此句有誤，據《闕誤》引張君房本當作「故聖人休焉，休則平易矣」。休，靜止。平易，心情平和。❺襲　侵入。❻德全　德養完善。❼天行　自然之運行。❽物化　事物之變化。❾靜而句　陰氣具有沉靜凝重之屬性，故云。德，性。❿動而句　陽氣具有奮發躁動之屬性，故云。同波，同流。⓫福先　招引福。先，招引。⓬禍始　招引禍。始，招引之意。⓭知　同「智」。⓮故　經驗。⓯浮　物之飄浮。喻一任自然而無所不可。⓰光　心靈光明。〈人間世〉所謂「虛室生白」。⓱不燿　不炫耀。燿，同「耀」。⓲信　誠信。⓳不期　不期望。⓴寢　睡覺。㉑覺　睡醒。㉒不罷　不疲勞。㉓天德　自然本性。㉔悲樂者　或悲或樂之心情。㉕德之邪　德養之失正。㉖喜怒者　或喜或怒之感情。㉗道之過　道德之過失。㉘一　專一。㉙靜　指內心之寧靜。㉚無所於忤　謂與之違逆者無。於，猶「與」，下「無所於逆」同。忤，抵觸。㉛虛　虛無。㉜物　指人。㉝交　交接。㉞弊　困疲。㉟竭　精神耗盡。㊱鬱閉　閉塞。㊲天德之象　自然本性之表現。謂清純、平靜與長流不息之現象為水之自然本性。

【語　譯】因此說：內心安靜寂寞，虛無無為，此天地之正而道德之根本。故聖人靜止，靜止則心情平和了，平和則內心安靜了。平和而內心安靜，則憂患不能侵入，邪氣不能侵入，故其德養完善而精神不虧損。因此說：聖人之生是自然之運行，其死是事物之變化。靜則與陰氣同性，動則與陽氣同流。不招引福，不招引禍。有所感而後反應，被迫而後動，不得已而後起。排除智慧與經驗，遵循自然之理。故無天災，無物之牽累，無人之非議，無鬼之責難。其生若物之飄浮，其死若休息。不思慮，不預謀。心靈光明而不炫耀，誠信而不期望。其睡不做夢，其醒來不憂愁。其神純粹，其魂不疲勞。虛無而內心安靜，則合於自然本性。因此說：或悲或樂之心情是德養之失正，或喜或怒之感情是道德之過失，好惡是道德之失誤。故內心不憂不樂，是道德之至境。專一而不變，是內心寧靜之至境；無與其抵觸者，是虛無之至境。不與人交接，是內心安靜之至境；無與其不順者，是純粹之至境。因此說：身體勞累而不休則困疲，精神用而不止則勞頓，勞頓則衰竭。水之性，無所混雜則清，不動則平；閉塞而不流，也不能清：這是自然本性的表現。因此說：純粹而無所混雜，內心寧靜專一而不變，安靜而無為，動則順自然之行，此涵養精神之道。

夫有干越之劍❶者，柙❷而藏之，不敢用也，寶之至也。精神❸四達並流❹，無所不極❺，上際❻於天，下蟠❼於地，化育萬物，不可為象❽，其名為❾同帝❿。純素⓫之道，唯神是守⓬。守而勿失，與神為一⓭。一之精⓮通⓯，合於天倫⓰。野語⓱有之曰：「眾人重利，廉士重名，賢人尚志，聖人貴精⓲。」故素⓳也者，謂其無所與雜也；純也者，謂其不虧其神也。能體⓴純素，謂之真人。

【章　旨】此節論述人最貴重者為精神，人之精神須得道之純樸精粹，守持勿失且融而為一，則自由無極而與道同其功德。

【注　釋】❶干越之劍　吳越兩國均產良劍。干，吳。❷柙　通「匣」。❸精神　指得道者之精神。❹並流　遍往。❺不極　不至。❻際　至。❼蟠　周遍。❽不可為象　不可形象。❾為　通「謂」。❿同帝　即同道，因道為宇宙之創造者與主宰者。⓫純素　純樸精粹。⓬唯神是守　謂心靈所具之道須由其神守持。是守，即「守之」。⓭與神為一　謂道與神為一。⓮一之精　與道為一之精神。⓯通　即「四達並流」。⓰天倫　自然之理。⓱野語　俗語。⓲貴精　看重精神。⓳素　指道之所謂「素」，即其精粹。⓴體　體現。

【語　譯】有干越之劍者，藏之於匣中，不敢使用，珍貴之至。精神四達遍往，無所不至，上至於天，下遍於地，化育萬物，不可形象，其名謂同帝。純樸精粹之道，唯其神所守持。守持而不失，則與神合而為一。與道合而為一之精神則四達遍往，合於自然之理。俗語有此說：「眾人重利，廉士重名，賢人崇尚志向，聖人貴重精神。」故道之所謂精粹，說其無所混雜；道之所謂純樸，說其不虧損其神。能體現道之精粹純樸，稱之為真人。

【研　析】本篇主要論述聖人之精神與道德修養，即如何使自身體現道之「純素」的品性。作者認為道具有「純素」的品性特徵。所謂「純素」，即純樸精粹而無所塵雜。那麼，精神與道德修養如何能達到純樸精粹呢？以為要做到「恬惔寂寞，虛無無為」，此為精神道德之根本。具體說，即要順從自然，擯棄才智與經驗世故，不思慮，不預謀，與人無所交接，以致物我皆忘。如此，從消極方面說，可以排除事物之牽累，他人之非議，邪氣不能侵入，憂患不致纏身，不會招引禍福。從積極方面說，可使天下得治，眾多美好之事會相隨而至；可使自己之精神與道為一，從而既可化育萬物，又可達到逍遙。

本文也涉及到精神與道之關係問題，認為精神能守道而不失，則可與道為一。這也就是心靈虛靜而道存的意思。至於說得道者其精神能化育萬物，這一方面說的是因精神與道為一，融合於道，故能起到如此作用；一方面說的是因其能無為而依順自然之故。

本文首段以排句形式並列世人五種不同的志向，將世人以為卓異之人生追求盡行揭示，然後以「若夫」作轉折，推出作者所推崇的志向，抑彼以揚此，就顯得格外突出。這不能不說是作者之刻意為文，然而頗可鑑賞。

繕性第十六

【題　解】此篇篇名亦為取篇首首句開首之詞。本篇所論集中於養性問題。作者認為養性在於使內心恬靜，順應自然，擺脫外界之束縛，以求回復本性之淳樸，社會亦因此而可至於極和諧之境。但是自古治天下者卻背離此道，漸次使人務智而違背本性，棄大道而不順應自然，故世德每況愈下。

繕❶性❷於❸俗俗學❹，以求復其初❺；滑❻欲於❼俗思❽，以求致其明，謂之蔽蒙❾之民。古之治道者❿以恬⓫養知⓬；知生而無以知為⓭也，謂之以知養恬。知與恬交相養，而和⓮理⓯出其性。夫德，和也；道，理也。德無不容，仁⓰也；道無不理⓱，義也；義明而物⓲親，忠⓳也。中純實而反乎情，樂也⓴；信行容體而順乎文，禮也㉑。禮樂偏行，則天下亂矣。彼㉒正㉓而蒙己㉔德，德則不冒㉕，冒則物㉖必失其性也。古之人㉗在混芒㉘之中，與一世㉙而得澹漠㉚焉。當是時也，陰陽和靜，鬼神不擾，四時得節㉛，萬物不傷，群生不夭。人雖有知，無所用之，此之謂至一㉜。當是時也，莫之為㉝而常自然㉞。

【章　旨】此節論述養性必擺脫俗學俗思之蒙蔽，使內心恬靜，順從自然。並認為古時由於以道養治者和全社會之人以恬靜自處，以自然為法則，無為而無所用智，故達到極其和諧一致的境界。

【注　釋】❶繕　修正。❷性　指已改易之性。❸於　猶「依據」。❹俗俗學　衍一「俗」字。俗學，世俗之學說。❺初　原初之性。❻滑　治。❼於　猶「用」。❽俗思　世俗之思想。❾蔽蒙　即蒙蔽。謂為俗學俗思所蒙蔽。❿治道者　以道養治者。⓫恬　內心清靜。⓬知　同「智」。下「知」皆同。⓭無以知為　謂不憑智而有為。⓮和　平和，即寧靜。⓯理　順，謂順從自然。⓰仁　此即〈齊物論〉所謂「大仁不仁」之「大仁」，有別於儒家之仁。⓱道無不理　謂道無不順從自然。⓲物　指人。⓳忠　誠心。⓴中純二句　謂內心本純樸，本性本恬靜，卻致使背之，此即聲樂。中，內心。純實，純樸。反，違。情，性。㉑信行二句　謂本以誠信為德，以包容萬物為準則，卻須依順儀節，此即禮制。容，包容。體，準則。文，指儀節。㉒彼　指民。㉓正　指性得正。㉔己　指稱治道者。㉕不冒　不干犯。㉖物　指人。㉗古之人　即指「古之治道者」。㉘混芒　混沌茫昧。㉙一世　全社會。㉚澹漠　恬淡；淡泊。㉛四時得節　四季合其時節。㉜至一　高度和諧一致的境界。㉝莫之為　無所作為。㉞常自然　謂以自然為法則。常，法則。

【語　譯】依據世俗之學說修正已被改易之性，以求恢復其原初之性；用世俗之思想糾正其欲念，以求達到明白，稱其為蒙蔽之人。古之以道養治者以內心清靜涵養其智；智產生而不以其智有所作為，稱其為以智涵養其內心之清靜。智與內心之清靜交相涵養，則寧靜和順從自然出自其本性。所謂德，意謂寧靜；所謂道，意謂順從自然。德謂無不包容，即仁；道謂無不順從自然，即義；義明而天下人相親近，即誠。內心本純樸而違背其本性，即樂；本以誠信為德，以包容萬物為準則，卻須依順儀節，即禮。禮樂遍行，則天下亂了。民之性因蒙受以道養治者之德而得其正，以寧靜為德則無所干犯，人受干犯則必失其性。古之以道養治者處在混沌茫昧之中，與全社會得以淡漠相處。在此時，陰陽調和平靜，鬼神不擾，四季合其時節，萬物不受傷害，眾多生物不會夭折。人雖有智，無所用之，此稱為高度和諧一致的境界。在此時，無所作為而以自然為法則。

逮❶德下衰，及燧人❷、伏羲始為❸天下，是故順而不一❹。德又下衰，及神農❺、黃帝始為天下，是故安而不順❻。德又下衰，及唐虞❼始為天下，興治化❽之流❾，澆淳散朴❿，離道以善⓫，險德⓬以行，然後去性⓭而從⓮於心。心與心識知⓯，而不足以定天下，然後附之⓰以文⓱，益之以博⓲。文滅質⓳，博溺心⓴，然後民始惑亂，無以反其性情㉑而復其初。由是觀之，世喪道㉒矣，道喪世㉓矣，世與道交相喪也。道之人㉔何由興乎世？世亦何由興乎道哉？道無以興乎世，世無以興乎道，雖聖人不在山林之中，其德隱㉕矣。隱，故不自隱㉖。古之所謂隱士者，非伏㉗其身而弗見㉘也，非閉其言而不出也，非藏其知而不發也，時命㉙大謬㉚也。當㉛時命而大行㉜乎天下，則反一㉝無迹㉞；不當時命而大窮㉟乎天下，則深根㊱寧極㊲而待：此存身㊳之道也。古之行身㊴者，不以辯飾知，不以知窮天下㊵，不以知窮德㊶，危然㊷處其所而反其性㊸已㊹，又何為哉？道固不小行㊺，德固不小識。小識傷德，小行傷道。故曰：正己而已矣。

【章旨】此節論述世德自史前傳說時代之前即已開始衰微，且每況愈下，究其原因，在於人日漸違棄道，不順自然，背離本性而務智。為此，作者認為，當今立身處世之道在於端正自身，復其本性，等待時機以重建古時高度和諧一致之世道。

【注釋】❶逮 及；至。❷燧人 燧人氏，傳說之古帝王，是鑽木取火的發明者。❸為 治。❹順而不一 謂雖順自然而不專一。❺神農 神農氏，傳說之古帝王，教民農業生產，又為醫藥之發明者。❻安而不順 謂意在安天下而不能順自然。❼唐虞 即堯舜，堯為陶唐氏，舜為有虞氏，故稱。❽治化 以治致化。❾流 末事。❿澆淳散朴 謂致使淳樸之性受損害而喪失。澆，薄。⓫善 疑為「言」字之形誤。⓬險德 薄德；損德。⓭去性 違棄本性。⓮從 放縱。⓯心與心句 謂人心皆以務智為事。識，通「職」。知，同「智」。下「知」同。⓰之 指代「智」。⓱文 文飾。⓲博 學識廣博。⓳質 質樸。⓴溺心 陷溺本心。㉑反其性情 回復其本性。反，同「返」。㉒世喪道 世人喪失了道。㉓道喪世 道脫離了世人。㉔道之人 得道之人。㉕隱 被掩蔽。㉖不自隱 不是自己隱避。㉗伏 隱藏。㉘見 出現。㉙時命 時勢。㉚大謬 大背逆。㉛當 合。㉜大行 極其順暢。㉝反一 回歸於道。反，同「返」。㉞無迹 不露蹤跡。㉟大窮 極其困厄。㊱深根 猶「深藏」。㊲寧極 極其寧靜。㊳存身 保存自身。㊴行身 立身處世。㊵窮天下 使天下人困厄。窮，困。㊶窮德 困己之德。㊷危然 端正貌。㊸反其性 回復其本性。㊹已 通「矣」。㊺小行 為偏窄之運行。

【語譯】及至道德衰落，到燧人氏、伏羲氏開始治理天下，於是雖順從自然而不能專一。道德又衰落，到神農、黃帝開始治理天下，於是意在安天下而不能順從自然。德又衰落，到唐堯虞舜開始治理天下，興起以治致化之末事，致使淳樸之性受損害而喪失，離道而言，損德而行，然後違棄本性而使人心放縱。人心皆以務智為事，而不能安定天下，然後將智增附以文飾，增益以學識廣博。文飾毀滅了質樸，學識廣博陷溺了本心，然後民開始惑亂，無法回復其本性而恢復其原始。由此看來，世人喪失了道，道脫離了世人，世人與道相互喪失。得道之人如何在世上興起？世又如何因道而興盛？道無法在世上興起，世亦無法因道而興盛，雖然聖人不在山林之中，其德被掩蔽了。被掩蔽，因而不是自己隱避。古之所謂隱士，不是隱藏其身而不現身於世，不是藏其言而不說，不是藏其智而不發揮，是時勢大背逆之故。當天下時勢極其順暢之時，則回歸於道而不露蹤跡；當天下時勢極其困厄之時，則深藏而極其寧靜地等待：此為保存自身之道。古之立身處世者，不以其辯掩飾其智，不以其智困厄天下，不以其智困己之德，以端正自處而回復其本性而已，又做什麼呢？道固不為偏窄之運行，德固不為偏窄之事。偏窄之事有害於德，偏窄之運行有害於道。因此說：端正自己而已。

樂全❶之謂得志。古之所謂得志者，非軒冕❷之謂也，謂其無以益其樂而已矣。今之所謂得志者，軒冕之謂也。軒冕在身，非性命也，物之儻來❸，寄者也。寄之，其來不可圉❹，其去不可止。故不為軒冕肆志❺，不為窮約❻趨俗，其樂彼與此同，故無憂而已矣。今寄去❼則不樂，由是觀之，雖樂未嘗不荒❽也。故曰：喪己於物，失性於俗者，謂之倒置❾之民。

【章　旨】此節論述人生之願望在於得志而樂全，為此必須重己而持其性，不可為外物所惑而喪失本性。

【注　釋】❶樂全　樂達到至境。❷軒冕　見〈胠篋〉注。❸儻來　意外之來。❹圉　通「禦」。抵禦。❺肆志　快意。❻窮約　困厄。❼寄去　寄者離去。❽不荒　即「不慌」。不慌於樂之失。❾倒置　本末顛倒。因己重於物而性貴於俗。

【語　譯】樂達到至境稱為得志。古之所謂得志者，說的不是官位爵祿，說的是無法增加其樂而已。今之所謂得志者，說的是官位爵祿。官位爵祿在身，不是性命，是意外而來之物，寄託之物。寄託之物，其來不可抵禦，其去不可阻止。因此不因官位爵祿而快意，不因困厄潦倒而趨俗，得彼與遭此其樂相同，故無憂而已。今寄託者失去則不樂，由此看來，雖樂而未嘗不心慌。因此說：因物而喪失自我，因俗而喪失本性，稱其為倒置之民。

【研　析】本文主要論述涵養本性問題。關於本性之涵養，作者分兩層作論述：1.認為處於當今之世，因世道愈益衰微，人受世俗之學說與世俗思想之影響，為外物所拘束，因而喪失本性而淪為倒置之民。故認為涵養本性，必須使內心恬靜，端正自身，不為外物所動，擺脫世俗之學說與世俗思想之束縛，以回復淳樸之本性。

2.認為恬靜雖是人天生所具的本性，但尚須涵養而提高，從而理智而自覺地使內心達到寧靜而順從自然之境界。對於養性，一般以反璞歸真或能持其本性為善，此則認為涵養之境界尚有高低之別，當更上層樓，是為作者之創見。

因養性而牽涉到養智問題，值得引起注意。作者不迴避養智，卻框定其作用僅為有利於提高對涵養恬靜本性之認識，即使之成為理智而自覺的行為，而對於放縱其心而以智為事，致使本性之素樸不存，陷於惑亂而不拔，則固所不容。作者對於智，能有所區別地對待，不是一概擯棄，這應該說是一種突破。在〈大宗師〉中，我們也已看到對於智有所肯定，這反映了作者在此問題上的搖擺不定。其實，若將智斷然擯棄，使人如枯木死灰，則豈不是亦將自己給徹底否定了！

關於立身處世之道，作者認為，古之隱士本可現身於世，發表其言論，發揮其才智，由於遭遇大不利之時勢，故只得等待時機，以求回復到古時那種極其和諧一致之理想境界。且不論此境界之出於假託，只視其欲以有所作為而救世之弊，則已與無為而治背道而馳了。然而綜觀全篇，則其基本思想仍不失為道家範疇。

秋水第十七

【題解】本文篇名亦取自篇首首句開端之詞。文中主要闡述道雖然不可言表，亦不可意會，卻對天地萬物起著主宰作用，人當擺脫世人偏窄之見識，而從道的高度去看待一切。世俗之所謂貴賤、大小、是非、得失、有用無用等無不相對，當泯滅此種分界，循天道，順自然，守持本性而不失，還其淳樸，做到無名、無得、無己，以獲得自在。

秋水❶時至❷，百川灌河❸。涇流❹之大❺，兩涘渚崖之間❻，不辯❼牛馬。於是焉，河伯❽欣然自喜，以天下之美❾為盡在己❿。順流而東行，至於北海⓫，東面而視，不見水端⓬。於是焉，河伯始⓭旋⓮其面目，望洋⓯向若⓰而歎，曰：「野語有之曰：『聞道百⓱，以為莫己若⓲者。』我之謂也。且夫⓳我嘗聞少仲尼之聞⓴，而輕㉑伯夷㉒之義者，始吾弗信；今我睹子㉓之難窮㉔也，吾非至於子之門㉕則殆㉖矣。吾長㉗見㉘笑於大方之家㉙。」北海若曰：「井蛙不可以語㉚於海者，拘於虛㉛也；夏蟲不可以語於冰者，篤㉜於時也；曲士㉝不可以語於道者，束於教㉞也。今爾㉟出於崖涘㊱，觀於大海，乃知爾醜㊲，爾將㊳可與語大理㊴矣。天下之水，莫大於海，萬川歸之，不知何時止而不盈㊵；尾閭㊶泄之，不知何時已㊷而不虛㊸。

春秋不變，水旱不知㊹。此其過㊺江河之流㊻，不可為量數㊼。而吾未嘗以此自多㊽者，自以㊾比形於天地㊿，而受氣51於陰陽52，吾在天地之間，猶小石小木之在大山也。方存53乎見少，又奚以54自多！計55四海56之在天地之間也，不似礨空57之在大澤乎？計中國58之在海內，不似稊米59之在太倉60乎？號61物之數謂之萬，人處62一焉；人卒九州63，穀食之所生，舟車之所通，人處一64焉。此其比萬物65也，不似豪末66之在於馬體乎？五帝之所連67，三王之所爭，仁人之所憂，任士68之所勞，盡此69矣。伯夷辭之以為名，仲尼語之以為博，此其自多也，不似爾向70之自多於水乎？」

【章　旨】此節為河伯與北海若議論道之寓言之第一節。河伯因黃河之壯麗而自好，待見北海之無窮而自失。北海若於是相告，人所居之九州之地，在天地間實為極渺小之存在，然而人們為此而盡心力，或因此而享譽，實乃見笑於大方。

【注　釋】❶秋水　秋天之雨水。❷時至　按時令而降。❸灌河　流注黃河。❹涇流　指黃河之濁流，因涇水濁故云。❺大　寬廣。❻兩涘句　謂在黃河兩岸間。涘，水邊。渚，水中小洲。崖，高岸。❼不辯　不能分辨。辯，通「辨」。❽河伯　黃河之神。此借為見識偏窄者。❾美　壯麗。❿己　己之黃河。⓫北海　即渤海。⓬水端　指水之邊沿。⓭始　方才。⓮旋　轉。指由東向北。⓯望洋　瞪眼仰視。⓰若　海神名。亦稱為「海若」、「北海若」。此借為見識廣遠之得道者。⓱聞道百　聽到以百數之道理。⓲莫己若　不如自己。⓳且夫　況且。⓴少仲尼之聞　以孔子之所聞為少。㉑輕　輕視。㉒伯夷　見〈大宗師〉注。㉓子　指北海若之北海。㉔難窮　難以窮盡，即無邊無際。㉕門　指領域。㉖殆　危。㉗長　常。㉘見　被。㉙大

方之家　指見識廣博曉明大道之人。㉚語　告訴。㉛虛　區域。指其所居之區域。㉜篤　固；局限。㉝曲士　囿於一偏之見者。㉞教　教養。㉟爾　你。㊱崖涘　指黃河邊岸。㊲醜　陋。㊳將　猶「今」。㊴大理　大道理。㊵不盈　不會盈滿。㊶尾閭　海水流泄之處所。㊷已　止。㊸不虛　海水不會乾枯。㊹不知　謂無反應。㊺過　超過。㊻流　流水。㊼為量數　以數量計。㊽自多　自以為多。㊾以　以為。㊿比形於天地　謂形體包容於天地之中。比，包容。(51)受氣　稟受生氣。(52)陰陽　陰陽二氣。(53)方存　只有。方，猶「只」。(54)奚以　何以。(55)計　思慮。(56)四海　古人以為四方環繞中國之大海。(57)礨空　小穴。(58)中國　指中原地區。(59)稊米　小米。(60)太倉　大穀倉。(61)號　稱。(62)處　居。(63)人卒九州　謂人所聚集之九州。卒，借作「萃」，猶「聚」。(64)一　謂一方之地。(65)萬物　指萬物世界。(66)豪末　即「毫末」，獸或畜類其毛之末端。(67)所連　所繼。(68)任士　賢能之士。(69)盡此　盡在此處。(70)向　剛才。

【語譯】秋雨按時令而降，上百條河流流注黃河。混濁的黃河河面寬廣，兩岸之間不能分辨是牛是馬。於是河伯欣然自喜，以為天下之壯麗全在自己之黃河了。順流而東行，至於北海，向東而視，不見水之邊沿。於是河伯方才掉過頭，向著海若瞪眼仰視而歎息，說：「俗語說：『聽到以百數之道理，以為不如自己的。』說的是我。況且我曾聽說以孔子之所聞為少，而輕視伯夷所奉行之義者，開始我不信；現今我目睹你北海之無邊無際，我要不是來到你的領域則危險了。我常被見識廣博曉明大道之人所取笑。」北海若說：「井中之蛙不可以告訴大海，是因為受其所居區域之限制；夏天之蟲不可以告訴寒冰，是因為受其生存時間之局限；囿於一偏之見者不可以告訴大道，是因為受其教養之束縛。現今你從黃河兩岸出來，見到大海，方才知道你之醜陋，於是將可以告訴你大道理了。天下之水，沒有比海廣大的，萬條河流流歸大海，不知何時會停止，然而海水不會盈滿；出口流泄，不知何時會停止，然而海水不會乾枯。春秋不變，發生水旱災害無反應。此大海超過江河之水流，不可以數量計。而我未嘗以此自多，自以為形體包容於天地之中，從陰陽二氣中稟受生氣，我在天地之間，如同小石小木之在大山，只有見其少，又何以自多！思慮四海之在天地之間，不是如同小洞穴之在大沼澤嗎？思慮中原地區之在四海之內，不是如同小米粒之在大穀倉嗎？稱物之數說它是萬，人在其中只居其一；人所聚集之九州，穀物所生長，舟車所通行，人只處於其中之一方之地。人之比之於萬物世界，不是如同馬毛之末端在於馬體嗎？五帝之所繼，三王之所爭，仁人之所憂，賢能之士之所勞，盡在於此了。伯夷讓之以成名，仲尼言之以成淵博，此種人之自滿自足，不是如同你剛才之以河水自多嗎？」

河伯曰：「然則吾大天地❶而小豪末❷可乎？」北海若曰：「否。夫物，量無窮，時無止，分❸無常，終始無故❹。是故大知❺觀於遠近，故小而不寡❻，大而不多❼，知量無窮。證❽曏❾今故❿，故遙⓫而不悶⓬，掇⓭而不跂⓮，知時無止。察乎盈虛，故得而不喜，失而不憂，知分之無常也。明乎坦塗⓯，故生而不說⓰，死而不禍⓱，知終始之不可故⓲也。計人之所知，不若其所不知⓳；其生之時，不若未生之時⓴；以其至小㉑，求窮㉒其至大之域㉓，是故迷亂而不能自得㉔也。由此觀之，又何以知豪末之足以定至細之倪㉕，又何以知天地之足以窮至大之域！」

【章旨】此節為河伯與北海若論道之第二節。北海若以為物無可窮盡，時無始終，事物變化無常，故以人之狹隘之知，不可知宇宙間何為至大至小。

【注釋】❶大天地　以天地為大。❷小豪末　以毫末為小。❸分　變易。❹終始句　猶言終始無常。故，常。❺大知　大智者。知，同「智」。❻小而不寡　雖小而不以為寡少。❼大而不多　雖大而不以為眾多。❽證　驗證。❾曏　往古。❿故　變故。⓫遙　時遠。⓬不悶　不煩懣。⓭掇　猶「短」，時間短暫。⓮跂　通「企」。企望。⓯坦塗　正道。塗，通「途」。⓰說　同「悅」。⓱不禍　不以為禍害。⓲故　常。⓳計人二句　此比較所知與所不知之多少。計，考察。⓴其生二句　此比較生之時與未生之時之長短。㉑至小　指極少之知與極短暫之人生。㉒窮　盡知。㉓至大之域　極廣大與久長之領域。㉔自

得　自有所得。㉕倪　界限。

【語譯】河伯說：「如此則我以天地為大而以毫末為小可以嗎？」北海若說：「不可。物，數量無窮，時間無有終止，變易無常，始終無定規。因此大智者觀於遠近，故雖小而不以為寡少，雖大而不以為眾多，知數量之無窮。驗證往古與現今之變故，故雖久遠而不煩懣，雖短暫而不企望，知時間無有終止。觀察盈滿與虛空，故得而不喜，失而不憂，知變易之無常。明於正道，故生而不喜悅，死而不以為禍害，知始終不可恆久。察人之所知，不如所不知之多；其生之時，不如未生之時之久長；以其極少之知與極短暫之人生，欲求盡知極廣大與久長之區域，因此迷亂而不能自有所得。由此看來，又怎能知道毫末之可以確定最為細小之界限，又怎能知道天地之可以窮盡最為廣大之區域！」

河伯曰：「世之議者皆曰：『至精❶無形，至大不可圍❷。』是❸信情❹乎？」

北海若曰：「夫自細視大者不盡，自大視細者不明。夫精，小之微也；垺❺，大之殷❻也：故異便❼。此勢之有也。夫精粗者，期❽於有形者也。無形者，數之所不能分❾也；不可圍者，數之所不能窮也。可以言論❿者，物之粗⓫也；可以意致⓬者，物之精⓭也。言之所不能論、意之所不能察致者⓮，不期精粗⓯焉。是故大人⓰之行，不出乎害人，不多⓱仁恩。動不為利，不賤門隸⓲。貨財弗爭，不多辭讓。事⓳焉不借人⓴，不多食乎力㉑，不賤貪汙㉒。行殊乎俗，不多辟異㉓。為在㉔從眾，不賤佞諂。世之爵祿不足以為勸㉕，戮恥㉖不足以為辱。知是非之不可為分㉗，細大之不可為倪㉘。聞曰：『道人㉙不聞㉚，至德㉛不得㉜，大人無己㉝。』約分㉞之㉟至也。」

【章旨】此節為河伯與北海若論道之第三節。北海若以為道之為物，不可言表，亦不可意會。得道者始能脫俗而一切聽之任之，超越是非大小之界限，泯滅名利得失而至於無己之境界。

【注釋】❶至精　最精微者。❷圍　範圍；界限。❸是　此。❹信情　實情。❺垺　盛大。❻殷　盛。❼異便　分別。便，借為「辨」。❽期　限。❾分　計度。❿論　字當從或本作「諭」，告。下「言之所不能論」同。⓫物之粗　事物之粗略者。⓬意致　意會。⓭精　精微者。⓮意之句　謂不可意會者。察，字為衍文。⓯不期精粗　謂超乎精粗之外。此指道言。⓰大人　指得道聖人。⓱不多　不看重。⓲門隸　看門之奴僕。⓳事　行事。⓴不借人　不憑藉於人。㉑食乎力　自食其力。㉒貪汙　貪利忘義。㉓辟異　怪異。辟，通「僻」。㉔為在　所為所處。㉕勸　勉。㉖戮恥　羞恥。㉗為分　為之分界。㉘為倪　為之界限。㉙道人　領悟道之人。㉚不聞　不求聞名。㉛至德　德最高尚之人。㉜不得　不求有得。㉝無己　謂物我為一。㉞約分　淡薄分界。㉟之　至。

【語譯】河伯說：「世上之議論者都說：『最精微者無形，最廣大者不可範圍。』這是實情嗎？」北海若說：「從小的看大的無有窮盡，從大的看小的不分明。精微，是小至於微；盛大，是大至於盛：故有大小之分別。此情勢之所有。精粗之品性，是限於有形之物。無形的，是數所不能計度；不可範圍的，是數所無法窮盡。可以言告的，是物之粗略者；可以意會的，是物之精微者。不能言告、不能意會者，是超乎精微與粗略之外的。因此大人之行為，不出於害人，不看重仁慈恩惠。行動不為利，不輕賤看門之奴僕。不爭財貨，不看重辭讓。行事不憑藉於人，不看重自食其力，不輕賤貪利忘義。行為與世俗不一，不看重怪異。所為所處相隨眾人，不輕賤奉承諂媚。世之爵祿不能作為勸勉，羞恥不能作為侮辱。知不可以是非作為分界，不可以小大作為界限。聽說：『領悟道之人不求聞名，道德最高尚之人不求有得，大人遺忘自己。』淡薄分界到了至境。」

河伯曰：「若❶物❷之外，若物之內，惡至❸而❹倪❺貴賤？惡至而倪小大？」

北海若曰：「以道觀之，物❻無貴賤；以物觀之，自貴而相賤❼；以俗觀之，貴賤不在己。以差❽觀之：因❾其所大❿而大之⓫，則萬物莫不大；因其所小而小之，則萬物莫不小。知天地之為稊米也，知豪末之為丘山也，則差數⓬覩矣。以功⓭觀之：因其所有⓮而有之⓯，則萬物莫不有⓰；因其所無而無之，則萬物莫不無。知東西之相反而不可以相無⓱，則功分定⓲矣。以趣⓳觀之：因其所然而然之，則萬物莫不然；因其所非而非之，則萬物莫不非。知堯桀之自然⓴而相非㉑，則趣操㉒覩矣。昔者堯舜讓㉓而帝，之噲讓而絕㉔；湯武爭而王，白公爭而滅㉕。由此觀之，爭讓之禮㉖，堯桀之行，貴賤有時，未可以為常㉗也。梁麗㉘可以衝城㉙，而不可以窒穴㉚，言殊器㉛也。騏驥、驊騮㉜，一日而馳千里，捕鼠不如狸狌㉝，言殊技也。鴟鵂㉞夜撮㉟蚤，察豪末，晝出瞋目㊱而不見丘山，言殊性㊲也。故曰：『蓋㊳師㊴是而無非，師治而無亂乎？』是未明天地之理、萬物之情者也。是猶師天而無地，師陰而無陽，其不可行明矣。然且語而不舍，非愚則誣㊵也。帝王殊禪㊶，三代殊繼㊷。差㊸其時、逆其俗者謂之篡夫㊹。當其時、順其俗者謂之義之徒㊺。默默㊻乎河伯，女㊼惡知㊽貴賤之門㊾、小大之家㊿！」

【章　旨】此節為河伯與北海若論道之第四節。北海若以為諸凡貴賤、大小、有用無用、是非皆為相對，無區劃之界限。

【注　釋】❶若　此。❷物　指萬物。❸惡至　如何恰當地。惡，何。❹而　語助詞。❺倪　區分。❻物　指人。❼相賤　以對方為卑賤。❽差　差別。❾因　按。❿所大　大的方面。⓫大之　以之為大。⓬差數　差別之理。⓭功　功用。⓮所有　有用的方面。⓯有之　以之為有用。⓰莫不有　莫不有用。⓱相無　缺一。⓲功分定　謂功用之分界定位在相反而相成之中。功分，功用之分界。⓳趣　通「取」。取向。⓴自然　自有其是。㉑相非　共為非。相，共。㉒趣操　取向與操守。㉓讓　指讓賢。㉔之噲讓而絕　指春秋時燕王噲將君位讓給相國子之而國亡事。西元前三一八年，噲讓君位於子之，引起燕國內亂。前三一四年齊攻燕，五十日取得全燕，殺子之與燕王噲。子，子之。噲，燕王噲。㉕白公爭而滅　春秋時，楚平王太子建被讒而出奔，其子白公勝隨之。楚惠王時，勝返歸楚，曾劫持惠王而自立為王，後被擊敗而自縊。白公，即白公勝，封於白，故稱白公。㉖禮　指行為準則與道德規範。㉗常　常規。㉘梁麗　即「梁欐」，棟梁。㉙衝城　撞擊城門。㉚窒穴　堵塞孔穴。㉛殊器　謂所用器具有別。㉜騏驥驊騮　二者皆駿馬之稱。㉝狸狌　見〈逍遙遊〉注。㉞鴟鵂　貓頭鷹一類的鳥。㉟撮　抓取。㊱瞋目　張大眼睛。㊲性　指天賦之生理功能。㊳蓋　通「盍」。何不。㊴師　效法。㊵誣　欺騙。㊶殊禪　傳位之法不一。㊷殊繼　即位之法不一。㊸差　失當。㊹篡夫　篡位之人。㊺義之徒　仗義之人。㊻默默　緘口無言。㊼女　同「汝」。㊽惡知　何知。㊾門　界限。㊿家　為界限意。

【語　譯】河伯說：「此萬物之外，萬物之內，如何恰當地區分貴賤？如何恰當地區分小大？」北海若曰：「從道看來，人無貴賤；從人看來，自以為高貴而以對方為卑賤；從世俗看來，貴賤不在自身。從差別之角度觀察：按其大的方面看而以之為大，則萬物莫不大；按其小的方面看而以之為小，則萬物莫不小。知天地之為小米粒，知獸毛之末端之為丘山，則看清了差別之理。從功用之角度觀察：按其有用的方面看而以之為有用，則萬物莫不有用；按其無用的方面看而以之為無用，則萬物莫不無用。知東西之相反而不可以缺一，則功用之分界明確了。從取向之角度觀察：按其正確的方面看而以之為正確，則萬物莫不正確；按其錯誤的方面看而以之為錯誤，則萬物莫不錯誤。知堯桀自有其正確而又共同為錯誤，則取向與操守看清了。從前堯舜辭讓而為帝，子之燕王噲辭讓而國亡。成湯武王爭鬥而稱王，白公爭鬥而滅亡。由此看來，爭鬥辭讓之禮義，堯桀之行為，有時高貴，有時卑賤，不可以為常規。棟梁可用來撞擊城門，而不可用來堵塞孔穴，說的是所用器具有別。騏驥、驊騮，一日奔馳千里，捕鼠不如豹貓與黃鼠狼，說的是技巧有別。鴟鵂夜晚能抓取跳蚤，看清獸毛之末端，白天出去張大眼睛而不見丘山，說的是天賦之生理功能有別。因此說：『何不效法正確而無錯誤，效法得治而無亂呢？』此為不明天地之理、萬物之情者。此如同效法天而無地，效法陰而無陽，其分明不可行。然而尚且言而不放棄，則不是愚昧就是欺騙。帝王傳位之法不一，三代即位之法不同。失其時、違背世俗者稱為篡位之人；正當其時、順應世俗者稱為仗義之人。閉口不要說啊河伯，你何知貴賤之界限、小大之分界！」

河伯曰：「然則我何為乎？何不為乎？吾辭受❶趣舍❷，吾終❸奈何？」北海若曰：「以道觀之，何貴何賤，是謂反衍❹。無拘❺而❻志，與道大蹇❼。何少何多，是謂謝施❽。無一❾而行，與道參差❿。嚴⓫乎若國之有君，其無私德⓬；繇繇⓭乎若祭之有社⓮，其無私福⓯；泛泛⓰乎其若四方之無窮，其無所畛域⓱。兼懷⓲萬物，其孰承翼⓳？是謂無方⓴。萬物一齊㉑，孰短孰長㉒？道無終始，物有死生，不恃其成㉓。一虛一滿㉔，不位乎其形㉕。年㉖不可舉㉗，時不可止，消息㉘盈虛，終則有始。是所以語大義之方㉙、論萬物之理也。物之生也，若驟㉚若馳，無動而不變，無時而不移。何為乎？何不為乎？夫㉛固將自化。」

【章　旨】此節為河伯與北海若論道之第五節。河伯問當何所為何所不為？北海若答以萬物皆有道在主宰，道之作用無有窮盡且一無偏私，故當任其自化。

【注　釋】❶辭受　推辭或接受。❷趣舍　即取捨。❸終　究竟。❹反衍　反覆演變。❺拘　執守。❻而　通「爾」。你。❼大蹇　大不洽。❽謝施　變化改易。施，通「移」。❾一　執守不二。❿參差　不一。⓫嚴　通「儼」。⓬私德　偏私之恩惠。⓭繇繇　通「悠悠」。自得貌。⓮社　土神。⓯私福　偏私之賜福。⓰泛泛　廣大貌。⓱畛域　界限。⓲兼懷　廣泛包含。⓳其孰承翼　意謂萬物皆受道之庇護。承翼，受庇護。⓴無方　無所辨別。㉑一齊　同一。㉒孰短孰長　意謂無有差別。㉓成　指物之成。㉔一虛一滿　指道之存在形式而言。一，或。㉕不位乎其形　謂無所定形。不位，不居。㉖年　年月。㉗不可舉　不可窮盡。㉘消息　消亡生長。㉙大義之方　即大道。方，道。㉚騶　馬奔馳。㉛夫　猶「彼」。

【語　譯】河伯說：「如此則我做什麼呢？不做什麼呢？對於推辭接受與取捨，我究竟該怎麼辦？」北海若說：「從道看來，什麼貴什麼賤，此稱為反覆演變。不要執守你的心意，與道大不洽和。什麼少什麼多，此稱為變化改易。不要執一偏而行事，與道不一。儼然若國之有君，其無有偏私之恩惠；悠然若祭之有土神，其無有偏私之賜福；泛泛然其若四方之無窮，其無所界限。廣泛包含萬物，萬物是受誰的庇護？此稱為無所辨別。萬物同一，什麼短什麼長？道無有始終，物有生死，不依恃道而有成。道之存在或虛或滿，無所定形。年月不可窮盡，時間不可停留，消亡生長盈滿虛空，終了則有開始。此所以言大道、論萬物之理之緣故。物之產生，若馬之奔馳，動即有變，無時而不變。做什麼呢？不做什麼呢？那事物原本自行變化。」

河伯曰：「然則何貴於道邪？」北海若曰：「知道者必達於理，達於理者必明於權❶，明於權者不以❷物害己。至德者，火弗能熱，水弗能溺，寒暑弗能害，禽獸弗能賊❸。非謂其薄之❹也，言察乎安危，寧於禍福❺，謹於去就，莫之能害也。故曰：天❻在內❼，人❽在外，德在乎天❾。知天❿人之行，本乎天，位⓫乎得⓬，蹢躅⓭而屈伸，反⓮要⓯而語⓰極⓱。」曰：「何謂天？何謂人？」北海若曰：「牛馬四足，是謂天；落⓲馬首，穿牛鼻，是謂人。故曰：無以人滅⓳天，無以故⓴滅命㉑，無以得㉒殉名㉓。謹守而勿失㉔，是謂反其真㉕。」

【章　旨】此節為河伯和北海若論道之末節。北海若以為道之可貴，在於使人內心保持寧靜，故不為外害所加。認為為人當守持本性，領悟道而得其自在，不可以人為去毀壞天性。綜觀此則寓言，其所論列，側重於事物之相對性、道之作用和人如何以道自處諸方面。

【注　釋】❶權　變通。❷以　猶「使」。❸賊　傷害。❹薄之　制約對方。薄，束縛；制約。❺寧於禍福　謂遇禍或福皆以寧靜處之。❻天　指天賦之本性。❼內　內心。❽人　人為。❾天　指天道自然。❿天　當是「夫」字之形誤。⓫位　處。⓬得　曉悟。⓭蹢躅　進退不定之貌。⓮反　通「返」。下「反」同。⓯要　要本，指道。⓰語　通「悟」。⓱極　至高之道。⓲落　借作「絡」。⓳滅　毀壞。⓴故　經驗。㉑命　自然之歸趨。㉒得　有利。㉓殉名　營求名聲。㉔謹守而勿失　指天賦之本性。㉕真　淳樸。

【語　譯】河伯說：「如此則為何貴重道呢？」北海若說：「知道者必定通達道理，通達道理者必定明白變通，明白變通者不使物傷害自己。德最高尚者，火不能使他感到熱，水不能使他淹溺，寒暑不能損傷，禽獸不能傷害。不是說他能制約對方，而是說能審察安危，遇禍或福皆能以寧靜處之，對於去就謹慎，故沒有什麼能加害於他。因此說：天賦之本性在內心，人為在外界，德在於天道自然。知人之所行，本於天道自然，以對天道自然之曉悟自處，進退無定而屈伸自如，歸於要本而曉悟至高之道。」說：「什麼稱為天道自然？什麼稱為人為？」北海若說：「牛馬四條腿，此稱為天道自然；套住馬頭，穿牛鼻，此稱為人為。因此說：不要用人為去毀壞天道自然，不要用經驗去毀壞自然之歸趨，不要以有利去營求名聲。對於天賦之本性慎守而不失，此稱為返歸其淳樸。」

夔❶憐❷蚿❸，蚿憐蛇❹，蛇憐風❺，風憐目❻，目憐心❼。夔謂蚿曰：「吾以❽一足跉踔❾而行，予無如❿矣。今子之使⓫萬足⓬，獨⓭奈何⓮？」蚿曰：「不然。子不見夫唾者乎？噴則大者如珠，小者如霧，雜而下者不可勝數也⓯。今予動吾天機⓰，而不知其所以然。」蚿謂蛇曰：「吾以眾足行，而不及子之無足，何也？」蛇曰：「夫天機之所動，何可易邪？吾安⓱用足哉？」蛇謂風曰：「予動吾脊脅⓲而行，則有似⓳也。今子蓬蓬然⓴起於北海，蓬蓬然入於南海，而似無有㉑，何也？」風曰：「然。予蓬蓬然起於北海，而入於南海也，然而指我㉒則勝我㉓，鰌㉔我亦勝我。雖然，夫折大木，蜚㉕大屋者，唯我能也。故以眾小不勝為大勝也。為大勝者，唯聖人能之。」

【章旨】此則寓言說明凡物各具其天性，然皆不能自安而有所企慕，唯獨聖人能安其柔弱以成其大事。

【注釋】❶夔　傳說一足獸，狀如牛而無角。❷憐　羨慕。❸蚿　即馬蚿蟲，亦稱百足，為節肢動物。身體圓長，長寸餘，由很多環節組成，各節有足一至二對。生活於陰濕地方。夔唯一足，須跳躍而行，故慕蚿之多足。❹蚿憐蛇　蛇無足而行，故蚿慕之。❺蛇憐風　蛇之行尚須有所依憑，而風行則無所依憑，故蛇慕之。❻風憐目　風尚須行，而目視即盡收眼底，故風慕之。❼目憐心　目尚須視，而心則思即得，故目慕之。❽以　依靠。❾跉踔　跳躍。❿無如　無奈。謂出於無可奈何。⓫使　使用。⓬萬足　誇張其多足。⓭獨　猶「乃」。則。⓮奈何　謂如何使用。⓯子不見四句　以口吐唾沫為例，說明此為自然之勢。⓰天機　自然之機能。⓱安　何，謂何必。⓲脊脅　背脊與肋骨。⓳有似　依靠於「有」。似，通「以」。有以，即「以有」。⓴蓬蓬然　狀風聲。㉑似無有　即「以無有」，謂依靠於「無有」。㉒指我　人以手指指風。㉓勝我　意謂風只能任其指而無可制之，故云。㉔鰌　同「蹭」。踐踏。㉕蜚　通「飛」。

【語　譯】夔羨慕蚿，蚿羨慕蛇，蛇羨慕風，風羨慕目，目羨慕心。夔對蚿說：「我依靠一足跳躍而行走，我無可奈何呀。今你使用萬足，則如何使用？」蚿說：「不然。你不見那吐唾沫者嗎？噴射而出則唾沫大的如珠，小的如霧，大小雜亂而下者不可勝數。今我動我自然之機能，而不知其所以然。」蚿對蛇說：「我依靠眾多足行走，而不及你的無足，為什麼呢？」蛇說：「天機之所驅動，何可改變呢？我何必用足呀？」蛇對風說：「我動我背脊與肋骨行走，則依靠於『有』。今你蓬蓬然起於北海，蓬蓬然入於南海，而依靠於『無有』，為什麼呢？」風說：「是的。我蓬蓬然起於北海，蓬蓬然入於南海，然而指我則勝我，踩我亦勝我。即使如此，折斷大樹，刮走大屋之事，唯有我能做到。因此憑眾多小的不勝而成為大勝。成為大勝者，唯有聖人能做到。」

孔子遊❶於匡❷，宋人❸圍之數匝❹，而弦歌不惙❺。子路入見曰：「何夫子之娛❻也？」孔子曰：「來！吾語女❼：我諱窮❽久矣，而不免，命也；求通❾久矣，而不得，時❿也。當⓫堯舜而天下無窮人⓬，非知得⓭也；當桀紂而天下無通人，非知失也：時勢適然⓮。夫水行不避蛟龍⓯者，漁父⓰之勇也；陸行不避兕⓱虎者，獵夫之勇也；白刃⓲交於前⓳，視死若生者，烈士⓴之勇也；知窮之有命，知通之有時，臨大難而不懼者，聖人之勇也。由㉑處㉒矣，吾命有所制㉓矣。」無幾何，將甲㉔者進，辭㉕曰：「以為陽虎也，故圍之。今非也，請辭而退。」

【章　旨】此節借孔子被圍於匡事，而由孔子闡述人之命運由天意主宰，無須憂懼之理。被圍而得解事亦足印證。

【注　釋】❶遊　指出遊以求任用而行道。❷匡　地名。春秋衛邑，在今河南長垣縣西南。❸宋人　當作「衛人」。❹數匝　猶數層。❺不惙　不止。惙，通「輟」。據《史記·孔子世家》載，魯執政貴族季孫氏之家臣陽虎曾在匡有暴行，而孔子貌似陽虎，故孔子過匡而匡人圍之。❻娛　樂。❼語女　即告汝。❽諱窮　回避困厄。❾通　通達。❿時　時機。謂未遇時機。⓫當　值。⓬窮人　困厄之人。⓭知得　智有所得。知，同「智」。⓮適然　正當如此。⓯蛟龍　古代傳說的兩種動物，居深水中，相傳蛟能發洪水，龍能興雲作雨。⓰漁父　猶「漁夫」。⓱兕　雌的犀牛。⓲白刃　鋒利之刀。⓳交於前　加於身前。⑳烈士　有志於建立功業之人。㉑由　子路名由。㉒處　止。意謂不必過問其事。㉓所制　主宰者。㉔將甲　率領甲兵者。㉕辭　道歉。

【語　譯】孔子在匡遊歷，衛人將他數層包圍，而撥弦唱歌不停。子路入內見孔子說：「老師為何娛樂呢？」孔子說：「上前！我告訴你：我迴避困厄長久了，然而不能倖免，此為天命之故；尋求通達長久了，然而不得，此為時機之故。時值堯舜而天下無困厄之人，不是智有所得；時值桀紂而天下無通達之人，不是智有所失：時勢正當如此。行於水上不避蛟龍者，是漁父之勇；陸上行走不避兕虎者，是獵夫之勇；鋒利之刀刃加於身前，視死如生者，有志於建立功業者之勇；知困厄自有天命，知通達自有時機，身臨大難而不懼者，是聖人之勇。子由你歇著吧，我的命運有主宰者。」無多時，率領甲兵者進門，道歉說：「以為是陽虎，因而將你包圍；今知你不是他，請向你致歉而撤退。」

公孫龍❶問於魏牟❷曰：「龍少學先王之道，長而明仁義之行，合同異❸，離堅白❹，然不然，可不可❺，困❻百家之知❼，窮❽眾口之辯，吾自以為至達❾已❿。今吾聞莊子之言，汒⑪焉異⑫之⑬。不知論⑭之不及與？知⑮之弗若⑯與？今吾無所⑰開吾喙⑱，敢問其方⑲。」公子牟隱机⑳大息㉑，仰天而笑曰：「子獨㉒不聞夫埳井之蛙㉓乎？謂東海之鱉㉔曰：『吾樂與！出，跳梁㉕乎井幹㉖之上；入，休乎缺甃㉗之崖㉘。赴水則接㉙腋持頤㉚，蹶泥㉛則沒足滅跗㉜。還㉝虷㉞蟹㉟與科斗㊱，莫吾能若㊲也。且夫擅㊳一壑㊴之水而跨跱㊵埳井之樂，此亦至矣。夫子㊶奚㊷不時㊸來入觀乎？』東海之鱉左足未入，而右膝已縶㊹矣。於是逡巡㊺而卻，告之海曰：『夫千里之遠不足以舉㊻其大，千仞之高不足以極㊼其深。禹之時，十年九潦㊽，而水㊾弗為加益㊿；湯之時，八年七旱，而崖不為加損(51)。夫不為(52)頃久(53)推移(54)，不以(55)多少(56)進退(57)者，此亦東海之大樂也。』」於是(58)埳井之蛙聞之，適適然(59)驚，規規然(60)自失(61)也。且夫知不知是非之竟(62)，而猶欲觀於莊子之言，是猶使蚉負山，商蚷(63)馳河(64)也，必不勝任矣。且夫知不知論極妙之言，而自適(65)一時之利(66)者，是非埳井之蛙與？且彼(67)方跐(68)黃泉(69)而登大皇(70)，無(71)南無北，奭然(72)四解(73)，淪(74)於不測(75)，無東無西，始於玄冥(76)，反(77)於大通(78)。子乃規規然(79)而求之以察(80)，索之以辯(81)，是直用管闚天，用錐指地也(82)，不亦小(83)乎？子往矣！且子獨(84)不聞夫(85)壽陵(86)餘子(87)之學行(88)於邯鄲(89)與？未得國能(90)，又失(91)其故行(92)矣，直(93)匍匐(94)而歸耳。今子不去，將忘子之故，失子之業(95)。」公孫龍口呿(96)而不合，舌舉而不下，乃逸(97)而走(98)。

【章旨】此節亦為寓言。公孫龍本以為其學術能勝人而自詡，卻為莊子之學所困。公子牟指其為井蛙，而莊子之學乃大海，固無以識其博大精深。

【注釋】❶公孫龍　戰國趙人，是名家代表人物。《漢書·藝文志》「名家」類著錄有《公孫龍子》十四篇，今存六篇。然此亦借其名以論事。❷魏牟　戰國時魏國公子，故下亦稱公子牟。《漢書·藝文志》「道家」類著錄有《公子牟》四篇，不傳。❸合同異　見〈駢拇〉注。❹離堅白　見〈齊物論〉注。❺然不然二句　見〈齊物論〉注。❻困　困厄。❼知　同「智」。❽窮　困厄。❾至達　最為明達。❿已　同「矣」。⓫汒　同「茫」。迷茫。⓬異　怪異。⓭之　指「莊子之言」。⓮論　所論。⓯知　同「智」。⓰弗若　不如。⓱無所　猶無法。⓲喙　口。⓳方　辦法。⓴隱机　靠著几案。机，通「几」。㉑大息　即太息。㉒獨　猶「豈」。㉓埳井之蛙　喻見識狹窄者。埳井，淺井。㉔東海之鼈　喻見識深遠之得道者。㉕跳梁　跳躍。㉖井幹　井上欄杆。㉗缺甃　殘破之井壁。㉘崖　邊沿。㉙接　托浮。㉚持頤　托浮下巴。㉛蹶泥　腳踩在泥水中。㉜沒足滅跗　泥水蓋沒腳背。沒、滅，皆「蓋沒」意。㉝還　回顧。㉞虷　孑孓。㉟蟹　疑即水蚤，俗稱金槍蟹。節肢動物，身體細小，透明，橢圓形，有硬殼，成群生活於水溝和池沼中。今用作金魚之飼料。㊱科斗　即蝌蚪。㊲莫吾能若　即「莫能若吾」。㊳擅　獨專。㊴一壑　即一口淺井。㊵跨跱　盤踞。㊶夫子　尊稱東海之鱉。㊷奚　何。㊸時　時常。㊹縶　絆住。㊺逡巡　退卻貌。㊻舉　稱。㊼極　盡。㊽潦　同「澇」。㊾水　水崖。與下句之「崖」為互文，指見於水崖之水位。㊿加益　變得升高。(51)加損　變得下降。(52)不為　不因為。(53)頃久　歷時之短長。(54)推移　變化。(55)不以　不因為。(56)多少　指雨水之多少。(57)進退　升降。(58)於是　當時。(59)適適然　驚恐貌。(60)規規然　拘束不安貌。(61)自失　失控無措。(62)且夫句是非當歸於泯滅，公孫龍則以己為是而以人為非，故謂其不知是非之終極。知不知，即「智不知」。竟，終極。63商蚷　即馬蚿蟲。64馳河　渡河。蚿性不習水。65自適　自樂。66利　勝利。67彼　指莊子之精神。68跐　踩。69黃泉　借指地。70大皇　指天。71無　無論。72奭然　無礙貌。73四解　四達，謂達於四方。74淪　入。75不測　指極深之處。76玄冥　渺茫靜寂。77反　同「返」。返歸。78大通　即大道。79規規然　淺陋拘泥貌。80求之以察　以察求之。81索之以辯　以辨求之。辯，通「辨」。82是直二句　喻見識寡淺，難辨博大。管窺所見僅為天之一隅，錐所指僅為地之一點。是，此。直，簡直。闚，窺。83小　渺小。84獨　猶「豈」。85夫　猶「彼」。86壽陵　燕邑名。87餘子　少年。88行　行走。89邯鄲　趙國國都。在今河北邯鄲。90國能　邯鄲人之技能。91失　忘。92故行　原來的步法。93直　猶「只」。94匍匐　爬行。95將忘二句　謂將忘記原先之學業。故、業，二詞為互文。96呿　張口貌。97逸　疾速。98走　離開。

【語譯】公孫龍問魏牟說：「龍年少時學先王之道，長大而明仁義之行為，將事物之同異合一視之，認為白石之堅、白之性脫離於石，認為是即不是，可即不可，困厄百家之智，難倒眾口之辯，我自以為最為明達了。今我聽莊子之言，對其感到迷茫怪異。不知是所論不及他呢？智不如他呢？現在我無法開口，敬問解免的辦法。」公子牟靠著几案深深地歎息，抬頭向天而笑，說：「你難道沒有聽說那個淺井之蛙嗎？井蛙對東海之鱉說：『我快樂吧！出井，在井欄杆上跳躍，入井，在破井壁之邊沿休息。跳入水中則水托浮著兩腋與下巴，腳踩在泥水中則泥水蓋沒腳背。回頭看孑孓水蚤與蝌蚪，沒有誰能像我的。況且獨占一井之水，而盤踞淺井之樂，此亦至極了。您為何不時常過來進入井中看看呢？』東海之鱉左腳尚未跨入，右腳膝蓋已絆住了。於是退出身來，告訴牠大海，說：『那海千里之遼闊不足以稱其廣大，千仞之高不足以盡其深。禹之時，十年中九年澇，而水位不因此變得升高；湯之時，八年中七年旱，而水位不因此變得下降。它不因為歷時之短長而變化，不因為雨水之多少而升降，此則東海之大樂。』當時淺井之蛙聽了，顯得驚恐，拘束不安而失控無措。況且智不知是非之終極，尚且想察知莊子之言，此則如同使蚊子背負山，使馬蚿蟲渡河，必定無法勝任。況且智不知論極妙之言，而自樂一時之勝利者，此則不是淺井之蛙嗎？況且他正腳踩地面而升登天空，無論南無論北，無礙其達於四方，入於深不可測之處，無論東無論西，起始於渺茫靜寂，返歸於大道。你竟淺陋拘泥地以明察求之，以明辨索之，此簡直是用管窺天，用錐指地，不渺小嗎？你走吧！而且你難道沒有聽到壽陵少年在邯鄲學習行走的故事嗎？未學得邯鄲人之技能，又忘記了原來的步法，只能爬行而歸。現在你不回去，將忘記你的原先的學業。」公孫龍口張而不能閉，舌舉而不能放下，於是快速離開。

莊子釣於濮水❶。楚王❷使❸大夫二人往先❹焉，曰：「願以境內❺累❻矣。」莊子持竿不顧，曰：「吾聞楚有神龜，死已三千歲❼矣，王巾笥❽而藏之廟堂❾之上。此龜者，寧其死為留骨而貴乎？寧其生而曳尾❿於塗⓫中乎？」二大夫曰：「寧生而曳尾塗中。」莊子曰：「往矣！吾將曳尾於塗中。」

【章旨】此則寓言表明莊子之人生態度，以自在為重而鄙薄名位之尊貴，故不為所制。

【注釋】❶濮水　古水名。由今河南東北境流入山東西南境。❷楚王　楚威王。❸使　派遣。❹先　先致其意。❺境內　指楚國。❻累　委託。指欲聘以為相。❼歲　年。❽巾笥　置於竹製之箱中，以巾覆蓋。❾廟堂　太廟之殿堂。❿曳尾　伸著尾巴。⓫塗　泥塗。

【語譯】莊子在濮水垂釣。楚王派大夫二人先致其意，說：「希望將國家管理委託於你。」莊子拿著釣竿不看一眼，說：「我聽說楚國有神龜，已死三千年了，楚王將它安放在竹箱之中，用巾覆蓋而藏在太廟的殿堂之上。此龜，為著留其骨被尊貴而寧可死呢？還是為活命而寧可伸著尾巴在泥塗之中呢？」二大夫說：「為活命而寧可伸著尾巴在泥塗之中。」莊子說：「走吧！我將伸著尾巴在泥塗之中。」

惠子相梁❶，莊子往見之。或❷謂惠子曰：「莊子來，欲代子相。」於是惠子恐，搜於國中三日三夜。莊子往見之，曰：「南方有鳥，其名為❸鵷鶵❹，子知之乎？夫鵷鶵發於南海而飛於北海，非梧桐不止❺，非練實❻不食，非醴泉❼不飲。於是❽鴟得腐鼠，鵷鶵過之，仰而視之曰：『嚇❾！』今子欲以子之梁國❿而嚇我⓫邪？」

【章　旨】此節亦為寓言。惠子懼莊子奪其相位，而莊子視之為腐鼠，用以襯托其對名位之鄙棄。

【注　釋】❶相梁　任魏國之相。梁，指魏國，因都於大梁（今河南開封）故稱。惠施於梁惠王時為魏相。❷或　有人。❸為　通「謂」。❹鵷鶵　鳥名。為鸞鳳之屬。❺非梧桐句　古人以為梧桐是鳳凰棲止之樹木。❻練實　竹實。山中有名簬竹者，生長百年而抽穗結子，其子實稱為竹米，即竹實，可食。❼醴泉　味如甘酒之泉水。❽於是　當時。❾嚇　怒叱聲。❿梁國　即魏國。⓫嚇我　謂懼我奪相而怒叱我。

【語　譯】惠子在魏國任相，莊子前往見他。有人對惠子說：「莊子前來，欲替代你為相。」於是惠子恐慌，在國中搜尋三日三夜。莊子前往見他，說：「南方有鳥，其名叫作鵷鶵，你知道嗎？鵷鶵起飛於南海而飛往北海，不是梧桐樹不止息，不是竹實不食，不是醴泉不飲。當時貓頭鷹得到腐鼠，鵷鶵在其上飛過，抬頭而視之，喊：『嚇！』現在你想以你的魏國嚇我嗎？」

莊子與惠子遊於濠❶梁❷之上。莊子曰：「儵魚❸出遊從容，是魚之樂也。」惠子曰：「子非魚，安知❹魚之樂？」莊子曰：「子非我，安知我不知魚之樂？」

惠子曰：「我非子，固不知子矣；子固非魚也，子之不知魚之樂全❺矣。」莊子曰：「請循❻其本❼：子曰『汝安知魚樂』云者，既已知吾知之而問我。我知之濠上❽也。」

【章　旨】此亦寓言。莊子由遊於濠梁之上感受自在之樂而移情於濠下之魚。

【注　釋】❶濠　水名。在安徽鳳陽縣東北，注入淮水。❷梁　以石攔斷水流稱梁。❸儵魚　魚名。儵，同「鯈」。❹安知　何以知。❺全　於理充分。❻循　追述。❼其本　指言談之初。❽知之濠上　意謂由濠上之樂而推知游於濠下亦樂。

【語　譯】莊子與惠子遊於濠水石梁之上。莊子說：「儵魚從容出游，此魚之樂。」惠子說：「你不是魚，何以知道魚之樂？」莊子說：「你不是我，何以知道我不知道魚之樂？」惠子說：「我不是你，確實不知道你；你確實不是魚，你不知道魚之樂於理充分了。」莊子說：「請追述言談之初：你說『你何以知道魚之樂』，你既已知道我知道魚之樂了而問我。我知道魚之樂是在濠水之上。」

【研　析】本文以七則長短不一之寓言連綴成篇，作者所要闡述的主要觀點是：1.道可貴，其對無窮之宇宙，對於天地萬物之變化起著主宰作用。2.道，既不能言表，亦不能意會。3.領悟道者，能擺脫世人偏窄之見識，而從道的高度觀察事物，明白事物之對立皆為相對，其間並無分界。其自身之立身處世，能依循天道而任物自化，持其天賦本性，還其淳樸，不為名利所束縛，以至物我為一。凡此，大多此前均有所論述，唯謂對於道不能意會這一點，是為新意。道能不能意會？一般均取認可的態度。如若道不能意會，也即不能領悟，則勢必將所謂得道之人全給否定了。就是本篇，亦稱舉所謂「道人」，暴露出其自相矛盾。其實，道家之道是將一種玄虛的理念認定為客觀存在，故對之可否體驗領悟，就無以據實評判了。我們於此可知，道家所強調的所謂悟道、得道，與道一體作為精神之歸宿，無非是在意念中得其仿佛，而並非真的達於彼岸。

本文孔子遊於匡一則寓言頗可注意。孔子遊匡，始受阻而終得解，史有其事，見《論語・子罕》。孔子是信天命的，故其時曾說：「天之未喪斯文也，匡人其如予何？」《論語》記載其事，正為印證天命之可信。本文作者是借其事而作改編，由孔子說出「吾命有所制」，其用意是想說明其事是由天道在主宰著。可是，寓言本身卻只表明是天意在主宰，是天意在化解人事糾紛，使孔子逢凶化吉。可見，作者是不辨儒家之天意與道家之天道的本質區別，故出現如此失誤。

本文之寓言皆精彩，且各具特色。開頭河伯與北海若相見與交談一則，洋洋大觀，而趣味獨到。尤其是對於黃河與北海之描寫，更為突出。黃河發大水時河面之寬廣，氣勢之壯麗，北海之浩瀚無邊，使人有身臨其境之感。要描寫河面寬廣之景象，並非易事。作者用兩岸之間「不辯牛馬」四字，境界全出，令人慨歎。不辨牛馬者，遙望對岸，能認定是一頭牲畜，卻不能辨別是牛還是馬。這就利用人們的視覺經驗揭示了空間距離，達到了獨到的藝術效果。有了開頭生動形象之鋪墊，所以後面接二連三的較為枯燥乏味的議論，亦得以增趣。描寫坎井之蛙與東海之鱉之交遇，同樣卓絕。坎井之蛙生活在局促汙濁的環境中，卻自得自足，自樂自賞。作者對其自得其樂之情態之刻畫，活靈活現，既具有鮮明的蛙的特徵，又作了人格化的處理，使之成為一個含意深刻的藝術形象。

至樂第十八

【題解】本篇亦以篇首首句之詞為名。全篇中心議題是辨明何為至樂和活命之道。作者以為所謂至樂，即以無為為樂。能領悟天道，清靜無為而順乎自然，則誠為快樂之事。所謂活命之道，即以無為生存，明白生死乃一氣流變之不同形態而已，為道之作用，當順應造化。然而世人卻以追求生活之安樂為樂，其人無不戀生而惡死，其活命乃追求富貴、長壽、好名聲。作者認為，世人受此種欲望所牽累，不僅無樂可言，反被憂患所困，以致有害於生命。

天下有至樂❶無有哉？有可以活身者❷無有哉？今奚為奚據❸？奚避奚處？奚就奚去？奚樂奚惡？夫天下之所尊者，富、貴、壽、善❹也；所樂者，身安、厚味、美服、好色❺、音聲❻也；所下者❼，貧、賤、夭、惡❽也；所苦者，身不得安逸，口不得厚味，形❾不得美服，目不得好色，耳不得音聲。若不得者，則大憂以懼，其為形❿也亦⓫愚哉⓬！夫富者，苦身疾作，多積財而不得盡用，其為形也亦外⓭矣。夫貴者，夜以繼日，思慮善否⓮，其為形也亦疏⓯矣。人之生也，與憂俱生，壽者惛惛⓰，久憂不死，何苦也！其為形也亦遠矣。烈士為天下見善⓱矣，未足以活身。吾未知善之誠善邪？誠不善邪？若以為善矣，不足活身；以為不善矣，足以活人。故曰：「忠諫不聽，蹲循⑱勿爭。」故夫子胥爭之以殘其形⑲，不爭，名亦不成。誠有善無有哉？

【章旨】此節論述世人皆尊尚富貴、長壽、好名聲，而鄙賤其相反者；以獲得生活安樂為樂事，而以不得為苦事。其實無非使自己處於憂患之中，甚或有害於生命，更無論達到至樂之境。

【注釋】❶至樂　最快樂之事。❷活身者　活命之方法。❸奚為奚據　何所為何所依據。❹善　指善名。❺好色　美色。❻音聲　音樂。❼所下者　所卑下者。❽惡　壞名聲。❾形　身。❿為形　保養身體。⓫亦　已。⓬哉　猶「矣」。⓭外　排斥。⓮善否　善惡；好壞。⓯疏　忽略。⓰惛惛　同「惛惛」。昏昧貌。⓱見善　表現其美好之品德。⓲蹲循　即「逡巡」，退卻。⓳故夫句　見〈胠篋〉注。夫，猶「彼」。殘其形，即殺其身。

【語譯】天下有無最快樂之事呀？有無可以活命之方法呀？現今何所作為何所依據？何所迴避何所處身？何所趨就何所離棄？何所樂何所惡？天下所看重者，富、貴、長壽、好名聲；所樂者，身安、美味、美服、美色、音樂；所卑下者，貧、賤、短命、壞名聲；所苦者，身不得安逸，口不得美味，身不得美服，目不得美色，耳不得音樂。如不能得到，則引起大的憂慮與恐懼，其於保養形體已愚蠢了。欲富有，身體勞苦行動快捷，多積財產卻不能盡用，其於保養形體已排斥了。欲尊貴，夜以繼日，思考好壞，其於保養形體已忽略了。人之出生，即伴隨著憂患，長壽者昏昧，久處憂患之中，雖不死，又何苦呢！其於保養形體已遠隔了。身殉事業者為天下表現其美好之品德，卻不足以活命，我不知道其美好確實是美好呢？確實不是美好呢？如以為是美好，不足以活命；以為不是美好，可以使人活命。因此說：「忠言規諫不聽，退卻不爭。」故伍子胥爭諫其事而被殺身，不爭諫，其名亦不能成。確實有美好還是沒有呀？

今俗之所為與其所樂，吾又未知樂之果樂邪？果不樂邪？吾觀夫俗之所樂，舉❶群趣❷者，誙誙然❸如將不得已❹，而皆曰樂者，吾未之樂也，亦未之不樂也❺。果有樂無有哉？吾以❻無為誠樂矣，又❼俗之所大苦也。故曰：「至樂無樂❽，至譽無譽❾。」天下是非果未可定也。雖然，無為可以定是非❿。至樂活身，唯無為幾⓫存⓬。請嘗試言之：天無為以之⓭清，地無為以之寧，故⓮兩⓯無為相合，萬物皆化。芒乎芴乎⓰，而無從出⓱乎！芴乎芒乎，而無有象⓲乎！萬物職職⓳，皆從無為殖⓴。故曰：「天地無為也，而無不為㉑也。」人也孰㉒能得無為㉓哉？

【章旨】此節說明世人所追求之樂並非樂，只有領悟天道無為而順乎自然，方為至樂之境和存身之道。

【注釋】❶舉　全。謂全俗。❷趣　通「趨」。❸誙誙然　奔競貌。❹已　同「矣」。❺吾未之二句　兩「之」字疑為「知」之音誤。❻以　以為。❼又　猶「而」。❽無樂　謂非世俗之所樂。❾無譽　謂非世俗之所譽。❿無為句　意謂以無為為是，以人為為非。⓫幾　猶「則」。⓬存　保全。⓭以之　因此。⓮故　猶「以」。⓯兩　指天地。⓰芒乎芴乎　即「恍乎惚乎」。恍惚，不可辨認捉摸貌。下「芴乎芒乎」同。⓱無從出　無有發生之處。⓲無有象　無有跡象。⓳職職　繁多貌。⓴殖　產生。㉑無不為　即無不起其作用。㉒孰　誰。㉓無為　指無為之道。

【語譯】現在世人之作為與其所樂，我又不知其所樂果真樂呢？果真不樂呢？我觀察世人之所樂，全世俗之人紛趨群奔，你追我趕，如將不得到，而都說快樂，我不知其樂，也不知其不樂。果真有無快樂呀？我以為無為真是快樂了，而世人以為是大苦之事。因此說：「最快樂者非世俗之所樂，最高之稱譽非世俗之所譽。」天下之是非真不可確定。雖然如此，無為可以確定是非。最快樂之事與活命，唯無為則可以保全之。請試言其理：天無為因此清淨，地無為因此寧靜，因兩無為相合，萬物皆隨之而化。恍啊惚啊，而沒有發生之處呢！惚啊恍啊，而沒有跡象呢！萬物繁多，皆從無為產生。因此說：「天地無為，而無不起其作用。」人誰能得無為呀？

莊子妻死，惠子弔之，莊子則方箕踞❶鼓❷盆而歌。惠子曰：「與人❸居，長子❹、老、身死，不哭亦足❺矣，又鼓盆而歌，不亦甚❻乎！」莊子曰：「不然。是其❼始死也，我獨何❽能無概❾！然察❿其始而本無生⓫；非徒⓬無生也，而本無形；非徒無形也，而本無氣⓭。雜乎芒芴之間⓮，變而有氣，氣變而有形，形變而有生，今又變而之⓯死，是⓰相與⓱為春秋冬夏⓲四時行⓳也。人⓴且㉑偃然㉒寢於巨室㉓，而我噭噭然㉔隨㉕而哭之，自以為不通㉖乎命㉗，故止也。」

【章旨】此節通過莊子妻死卻擊盆而歌之寓言，說明生與死乃自然之變易，故不該哀悼。

【注釋】❶箕踞　在席地而坐時，兩腿伸直岔開，像簸箕之形。是一種輕慢的坐姿。❷鼓　敲。❸人　指莊子之妻。❹長子　指妻子長養子女。❺足　謂夠薄情。❻甚　過分。❼是其　謂其人。是，猶「其」。❽獨何　獨，猶「何」，為同義複詞，以加強語氣。❾無概　不傷心。概，通「慨」。❿察　明瞭。⓫生　生命。⓬非徒　非但。⓭氣　指形成萬物的最基本的物質實體。⓮雜乎句　謂其個體尚聚於無可名狀者中間。雜，聚集。⓯之　通「至」。⓰是　此。⓱相與　相互。⓲春秋冬夏　即「春夏秋冬」。⓳行　推移。⓴人　指其妻。㉑且　猶「今」。㉒偃然　安然。㉓巨室　喻指天地。㉔噭噭然　呼喊貌。噭，同「叫」。㉕隨　追隨。㉖不通　不曉。㉗命　指自然之歸趨。

【語　譯】莊子妻子死了，惠子慰問他，莊子則正岔開兩腿坐著敲盆子唱歌。惠子說：「與妻子相處，她長養子女、變老、身死，不哭已夠薄情了，又敲著盆子唱歌，不過分罷！」莊子說：「不然。她剛死時，我怎能不傷心！然而明瞭其開始本無生命；非但無生命，而且本無形體；非但無形體，而且本無氣體。其個體尚聚於無可名狀者中間，變而有氣體，氣體變而有形體，形體變而有生命，今又變而至死，此則如同相互成為春夏秋冬四季之推移。她安然睡在巨室之中，而我卻呼號著追隨而哭之，自以為不曉自然之歸趨，故中止傷心。」

支離叔與滑介叔❶觀於冥伯❷之丘，崑崙之虛❸，黃帝之所休。俄而❹柳❺生其❻左肘❼，其意❽蹶蹶然❾惡之。支離叔曰：「子惡之乎？」滑介叔曰：「亡❿，予何惡！生⓫者，假借⓬也。假之而生生者⓭，塵垢⓮也。死生為⓯晝夜。且吾與子觀化，而化及我，我又何惡焉！」

【章　旨】此節由支離叔與滑介叔因後者得病而議論生死，以為當視生死為自然之變化，理當順應而不可戀生惡死。

【注　釋】❶支離叔與滑介叔　二人皆假託之人名，為知化之士。❷冥伯　虛擬丘名。❸虛　大丘。❹俄而　不久。❺柳　借作「瘤」。❻其　指滑介叔。❼左肘　左手上臂與前臂相接處向外突起的部分。❽意　心情。❾蹶蹶然　厭惡貌。❿亡　通「無」。⓫生　生存。⓬假借　寄託。⓭假之句　謂所寄託而使生命存在之物。⓮塵垢　鄙稱肉體。⓯為　猶「如」。

【語　譯】支離叔與滑介叔在冥伯之山丘觀察，其為崑崙山之大丘，是黃帝休息之所。不久，滑介叔的左肘生瘤，因而心情厭惡。支離叔說：「你厭惡它嗎？」滑介叔說：「不，我怎麼厭惡！活著，本是寄託。所寄託而使生命存在之物，是塵垢。生死如同晝夜。況且我與你觀察變化，而變化到了我，我又怎能厭惡呢！」

莊子之❶楚，見空髑髏❷，髐然❸有形❹。撽❺以馬捶❻，因而問之，曰：「夫❼子貪生失理而為❽此乎？將❾子有亡國之事、斧鉞❿之誅而為此乎？將子有不善之行，愧遺⓫父母妻子之醜⓬而為此乎？將子有凍餒之患而為此乎？將子之春秋⓭故及⓮此乎？」於是⓯語卒⓰，援⓱髑髏枕而臥。夜半，髑髏見夢⓲曰：「子之談者似辯士，視子所言，皆生人之累也，死則無此矣。子欲聞死之說⓳乎？」莊子曰：「然。」髑髏曰：「死，無君於上，無臣於下，亦無四時之事，從然⓴以天地為春秋㉑，雖南面王樂不能過也。」莊子不信，曰：「吾使司命㉒復生子形，為㉓子骨肉肌膚，反㉔子父母妻子閭里知識㉕，子欲之乎？」髑髏深矉㉖蹙頞㉗曰：「吾安能棄南面王樂，而復為人間之勞乎！」

【章　旨】此節借莊子遇髑髏之寓言說明人生在世要受種種牽累，而死則解脫並入於至樂之境，故世人之悅生惡死實囿於偏見。

【注　釋】❶之　至。❷髑髏　人之頭顱骨。❸髐然　翹首貌。髐，借作「翹」。❹有形　有形容。謂如翹首而有所表情。❺撽　旁擊。❻馬捶　馬鞭。❼夫　發語詞。❽為　變成。❾將　猶「或」。❿斧鉞　刑罰。⓫遺　加給。⓬醜　恥辱。⓭春秋　指年歲，謂年歲已盡。⓮及　至。⓯於是　當時。⓰卒　畢。⓱援　持。⓲見夢　猶「託夢」。⓳說　同「悅」。⓴從然　同「縱然」。㉑以天地為春秋　謂與天地同其年歲。以，猶「與」。㉒司命　掌管人生死之鬼神。㉓為　給予。㉔反　歸返，同「返」。㉕閭里知識　鄉里見知相識者。㉖深矉　深皺其眉。㉗蹙頞　皺著鼻梁。

【語　譯】莊子至楚國，見頭顱骨，似乎翹首而有所表情。用馬鞭從旁敲擊，於是問他，說：「你是貪生失理變成如此的嗎？或者你有亡國之事、被刑罰處死而變成如此的嗎？或者你有不良之行為，羞愧加給父母妻子恥辱而變成如此的嗎？或者你有受凍挨餓之患難而變成如此的嗎？或者你因年紀之故以致如此的嗎？」當時說完，拿著頭顱骨枕著睡覺。半夜，頭顱骨之魂託夢說：「你之言說似能言善辯之士，察你所言，皆活人之牽累，死了則無此牽累了。你想聽死後的快樂嗎？」莊子說：「是的。」頭顱骨之魂說：「死後，無在上之君主，無在下之臣子，也無四季之事，縱然無拘而與天地同其年歲，即使作君主之快樂也不能超過。」莊子不相信，說：「我使司命之神恢復你的形體，給予你骨肉肌膚，歸返你的父母妻子與鄉里見知相識者，你願意嗎？」頭顱骨之魂深皺其眉與鼻梁說：「我怎能拋棄作君主之快樂，而重新從事人間之操勞呢！」

顏淵東之❶齊，孔子有憂色。子貢下席❷而問曰：「小子敢問：回東之齊，夫子有憂色，何邪？」孔子曰：「善哉汝問！昔者管子❸有言，丘甚善之，曰：『褚❹小者不可以懷❺大，綆❻短者不可以汲深❼。』夫若是者，以為命❽有所成❾而形❿有所適⓫也，夫⓬不可損益⓭。吾恐回與齊侯⓮言堯、舜、黃帝之道，而重⓯以燧人、神農⓰之言，彼將內求於己而不得⓱，不得則惑，人⓲惑則死⓳。且女⓴獨㉑不聞邪？昔者海鳥止於魯郊㉒，魯侯㉓御㉔而觴之㉕於廟㉖，奏《九韶》㉗以為樂，具㉘太牢㉙以為膳。鳥乃眩視憂悲，不敢食一臠㉚，不敢飲一杯，三日而死。此以己養㉛養鳥也，非以鳥養㉜養鳥也。夫以鳥養養鳥者，宜栖之深林，遊之壇陸㉝，浮之江湖㉞，食之鰌鰷㉟，隨行列而止，委蛇㊱而處。彼唯人言之惡聞，奚以㊲夫㊳譊譊㊴為乎！《咸池》《九韶》之樂，張之洞庭之野㊵，鳥聞之而飛，獸聞之而走㊶，魚聞之而下入，人卒㊷聞之相與㊸還㊹而觀㊺之。魚處水而生，人處水而死。彼㊻必相與㊼異㊽，其好惡故異也。故先聖不一㊾其能，不同其事。名止㊿於實，義設(51)於適(52)，是(53)之謂條達(54)而福持(55)。」

【章旨】此節借顏淵遊說齊侯而孔子為其擔憂事，說明人性各異，故遊說只有視其宜，方可順當無患而得福。

【注釋】❶之　至。❷下席　即避席，以示對孔子之尊敬。❸管子　名夷吾，字仲，春秋齊人，曾為齊桓公相，使之稱霸諸侯。今傳《管子》非管子所作。❹褚　袋。❺懷　藏。❻綆　汲水之繩索。❼深　指深水。❽命　生命。❾所成　指善終之條件。❿形　身。⓫所適　所宜。⓬夫　猶「彼」。⓭損益　指改變。⓮齊侯　即齊君，侯為爵名，故稱齊侯。⓯重　又。⓰燧人神農　見〈繕性〉注。⓱彼將句　謂反省自己不能做到。⓲人　指齊侯。⓳死　謂處死顏淵。⓴女　同「汝」。㉑獨　猶「豈」。㉒魯郊　指魯國都之郊野。㉓魯侯　即魯君。㉔御　迎。㉕觴之　向鳥敬酒。㉖廟　宗廟。㉗九韶　舜時樂曲名，亦作《九招》。㉘具　備。㉙太牢　以一牛、一豕、一羊為祭品。㉚一臠　一塊肉。㉛己養　養己之法。㉜鳥養　養鳥之法。㉝壇陸　湖中小洲。㉞浮之江湖　謂使其飛行於江湖之上。㉟鰷　白鰷魚。㊱委蛇　從容自得貌。㊲奚以　何以。㊳夫　猶「彼」。㊴譊譊　喧噪聲。㊵咸池二句　解見〈天運〉注。㊶走　逃跑。㊷人卒　民眾。㊸相與　一起。㊹還　通「環」。環繞。㊺觀　欣賞。㊻彼　指魚與人。㊼相與　相互。㊽異　指本性相異。㊾一　同。㊿止　合。(51)設　立。(52)適　宜。(53)是　此。(54)條達　通達；順暢。(55)持　保持。

【語　譯】顏淵東至齊國，孔子有擔憂之神色。子貢避席而問道：「學生敢問：回東至齊，老師有擔憂之神色，為什麼呢？」孔子說：「你問得好！從前管子有言，我認為很好，說：『袋子小的不可以藏放大的，汲水之繩索短的不可以汲取深水。』如此言，以為生命有善終之條件而身有所宜，它們是不可改變的。我擔心回與齊君言堯、舜、黃帝之治道，而又言燧人、神農之言，齊君他反省自我而不能做到，不能做到則疑惑，人疑惑則將說者處死。並且你難道沒有聽說嗎？往時海鳥停息在魯國國都之郊野，魯君迎接到宗廟中向牠敬酒，奏《九韶》之樂曲以為音樂，備太牢以為膳食。鳥於是眼花憂傷，不敢吃一塊肉，不敢飲一杯酒，三日而死。這是以養己之法養鳥，不是以養鳥之法養鳥。以養鳥之法養鳥，當使牠棲息於深林，遊於湖中小洲，飛行於江湖之上，飼養以泥鰍白鰷魚，讓其相隨鳥之行列而止息，從容而處。牠唯獨厭惡聽到人言，為何造作那種喧噪聲呢！《咸池》《九韶》之樂，演奏於洞庭山之野，鳥聽到則飛走，獸聽到則跑走，魚聽到則下沉，民眾聽到則一起環繞而欣賞。魚處於水中則生，人處於水中則死。兩者必定本性相互不同，其好惡因而不同。故往古聖人不使民之才能劃一，不使民之所事劃一。名合於其實，義立於所宜，此稱為順暢而保持其福。」

列子行，食於道從❶，見百歲❷髑髏，攓❸蓬而指之曰：「唯予與汝知而❹未嘗死未嘗生❺也。若❻果養❼乎？予果歡乎？」

種❽有幾❾，得水則為㡭❿，得水土之際⓫則為蛙蠙之衣⓬，生於陵屯⓭則為陵舄⓮，陵舄得鬱棲⓯則為烏足⓰，烏足之根為蠐螬⓱，其葉為胡蝶⓲。胡蝶胥⓳也化而為蟲，生於竈下，其狀若脫⓴，其名為㉑鴝掇㉒。鴝掇千日為鳥，其名為乾餘骨。乾餘骨之沫㉓為斯彌㉔，斯彌為食醯㉕。頤輅㉖生乎食醯，黃軦㉗生乎九猷㉘，瞀芮㉙

生乎腐蠸㉚，羊奚㉛比㉜乎不箰久竹㉝生青寧㉞，青寧生程㉟，程生馬，馬生人，人又反入㊱於機㊲。萬物皆出於機，皆入於機。

【章　旨】此節由列子見百歲髑髏而論及生死本一氣流變之形態變化，然後作者引述眾多事例，說明物種由微細之物，經種種遞變而終於為人，此皆出於造化之作用。

【注　釋】❶從　為「徒」字之誤。徒，通「途」。❷百歲　指歷時已久長。❸攓　同「搴」。拔取。❹而　通「爾」。❺未嘗死未嘗生　謂生死乃氣聚合之形態變化，非如世人以生死為乖隔兩分。❻若　你。❼養　通「恙」。憂。❽種　物種；物類。❾幾　微小者。❿㡭　同「繼」。即水舄。其寸寸有節，拔去可復生。⓫際　機遇。⓬蛙蠙之衣　即青苔。⓭陵屯　陵阜；高地。⓮陵舄　車前草。⓯鬱棲　糞壤。⓰烏足　草名。⓱蠐螬　金龜子之幼蟲。⓲胡蝶　即蝴蝶。⓳胥　須臾；少時。⓴脫　借為「蛻」，脫皮。㉑為　通「謂」。㉒鴝掇　蟲名。㉓沫　唾沫。㉔斯彌　蟲名。㉕食醯　酒上蠛蠓。㉖頤輅　蟲名。㉗黃軦　蟲名。㉘九猷　蟲名。㉙瞀芮　蟲名。屬蚊類，形似蠅而小，吸人與畜之血。㉚腐蠸　蟲名，一名守瓜，黃甲小蟲，喜食瓜葉。或謂即螢火蟲。㉛羊奚　草名。㉜比　合。㉝不箰久竹　不生筍之竹。箰，同「筍」。久，疑為「之」字之形誤。㉞青寧　蟲名。㉟程　豹之別名。㊱反入　返歸。反，同「返」。㊲機　造化；萬物變化所由。

【語　譯】列子出行，在道途飲食，見歷時已久長之頭顱骨，拔取蓬草指著它而說：「唯有我與你知道你未嘗死未嘗生。你果真憂傷嗎？我果真歡喜嗎？」

物種有微小者，得到水則成為㡭，得水土之機遇則成為青苔，生於高地則成為車前草，車前草得糞壤則成為烏足草，烏足草之根成為金龜子之幼蟲，其葉成為蝴蝶。蝴蝶少時變化而成為蟲，生於灶下，其變化之狀若在脫皮，其名稱為鴝掇蟲。鴝掇蟲千日而成為鳥，其名稱為乾餘骨。乾餘骨之唾沫成為斯彌蟲，斯彌蟲成為酒上之蠛蠓。頤輅蟲生於酒上之蠛蠓，黃軦蟲生於九猷蟲，瞀芮蟲生於腐蠸蟲，羊奚草與不生筍之竹相合生青寧蟲，青寧蟲生豹，豹生馬，馬生人，人又返歸於造化。萬物皆出於造化，皆入於造化。

【研　析】本篇作者主要是闡述其至樂觀和活命之道。所謂至樂，即以無為為樂。以為能領悟天道，清靜無為而順乎自然，則誠為快樂之事。所謂活命之道，即以無為生存。然而世人所崇尚者，唯富貴、長壽、好名聲，其所樂者即生活之安樂，此即其活命之道。作者認為，世人之所求，不僅無樂可言，反而由於受此種欲望所牽累，故為憂患所困，以致有害於生命。

作者認為至樂唯無為而順應造化可至，此誠為一種心理境界，然而作者沒有也無從論證如何達到此境。以無為為生存之道，也即做到清靜無為以保全生命。作者對於生死問題，基本的觀點是「安時而處順」（見〈養生主〉），即在有生之年注意養生，離世之日則欣然歸去。本文一開始議論活命之道，即屬於前者，而其後數則寓言，則側重於後者。他認為，生死現象乃一氣流變所表現的不同形態而已，是為道之作用，理當順其自然，而不應繫之以喜悅與厭惡之感情。世人皆戀生而惡死，乃不知通變之道理。作者此見，誠為一種大膽而達觀之見識，應該肯定其有合理的成分。然而，我們也不能不注意到作者同時在宣揚其惡生悅死的觀點，這固然與其對時政亂世之不滿有關，但也明顯地反映了作者消極厭世的態度。

「莊子妻死」是一則十分風趣又寄意深刻的寓言。莊子妻子死了，竟然箕踞鼓盆而歌，舉止異常，惠子不禁責問他。莊子於是向其闡述，生死乃是自然界永無休止的變化運行之現象，死亡正是得其所歸。由於明白了這一道理，自己才從感情束縛中得到解脫。其言行足以驚世駭俗，影響深遠。

「莊子之楚」一則寓言已近似於志怪小說。寫莊子至楚途中，見一死人之頭顱骨，似乎有所表情，將死物活寫，於是引出莊子之四問，以追求其死因。頭顱骨之鬼魂則通過託夢作答。指出莊子所問乃出於活人之思想束縛，並以自己之切身體會，說明死後再無活人之累，無拘無束，自由快樂超過於做帝王。莊子不信其言，作一頓折，並許以將告請司命，使其復活，並且恢復其親人故舊。鬼魂聞之，不僅不樂，反而憂慮重重，見其所言不假，將旨意又推進一層。文中之莊子雖神通廣大，但就其見識言，仍不脫為世俗之人，而鬼魂則是解脫俗累而回歸自然之形象。

達生第十九

【題解】本篇亦以篇首首句開首之詞為篇名。全文所論以養生之道為中心。作者以為世人之養生，皆注重保養形體以求保全生命，實際上卻事與願違，故為至誤。養生當持其本性，使內心虛靜淡泊，不為外物所擾，排除心智，忘卻是非，忘卻自我，順應自然，融身於道，使生命獲得新生而入於逍遙自在之境。此種思想理論雖然自成體系，然而由於其本身之局限，故多有自相牴牾之處。文中某些見解則明顯趨於折衷。

達❶生❷之情❸者，不務生之所無以為❹；達命❺之情者，不務知❻之所無奈何❼。養形❽必先之以物❾，物有餘而形不養者有之矣。有生必先無離形❿，形不離而生亡⓫者有之矣。生之來不能卻⓬，其去不能止。悲夫！世之人以為養形足以存生，而養形果不足以存生，則世⓭奚足為⓮哉！雖不足為而不可不為⓯者，其為不免⓰矣。夫欲免為形⓱者莫如棄世⓲。棄世則無累，無累則正平⓳，正平則與⓴彼㉑更生㉒，更生則幾㉓矣。事㉔奚足棄而生奚足遺？棄事則形不勞，遺生則精不虧㉕。夫形全㉖精復㉗，與天為一㉘。天地者萬物之父母也。合㉙則成體㉚，散則成始㉛。形精不虧，是㉜謂能移㉝。精㉞而又精，反以相天㉟。

【章　旨】此節闡述養生之道，以為養生非世俗之養形保生，而在持其本性，故當棄世俗之見而使內心平靜，如此則精神不虧損，順應造化而與自然為一。

【注　釋】❶達　知曉。❷生　生命。❸情　情實。❹生之所無以為　指違背本性之事。生，性。無以，猶「不能」。❺命　指自然之趨勢。❻知　同「智」。❼所無奈何　無可奈何之事。命者非智所能及。❽養形　即養身。❾先之以物　以物為首要。❿有生句　「先」字衍。離形，謂棄其身而不顧。⓫生亡　生命喪失。⓬卻　推辭。⓭世　指世人養形存生之事。⓮奚足為　即何可為。⓯不可不為　謂其人又不可不為之。⓰不免　不能擺脫。⓱為形　為形體所拘。⓲棄世　棄世人養形存生之事。⓳正平　指內心平靜。⓴與　相依。㉑彼　指道。㉒更生　新生。㉓幾　近。指近於得道。㉔事　指養身之事。㉕精不虧　精神不虧損。㉖形全　此本於造化而言。全，完好。㉗精復　精神安寧。㉘與天為一　與自然融為一體。㉙合　指形精之相合。㉚體　指人。㉛成始　回復初始未形之狀態。㉜是　此。㉝能移　能隨化。㉞精　純粹。指「形全精復，與天為一」之修養。㉟相天　有助於自然。

【語　譯】知曉生命之情實者，不做本性所不能做之事；知曉命之情實者，不做其智所無可奈何之事。養身必定以物為首要，有人雖然物有餘而身不得其養。有生命者必定不會棄其身而不顧，有人雖然不棄其身而不顧而生命卻喪失。生命之到來不可推辭，其離去不可阻止。悲哀啊！世人以為養身可以保全生命，而養身真的不可以保全生命，則世人之所為又怎麼可做呢！雖不可做而其人又不可不做，這是不能擺脫。想要擺脫為形體所拘者不如拋棄世人之所為。拋棄世人之所為則無所牽累，無所牽累則內心平靜，內心平靜則相依於道而新生，新生則近於得道了。養身之事怎麼可以棄之不顧而生命怎麼可以棄之不顧？養身之事棄之不顧則身體不勞困，生命棄之不顧則精神不虧損。形體完好精神安寧，與自然融為一體。天地是萬物的父母。形體與精神相合則成為人，二者相離則回復到初始未形之狀態。形體與精神不致虧損，此稱為能相隨變化。純粹又純粹，反而有助於自然。

子列子❶問關尹❷曰：「至人潛行❸不窒❹，蹈火不熱，行乎萬物❺之上而不慄❻。請問何以至於此？」關尹曰：「是❼純氣❽之守也，非知❾巧果敢之列❿。居⓫，予語女⓬：凡有貌象⓭聲色者皆物⓮也，物與物何以相遠⓯？夫奚足以至乎先⓰？是色⓱而已。則⓲物之造乎不形⓳，而止乎無所化⓴。夫得是㉑而窮之㉒者，物焉得而止㉓焉！彼㉔將處乎不淫㉕之度㉖，而藏㉗乎無端㉘之紀㉙，遊㉚乎萬物之所終始㉛。壹㉜其性，養其氣㉝，合其德㉞，以通㉟乎物之所造㊱。夫若是者，其天㊲守全㊳，其神無郤㊴，物㊵奚自入㊶焉？夫醉者之墜車，雖疾㊷不死。骨節與人同而犯害㊸與人異，其神全㊹也。乘亦不知也，墜亦不知也，死生驚懼不入乎其胸中，是故遻物㊺而不慴㊻。彼得全於酒㊼而猶若是，而況得全於天㊽乎！聖人藏於天㊾，故莫之能傷也。復讎者不折鏌干㊿，雖有忮心者不怨飄瓦(51)，是以天下平均(52)。故無攻戰之亂，無殺戮之刑者，由此道也。不開人之天(53)，而開天之天(54)。開天(55)者德(56)生，開人(57)者賊(58)生。不厭(59)其天，不忽於人(60)，民幾乎(61)以(62)其真(63)。」

【章旨】此節借關尹答列子之問而論述至人之得道與其至於逍遙境界之事。以為其出乎道而能融身於自然，泯滅人際感情與才智，全其天賦，復其淳樸，故能超脫俗累，精神完好而得其逍遙。

【注釋】❶子列子　「列子」前冠以「子」字，意謂「夫子」，表示對其人之敬重。此為借其名。❷關尹　即關令尹，為司關之官名。此指關尹喜，相傳是與老子同時之道家人物。《漢書・藝文志》「道家」類有《關尹子》九篇，早佚。今所傳本為後人依託。此亦借其名。❸潛行　潛水而行。❹不窒　不窒息。❺萬物　指萬物世界。❻不慄　不懼。❼是　此。❽純氣　純正之氣。❾知　同「智」。❿列　同「例」。⓫居　坐。⓬語女　即告汝。⓭貌象　形貌。⓮物　指人。⓯相遠　相差遙遠。⓰先　謂超越於人。⓱是色　《闕誤》引江南古藏本「是」下有「形」字，當據補。是，此。形色，即「貌象聲色」。⓲則　猶「而」。⓳不形　無形，指道。⓴無所化　指道。因道是本源。㉑是　指道。㉒窮之　謂以道為歸宿。㉓焉得而止　何能終止。因無終始故云。焉，何。㉔彼　指至人。㉕不淫　不過分。㉖度　法則。㉗藏　守。㉘無端　無所窮盡。㉙紀　法則。㉚遊　心遊。㉛萬物之所終始　即道。㉜壹　專一，即不變。㉝氣　純正之氣。㉞合其德　謂使其德合於虛靜。㉟通　達。㊱物之所造　即造化萬物之道。㊲天　指天賦之性。㊳守全　保持完好。㊴郤　通「隙」。㊵物　外界事物。㊶奚自入　自何處進入。㊷疾　受傷。㊸犯害　遭受傷害。㊹全　完好。㊺遻物　遇事。㊻不慴　不懼。㊼得全於酒　謂因醉酒而得以保全。㊽得全於天　謂因天道自然而得以保全。㊾藏於天　藏身於自然，即融身於自然。㊿復讎句　謂復仇者不祈使用寶劍以復仇，即能泯滅怨恨之心。讎，同「仇」。鏌干，鏌鋣（亦作「莫邪」）干將，皆寶劍名。(51)雖有忮心句　謂飄瓦砸己，事本無意，故即使懷怨恨之心者亦不怨恨。此喻世人遇事不滋生恩怨之情。忮心，怨恨之心。(52)平均　太平。(53)人之天　謂人之心智。天，字之本意謂頭腦，亦即心。(54)開天之天　即謂為人開啟自然之心。天之天，本指天之心智，然天本無心，故「天之天」謂自然之無心。(55)開天　開啟自然之心。(56)德　意同「合其德」之「德」。(57)開人　開啟人之心智。(58)賊　害。(59)不厭　不饜足。(60)人　指人事。(61)幾乎　近於。(62)以　及。(63)真　淳樸。

【語　譯】列子問關令尹說：「至人潛水而行不會窒息，蹈火不會覺得熱，在萬物世界之上行走而不恐懼。請問為何至此地步？」關令尹說：「此為守持其純正之氣，不是智巧有決斷而勇敢之例。坐，我告訴你：凡有形貌聲色者皆人，人與人怎麼相差遙遠？怎麼可以達到超越於人？人唯有形貌聲色而已。而人由無形之道所造就，又以道為歸宿。得此道而以之為歸宿，人何能終止呢！至人將以不過分之法則自處，而守持其無所窮盡之法則，心遊於萬物所始所終之道。專一其性，涵養其純正之氣，使其德合於虛靜，以到達造就萬物之道。如此，其天賦之性保持完好，其精神無所間隙，外界事物從何處進入呢？醉酒者從車上墜落，即使受傷不至於死。骨節與人同而遭受傷害與人異，這是由於其精神完好之故。乘在車上已不知，墜落也不知，生死驚懼不進入他的心中，因此遇事而不懼。他因醉酒而得以保全尚且如此，何況因天道自然而得以保全呢！聖人融身於自然因此沒有什麼能夠傷害他的。復仇的人不會使用寶劍，即使懷有怨恨之心的人不會怨恨飄落的瓦片，因此天下太平。故無攻戰之亂，無殺戮之刑，即循此道之故。不開啟人之心智，而開啟天道自然之無心。開啟天道自然之無心則虛靜之德產生，開啟人之心智則有害之心產生。對於天道自然不厭足，對於人事不輕忽，則民近於達到其淳樸。」

仲尼適❶楚，出於林中，見痀僂❷者承❸蜩❹，猶掇❺之也。仲尼曰：「子巧❻乎！有道❼邪？」曰：「我有道也。五六月累丸二❽而不墜，則失者❾錙銖❿；累三而不墜，則失者十一⓫；累五而不墜，猶掇之也。吾處⓬身也若厥⓭株⓮拘⓯，吾執⓰臂也若槁木⓱之枝。雖天地之大，萬物之多，而唯蜩翼之知⓲。吾不反不側⓳，不以萬物易蜩之翼⓴，何為㉑而不得！」孔子顧㉒謂弟子曰：「用志不分㉓，乃凝於神㉔，其痀僂丈人㉕之謂乎！」

【章旨】此節通過孔子見佝僂者捕蟬如撿物之易之寓言，說明凡事只要經歷專注又持久的磨練，皆可功致絕倫。

【注釋】❶適　前往。❷痀僂　即「佝僂」，駝背。❸承　引取。此謂以竿捕取。❹蜩　蟬。❺掇　拾取。❻巧　靈巧。❼道　技巧。❽累丸二　疊二丸於竿頭。❾失者　失手之蟬。❿錙銖　古代重量單位。一錙等於六銖，一兩等於二十四銖。因用以指極少量。⓫十一　十分之一。⓬處　止。⓭厥　其。⓮株　樹椿。⓯拘　為「枸」字之誤。《集韻・虞部》：「枸，立木也。」即引此文為例可證。株枸，謂直立之樹樁。⑯執　用。⑰槁木　枯木。⑱唯蜩翼之知　即「唯知蜩翼」。⑲不反不側　謂無所分心。反側，猶「變動」。⑳易蜩之翼　轉移對蜩翼之專注。㉑何為　即「為何」。㉒顧　回頭。㉓用志不分　即不分心。㉔凝於神　精神專注。㉕丈人　對年長者之稱。

【語　譯】仲尼前往楚國，從林中出來，見一駝背人在捕蟬，如同拾取一般。仲尼說：「你靈巧呢！有技巧嗎？」說：「我有技巧。經五六個月訓練疊二顆丸於竿頭而不墜落，則失手者極少；疊三顆丸而不墜落，則失手者十分之一；疊五顆丸而不墜落，就如同拾取一般。我身子不動如同那直立的樹樁，我使用手臂如同枯樹之枝。雖然天地之大，萬物之多，而唯知蟬之翅膀。我無所分心，不因萬物之多而轉移對蟬之翅膀之專注，為什麼不能捕得！」孔子回頭對弟子說：「用心而不分散，於是精神專注，此話說的是駝背長者吧！」

顏淵問仲尼曰：「吾嘗濟❶乎觴深❷之淵❸，津人❹操舟❺若神。吾問焉，曰：『操舟可學邪？』曰：『可。善游者數能❻。若乃❼夫❽沒人❾，則未嘗見舟而便❿操之也。』吾問焉而不吾告，敢問何謂也？」仲尼曰：「善游者數能，忘水⓫也。若乃夫沒人之未嘗見舟而便操之也，彼視淵若陵，視舟之覆猶其車卻⓬也。覆卻萬方⓭陳乎前⓮而不得入其舍⓯，惡⓰往而不暇⓱！以瓦注⓲者巧⓳，以鉤⓴注者憚㉑，以黃金注者殙㉒。其巧㉓一㉔也，而有所矜㉕則重外㉖也。凡外重者內拙㉗。」

【章　旨】此節述顏淵見掌渡者掌舟若神，不得其理，故請教於孔子。孔子以為能輕視外物，視險若夷，持平常心，則身手自然靈巧；若注重外物，為之拘謹，則身手必然笨拙。

【注釋】❶濟 渡。❷觴深 深淵名。❸淵 水迴旋之深潭。❹津人 掌渡者。❺操舟 掌舟。❻數能 數次即會。❼若乃 至於。❽夫 猶「彼」。❾沒人 潛水者。❿便 即。⓫忘水 忘在水中，即視水若陸。⓬卻 後退。⓭萬方 萬端；萬次。⓮陳乎前 出現於面前。⓯舍 心。⓰惡 何。⓱不暇 不從容。⓲注 作投擲之賭注。⓳巧 靈巧。⓴鉤 腰帶鉤。其花紋多錯金銀以為飾，故貴重。㉑憚 懼。㉒殙 神志昏亂。㉓巧 技巧。㉔一 相同。㉕矜 拘謹。㉖重外 看重外物。㉗內拙 自身不靈巧。

【語 譯】顏淵問仲尼說：「我曾渡觴深之淵，掌渡者掌舟若神靈。我問他，說：『掌舟可以學嗎？』說：『可以。善於游泳者數次即會。至於潛水者，則未曾見舟而即可掌舟。』我問他而不告訴我，敬問他說的是什麼意思？」仲尼說：「善於游泳者數次即會，是忘記自己在水中。至於潛水者未曾見舟而即可掌舟，彼視淵若山陵，視舟之翻轉如同其車之後退。翻轉後退上萬次出現於面前而不能入其心，則何往而不從容！以瓦作投擲之賭注者靈巧，以腰帶鉤作賭注者恐懼，以黃金作賭注者神志昏亂。其技巧相同，而有所拘謹則是看重外物之故。凡看重外物者自身就不靈巧。」

田開之❶見周威公❷，威公曰：「吾聞祝腎❸學生❹，吾子❺與祝腎遊❻，亦何聞焉？」田開之曰：「開之操❼拔篲❽以侍門庭❾，亦何聞於夫子❿？」威公曰：「田子無讓，寡人願聞之。」開之曰：「聞之夫子曰：『善養生者若牧羊然，視其後者而鞭之⓫。』」威公曰：「何謂也？」田開之曰：「魯有單豹者，巖居而水飲⓬，不與民共利，行年七十而猶有嬰兒之色⓭，不幸遇餓虎，餓虎殺而食之。有張毅者，高門縣薄⓮無不走也，行年四十而有內熱之病以死。豹養其內⓯而虎食其外⑯，毅養⑰其外⑱而病攻其內，此二子者皆『不鞭其後⑲者』也。」仲尼曰：「無入⑳而藏㉑，無出㉒而陽㉓，柴立其中央㉔。三者若得㉕，其名必極㉖。夫畏塗㉗者，十殺一人㉘，則父子兄弟相戒也，必盛㉙卒徒㉚而後敢出焉，不亦知㉛乎！人之所取畏㉜者，衽席㉝之上，飲食之間，而不知為之戒者，過也。」

【章　旨】此節由田開之引述祝腎之見，以為養生當有所戒忌。作者又引述孔子之論，以為為養生，人當如枯木般地處於隱顯之間，即使日常生活也存在險途，當為之戒。

【注　釋】❶田開之　疑假託之學者名。❷周威公　戰國時所封之諸侯。據《史記．周本紀》：周考王封其弟於河南，是為桓公；桓公卒，子威公立。疑即其人。然下述之事亦疑假託。❸祝腎　疑假託之學者名。❹學生　學養生之道。❺吾子　稱田開之。❻遊　交往。❼操　持。❽拔篲　竹掃帚。❾門庭　門前庭院。❿夫子　敬稱祝腎。⓫善養二句　意謂後則貽患全體，喻凡事當知防範。⓬巖居句　謂其隱居於山洞中，生活儉樸，與世無涉。巖，山洞。⓭嬰兒之色　即童顏。⓮高門縣薄　指富貴者之家。高門，高大之門戶。縣，同「懸」，垂掛。薄，簾。⓯內　指自身。⓰虎食其外　謂虎自外而來食之。⓱養　侍奉。⓲外　指他人，即高門懸簾之家。⓳不鞭其後　喻不知防範。⓴入　入山林。㉑藏　隱居。㉒出　出世。㉓陽　顯。㉔柴立句　謂如枯木般地處於隱居與顯露之間。柴，枯木。㉕三者若得　謂若合於此三原則。㉖極　至高。㉗畏塗　即「畏途」，險惡之途。㉘十殺一人　謂先後有十人經此途而一人被殺。㉙盛　多。㉚卒徒　眾。此謂聚眾。㉛知　同「智」。㉜取畏　自取險惡。㉝衽席　臥席。

【語　譯】田開之見周威公，威公說：「我聽說祝腎學養生之道，你與祝腎交往，聽到什麼呀？」田開之說：「開之手持竹掃帚而在門庭侍奉，能從先生那裡聽到什麼？」威公說：「田先生不要推讓，寡人想聽聽。」開之說：「從先生那裡聽到：『善於養生者如同牧羊一般，看到落後的就鞭打牠。』」威公說：「怎麼說呀？」田開之說：「魯國有個叫單豹的，居於山洞而以飲水為生，其所利不與民同，年紀七十尚且童顏，不幸遇上餓虎把他咬死而吃了。有個叫張毅的，高門大戶垂簾之家無不趨走，年紀四十因患內熱之病而死。單豹涵養自身而虎自外而來吃了他，張毅侍奉他人而病攻其身，此二人都是『不鞭打其中的落後者』。」仲尼說：「不要進入山林隱居，不要出世顯露，像枯木般處於隱居與顯露之間。若合於此三原則，其名必定至高。那險惡之途，有十人先後經此途而一人被殺，則父子兄弟相互告誡，必定多所聚眾然後敢於出門，不是有智嗎！人之自取險惡之事，在臥席之上，飲食之時，而不知對於險惡有所戒備，是為過錯。」

祝宗人❶玄端❷以臨❸牢筴❹，說彘曰：「汝奚❺惡死？吾將三月豢❻汝，十日戒❼，三日齊❽，藉❾白茅❿，加汝肩尻⓫乎彫俎⓬之上，則汝為⓭之乎？」為彘謀，曰⓮不如食以糠糟而錯⓯之牢筴之中；自為謀，則苟⓰生有軒冕⓱之尊，死得於腞楯⓲之上、聚僂⓳之中則為之。為彘謀則去之，自為謀則取之，所異彘者何也⓴？

【章旨】此節以豬為例說明，養生活命為人生之首要，故當不為名利地位所惑而受制。

【注釋】❶祝宗人　主持祭祀祈禱者。❷玄端　一種禮服之稱。此謂穿上玄端。❸臨　至。❹牢筴　豬欄。❺奚　為何。❻豢　同「豢」。養。❼戒　此指齋戒之散齋。古人在祭祀前為清心寡欲，以示虔誠，故不御不樂不弔稱為散齋。❽齊　見〈人間世〉注。❾藉　墊。❿白茅　草名。其草潔白柔滑，故用於祭祀。⓫尻　臀部。⓬彫俎　雕飾之俎。俎為祭祀時用以放置牲體的器具。⓭為　取。⓮曰　句首助詞。⓯錯　置。⓰苟　只要。⓱軒冕　卿大夫之車與冕服，亦指官位爵祿。⓲腞楯　有畫飾之殯車。楯，同「輴」。⓳聚僂　棺槨。⓴所異句　意謂為彘謀能合於養生之道，為何為己謀反有別呢。

【語譯】祝宗人穿著玄端而來到豬欄前，勸導豬說：「你為什麼厭惡死？我將用三個月的時間豢養你，用十日做散戒，三日做齋戒，墊上白茅，把你的肩與臀放在雕飾的俎架上，則你接受嗎？」替豬著想，不如以糟糠飼養而置於豬欄之中；替自己著想，則只要活時有官位爵祿，死後可以處於有畫飾之殯車之上、棺槨之中則接受。替豬著想則捨去，替自己著想則採取，為何與豬不同呢？

桓公❶田❷於澤，管仲御❸，見鬼焉。公撫管仲之手曰：「仲父❹何見？」對曰：「臣無所見。」公反❺，誒詒❻為❼病，數日不出。齊士有皇子告敖❽者，曰：「公則自傷，鬼惡能❾傷公！夫忿滀之氣❿散而不反⓫，則為不足⓬；上而不下，則使人善怒；下而不上，則使人善忘；不上不下，中身當心⓭，則為病。」桓公曰：「然則有鬼乎？」曰：「有。沉⓮有履⓯，竈有髻⓰。戶內之煩壤⓱，雷霆⓲處之；東北方之下者，倍阿、鮭蠪⓳躍之；西北方之下者，則泆陽⓴處之。水有罔象，丘有峷，山有夔，野有彷徨，澤有委蛇㉑。」公曰：「請問委蛇之狀何如？」皇子曰：「委蛇，其大㉒如轂㉓，其長如轅㉔，紫衣而朱冠。其為物也，惡聞雷車㉕之聲，則捧其首而立㉖。見之者殆㉗乎霸㉘。」桓公辴然㉙而笑，曰：「此寡人之所見者也。」於是正㉚衣冠與之坐，不終日而不知病之去也。

【章　旨】此節記述齊桓公因見鬼而得病，皇子告敖以為得病是由於體內之氣匱乏而失衡且居於心之故。又謂齊桓公所見乃澤鬼委蛇，其兆為將稱霸，齊桓公聞之，病不治而愈。

【注　釋】❶桓公　齊桓公。❷田　打獵。❸御　駕車。❹仲父　對管仲之敬稱。❺反　同「返」。❻誒詒　神魂不寧而囈語。❼為　生。❽皇子告敖　姓皇子，字告敖，齊之賢人。❾惡能　怎能。❿忿滀之氣　指體內充盈之氣。忿滀，充盈。⓫散而不反　謂因受驚嚇而散佚，且不能返歸。反，同「返」。⓬不足　指體內此氣不能充盈。⓭上而不下六句　上而不下，下而不上，不上不下三者，謂因氣不充盈，故致停滯於身體之局部。中身，處於身之中。當心，正當心之部位。⓮沉　疑通「瀋」。指盛水器。⓯履　鬼名。⓰髻　灶鬼名。⓱煩壤　疑為空雜之地。⓲雷霆　鬼名。⓳倍阿鮭蠪　皆鬼名。⓴泆陽　鬼名。㉑水有五句　罔象、峷、夔、彷徨、委蛇五者，皆是其處之鬼名。㉒大　指粗。㉓轂　車輪中心的圓孔，供插車軸之處。㉔轅　車前駕牲畜的直木。㉕雷車　行時如雷鳴之車。㉖則捧句　案：《御覽》八七二引「則」上有「見人」二字，《太平廣記》二九一引同，當據補，不然意不相屬。㉗殆　即將。㉘霸　稱霸於諸侯。㉙囅然　笑貌。㉚正　通「整」。

【語　譯】齊桓公在藪澤打獵，管仲駕車，見到了鬼。桓公撫管仲之手說：「仲父見到什麼？」回答說：「臣無所見。」桓公返歸，神魂不寧囈語而生病，數日不出。齊賢士有叫皇子告敖的，說：「公是自取傷害，鬼怎能傷害公。那體內充盈之氣因受驚嚇而散佚且不歸返，則造成此氣不足；體內之氣在上而不能下，則使人善怒；在下而不能上，則使人善忘；不能上又不能下，處於身之中部而正當心之部位，則生病。」桓公說：「如此則有鬼嗎？」說：「有。盛水器裡有履鬼，灶中有髻鬼。門戶內空雜之地，雷霆鬼處之；東北方之低下處，倍阿、鮭蠪鬼在此跳躍；西北方之低下處，則泆陽鬼所處。水中有罔象鬼，丘有峷鬼，山上有夔鬼，野地有彷徨鬼，藪澤有委蛇鬼。」桓公說：「請問委蛇鬼之形狀怎樣？」皇子說：「委蛇鬼，其粗如車轂，其長如車轅，穿紫衣而戴紅帽。這鬼厭惡聽到如雷鳴之車行之聲，見到人則捧其頭而立。見到它的人即將稱霸於諸侯。」桓公露出笑容，說：「這是寡人所見到的。」於是整衣帽與他坐下，不到日終而不知病症已經消除。

紀渻子❶為王養❷鬬雞❸。十日而問：「雞已❹乎？」曰：「未也，方❺虛憍❻

而恃氣❼。」十日又問，曰：「未也，猶應嚮景❽。」十日又問，曰：「未也，猶疾視❾而盛氣❿。」十日又問，曰：「幾⓫矣，雞雖有鳴者，已無變矣，望之似木雞矣，其德全⓬矣。異雞⓭無敢應者，反走⓮矣。」

【章　旨】此節以紀渻子馴養鬥雞之寓言，說明使之擺脫意氣，達到虛靜之德性，則所向無敵。

【注　釋】❶紀渻子　虛擬人名。❷養　馴養。❸鬭雞　用於爭鬥而期取勝之雞。❹已　成。❺方　正。❻虛憍　無能而昂其頭。❼恃氣　憑其意氣。❽猶應嚮景　謂尚且應鬥如響之應聲、影之隨形。喻其見雞必鬥。應，應鬥。嚮，借作「響」。回音。景，同「影」。影子。❾疾視　兇狠地注視。❿盛氣　意氣強盛。⓫幾　終；成。⓬德全　指虛靜之德性完善。⓭異雞　別的雞。⓮反走　轉身而逃。

【語　譯】紀渻子為王馴養鬥雞。過了十日而問：「雞成了嗎？」說：「沒有，正無能而昂著頭，憑其意氣。」過十日又問，答：「沒有，其應鬥尚且如響之應聲、影之隨形。」過十日又問，答：「沒有，尚且兇狠地注視而意氣強盛。」過十日又問，答：「成了，雞雖然有鳴叫的，牠已無變化，望去如同木雞了，其德性完善了。別的雞沒有敢應鬥的，轉身而逃了。」

孔子觀於呂梁❶，縣水❷三十仞❸，流沫❹四十里❺，黿❻鼉❼魚鱉之所不能游也。見一丈夫❽游之，以為有苦而欲死也，使弟子並流❾而拯之。數百步而出，被❿髮行歌而游於塘⓫下。孔子從⓬而問焉，曰：「吾以子為鬼，察子則人也。請問，蹈水⓭有道⓮乎？」曰：「亡⓯，吾無道。吾始乎故⓰，長乎性⓱，成乎命⓲。

與齊⑲俱入，與汩⑳偕出，從水之道㉑而不為私㉒焉：此吾所以蹈之也。」孔子曰：「何謂始乎故，長乎性，成乎命？」曰：「吾生於陵而安㉓於陵，故也；長於水㉔而安於水㉕，性也；不知吾所以然而然，命也。」

【章　旨】此節記述呂梁蹈水者入險流若步平地，其原因蓋能順從流水之規律而積久成習。

【注　釋】❶呂梁　水名，亦稱呂梁洪。在今江蘇徐州市東南五十里。有上下二洪，相去七里，巨石齒列，波流洶湧。❷縣水　水懸掛而下，即瀑布。縣，同「懸」。❸三十仞　指其高。❹流沫　飛濺之水珠。❺四十里　指其遠及。❻黿　鱉類，俗稱癩頭黿。❼鼉　爬行動物，亦稱揚子鱷。❽丈夫　古時對男子之稱。❾並流　隨流。《說文》：「並，相從也。」❿被　同「披」。⓫塘　堤岸。⓬從　相隨。⓭蹈水　踩水，即游泳。⓮道　技術。⓯亡　同「無」。⓰始乎故　謂起始於慣常。故，慣常。⓱長乎性　謂隨習性而長大。性，習性。⓲成乎命　謂隨自然之勢而終成。⓳齊　漩渦。⓴汩　湧波。㉑從水之道　順從水之規律。㉒不為私　不以己。謂不以己意擅為。㉓安　習慣。㉔長於水　謂在蹈水中長大。㉕安於水　謂習慣於蹈水。

【語　譯】孔子在呂梁河觀看，懸掛之水高三十仞，水珠飛濺達四十里，黿鼉魚鱉所不能游，見一男子游於河中，以為他有痛苦而想尋死，讓弟子隨流而去拯救他。他游了數百步而出水，披著頭髮，邊走邊唱，遨遊於堤岸下。孔子相隨而問，說：「我以為你是鬼，看你則是人。請問，游泳有技術嗎？」說：「無，我沒有技術。我開始於慣常，隨習性而長大，隨自然之勢而終成。與漩渦一道進入，與湧波一起出來，順從水之規律而不以己意擅為：此即我游泳之方法。」孔子說：「什麼稱為開始於慣常，隨習性而長大，隨自然之勢而終成？」說：「我生於山陵而習慣於山陵，是慣常；在游水中長大而習慣於水，是習性；不知吾所以如此而已如此，是隨自然之勢。」

梓慶❶削木為❷鐻❸，鐻成，見者驚猶鬼神❹。魯侯見而問焉，曰：「子何術以為❺焉？」對曰：「臣，工人，何術之有？雖然，有一焉：臣將為鐻，未嘗敢以耗氣❻也，必齊❼以靜心。齊三日，而不敢懷慶賞❽爵祿；齊五日，不敢懷非譽❾巧拙；齊七日，輒然❿忘吾有四枝⓫形體也。當是⓬時也，無公朝⓭，其巧⓮專而外骨⓯消。然後入山林，觀天性⓰，形軀至⓱矣，然後成見鐻⓲，然後加手⓳焉，不然則已⓴。則以天合天㉑。器之所以疑神㉒者，其是㉓與！」

【章　旨】此節以木工梓慶製鐻之例說明，由於其能以脫卻物累、寧靜淡泊之心相合於獸類自然之形態進行製作，故人疑為鬼斧神工。

【注　釋】❶梓慶　春秋時魯國知名木匠名。製木器工稱梓，因以為姓。慶為其名。❷為　製作。❸鐻　木製樂器，為猛獸形，夾置於鐘旁。❹猶鬼神　謂其如鬼斧神工。❺何術以為　猶「以何術為」。❻氣　指精神。❼齊　同「齋」。此齋是為靜心而擺脫物累，有別於祭祀之齋。❽慶賞　賞賜。❾非譽　指責稱譽。❿輒然　心神寧靜貌。⓫枝　通「肢」。⓬是　此。⓭無公朝　謂心無朝廷，意指於權勢功名皆不存於心。公朝，朝廷。⓮巧　技巧。⓯外骨　外擾。骨，本亦作「滑」。⓰天性　指獸類之自然本性。⓱形軀至　謂對獸類之形態觀察入微。⓲然後句　謂構思時獸類之自然形態畢現於鐻。成，畢。見，顯示。⓳加手　動手。⓴已　止。㉑以天合天　謂以自身之自然淡泊之心合於獸類自然之形態。㉒疑神　疑為鬼斧神工。㉓是　此。

【語　譯】梓慶削木製作鐻，鐻製成，見者吃驚其如鬼斧神工。魯君看了問他，說：「你用何種技術製作？」答道：「臣，工人，有何技術？雖然如此，有一點：臣將製作鐻，未嘗敢以損耗精神，必齋戒以靜心。齋戒三日，而不敢心存賞賜爵祿；齋戒五日，不敢心存指責稱譽靈巧笨拙；齋戒七日，心神寧靜而忘記我有四肢形體。當時，心無朝廷，技能專注而排除外擾。然後進入山林，觀察獸類之自然本性，對獸類之形態觀察入微了，於是構思時獸類之自然形態盡顯示於鐻，然後動手，不然則止。如此則以自身之自然淡泊之心合於獸類自然之形態。器物疑為鬼斧神工之緣故，大概是這樣吧！」

東野稷❶以御❷見莊公❸，進退中❹繩❺，左右旋中規❻，莊公以為文❼弗過也。使之鉤百❽而反❾。顏闔❿遇之，入見曰：「稷之馬將敗⓫。」公密⓬而不應。少⓭焉，果敗而反。公曰：「子何以知之？」曰：「其馬力竭矣，而猶求焉，故曰敗。」

工倕⓮旋⓯而蓋⓰規矩⓱，指與物化⓲而不以心稽⓳，故其靈臺⓴一㉑而不桎㉒。忘足，屨之適也㉓；忘要，帶之適也㉔；知忘是非，心之適㉕也；不內變㉖，不外從，事會㉗之適也。始乎適㉘而未嘗不適者，忘適之適也。

【章旨】此節先述東野稷之御所以失敗，是由於對馬求之過度，然後論凡事當以去所制為適宜，直至不為適宜所制。

【注釋】❶東野稷　姓東野，名稷，疑為虛構人物。❷御　駕車。❸莊公　諸侯國君，不知其國屬，或為虛構。❹中　合。❺繩　繩墨。指用繩墨所畫之直線。❻規　圓規。指用圓規所畫之圓弧。❼文　善，指善御者。❽鉤百　迴旋如用鉤所畫之曲線百次。鉤，畫曲線的工具。❾反　同「返」。❿顏闔　春秋魯國賢人。⓫敗　失敗，指不能達到預期目標。⓬密　默。⓭少　少時；不久。⓮工倕　傳說堯時巧匠。⓯旋　畫圓。⓰蓋　借作「盍」。合。⓱規矩　為偏義複詞。規，亦指用規所畫之圓。⓲指與物化　謂手指隨所需之圖形而移動。⓳稽　計度。⓴靈臺　心靈。㉑一　純一。㉒不桎　不受制。㉓忘足二句　謂忘足之大小，則於屨皆適宜。屨，麻、革等製成的單底鞋。㉔忘要二句　謂忘腰之粗細，則於腰帶皆適宜。要，同「腰」。

㉕心之適　謂於心為適宜。㉖不內變　謂自身不變。㉗事會　遇事。㉘始乎適　從覺適宜始。

【語譯】東野稷憑其駕車見莊公，進退合於繩墨，左右旋合於圓規所畫之圓，莊公以為善御者不能超過他。使他迴旋如用鉤所畫之曲線百次而後返。顏闔遇到他，入見莊公說：「稷之馬將失敗。」公沉默而不答。不久，果真失敗而返。公說：「你怎麼知道？」說：「他的馬力氣用盡了，而還要求牠，因此說失敗。」

工倕用手指所畫之圓合於用圓規所畫之圓，手指隨所需之圖形移動而不用心計度，故其心靈純一而不受制。忘足之大小，則於屨皆適宜；忘腰之粗細，則於腰帶皆適宜；知忘是非，於心為適宜；自身不變，不去順從外界，是遇事之所宜。從始覺適宜而至所遇皆以為適宜，此為以忘卻適宜為適宜。

有孫休❶者，踵❷門而詫❸子扁慶子❹曰：「休居鄉不見❺謂不修❻，臨難不見謂不勇，然而田原❼不遇❽歲❾，事君不遇世，賓❿於鄉里，逐⓫於州部⓬，則胡罪⓭乎天哉？休惡⓮遇此命也？」扁子曰：「子獨⓯不聞夫⓰至人之自行⓱邪？忘其肝膽，遺其耳目，芒然彷徨乎塵垢之外，逍遙乎無事之業⓲，是謂『為而不恃，長而不宰』⓳。今汝飾知⓴以驚愚㉑，修身以明汙，昭昭乎若揭日月而行也㉒，汝得全㉓而㉔形軀，具㉕而九竅㉖，無中道㉗夭㉘於聾盲跛蹇㉙而比㉚於人數㉛，亦幸矣，又何暇乎天之怨㉜哉！子往矣！」

【注釋】❶孫休　虛構之人名，為世俗之人。❷踵　至。❸詫　告。❹子扁慶子　虛構之得道之人。以「子」冠首表示對其之敬重，下亦稱「扁子」。❺不見　不聽到。❻不修　指己無修養。❼田原　田野。❽遇　見。❾歲　有收成。❿賓　通

「擯」。擯棄。⑪逐 流蕩。⑫州部 地方行政單位。⑬胡罪 何處得罪。胡，通「何」。⑭惡 何。⑮獨 猶「豈」。⑯夫 猶「彼」。⑰自行 獨行其是。⑱忘其四句 見〈大宗師〉注。⑲是謂二句 引文出自《道德經》十章（第五十一章重出）。是，此。為，指為「無為」，即「處無為之事」。不恃，不驕矜自負。長而不宰，長養萬物而不主宰之。⑳飾知 表明己智。㉑驚愚 使愚者驚奇。㉒昭昭句 意謂炫耀自己。昭昭，顯著貌。揭，高舉。㉓全 保全。㉔而 通「爾」。你。㉕具 完好。㉖九竅 見〈齊物論〉注。㉗中道 人生之半途。㉘天 摧殘。㉙跛蹇 跛腳。㉚比 列。㉛人數 人之數。㉜天之怨 即怨天。

【語譯】有名叫孫休的人，至門而告子扁慶子說：「我居住於鄉里沒有聽到說自己無修養，面臨危難沒有聽到說自己不勇敢，然而田野不見有收成，侍奉君主不遇其時代，被擯棄於鄉里，流蕩於州部，則何處得罪於天呢？我為何遭遇此種命運呢？」扁子說：「你豈不聽說至人之獨行其是嗎？遺忘其肝膽，遺忘其耳目；無知無欲地悠遊自得於塵世之外，逍遙於清靜無為之事，此稱為『處無為之事而不驕矜自負，長養萬物而不主宰』。現在你表明己智而使愚者驚奇，修身以昭示汙穢，顯著啊若高舉日月而行，你能夠保全你的形體，使你的九竅完好，不在人生之半途為聾盲跛腳所摧殘而列於人之數中，已僥倖了，又何暇怨天呢！你走吧！」

孫子出，扁子入，坐有間❶，仰天而歎。弟子問曰：「先生何為歎乎？」扁子曰：「向❷者休來，吾告之以至人之德，吾恐其驚而遂至於惑也。」弟子曰：「不然。孫子之所言是邪？先生之所言非邪？非固不能惑是。孫子所言非邪？先生所言是邪？彼固惑而來矣，又奚罪❸焉？」扁子曰：「不然。昔者有鳥止於魯郊❹，魯君說❺之，為具太牢以饗❻之，奏《九韶》以樂之。鳥乃始❼憂悲眩視，不敢飲食。此之謂以己養養鳥也。若夫以鳥養養鳥者，宜棲之深林，浮之江湖，食之以委蛇❽，則平陸❾而已矣。今休款啟❿寡聞之民也，吾告以至人之德，譬之若載鼷⓫以車馬，樂鴳⓬以鐘鼓也，彼又惡能⓭無驚乎哉！」

【章旨】此節述孫休因陷於困窘而怨天不明，扁慶子則告以當歸咎於自身不能超脫。既而扁慶子又自悔，以為對於孫休這樣的俗物，實不該啟示以至人之德。

【注釋】❶有間　一會兒。❷向　剛才。❸奚罪　何過錯。❹昔者句　下所述魯君養鳥事，已見〈至樂〉。❺說　同「悅」。❻饗　享食。❼乃始　然後。❽食之句　文有脫誤，據〈至樂〉，當作「食之以鰌鰷，委蛇而處」。❾平陸　安舒和順。《說文》：「平，語平舒也。」段注曰：「引申為凡安舒之稱。」陸，通「睦」。和順。❿款啟　開啟孔穴，意謂見識小。⓫鼷　小鼠。⓬鴳　鴳雀，小鳥名。⓭惡能　怎能。

【語譯】孫子出門，扁子入內，坐了一會兒，抬頭向天而歎。弟子問道：「先生為什麼歎氣呀？」扁子說：「剛才休來，我將至人之德告訴他，我恐怕他吃驚而終究至於困惑。」弟子說：「不然。孫子所言正確麼？先生所言錯誤麼？錯誤本來不能困惑正確。孫子所言錯誤麼？先生所言正確麼？他本來因困惑而來，又有何過錯？」扁子說：「不然。往時有鳥停息在魯國國都之郊野，魯君喜歡牠，為牠備太牢使牠享食，奏《九韶》之樂曲以使牠快樂。鳥然後憂傷眼花，不敢飲食。此稱為以養己之法養鳥。至於以養鳥之法養鳥，當使牠棲息於深林，飛行於江湖之上，飼養以泥鰍白鰷魚，使牠從容而處，則安舒和順而已。今休是個見識狹小聞見寡少之人，我將至人之德告訴他，譬如用車馬裝載小鼠，用鐘鼓使鴳雀快樂，他又怎能不吃驚呢！」

【研析】本篇主要論述養生之道，認為養生必須使天賦本性保持完好，使內心虛靜，不為外物所侵入，順應造化而與大道融合為一，從而使精神獲得新生，達到逍遙自在之境界。認為世人之養生，只注重保養形體以求保全生命，其實則並不可保，故為至誤。在這裡，作者能從道、從大千世界之高度來審視個體之存在與養生之道，這一點是有其價值的，然而將世人之養生之道完全予以否定，則明顯是出於其偏見。

對於養生之道，作者側重於心靈之涵養，概括而言，大致是：不開啟心智之門，而要開啟自然之無心，虛靜淡泊，遺忘是非，以致遺忘自身等。凡此，並無新見。

本文在觀點上亦有折衷和自相矛盾之處。例如：1.以為為使人民淳樸，既要不饜足於自然，亦須不忽略於人事。此見解固然正確，但對於自然與人事取等視相容之態度，顯然是調和折衷，有背於道家宗旨。2.既以世人但求保全生命為不足取，卻又提出活命為首要，養生當避風險，知所戒備等。3.言凡事以去所制為適宜，既而言此適宜之觀念亦當擯棄之。其思緒可謂縝密。然而，既然如此，則又為何要盛讚至人之至乎逍遙之境呢？4.以「忘是非」為「心之適」，然而又以世俗之見為非而以己見為是而非之，則何能「忘是非」呢！類此自相矛盾之處尚多，不再贅述。

文中「痀僂者承蜩」與「梓慶削木為鐻」二則寓言甚可鑑賞。丸為圓球體，要使其之垂直線與竿之垂線保持疊合，這是高難度的技巧。是佝僂者其精神之專注與技巧的完美結合。置一丸已為難事，疊二丸則可稱奇，更無論疊三、五丸，不由人不叫絕。精神越專注，技巧越精練，才致失手越少以至無有，猶如隨手撿取。故事極富於誇張色彩，難以置信，然而其所揭示的功夫不負有心的道理卻甚有價值。梓慶所言削木為鐻之事，是藝術創作的體會。進行藝術創作，必須得外物之神似，必須心靈純靜，全身心投入，方能達到出神入化的效果。

山木第二十

【題解】本文是從開首文句中擇詞組合為篇名。全文以處世之道為論題。以為人之處世，從消極方面而言，必須避害，免遭殺身之禍。其要在擺脫加於身心的種種牽制，例如功名利祿、禮文、國家治理等。從積極方面而言，以為只有脫卻物累，棄智去欲，使心靈虛靜，才能順應天道自然，與之一體，得其逍遙自在而享其天年。

莊子行於山中，見大木枝葉盛茂，伐木者止其旁而不取也。問其故，曰：「無所可用。」莊子曰：「此木以不材❶得終其天年❷。」夫子❸出於山，舍❹於故人❺之家。故人喜，命豎子❻殺雁❼而烹❽之。豎子請曰：「其一能鳴，其一不能鳴，請奚殺❾？」主人曰：「殺不能鳴者。」明日，弟子問於莊子曰：「昨日山中之木以不材得終其天年，今主人之雁以不材死，先生將何處❿？」莊子笑曰：「周將處乎材⓫與不材之間。材與不材之間，似之而非⓬也，故未免乎累⓭。若夫乘⓮道德⓯而浮遊⓰則不然。無譽無訾⓱，一⓲龍⓳一蛇⓴，與㉑時俱化而無肯專為㉒；一上一下，以和㉓為量㉔，浮遊乎萬物之祖㉕。物物㉖而不物於物㉗，則胡㉘可得而累邪！此神農黃帝之法則。若夫萬物之情、人倫之傳㉙則不然：合則離，成則毀，廉則挫㉚，尊則議㉛，有為㉜則虧㉝，賢㉞則謀㉟，不肖㊱則欺㊲，胡㊳可得而必㊴乎哉！悲夫！弟子志㊵之，其唯道德之鄉㊶乎！」

【章旨】此節由「莊子」闡述處身之道，以為處身並非僅求避害而已，鑑於世態人情，認為務必在精神上擺脫世俗之牽累而返歸於道，以盡其自在逍遙。

【注釋】❶不材　無用。❷天年　自然之年歲。❸夫子　「夫」為語助詞，表感歎。「子」字《釋文》本原無，後人因「夫」字失其讀而妄加，當刪。❹舍　止息。❺故人　舊交。❻豎子　僮僕。❼雁　指鵝。❽烹　本作「亨」。亨，通「享」。宴饗。❾奚殺　殺哪一隻。❿何處　如何處身。⓫材　有用。⓬似之而非　謂似為處身之道而實非。因處於材與不材之間，或可避害，故云「似」，然而畢竟與逍遙自由迥異，故為「非」。⓭累　指世俗之束縛。⓮乘　順應。⓯道德　為偏義複詞，此指「道」言，即自然。⓰浮遊　自由遨遊。⓱無訾　無有指責。⓲一　或。⓳龍　指如龍之遊於雲空。⓴蛇　指如蛇之深藏。㉑與　隨從。㉒專為　獨斷擅行。㉓和　順。㉔量　度。㉕浮遊句　謂精神回歸於道。萬物之祖，指道。㉖物物　主宰物。㉗不物於物　不為物所制。㉘胡　何。㉙傳　習俗。㉚廉則挫　清廉者則被傷害。㉛尊則議　尊者則被非議。㉜有為　有為者。㉝虧　受到傷害。㉞賢　賢者。㉟謀　遭到謀害。㊱不肖　無才能者。㊲欺　受欺。㊳胡　通「何」。㊴必　通「畢」。盡。謂盡述。㊵志　同「誌」。記。㊶道德之鄉　道之境域。

【語譯】莊子在山中行走，看見大樹枝葉茂盛，伐木者停於其旁而不伐。問其原故，說：「沒有用處。」莊子說：「此樹因無用而得以終其自然之年。」從山中出來，止息於舊交之家。舊交心喜，命僮僕殺鵝宴饗莊子。僮僕請示說：「其中一隻能鳴叫，一隻不能鳴叫，請問殺哪一隻？」主人說：「殺不能鳴叫的。」第二天，弟子問莊子說：「昨天山中之樹因無用而得以終其自然之年，今天主人之鵝因無用而死，先生將如何處身？」莊子笑道：「周將處於有用與無用之間。有用與無用之間，似為處身之道而實非，因而不免於世俗之束縛。至於順應自然而自由遨遊則不然。無有稱譽無有指責，或如龍或如蛇，順從時光一起變化而不肯獨斷擅行；或上或下，以順為度，暢遊於道。主宰物而不為物所制，則怎能受到束縛呢！此為神農黃帝之法則。至於萬物之情、人倫之習俗則不然：合者則被分離，成者則被毀壞，清廉者則被傷害，尊者則被非議，有為者則受到損害，賢者則遭到謀害，無才能者則受欺侮，怎能盡述呢！悲哀啊！弟子記住，大概只有道之境域吧！」

市南宜僚❶見魯侯，魯侯有憂色。市南子曰：「君有憂色何也？」魯侯曰：「吾學先王之道，修❷先君之業❸，吾敬鬼尊賢，親而行之，無須臾❹離居❺。然不免於患，吾是以憂。」市南子曰：「君之除患之術淺❻矣。夫豐狐❼文豹❽棲於山林，伏於巖穴，靜也；夜行晝居，戒也；雖飢渴隱約❾，猶且❿胥疏⓫於江湖之上⓬而求食焉，定⓭也。然且不免於罔羅⓮機辟⓯之患，是何罪之有哉？其皮為之災⓰也。今魯國獨⓱非君之皮邪？吾願君刳形去皮⓲，灑⓳心去欲而遊於無人之野。南越⓴有邑㉑焉，名為建德㉒之國。其民愚而樸，少私而寡欲，知作而不知藏，與㉓而不求其報，不知義之所適㉔，不知禮之所將㉕，猖狂妄行㉖，乃蹈㉗乎大方㉘。其生可樂，其死可葬㉙。吾願君去國捐俗㉚，與㉛道相輔㉜而行。」君曰：「彼其道遠而險，又有江山，我無舟車奈何？」市南子曰：「君無形倨㉝，無留居㉞，以為君車㉟。」君曰：「彼其道幽遠而無人，吾誰與㊱為鄰㊲？我無糧，我無食，安得㊳而至焉？」市南子曰：「少君之費，寡君之欲，雖無糧而乃㊴足。君其涉於江而浮於海，望之而不見其崖㊵，愈往而不知其所窮㊶。送君者皆自崖而反㊷，君自此遠矣。故有人㊸者累㊹，見有於人㊺者憂。故堯非有人，非見有於人也。吾願去君之累，除君之憂，而獨與㊻道遊於大莫㊼之國㊽。方㊾舟㊿而濟(51)於河，有虛船(52)來觸(53)舟，雖有惼心(54)之人不怒。有一人在其上，則呼張(55)歙(56)之。一呼而不聞，再呼而不聞，於是三呼邪，則必以惡聲(57)隨之。向(58)也不怒而今也怒，向也虛而今也實(59)。人能虛己(60)以遊世(61)，其孰能害之！」

【章　旨】此節記述魯侯因治國而招致憂慮，市南宜僚教以能不以國為累，棄除欲念，使自己心靈虛靜而與道為一，則可至於以無為治國而國治之理想境界。

【注　釋】❶市南宜僚　姓熊，名宜僚，居市南，因以為號。楚人。此藉以為得道者。❷修　治理。❸業　遺業。❹須臾　片刻。❺離居　違所守持。❻淺　差。❼豐狐　大狐狸。❽文豹　皮毛有文采之豹。❾隱約　困厄。❿旦　為「且」字之形誤。⓫胥疏　相遠，指與人相疏遠。⓬上　邊岸。⓭定　安寧。⓮罔羅　羅網。⓯機辟　見〈逍遙遊〉注。⓰災　禍害。⓱獨　猶「豈」。⓲刳形去皮　謂剔去身上之皮，意指擺脫國家之牽累。刳，剔除。形，身。⓳灑　同「洗」。⓴南越　亦作「南粵」，古地名。其地在今廣東廣西一帶。㉑邑　國。㉒建德　虛構之無為而治之國名。㉓與　給予人。㉔不知義句　謂其人無「義」之觀念，故不辨其所宜。所適，適宜之處。㉕不知禮句　謂其人無「禮」之觀念，故無行禮之處。所將，所行。㉖猖狂妄行　指任意作為。㉗蹈　步入。㉘大方　大道。㉙其生二句　謂生死皆為可依託之地。㉚捐俗　棄俗世。㉛與　相從。㉜相輔　指人依從道亦以助道。㉝形倨　形容傲慢。㉞留居　滯而不化。㉟以為君車　謂以去倨傲滯而不化作車。㊱誰與　與誰。㊲鄰　伴。㊳安得　怎能。㊴乃　猶「卻」。㊵崖　邊岸。㊶所窮　盡頭。㊷反　同「返」。㊸有人　謂擁有民眾。㊹累　受束縛。

㊺見有於人　謂向人顯示其所有。見，顯示。㊻與　隨從。㊼大莫　即廣漠。㊽國　域。㊾方　正。㊿舟　乘船。用作動詞。(51)濟　渡。(52)虛船　無人之船。(53)觸　碰撞。(54)惼心　心情急躁。(55)張　撐開。(56)歙　退後。(57)惡聲　辱罵之聲。(58)向　剛才。(59)實　指有人。(60)虛己　使自己心靈空虛。(61)遊世　猶「處世」。

【語　譯】市南宜僚見魯君，魯君有憂愁之神色。市南子說：「君為什麼有憂愁之神色呢？」魯君說：「我學先王之道，治理先君之遺業，我敬鬼尊賢，親自實行，無片刻違所守持。然而不免於患難，我因此憂愁。」市南子說：「君之消除憂愁之方法差了。那大狐狸和文豹棲息於山林，隱伏於山洞，是清靜；夜晚出行白天隱居，是戒備；雖然飢渴困厄還是疏遠人群而在江湖之岸邊求食，是安寧。然而還是不能避免為羅網與發箭裝置所害之災禍，此大狐狸文豹有何罪呀？是牠們的皮給牠們帶來災難。現在魯國難道不是君的皮嗎？我希望君剔去身上之皮，洗心去欲而遊於無人之野。南越有國，其名稱為建德之國。其民愚昧而樸實，少私心而少欲望，知勞作而不知收藏，肯給予人而不求其報答，不知義之所宜，不知禮之所行，任意作為，於是步入大道。其人生可樂，死可葬。我願君離開魯國拋棄世俗，相從於道亦以助道而行。」魯君說：「那國道路遙遠而險阻，又有江山，我無舟車怎麼辦？」市南子說：「君不要形容傲慢，不要滯而不化，以此作為君的車。」君說：「去那國之道路幽靜遙遠而無人，我與誰作伴？我無糧，我不吃，怎能到那國？」市南子說：「減少君的費用，減少君的欲望，雖然無糧而卻充足。君渡江而浮游於海，向前望而不見其邊岸，愈往前而不知其盡頭。送君的人都自邊岸返回，君自此遠離了。故擁有民眾者受束縛，向人顯示其所有者憂愁。因此堯不自以為擁有民眾，亦不向人顯示其所有。我希望為君解除束縛，為君消除憂愁，而使君獨相隨於道而遨遊於廣漠之域。正乘舟渡河，有一無人之船飄過來與舟相碰撞，雖然心情急躁之人不會發怒。如有一人在船上，則會對他呼喊撐開或退後。一次呼喊而不聽，再次呼喊而不聽，於是三次呼喊，則必定相繼以辱罵之聲。剛才不怒而現在發怒，這是因為剛才無人而現在有人。人能使自己心靈空虛以處世，則誰能傷害他！」

北宮奢❶為衛靈公賦斂❷以為❸鐘❹，為壇❺乎郭門❻之外，三月而成上下之縣❼。王子慶忌❽見而問焉，曰：「子何術之設❾？」奢曰：「一之間無敢設也❿。奢聞之：『既彫既琢，復歸於樸。』侗乎其無識⓫，儻乎⓬其怠疑⓭。萃乎芒乎⓮，其送往而迎來。來者勿禁，往者勿止。從⓯其強梁⓰，隨其曲傳⓱，因⓲其自窮⓳，故朝夕賦斂而毫毛不挫⓴，而況有大塗者乎㉑！」

【章　旨】此節以北宮奢為衛靈公賦斂以為鐘之事，說明北宮奢能以素樸無為之心處之，不祈進程之速而一任其自然。

【注　釋】❶北宮奢　衛大夫，居北宮，因以為號，名奢。此借為體現道家思想之人物。❷賦斂　徵收賦稅。❸為　製造。❹鐘　指編鐘。❺為壇　建壇。建壇以徵收賦稅。❻郭門　外城之門。❼上下之縣　架有兩檔，故稱「上下之縣」。縣，同「懸」。指懸鐘之架。❽王子慶忌　周王之子，名慶忌。❾何術之設　謂用何種方法來架設鐘。此為怪其遲緩。❿一之間句　謂在天地自然之中，不敢設置鐘。在素樸之自然界中設置人為之鐘，則必使之受到損害，故云「無敢」。一，指自然。⓫侗乎句　意謂唯其如此，故己以無知無識任其自然處之。侗乎，無知貌。⓬儻乎　無慮貌。⓭怠疑　懈怠。⓮萃乎芒乎　謂對於民眾之聚集茫然無知。萃，聚集。芒，同「茫」。⓯從　隨。⓰強梁　強橫。⓱曲傳　順從。⓲因　隨。⓳自窮　自止。⓴毫毛不挫　謂不損傷其毫毛。㉑而況句　謂何況製造編鐘其事有關於天道自然呢。大塗，大途，即大道。

【語　譯】北宮奢為衛靈公徵收賦稅以製造編鐘，在外城之門外建壇以徵收賦稅，三個月而製成懸掛編鐘之架的上下二檔。王子慶忌見而問北宮奢，說：「你用何種方法來架設鐘？」奢說：「在天地自然之中，不敢設置鐘。奢聽說：『既已雕既已琢，重新回復於素樸。』故己以無知無識任其自然處之，以無思慮懈怠處之。民眾之聚集呀我茫然無知呀，送其往者而迎其來者。來者不禁，往者不阻止。隨其強橫，隨其順從，隨其自止，故從早至晚徵收賦稅而不損傷其毫毛，何況製造編鐘其事有關於天道自然呢！」

孔子圍於陳蔡之間，七日不火食❶。大公任❷往弔❸之，曰：「子幾❹死乎？」曰：「然。」「子惡死乎？」曰：「然。」任曰：「予嘗言不死之道。東海有鳥焉，其名曰意怠。其為鳥也翂翂翐翐❺而似無能；引援❻而飛，迫脅❼而棲；進不敢為前，退不敢為後；食不敢先嘗，必取其緒❽。是故其行列不斥而外❾，人卒❿不得害，是以免於患。直木先伐，甘井先竭。子其意者飾知以驚愚，修身以明汙，昭昭乎如揭日月而行⓫，故不免也。昔吾聞之大成之人⓬曰：『自伐⓭者無功，功成者墮⓮，名成者虧⓯。』孰能去功與名而還⓰與⓱眾人？道流⓲而不明居⓳，得⓴行㉑而不名處㉒；純純㉓常常㉔，乃比㉕於狂㉖；削迹㉗捐勢㉘，不為功名。是故無責於人，人亦無責焉。至人不聞㉙，子何喜㉚哉？」孔子曰：「善哉！」辭其交遊㉛，去㉜其弟子，逃於大澤，衣㉝裘褐㉞，食杼栗㉟，入獸不亂群，入鳥不亂行。鳥獸不惡，而況人乎！

【章　旨】此節述孔子被困於陳蔡之間，大公任前往慰問，並指明禍患起自孔子表明其智，顯明是非，勸其當棄功名，不求聞達。孔子於是感悟而退隱野處。

【注　釋】❶孔子二句　見〈達生〉注。❷大公任　複姓大公，名任。❸弔　慰問。❹幾　近。❺翐翐　飛行舒緩貌。❻引援　帶領。❼迫脅　挨擠在眾鳥之中。❽緒　餘。❾不斥而外　不將其排斥於外。❿人卒　人眾。⓫子其三句　見〈達生〉注。意者，或許。⓬大成之人　修養大成之人。⓭自伐　自誇。⓮墮　同「隳」。謂其功毀壞。⓯虧　謂其名毀壞。⓰還　返身。⓱與　隨從。⓲流　運行。⓳居　所止。⓴得　通「德」。㉑行　施行於萬物。㉒不名處　不處其名。㉓純純　極其純正。㉔常常　極其平常。㉕比　同。㉖狂　指隨意所為者。㉗削迹　不留形跡。㉘捐勢　棄除權勢。㉙不聞　不求聞名。㉚喜　指喜好聞名。㉛交遊　交往者。㉜去　棄。㉝衣　穿。㉞裘褐　粗陋之衣。㉟杼栗　櫟木之子實。

【語　譯】孔子在陳國蔡國之間被圍困，七天不能燒飯吃。大公任前往慰問他，說：「你幾乎要餓死吧？」孔子說：「是的。」「你害怕死嗎？」說：「是的。」任說：「我曾言不死之道。東海有鳥，其名稱為意怠。牠作為鳥飛行遲緩而似無能；被帶領而飛，挨擠在眾鳥之中以棲身；進不敢為前，退不敢為後；食不敢先嘗，必取其餘。因此鳥之行列不將其排斥於外，人們不能傷害牠，因此避免了災禍。直的樹木先被砍伐，甘甜的井水先被打乾。你或許表明己智而使愚者驚奇，修身以昭示汙穢，顯著啊若高舉日月而行，故不免於患難。往時我聽到修養大成之人說：『自誇者無功，功成者其功毀壞，名成者其名毀壞。』誰能棄功與名返身而隨從眾人？道運行而不明其所處，德施行於萬物而不處其名；極其純正極其平常，於是相同於隨意所為者；不留形跡，棄除權勢，不為功名。因此不被人所責，人亦無所可責。至人不求聞名，你為何喜好聞名呢？」孔子說：「說得好啊！」辭別他的交往者，離棄他的弟子，逃往大藪澤，穿粗陋之衣，吃櫟木之子實，進入獸群不亂其群，進入鳥之行列不亂其行列。鳥獸不厭惡，何況人呢！

孔子問子桑雽❶曰：「吾再逐於魯❷，伐樹於宋，削迹於衛，窮於商周，圍於陳蔡之間❸。吾犯❹此數患，親交❺益疏，徒友❻益散，何與？」子桑雽曰：「子獨❼不聞假人❽之亡❾與？林回❿棄千金之璧，負⓫赤子⓬而趨。或曰：『為其布⓭與？赤子之布寡⓮矣！為其累⓯與？赤子之累多矣！棄千金之璧，負赤子而趨何也？』林回曰：『彼以利合，此以天屬⓰也。』夫以利合者，迫窮禍患害相棄也；以天屬者，迫窮禍患害相收⓱也。夫相收之與相棄亦遠矣。且君子之交⓲淡⓳若水，小人之交甘⓴若醴㉑；君子淡以親，小人甘以絕。彼㉒無故㉓以合㉔者則無故以離。」孔子曰：「敬聞命㉕矣！」徐行翔佯㉖而歸，絕學㉗捐㉘書，弟子無挹㉙於前，其愛㉚益加㉛進㉜。異日㉝，桑雽又曰：「舜之將死，真泠㉞禹曰：『汝戒之哉！形㉟莫若緣㊱，情莫若率㊲。』緣則不離，率則不勞。不離不勞，則不求文㊳以待形㊴；不求文以待形，固不待物㊵。」

【章旨】此節述孔子感傷自己接連遭患而親友疏遠，子桑雽告其交情以平淡真率為貴，而忌在以利與造作，無需禮文，亦不必依賴外物。

【注釋】❶子桑雽　虛構之人名，為得道者。❷再逐於魯　魯昭公二十五年，伐季氏（平子），反被所敗而奔齊。次年，孔子至齊。魯定公十二年，季桓子受齊女樂，定公與桓子觀之，廢朝禮，故孔子去魯至衛。孔子之去魯皆非被逐，作者意在嘲諷，故無意求實。❸伐樹四句　見〈天運〉注。❹犯　遭遇。❺親交　親戚舊交。❻徒友　門徒和朋友。❼獨　猶「豈」。❽假人　假國之人。❾亡　逃亡。❿林回　假國之賢者名。⓫負　背負。⓬赤子　嬰兒。⓭為其布　謂為其值錢。布，古之錢幣。⓮布寡　所值錢少。⓯累　負擔。此指負擔之事少。⓰天屬　天倫相連。⓱相收　相聚合。⓲交　交結。⓳淡　平淡自然。⑳甘　甜美。㉑醴　甜酒。㉒彼　指親交徒友。㉓無故　無所原則。㉔合　交結。㉕聞命　聽到教導。㉖翔佯　徜徉，即逍遙自在。㉗絕學　不再學習。㉘捐　棄。㉙無挹　謂不行禮。挹，通「揖」。㉚其愛　其間親愛之情。㉛益加　更加。㉜進　增益。㉝異日　他日。㉞真泠　二字為「迺（乃）命」之誤。㉟形　形容。㊱緣　因順。㊲率　真率。㊳文　文飾，即禮節儀式。㊴待形　保持其真實的容貌。待，通「持」。㊵不待物　不必依賴外物。

【語　譯】孔子問子桑雽說：「我在魯國兩度被逐，在宋桓魋拔樹，被逐於衛，困於商周，被圍於陳蔡之間。我遭遇這樣的數次災難，親戚舊交愈加疏遠，門徒和朋友愈加離散，為什麼呀？」子桑雽說：「你難道沒有聽說假國之人的逃亡嗎？林回遺棄千金之璧玉，背負嬰兒而快走。有人問：『為嬰兒值錢嗎？嬰兒所值之錢少呢！為嬰兒負擔之事少嗎？嬰兒所需負擔之事多呢！為什麼要遺棄千金之璧玉，背負嬰兒而快走呢？』林回說：『世人是以利相合，此則天倫相連。』以利相合者，迫於困厄災禍患難危害相拋棄；以天倫相連者，迫於困厄災禍患難危害相聚合。相聚合之與相拋棄差遠了。並且君子之結交淡如水，小人之結交甘如甜酒；君子淡因而親密，小人甘因而斷絕。親交徒友，無所原則以結交，則無所原則以離散。」孔子說：「恭敬地聽到教導了！」緩步行走逍遙自在地返歸，不再學習，拋棄書籍，弟子在前不行禮，其間親愛之情更加增益。他日，桑雽又說：「舜之將死，於是命禹說：『你要戒備呀！形容不如因順，感情不如真率。』因順則不離棄，真率則不勞苦。不離棄不勞苦，則不求文飾而保持其真實的容貌；不求文飾而保持其真實的容貌，固然不必依賴外物。」

莊子衣❶大布❷而補之，正緳❸係履而過魏王❹。魏王曰：「何先生之憊❺邪？」

莊子曰：「貧也，非憊也。士有道德不能行，憊也；衣弊履穿，貧也，非憊也，此所謂非遭時❻也。王獨❼不見夫❽騰猿❾乎？其得❿柟梓豫章⓫也，攬蔓⓬其枝而王長⑬其間，雖羿⑭、蓬蒙⑮不能眄睨⑯也。及其得柘⑰棘⑱枳⑲枸⑳之間也，危行㉑側視㉒，振動㉓悼慄㉔。此筋骨非有加急㉕而不柔也，處勢㉖不便，未足以逞㉗其能也。今處昏上亂相㉘之間而欲無憊，奚可得㉙邪？此比干㉚之見㉛剖心，徵㉜也夫！」

【章旨】此節借莊子貧困而見魏王事以揭示，有德行之士處在君主與輔相皆昏昧之亂世，必致困窮，不僅不能逞其能且當提防殺身之禍患。

【注釋】❶衣　穿。❷大布　粗布。❸正緳　整齊麻絲之一端以作帶子。❹過魏王　經過魏王之前。❺憊　困疲。因困疲致衣著失檢故云。❻非遭時　不遇其時。❼獨　猶「豈」。❽夫　猶「彼」。❾騰猿　猿能飛身攀援故云。❿得　遇。⓫楠梓豫章　皆喬木名。豫章，即樟樹。⓬攬蔓　攀引。蔓，借為「曼」。⓭王長　為君長。⓮羿　傳說堯時善射者。⓯蓬蒙　羿之弟子，亦善射。⓰眄睨　斜視，意謂輕視。⓱柘　桑科，灌木或小喬木，樹皮長有長刺。⓲棘　酸棗樹，落葉喬木，有刺。⓳枳　枸橘。芸香科，灌木或小喬木，有粗刺。⓴枸　疑指枸櫞。小喬木或大灌木，有短刺。㉑危行　小心行動。㉒側視　旁視。㉓振動　顫抖。㉔悼慄　畏懼。㉕加急　變僵硬。急，堅。㉖處勢　處境。㉗逞　施展。㉘昏上亂相　昏昧之君主與輔相。㉙奚可得　豈可能。㉚比干　見〈人間世〉注。㉛見　被。㉜徵　驗證。

【語譯】莊子穿著補過的粗布衣服，整齊麻絲之一端作為帶子縛著鞋子而經過魏王之前。魏王說：「先生為什麼困疲呢？」莊子說：「是貧困，不是困疲。賢士有道德而不能實行，是困疲；衣破鞋穿，是貧困，不是困疲，此所謂不遇其時。王難道沒有看見那騰猿嗎？其遇楠、梓、豫章，攀引其枝而在其中稱王一般，即使羿、蓬蒙不能輕視。到牠遭遇於柘、棘、枳、枸之中，小心行動，左顧右盼，顫抖畏懼。其筋骨並沒有變得僵硬而不柔軟，是處境不便，不能施展其才能。現在處於昏昧的君主與輔相統治之時而想不困疲，豈有可能呀？比干之被剖心，此是驗證吧！」

孔子窮於陳蔡之間，七日不火食。左[1]據[2]槁木，右[3]擊[4]槁枝而歌猋氏[5]之風[6]。有其具[7]而無其數[8]，有其聲而無宮角[9]。木聲[10]與人聲[11]犁然[12]有當[13]於人之心。顏回端拱[14]還目[15]而窺之。仲尼恐其廣己[16]而造大[17]也，愛己而造哀[18]也，曰：「回，無受天損[19]易，無受人益[20]難。無始而非卒也，人與天一[21]也。夫今之歌者其誰乎[22]？」回曰：「敢問無受天損易。」仲尼曰：「飢渴寒暑，窮桎[23]不行[24]，天地[25]之行[26]也，運物之泄也[27]，言與之偕逝[28]之謂也。為人臣者不敢去之[29]。執臣之道猶若是，而況乎所以待天[30]乎！」「何謂無受人益難？」仲尼曰：「始用[31]四達[32]，爵祿並至而不窮[33]。物之所利乃非己也，吾命[34]其在外者也。君子不為盜，賢人不為竊，吾若取之何哉？故曰：鳥莫知[35]於鷾鴯[36]，目之所不宜處不給視，雖落其實[37]，棄之而走[38]。其畏人也，而襲[39]諸人間，社稷[40]存焉爾！」「何謂無始而非卒？」仲尼曰：「化其萬物[41]而不知其禪[42]之者，焉[43]知其所終？焉知其所始？正[44]而待之[45]而已耳。」「何謂人與天一邪？」仲尼曰：「有人，天[46]也；有天[47]，亦天也。人之不能有天[48]，性[49]也。聖人晏然[50]體[51]逝[52]而終[53]矣。」

【章　旨】此節述孔子困於陳蔡反而擊節歌唱，坦然自得。其告顏回：人依順天道自然之運行則可不受其損害，這容易做到；難在在世而不受人之利己。天道自然之化育萬物本無有始終，故人唯有與之一體，安然盡其天年而已。

【注　釋】❶左　左手。❷據　按著。❸右　右手。❹擊　打節拍。❺猋氏　即神農氏。❻風　歌。❼具　指打節拍之聲。❽數　節奏。❾宮角　指五聲音階宮商角徵羽，即音律。❿木聲　擊槁枝之聲。⓫人聲　歌聲。⓬犁然　釋然自得貌。⓭當　合。⓮端拱　正身拱手以示敬重。⓯還目　轉目。⓰廣己　誇耀自己（孔子自謂）。⓱造大　至於誇大。⓲造哀　至於哀傷。⓳天損　自然之損傷。⓴人益　人之利己。㉑一　一體。㉒夫今句　意謂己將順應道之運行而化去。㉓窮桎　窮困。㉔不行　不通達。㉕天地　指自然。㉖行　運行。㉗運物句　謂顯示事物之運行。泄，顯示。㉘偕逝　一起運行變化。㉙去之　違棄飢渴寒暑、窮困而不通達之遭遇。㉚待天　對待天道自然。㉛用　任用。㉜四達　順利。㉝不窮　不止。㉞命　生命。㉟知　同「智」。㊱鷾鴯　燕子之別名。㊲實　食物。㊳走　飛走。㊴襲　入。㊵社稷　謂鳥窩。㊶化其萬物　謂道化育彼萬物。㊷禪　替代。㊸焉　何。㊹正　順。㊺待之　待化。㊻天　指天道自然。㊼天　指「天地」之「天」。㊽天　指天道自然。㊾性　人之屬性。㊿晏然　安然。(51)體　依順。(52)逝　指自然變化。(53)終　終其天年。

【語　譯】孔子受困厄於陳國蔡國之間，七日不能燒飯吃。左手按著枯樹，右手拿著枯枝打著節拍而唱神農氏之歌。有打節拍之聲而無節奏，有歌聲而無音律。擊槁枝之聲與歌聲和孔子釋然自得之心相合。顏回正身拱手轉目而窺視其情。仲尼恐怕他誇耀自己以至於誇大，敬愛自己而至於哀傷，說：「回，不受自然之損傷容易，不受人之利己困難。沒有開始而不是終了，人與天道自然是為一體。現在唱歌的人是誰呀？」回說：「敬問不受自然之損傷容易。」仲尼說：「飢渴寒暑，窮困而不通達，是自然之運行，顯示事物之運行，說的是與自然一起運動變化。作為臣民者不敢違棄。遵守臣民之道尚且如此，何況用以對待天道自然呢！」「怎麼說不受人之利己困難？」仲尼說：「開始被任用是順利，爵位俸祿並至而不止。物之所利者卻並非自己，我之生命不在物之所利之中。君子不盜掠，賢人不行竊，我若取其利，為什麼呀？因此說：鳥類中沒有比燕子更有智慧的，眼所不宜看的不看，雖然掉落食物，棄之不顧而飛走。牠怕人，卻進入人間，因鳥窩在此呢！」

「怎麼說沒有開始而不是終了？」仲尼說：「道化育萬物而不知其替代者，怎知其所終？怎知其所始？順應待化而已。」「怎麼說人與天道自然是為一體？」仲尼說：「擁有人者，是天道自然；擁有天者，亦是天道自然。人之不能擁有天道自然，是由於人之屬性。聖人安然依順自然變化而終其天年。」

莊周遊於雕陵❶之樊❷，睹一異鵲❸自南方來者，翼廣七尺，目大運寸❹，感❺周之顙❻而集❼於栗林。莊周曰：「此何鳥哉？翼殷❽不逝❾，目大不睹。」蹇❿裳躩步⓫，執彈⓬而留之⓭。睹一蟬方得美蔭而忘其身；螳蜋⓮執翳⓯而搏之，見得而忘其形；異鵲從而利之，見利而忘其真⓰。莊周怵然⓱曰：「噫！物固相累⓲，二類相召⓳也。」捐彈⓴而反走㉑，虞人㉒逐㉓而誶㉔之。莊周反入㉕，三月㉖不庭㉗。藺且㉘從而問之：「夫子何為頃間㉙甚不庭乎？」莊周曰：「吾守形㉚而忘身㉛，觀於濁水㉜而迷㉝於清淵㉞。且吾聞諸夫子㉟曰：『入其俗，從其令㊱。』今吾遊於雕陵而忘吾身，異鵲感吾顙，遊於栗林而忘真，栗林虞人以吾為戮㊲，吾所以不庭也。」

【章旨】此節以物類相牽制並相傷害之寓言說明，為人處世當擺脫物累而尋求自在清靜之境以為歸宿。

【注釋】❶雕陵　陵名。❷樊　藩籬。❸異鵲　異常之鵲。❹運寸　直徑一寸。❺感　觸碰。❻顙　額。❼集　止。❽殷　大。❾不逝　不飛去。❿蹇　通「褰」。提起。⓫躩步　快步。⓬執彈　手持彈弓。⓭留之　伺候其便。⓮螳蜋　即螳螂。

⑮執翳　憑藉隱蔽。⑯真　身。⑰怵然　恐懼貌。⑱相累　相互牽制。⑲相召　相招引。⑳捐彈　丟棄彈弓。㉑反走　轉身跑開。㉒虞人　掌管栗林之人。㉓逐　追。㉔誶　責讓。因疑莊子行竊。㉕反入　返回而進門。反，同「返」。㉖三月　一本作「三日」，為是。㉗不庭　不快。庭，通「逞」。快意。㉘藺且　莊子弟子。㉙頃間　近日。㉚守形　養生。㉛忘身　忘記自身招引物累。㉜濁水　喻指物類相殘之境。㉝迷　失辨。㉞清淵　喻指物類自在之清靜之境。㉟夫子　稱老子。㊱令原誤作「俗」，依《闕誤》引成玄英本改。㊲以吾為戮　把我責辱。

【語譯】莊周在雕陵之藩籬邊閒遊，看見一隻異常之鵲從南方飛來，翅膀寬七尺，眼睛有直徑一寸之大，觸碰莊周之額而止於栗樹林。莊周說：「這是什麼鳥呀？翅膀大而不飛去，眼睛大而不看。」提起下衣快步而行，手持彈弓而伺候其便。看到一隻蟬正得到好的樹蔭而忘其身；螳螂憑藉隱蔽而捕捉牠，看見可得而忘其身；異常之鵲從而得其利，看見有利而忘其身。莊子恐懼地說：「噫！物類原本相互牽制，二類之間相招引。」丟棄彈弓而轉身跑開，虞人追趕而責讓莊周。莊周返回進門，三日不快。藺且隨後而問道：「老師為什麼近日很不開心呀？」莊周說：「我養生而忘記自身會招引他物牽制，觀於濁水而失辨清澈之淵。我從老師那裡聽說：『進入其世俗，服從其令。』今我遊於雕陵而忘記我自身，異常之鵲觸碰我額，遊於栗樹林而忘身，栗樹林之虞人把我責辱，我所以不開心。」

陽子①之②宋，宿於逆旅③。逆旅人④有妾二人，其一人美，其一人惡⑤，惡者貴而美者賤。陽子問其故。逆旅小子⑥對曰：「其美者自美，吾不知其美也；其惡者自惡，吾不知其惡也。」陽子曰：「弟子記之，行賢⑦而去⑧自賢之行，安往⑨而不愛⑩哉！」

【章　旨】此節記述陽子在旅舍之見聞，從中感悟為人要受人喜愛，當做美善之事而切忌自好。

【注　釋】❶陽子　姓陽，名朱，字子居，秦人。❷之　至。❸逆旅　旅舍。❹逆旅人　指旅舍主人。❺惡　醜。❻小子　指年輕店主。❼行賢　作美善之事。❽去　棄。❾安往　往何處。❿不愛　不被人喜愛。

【語　譯】陽子至宋國，住在旅館裡。旅館主人有二個妾，其中一人美，其中一人醜，醜的被看重而美的被看輕。陽子問其原故。旅館的年輕店主說：「美的自以為美，我不知她美；醜的自以為醜，我不知她醜。」陽子說：「弟子記住，做美善之事而拋棄自以為美善之行為，往何處而不被人喜愛呢！」

【研　析】本文以處世之道為中心論題，議論世人無不受到世俗之種種牽累，如何才能擺脫牽累而獲得自由。認為牽累對於世人無一倖免，有人為功名利祿、禮文、國家治理所牽制，尤其是那些清廉者、受尊敬者、有作為者、賢者、有才能者、顯示其智者、修養其身以昭示汙穢者，他們因此而受到傷害。以為人當以生命為重，其餘皆為身外之物，非己所能得益。故為人只有使內心虛靜，依順自然，與時俱化，以天道自然為依歸，才能進入逍遙自由之境。

文中莊子對魏王辨貧非憊之寓言，值得注意。莊子言處於昏上亂相之時，士必困疲，當小心謹慎，有比干前車之鑑。其內容有其真實性。但說自己因不遭其時，故未能逞其願。是否現實之莊子也曾有仕進之初衷，之後才對之淡漠而鄙棄之？

文中子桑雽告誡孔子，言人之相交，不當以利為離合，無須禮文，以真率之情為貴。其言「君子之交淡若水，小人之交甘若醴；君子淡以親，小人甘以絕。」凝聚了深刻的人生體驗，已成為富於指導意義的格言。又「莊周遊於雕陵之樊」一則寓言，述「二類相召」，教人不能只顧眼前利益，而不顧身後禍患，亦富有警示作用。其後「螳螂捕蟬，黃雀在後」之成語，即出於此。

文中之孔子，是一個始迷而終悟之角色。起始，其為功名所累，顯示己智，彰明是非，所以難免禍患相繼以致眾叛親離之遭遇；終則隱身野處，徹悟天道，宛然已為道家之聖人。本書之作者常以此種手法，對於孔子及其弟子極盡諷刺嘲弄。其雖為寓言，然總有失高雅，更無論所謂擺脫俗累泯滅是非了。

田子方第二十一

【題解】本篇以篇首首句開首之人名為篇名。全文主要論述道家關於身心修養之主張。文中多以得道者與至人為例，闡述為人德養當純正，心存天道，順乎自然，使精神得到超脫，諸凡爵祿、生死、禮義等皆不入於心。以為如此，則不僅其精神可入於至美至樂之逍遙境界，而且因其足以感化人故可達到無為而治之效應。相反，作者以儒家作為諷刺之對象，認為其人拘於禮義，大多無才學而徒重其表而已。

田子方❶侍坐❷於魏文侯❸，數稱谿工❹。文侯曰：「谿工，子之師邪？」子方曰：「非也，無擇之里人❺也。稱道❻數當❼，故無擇稱之。」文侯曰：「然則子無師邪？」子方曰：「有。」曰：「子之師誰邪？」子方曰：「東郭順子❽。」文侯曰：「然則夫子何故未嘗稱之？」子方曰：「其為人也真❾，人貌而天虛❿，緣⓫而葆⓬真，清⓭而容物⓮。物⓯無道，正容⓰以悟之，使人之意⓱也消。無擇何足以稱之！」子方出，文侯儻然⓲終日不言，召前立臣而語之曰：「遠⓳矣！全德⓴之君子。始吾以聖知㉑之言、仁義之行為㉒至矣，吾聞子方之師，吾形解而不欲動，口鉗而不欲言㉓。吾所學者，直㉔土梗㉕耳！夫魏真為我累耳！」

【章　旨】此節為寓言，述田子方向魏文侯稱讚其師東郭順子之德養純正，心存天道，順乎自然，故足以感人使正。文侯聞之而被感化，故以魏國為累贅。

【注　釋】❶田子方　姓田，名無擇，字子方，魏之賢人，魏文侯之師。❷侍坐　陪侍。❸魏文侯　戰國魏國君主。❹谿工　姓谿，名工，魏之賢人。❺里人　同鄉里之人。❻稱道　言論。❼數當　屢屢正確。❽東郭順子　居於郭東，因以為氏，名順子。❾真　純正。❿人貌句　謂雖具人之形貌而心靈唯道所存。參見〈人閒世〉篇「唯道集虛」。虛，指心竅。⓫緣　順。指順天道自然。⓬葆　通「保」。⓭清　純淨。⓮容物　寬容待人。⓯物　指人。⓰正容　端正儀容。謂不待言教。⓱意　指無道之心念。⓲儻然　自失之貌。⓳遠　指境界高遠。⓴全德　德養完美。㉑聖知　聰明智巧。知，同「智」。㉒為　是。㉓吾形解二句　狀其超脫所制。形解，身體懈怠。口鉗，口如被鉗制。㉔直　簡直。㉕土梗　泥塑之人。土梗者似人而非人，喻聖智之言、仁義之行似是而實非。

【語　譯】田子方陪侍魏文侯，一再稱讚谿工。文侯說：「谿工，你的老師嗎？」子方說：「不是的，是我同一鄉里之人。言論屢屢正確，因此我稱讚他。」文侯說：「這麼說，你沒有老師嗎？」子方說：「有。」說：「你的老師是誰呢？」子方說：「東郭順子。」文侯說：「那麼你為什麼未曾稱讚過他？」子方說：「其為人純正，具人之形貌而心靈唯道所存，順天道自然而保其純正，純淨而寬容待人。人無道，端正儀容以使對方醒悟，使對方無道之心念消除。我怎能稱讚他！」子方出門，文侯惘然自失而終日不言，召前立之臣而告訴他說：「境界高遠啊！德養完美之君子。開始時我以為聰明智巧之言、仁義之行為是為完美了，我聽到子方之老師，我身體懈怠而不想動，口如被鉗制而不想說。我所學的，簡直是泥塑之人而已！魏國真成為我的累贅呢！」

溫伯雪子❶適❷齊，舍❸於魯。魯人有請見之者，溫伯雪子曰：「不可。吾聞中國❹之君子明乎禮義而陋❺於知人心，吾不欲見也。」至於齊反❻，舍於魯，是❼

人也又請見。溫伯雪子曰：「往❽也蘄❾見我，今也又蘄見我，是❿必有以⓫振⓬我也。」出而見客，入而歎。明日見客，又入而歎。其僕曰：「每見之客也，必入而歎，何耶？」曰：「吾固告子矣，中國之民明乎禮義而陋乎知人心。昔⓭之見我者，進退⓮一⓯成規⓰，一成矩，從容⓱一若龍⓲，一若虎。其諫我也似子，其道⓳我也似父，是以歎也。」仲尼見之而不言。子路曰：「吾子欲見溫伯雪子久矣，見之而不言，何邪？」仲尼曰：「若夫⓴人者，目擊㉑而道存㉒矣，亦不可以容聲㉓矣。」

【章　旨】此節記溫伯雪子指出中原君子之弊病，在於但知禮義並以此勸導人，卻不知人心。孔子見之，則未嘗言而已相知於心。

【注　釋】❶溫伯雪子　姓溫伯，字雪子，南方國家（或謂楚）人。疑虛構之人物。❷適　前往。❸舍　寄宿。❹中國　指地處中原之諸侯國。❺陋　拙。❻反　同「返」。❼是　此。❽往　往日。❾蘄　求。❿是　此人。⓫有以　指有話。⓬振　啟示。⓭昔　日前。⓮進退　趨前退後。⓯一　猶「或」。⓰規　與下「矩」為互文，喻法式。⓱從容　舉動。⓲龍　與下「虎」，均喻透迤盤旋。⓳道　通「導」。教導。⓴夫　猶「彼」。㉑目擊　眼光接觸。㉒道存　教導之意已在。㉓不可以容聲　謂其教導之意非言語可容載，亦即言語非為其載體。聲，指言語。

【語　譯】溫伯雪子前往齊國，在魯寄宿。魯人有人請求見他，溫伯雪子說：「不可。我聽說中原諸侯國之君子明於禮義而拙於知人心，我不想見。」及至從齊國返回，在魯寄宿，此人又請求見他。溫伯雪子說：「往日請求見我，今日又請求見我，此人必定有話以啟示我。」出而見客，入而歎息。第二日見客，又入而歎息。

其僕人說：「每次見此客，必入而歎息，為什麼呢？」說：「我原先告訴過你了，中原諸侯國之人明於禮義而拙於知人心。日前見我的人，趨前退後或如規之圓，或如矩之方，舉動或如龍，或如虎。他規諫我如同我的兒子，他教導我如同我的父親，因此歎息。」仲尼見溫伯雪子而不言。子路說：「老師想見溫伯雪子長久了，見到他卻什麼都不說，為什麼呢？」仲尼說：「像那樣的人，眼光相接觸心意已經蘊含其中，不是用言語所能表達的了。」

顏淵問於仲尼曰：「夫子步❶亦步❷，夫子趨❸亦趨，夫子馳亦馳，夫子奔逸絕塵❹，而回瞠若❺乎後❻矣。」夫子曰：「回，何謂邪？」曰：「夫子步亦步也，夫子言亦言也❼；夫子趨亦趨也，夫子辯亦辯也；夫子馳亦馳也，夫子言道回亦言道也；及❽奔逸絕塵而回瞠若乎後者，夫子不言而信❾，不比❿而周⓫，無器⓬而民滔⓭乎前而不知所以然而已矣。」仲尼曰：「惡⓮！可不察與！夫哀莫大於心死⓯，而人死亦⓰次之。日出東方而入於西極⓱，萬物莫不比方⓲。有目有趾者⓳，待是⓴而後成功㉑，是出㉒則存㉓，是入㉔則亡㉕。萬物亦然，有待㉖也而死，有待也而生。吾一受其成形㉗，而不化㉘以待盡㉙。效物而動㉚，日夜無隙，而不知其所終。熏然㉛其成形，知命㉜不能規㉝乎其前，丘以是㉞日徂㉟。吾終身與汝交一臂㊱而失之㊲，可不哀與！女㊳殆㊴著㊵乎吾所以著㊶也。彼㊷已盡㊸矣，而女求之以為有，是㊹求馬於唐肆㊺也。吾服㊻女也甚忘㊼，女服吾也亦甚忘。雖然，女奚患焉！雖忘乎故吾㊽，吾有不忘者㊾存。」

【章　旨】此節述顏回稱道孔子所達到之境界無可企及，孔子則哀歎其不知己已棄絕先前所論，並告其人心當順乎自然，唯此為要。此所述亦皆為假託。

【注　釋】❶步　緩行。❷亦步　謂己亦緩行。❸趨　快行。❹奔逸絕塵　飛奔若腳不沾地。❺瞠若　瞪眼直視貌。❻後落後。❼夫子二句　意謂「夫子步亦步」者，說的是夫子有所言說，我亦相隨而有所言說。上句為比喻句。下三句同例。❽及至。❾不言而信　謂雖不言而人信之。❿不比　不結黨。⓫周　親密。⓬器　指權位。⓭滔　湧聚。⓮惡　歎詞。⓯心死指心於隨化全然無知。⓰亦　猶「尚」。尚且。⓱西極　西方極遠之地。⓲比方　謂順乎日行之道。比，順。方，道。⓳有目有趾者　此指人。⓴待是　依靠此日行。㉑功　事。㉒是出　日行而出。㉓存　指有所事。㉔是人　日行而入。㉕亡　指無所事。㉖待　即「待是」，謂依順時日之推移。㉗一受其成形　見〈齊物論〉注。㉘不化　謂不為外物所化。㉙待盡　謂依順時日推移而至生命終結。案：此表肯定，與〈齊物論〉之表否定者同文而異義。㉚效物而動　謂仿效物之順自然而動。㉛熏然　元氣聚集貌。㉜命　指生命之自然趨勢。㉝規　為「窺」省文。㉞以是　以此。㉟日徂　順時日往前。㊱交一臂　一臂相觸，喻極其接近。㊲失之　指顏回不知順乎自然。㊳女　同「汝」。㊴殆　猶「僅」。㊵著　明。㊶所以著　聞名於世之緣故。㊷彼　孔子自指往日之我（即下文之「故吾」）。㊸盡　消亡。㊹是　此。㊺唐肆　空無所有之市場。㊻服　思念。㊼甚忘　謂盡忘之。甚，極；盡。㊽故吾　過去之吾。㊾不忘者　指使人不忘者，即順乎自然之精神。

【語　譯】顏淵問仲尼說：「老師緩行我亦緩行，老師快行我亦快行，老師奔跑我亦奔跑，老師飛奔若腳不沾地，則我只能瞪眼直視而落後了。」孔子說：「回，說什麼呢？」說：「老師緩行我亦緩行，是說老師有所言說，我亦相隨而有所言說；老師快行我亦快行，是說老師論辯，我亦相隨而論辯；老師奔跑我亦奔跑，是說老師說大道，我亦相隨而說大道；及至飛奔若腳不沾地，則我只能瞪眼直視而落後，是說老師雖不言而人相信，不結黨而親密，無權位而人湧聚於跟前而不知其緣故。」仲尼說：「噢！能不明白嗎！心死是最大的悲哀，而人死尚且次之。日出於東方而入於西方邊極，萬物沒有不順日行之道的。有眼有腳趾的人，依賴於此而成事，日出則有所事，日入則無所事。萬物也是如此，有的依順時日之推移而死，有的依順時日之推移而生。我一旦稟受元氣而成為人之形體，不被外物所化而依順時日之推移而至生命之終結。仿效物之順自然而動，日夜無有間隙，而不知其歸宿。元氣聚集而成人之形體，知道生命之自然趨勢不能在其前面窺視，我因此順時日而往前。我終身與你極其接近而你不知順乎自然，能不哀傷嗎！你僅明白我聞名於世之緣故。那往日之我已經消亡了，而你以為有而尋求它，這是在空無所有之市場尋求馬。我思念你當盡忘之，你思念我亦當盡忘之。即使如此，你憂慮什麼呢！雖然忘記往日之我，我有使人不忘者在。」

孔子見老聃，老聃新沐❶，方將❷被❸髮而乾，慹然❹似非人❺。孔子便❻而待之。少❼焉見，曰：「丘也眩❽與？其❾信然❿與？向者⓫先生形體掘⓬若槁木，似遺物離人而立於獨⓭也。」老聃曰：「吾遊心⓮於物之初⓯。」孔子曰：「何謂邪？」曰：「心困焉而不能知，口辟焉而不能言⓰，嘗⓱為汝議⓲乎其將⓳。至陰⓴肅肅㉑，至陽㉒赫赫㉓。肅肅出乎天，赫赫發乎地㉔。兩者交通㉕成和㉖而物生焉，或㉗為之紀㉘而莫見其形。消息滿虛㉙，一晦一明㉚，日改月化㉛，日有所為而莫見其功㉜。生有所乎萌，死有所乎歸㉝，始終㉞相反乎㉟無端，而莫知乎其所窮㊱。非是㊲也，且㊳孰㊴為之宗㊵？」孔子曰：「請問遊是㊶。」老聃曰：「夫得是㊷，至美至樂也。得至美而遊乎至樂，謂之至人。」孔子曰：「願聞其方㊸。」曰：「草食之獸不疾㊹易藪㊺，水生之蟲不疾易水，行㊻小變而不失其大常㊼也，喜怒哀樂不入於胸次㊽。夫天下也者，萬物之所一㊾也。得其所一而同焉㊿，則四支(51)百體(52)將為塵垢(53)，而死生終始將為(54)晝夜而莫能之滑(55)，而況得喪(56)禍福之所介(57)乎！棄隸(58)者若棄泥塗(59)，知身貴於隸也，貴在於我而不失於變(60)。且萬化而未始(61)有極也，夫孰(62)足以(63)患心(64)？已為道者(65)解(66)乎此(67)。」孔子曰：「夫子德配天地(68)，而猶假(69)至言(70)以修心(71)，古之君子孰(72)能脫焉？」老聃曰：「不然。夫水之於汋(73)也，無為而才自然矣。至人之於德也，不修而物(74)不能離焉。若天之自高，地之自厚，日月之自明，夫何修焉？」孔子出，以告顏回，曰：「丘之於道也，其猶醯雞(75)與！微(76)夫子之發(77)吾覆(78)也，吾不知天地之大全(79)也。」

【章旨】此節述孔子訪見老子，老子示以遊心於道之儀態，並告以道之玄妙作用。謂其生成萬物，使之處於無有始終之自然運行之中。又謂至人之遊心於道，可至於至美至樂之境界。於是孔子醒悟而深感自己之卑微無知。

【注釋】❶新沐　剛洗完頭。❷方將　正要。❸被　同「披」。❹慹然　不動貌。❺非人　土梗木偶之屬。❻便　借為「屏」，迴避。❼少　少時；不久。❽眩　眼睛昏花。❾其　還是。❿信然　確實那樣。⓫向者　剛才。⓬掘　兀兀然；直立不動貌。⓭獨　獨立之境。⓮遊心　即心遊。⓯物之初　萬物之本源，即道。⓰心困二句　謂遊心於物之初之事乃不可知無以言。辟，開。⓱嘗　試。⓲議　言。⓳將　大概。⓴至陰　極盛之陰氣。(21)肅肅　極寒冷貌。(22)至陽　極盛之陽氣。(23)赫赫　極炎熱貌。㉔肅肅二句　謂至陰至陽二氣各出自天地。「天」「地」二字誤倒。㉕交通　交結。㉖和　融合。㉗或　指某種因素，即道。㉘紀　法度。㉙消息滿虛　指事物之或消或長或滿或空。㉚一晦一明　指時日之或為夜或為晝。一，猶「或」。㉛日改月化　指時光之推移。㉜功　行事。㉝生有二句　謂萬物之產生與死亡有其本源與歸宿。本源與歸宿皆指道。所乎萌，指本源。所乎歸，指歸宿。乎，為語助詞。㉞始終　指生死。㉟乎　猶「而」。㊱所窮　窮盡；終止。㊲是　此。指道。㊳且　猶「則」。㊴孰　何。㊵宗　本源。㊶遊是　即遊心於此物之初。㊷得是　曉悟此。㊸方　方法。㊹不疾　不患。㊺易藪　改換藪澤。㊻行　經。㊼大常　本性。㊽喜怒句　謂心懷以虛靜為本。胸次，心懷。㊾所一　謂所共。㊿同焉　與其同一。(51)四支　即「四肢」。(52)百體　人體之各個部分。(53)塵垢　喻鄙棄之物。(54)為　猶「如」。(55)滑　亂。(56)喪　失。(57)所介　界限。(58)隸　附屬者。(59)泥塗　泥土。(60)變　指應變。(61)未始　未嘗。(62)孰　何者。(63)足以　可以。(64)患心　心憂。(65)為道者　得道者。(66)解　解脫。(67)此　指世人所憂患之生死得失禍福等。(68)德配天地　喻其至為高尚。配，合。(69)假　依照。(70)至言　至理之言。(71)修心　涵養心性。(72)孰　誰。(73)汋　水之自然湧流。(74)物　人。(75)醯雞　小飛蟲名，即甕中之蠛蠓。牠亂飛無著，以喻自己漫無所向。(76)微　無。(77)發　打開。(78)覆　指甕口之蓋板。喻自己本如處於甕中而漠然無知。(79)大全　全部。

【語　譯】孔子見老聃，老聃剛洗完頭，正要披散頭髮使它乾燥，寂然不動如同土梗木偶。孔子迴避而等待他。不久，見老聃，說：「丘眼睛昏花呢？還是確實那樣呢？剛才先生身體直立不動如同枯木，好像遺棄事物脫離人世而立於獨立之境。」老聃說：「我心遊於萬物之本源。」孔子說：「怎麼說呢？」說：「精神困疲而不可得知，口開而無以言說，試為你言其大概。極盛之陰氣極為寒冷，極盛之陽氣極為炎熱。極為寒冷產生於地，極為炎熱產生於天。兩者相交結融合而物從中產生，有某種因素成為其法度而不見其形。事物之或消或長或滿或空，時日之或為夜或為晝，日月之推移，日日有其所為而不見其行事。萬物之產生有其本源，其死亡有其歸宿，生死相反而無有開端，而不知所終止。非此，則何者成為萬物之本源？」孔子說：「請問心遊於此萬物之本源。」老聃說：「曉悟此萬物之本源，是最美最快樂。曉悟最美而遊於最快樂之境，稱他為至人。」孔子說：「想聽聽心遊於此萬物之本源的方法。」說：「吃草的獸類不憂慮改換藪澤，生長在水中之蟲不憂慮改換水域，經歷小的變化而不失其本性，喜怒哀樂不入於心懷。天下，是萬物之所共。曉悟其所共而與其同一，則四肢百體將成為塵垢，而生死將如同晝夜而沒有什麼能干擾它，何況得失禍福之界限呢！拋棄附屬者如同拋棄泥土，知道自身貴於附屬者，貴者在於自身而不失於應變。而萬種變化未嘗有所終極，有什麼可以心憂？成為得道之人才能解脫此種困惑。」孔子說：「先生之德同於天地，而尚且依照至理之言以涵養心性，古之君子誰能解脫呢？」老聃說：「不然。水之自然湧流，無為方才自然呢。至人之於德，不修養而人不能離去。如天之自高，地之自厚，日月之自明，修養什麼呀？」孔子出門，把它告訴顏回，說：「丘至於道，猶如蠛蠓吧！無先生之為我打開蓋板，我不知天地之全部呢。」

莊子見魯哀公。哀公曰：「魯多儒士❶，少為❷先生方❸者。」莊子曰：「魯少儒。」哀公曰：「舉❹魯國而❺儒服❻，何謂少乎？」莊子曰：「周聞之：儒者冠❼圜冠❽者知天時❾，履❿句屨⓫者知地形，緩⓬佩玦⓭者事至而斷。君子有其道⓮者未必為⓯其服也，為其服者未必知其道也。公固以為不然，何不號⓰於國中曰：『無此道而為此服者其罪死。』」於是哀公號之，五日，而魯國無敢儒服者，獨有一丈夫⓱儒服而立乎公門⓲。公即召而問以國事，千轉萬變⓳而不窮⓴。莊子曰：「以㉑魯國而儒者一人耳，可謂多乎？」

【章旨】此節借莊子見魯哀公之寓言說明，魯國雖穿戴儒士服飾者滿目皆是，然真有學術涵養且知治國之理者僅得一人。此為對儒家的刻薄詆訾。

【注釋】❶儒士　崇奉儒家學說之人。❷為　治。❸方　學術。❹舉　全。❺而　猶「是」。❻儒服　穿戴儒士服飾。❼冠戴。❽圜冠　圓形之冠。圜，同「圓」。❾天時　指時序與自然氣候條件。❿履　著。⓫句屨　方頭之鞋。句，通「矩」。⓬緩字當據司馬本作「綬」，即佩玉之繫帶，此作繫解。⓭玦　環形而有缺口之佩玉。因與「決」同音，故寓決斷之意。⓮道　學術。⓯為　穿戴。⓰號　號令。⓱丈夫　男子。⓲公門　國君之外門。⓳千轉萬變　指所問之事曲折萬端。⓴不窮　不絕。㉑以　猶「於」。在。

【語　譯】莊子見魯哀公。哀公說：「魯國多儒士，少有治先生之學術的。」莊子說：「魯國少儒士。」哀公說：「全魯國是儒士服飾，怎麼說少呢？」莊子說：「周聽說：儒者戴圓冠的知道天時，著方頭鞋的知道地形，繫佩玦玉的臨事能決斷。君子有其學術者未必穿戴其服飾，穿戴其服飾者未必知其學術。公一定以為不是那樣，何不號令於國中說：『無此方面學術而穿戴其服飾者死罪。』」於是哀公發此號令，五日，而魯國不敢有穿戴儒士服飾者，獨有一男子穿戴儒士服飾而立於國君之外門。哀公即召見而以國事相問，所問之事曲折萬端而其應答如流。莊子說：「在魯國而儒者一人而已，可說多嗎？」

百里奚❶爵祿不入於心，故飯牛❷而牛肥，使秦穆公忘其賤，與之政也。有虞氏死生不入於心❸，故足以動人。宋元君❹將畫圖❺，眾史❻皆至，受揖❼而立，舐筆❽和墨❾，在外者❿半。有一史後至者，儃儃然⓫不趨⓬，受揖不立，因⓭之⓮舍⓯。公⓰使人視之，則解衣般礴臝⓱。君曰：「可矣，是⓲真畫者⓳也。」

【章　旨】此節以百里奚、舜與後至之畫師為例，說明只有爵祿、生死、禮節等不入於心，方可成事。

【注　釋】❶百里奚　姓百里，名奚。春秋時虞國大夫，晉滅虞後被俘。晉獻公之女嫁於秦穆公為夫人，他為陪嫁奴僕，至秦而出逃至楚，為楚人所執。秦穆公知其賢，以五張黑色公羊皮贖出，任為相。秦穆公，春秋秦國君主。秦國其地域在今陝西省境。❷飯牛　飼養牛。❸有虞氏句　傳說舜之父瞽瞍與其弟象多次謀害舜，舜脫險後卻待之如故，故謂其死生不入於心。有虞氏，即舜。❹宋元君　即宋元公，春秋宋國君主。❺畫圖　謂使畫師畫圖畫。❻史　畫師。❼受揖　受君之令而拜揖。❽舐筆　以舌舔筆。❾和墨　磨墨。❿在外者　謂猶有在舍外而不即入者，皆極言眾史之迂緩矜持。⓫儃儃然　舒閒貌。⓬不趨　臣下見君，當快步向前。不趨，謂其不顧禮節。⓭因　隨即。⓮之　至。⓯舍　畫舍。⓰公　即宋元君。⓱則解衣句　亦言其恣意而不拘謹。般礴，即箕坐，謂伸開兩足而坐，其形如箕。臝，同「裸」。⓲是　此人。⓳真畫者　謂其心專注於畫事，故餘事皆置之度外。

【語譯】百里奚對於爵位俸祿不放在心上，因此飼養牛而牛肥，使秦穆公忘記他的低賤，授予他國家管理之權力。虞舜對於死生不放在心上，因此可以感動人。宋元君將使畫師畫圖畫，眾畫師皆至，受君之令拜揖而站立，以舌舔筆磨墨，而尚有半數在舍外而不即入者。有一畫師後至，悠閒自得地見到君主不快步向前，受君之令拜揖而不站立，隨即至畫舍。宋元公派人去觀察他，他正解開衣服裸著身子，伸開兩足而坐。君說：「可以了，這是真正的畫師。」

文王❶觀於臧❷，見一丈夫釣，而其釣莫釣❸，非持其釣❹有釣❺者也，常釣也。文王欲舉❻而授之政，而恐大臣父兄之弗安❼也；欲終而釋之，而不忍百姓之無天❽也。於是旦而屬❾之❿大夫曰：「昔⓫者寡人夢見良人⓬，黑色而頩⓭，乘駁馬⓮而偏朱蹄⓯，號⓰曰：『寓⓱而⓲政於臧丈夫⓳，庶幾⓴乎民有瘳㉑乎！』」諸大夫蹴然㉒曰：「先君王也。」文王曰：「然則卜之。」諸大夫曰：「先君之命，王其㉓無它㉔，又何卜焉！」遂迎臧丈人而授之政。典法㉕無更，偏令㉖無出。三年，文王觀於國，則列士㉗壞㉘植㉙散群㉚，長官者㉛不成德㉜，斔斛不敢入於四竟㉝。列士壞植散群，則尚同㉞也。長官者不成德，則同務㉟也。斔斛不敢入於四竟，則諸侯無二心㊱也。文王於是焉以為大師㊲，北面㊳而問曰：「政可以及㊴天下乎？」臧丈人昧然㊵而不應，泛然㊶而辭，朝令而夜遁，終身無聞。

顏淵問於仲尼曰：「文王其猶未㊷邪？又何以夢為㊸乎？」仲尼曰：「默，汝無言！夫文王盡之㊹也，而又何論刺㊺焉！彼直以循斯須也㊻。」

【章　旨】此節約略借周文王遇姜尚之傳說而申發己意。謂文王得臧丈人而使治國，臧丈人以無為致治。繼而文王欲占有天下，臧丈人即漠然退隱。

【注　釋】❶文王　周文王。❷臧　古地名。故地在今陝西渭水旁。❸其釣莫釣　謂其釣具無釣鉤。❹釣　釣具。❺有釣　為釣取。有，猶「為」。❻舉　提舉。❼弗安　不樂意。❽無天　無所仰望。❾屬　聚集。❿之　猶「其」。⓫昔　夜晚。⓬良人　賢者。⓭頓　同「髯」。長鬚。⓮駁馬　毛色不純之馬。⓯偏朱蹄　一蹄色紅。⓰號　號令。⓱寓　託付。⓲而　通「爾」。⓳臧丈夫　指在臧垂釣之男子。下亦稱之為「臧丈人」。⓴庶幾　大概可以。㉑有瘳　得治。㉒蹴然　驚懼貌。㉓其　猶「必」。㉔無它　無二心。㉕典法　典章法令。㉖偏令　一令。㉗列士　眾士。㉘壞　廢。㉙植　將主；頭目。㉚群　群黨。㉛長官者　為官長者。㉜不成德　不建樹功德。㉝斔斛句　謂別國之量器不敢進入周國。各國之量具與量制有別，不容干擾。斔，同「斞」。量器。六斛四斗為一斞。四竟，即四境，指國內。㉞尚同　同一於上。㉟同務　同心合力。㊱二心　指非分之意。㊲大師　即「太師」，為輔弼國君之官職。㊳北面　處下位，表示對臧丈人之敬重。㊴及　擴大至。㊵昧然　昏茫無知貌。㊶泛然　漠然。㊷未　指其德不足以信服人。㊸夢為　編造夢境。㊹盡之　謂其德已完美。㊺論刺　非議。㊻彼直句　意謂編造夢境乃一時之權宜。直，只是。以，謂用以編造夢境。循，順。斯，此時。須，意所欲（《廣韻》）。

【語譯】周文王在臧視察，見一男子垂釣，他的釣具卻無釣鉤，拿著釣具不是想釣到什麼，卻又一直在釣著而不懈怠。文王想要提舉他來管理國家，但怕大臣父兄不樂意；想要放棄他，又不忍百姓無所仰望。於是一早聚集大夫說：「夜晚寡人夢見賢人，膚色黑而留長鬚，乘著毛色不純之馬而有一蹄是紅色，號令說：『把你國家的管理委託給臧大夫，人民大概可以得治吧！』」諸大夫驚懼地說：「是已故君王。」文王說：「那麼占卜一下。」諸大夫說：「已故君王之命令，君王必無二心，又何必要占卜呢！」於是迎接在臧垂釣之長者，讓他管理國家。典章法令毫無更改，不發一令。過了三年，文王在國內視察，看到眾士廢除頭目而解散群黨，為官長的不建樹功德，別國之量器不敢進入周國。眾士廢除頭目而解散群體，則表明統一於上。為官長的不建樹功德，則表明同心合力。別國之量器不敢進入周國，則表明諸侯無非分之意。文王於是封其為太師，自己處在下位而問道：「管理可以擴大到天下嗎？」在臧垂釣之長者茫然無知地不作回答，漠然而告辭，朝發令而夜晚逃離，終身不聞。

顏淵問仲尼說：「文王其德還不足嗎？又為什麼編造夢境呢？」仲尼說：「閉口，你不要說！文王其德已完美，你又怎麼可以非議呢！他只是順一時之權宜而編造此夢境。」

列御寇為伯昏無人❶射，引之❷盈貫❸，措❹杯水❺其肘上，發之❻。適矢❼復沓❽，方矢❾復寓❿。當是時，猶象人⓫也。伯昏無人曰：「是⓬射之射⓭，非不射之射⓮也。嘗⓯與汝登高山，履⓰危石⓱，臨百仞之淵，若⓲能射乎？」於是無人遂登高山，履危石，臨百仞之淵，背⓳逡巡⓴，足二分㉑垂在外㉒，揖御寇㉓而進之㉔。御寇伏地，汗流至踵㉕。伯昏無人曰：「夫至人者，上㉖闚青天，下潛㉗黃泉，揮斥㉘八極㉙，神氣㉚不變。今汝怵然㉛有㉜恂目之志㉝，爾於中㉞也殆㉟矣夫！」

【章　旨】此節述列子以善射自得，伯昏無人使其與己共臨險境而射，列子終於懾服。然後伯昏無人告以至人縱恣超脫，故無畏之理。

【注　釋】❶伯昏無人　見〈德充符〉注。❷引之　拉弓弦。❸盈貫　滿張弓。貫，借為「彎」（《說文通訓定聲》）。❹措　置。❺杯水　一杯水。❻發之　將矢射出。❼適矢　指射出之矢。❽復沓　謂連連中的。沓，疊合。❾方矢　將射之矢。❿復寓　接連放入。⓫象人　土梗木偶。⓬是　此。⓭射之射　謂有心於射之射。⓮非不射之射　謂非忘懷無心於射之射。⓯嘗　試。⓰履　腳踏。⓱危石　懸崖。⓲若　你。⓳背　背向（淵）。⓴逡巡　倒行。㉑二分　指三分之二。㉒在外　在懸崖之外。㉓揖禦寇　向列禦寇拱手。揖，拱手。㉔進之　讓他前行。㉕踵　足。㉖上　上升。㉗潛　深入。㉘揮斥　猶放縱。㉙八極　八方。㉚神氣　神色。㉛怵然　內心驚恐。㉜有　加以。㉝恂目之志　謂在目眩眼花中之準的。恂目，眩目。志，準的。㉞中　射中。㉟殆　猶「疑」。

【語　譯】列禦寇為伯昏無人表演射技，拉開弓弦而滿張弓，將一杯水放置於其附部關節之上，然後將箭射出。射出之箭連連中的，將射之箭接連放入。當時，其人如同土梗木偶。伯昏無人說：「這是有心於射之射，非忘懷無心於射之射。試與你登高山，腳踏懸崖，面臨百仞之深淵，你能射嗎？」於是無人就登高山，腳踏懸崖，面臨百仞之深淵，背向深淵而倒行，腳之三分之二垂於懸崖之外，向列禦寇拱手，讓他前行。禦寇身伏於地，汗流至腳。伯昏無人說：「至人，上升而窺視青天，往下深入而至黃泉，放縱於八方，神色不變。現在你內心驚恐，加以準的處在你目眩眼花之中，你要射中都令人懷疑罷！」

肩吾❶問於孫叔敖❷曰：「子三為❸令尹❹而不榮華，三去❺之而無憂色。吾始也疑子，今視子之鼻間栩栩然❻，子之用心獨❼奈何？」孫叔敖曰：「吾何以過人哉！吾以其來不可卻❽也，其去不可止也，吾以為得失之非我❾也，而❿無憂色而已矣。我何以過人哉！且不知其⓫在⓬彼⓭乎，其在我乎？其在彼邪，亡乎我⓮；在我邪，亡乎彼。方將躊躇⓯，方將四顧，何暇至⓰乎人貴人賤⓱哉！」仲尼聞之曰：「古之真人，知⓲者不得說⓳，美人不得濫⓴，盜人不得劫㉑，伏戲㉒、黃帝不得友㉓。死生亦大㉔矣，而無變乎己，況爵祿乎！若然者，其神經乎大山而無介㉕，入乎淵泉而不濡㉖，處卑細㉗而不憊㉘，充滿天地㉙，既以與人，己愈有㉚。」

【章　旨】此節借孫叔敖於令尹之職去留皆不介於心之傳說，稱之為能順乎自然精神超脫之得道至人。

【注　釋】❶肩吾　見〈逍遙遊〉注。❷孫叔敖　春秋時楚國處士，楚莊王舉以為令尹，使莊王成霸業。❸為　任。❹令尹　官職名。春秋戰國時楚國的宰相之稱，掌軍政大權。❺去　免。❻栩栩然　歡暢自適貌。❼獨　猶「乃」。竟。❽卻　推辭。❾非我　非由自主。❿而　同「能」。⓫其　指令尹之職。⓬在　所在；所屬。⓭彼　他人。⓮亡乎我　無我之事。亡，通「無」。⓯躊躇　見〈養生主〉注。下「四顧」同。⓰至　顧及。⓱人貴人賤　他人以為貴，他人以為賤。⓲知　同「智」。⓳不得說　不能勸說。⓴濫　淫亂。㉑劫　脅迫。㉒伏戲　即伏羲。㉓友　交結。㉔大　指人生之大事。㉕無介　無阻礙。㉖不濡　不淹。㉗卑細　卑賤。㉘不憊　不困頓。㉙充滿天地　其精神與道一體，故云。㉚既以二句　謂其精神能無私而給人以影響，則其精神因得以光大而愈益富有。《道德經》八十一章曰：「既以為人，己愈有；既以與人，己愈多。」此借其意。既，盡。與，給予。

【語　譯】肩吾問孫叔敖說：「你三次任令尹而不以為榮華，三次免職而無憂色。我開始時懷疑你，現在看你的鼻間歡暢自適的樣子，你之用心究竟如何？」孫叔敖說：「我哪有什麼過人之處呢！我以為其來不可推辭，其去不可阻止，我以為得失非由自主，而無憂色罷了。我哪有什麼過人之處呢！並且不知道這職位是屬於他人，還是屬於我呢？職位屬於他人呢，則沒有我的事；屬於我，則沒有他人的事。我正從容自得，正環視四周，何暇顧及他人以任職為貴，以免職為賤呢！」仲尼聽到其事而說：「古之得道者，智者不能勸說，美人不能淫亂，盜人不能脅迫，伏羲、神農不能交結。死與生是人生之大事了，而不能改變自己，何況爵位俸祿呢！能如此者，其精神遊歷於大山而無所阻礙，進入於淵水而不淹，處於卑賤而不困頓，充滿於天地，既把它給予人，自己愈加富有。」

楚王與凡君❶坐，少焉，楚王左右曰「凡亡」者三❷。凡君曰：「凡之亡也，不足以喪吾存❸。夫凡之亡不足以喪吾存，則楚之存不足以存存❹。由是觀之，則凡未始亡❺而楚未始存❻也。」

【章　旨】此節借亡國之君凡君之論辯，說明國之存亡乃相對而言。

【注　釋】❶凡君　凡國君主。凡為春秋國名，其地在今河南南輝縣西南。❷三　三次。❸喪吾存　使吾之存在失去。❹存存　保全其存在。❺凡未始亡　謂己作為國君尚在，故以為其國亦未曾亡。❻楚未始存　謂楚終不能保全，故以為楚未曾存在。

【語　譯】楚王與凡君共坐，不久，楚王之近臣三次說「凡國亡」。凡君說：「凡國之亡，不能使我的存在失去。凡國之亡不能使我的存在失去，則楚國的存在不能保全其存在。由此看來，則凡國未曾亡而楚國未曾存在。」

【研　析】本文主要論述身心之修養。以為必須心存天道，即使心靈淨化，回返其淳樸，與道融合為一體，以達到至美至樂的逍遙境界。為人所不當忘者，是無為而順應自然，不求人為刻意地修養其德。道家強調通過內心修養以實現超越而達於彼岸，與道為一，說得十分玄虛，而實際上只不過是在自我意念上的實現而已。又謂得道者其處世能超脫，凡爵祿、禮義、生死、得失、禍福等皆能不入於心，將自己視為與天下萬物同一，故其精神獲得自由。其治理則以無為而致治，寬容待人。相反，作者以儒家作為諷刺之對象，認為其人但為禮儀所拘，大多無真才實學而徒重其表，故自當鄙視。

文中描寫了孔子見溫伯雪子「目擊而道存」之心靈交流境界。雙方目光一接觸，不待言語，心靈即得到溝通。我們雖不知其中所包含的意思，然而對於一方以目光傳意，一方一視便心領神會，則固所不疑。此「目擊而道存」正是最傳神地寫出了此種心靈交流之過程。人之目光有著微妙的表意功能，有時可以勝過言語，甚至非言語可以替代，心靈契合者則於此為甚。

文中描寫列子之射，令人叫絕，可謂歎為觀止。然而伯昏無人之射，將自身置於九死一生之地，險象環生，命懸一線，令人心驚肉跳，其卻泰然自若。列子與其相比，真是小巫見大巫。描寫列子與伯昏無人之後，於是推出至人所至之境界，上天入地，縱恣八極，一無畏懼，寫的是意想中的超脫境界。可是，比之於前二者之精妙絕倫，則顯得蒼白無力。這是由於前二者雖極盡誇飾，卻都是本於現實，可以想見其情，而後者則虛無縹緲，人們只能得其彷彿而已。作者寫其逍遙得道之境界，無不有此弊，此乃其學說使然，無可免也。

知北遊第二十二

【題解】本文取篇首首句之詞語為篇名。全文論述所謂道是什麼，道所起的作用，道是否可知可得，以及人如何順應道等問題。以為道先天地生，運行不息，終而復始，無形無聲，無所不在；以為它生成並包容天地萬物，主宰其無窮之變化；以為對於道，可說能夠得知與領悟，又可說不能得知與領悟，持兩可之見解；以為順應道，當無為而順乎自然，擺脫世俗成見之束縛，使內心靜寂，使精神至純而與道一體。

知❶北遊於玄水❷之上，登隱弅❸之丘，而適❹遭❺無為謂❻焉。知謂無為謂曰：「予欲有問乎若❼：何思何慮則知道？何處何服❽則安道❾？何從何道❿則得道？」三問而無為謂不答也。非不答，不知答也。知不得問，反⓫於白水⓬之南，登狐闋⓭之上，而睹⓮狂屈⓯焉。知以之言⓰也問乎狂屈。狂屈曰：「唉！予知之，將語若。」中⓱欲言而忘其所欲言。知不得問，反於帝宮⓲，見黃帝⓳而問焉。黃帝曰：「無思無慮始知道⓴，無處無服始安道㉑，無從無道始得道㉒。」知問黃帝曰：「我與若知之，彼與彼㉓不知也，其孰㉔是㉕邪？」黃帝曰：「彼無為謂真是也，狂屈似之㉖，我與汝終不近㉗也。夫知者不言，言者不知，故聖人行不言之教。道不可致㉘，德不可至㉙。仁可為㉚也，義可虧㉛也，禮相偽㉜也。故曰㉝：『失道而後德㉞，失德而後仁，失仁而後義，失義而後禮。禮者道之華㉟而亂之首㊱也。』故曰㊲：『為㊳道者日損㊴，損之又損之，以至於無為，無為而無不為㊵也。』今已為物㊶也，欲復歸根㊷，不亦難乎！其易㊸也，其唯大人㊹乎！生也死之徒㊺，死也生之始，孰知其紀㊻？人之生，氣㊼之聚也。聚則為生，散則為死。若㊽死生為徒，吾又何患！故萬物一㊾也，是㊿其所美者為神奇，其所惡者為臭腐。臭腐復化為神奇，神奇復化為臭腐。故曰通天下(51)一氣(52)耳。聖人故貴一(53)。」知謂黃帝曰：「吾問無為謂，無為謂不應我，非不我應，不知應我也。吾問狂屈，狂屈中欲告我而不我告，非不我告，中欲告而忘之也。今予問乎若，若知之，奚故(54)不近？」黃帝曰：「彼其真是也，以其不知也；此(55)其似之也，以其忘之也；予與若終不近也，以其知之也。」狂屈聞之，以黃帝為知言(56)。

【章　旨】此節借知問道之寓言說明，心靈虛靜方可知道，行止由道方可得其安逸，無所假借方可與道合一。又認為人與萬物之生死變化皆為元氣之聚散而已，亦即出自道又回歸於道之往復過程，故當順應之。

【注　釋】❶知　同「智」。作者假託之人名，寓求知之意。❷玄水　假託之山名。❸隱弅　假託之丘名。❹適　恰巧。❺遭遇。❻無為謂　假託人名，意謂不用說，是得道者。❼若　你。❽何處何服　謂如何止息，如何行事。❾安道　安逸於道。❿何從何道　謂依循什麼，由何途徑。⓫反　同「返」。⓬白水　假託之水名。⓭狐闋　假託之丘名。⓮睹　見。⓯狂屈假託人名。⑯之言　那言，謂問無為謂之言。⑰中　心。⑱帝宮　黃帝之宮。⑲黃帝　傳說古帝，借以為得道者。⑳無思句　謂道非由思慮可知，唯無所用心，於虛無恬靜中意會。始，方才；然後。㉑無處句　謂在無意於止息、行事中自安於道。㉒無從句　謂道唯有在無意於依循無所途徑中自得。㉓彼與彼　指無為謂與狂屈。㉔孰　誰。㉕是　正確。㉖似之　類似於無為謂。因其畢竟無所答。㉗不近　與是相遠。㉘不可致　意謂不可得之人為。㉙德不可至　謂功德不可營求而達到。老子《道德經》三十八章曰：「上德不德，是以有德。」㉚為　人為造作。㉛虧　違背。㉜相偽　相互欺詐之手段。㉝故曰　案：下述引文出自《道德經》三十八章，然末句本作「夫禮者忠信之薄而亂之首，前識者道之華而愚之始」。㉞後德　然後有德。㉟道之華　治道之華飾。㊱亂之首　致亂之根源。㊲故曰　案：下述引文出自《道德經》四十八章。㊳為　治。㊴日損　指日益減損其欲望與作為。㊵無不為　無不起其作用。㊶物　指人。㊷歸根　回歸於道。㊸易　指歸根之易者。㊹大人　指得道聖人。㊺徒　隨從者。㊻紀　終極。㊼氣　元氣。㊽若　猶「其」。㊾一　同為氣之聚。㊿是　通「視」。(51)通天下　通天下之物。(52)一氣　同為氣。(53)貴一　以同一為貴。(54)奚故　何故。(55)此　此人，指狂屈。(56)知言　謂對於言說能明辨。

【語　譯】知北遊於玄水之上，登上隱弅之丘，而恰巧遇到無為謂。知對無為謂說：「我想對你有所問：如何思想如何思索則可知道？如何止息如何行事則可安逸於道？依循什麼，由何途徑則可得道？」以三事相問而無為謂不回答。不是不回答，是不知如何回答。知不得其問，返回於白水之南，登上狐闋之丘，而見到狂屈。知把問無為謂的話拿來問狂屈。狂屈說：「唉！這我知道，將告訴你。」心中想說而忘記他所想說的話。知不得其問，返回於黃帝之宮，見黃帝而問。黃帝說：「無所思想無所思索然後知道，無意於止息無意於行事然後安逸於道，無意於依循無所途徑然後得道。」知問黃帝說：「我與你得知，無為謂與狂屈不知，其中誰正確呢？」黃帝說：「無為謂確實正確，狂屈類似正確，我與你終究與正確相距甚遠。知者不說，說者不知，因此聖人實行不言說之教導。道不可得之於人為，功德不可營求而達到。仁可以人為造作，義可以違背，禮是相互欺詐之手段。因此說：『喪失道然後有德，喪失德然後有仁，喪失仁然後有義，喪失義然後有禮。禮是治道之華飾而致亂之根源。』因此說：『研治道者日有所減損，減損之又減損之，以至於無為，無為而無不起其作用。』現在已成為人，欲重回歸於道，不困難嗎！其中容易的，大概只有得道聖人吧！生則死亡所隨從，死亡則生之開始，誰知道其終極？人之生，是元氣之聚集。聚集則生，離散則死。其死生互為隨從者，我又憂慮什麼！故萬物同為氣之聚集，視其中所美者以為神奇，其中所厭惡者以為腐臭。腐臭又變為神奇，神奇又變為腐臭。因此說通天下之物同為氣而已。聖人因而以同一為貴。」知對黃帝說：「我問無為謂，無為謂不回答我，不是不回答我，是不知如何回答我。我問狂屈，狂屈心中想告訴我而不告訴我，不是不告訴我，心中想告訴而忘記了想說的話。現在我問於你，你知道其事，為什麼說與正確相距甚遠？」黃帝說：「無為謂確實正確，因為他不知；狂屈類似正確，因為他忘記其事；我與你終究與正確相距甚遠，因為知其事。」狂屈聽到此言，認為黃帝對於「言說」能明辨。

天地有大美而不言，四時❶有明法❷而不議，萬物有成理❸而不說。聖人者，原❹天地之美而達❺萬物之理。是故至人無為，大聖不作，觀於天地之謂❻也。今彼❼神明❽至精❾，與彼❿百化⓫。物已⓬死生方圓，莫知其根⓭也。扁⓮然而⓯萬物自古以⓰固存。六合為巨，未離其⓱內；秋豪⓲為小，待之⓳成體。天下⓴莫不沉浮㉑，終身不故㉒；陰陽四時運行，各得其序。惛然㉓若亡㉔而存，油然㉕不形㉖而神，萬物畜㉗而不知：此之謂本根㉘，可以觀於天㉙矣。

【章旨】此節論述道生成萬物，盡善盡美，極其神靈玄妙，卻無所言語，似出自然。聖人至人有鑑於此，亦無為而順乎自然，故其精神至於至純之境界。

【注釋】❶四時　四季。❷明法　明確的規律。❸成理　一定的規則。❹原　推究。❺達　曉。❻天地之謂　即「有大美而不言」。謂，通「為」。❼彼　指至人、大聖。❽神明　指精神。❾至精　至純。❿彼　指天地、四時、萬物。⓫百化　謂相順應而盡其變化。⓬已　成為。⓭根　根源，指道。⓮扁　通「遍」。⓯而　猶「之」。⓰以　謂「以之」，憑藉道。⓱其　指道。⓲豪　通「毫」。⓳之　指道。⓴天下　天下之萬物。㉑沉浮　變化。㉒故　通「固」。固定不變。㉓惛然　恍惚貌。㉔亡　通「無」。㉕油然　自然而然。㉖不形　無形跡。㉗畜　被畜養。㉘本根　指道。㉙天　天道自然。

【語　譯】天地有大美而無所言，四季有明確的規律而無所言，萬物有一定的規則而無所言。聖人，推究天地之美而曉萬物之原理。因此至人無為，大聖人不作，是有鑑於天地有大美而無所言。今至人、大聖精神至純，與天地、四時、萬物相順應而盡其變化。物之成為死、生、方、圓，不知其根源。遍布之萬物自古憑藉於它而本就存在。六合為大，在其內而未能脫離；秋天之獸毛為細，依賴它而成形。天下之萬物莫不變化，終其身不會固定不變；陰陽二氣之運行，四季之運轉，各得其序。恍惚若無有而存在，自然而然無所形跡而神靈，萬物被其畜養而不知：此稱之為本根，由此可以觀察天道自然了。

齧缺❶問道乎被衣，被衣曰：「若❷正汝形❸，一❹汝視，天和❺將至；攝❻汝知❼，一汝度❽，神將來舍❾。德將為❿汝美，道將為汝居⓫，汝瞳焉⓬如新生之犢而無求⓭其故。」言未卒，齧缺睡寐⓮。被衣大說⓯，行歌而去之，曰：「形若槁骸，心若死灰⓰，真其實知⓱，不以故自持⓲。媒媒晦晦⓳，無心而不可與謀。彼何人哉⓴？」

【章　旨】此節記述齧缺問道，被衣既言且歌以明之，以為唯有內心靜寂，對於外界無所感知而順應自然之人方可知之。

【注釋】❶齧缺　見〈天地〉注。下「被衣」同。❷若　即「汝」。❸形　容貌。❹一　猶「正」。❺天和　自然平和之氣。❻攝　收斂。❼知　同「智」。❽度　儀態。❾神將來舍　意謂神將不務外徇而守其形。舍，居。❿為　使。⓫居　閒適。⓬瞳焉　未有知貌。⓭求　思索。⓮睡寐　睡著。⓯說　同「悅」。⓰形若二句　喻內心靜寂，對於外界無所感知。槁骸，枯枝。死灰，火已熄滅之灰。⓱真其實知　此承上句，謂如此則誠能領悟道。真，誠。實，是，指道。⓲不以句　即不自守其故，謂能順變。⓳媒媒晦晦　內心昏昧貌。媒，借為「昧」。⓴彼何人哉　設問以明此為體道之人。

【語譯】齧缺向被衣問道，被衣說：「你要端正你的容貌，端正你的眼光，自然平和之氣將至；收斂你的才智，端正你的儀態，神將不務外徇而守其形。德將使你美，道將使你閒適，你如新生小牛之無知而不思索其原故。」話未說完，齧缺已睡著。被衣大喜，邊行邊唱而離去，歌詞說：「形體如同枯枝，心靈如同死灰，確實其知道，不自守其故舊。內心昏昏昧昧，無心而不可與他商議。那是什麼人呀？」

舜問乎丞❶曰：「道可得❷而有❸乎？」曰：「汝身非汝有也，汝何得❹有夫❺道！」舜曰：「吾身非吾有也，孰❻有之哉？」曰：「是❼天地❽之委形❾也；生❿非汝有，是天地之委和⓫也；性命⓬非汝有，是天地之委順⓭也；孫子⓮非汝有，是天地之委蛻⓯也。故行不知所往，處不知所持⓰，食不知所味。天地之強陽氣⓱也，又胡⓲可得而有邪！」

【章旨】此節述舜問丞道是否可曉而持有，丞謂人本身非己所有，不過是天地自然之氣運動變易過程中的一種存在形態，故於道不可曉而持有。

【注釋】❶丞　虛構之得道者。❷得　曉。❸有　持有；把握。❹何得　何能。❺夫　猶「彼」。❻孰　誰。❼是　此。

❽天地　指自然。❾委形　賦予之形。❿生　生命。⓫和　融合。⓬性命　本性。⓭順　順應。⓮孫子　當從《闕誤》所引張君房本作「子孫」。⓯蛻　蛻化。⓰持　操守。⓱強陽氣　運動之氣。⓲胡　通「何」。

【語　譯】舜問丞說：「道可以明瞭而持有嗎？」說：「你的身體非你所有，你怎能持有道！」舜說：「我的身體非我所有，誰所有呀？」說：「此是天地自然所賦予之形；生命非你所有，此是天地自然所賦予之融合；本性非你所有，此是天地自然所賦予之順應；子孫非你所有，此是天地自然所賦予之蛻化。因此行不知所往，處不知所操守，食不知其滋味。天地自然之運動之氣，又怎能持有呢！」

孔子問於老聃曰：「今日晏閒❶，敢問至道❷。」老聃曰：「汝齊戒❸，疏瀹❹而❺心，澡雪❻而精神，掊擊❼而知❽。夫道，窅然❾難言哉！將為汝言其崖略❿。夫昭昭⓫生於冥冥⓬，有倫⓭生於無形⓮，精神⓯生於道，形本⓰生於精⓱，而萬物以形相生⓲。故九竅⓳者胎生，八竅⓴者卵生。其㉑來無迹，其往無崖㉒，無門無房㉓，四達㉔之皇皇㉕也。邀㉖於此㉗者，四肢強，思慮恂達㉘，耳目聰明，其用心不勞，其應物無方㉙。天不得㉚不高㉛，地不得不廣，日月不得不行，萬物不得不昌，此其道與！且夫㉜博之㉝不必知㉞，辯之不必慧，聖人㉟以㊱斷㊲之矣。若夫㊳益之㊴而不加㊵益，損之而不加損者，聖人之所保㊶也。淵淵㊷乎其若海，巍巍乎其終則復始也㊸，運量㊹萬物而不匱㊺。則君子之道彼其㊻外與？萬物皆往資㊼焉而不匱，此其道與！

「中國有人焉，非(48)陰(49)非陽(50)，處於天地之間，直(51)且(52)為人，將反(53)於宗(54)。自本觀之，生者喑醷(55)物也。雖有壽夭，相去(56)幾何(57)？須臾(58)之說也，奚足(59)以為堯桀之是非(60)！果蓏有理(61)，人倫雖難(62)，所以(63)相齒(64)。聖人遭之(65)而不違，過(66)之而不守(67)。調而應(68)之，德也；偶(69)而應之，道也。帝之所興，王之所起也(70)。

「人生天地之間，若白駒(71)之過郤(72)，忽然(73)而已。注然(74)勃然(75)，莫不出(76)焉；油然(77)漻然(78)，莫不入(79)焉。已化而生，又化而死，生物哀之，人類悲之。解其天弢，墮其天袠(80)，紛(81)乎宛(82)乎，魂魄將往，乃(83)身從之，乃(84)大歸(85)乎！不形之形(86)，形之不形(87)，是(88)人之所同知也，非將至之所務也(89)，此眾人之所同論也。彼至(90)則不論(91)，論則不至；明見(92)無值(93)，辯不若默；道不可聞(94)，聞不若塞(95)：此之謂大得(96)。」

【章旨】此節述孔子問道於老子，老子作答。老子以為道容納並運動萬物，主宰萬物之生死變化，其運行來去無跡，終而復始。人對於道之運行當順應，解脫世俗之束縛，置壽夭生死於度外，將知聞言辯一概擯棄，以靜寂自處，然後方可得道。

【注釋】❶晏閒　安閒。❷至道　至上之道。❸齊戒　即齋戒。❹疏瀹　疏通。瀹，同「瀹」。❺而　通「爾」。❻澡雪指修養使潔淨。⑦掊擊　毀棄。⑧知　同「智」。⑨窅然　深遠貌。⑩崖略　大略。⑪昭昭　指昭然之天地萬物。⑫冥冥　指幽昧之道。⑬有倫　有輪廓之物。倫，通「輪」。⑭無形　即道。⑮精神　指精氣，為孕育萬物之陰陽精靈之氣。⑯形本　形體。⑰精　指精氣。⑱以形相生　謂以其物種孳生繁衍。⑲九竅　見〈齊物論〉注。⑳八竅　九竅中之兩陰合為一，故為八竅。㉑其　指道。㉒無崖　無邊際。㉓無門無房　指無有出入滯留之所。㉔四達　達於四方。㉕皇皇　寬廣貌。㉖邀　順。㉗此　指道之運行。㉘恂達　通達。㉙無方　無所定規。㉚不得　不得道。㉛不高　不能高。㉜且夫　況且。㉝博之　即「博者」。之，猶「者」。下「辨之」同。博者，所知廣博者。㉞知　同「智」。㉟聖人　指老子。案：老聃即老子，老聃若自稱「聖人」，則顯然於情理文理皆不合。從文字看，本文作者無疑是將之視為二人。老子其人與其著作《道德經》事，原本充滿濃厚的傳奇色彩，更何況本文屬於寓言，故不能以實事而論。㊱以　通「已」。㊲斷　論定。《道德經》八十一章曰：「善者不辯，辯者不善；知者不博，博者不知。」善，高明。㊳若夫　至於。㊴益之　對至道作增益。㊵不加　不變得。㊶所保　所守。㊷淵淵　深不可測貌。㊸巍巍句　此句有脫文。馬敘倫《莊子義證》謂「其」下疑脫「若山」二字。案：「終則復始也」上疑脫「其」字。巍巍，高峻貌。㊹運量　運動且容納。㊺匱　此字據《闕誤》引文如海、劉得一本為「遺」字之誤。㊻其　猶「豈」。㊼資　取用。㊽非　通「匪」。彼。㊾陰　指女人。㊿陽　指男人。(51)直　只。(52)且　暫且。(53)反　同「返」。(54)宗　本，即「道」。(55)喑醷　氣聚貌。(56)相去　相差。(57)幾何　多少。(58)須臾　片刻。(59)奚足　何可。(60)以為堯桀之是非　以堯為是而以桀為非。(61)果蓏句　謂果蓏品種繁雜而有以區分。果蓏，木之實曰果，草之實曰蓏。或曰有核為果，無核為蓏。理，區分。(62)難　繁雜。(63)所以　憑理，即憑其區分。(64)相齒　相次列。(65)遭之　指遭遇某種人倫。(66)過　失去。(67)不守　不固執。謂能順應推移。(68)應　對待。(69)偶　如土偶人之無心。(70)帝之二句　謂帝王之興起，全憑此道。(71)白駒　駿馬。(72)郤　同「隙」。縫隙。(73)忽然　瞬間。(74)注然　湧出貌。(75)勃然　興起貌。(76)出　產生。(77)油然　盛貌。(78)漻然　流逝貌。(79)入　消亡。(80)解其二句　謂解除其頭腦之束縛。天，頭腦。弢，弓之套子，此作束縛解。墮，毀棄。袠，同「帙」。書籍之套子，亦引申作束縛解。(81)紛　紛雜貌。(82)宛　婉轉往歸貌。(83)乃　猶「於是」。(84)乃　猶「此」。(85)大歸　最終之歸宿。(86)不形之形　謂從無形至有形，即「化而生」。之，至。(87)形之不形　謂又從有形至無形，即「又化而死」。(88)是　此。(89)非將至句　謂生與死非其將至之時所能盡力。(90)至　得道。(91)不論　指不言生死。(92)明見　指於道能明見。(93)無值　實無所見。因道不可見。值，借為「直」。《說文》：「直，正見也。」(94)道不可聞　謂道不能得之於聽聞。(95)塞　塞聽。(96)大得　指得道。

【語譯】孔子問老聃說：「今天您安閒，敬問至上之道。」老聃說：「你該齋戒，疏通你的心，潔淨你的精神，毀棄你的才智。道，深遠而難言呢！將為你言其大略。昭然之天地萬物產生於幽昧之道，有輪廓之物產生於無形之道，精靈之氣產生於道，形體產生於精氣，而萬物以其物種孳生繁衍。因此九竅者由胎而生，八竅者由卵而生。道之來無形跡，其往無所邊際，無有出入滯留之所，到達四方寬廣無限。順應於道之運行者，四肢強健，思慮通達，耳聰目明，其用心不勞苦，其順應於物自無定規。天不得道則不能高，地不得道則不能廣，日月不得道則不能運行，萬物不得道則不能昌盛：此即道吧！況且知識廣博者未必有智，論辯者未必聰慧，聖人已論定了。至於想對至道作增益卻並不變得增益，作減損卻並不變得減損，此即聖人之所守。深不可測呀它如同大海，高峻呀它如同高山，終而復始，運動且容納萬物而無所遺棄。則君子所奉行之道，豈能在其外呢？萬物資取於此而不致匱乏，此即道吧！

「中原地區擁有人，那男的那女的，處於天地之間，只是暫且為人，將返歸於本源。從本源去看，活著的人是氣聚之物。雖然有長壽短命之別，相差多少呢？可說是片刻，怎能以堯為是而以桀為非！果實有木本草本之區分，人倫雖然繁雜，憑其區分而相次列。聖人遭遇某種人倫而不違，失去而不固執。諧調以對待之，是為德；如土偶人以對待之，是為道。帝與王之興起，全憑此道。

「人生於天地之間，如同駿馬之經過縫隙，瞬間而已。猶如湧出興起一般，無不產生；猶如芸芸之勢趨往一般，無不消亡。已經變化而產生，又變化而死亡，有生之物悲哀其事，人類哀傷其事。解除其頭腦之束縛，毀棄其頭腦之制約，紛雜呀婉轉往歸呀，精神將往歸，於是形體相隨從，此為最終之歸宿吧！從無形至有形，從有形至無形，這是人所共知的，生與死非其將至之時所能盡力，此眾人之所同言。得道則不言生死，言生死則不得道；言於道明見者實無所見，論辯不如沉默；道不能得之於聽聞，聽聞不如塞聽：此稱為大得。」

東郭子❶問於莊子曰：「所謂道，惡乎在❷？」莊子曰：「無所不在。」東郭子曰：「期❸而後可。」莊子曰：「在螻蟻。」曰：「何其❹下❺邪？」曰：「在稊❻稗❼。」曰：「何其愈下邪？」曰：「在瓦甓❽。」曰：「何其愈甚❾邪？」曰：「在屎溺❿。」東郭子不應。莊子曰：「夫子之問也，固不及質⓫。正獲之問於監市履狶也，每下愈況⓬。汝唯莫必⓭，無乎逃物⓮。至道若是⓯，大言⓰亦然。周、徧、咸三者異名同實，其指一⓱也。嘗相與遊乎無何有之宮⓲，同合⓳而論，無所終窮⓴乎！嘗相與無為乎！澹㉑而靜乎！漠㉒而清㉓乎！調㉔而閒乎！寥㉕已㉖吾志㉗，無往㉘焉而不知其所至。去而來㉙而不知其所止，吾已往來㉚焉而不知其所終。彷徨㉛乎馮閎㉜，大知㉝入㉞焉而不知其所窮。物物者㉟與物無際㊱，而物有際者，所謂物際者也。不際之際，際之不際者也㊲。謂盈虛㊳衰殺㊴，彼㊵為盈虛㊶非盈虛㊷，彼為衰殺非衰殺，彼為本末㊸非本末，彼為積散㊹非積散也。」

【章旨】此節為莊子論道，以為道主宰萬物，無所不在，其運行不息而無有始終。人當順應道而以靜寂悠閒自處，從而進入與道一體之境。

【注釋】❶東郭子 居於外城東邊者，因以為姓氏之稱。❷惡乎在 存在於何處。惡，何。❸期 為「示」字之誤。❹何其 為何如此。❺下 卑下。❻稊 似稗之雜草。❼稗 稗草。❽甓 磚。❾甚 過分。❿溺 尿。⓫及質 觸及實質。⓬正獲二句 謂監市者欲知豬之肥瘦，則以腳踩豬，部位愈下，其肥瘦愈益明顯。莊子以此喻其物愈卑下，愈益可見道之無所不在。正獲，不詳。疑為虛構人名。問，遺，此謂告言。監市，市場經紀人。狶，豬。況，益。⓭必 確定。⓮無乎逃物 謂道無所不在，於物無所迴避。⓯是　此。指不確定。⓰大言　指體道之言。⓱指一　指意相同。⓲嘗相與句　指心遊於道之境界。嘗，試。遊，指心遊。無何有，什麼也沒有，指道而言。因為道之本質形態是「無何有」。遊之者，謂精神進入與道一體之境界。宮，所在。⓳同合　合乎「無何有」。⓴無所終窮　謂其心至於無窮盡之境。㉑澹　恬淡寡欲。㉒漠　寂寞。㉓清清心。㉔調　和諧。㉕寥　空寂。㉖已　止。㉗志　心。㉘無往　謂往非己意，任其所往。㉙去而來　指道之運行來去往復。㉚往來　指順應道之運行。㉛彷徨　悠閒。㉜馮閎　宏大之境。㉝大知　指對於道之領悟。㉞入　入於內心。㉟物物者　主宰萬物者，即道。㊱無際　無所分界。㊲不際二句　謂無所分界之分界（道與萬物），此分界同於無所分界。㊳盈虛　盈滿空虛。㊴衰殺　減少。㊵彼　指「道」。㊶為盈虛　使萬物盈虛。為，使。㊷非盈虛　謂道自身無盈虛。㊸本末　始終。㊹積散　積聚消散。

【語譯】東郭子問莊子說：「所謂道，存在於何處？」莊子說：「無所不在。」東郭子說：「有所示然後可。」莊子說：「在螻蟻。」說：「為何如此卑下呢？」說：「在稊草稗草。」說：「為何愈加卑下呢？」說：「在磚瓦。」說：「為何愈加過分呢？」說：「在屎尿。」東郭子不應答。莊子說：「您所問，本來不觸及實質。正獲之告言市場經紀人：腳踩豬，部位愈下，其肥瘦愈益明顯。對於道，你唯獨不可確定其所在，在物無所迴避。至上之道如此，體道之言也如此。周、徧、咸三者字異而內容相同，它們的指意同一。試一起心遊於什麼也沒有之所在，其心與什麼也沒有相合，以此而論，其心至於無窮盡之境吧！試一起無為吧！恬淡寡欲而平靜吧！寂寞而清心吧！和諧而安閒吧！使我之心空寂靜止，已無向往之意而不知心意之所至。道之運行來回往復而不知其所止，我順應道之運行來回往復而不知其終極。悠閒自得於宏大之境，對於道之領悟入於內心而不知其歸宿。主宰萬物者與物無所分界，而物有所分界，即所謂物界。無所分界之分界，此分界同於無所分界。說盈滿空虛減少，道使萬物盈虛其自身無盈虛，使萬物減少其自身無減少，使萬物有始終其自身無始終，使萬物積聚消散其自身無積聚消散。」

婀荷甘❶與神農❷同學於老龍吉❸。神農隱几❹，闔戶❺晝瞑。婀荷甘日中奓戶❻而入，曰：「老龍死矣！」神農隱几❼擁❽杖而起，嚗然❾放杖而笑❿，曰：「天⓫知予僻陋⓬慢訑⓭，故棄予而死已矣。夫子無所發⓮予之狂言⓯而死矣夫！」弇堈弔⓰聞之，曰：「夫體道者，天下之君子所繫⓱焉。今於道秋豪之端萬分未得處一焉⓲，而猶知藏其狂言而死，又況夫體道者乎！視之無形，聽之無聲⓳，於人之論⓴者謂之冥冥㉑，所以論道而非道也。」

【章　旨】此節述老龍吉死，其弟子慨歎師之棄教。弇堈弔則以為老龍吉非體道者，其於道得之甚微，並謂道不可議論。

【注　釋】❶婀荷甘　虛構人名。❷神農　虛構之人名。❸老龍吉　虛構人名。下又稱「老龍」。為婀荷甘與神農之師。❹隱几　見〈齊物論〉注。❺闔戶　閉門。❻奓戶　推開門。❼隱几　二字疑涉上而衍。❽擁　持。❾嚗然　放杖聲。❿笑　為「哭」字之訛。⓫天　尊稱其師老龍吉。⓬僻陋　性情偏執，見識淺陋。⓭慢訑　輕慢放縱。訑，同「誕」。⓮發　啟發。⓯狂言　猶「至言」。因非世人所瞭解，故稱至言為狂言。⓰弇堈弔　姓弇，名堈弔，虛構人物。⓱所繫　所關注。⓲今於句　謂現在老龍吉對於道未得秋毫之末端之萬分之一。豪，同「毫」。⓳視之二句　皆指道。⓴論　指論道。㉑冥冥　無知貌。

【語　譯】婀荷甘與神農一同在老龍吉處求學。神農憑靠几案，白天閉門睡覺。中午，婀荷甘推門而入，說：「老龍死了！」神農手持拐杖而起身，嚗地放下拐杖而哭，說：「老師知道我性情偏執，見識淺陋，輕慢放縱，所以拋棄我而死了。老師還沒有以世人所不瞭解的至言來啟發我，怎麼就死了呢！」弇堈弔聽聞其事，說：「體道者，天下之君子所關注。今老龍吉對於道如秋天獸毛之尖端未能據有其萬分之一，而尚能知道藏其至言而死，又何況那體道者呢！道視之無形，聽之無聲，體道者對於人之論道認為無知，因此其人所論之道並非是道。」

於是泰清❶問乎無窮❷曰：「子知道乎？」無窮曰：「吾不知。」又問乎無為，無為曰：「吾知道。」曰：「子之知道亦有數❸乎？」曰：「有。」曰：「其數若何❹？」無為曰：「吾知道之可以貴❺，可以賤，可以約❻，可以散❼，此吾所以知道之數也。」泰清以之言也問乎無始，曰：「若是則無窮之弗知與無為之知，孰❽是而孰非乎？」無始曰：「不知深矣，知之淺矣；弗知內❾矣，知之外❿矣。」於是泰清中⓫而歎曰：「弗知乃知乎！知乃不知乎⓬！孰知不知之知？」無始曰：「道不可聞，聞而非⓭也；道不可見，見而非也；道不可言，言而非也。知形形⓮之不形⓯乎？道不當名⓰。」無始曰：「有問道而應之者，不知道也。雖問道者，亦未聞⓱道。道無問⓲，問無應⓳。無問問之，是⓴問窮㉑也；無應應之，是無內㉒也。以無內待問窮，若是者外不觀乎宇宙，內不知乎大初㉓，是以不過乎崑崙，不遊乎太虛㉔。」

【章　旨】此節議論道是否可知，以為道雖主宰萬物，然其本身卻不可知，不可聞，不可見，不可言，且不當有其名稱。能悟此，方可逍遙。

【注　釋】❶泰清　假託之人名。❷無窮　假託之人名。下「無為」、「無始」同。❸有數　有說。❹若何　如何。❺可以貴　可以使物貴。❻約　約束。❼散　消散。❽孰　誰。❾內　謂對於道有入乎其內之領悟。❿外　謂處於界外。⓫中　據《釋文》引崔譔本為「卬（即仰）」字之誤。⓬弗知二句　謂知道不可知方為知者，以為可知則為無知者。⓭聞而非　謂可聞者則非道。⓮形形　使物成形，指道。⓯不形　無形。⓰名　有名稱。⓱未聞　不知。⓲無問　不可問。⓳無應　無可應。⓴是　此。㉑問窮　空問。窮，空。㉒無內　無內容。㉓大初　指己之本源。大，通「太」。㉔是以二句　意謂其精神不能逍遙於無窮之境。不過，不至。太虛，空寂玄奧之境。

【語　譯】於是泰清問無窮說：「你知道嗎？」無窮說：「我不知。」又問於無為，無為說：「我知道。」說：「你的知道有說法嗎？」說：「有。」說：「你的說法怎樣？」無為說：「我知道可以使物貴，可以使物賤，可以使物約束，可以使物消散：這是我所知道之說法的依據。」泰清將此言問於無始，說：「如此則無窮之不知與無為之知，誰是而誰非呢？」無始說：「不知者對於道之認識深刻了，知者對於道之認識淺薄了；不知者對於道有入乎其內之領悟，知者則處於界外。」於是泰清抬頭歎息而說：「不知才是知呢！知才是不知呢！誰知道不知之知？」無始說：「道不可聞，可聞者則非為道；道不可見，可見者則非為道；道不可言，可言者則非為道。知使物成形者之無形嗎？道不當有其名。」無始說：「有人問道而應答者，是不知道。即使問道者，也不知道。道不可問，問則無可應答。無可問而問之，此為空問；無可應答而應答之，此為無其內容。以無其內容對待空問，如此之人是外不觀於宇宙，內不知自己之本源，因此其精神不至於崑崙，不遊於空寂玄奧之境。」

光曜❶問乎無有❷曰：「夫子有乎？其❸無有乎？」光曜不得問，而孰視❹其狀貌，窅然❺空然❻，終日視之而不見，聽之而不聞，搏❼之而不得也。光曜曰：「至矣！其孰能至此乎！予能有無❽矣，而未能無無❾也。及為無有❿矣，何從⓫至此⓬哉？」

【章 旨】此節由光曜問於無有而自述，謂己已至於有其物而無其形（有無），如何可至於連不存在（無有）之觀念亦無（無無）之境界。於此可見，作者不僅要泯滅個體之有，且連「無」之觀念亦要消除，以為如此方可完全融合於道。

【注 釋】❶光曜 虛構人物，以寓意稱其名。光曜，即光照。❷無有 無所有，即不存在。亦以寓意稱其名。❸其 猶「抑或」，還是。❹孰視 即「熟視」，仔細觀察。❺窅然 深遠莫測貌。❻空然 空無所有貌。❼搏 抓。❽有無 光之為物無其形，故曰有「無」。❾無無 連「無」亦無。❿及為無有 謂至達到「無有」之境。⓫何從 由何。⓬此 指「無無」。

【語 譯】光曜問無有說：「您存在嗎？還是不存在呢？」光曜所問得不到回答，而仔細觀察其狀態形貌，深遠莫測且空無所有，終日視之而不見，聽之而不聞，抓之而不得。光曜說：「極頂了！誰能達到此境地呢！我能有「無」了，而不能連「無」亦無。至達到「無有」之境了，又怎樣達到此「無無」之境呢？」

大馬❶之捶❷鉤❸者年八十矣，而不失豪芒❹。大馬曰：「子巧❺與？有道❻與？」曰：「臣有守❼也。臣之年二十而❽好捶鉤，於物❾無視也，非鉤無察也。是用之者❿假⓫不用者⓬也，以長⓭得其用⓮，而況乎無不用者⓯乎！物⓰孰不資⓱焉？」

【章旨】此節以捶鉤者賴心神專一而達精確之效一事，說明萬物無不有賴於道之理。

【注釋】❶大馬　官名，即大司馬。❷捶　捶打；打鍛。❸鉤　腰帶鉤。❹不失豪芒　毫芒不差。豪，通「毫」。毫芒，毫毛的尖端。❺巧　有技巧。❻道　道術。❼有守　即有所守，謂能守其神而不分心。❽而　猶「已」。❾物　指他物。❿用之者　指技巧。⓫假　有賴。⓬不用者　指心神。⓭長　善。⓮得其用　謂施展其技巧。⓯無不用者　指道。⓰物　指人。⓱資　助。

【語譯】為大司馬打鍛腰帶鉤的人年紀八十歲了，而其精確毫芒不差。大司馬說：「你是憑技巧呢？還是有道術呢？」說：「臣有所守。臣二十歲時即已愛好打鍛腰帶鉤，其他之物無所審視，非腰帶鉤不審察。此為所用之技巧有賴於不用之心神，因此善於施展技巧，何況無所不作用之道呢！人有誰能不賴其所助呢？」

冉求❶問於仲尼曰：「未有天地可知邪？」仲尼曰：「可。古猶今也。」冉求失問❷而退。明日復見，曰：「昔者吾問『未有天地可知乎？』夫子曰『可。古猶今也。』昔日吾昭然，今日吾昧然❸，敢問何謂❹也？」仲尼曰：「昔之昭然也，神者❺先受之❻；今之昧然也，且❼又為❽不神者❾求❿邪？無古無今⓫，無始無終⓬，未有子孫而有子孫⓭可乎？」冉求未對。仲尼曰：「已⓮矣，未應⓯矣！不以生生死，不以死死生⓰。死生有待⓱邪？皆有所⓲一體⓳。有先天地生者物邪⓴？物物者非物。物出不得先物也㉑，猶其有物也㉒。猶其有物也，無已㉓。聖人之愛人也終無已者，亦乃取於是㉔者也。」

【章　旨】此節述孔子答冉求之問，以為天地則古今相承，生死則為自然之生息消亡，唯有道，既主宰萬物而又常存。

【注　釋】❶冉求　姓冉，名求，字子有，孔子弟子。❷失問　不得其問意。❸昧然　不清楚。❹謂　通「為」。❺神者　指心神。❻先受之　謂聞言之初即聽取。❼且　猶「則」。❽為　因。❾不神者　非心神，指外在之跡象。❿求　思索。⓫無古無今　無古則無今。⓬無始無終　無始則無終。⓭子孫　指子孫之子孫。⓮已　止。⓯未應　不要回答。⓰不以生二句　謂不因有生而使死者生，不因有死而使生者死。意謂生死皆出於自然。⓱有待　有相依存之關係。⓲所　猶「其」。⓳一體　各一之範疇。生死本相依存，然而若從萬物生死現象之單一側面觀之，則可謂有其各自之範疇。⓴有先句　句意是否定道之為物。先天地生者，指道。《道德經》二十五章曰：「有物混成，先天地生。」㉑物出句　謂既謂先天地生者為物，則其產生就不能說是先於物了。物，指「先天地生者」。㉒猶其有物也　謂所以稱道為物者，只是若有其物之意。㉓無已　終存。㉔是　指道之永存不衰。此句與前文意不相屬，殊覺突兀，疑後人增附。

【語　譯】冉求問仲尼說：「未有天地之情形可以知道嗎？」仲尼說：「可以。古時猶如今時。」冉求不得其問意而退，第二天又見，說：「前時我問『未有天地之情形可以知道嗎？』老師說『可以。古時猶如今時。』昨日我清楚，今日我糊塗，敬問為什麼呢？」仲尼說：「昨日清楚，心神在聞言之初即聽取；今日糊塗，則又因外在之跡象而思索吧？無古則無今，無始則無終，未有子孫而有子孫可以嗎？」冉求未答。仲尼說：「罷了，不要回答了！不因有生而使死者生，不因有死而使生者死，死生有相依存之關係吧？皆有其各一之範疇。有先於天地產生者是物嗎？主宰物者不是物。既謂先天地生者為物，則其產生就不能說是先於物了，所以稱道為物者，只是若有其物之意。此若有其物者，將永存不衰。聖人之愛人也將永存不衰，這是有取於此。」

顏淵問乎仲尼曰：「回嘗聞諸夫子曰：『無有所將❶，無有所迎。』回敢問其遊❷。」仲尼曰：「古之人外化❸而內不化❹，今之人內化❺而外不化❻。與物化者❼，一❽不化者也。安化❾安不化❿，安與之相靡，必與之莫多⓫。狶韋氏之囿，黃帝之圃，有虞氏之宮，湯武之室⓬。君子之人若儒墨者師，故以是非相䪠⓭也，而況今之人乎！聖人處物⓮不傷物，不傷物者物亦不能傷也。唯無所傷者為⓯能與人相將迎。山林與！皋壤⓰與！使我欣欣然而樂與！樂未畢也，哀又繼之。哀樂之來，吾不能禦，其去弗能止。悲夫！世人直⓱為物⓲逆旅⓳耳！夫知遇而不知所不遇，知能能而不能所不能⓴。無知無能者，固人之所不免也。夫務免乎人之所不免者，豈不亦悲哉！至言去言㉑，至為去為㉒。齊知之所知㉓則淺矣。」

【章旨】此節述顏淵問心遊，孔子以為要安於順道而化，又要安於心靈寧靜不化，境界寬廣，不涉是非，與物無傷，擺脫世俗之知與能之束縛，領會至言無言、至為無為之境界。

【注釋】❶所將　所送。❷遊　指心遊所宜。❸外化　外界變化。❹內不化　內心不隨波逐流。❺內化　內心自變。❻外不化　外界自若。❼與物化者　指道。與，使。❽一　猶「乃」。❾安化　安於化，指安於順道而化。❿安不化　安於不化，指安於內心之寧靜不化。⓫安與二句　謂安於化與安於不化，二者皆順應道，而必不可相乖。安，指「安化安不化」。之，指道。靡，順。多，借為「迻」，乖。⓬狶韋氏四句　意謂其生活圈子漸窄，則其心遊所涉亦必似之。狶韋氏，見〈大宗師〉注。囿，有圍牆的園林。圃，種植果蔬草木之園。有虞氏，舜。⓭䪠　毀。⓮處物　對待物。⓯為　猶「則」。⓰皋壤　澤邊之地。⓱直　不過。⓲物　指哀樂。⓳逆旅　旅舍。此指哀樂之過往之所。⓴夫知二句　皆謂世人知與能之淺薄。知遇，知所經遇者。能能，能力所能。不能所不能，無能於所不能者，即人所無能者。㉑至言去言　謂至理之言在不言之中。㉒至為去為　謂最大的作為在無為之中。㉓齊知之所知　即「以智之所知齊之」，謂人以其智之所知等視之。

【語　譯】顏淵問仲尼說：「回曾聽老師說：『無有所送，無有所迎。』回敬問心遊所宜。」仲尼說：「古之人外界變化而內心不隨波逐流，今之人內心自變而外界自若。使物化者，乃不化者。安於順道而化安於內心之寧靜不化，安化與安於不化，二者皆順應道，而必不可相乖。豨韋氏之囿，黃帝之圃，舜之宮，成湯之室。稱為君子這樣的人如儒者墨者之師，因此以是非相毀，何況今之人呢！聖人對待物是不傷害物，不傷害物者物也不能傷害。只有無所傷害者則能與人相送迎。山林呀！澤邊之地呀！使我欣欣然而樂呀！樂沒有結束，哀又相繼。哀樂之來，我不能抵禦，其去不能阻止。悲哀啊！世人不過成為哀樂之過往之所罷了！知所經遇者而不知所不經遇者，知能力所能者而無能於所不能者。無知無能者，本來是人所不能免。盡力避免人所不能免者，豈不亦可悲呀！至理之言在不言之中，最大的作為在無為之中。人以其智之所知等視之就淺薄了。」

【研　析】本文可謂是「道論」，論述道是什麼，道之作用，道是否可知可得，如何順應道等問題。1.關於道是什麼？作者以為它是一種非物之存在，先天地生，充滿宇宙，無所不在；其存在無有初始無有終極，無有形態無有聲響；其運行不息，終而復始，來去無跡。2.關於道之作用，以為道生成萬物，是天地萬物之本源；它包容天地萬物並主宰其之無窮變化。3.關於道是否可知可得？對於這個問題，作者持兩可之態度：一方面認為不可知不可得（所謂得道，即領悟道）。說道不可聞，不可見，不可言，故不可得知而領悟。又以自身非己所有為理由，否定其可知與可領悟。說到極端，乃至認為人之論道乃出於無知，其所論亦非道，而對於道之「弗知」才是知道與得道。一方面則又認為可知可領悟。以為心靈虛靜則可知道，無所假借則可得道。作者在此問題上持兩可之態度，反映了其無所主見，搖擺不定。實際上，其所謂道，原本若有若無。言其有，因其融入了自然之內涵，在某種意義上，即等同於自然。初時由於對於自然力作用之困惑不解與崇拜，才孕育了觀念上之道的產生；言其無，因其本虛無，是意念之產物，非為客觀之存在。我們或許可以這樣說，道之為道，其不同於一般之處，正在於其在有無之間，其概念具有模糊性，是為其基本特徵。關於如何順應道？以為有鑑於道之無為而無不為，當無為而順乎自然，擺脫世俗成見之束縛，置壽夭、生死、是非、知能等於度外，乃至泯滅有無之觀念，使內心靜寂，精神至純而進入與道一體之境界。

此文說「臭腐復化為神奇，神奇復化為臭腐」，說明作者已洞察對立面互相轉化的道理，這是難能可貴的。我們今天說的「化腐朽為神奇」，其出處即在此。不過，我們說的是依靠人的力量變腐穢為珍奇，使對立面實現轉化。而此文作者所要表達的是通天下之物同為氣，其處於不斷的變化之中，以為世人不明此理。

雜篇

庚桑楚第二十三

【題解】本文以文首首句所及之人名為篇名。文中主要論述治道、養生之術、道之性質與作用等論題。關於治道，文中通過庚桑楚處畏壘之山而民受益之事例說明，為治當順乎自然，效法天之清靜無為，則天助其成。反之，若尊賢任智，崇尚善與利，則不僅不可濟世，而且將致大亂。關於養生之術，以為亦當順乎天道自然，以天之清靜為法。從內心言，當虛其心，唯道所存，無思無慮而持其本性；從對外言，當無知無為，超離世俗人事，擺脫感情羈絆，泯滅生死人我之別，至於容人容物之境。反之，則必受其害。關於道之性質，以為其無有形質而無所不在，其存在乃無始無終，既無有本源亦無有歸宿。道之作用，在於生成萬物，同一對立。

老聃之役❶有庚桑楚❷者，偏❸得老聃之道，以❹北居畏壘之山❺。其臣❻之畫然❼知❽者去❾之，其妾❿之挈然⓫仁者遠之。擁腫⓬之⓭與居，鞅掌⓮之為使。居三年，畏壘大壤⓯。畏壘之民相與言曰：「庚桑子之始來，吾洒然⓰異⓱之。今吾日計之而不足，歲計之而有餘⓲，庶幾⓳其聖人乎！子胡不相與尸而祝之，社而稷之乎⓴！」庚桑子聞之，南面㉑而不釋然㉒。弟子異㉓之。庚桑子曰：「弟子何異於予？夫春氣發而百草生，正㉔得㉕秋㉖而萬寶㉗成。夫春與秋，豈無得而然哉？天道已行矣㉘！吾聞至人尸居㉙環堵㉚之室，而百姓猖狂㉛，不知所如往㉜。今以㉝

畏壘之細民㉞而竊竊焉㉟欲俎豆予於賢人之間㊱，我其㊲杓㊳之人邪？吾是以不釋於老聃之言㊴。」

【章　旨】此節記述庚桑楚處畏壘之山而能順乎自然，故使其民得益，然不悅於民對於他的感戴敬奉，以為尊賢任智，尚善與利，不僅不能濟世，而且可致大亂，有違於老子之教。

【注　釋】❶役　門生弟子。❷庚桑楚　姓庚桑，名楚，假設之得道者。❸偏　最。❹以　猶「而」。❺畏壘之山　假設之山名。❻臣　男僕。❼畫然　明察貌。❽知　同「智」。❾去　捨棄。❿妾　女僕。⓫挈然　顯示貌。⓬擁腫　淳樸自得之貌。⓭之　猶「者」。下句同。⓮鞅掌　意同「擁腫」。⓯大壤　大豐收。壤，本亦作「穰」。⓰洒然　驚貌。⓱異　怪異。⓲今吾二句　意在說明順乎自然之效益，非可以近功小利計之，日久自顯。⓳庶幾　或許。⓴子胡二句　意謂他們之得遇庚桑楚而得福是有賴於神，為此，故立尸主而祝禱，並祭祀社稷之神。子，通「茲」。今。胡，通「何」。尸，立尸。尸是代表鬼神接受享祭的人。社，祭祀土地神。稷，祭祀穀神。㉑南面　指居尊位。㉒釋然　喜悅貌。釋，同「懌」。㉓異　怪。㉔正斗建，即北斗星斗柄所指的時辰。㉕得　值。㉖秋　指秋季三月，即斗建申、酉、戌。㉗萬寶　指各種果實。㉘夫春三句　謂春與秋所以如此有惠於生物，乃有得於天道之運行。已，疑為「之」之形誤。㉙尸居　如死屍之寂泊故言尸居。㉚環堵　四周土牆。㉛猖狂　隨心所欲，無所拘束。㉜不知句　即猖狂自在貌。如，往。㉝以　猶「這」。㉞細民　小民。㉟竊竊焉　商議貌。㊱俎豆予於賢人之間　謂將我置於賢人之列而敬奉之。俎豆，皆為祭祀器具，此用作動詞，為敬奉意。㊲其　通「豈」。㊳杓　準的。謂以己為準的（標準）。㊴吾是句　謂對照老聃之言，吾因此不釋。釋，同「懌」。於，按照。老聃之言，《道德經》十七章曰：「功成事遂，百姓皆謂我自然。」

【語　譯】老聃之門生弟子庚桑楚，最得老聃之道術，而北居於畏壘之山。明察有智的男僕捨棄他，顯示仁德的女僕疏遠他。淳樸自得的人與他相處，秉性率真的人為他所遣使。居住三年，畏壘獲大豐收。畏壘之民相互說道：「庚桑先生初來時，我對他感到驚異。現在我之家境以日計之則不足，以年計之則有餘，或許他是聖人吧！現在何不一起立尸主而祝禱，祭祀土神穀神呢！」庚桑先生聽到此議論，居尊位而不喜悅。弟子覺得怪異。庚桑先生說：「你們為什麼對我覺得怪異？春天之氣息發動而百草萌生，斗建值秋季而各種果實成熟。春與秋難道是無所得而如此有惠於生物嗎？是有得於天道之運行呢！我聽說至人靜泊地處於四周土牆之室，而百姓隨心所欲，無所拘束，往則不知所往。現在這畏壘之小民竊竊商議而想將我置於賢人之列而敬奉之，我難道是為人的典範嗎？對照於老聃之言，我因此不喜悅。」

弟子曰：「不然。夫尋常❶之溝，巨魚無所還❷其體，而鯢❸鰌為之❹制❺；步仞❻之丘陵，巨獸無所隱其軀，而蘖狐❼為之祥❽。且夫尊賢授能，先善與利❾，自古堯舜以❿然，而況畏壘之民乎！夫子亦聽⓫矣！」庚桑子曰：「小子⓬來⓭！夫函車之獸⓮介⓯而離山，則不免於罔罟之患；吞舟之魚碭⓰而失水，則蟻能苦之。故鳥獸不厭高，魚鼈不厭深。夫全⓱其形生⓲之人藏其身也，不厭深眇⓳而已矣。且夫二子⓴者又何足以稱揚哉！是其於辯㉑也，將妄鑿垣牆而殖蓬蒿也㉒，簡髮而櫛，數米而炊㉓。竊竊乎又何足以濟世哉！舉賢則民相軋㉔，任知㉕則民相盜。之㉖數物㉗者，不足以厚民。民之於利甚勤，子有殺父，臣有殺君，正晝㉘為盜，日中穴㉙阫㉚。吾語汝：大亂之本㉛，必生於堯舜之間㉜，其末㉝存乎千世之後。千世之後，其必有人與人相食者也。」

【注釋】❶尋常　八尺為尋，倍尋為常。❷還　旋轉。❸鯢　小魚。❹為之　因此。❺制　當作「利」，形近而譌。❻步

仞　六尺為步，七尺為仞。❼蘡狐　妖狐。蘡，同「孽」。❽祥　善。❾先善與利　以善與利為首要。❿以　通「已」。⓫聽　聽任。⓬小子　猶謂年輕人。⓭來　謂上前。⓮函車之獸　形容獸體極大，口能含車。⓯介　孤。⓰碭　通「蕩」。蕩遊。⓱全　保全。⓲形生　其形其生。⓳眇　遠。⓴二子　指堯舜。㉑辯　《說文》「治也」。㉒將妄鑿句　喻倒行逆施。將，猶「如」。鑿，毀。殖，種植。㉓簡髮二句　二例喻以細瑣煩雜為事。簡，揀擇。櫛，梳理。㉔軋　傾軋。㉕知　同「智」。㉖之　此。㉗數物　數事，指「尊賢授能，先善與利」、「任智」等。㉘正晝　白晝。㉙穴　穿；打洞。㉚阫　牆。㉛本　始。㉜閒　時。㉝末　流毒。

【語　譯】弟子說：「不是這樣。尋常之水溝，大魚無法轉身，而小魚泥鰍因此得利；六七尺高之丘陵，大獸無法隱蔽其身軀，而妖狐因此吉利。況且尊賢授能，以善與利為首要，自古堯舜已如此，何況畏壘之民呢！老師亦聽由他們吧！」庚桑先生說：「年輕人上前！口能含車之獸孤獨地離開山陵，則不免於陷入羅網之禍害；吞舟之魚蕩遊而失水，則螞蟻能困苦牠。故鳥獸不厭高，魚鱉不厭深。人為了保全身體與生命而隱藏，不厭深遠而已哩。況且堯舜二人又豈可以稱揚呢！他們對於治理，猶如胡亂地毀壞牆壁而種植蓬蒿，揀擇頭髮而梳理，數米粒而燒飯。竊竊商議又豈可以拯救世俗呢！舉賢則民相傾軋，任用智者則民相盜竊。此數事，不能夠使民厚道。民之於利十分盡力，則致使子殺其父，臣殺其君，白晝為盜，日中打牆洞。我告訴你：大亂之初始，必產生於堯舜之時，其流毒存在於千世之後。千世之後，必有人與人相食之事。」

南榮趎❶蹴然❷正❸坐曰：「若趎之年者已長矣，將惡❹乎託業❺以及❻此言❼邪？」庚桑子曰：「全汝形，抱❽汝生，無使汝思慮營營❾。若此三年，則可以及此言矣。」南榮趎曰：「目之與形❿，吾不知其異也，而盲者不能自見⓫；耳之與形，吾不知其異也，而聾者不能自聞；心⓬之與形，吾不知其異也，而狂者⓭

不能自得⑭。形之與形亦辟⑮矣，而物⑯或⑰間⑱之⑲邪？欲相求而不能相得⑳。今謂趎曰『全汝形，抱汝生，勿使汝思慮營營』。趎勉聞道達耳矣㉑。」庚桑子曰：「辭盡矣。曰㉒奔蜂㉓不能化㉔藿蠋㉕，越雞㉖不能伏㉗鵠卵，魯雞㉘固能矣。雞之與雞其德㉙非不同也，有能與不能者，其才固有巨小也。今吾才小，不足以化子㉚，子胡㉛不南見老子？」

【章旨】此節承接上節，言南榮趎聞庚桑楚關於養生之言後又造訪老子，求教養生之法則。老子告以當依順天道自然，解脫外界與內在的束縛，無知無為，使身心若槁木而心若死灰，此亦即返歸本性之道。

【注釋】❶南榮趎　姓南榮，名趎，是虛擬之學道者。❷蹴然　恭敬貌。❸正　端正。❹惡　何。❺託業　從事。❻及　達。❼此言　指「全形生」、「藏其身」、「不厭深眇」。❽抱　通「保」。❾營營　勞而不知休息貌。❿與形　從外形看。與，猶「從」。⓫自見　由目見物。⓬心　古人以為是思維器官。⓭狂者　指精神失常者。⓮自得　由之曉明事物。⓯辟　借作「比」。相類。⓰物　指某種因素。⓱或　常。⓲間　阻礙。⓳之　指目、耳、心之生理功能。⓴欲相句　意謂己之於道求而不得，亦受某種因素之阻礙。相求，求之（見、聞、曉）。相得，得之。㉑趎勉句　謂己將勉力於聽取道。意謂希望於道更有所聞。㉒曰　句首語詞。㉓奔蜂　小蜂。㉔化　孵化。㉕藿蠋　豆葉上之大青蟲。㉖越雞　小雞。㉗伏　孵。㉘魯雞　大雞。㉙德　天性。㉚化子　造就你。㉛胡　通「何」。

【語譯】南榮趎恭敬端正而坐，說：「若趎之年紀已大了，將如何從事以達到這話所說的為了保全身體與生命而不厭深遠地隱藏呢？」庚桑先生說：「保全你的形體，保全你的生命，不要使你的思慮勞而不息。如此三年，則可以達到這話所說的要求了。」南榮趎說：「目從外形看，我不知人與人有差異，而盲人不能由目見物；耳從外形看，我不知人與人有差異，而聾者不能由耳聽聲；心從外形看，我不知人與人有差異，而精神狂亂者不能由心曉明事物。盲者之目、聾者之耳、狂者之心從外形看與正常人亦類似了，然而有某種因素一直阻礙它們的生理功能嗎？我想求道而不能得之。今告訴趎『保全你的形體，保全你的生命，不要使你的思慮勞而不息』。趎將勉力聽取道呢！」庚桑先生說：「話說完了。小蜂不能孵化出豆葉上的大青蟲，小雞不能孵育天鵝，大雞一定能夠吧。雞之與雞其天性非有不同，有能者與不能者，其才能本有大小之差別。現在我的才能小，不能夠造就你，你為何不去南方見老子？」

南榮趎贏糧❶，七日七夜至老子之所。老子曰：「子自楚❷之所❸來乎？」南榮趎曰：「唯。」老子曰：「子何與人偕來之眾也❹？」南榮趎懼然❺顧❻其後。老子曰：「子不知吾所謂乎？」南榮趎俯而慚，仰而歎，曰：「今者吾忘吾答，因失吾問。」老子曰：「何謂也？」南榮趎曰：「不知乎，人謂我朱愚❼；知乎，反愁我軀❽。不仁則害人，仁則反愁我身。不義則傷彼，義則反愁我己。我安❾逃此❿而可？此三言者，趎之所患也。願因楚⓫而問之。」老子曰：「向⓬吾見若⓭眉睫之間，吾因以⓮得⓯汝矣，今汝又言而信之。若規規然⓰若喪⓱父母揭竿而求諸海⓲也，汝亡⓳人哉，惘惘⓴乎！汝欲反㉑汝性情㉒而無由入，可憐哉！」

【注釋】❶贏糧　背負糧食。❷楚　庚桑楚。❸所　處所。❹子何句　老子知南榮趎帶著諸多疑惑（即下之所謂「三言」）而來，故作如此戲言。與，隨。❺懼然　驚貌。❻顧　回頭看。❼朱愚　資質愚笨。朱，借作「銖」。楚人謂刃鈍為銖。❽反愁我軀　反使自身憂愁。我軀，我自身。❾安　如何。❿逃此　逃避此種困境。⓫因楚　憑藉庚桑楚之關係。⓬向　剛才。

⑬若　你。⑭因以　因而。⑮得　得知。⑯規規然　驚恐不安貌。⑰喪　失蹤。⑱揭竿而求諸海　意謂想持竿而在海中營救，喻無知妄為。揭，舉。諸，之於。⑲亡　借作「妄」。⑳惘惘　迷茫不知所歸貌。㉑反　返歸。反，同「返」。㉒性情　本性。

【語譯】南榮趎背負糧食，經七天七夜而至老子之住所。老子說：「你從庚桑楚之處來的嗎？」南榮趎說：「是的。」老子說：「為什麼隨同你一道來的人如此眾多呢？」南榮趎吃驚地回顧身後。老子說：「你不知道我所說的話嗎？」南榮趎羞愧地低下頭，抬起頭而歎息，說：「剛才我忘記我之所答，因而不知所問。」老子說：「說什麼呢？」南榮趎說：「不知道嗎，人說我資質愚笨；知道嗎，反使我自身憂愁。不仁則害人，仁則反使我自身憂愁。不義則傷害人，義則反使我自身憂愁。我如何逃避此種困境方可？所說的這三方面，是趎所憂患。希望憑藉庚桑楚之關係而問之。」老子說：「剛才我看你眉睫之間，我因而得知你了，現在你又說了而相信其事。你驚恐不安地如同父母失蹤而舉著竿子到海邊去尋找，你是狂亂之人呀，迷茫而不知所歸呢！你想返歸你的本性而無法入門，可憐呀！」

南榮趎請①入②。就舍召③其所好，去④其所惡，十日自愁，復見老子。老子曰：「汝自洒濯⑤，孰⑥哉鬱鬱⑦乎！然而其中津津⑧乎猶有惡也。夫外韄⑨者不可繁而捉⑩，將⑪內揵⑫；內韄者不可繆⑬而捉，將外揵⑭。外內韄者，道德⑮不能持⑯，而況放⑰道而行者乎！」南榮趎曰：「里人有病，里人問之，病者能言其病，然其病病者⑱猶未病也。若趎之聞大道，譬猶飲藥以加病⑲也，趎願聞衛生⑳之經㉑而已矣！」老子曰：「衛生之經，能抱一㉒乎？能勿失乎？能無卜筮而知吉凶乎㉓？能止㉔乎？能已㉕乎？能舍諸人而求諸己乎？能翛然㉖乎？能侗然㉗

乎？能兒子㉘乎？兒子終日嗥㉙而嗌㉚不嗄㉛，和㉜之至也；終日握而手不掜㉝，共㉞其德㉟也；終日視而目不瞚㊱，偏㊲不在外也。行不知所之㊳，居不知所為，與㊴物委蛇㊵而同其波㊶：是㊷衛生之經已㊸。」南榮趎曰：「然則是至人之德已乎？」曰：「非也。是乃所謂冰解凍釋㊹者，能乎？夫至人者，相與㊺交㊻食乎地而交樂乎天㊼，不以人物利害相攖㊽，不相與為怪，不相與為謀，不相與為事，翛然而往，侗然而來：是衛生之經已。」曰：「然則是至乎？」曰：「未也。吾固告汝曰能兒子乎？兒子動不知所為，行不知所之，身若槁木之枝而心若死灰。若是者，禍亦不至，福亦不來。禍福無有，惡㊾有人災㊿也！」

【注釋】❶請　願意。❷入　採納；聽取。❸召　吸取。❹去　棄除。❺洒濯　清洗；淨化。❻熟　有成。❼鬱鬱　盛多貌。❽津津　充溢貌。❾外韄　受外界之束縛。韄，纏在佩刀把上的皮繩，此作束縛解。❿捉　當從崔（譔）本作「促」，迫促。⓫將　猶「當」。⓬內揵　閉塞內心。⓭繆　同「繚」。纏繞。⓮外揵　閉塞外感。⓯道德　指有道德者。⓰持　治。⓱放　依。⓲病病者　以病為病者，指心神。⓳若趎二句　此謙言非己所宜。加病，加重病情。⓴衛生　養生。㉑經　法則。㉒抱一　依循天道自然。㉓能無句　謂能知依循天道自然則吉，反之則凶。卜筮，古時預測人事吉凶，用龜甲稱卜，用蓍草稱筮，合稱卜筮。㉔止　指靜泊無為。㉕已　指滌除塵雜。㉖翛然　無拘束貌。㉗侗然　無知貌。㉘兒子　嬰兒。謂如嬰兒般無知純潔。㉙嗥　通「號」。叫喊。㉚嗌　咽喉。㉛嗄　嘶啞。㉜和　順應生理自然。㉝掜　拳曲。㉞共　借作「拱」。持。㉟德　本性。㊱瞚　同「瞬」。眼珠轉動。㊲偏　通「遍」。全。㊳之　至。㊴與　隨。㊵委蛇　曲折變化貌。㊶同其波　隨波逐流。㊷是　此。㊸已　通「矣」。㊹冰解凍釋　指消解胸中疑滯。㊺相與　相隨於人。㊻交　共。㊼天　天時。㊽相攖相擾亂。㊾惡　何。㊿人災　人為的災難。

【語　譯】南榮趎表示願意聽取。返歸住舍，吸取其所好，棄除其所惡，過了十天自己發愁，重見老子。老子說：「你自我淨化內心，收穫盛多吧！然而其中尚且有惡者充溢著。受外界束縛者不可因其繁雜而促迫，當閉塞其內心；內心受束縛者不可因其纏繞而促迫，當閉塞外感。受外界與內心束縛者，有道德者不能治，何況依道而行的人呢！」南榮趎說：「鄉里人有病，鄉里人去問候他，病人能自言其病，然則他之心神尚未得病。如趎之聽聞大道，譬如吃藥而加重病情，趎願聽養生之法則而已！」老子說：「養生之法則，能依循天道自然嗎？能不迷失嗎？能不行卜筮而知吉凶嗎？能靜泊無為嗎？能滌除塵雜嗎？能放開他人而求之於自己嗎？能無拘束嗎？能無知嗎？能如嬰兒嗎？嬰兒終日叫喊而咽喉不嘶啞，是順應生理自然之至；終日手握著而手不拳曲，是持其本性；終日視而眼珠不轉動，是完全不取決於外界。行不知所往，居不知所為，隨事物曲折變化而隨波逐流：此即養生之法則了。」南榮趎說：「如此則為至人之德了嗎？」說：「不是的。這是所說的消解胸中疑滯者，能嗎？至人，相隨於人而在地面共食，共樂於天時，不以人事利害相擾亂，不相隨作怪異，不相隨作謀劃，不相隨作事，無所拘束而往，無所知而來：此即養生之法則了。」說：「如此則為極致了嗎？」說：「不是的。我本來告訴你說能如嬰兒嗎？嬰兒動不知所為，行不知所往，身若枯枝而心若死灰。如此，禍亦不至，福亦不來。沒有禍福，哪有人為的災難呢！」

宇❶泰定❷者，發乎天光❸。發乎天光者，人見❹其人。人有修❺者，乃今❻有恆❼。有恆者，人舍❽之，天❾助之。人之所舍，謂之天民❿；天之所助，謂之天子⓫。

【章　旨】此節論述人能以天之清靜為法，則可得道，人將歸之，天道亦將助其成。

【注　釋】❶宇　天宇，即天空。❷泰定　十分寧靜。❸天光　自然之光。❹見　顯示。❺修　指修養心境若天宇之泰定。❻乃今　於是。❼有恆　得道。❽舍　留止；歸附。❾天　指天道自然。❿天民　依順天道自然之人。⓫天子　與天道自然一體之人。

【語　譯】天空十分寧靜，生發出自然之光。生發出自然之光，使人顯示其人。人有修養心境若天空之十分寧靜者，於是得道。得道者，人歸附他，天道自然幫助他。人所歸附的人，稱他為依順天道自然之人；天道自然所幫助的人，稱他為與天道自然一體之人。

學者❶，學其所不能學❷也；行者❸，行其所不能行❹也；辯者❺，辯其所不能辯❻也。知止乎其所不能知，至矣！若有不即是❼者，天鈞❽敗之。備物以將❾形❿，藏不虞⓫以生⓬心，敬中⓭以⓮達⓯彼⓰。若是而萬惡至者，皆天⓱也，而非人⓲也。不足以⓳滑⓴成㉑，不可內於靈臺㉒。靈臺者有持㉓而不知其所持，而不可持者也。不見㉔其誠己㉕而發㉖，每發而不當，業入㉗而不舍，每㉘更為失。為不善乎顯明之中者，人得而誅之；為不善乎幽間㉙之中者，鬼得而誅之。明乎人、明乎鬼者，然後能獨行。券內者㉚，行乎無名㉛；券外者㉜，志乎期費㉝。行乎無名者，唯㉞庸㉟有光㊱；志乎期費者，唯賈人㊲也。人見其㊳跂㊴，猶之魁然㊵。與物窮者，物入焉㊶；與物且㊷者，其身之不能容，焉㊸能容人！不能容人者無親，無親者盡人㊹。兵㊺莫憯㊻於志，鏌鋣㊼為下；寇㊽莫大於陰陽㊾，無所逃於天地之間。非陰陽賊之㊿，心則使之51也。

【章旨】本節先概述當今學者之過失，以為所知當有所止，不然大道將使之失敗。次論養心待物之道，謂當無所思慮，不求聞名，唯虛心以存道待物，故能容納物與人。反之，心唯計財利，不能容納物與人，則為人所絕，且使陰陽失衡而遭受傷害。

【注釋】❶學者　指今之學者。❷學其所不能學　言其所學本有人所不可知者，故非所當學。❸行者　指今之實行者。❹行其所不能行　言其所行本不可實現其意願，故非所當行。❺辯者　指今之論辯者。❻辯其所不能辯　言其所辯本不可辨明事理，故非所當辯。❼不即是　不如此。❽天鈞　天道之同一性。見〈齊物論〉注。此指天道。❾將　養。❿形　指身體。⓫藏不虞　謂懷著無所思慮之心態。藏，懷。不虞，不思慮。⓬生　養。⓭敬中　內心慎重。⓮以　猶「於」。⓯達　知曉。⓰彼　指天鈞。⓱天　自然。⓲人　人為。⓳不足以　不可以。⓴滑　擾亂；動搖。㉑成　借為「誠」，真心。㉒不可句　謂不可有礙於心境之寧靜。內，同「納」。入。靈臺，心。㉓有持　指具有虛則道存之功能。〈大宗師〉曰：「唯道集虛。虛者，心齋也。」㉔見　顯示。㉕誠己　己之真心。㉖發　行事。㉗業入　事情發展。㉘每　常。㉙幽間　為「幽闇」之誤。昏暗。㉚券內者　指與內心之寧靜相契合者。券，契。此為契合意。㉛行乎無名　其行為在於不尋求名聲。㉜券外者　指與外物相契合者。㉝期費　謂窮極其財用。期，通「極」。㉞唯　只因為。㉟庸　愚。㊱有光　謂明道。㊲賈人　被外物吸引之人。賈，招引。㊳其　指「志乎期費者」。㊴跂　踶跂；用心力貌。㊵猶之魁然　言心欲其事而以之自大。猶，通「欲」。魁然，自大貌。㊶與物二句　謂其心空虛，故能容納外物。與，對。窮，同「空」。入，納。㊷且　借為「阻」，抵觸。㊸焉　怎。㊹盡人　與人斷絕。㊺兵　兵器。㊻憯　鋒利。㊼鏌鋣　即鏌鋣，古名劍名。㊽寇　傷人者。㊾陰陽　指陰陽二氣。陰陽失衡則人受傷害。㊿賊之　傷害人。51心則使之　言其人因心之故而受陰陽二氣之傷害。

【語譯】學者，學其所不可學者；實行者，行其所不可實行者；論辯者，論辯其所不可論辯者。所知能限止於不可知之界域，是至境了！如有不如此者，天道之同一性使他失敗。具備物資以保養身體，懷著無所思慮之心態以保養其心，內心慎重於知曉天道之同一。如此而萬惡臨身，皆為自然，不是人為。不可以因此而動搖真誠之心，不可進入心靈。心靈者，具有虛則道存之功能，而不知心具有此功能，即不能具有此功能。不顯示自己真誠之心而行事，每當行事不當，事情發展而不放棄，常更會遭受失敗。在明顯之場合做不良之事，人能夠懲罰他；在暗中做不良之事，鬼能夠懲罰他。明白了人、明白了鬼，然後能夠獨自行事。與內心之寧靜相契合者，其行為在於不尋求名聲；與外物相契合者，志在窮極其財用。不尋求名聲者，只因為愚昧而能明道；志在窮極其財用者，只因為其人被外物所吸引。人看見他為窮極財用用心力，欲以此自大。以空虛對待物者，能容納外物；以抵觸對待物者，其自身亦不容於外物，怎麼能容納人！不能容納人者無親近之人，無親近之人者與人斷絕。兵器沒有比意志銳利的，鏌鎁為下品；傷人者沒有比陰陽二氣更大的，人在天地之間無可逃避。不是陰陽二氣傷害人，而是其心之故因而受陰陽二氣之傷害。

道通❶其分也，其❷成也毀❸也。所❹惡乎分者？其分也以備❺。所以惡乎備者❻？其有以❼備。故出❽而不反❾，見❿其鬼⓫；出而得，是⓬謂得死⓭。滅⓮而有實⓯，鬼之一⓰也。以有形者⓱象⓲無形者⓳而定⓴矣。出㉑無本㉒，入㉓無竅㉔，有實而無乎處㉕，有長㉖而無乎本剽㉗，有所出㉘而無竅者㉙有實㉚。有實而無乎處者宇也，有長而無本剽者宙也㉛。有乎生，有乎死，有乎出，有乎入。入出㉜而無見其形㉝，是㉞謂天門㉟。天門者，無有㊱也。萬物出乎無有㊲。有㊳不能以有為㊴有，必出乎無有。而無有一㊵無有，聖人藏乎是㊶。

【章　旨】此節論述道之性質與作用，並論人如何得道。謂道無本源亦無歸宿，無始亦無終，具有無限性；道無形質，寧靜自處，卻生成萬物，同一對立。謂人當效法道，使精神超脫世俗，超脫生死，得其寧靜。聖人即能做到唯道存心。

【注　釋】❶通　同；同一。❷其　指分者。❸毀　指被分者。❹所　猶「何」。❺以備　自以為完備。❻備者　指以分為備者。❼有以　有道理。❽出　出世脫俗。❾反　同「返」。❿見　顯示。⓫鬼　喻精神。⓬是　此。⓭死　喻歸宿。⓮滅人死。⓯有實　有存者。⓰鬼之一　精神之一種形式。⓱有形者　指有生之人。⓲象　效法。⓳無形者　指道。⓴定　寧靜。㉑出　產生。指無形之道的產生。㉒本　源。㉓入　歸。㉔竅　喻歸藏之所。㉕有實句　謂道有其實而無一定的處所，即無所不在。㉖有長　指道之存在為時久長。㉗本剽　本末，即始終。㉘有所出　指道產生萬物。㉙無竅者　無有出入之所。㉚有實　謂實有所出。㉛有實二句　闡明宇宙之定義，並指出道兼具宇宙時空之無限性。有實而無乎處，謂宇是有其實之無限空間。有長而無本剽，謂宙是有其久長而無始終之時間。㉜入出　當據《闕誤》引張君房本作「出入」。㉝其形　指出入之處所之形。㉞是　此。㉟天門　意謂自然造化之門。㊱無有　無形質。㊲無有　指道。㊳有　有形質者。㊴為　產生。㊵一　完全。㊶藏乎是　心存此道。

【語　譯】道使相分者歸於同一，分者之成對被分者即為毀。為何厭惡分者？其分者自以為完備。為何厭惡以分為完備者？其以為完備者自有其理。故出世脫俗而不返，表現其精神；出世脫俗而有得，此為得其歸宿。人死而有存者，是精神之一種形式。以有生之人效法無形者而得其寧靜。道之產生沒有本源，返歸則無歸藏之所，有其實而無一定的處所，為時久長而無有始終，有所產生而無有出入之所卻實有所出。有其實而無一定的處所者稱為宇，有其久長而無有始終者稱為宙。有生者，有死者，有產生者，有歸入者。產生歸入之處不見其形，此稱為自然造化之門。自然造化之門，沒有其形質。萬物產生於此無有形質者。有形質者不能依靠有形質者產生有形質者，必定從無有形質者產生。無形質是完全的無形質，聖人其心即存此無形質者。

古之人，其知有所至矣。惡乎至？有以為未始有物者，至矣，盡矣，弗可以加矣❶。其次以為有物矣，將❷以生為喪❸也，以死為反❹也，是❺以❻分❼已❽。其次曰始無有，既而❾有生，生俄而❿死；以無有為首，以生為體，以死為尻⓫；孰知有無死生之一守⓬者，吾⓭與之為友。是⓮三者⓯雖異，公族⓰也。昭景⓱也著⓲戴⓳也，甲氏⓴也著封㉑也，非一㉒也。

【章旨】此節舉述古人對於初始有無物之問題的三種認識，以為其中雖有等差，然皆為最高境界。

【注釋】❶古之人七句　已見〈齊物論〉。❷將　猶「而」。❸喪　失。謂物之生乃背離道之本無，故為失。❹以死為反　死乃復歸於無，故為返。反，同「返」。❺是　此。❻以　通「已」。❼分　有生死得失之分。❽已　通「矣」。❾既而　不久。❿俄而　意同「既而」。⓫以無三句　喻物始於無，經生之環節而以死為歸宿。尻，臀部。⓬一守　守，當據《闕誤》引文如海本作「宗」。一宗，同一本源。⓭吾　作者自稱。⓮是　此。⓯三者　指無有、生、死。⓰公族　同一大宗。⓱昭景　昭氏景氏。在楚同為貴族姓氏，是以諡號為氏。⓲著　表明。⓳戴　本亦作「載」。《爾雅・釋詁》曰：「載，始也。」⓴甲氏　以封邑甲為姓氏。㉑著封　表明所封邑。㉒非一　謂雖為同一大宗而姓氏非一。舉上例以喻無有、生、死雖異而同為一體。

【語譯】古代之人，他們的知識有達到最高境界的。什麼是最高境界？有的以為未曾有物，最高了，到頂了，無以復加了！其次以為有物了，而以生為失，以死為返歸，此已有生死得失之分了。其次說初始沒有，不久有所產生，產生不久而死亡；以沒有為頭部，以產生為本體，以死亡為臀部；誰知道有無死生為同一本源者，我與他作朋友。此三者（有無、生、死）雖異，是同一大宗。昭氏景氏是表明其姓氏之所始，甲氏是表明其所封邑，雖為同一大宗而姓氏非一。

有生❶，黬❷也，披然❸曰「移是❹」。嘗❺言「移是」，非所言❻也。雖然，不可知者❼也。臘者之有膍胲，可散而不可散也❽；觀室者周於寢廟，又適其偃焉❾：為是舉「移是」❿。請常⓫言「移是」：是以生為本，以知⓬為師，因以乘是非⓭；果⓮有名實⓯，因以己⓰為質⓱；使人以為己節⓲，因以死償⓳節。若然⓴者，以用㉑為知㉒，以不用為愚；以徹㉓為名㉔，以窮㉕為辱。「移是」，今之人也㉖，是㉗蜩與學鳩㉘同於同㉙也。

【章旨】此節闡述尚未得生者皆希望造化者能使己成為有生之人，並且能把持是非而以己律人，能用世而享受榮譽。作者以為此實為無知之偏見。

【注釋】❶有生　謂有生之人。❷黬　黑色。意指人生之途幽暗。❸披然　紛然。❹移是　變為此。謂尚未得生者都希望造化者將己變為此有生之人。❺嘗　試。❻非所言　言此非己所當言。❼不可知者　謂「移是」與否，全由造化者，非所能知。❽臘者二句　謂膍胲為二物，臘祭時原可分置，然以牛牲言實為一體之物件，故不可分置。臘，年終祭祀眾神之名。膍，牛之重瓣胃。胲，牛蹄。散，分置。❾觀室二句　意謂住宅雖有寢廟與偃之設，然實為一體，不可顧此失彼。室，住宅。周，遍。寢廟，居室與宗廟。適，往。偃，廁所。上所舉臘祭與觀室二例說明人之見識當周全，不能為一偏所囿。❿為是句　謂若此者皆可見「移是」之失之一偏。為，猶「若」。是，此。指上述之二例。舉，皆。⓫常　通「嘗」。⓬知　同「智」。指智者。⓭乘是非　意謂以己為是而以人為非。乘，守持。⓮果　終究。⓯有名實　有名實之辨，即辨明名實之是非。⓰己　己見。⓱質　主。⓲節　準則。⓳償　實現。⓴若然　如此。㉑用　用世。㉒知　同「智」。㉓徹　通達。㉔名　榮譽。㉕窮　困窘。㉖移是二句　謂「移是」而成為今之人。㉗是　此。㉘蜩與學鳩　見〈逍遙遊〉注。二者為持褊狹之見而自足之形象。㉙同於同　謂以其同樣之見識而歸於同類。意謂「移是」者之見識與二蟲無異。

【語　譯】有生之人，其人生之途幽暗，紛然說「變為此」。試言「變為此」，此非己所當言。即使如此，「變為此」與否，非所能知。臘祭時有牛之重瓣胃與牛蹄，原可分置而不可分置；觀看住宅者遍觀其居室與宗廟，又往觀其廁所：若此者皆可見「變為此」之失之一偏。請試言「變為此」：此是以生為根本，以智者為師，於是據以守持是非；是非終究有名實之辨，於是以己見為主；使人以我之見作為其準則，於是以其死去實現此準則。如此，是以用世為智，以不用世為愚；以通達為榮譽，以困窘為恥辱。「變為此」而成為今之人，此種人因其與蜩與學鳩同樣的見識褊狹而可歸於同類。

蹍❶市人之足則辭❷以放驁❸，兄❹則以嫗❺，大親❻則已❼矣。故曰：至禮❽有❾不人❿，至義⓫不物⓬，至知⓭不謀，至仁⓮無親⓯，至信辟⓰金。

【章　旨】此節闡述大凡達到最高境界者常以其反面為其表現形式。

【注　釋】❶蹍　踩。❷辭　致歉。❸放驁　放肆。驁，通「傲」。❹兄　指兄踩弟足。❺嫗　撫慰。❻大親　父母。謂父母踩之。❼已　止。謂父母可無所表示。❽至禮　最高之禮。❾有　在。❿不人　不拘於人倫。⓫至義　最高的道義。⓬不物　無所事，即無為。物，事。⓭知　同「智」。⓮至仁　最高的仁愛。⓯無親　不愛。⓰辟　排除。

【語　譯】在集市上踩了他人之足則以自己不小心向對方致歉，兄踩了弟足則表示撫慰，父母踩了子女之足則可無所表示了。因此說：最高之禮在不拘人倫，最高的道義是無為，最高的智慧是不謀劃，最高的仁愛是不愛，最大的誠信是排除金錢。

徹❶志之勃❷，解心之謬❸，去德之累❹，達❺道❻之塞❼。貴、富、顯❽、嚴❾、名、利六者，勃志也；容❿、動⓫、色⓬、理⓭、氣⓮、意⓯六者，謬心也；惡、欲、喜、怒、哀、樂六者，累德也；去、就、取、與⓰、知⓱、能⓲六者，塞道也。此四六者⓳不蕩⓴胸中則正㉑，正則靜，靜則明，明則虛㉒，虛則無為而無不為㉓也。

【章旨】本節闡述凡有礙於心、志、德、道之正者，當盡行排除，然後可使之得正而至於無為而無不為之效。

【注釋】❶徹　同「撤」。❷勃　本又作「悖」，亂。❸謬　通「繆」。束縛。❹累　拘繫。❺達　疏通。❻道　指悟道。❼塞　障礙。❽顯　光耀。❾嚴　威望。❿容　容貌。⓫動　動作。⓬色　臉色。⓭理　情理。⓮氣　意氣。⓯意　意志。⓰與　施予。⓱知　同「智」。⓲能　才能。⓳四六者　上述四種「六者」。⓴不蕩　不騷動。㉑正　內心平正。㉒虛　指虛以待物。㉓無不為　即無不起其作用。

【語譯】打消神志之煩亂，解除內心之束縛，排除德行之拘繫，疏通悟道之障礙。貴、富、光耀、威望、名、利六者，擾亂神志；容貌、動作、臉色、情理、意氣、意志六者，束縛內心；厭惡、欲望、喜、怒、哀、樂六者，拘繫德行；離去、趨就、取、給予、智、才能六者，障礙悟道。此四種「六者」不騷動於心中則內心平正，內心平正則寧靜，寧靜則明，明則虛以待物，虛以待物則無為而無不起其作用。

道者，德❶之欽❷也；生者，德❸之光❹也；性❺者，生之質❻也。性之動，謂之為；為之偽❼，謂之失。知者，接❽也；知❾者，謨❿也。知者之所不知，猶睨⓫也。動以不得已⓬之謂德，動無非我⓭之謂治⓮，名⓯相反而實相順⓰也。

【章　旨】此節論述人當依道順自然稟性而處，達到內心虛靜無慮，泯滅彼我之別，從而使社會致治。

【注　釋】❶德　指有德者，即達到虛靜無為之德養者。❷欽　仰慕。謂為有德者所崇尚。❸德　德養，指虛靜無為。❹光顯示。❺性　本性。❻生之質　謂體現生之本質。❼偽　人為。❽接　接觸外物。❾知　同「智」。❿謨　謀慮。⓫睨　斜視。斜視則不見正面之物。⓬不得已　即所謂「性之動」。⓭無非我　即「無彼我」，謂泯滅彼我之分界，視為與道一體。非，通「匪」。彼。⓮治　指無為致治之境界。⓯名　指彼我。⓰相順　相一致。

【語　譯】道，為有德者所崇尚；有生，則顯示其德養；本性，是體現生之本質。依順本性而動，稱為「為」；「為」之出於人為，稱為失誤。感知，即接觸外物；才智，即謀慮。感知外物而不知外物，如同斜視而不見正面之物。因不得已而動稱其為德，無彼我之別而動稱其為治，彼我之名相反而其實則相一致。

羿❶工❷乎中微❸而拙乎使人無己譽❹，聖人工乎天❺而拙乎人❻。夫工乎天而俍乎人❼者，唯全人❽能之。唯蟲能蟲❾，唯蟲能天❿。全人惡天？惡人之天⓫？而況⓬吾⓭天乎人乎！

【章　旨】此節在「聖人」之上推尊所謂「全人」，稱其既善於上順天道，又擅長人事，究其所以，則由於依順天道，則人事自得諧和。

【注　釋】❶羿　傳說古時善射者。❷工　善於。❸中微　射中微小目標。❹無己譽　即「無譽己」。❺天　謂依順天道自然。❻人　人事。❼俍乎人　擅長於人事。此就無為而致治言。俍，擅長。❽全人　完美之人。❾能蟲　能依蟲之本性生活。❿能天　能順從天道自然。⓫全人二句　意謂全人對於天道與人事已相融合，此因依順天道而人事自然諧和。惡，何。人之天，人之所仰。⓬況　比擬；推及。⓭吾　設為全人自我。

【語　譯】羿善於射中微小目標而不善於使人不稱譽自己，聖人善於依順天道自然而不善於人事。善於依順天道自然而擅長於人事者，只有全人能夠。只有蟲能依蟲之本性生活，只有蟲能順從天道自然。在全人而言有什麼天道自然？有什麼人之所仰望？而推及我是天道自然呢人為呢！

一雀適❶羿，羿必得之，威❷也。以天下為之籠，則雀無所逃。是故❸湯以胞人❹籠❺伊尹❻，秦穆公以五羊之皮籠百里奚❼。是故非以其所好籠之而可得者無有也。

【章　旨】本節借事例說明，人有所欲，則不免受人所制。

【注　釋】❶適　字當據《藝文類聚》九二、《御覽》七六四所引作「過」。❷威　當從崔本作「或」，即「域」。謂因處於羿之矢所及之範圍。❸是故　句首發端詞，無義。❹胞人　即庖人，見〈逍遙遊〉注。❺籠　籠絡；控制。❻伊尹　傳說本為廚師，是湯妻的陪嫁奴隸，因其賢，故湯舉為大臣，後助湯滅夏建立商朝。❼秦穆公句　秦穆公得百里奚事，見〈田子方〉注。

【語　譯】一隻麻雀從羿之前飛過，羿必定能得到牠，這是由於處於羿之矢所射及之範圍。把天下作為籠子，則麻雀無逃身之地。成湯以將伊尹由庖人而舉用作為手段籠絡他，秦穆公以將百里奚用五羊之皮贖出而舉用作為手段籠絡他。因此不是憑藉其人所欲就可以籠絡而得到他，此種事不會有。

介者❶拸畫❷，外非譽❸也；胥靡❹登高而不懼，遺❺死生也。夫❻復❼謵❽不饋⑨而忘人⑩，忘人，因⑪以為天人⑫矣。故敬之而不喜、侮之而不怒者，唯同乎天和⑬者為然。出怒⑭不怒，則怒出⑮於⑯不怒矣；出為⑰無為，則為出⑱於無為矣。欲靜⑲則平氣⑳，欲神㉑則順心㉒，有為也㉓？欲當㉔則緣㉕於不得已㉖，不得已之類㉗，聖人之道。

【章　旨】此節闡述心欲之正在於超脫，忘卻人事，擺脫感情羈絆，靜寂無為而依順天道自然。

【注　釋】①介者　受刖足之刑者。②拸畫　不拘禮節規矩。③外非譽　排斥他人之指責或稱讚。④胥靡　刑徒。⑤遺　棄置；拋開。⑥夫　猶「彼」。⑦復　往來。⑧謵　言不止。⑨不饋　不作應酬。⑩人　人事。⑪因　於是。⑫天人　符合天道自然之人。⑬天和　自然平和之氣。⑭出怒　處於發怒之時。⑮怒出　怒氣消除。⑯於　猶「而」。⑰出為　處於作為之時。⑱為出　作為之意念消除。⑲靜　內心寧靜。⑳平氣　意氣平和。㉑神　指領悟道之玄妙。㉒順心　順乎本心。㉓有為也　謂欲靜欲神並非有為。㉔當　合。指合乎天道。㉕緣　順。㉖不得已　指自然之勢。㉗類　法則。

【語　譯】被刖足者不拘禮節規矩，是由於不再顧及他人的指責或稱讚；刑徒登高而不恐懼，是由於拋開生死。他對於人情之往來且對方一再致辭皆不作應酬而忘卻人事，忘卻人事，於是成為符合天道自然之人。因此敬重他而不喜、欺侮他而不怒之人，唯有同一於自然平和之氣者是如此。處於發怒之時而不怒，則怒氣消除而不怒了；處於作為之時而不作，則作為之意念消除而不作了。欲內心寧靜則意氣平和，欲領悟道之玄妙則順乎本心，是有作為嗎？欲合於天道則順於自然之勢，以順乎自然為法則，即聖人之道。

【研　析】本文主要論述道之性質與作用，以及養生之術與治道等。作者認為道無有形質，然而有其實而無所不在，其存在為時久長而無有始終，又謂其無有本源與歸宿。對於道之作用，認為是萬物所出，又能同一對立。作者在論道的同時，涉及到宇宙之概念，謂「有實而無乎處者宇也，有長而無本剽者宙也」。這可以說是對於宇宙的科學定義。在戰國時期，提出宇宙之概念並給予科學定義的還有墨家，見於《墨子・經上》云：「宇，彌異所也。」「久（宙），彌異時也。」我們無法確定兩家之說孰先孰後，但都是可貴的創見，說明其視野與思致之深遠莫測。本文作者藉以說明道兼具宇宙之內含，或者說，宇宙為道所包容。然而兩者具有本質上之差異，宇宙是一個科學的概念，而所謂道則基本上是一種理念罷了。

關於養生之術，以為當依順天道自然，以天宇之寧靜為法範，持其本性，滌除塵雜，不為人事利害所擾，不求名利，無所拘束，靜泊無為，無所思慮，如嬰兒之無知，做到「身若槁木，心若死灰」。認為養心而至於虛靜，則道存而可明。如此，則不僅無有災禍，而且可得天之助。與此相反，以為世人誤以生為根本，守持是非，但知用世，務求通達，以此自足，實為可悲。在此，可注意的是，作者既說當如嬰兒之無知，又說：「知止乎其所不能知，至矣！」對「知」僅有所限制而不完全排斥，明顯有所修正。對於治道，認為當以無為致治，得之於自然，如訴諸舉賢任智，使民勤於利，則非但不能濟世，而且會招致大亂。

文中說：「聖人工乎天而拙乎人」，唯有「全人」則能「工乎天」又擅長於人事。作者在此所推崇之「全人」，似有背於道家崇尚自然貶斥人為之宗旨，其實則不然。因為，察其文意，「全人」之所謂擅長於人事，原本於「工乎天」。真能「工乎天」，則人事勢必迎刃而解，作者之意或正在此。我們注意到荀子批評莊子「蔽於天而不知人」（《荀子・解蔽》），故此說或正就此而發。道家論道，其指歸正在於妥善解決世間人事，並非津津於空論天道而已。與此相關的，作者還論及所謂「至禮」、「至義」、「至知」、「至仁」、「至信」。由此可見，作者於人事並非完全冷漠遺棄，而是欲求其最大值。然而放任自然，並非一切完美，更何況其所著意擯棄者正指向社會文明，其不知後退不可能前途光明。就以社會弊端而言，亦不是無所作為所能解決。由此看來，作者明顯是逃避現實，迴避自己的社會責任而已。

徐無鬼第二十四

【題解】本文亦以文首首句開首之人名為篇名。全文主要論述養生與治道，兼及道之作用等。對於養生，認為當以道為歸宿，外物相擾，唯持道而可自安。要做到遠離名聲，身若槁骸而心若死灰，無知無欲，循道而至於光明。反之，若為外物所拘束，以至於身心交瘁，或恃才傲物以至於喪生，則禍之所由自明。對於治道，認為當順乎天道自然，即無為而治，不可背此而訴諸人為，如此則可澤及天下。為治者若貪欲而苦民，或如堯之勉行仁義之政，使人假借仁義而逐利，則必危害天下。論及道，以為當明其主宰萬物而無可替代，雖實存而不可知。

徐無鬼❶因❷女商❸見魏武侯❹，武侯勞❺之曰：「先生病❻矣，苦於山林之勞，故乃肯見❼於寡人。」徐無鬼曰：「我則勞於君，君有何❽勞於我？君將盈❾耆欲，長好惡❿，則性命之情⓫病⓬矣；君將黜⓭耆欲，掔⓮好惡，則耳目病矣。我將⓯勞君，君有何勞於我？」武侯超然⓰不對。少⓱焉，徐無鬼曰：「嘗⓲語君吾相狗⓳也：下之質⓴執飽㉑而止，是狸德㉒也；中之質若視日㉓；上之質若亡其一㉔。吾相狗又不若吾相馬也。吾相馬：直者中繩，曲者中鉤，方者中矩，圓者中規㉕，是㉖國馬㉗也。而未若天下馬也。天下馬有成材㉘，若卹若失㉙，若喪其一㉚。若是者，超軼絕塵㉛，不知其所㉜。」武侯大悅而笑。

【章　旨】此節敘述魏之隱士徐無鬼慰問魏武侯，指出武侯苦民而求滿足己之嗜欲，又滋長好惡之心，因而使其本性和精神受到傷害。對於武侯言自己欲愛民而為義息兵，無鬼又指出，愛民實為害民，為義息兵反至造成戰爭，即凡欲成美，必致惡事。從而指明內心能順於道，應和天地寧靜諧和之情，無有非分之想，則可造福民生。

【注　釋】❶徐無鬼　姓徐，名無鬼，戰國魏國隱士，作者在此將之寫為得道者。❷因　借助。❸女商　魏武侯寵臣。❹魏武侯　戰國時魏國君主，文侯之子。❺勞　慰問。❻病　困窘。❼見　引見。❽有何　憑什麼。有，猶「以」。❾盈　滿足。❿長好惡　滋長好惡之情。⓫性命之情　即本性。⓬病　傷害。⓭黜　棄除。⓮擥　去除。⓯將　猶「則」。⓰超然　猶「悵然」，若有所失貌。⓱少　不久。⓲嘗　試。⓳相狗　觀察狗之術。⓴下之質　下品。㉑執飽　塞飽肚子。執，塞；填。㉒狸德　如豹貓之本性，但求一飽而已。㉓若視日　狀其目光高遠。㉔亡其一　忘失其形。形神本相偶。忘失其形，謂其神擺脫其形之累。㉕直者四句　見〈馬蹄〉注。㉖是　此。㉗國馬　國家之良馬。㉘成材　天生之才性。㉙若卹若失　狀神不由自主之貌。卹，憂。㉚喪其一　意同「亡其一」。㉛超軼絕塵　猶「奔逸絕塵」。見〈田子方〉注。㉜所　處所。

【語　譯】徐無鬼借助於女商而見魏武侯，武侯慰問他說：「先生生活困窘了，苦於山林之勞苦，因而才肯引見於寡人。」徐無鬼說：「我才是慰問君，君憑什麼慰問我？君將滿足嗜欲，滋長好惡之情，則本性受傷害了；君將棄除嗜欲，去除好惡，則耳目受傷害了。我將慰問君，君憑什麼慰問我？」武侯若有所失般不回答。不久，徐無鬼說：「試告君我觀察狗之術：下品塞飽肚子而止，此為豹貓之本性；中品若在視日；上品若忘失其形。我觀察狗又不如觀察馬。我觀察馬：直行合於繩，曲轉合於鉤，方行合於矩，圓行合於規，此屬國家之良馬。而其不如天下之良馬。天下之良馬有天生之才性，其若憂若失，若忘失其形。如此者，飛奔若腳不沾地，不知其處所。」武侯十分喜悅而笑。

徐無鬼出，女商曰：「先生獨❶何以❷說吾君乎？吾所以說吾君者，橫說之則以《詩》、《書》、《禮》、《樂》，從❸說之則以《金板》❹、《六弢》❺，奉事❻而大有功者不可為數❼，而吾君未嘗啟齒❽。今先生何以說吾君，使吾君說❾若此乎？」徐無鬼曰：「吾直❿告之吾相狗馬耳。」女商曰：「若是乎？」曰：「子不聞夫⓫越之流人⓬乎？去國⓭數日，見其所知⓮而喜；去國旬月，見所嘗⓯見於國中者喜；及⓰期年⓱也，見似人⓲者而喜矣。不亦去人滋久思人滋深乎！夫逃虛空者⓳，藜藋⓴柱㉑乎鼪鼬之逕㉒，踉位㉓其空㉔，聞人足音跫然㉕而喜矣，又況乎昆弟親戚㉖之謦欬㉗其側者乎！久矣夫，莫以真人之言謦欬吾君之側乎！」

【注　釋】❶獨　猶「乃」。是。❷何以　即「以何」。❸從　通「縱」。❹金板　疑兵書名。❺六弢　或作《六韜》，是太公兵法。❻奉事　任事。❼不可為數　不可計數。❽啟齒　開口。❾說　同「悅」。❿直　只。⓫夫　猶「彼」。⓬流人　流放之人。⓭去國　離開京城。⓮所知　所認識之人。⓯嘗　曾。⓰及　至。⓱期年　一週年。⓲人　偶，指相知識者。⓳逃虛空者　逃亡到荒無人煙之地的人。⓴藜藋　二者皆為野生草本植物。㉑柱　塞。㉒鼪鼬之逕　指黃鼠狼出沒之徑。鼪鼬，即黃鼠狼。逕，通「徑」。㉓踉位　行止。㉔空　空間，指場所。㉕跫然　人行走之腳步聲。㉖親戚　指父母。㉗謦欬　談笑。

【語　譯】徐無鬼出來，女商說：「先生是用什麼勸說我君呀？我用以勸說我君的，橫的勸說他的則用《詩》、《書》、《禮》、《樂》，縱的勸說他的則用《金板》、《六韜》，任事而大有功勞者不可計數，而我君未曾開口。今先生用什麼勸說我君，使我君如此喜悅呢？」徐無鬼說：「我只告訴他觀察狗馬之術而已。」女商說：「如此嗎？」徐無鬼說：「你沒有聽說那越國流放之人嗎？離開京城數日，見到他所認識的人而喜；離開京城十日一月，見到他曾在京城見到的人而喜；到了一週年，見到相似於所認識之人而喜了。不是離開人愈久思念人愈加深切嗎！那逃亡到荒無人煙之地的人，藜藋長滿黃鼠狼出沒之徑，在其行止之場所，聽到人走路所發出的「跫跫」的腳步聲而喜了，又何況在其身邊聽到兄弟父母的談笑聲呢！長久了啊，不以得道人之言談笑於我君之身邊呀！」

徐無鬼見武侯，武侯曰：「先生居山林，食芧栗❶，厭❷蔥韭，以❸賓❹寡人，久矣夫！今老邪？其❺欲干❻酒肉之味邪？其寡人亦有社稷之福邪？」徐無鬼曰：「無鬼生於貧賤，未嘗敢飲食君之酒肉，將來勞君也。」君曰：「何哉？奚勞❼寡人？」曰：「勞君之神與形。」武侯曰：「何謂邪？」徐無鬼曰：「天地之養❽也一❾，登高❿不可以為長⓫，居下⓬不可以為短⓭。君獨為萬乘之主，以苦一國之民，以養⓮耳目鼻口，夫神者不自許⓯也。夫神者好和⓰而惡姦⓱。夫姦，病⓲也，故勞之。唯君所病之⓳，何也？」武侯曰：「欲見先生久矣，吾欲愛民而為義偃兵⓴，其可乎？」徐無鬼曰：「不可。愛民，害民之始也；為義偃兵，造兵㉑之本也。君自此為之，則殆㉒不成。凡成美，惡器㉓也；君雖為仁義，幾且偽㉔哉！形固造形㉕，成固有伐㉖，變㉗固外戰。君亦必無盛鶴列㉘於麗譙㉙之間，無徒㉚驥㉛於錙壇㉜之宮，無藏㉝逆㉞於㉟得，無以巧㊱勝人，無以謀勝人，無以戰勝人。夫殺人之士民㊲，兼人之土地，以養㊳吾私㊴與吾神者，其戰不知孰善㊵？勝之惡㊶乎在？君若勿㊷已㊸矣，修胸中之誠，以應㊹天地之情㊺而勿攖㊻。夫民死已脫矣，君將惡㊼乎用夫偃兵哉！」

【注　釋】❶芧栗　橡實。❷厭　飽。❸以　猶「而」。❹賓　借作「擯」。棄。❺其　也許。❻干　求。❼奚勞　即「何以勞」。❽養　養育人。❾一　同一，即不因人而異。❿登高　地位高者。⓫長　尊。⓬居下　地位低者。⓭短　卑。⓮養　樂。⓯不自許　不會自許。⓰和　同一。⓱姦　自私。⓲病　即本性受傷害。⓳所病之　即「所病者」，謂使本性受傷害者。⓴偃兵　指以武力平息戰爭。㉑造兵　興起戰爭。㉒殆　必定。㉓惡器　造成惡事之器具。㉔幾且偽　近於作偽。且，語助詞。㉕形固造形　言成美必造成其事。形，成。㉖伐　誇耀。㉗變　指國外有利可圖之變故。㉘鶴列　謂兵如鶴之列行，此借指成列之士兵。㉙麗譙　樓觀名。㉚徒　行走。㉛驥　指戰馬。㉜錙壇　宮名。㉝藏　懷。㉞逆　違背事理。㉟於　猶「之」。㊱巧　技巧。㊲士民　兵士與人民。㊳養　樂。㊴吾私　指吾之耳目鼻口。㊵孰善　有何好處。㊶惡　何。㊷若勿　當作「勿若」，不如。㊸已　止。指不如止息愛民之心。㊹應　應和。㊺天地之情　指天地之寧靜諧和。㊻勿攖　不擾。㊼惡　何。

【語　譯】徐無鬼見武侯，武侯說：「先生居於山林，吃橡實，飽食蔥與韭菜，而棄寡人，長久了吧！現在衰老了吧？也許想求酒肉之味吧？或者寡人有社稷之福吧？」徐無鬼說：「無鬼出生於貧賤，未曾敢飲食君之酒肉，前來將慰問君。」武侯說：「怎麼說呀？用什麼慰問寡人？」說：「慰問君之心神與形體。」武侯說：「怎麼說呀？」徐無鬼說：「天地之養育人是同樣的，地位高的不可以為尊，地位低的不可以為卑。君一人為萬乘之主，而使一國之民受苦，以樂耳目鼻口，心神不會許可。心神喜好同一而厭惡自私。自私，是使本性受傷害，因而來慰問你。使君本性受傷害者，是什麼呀？」武侯說：「想見先生長久了，我想關愛人民為了道義而平息戰爭，其事可行嗎？」徐無鬼說：「不可。愛民，則是害民之起始；為了道義而平息戰爭，則是興起戰爭之根源。君由此行其事，則必定不成。凡造成美事，實為造成惡事之器具；君雖然行仁義之事，實際則近於作偽呢！成美必造成其事，造成其事必定誇耀，國外發生有利可圖之變故必定出外作戰。君必不可大肆布列士兵於樓觀之間，不可使戰馬行走於宮中，不可懷違背事理而得益之心，不可以技巧勝人，不可以謀劃勝人，不可以戰爭勝人。殺害他人之兵士與人民，兼併他人之土地，以樂我之耳目鼻口與我之心神，此種戰爭不知有何好處？勝利見於何處？君不如止息愛民之心，涵養心中之真誠，以與天地之寧靜諧和相應和而不去擾亂。民死亡已避免了，君又何必平息戰爭呢！」

黃帝將見大隗❶乎具茨之山❷，方明為御，昌寓驂乘，張若、謵朋前馬，昆閽、滑稽後車❸。至於襄城❹之野，七聖皆迷，無所問塗❺。適遇牧馬童子，問塗焉，曰：「若❻知具茨之山乎？」曰：「然。」「若知大隗之所存❼乎？」曰：「然。」黃帝曰：「異❽哉！小童非徒❾知具茨之山，又知大隗之所存。請問為天下❿。」小童曰：「夫為天下者，亦若此⓫而已矣，又奚事⓬焉！予少⓭而自⓮遊於六合之內，予適⓯有⓰瞀病⓱，有長者教予曰：『若乘日之車⓲而遊於襄城之野。』今予病少痊⓳，予又且⓴復遊㉑於六合之外。夫為天下，亦若此而已，予又奚事焉㉒！」黃帝曰：「夫為天下者則誠非吾子之事，雖然，請問為天下。」小童辭。黃帝又問。小童曰：「夫為天下者，亦奚以異乎牧馬者哉！亦去其害馬者㉓而已矣。」

黃帝再拜稽首，稱天師㉔而退。

【章旨】此節述黃帝欲訪求治道，失道而試問牧馬童子。童子諷諭治天下當優遊自處，凡有害人之天性者宜去除之。黃帝以為得其所求。

【注釋】❶大隗　虛構人名，為得道至人。❷具茨之山　山名。亦名秦隗山，在今河南密縣東。❸方明四句　所列方明、昌寓、張若、謵朋、昆閽、滑稽六人，為虛構的隨從黃帝出行的六名聖人。御，駕車者，處於車之左位。驂乘，位在車右的陪乘者。前馬，馬前先導。後車，隨從車後。❹襄城　今河南襄城。❺無所問塗　謂無可問路之人。塗，通「途」。❻若　你。❼所存　所在。❽異　怪異。❾非徒　非但。❿為天下　治天下之道。⓫此　指遊於襄城之野。⓬奚事　何必從事。⓭少　前不久。⓮自　始。⓯適　偶爾。⓰有　出現。⓱瞀病　視物昏花之眼疾。⓲乘日之車　意謂日出而遊，日入而息。⓳少痊　稍愈。⓴且　猶「將」。㉑復遊　往遊。㉒焉　於彼。彼指治天下。㉓害馬者　指危害馬之天性者。喻治天下當去除危害人之天性者。㉔天師　謂指示大道之師長。

【語譯】黃帝將在具茨之山訪見大隗，方明為駕車者，昌寓為陪乘者，張若、謵朋為馬前先導，昆閽、滑稽為車後隨從。到了襄城之郊野，七位聖人皆迷路，沒有可以問路之人。恰巧遇到牧馬的兒童，向他問路，說：「你知道具茨之山嗎？」說：「是的。」說：「你知道大隗之所在嗎？」說：「是的。」黃帝說：「奇怪啊！小孩不但知道具茨之山，又知道大隗之所在。請問治天下之道。」小孩說：「治天下，也如此而已，又何必從事呢！我前不久開始在六合之內優遊，我突然間出現眼睛昏花之病，有長者教我說：『你乘日之車而優遊於襄城之郊野。』現在我的病稍愈，我又將往遊於六合之外。治天下，也如此而已，治天下又關我什麼事！」黃帝說：「治天下確實不是你的事，雖然如此，請問治天下。」小孩推辭。黃帝又問。小孩說：「治天下，與牧馬又有什麼不同呢！也即去除危害馬之天性者而已。」黃帝拜二次並磕頭，稱其為天師而退身。

知士❶無思慮之變❷則不樂，辯士無談說之序❸則不樂，察士❹無淩誶❺之事則不樂，皆囿❻於物❼者也。招世❽之士興朝❾，中民❿之士榮官⓫，筋力之士⓬矜難⓭，勇敢之士奮患⓮，兵革之士⓯樂戰，枯槁之士⓰宿名⓱，法律之士⓲廣治⓳，禮教之士敬容⓴，仁義之士貴際㉑。農夫無草萊之事則不比，商賈無市井之事則不比㉒。庶人㉓有旦暮之業㉔則勸㉕，百工㉖有器械之巧則壯㉗。錢財不積則貪者憂，權勢不尤㉘則夸者㉙悲。勢物之徒㉚樂變㉛，遭時㉜有所用，不能無為也。此皆順㉝比㉞於歲，不物於易㉟者也。馳其形性㊱，潛㊲之㊳萬物，終身不反㊴，悲夫！

【章旨】此節闡述世人各有所求與所樂，其間雖有異，然無不局限於外物，終歲謹慎，身心交瘁，不知以簡易處之。

【注釋】❶知士　智謀之士。知，同「智」。❷變　改善。❸無談說之序　語無倫次。❹察士　明察之士。❺淩誶　斤斤分辨，苛求責讓。❻囿　局限；拘泥。❼物　事。❽招世　昭明於世。招，通「昭」。❾興朝　發跡於朝廷。❿中民　得民。⓫榮官　為官見榮。⓬筋力之士　強壯之士。⓭矜難　奮力解人之困。⓮奮患　奮起除患。⓯兵革之士　軍士。⓰枯槁之士　憔悴困厄之士，指隱士。⓱宿名　執守名聲。⓲法律之士　執法之士。⓳廣治　求普遍治理。⓴敬容　慎重儀容。㉑貴際　看重人際關係。㉒農夫二句　謂農夫商賈皆為利所趨。草萊之事，開墾草野。不比，不聚集。市井之事，指買賣交易。市井，買賣之所。㉓庶人　平民。㉔旦暮之業　從早至晚從事之職事。㉕勸　勉力。㉖百工　各種工種之工人。㉗壯　顯示功績。㉘不尤　不突出。㉙夸者　指以權勢誇人者。㉚勢物之徒　以權勢為事者。物，事。㉛樂變　因遇事變可顯示其權勢並得以強化之故樂。㉜遭時　遭遇時機。㉝順　通「慎」。㉞比　連接。㉟不物於易　不從事於簡易。物，事。㊱形性　身心。㊲潛　沈溺。㊳之　猶「於」。㊴反　通「返」。

【語譯】智謀之士無思慮之改善則不樂，論辯之士語無倫次則不樂，明察之士無斤斤分辨苛求責讓之事則不樂，都是拘泥於事的人。昭明於世之士能發跡於朝廷，得民之士則為官見榮，強壯之士則奮力解人之困，勇敢之士則奮起除患，軍士則樂於作戰，隱逸而致憔悴困厄之士則執守名聲，執法之士則求普遍治理，禮教之士則慎重儀容，宣揚仁義之士則重視人際關係。農夫無開墾草野之事則不聚集，商人無市場交易之事則不聚集。平民有早晚從事之職事則勉力，百工具有操作器械之技巧則顯示功績。錢財不積累則貪者憂，權勢不突出則以權勢誇人者悲。以權勢為事者樂於變故，遭遇時機有所可用，而不能無為。此種人無不連年謹慎為生，不從事於簡易。身軀心馳，沉溺於萬物，終身不回頭，悲哀啊！

莊子曰：「射者非前期❶而中，謂之善射，天下皆羿也，可乎？」惠子曰：「可。」莊子曰：「天下非有公是❷也，而各是其所是❸，天下皆堯❹也，可乎？」惠子曰：「可。」莊子曰：「然則儒、墨、楊❺、秉❻四❼，與夫子為五，果孰是邪？或者若魯遽❽者邪？其弟子曰：『我得夫子之道矣，吾能冬爨鼎而夏造冰矣❾。』魯遽曰：『是❿直⓫以陽召陽⓬，以陰召陰⓭，非吾所謂道也。吾示子乎吾道。』於是為之調瑟⓮，廢⓯一⓰於堂⓱，廢一於室⓲，鼓宮宮動⓳，鼓角角動，音律同⓴矣。夫㉑或㉒改調一弦㉓，於五音無當㉔也，鼓之㉕，二十五弦㉖皆動，未始異於聲㉗，而音之君㉘已㉙。且若是者邪㉚？」惠子曰：「今夫㉛儒、墨、楊、秉且㉜方與我以㉝辯，相拂㉞以辭，相鎮㉟以聲，而未始吾非㊱也，則奚若㊲矣？」

莊子曰：「齊人蹢㊳子於宋者，其命閽㊴也不以㊵完㊶，其求鈃鍾㊷也以束縛㊸，其求唐子㊹也而未始出域㊺，有遺㊻類㊼矣。夫㊽楚人寄㊾而蹢㊿閽者，夜半於無人之時而與舟人(51)鬬，未始離於岑(52)而足以(53)造於怨(54)也。」

【章　旨】此節記述莊子與惠子之辯論，莊子以為儒、墨、楊朱、公孫龍與惠子五家無一為是而各以為是，其非顯然。惠子則認為人各自以為是是可以的。

【注　釋】①前期　預定。指預定目標。②公是　公認正確的。③各是其所是　人各自以為是。④堯　喻英明之聖賢。⑤楊　指楊朱。見〈駢拇〉注。⑥秉　公孫龍之字。見〈秋水〉注。⑦四　四家。⑧魯遽　周初時人。⑨吾能句　下述二例均為怪異之事。爨鼎，用鼎燒煮。謂取千年燥灰，堆置於爐火之上，不久燥灰被引燃，即可用以燒煮。夏造冰，謂盛夏時用瓦瓶盛水，將瓦瓶置於沸水之中，然後又懸於井水之中，不久即成冰。⑩是　此。⑪直　但；僅。⑫以陽召陽　指以爐火致使燥灰引燃。火屬陽。⑬以陰召陰　指以夏日井水之陰涼致使瓦瓶之水結冰。夏日之井水和冰屬陰。⑭調瑟　指調正瑟之音律。⑮廢　置。⑯一　一張瑟。⑰堂　廳堂。⑱室　臥室。堂在前，室在後。⑲鼓宮宮動　言彈撥出此張瑟之宮音，則彼張瑟之宮音隨即起應。鼓，彈奏。宮，五音之一。下「角」同。⑳音律同　言這是由於兩張瑟之音調相同之故。音律，即音調。㉑夫　猶「彼」。㉒或　猶「又」。㉓改調一弦　改變此張瑟中一根弦的音調。㉔無當　不合。㉕鼓之　彈撥此根弦。㉖二十五弦　指彼張瑟之二十五弦。㉗未始異於聲　指彼張瑟之音調未曾改易。㉘音之君　音之主宰，指音調。㉙已　失去。案：「改調一弦」云云，言魯遽以失調之音而招致彼瑟亦失調妄動，其事本虛妄。作者以此說明其「道」雖虛妄而自以為是。㉚且若句　喻或者如此事。五家之道本有所失而自以為是。且，猶「或者」。是，此，指魯遽之事。㉛夫　猶「彼」。㉜且　句中語助詞。㉝以　有。㉞拂　抨擊。㉟鎮　壓。㊱吾非　以吾為非。㊲奚若　如何。㊳蹢　借為「擿」。《說文》：「擿，投也。」謂投棄。㊴命閽　謂使其子充當守門人。命，使。閽，守門人。古代多以犯罪受刑之人充當。㊵不以　不使。㊶完　肢體完好。㊷鈃鍾　指似鈃之小鍾。鈃，古酒器，似鍾而長頸。㊸束縛　包紮。㊹唐子　丟失之子。㊺域　指鄉里。㊻遺　失。㊼類　通「纇」。偏頗。上述三事見齊人愛重器物而輕賤其子，其有失偏頗顯然，但並不自非。以此喻惠子本有所失而自以為是。㊽夫猶「彼」。㊾寄　流放。㊿蹢　止足；息足。(51)舟人　指將遣送此楚人之掌舟人。(52)岑　崖岸。(53)以　通「已」。(54)造於怨　造成怨仇。此楚人無事生非而自貽其患，卻自以為是。此例亦用以況惠子。

【語　譯】莊子說：「射箭的人沒有預定目標而射中物，稱其為善射者，則天下皆是羿了，可以這樣說嗎？」惠子說：「可以。」莊子說：「天下沒有公認為正確的，而人各自以為是，則天下皆是堯了，可以這樣說嗎？」惠子說：「可以。」莊子說：「如此則儒、墨、楊朱、公孫龍四家，與你成為五家，究竟誰正確呢？或者像魯遽其事吧？其弟子說：『我得到老師之道了，我能夠在冬天用引燃之灰煮鼎而且在夏天用沸水製冰了。』魯遽說：『此僅僅是用爐火致使灰燃燒，用陰冷的井水致使沸水結冰，不是我所說之道。我向你顯示我之道。』於是為此調正瑟之音律，置一瑟於廳堂，置一瑟於臥室，彈撥出此張瑟之宮音，則那張瑟之宮音隨即起應，彈撥出此張瑟之角音，則那張瑟之角音隨即起應，這是由於兩張瑟之音調相同之故。他又改變此張瑟中一根弦的音調，改調之弦其音與原調之五音不合，彈撥它，那張瑟之二十五弦皆動，那張瑟之音調雖未曾改易，而作為音之主宰之音調已失去。或許像這樣的事情吧？」惠子說：「現在儒、墨、楊朱、公孫龍正與我有辯，以辭相抨擊，以聲相壓，而未嘗以我為不是，則如何說呢？」莊子說：「齊人將其子遺棄於宋國，使其子肢體不全而充當守門人，其求得鈃鍾則唯恐損壞故加以包紮，其尋找丟失之子而未嘗走出鄉里，這就有失偏頗了。楚人將被流放而暫息足於閽者之所，半夜在無人之時而與掌舟人爭鬥，未曾離開邊岸而足已造成怨仇了。」

莊子送葬，過惠子之墓，顧❶謂從者曰：「郢人❷堊❸慢❹其鼻端若蠅翼，使匠石❺斲❻之。匠石運斤❼成風，聽❽而斲之。盡堊❾而鼻不傷，郢人立不失容❿。宋元君⓫聞之，召匠石曰：『嘗試為寡人為之。』匠石曰：『臣則嘗⓬能斲之，雖然，臣之質⓭死久矣。』自夫子⓮之死也，吾無以為質⓯矣，吾無與言之⓰矣！」

【章　旨】此節記述莊子對於亡友惠子的懷念，以為他是難得的可在學術上相與論辯探討之伴侶。

【注　釋】❶顧　回頭。❷郢人　楚國郢都之人。❸堊　白土。❹慢　借作「漫」。汙。❺匠石　木匠名石。❻斲　砍削。❼運斤　揮動斧頭。❽聽　放手。❾盡堊　汙堊被削盡。❿不失容　神色不變。⓫宋元君　即宋元公，春秋宋國君主。⓬嘗　曾。⓭臣之質　指惠子。質，對手，指默契者。⓮夫子　敬稱惠子。⓯無以為質　即「以為質者無」。⓰無與言之　謂可與論辯者無。言，指論辯。

【語　譯】莊子送葬，經過惠子之墓，回頭對隨從者說：「郢人白土汙其鼻尖，如同蒼蠅之翅膀，讓匠石把它削去。匠石揮動斧頭成風，放手削之。所汙之白土盡被削去而鼻子未傷，郢人站著神色不變。宋元君聽到此事，召見匠石說：『試為寡人做此事。』匠石說：『臣則曾能削去汙跡，雖然如此，臣之對手死已久了。』自夫子之死，我沒有作為對手的人了，我沒有可與論辯的人了！」

管仲有病，桓公問之，曰：「仲父之病病❶矣，可不謂❷云❸？至於大病❹，則寡人惡❺乎屬國❻而可？」管仲曰：「公誰欲與❼？」公曰：「鮑叔牙❽。」曰：「不可。其為人絜❾廉善士也，其於不己若者❿不比⓫之，又一聞人之過，終身不忘。使之治國，上⓬且⓭鉤⓮乎君，下且逆乎民。其得罪於君也，將弗久矣。」公曰：「然則孰可？」對曰：「勿已⓯，則隰朋⓰可。其為人也，上忘⓱而下畔⓲，愧不若黃帝⓳，而哀不己若者。以德分人⓴謂之聖，以財分人謂之賢。以賢臨人㉑未有得人者也，以賢下人㉒未有不得人者也。其於國㉓有不聞也，其於家㉔有不見也。

勿已，則隰朋可。」

【章旨】此節記述管仲病重而舉薦接替己職之人選。以為鮑叔牙為人廉潔，以賢臨人，不順上下，故不可；隰朋則於事有所不聞不見，忘其任事而但使居下者和樂，故可。作者筆下之隰朋，顯然體現了無為而治之思想。

【注釋】❶病病　病極重。❷可不謂　能不言。❸云　句末助詞。❹大病　代指死，蓋諱言。❺惡　何。❻屬國　託付國家。指接替管仲為相。❼公誰欲與　即「公欲與誰」。❽鮑叔牙　姓鮑，名叔牙。桓公時為齊國大夫，以知人著稱，曾舉薦管仲為相。❾絜　同「潔」。❿不己若者　不如己者。⓫不比　不親近。⓬上　對上。⓭且　猶「將」。⓮鉤　牽制。⓯勿已　不得已。⓰隰朋　齊國大夫。⓱上忘　言對上忘其任事。⓲下畔　使居下者安樂。畔，通「般」。樂。⓳黃帝　道家奉為無為致治之聖人。⓴以德分人　謂以德陶冶人。分，給予。㉑臨人　高傲待人。㉒下人　謙下待人。㉓國　指國事。㉔家　指家事。

【語譯】管仲有病，桓公問他，說：「仲父之病極重了，能不說嗎？至於大病，則寡人如何託付國家而可以呢？」管仲說：「公想託付給誰？」公說：「鮑叔牙。」說：「不可。其之為人是廉潔之賢士，他對於不如自己的人不親近，又一聽到人的過失終身不忘。使他治理國家，對上將牽制君主，對下將違背人民。他得罪於君主，在位將不會長久了。」公說：「如此則誰可以？」回答說：「不得已，則隰朋可以。其之為人，對上忘其任事而使居下者安樂，羞愧於不如黃帝，而哀憐不如自己的人。以德陶冶人稱之為聖，以財分給人稱之為賢。以賢而高傲待人未有得人者，以賢而謙下待人未有不得人者。他對於國事有所不聞的，他對於家事有所不見的。不得已，則隰朋可以。」

吳王浮❶於江❷，登乎狙之山❸。眾狙見之，恂然❹棄而走❺，逃於深蓁❻。有一狙焉，委蛇❼攫搔❽，見❾巧❿乎王。王射之，敏給⓫搏⓬捷矢⓭。王命相者⓮趨⓯射之，狙執死⓰。王顧謂其友顏不疑⓱曰：「之⓲狙也，伐⓳其巧，恃其便⓴以敖㉑予，以至㉒此殛㉓也。戒之哉！嗟乎，無以汝色㉔驕人哉！」顏不疑歸而師董梧㉕，以助㉖其色，去樂㉗辭顯㉘，三年而國人稱之。

【章旨】此節記述狙恃才逞巧而致死之事，吳王以此告誡其友顏不疑。不疑聞過而改之，終為國人所稱。

【注釋】❶浮　泛舟。❷江　長江。❸狙之山　因山多獮猴故謂之狙山。❹恂然　恐懼貌。❺棄而走　逃離。❻蓁　通「榛」。棘叢。❼委蛇　從容貌。❽攫搔　攀援貌。❾見　顯示。❿巧　靈巧。⓫敏給　敏捷。⓬搏　抓住。⓭捷矢　疾飛之箭。⓮相者　輔佐吳王獵者。⓯趨　急速。⓰執死　謂其執故態而死。⓱顏不疑　吳王之友之名。⓲之　此。⓳伐　誇耀。⓴便　敏捷。㉑敖　通「傲」。謂傲視。㉒至　招致。㉓殛　誅殺。㉔色　指自恃有才之神色。㉕董梧　姓董，名梧，吳之賢人。㉖助　通「鋤」。去除。㉗去樂　擯棄音樂。㉘辭顯　推辭榮華。

【語譯】吳王泛舟於長江，登上狙山。眾獮猴看見了，恐懼地逃離，逃到幽深的棘叢中。有一隻獮猴，從容攀援，向王顯示其靈巧。吳王向牠發射，牠敏捷地抓住疾飛之箭。吳王命助獵者急速射擊，獮猴執其故態而死。王回頭對顏不疑說：「這隻獮猴，誇耀其靈巧，仗其敏捷而傲視我，因而招致被誅殺。警戒呀！啊，不要以你自恃有才之神色傲視人呢！」顏不疑歸來而拜董梧為師，去除其自恃有才之神色，擯棄音樂，推辭榮華，三年而國人稱道他。

南伯子綦隱几而坐，仰天而噓❶。顏成子❷入見，曰：「夫子，物之尤❸也。

形固可使若槁骸，心固可使若死灰乎❹？」曰：「吾嘗居山穴之中矣。當是時❺也，田禾❻一覩我，而齊國之眾三賀之❼。我必先之❽，彼❾故知之；我必賣之❿，彼故鬻之⓫。若我而不有之⓬，彼惡得⓭而知之？若我而不賣之，彼惡得而鬻之？嗟乎！我悲人之自喪⓮者，吾又悲夫⓯悲人者，吾又悲夫悲人之悲者，其後而日遠⓰矣。」

【章旨】此節述南伯子綦雖隱居山穴而人慕其名聲，不禁悲人又悲己，但願日後遠離名聲，以至於身若槁骸心若死灰。

【注釋】❶南伯子綦二句　見〈齊物論〉注。南伯子綦，即南郭子綦。❷顏成子　即〈齊物論〉之「顏成子遊」。❸物之尤　人之傑出者。❹形固二句　解見〈齊物論〉、〈知北遊〉。❺是時　其時。❻田禾　即田和。春秋末至戰國初，田氏世為齊卿而專齊國之政。田和專權時更遷逐齊康公。西元前三八六年周封田和為齊君。❼賀之　賀田和，以其睹南伯子綦為幸。❽先之　指名聲在先。❾彼　指田和。❿賣之　炫耀自己。⓫鬻之　炫耀能看到我之事。鬻，意同「賣」。⓬有之　有名聲。⓭惡得　何得。⓮自喪　喪失自我而逐外。⓯夫　猶「彼」。⓰日遠　日益遠離名聲，以至於身若槁骸，心若死灰。

【語譯】南伯子綦憑靠几案而坐，抬頭向天而吐氣。顏成子入見，說：「老師，是人中之傑出者。身體固然可以使它若枯枝，內心固然可以使它若死灰嗎？」說：「我曾居住於山洞之中。在其時，田和來看我一次，齊國之眾三次慶賀他。我必定名聲在先，他因此知道我；我必定炫耀自己，他因此炫耀看到我之事。如果我不是有名聲，他怎能知道我？如果我不炫耀自己，他怎能炫耀看到我之事？啊！我悲哀他人之喪失自我而逐外，我又悲哀那悲哀他人者，我又悲哀那悲哀他人之悲哀者，此後對於名聲當日益遠離了。」

仲尼之[1]楚，楚王觴[2]之，孫叔敖[3]執[4]爵[5]而立，市南宜僚[6]受酒而祭[7]，曰：「古之人乎，於此言已[8]。」曰：「丘也聞不言之言矣，未之嘗言[9]，於此乎言之。市南宜僚弄丸而兩家之難解，孫叔敖甘寢秉羽而郢人投兵[10]。丘願有喙三尺[11]。」彼[12]之謂不道之道[13]，此[14]之謂不言之辯[15]，故德[16]總[17]乎道之所一[18]，而言休[19]乎知之所不知[20]，至矣。道之所一者，德[21]不能同也；知之所不能知者，辯不能舉[22]也。名[23]若儒墨而凶[24]矣。故海不辭東流，大之至也；聖人並包[25]天地，澤及天下，而不知其誰氏[26]。是故生無爵，死無謚，實不聚[27]，名不立，此之謂大人[28]。狗不以善吠為良，人不以善言為賢，而況為大[29]乎！夫[30]為大不足以為大，而況為德乎！夫大備[31]矣，莫若天地，然奚求[32]焉，而大備矣。知大備者，無求，無失，無棄，不以物易己[33]也。反己[34]而不窮[35]，循古[36]而不摩[37]，大人之誠[38]。

【章旨】此節述孔子至楚，對於孫叔敖與市南宜僚以無為解難息兵深表欽服。作者從而闡述聖人當以自然為依歸，達到無己而澤及天下之效。

【注釋】[1]之　至。[2]觴　酒器名，此謂以酒宴請。[3]孫叔敖　見〈田子方〉注。案：孫叔敖在世時孔子尚未出生，故此所述亦為寓言。[4]執　持。[5]爵　酒器名。[6]市南宜僚　見〈山木〉注。[7]受酒而祭　言接過酒以酒灑地表示祭奠。受酒，接過酒。[8]古之人二句　謂古之人在此場合當有所言，其意則在請孔子發言。[9]未之嘗言　即「未嘗言之」。[10]市南宜僚二句　說明無為可解難息兵。弄丸，戲弄丸子。兩家之難解，消除了兩家的患難。其詳不知。甘寢，安睡。秉羽，手持羽扇。

郢人，即楚人。投兵，兵器棄而不用。⑪丘願句　意謂己願有三尺之喙以稱二子無為之功。有喙三尺，喻可善言。喙，口。⑫彼　指孫叔敖與市南宜僚。⑬不道之道　無可言表之道。二子循此道而行，故云。⑭此　指孔子。⑮不言之辯　不言之議論。孔子言「願有喙三尺」，而不言其所以然，然而雖不言而其意已表述，故云。⑯德　通「得」。謂得之在己者。⑰總　歸結。⑱道之所一　指自然。⑲休　止。⑳知之所不知　謂就知識言為不可知之界域。㉑德　通「得」。指人所得。㉒辯不能舉　即言所不能言。辯，言。㉓名　指儒墨以極盡人為而以聖智名世。㉔凶　有害。㉕並包　相容。㉖不知其誰氏　謂不知其功出於何人。此指聖人無為而又不居其功。誰氏，何人。㉗實不聚　不積實事實功。㉘大人　指得道聖人。㉙而況為大　謂何況以其善言為「大」，言必無其事。㉚夫　猶「彼」。㉛大備　成其大。備，成。㉜奚求　何所求，言無所求。㉝不以物易己　不以外物改變自身。㉞反己　自我返歸。反，通「返」。㉟不窮　無窮。㊱循古　遵循古之道。㊲不摩　不加揣摩。㊳誠　通「情」。

【語　譯】仲尼至楚國，楚王以酒宴請他，孫叔敖手持爵而立，市南宜僚接過酒以酒灑地表示祭奠，說：「古之人，在此場合當有所言了。」仲尼說：「丘聽說有不言之言，未曾言之，在此而言之。市南宜僚戲弄丸子而消除了兩家的患難，孫叔敖手持羽扇安睡而楚人棄兵器而不用。丘但願有三尺之口。」二位稱之為無可言表之道，此稱之為不言之議論，因此人所得知能歸結於自然，而言則止於就知識言為不可知之界域，極致了。因此對於自然，人之所得不可能相同；就知識言為不可知者，是言所不能言。名世者像儒家墨家則有害了。因此大海不拒絕東流之水，大之極致了；聖人之心胸容納天地，恩澤遍及於天下，而不知其功出於何人。因此生時無爵祿，死後無謚號，不積實事實功，名聲不立，此種人稱之為大人。狗不以其善於吠叫為良，人不以善言為賢，何況以其善言為「大」呢！以善言為「大」不足以為「大」，何況以之為德呢！成其大了，沒有像天地一般，然而天地何所求呢，而成其大了。知成其大者，無所求，無所失，無所棄，不以外物改變自身。自我返歸於無窮，遵循古之道而不加揣摩，是大人之情。

子綦❶有八子，陳❷諸❸前，召九方歅❹，曰：「為我相❺吾子，孰❻為祥❼？」

九方歅曰：「梱❽也為祥。」子綦瞿然❾喜曰：「奚若❿？」曰：「梱也將與國君同食以終其身。」子綦索然⓫出涕⓬曰：「吾子何為以至於是⓭極⓮也？」九方歅曰：「夫⓯與國君同食，澤及三族⓰，而況父母乎！今夫子聞之而泣，是禦⓱福也。子則祥矣，父則不祥。」子綦說：「歅，汝何足以識之，而梱祥邪？盡於酒肉，入於鼻口矣⓲，而⓳何足以知其所自來。吾未嘗為牧而牂⓴生於奧㉑，未嘗好田㉒而鶉生於宎㉓，若㉔勿怪，何邪？吾所與吾子遊者㉕，遊於天地。吾與之邀樂㉖於天，吾與之邀食於地。吾不與之為事，不與之為謀，不與之為怪。吾與之乘天地之誠㉗，而不以物㉘與之相攖㉙；吾與之一㉚委蛇㉛，而不與之為事所宜。今也然㉜有世俗之償焉。凡有怪徵者，必有怪行㉝。殆㉞乎！非我與吾子之罪，幾㉟天與之也。吾是以泣也。」無幾何㊱而使梱之㊲於燕㊳，盜得之於道，全㊴而鬻之㊵則難，不若刖之則易。於是乎刖而鬻之於齊，適當渠公之街㊶，然身食肉而終。

【章　旨】此節記述子綦使九方歅為子看相，九方歅以為獨梱為吉祥。其後梱雖遭遇不幸，卻不失應驗九方歅之言。作者借此說明，子綦與其子雖求超脫世俗而隨從自然，然終究未能擺脫世俗之累。

【注　釋】❶子綦　或謂即上文之南伯子綦。❷陳　排列。❸諸　之於。❹九方歅　姓九方，名歅，善看相之術者。❺相　占視。❻孰　誰。❼祥　吉祥。❽梱　子綦之子名。❾瞿然　驚視貌。❿奚若　如何。⓫索然　淚水湧出貌。⓬出涕　流淚。

⑬是　此。⑭極　結局。⑮夫　猶「彼」。⑯三族　父族、母族、妻族。⑰禦　抵制。⑱盡於二句　此就九方歅言梱「將與國君同食」而言。鼻口，為偏義複詞。⑲而　通「爾」。你。⑳牂　牝羊。㉑奧　室之西南隅。㉒田　畋獵。㉓宎　室之東南隅。㉔若　你。㉕吾所句　言吾與吾之子所遊之處。㉖邀樂　言樂隨遇而得。邀，遇。㉗乘天地之誠　謂順應天地之自然。誠，通「情」。本性。㉘物　事。㉙相攖　相擾。㉚一　完全。㉛委蛇　隨順貌。謂隨順自然。㉜然　猶「乃」。竟。㉝凡有二句　謂必有怪異之行為故出現怪異之徵兆，今則並非如此。怪徵，怪異之徵兆。㉞殆　猶「畏」。謂可畏。㉟幾　也許。㊱無幾何　無多少時日。㊲之　至。㊳燕　諸侯國名。其地域在今河北北部和遼寧西部。㊴全　指肢體完好。㊵鬻之　出賣他。㊶適當句　謂適值渠公之家而為閽者。閽者一般由刑殘之人充任。當，值。渠公，不詳。街，疑或因與「家」音近而誤。家，卿大夫之封邑。

【語　譯】子綦有八子，排列於跟前，召九方歅，說：「給我孩子看相，誰為吉祥？」九方歅說：「梱為吉祥。」子綦吃驚地看著九方歅說：「為什麼？」說：「梱將與國君同食而終其身。」子綦淚水湧出而說：「我之子為什麼以至於此種結局呢？」九方歅說：「他與國君同食，恩澤遍及三族，何況父母呢！現在你聽到此事而泣，此為抵制享福。子則吉祥，父則不吉祥。」子綦說：「歅，你怎能知道其事，而梱吉祥嗎？享盡酒肉，進入口中了，你怎能知道其所來之處。我未曾放牧而母羊生於室之西南隅，未曾愛好畋獵而鶉鳥生於室之東南隅，你不奇怪，為什麼呢？吾與吾之子所遊之處，遊於天地，我與他在天而遇樂，我與他在地而遇食。我不與他作事，不與他作謀劃之事，不與他作怪異之事。我與他順應天地之情，而不以事與之相攖；我與他完全隨順自然，而不與他作所宜作之事。現在竟有世俗之償。凡出現怪異之徵兆，必有怪異之行為。可畏啊！不是我與我之子之罪，也許是天給予他的。我因此而泣。」無多少時日而使梱至燕國，盜人在路上抓到了他，肢體完好地出賣他則困難，不如把他斷足則容易。於是把他斷足而賣於齊國，適值渠公之家，然而食肉而終其身。

齧缺遇許由，曰：「子將奚之❶？」曰：「將逃堯❷。」曰：「奚謂邪？」曰：「夫堯畜畜然❸仁❹，吾恐其為天下笑，後世其❺人與人相食與！夫❻民不難聚也，愛之則親，利之則至，譽之則勸，致❼其所惡則散。愛利出乎仁義，捐❽仁義者寡，利❾仁義者眾。夫仁義之行，唯❿且⓫無誠，且⓬假⓭乎禽貪者⓮器⓯。是以一人之斷制⓰利天下，譬之猶一覕也⓱。夫堯知賢人⓲之利天下也，而不知其賊⓳天下也。夫唯外⓴乎賢者知之㉑矣。」

【章旨】此節述許由告齧缺自己所以逃避堯之治之故：堯勉力行仁義之政以愛利其民，不知民之貪圖仁義以逐利，將危害天下，更無論有人假借仁義而意在獵獲。

【注釋】❶奚之　至何處。❷逃堯　謂堯行仁義將害天下，故逃避之。❸畜畜然　恤愛勤勞貌。❹仁　行仁義。❺其　猶「殆」。❻夫　猶「彼」。❼致　施行。❽捐　棄。❾利　憑藉；利用。❿唯　只因為。⓫且　猶「其」。⓬且　況且。⓭假　假借。⓮禽貪者　貪於獵獲者。⓯器　工具，指仁義。⓰斷制　決斷。⓱譬之句　一瞥不能遍視天下，喻絕無其事。覕，借為「瞥」。⓲賢人　指心懷仁義，能愛利人民者。⓳賊　危害。⓴外　擯棄。㉑知之　知賢人之危害天下。

【語譯】齧缺遇到許由，說：「你將至何處？」說：「將逃避堯。」說：「怎麼說呢？」說：「堯體恤關愛勤勞地做著仁愛之事，我恐怕其為天下所笑，後世大概會人與人相食吧！人民不難聚集，對其愛則親，使其得利則至，對其稱譽則勉力，實施其所厭惡者則離散。愛利出於仁義，棄仁義者少，利用仁義者眾。仁義之行為，只因為其無誠心，況且假借貪於獵獲者以工具。因此利天下之事決斷於一人，譬如一瞥不能遍視天下。堯知賢人之利天下，而不知其危害天下。只有擯棄賢人者方知賢人之危害天下。」

有暖姝者❶，有濡需者❷，有卷婁者❸。所謂暖姝者，學一先生之言，則暖暖姝姝而私自說❹也，自以為足矣，而未知未始有物也，是以謂暖姝者也。濡需者，豕蝨是也。擇疏鬣❺自以為廣宮大囿❻，奎❼蹄曲隈❽、乳間股腳，自以為安室利處，不知屠者之一旦鼓臂❾布草操煙火，而己與豕俱焦也。此以域進，此以域退❿，此其所謂濡需者也。卷婁者，舜也。羊肉不慕⓫蟻，蟻慕羊肉，羊肉羶⓬也。舜有羶行⓭，百姓悅之，故三徙成都⓮，至鄧⓯之虛⓰而十有萬家⓱。堯聞舜之賢，舉⓲之童土⓳之地，曰冀得其來⓴之澤㉑。舜舉乎童土之地，年齒㉒長矣，聰明㉓衰矣，而不得休歸，所謂卷婁者也。是以神人惡眾至，眾至則不比㉔，不比則不利也。故無所甚親，無所甚疏，抱㉕德煬㉖和㉗，以順天下，此謂真人。於㉘蟻棄知㉙，於魚得計㉚，於羊棄意㉛。以目視目，以耳聽耳，以心復心㉜。若然者，其平也繩㉝，其變也循㉞。古之真人，以天待之㉟，不以人㊱入㊲天。古之真人㊳，得之也生，失之也死；得之也死，失之也生：藥也㊴。其實㊵，堇㊶也、桔梗㊷也、雞壅㊸也、豕零㊹也，是㊺時㊻為帝㊼者也，何可勝言㊽！

【章 旨】本節論述世有得一而自足之學者，有偷安自得而不知禍患將至者，有疲於民事取悅百姓者，此種人皆不可取。當棄智，去除使人愛慕之心意而逍遙自處，若真人之順乎天道自然而不以人為干預之。

【注　釋】❶暖姝者　自美者。暖姝，自美貌。❷濡需者　偷安自得者。濡需，偷安自得貌。❸卷婁者　傴僂者。卷婁，傴僂；背項俯曲貌。❹說　同「悅」。❺鬣　頸上長毛。❻囿　古代有圍牆的園林。❼奎　兩股間。❽曲隈　曲深之處。❾鼓臂　舉臂。❿此以二句　謂此依環境為進退，即為其所束縛。以，依。⓫慕　心向。⓬羶　羊臊氣味。⓭羶行　使人愛慕之品行。⓮三徙成都　相傳舜三度遷移住處，百姓慕其德而從，所至處自成都邑。⓯鄧　地名。在今河南鄧縣。⓰虛　區域。⓱十有萬家　即十萬家。有，通「又」。⓲舉　用。⓳童土　無草木（即光禿）之地。⓴來　通「賚」。賜。㉑澤　恩澤。㉒年齒　年齡。㉓聰明　聽力與視力。㉔不比　不親和。㉕抱　守。㉖煬　借作「養」。㉗和　指內心之平和。㉘於　猶「如」。㉙知　同「智」。蟻慕羊肉，是其智。㉚得計　謂魚得水而自在，喻人得道而逍遙。計，合（《說文》：「計，會也。」段注：「會，合也」）。㉛棄意　棄其以羊臊引誘之意，喻棄以品行使人愛慕之心。㉜以目三句　謂閉目塞聽，無所用心。以目視目，意謂目不外視。以耳聽耳，意謂耳不外聽。以心復心，意謂心不外騖。復，歸。㉝其平也繩　謂其安寧時有所準。㉞其變也循　謂其處變之時有所循。㉟以天待之　以天道自然對待之。㊱人　人為。㊲入　干預。㊳古之真人　四字疑涉上而衍。㊴得之五句　作者以藥為喻以明所謂「以天待之，不以人入天」之理。謂藥之對於人之生死作用無定，要在得其所用，即循乎自然而不可強以人為。㊵實　指藥材。㊶堇　即烏頭。有毒植物，但可入藥。㊷桔梗　草本植物，根可入藥。㊸雞壅　亦稱雞頭。水生植物，種子即芡實，可食用，亦可入藥。㊹豕零　即豬苓。藥草名。㊺是　此，指上列眾藥。㊻時　適其時宜。㊼帝　君藥，指眾藥配伍中的主藥。時為君藥，說明君藥不專於一，當視病而異。㊽何可勝言　謂用藥之循乎自然事本紛繁且無窮盡，故無可盡言。

【語　譯】有自美者，有偷安自得者，有傴僂者。所謂自美者，學習一先生之學說，則十分自美而私自喜悅，自以為滿足了，而不知未曾有物，因此稱之為自美者。偷安自得者，豬虱即是。選擇頸上長毛中稀疏之處自以為廣宮大園，大腿間與蹄之曲深處、乳間股腳，自以為平安之室與有利之處，不知屠夫一旦舉臂鋪草手持煙火，則自己與豬一起被燒焦。此者依環境為進，依環境為退，此則所謂偷安自得者。傴僂者，是舜。羊肉不心向螞蟻，螞蟻心向羊肉，是羊肉有臊味之故。舜有使人愛慕之品行，百姓喜歡他，故三度遷移住處而所至處即成都邑，至鄧之區域而有十萬家。堯聽說舜賢，把他舉用於不毛之地，說希望得到其賜予之恩澤。舜舉用於不毛之地，年齡已大了，聽力視力已衰了，而不能休息歸家，即所謂傴僂者。因此神人厭惡眾人之至，眾人之至則不親和，不親和則不利。故沒有甚親之人，沒有甚疏之人，持守養護內心之平和，以順應天下，此稱為真人。如螞蟻之棄其智，如魚之得水，如羊之棄其以羶味引誘之意。目不外視，耳不外聽，心不外鶩。能如此者，其安寧時有所準，其處變之時有所循。古之真人，以天道自然對待之，不以人為干預天道自然。得到它則生，失去它則死；得到它則死，失去它則生：即是藥。其藥材，堇、桔梗、雞壅、豕零，此者適其時宜而為君藥，何可盡言！

句踐❶也以甲楯❷三千棲❸於會稽❹，唯種❺也能知亡之所以存❻，唯種也不知其身之所以愁❼。故曰：鴟❽目有所適❾，鶴脛有所節❿，解之⓫也悲。故曰：風之過，河也有損焉⓬；日之過，河也有損焉⓭。請只風與日相與守河，而河以為未始其攖也，恃源而往者也⓮。故水之守土也審，影之守人也審，物之守物也審⓯。故目之於明⓰也殆⓱，耳之於聽⓲也殆，心之於殉⓳也殆。凡能⓴其於府㉑也殆，殆之成也不給改㉒，禍之長㉓也茲㉔萃㉕。其反㉖也緣功㉗，其果㉘也待久。而人以為己寶㉙，不亦悲乎！故有亡國戮民無已㉚，不知問是㉛也。故足之於地也踐，雖踐，恃其所不蹍㉜而後善博㉝也；人之於知也少，雖少，恃其所不知而後知天之所謂㉞也。知大一㉟，知大陰㊱，知大目㊲，知大均㊳，知大方㊴，知大信㊵，知大定㊶，至矣。大一通之㊷，大陰解之㊸，大目視之㊹，大均緣之㊺，大方體之㊻，大信稽之[47]，大定持之[48]。盡有天[49]，循[50]有照[51]，冥[52]有樞[53]，始[54]有彼[55]。則其[56]解之也似[57]不解之者，其知[58]之也似不知之也，不知而後知之。其問之[59]也，不可以有崖，而不可以無崖[60]。頡滑[61]有實[62]，古今不代[63]，而不可以虧，則可不謂有大揚搉[64]乎！闔[65]不亦問是[66]已[67]？奚[68]惑然[69]為[70]？以不惑解惑，復[71]於不惑，是[72]尚[73]大[74]不惑。

【章　旨】此節論述人如何得安而避禍。以為外物相擾，持道則可自安；若心存貪求而視己能為寶，此乃禍之所由。次則論道。謂既要認識道不可知，又當知道之實存。它主宰並作用於萬物，無可替代，人能循道則光明。

【注　釋】❶句踐　春秋末年越國君主。❷甲楯　亦作「甲盾」，本為兵器，此指披甲執盾之士兵。❸棲　處。❹會稽　山名。在今浙江紹興市東南。句踐被吳王夫差戰敗，以殘兵三千（或云五千）困於會稽，屈膝求和。❺種　文種。楚人，仕於越為大夫。吳敗越，他與范蠡等共輔句踐發憤圖強，終於滅吳復仇。❻所以存　保存越國之辦法。❼所以愁　憂患之緣起。越滅吳後，范蠡隱退，並勸文種亦退身，曰句踐為人，可與共患難，不可同安樂。文種不聽，後句踐果賜之劍使自殺。❽鴟　貓頭鷹一類的鳥。❾有所適　適於夜視。其目視物夜明而晝暗。〈秋水〉曰：「鴟鵂夜撮蚤，察毫末，晝出瞋目而不見丘山。」❿有所節　言適於長。節，猶「適」。⓫解之　指去除其夜視長歷之天賦。此喻文種性有所暗，無以解救。⓬風之二句　謂風吹過河面會帶走水分，故曰有損。損，減少。⓭日之二句　謂日運行而照射河面會蒸發水分，故曰有損。⓮請只三句　喻若本於道則雖有外物相擾而能自安。「請只」二字，疑當在「恃源而往者也」之上而誤植於此。請，實在。相與，一起。守，不離。指風吹日照不止。未始，未曾。攖，擾。⓯故水三句　謂事物出於自然之相守附，故安定。審，安定。影，指人之影。人，指人之形。⓰明　指視力明晰。⓱殆　危。⓲聰　指聽力靈敏。⓳殉　貪；追求。⓴能　才能。㉑府　懷有。㉒不給改來不及改變。㉓長　滋生。㉔茲　愈益。㉕萃　眾多。㉖反　指背道。㉗緣功　因於事功。㉘果　結果。㉙以為己寶　言以目之明、耳之聰、心之求、才能之施展為己寶。㉚無已　不止。㉛是　此。指禍之所由。㉜所不蹍　不踐踏之地。㉝善博　言以足所踐之寬度為安穩。善，安穩。博，寬度。㉞天之所謂　即所謂之天道。因人所不知正反映出道之不可知性，故云。㉟大一　指道使天地萬物歸於同一。㊱大陰　指道本身和其作用之玄冥莫測。㊲大目　指道之宏觀審視。㊳大均　指道之均衡作用。㊴大方　指六合。此謂道在空間上寬廣無垠。㊵大信　大誠。指道真誠無偽。㊶大定　指道使天下安寧。㊷通之　同一萬物。㊸解之　言在玄冥中化解萬物。㊹視之　審視萬物。㊺緣之　伴隨萬物。㊻體之　容納萬物。㊼稽之　使萬物相應合。稽，相合。㊽持之　使萬物保全。㊾盡有天　謂上述七「大」全在於天道。有，猶「在」。㊿循　指遵循天道。(51)有照　存在光明。照，明。(52)冥　玄冥之中。(53)有樞　存在樞要。(54)始　原初。(55)有彼　存在天道。彼，即指天道。(56)其　指道。(57)似　通「以」。(58)知　主宰。(59)之　指道。(60)不可以二句　以時空論，道既見於有限，又見於無限，故不可拘於一偏。有崖，有限。無崖，無限。(61)頡滑　錯亂。此指紛繁錯雜之萬物世界。(62)有實　有實在之道。(63)不代　不可替代。(64)大揚搉　大致約略。謂對於道知其大略。(65)闔　通「盍」。何故。(66)是　此。指道之大略。(67)已　猶「乎」。(68)奚　為何。(69)惑然　疑惑貌。(70)為　呢。(71)復　至。(72)是　此。(73)尚　庶幾；或許。(74)大　大略。

【語　譯】句踐憑披甲執盾之三千士兵處於會稽，只有文種能知道保存危亡之越國之辦法，只有文種不知道其自身憂患之緣起。因此說：鴟目之視適宜於夜晚，鶴之腿適宜於長，去除其夜視長腿之天賦則悲哀。因此說：風之吹過河面，河水有所減少；日光之經過河面，河水有所減少。風與日一起作用於河面，而河水以為未曾有所擾，實在只因依恃有源而往流之故。故水之守附於土則安定，人之影守附於其形體則安定，物之守附於物則安定。故目之於視力明晰則危，耳之於聽力靈敏則危，心之於貪求則危。凡懷其才能則危，危難之成則不及改變，禍患之滋生愈益眾多。其背道則因於事功，其結果則待日久自至。而人以目明耳聰心求懷才為己之寶，不悲哀嗎！因此發生亡國誅殺民眾之事不止，這是由於不知顧問此禍之由來之故。故足之於地面起著踐踏之作用，雖然起踐踏之作用，而只有依靠不踐踏的部分然後成為安穩之寬度；人之所知者少，雖然少，只有憑其所不知者然後知道天道自然之所為。知道大一，知道大陰，知道大目，知道大均，知道大方，知道大信，知道大定，極致了。大一者同一萬物，大陰者在玄冥中化解萬物，大目者審視萬物，大均者伴隨萬物，大方者容納萬物，大信者使萬物相應合，大定者使萬物保全。全在於天道自然，循天道自然則存在光明，玄冥之中存在樞要，彼天道初始即存在。則道之化解萬物乃以其不事化解，其主宰萬物乃以其不事主宰，不事主宰然後為主宰萬物。問道，不可以為有限，又不可以為無限。在紛繁錯雜之萬物世界中確有其實，古今不可替代，亦不可以虧損，如此則能不說對於道有了大略之瞭解嗎！為何不問此大略呢？為何疑惑呢？以不疑惑消解疑惑，至於不疑惑，此或許大體不疑惑。

【研析】本文主要論述身心修養、治世之道與道之作用等。關於身心修養，認為要以胸中之誠應和天地之平靜諧和，如得道者之不求名利地位，閉目塞聽，心不外鶩，不為外物所動，無所親疏，寧靜淡泊，從而求得自我返歸。以為世人則違背此道，其或滿足嗜欲，滋生好惡之情，以傷害本性；或憑其耳聰目明，持其才能與貪心，尋求事功與名聲；社會上各色之人各有所事與所求，沉溺其中而不能自拔，以至於身心疲憊。以為凡此皆足以危害身心，而世人不察，奉之以為寶，實為可悲。作者對於身心修養，主張清心寡欲，凡有背於此者，則一概予以排斥。其說明顯為偏見。如上云社會上人各有所事與所求，此為極為正常之現象，只要不是有害，則無可指責。作者於此亦以為非是，則已使自身陷於謬誤。倘若人人無所事無所求，則豈會有社會之存在！就是作者本人，亦是有所事有所求，則豈不連自身亦給否定了！

關於治世之道，以為治者當有相容天地之懷，順應天道自然，優遊自處，而不以人為干預，凡有害於人之本性者則當擯棄，雖澤及天下而人所不知。為官任職者對上當忘其任事，使其下得其安樂，於事放任而不聞不問。與此相反，認為既不能為滿足自己之嗜欲而苦一國之民，亦不可行仁義之政而危害天下。行仁義之政怎麼會危害天下呢？作者以為，行仁義者本為虛假，並無誠心，況且假借仁義者其人為數眾多，這就給貪欲者提供工具。能識破有人假借仁義以行其無道，敢於揭露其真相，顯示出作者過人的識見與膽略。然而以為行仁義者盡出於虛假，是為誆騙之術，則失之偏頗，其誤顯然。

此文亦論及道之作用，以為道能主宰萬物，同一萬物，化解萬物，審視萬物，伴隨萬物，容納萬物，使萬物相應合，以保全萬物。對道之作用作了較為全面的概括。值得注意的是，作者在此提出了道之主宰似不主宰，不主宰而後主宰之之說。既肯定了道之主宰作用，又指明了其主宰不訴諸手段，說得比較周全。

子綦使九方歅相子一則寓言頗可注意，作者通過子綦之子梱的遭遇，說明子綦與其子梱雖然力求超脫世俗而順從天道，卻難以逃脫來自世俗之災禍。這很顯然是對於一味宣揚超世離俗說者提出質疑：生存於現實社會，果真能實現超脫嗎？故其寓意應該說是十分深刻的。

匠石斫堊之寓言極為生動。匠石與郢人之間的密切配合，是以高度信賴為基礎，且匠石之動作不容有絲毫的差失，驚險可謂無以復加，說明能相契合者世罕其人。

則陽第二十五

【題解】本文以篇首首句開首之人名為篇名。全文主要論述保養心性，主張師法天道自然，使內心淡泊虛靜，使道自存，由此而可獲得真知。使心性失其養，則必致喪失本性，以致身罹疾患。文中論及治道，以為當任其自然而使之隨成。指斥今之統治者訴諸立法治國與聚斂財貨，致使社會災難深重。此文亦兼論道，認為其非實有，亦非為無；其無可言表，亦非能默示；其運行無有始終，無有窮盡。道之作用是生成並主宰萬物，

則陽❶遊❷於楚，夷節❸言之於王，王未之見，夷節歸❹。彭陽見王果❺，曰：「夫子何不譚❻我於王？」王果曰：「我不若公閱休❼。」彭陽曰：「公閱休奚為❽者邪？」曰：「冬則擉❾鼈於江，夏則休乎山樊❿。有過而問者，曰：『此予宅也。』夫夷節已不能，而況我乎！吾又不若夷節。夫夷節之為人也，無德而有知⓫。不自許，以之神其交⓬；固顛冥乎富貴之地⓭，非相助以德⓮，相助消⓯也。夫凍者假衣於春，暍者反冬乎冷風⓰。夫楚王之為人也，形⓱尊而嚴；其於⓲罪⓳也，無赦如虎。非夫佞人，正德⓴其孰能橈㉑焉！故聖人其窮㉒也，使家人忘其貧；其達也，使王公忘爵祿而化卑㉓；其於物也，與之㉔為娛㉕矣；其於人也，樂物之通㉖而保己㉗焉。故或不言而飲㉘人以和㉙，與人並立而使人化。父子㉚之宜㉛，彼

其㉜乎歸居㉝，而一㉞閒其所施㉟。其於人心者，若是其遠也，故曰待公閱休。」

【章　旨】此節記述則陽在楚為謀求官職而欲見楚王，為此求助於楚臣王果，王果讓其待隱士公閱休之至。以為公閱休之為人，不僅安於隱居生活，淡泊之心迥異於世人，而且能使人潛移默化。王果之意在借助公閱休以使其淡泊名利之心。

【注　釋】❶則陽　姓彭，名陽，字則陽。疑虛構之人名。❷遊　求官職。❸夷節　姓夷，名節，楚臣。❹歸　指罷朝歸家。❺王果　楚之賢大夫。❻譚　稱道。❼公閱休　隱者之號。❽奚為　何為，即作何事。❾擉　戳；刺。❿山樊　山旁。⓫知　同「智」。⓬不自許二句　即所謂「有智」。自許，稱道自己。之，此。神，謹慎。交，交往。⓭固顛冥句　即言其「無德」。顛冥，猶「迷惑」。⓮相助以德　謂以德助人。相助，助人。⓯消　指損德。⓰夫凍者二句　比「相助以德」。夫，猶「彼」。假衣於春，謂憑藉春日之溫暖以為衣。假，假借。暍，中暑。反冬乎冷風，當作「反冷風於冬」。反，同「返」。⓱形　容貌。⓲於　給予。⓳罪　懲罰。⓴正德　品德正直之人。㉑橈　曲。謂屈從。㉒窮　困厄。㉓化卑　變得卑下。㉔與之　以物給人。㉕娛　樂。㉖通　共。言共用。㉗保己　保養自身。㉘飲　浸潤。㉙和　平和。㉚父子　泛指長幼。㉛宜　所安（《說文》）。㉜其　通「期」。㉝歸居　猶「歸宿」。㉞一　完全。㉟所施　所為。

【語　譯】則陽在楚國謀求官職，夷節告知楚王，楚王不接見他，夷節罷朝歸家。彭陽見王果，說：「先生為何不向楚王稱道我？」王果說：「我不如公閱休。」彭陽說：「公閱休作什麼的邪？」說：「冬則在江中刺鱉，夏則在山邊休息。有人經過而問，說：『這是我的住宅。』夷節已不能，何況我呢！我又不如夷節。夷節之為人，無德而有才智。不稱道自己，以此而使其交往謹慎；本來迷惑於富貴之地位，不是以德助人，而是助人損德。那受凍者憑藉春日之溫暖以為衣，中暑者返回冬日之冷風。楚王之為人，容貌尊貴而威嚴，他之懲罰人，不赦免如虎。要不是那種奉承巴結之人，品德正直之人誰能屈從於他！故聖人處於困厄之時，使其家人忘其貧；處於通達之時，使王公忘爵祿而變得卑下；其於物，以物給人而為樂；其於人，樂於物之共用而保養自身。故有時不言而以平和浸潤人，與人並立而使人變化。父子長幼之相安，是他們所期望之歸宿，其之所為則完全付之閒暇。其於人心，如此之疏遠，因此說等待公閱休。」

聖人達❶綢繆❷，周盡❸一體矣，而不知其然❹，性也。復命搖作❺而以天❻為師❼，人則從而命之❽也。憂乎知而所行恆無幾時，其有止也若之何❾？生而美者，人與之鑑❿，不告則不知其美於人也。若⓫知之，若不知之，若聞之，若不聞之，其可⓬喜也終無已⓭，人之好之亦無已，性也。聖人之愛人也，人與之名，不告則不知其愛人也。若知之，若不知之，若聞之，若不聞之，其愛人也終無已，人之安之⓮亦無已，性也。

【章旨】此節由公閱休之為人處世而引論，謂聖人以天道自然為師法，故其之愛人乃出於本性，不論有無所知所聞，皆始終若一。

【注釋】❶達　明曉。❷綢繆　纏縛貌。此指萬物世界事物相互牽制之關係。❸周盡　指一切事物。❹不知其然　言聖人不知自己所以如此。❺復命搖作　謂聖人之或靜或動。復命，指靜寂。《道德經》十六章曰：「夫物芸芸，各復歸其根。歸根曰靜，是謂復命。」搖作，動作。❻天　自然。❼師　法。❽命之　稱其為聖人。❾憂乎二句　此就世人而言。而，猶「其」。所行，指生命之歷時。若之何，為之奈何。❿鑑　照。此謂比照。⓫若　猶「或」。⓬可　猶「所」。⓭無已　不止。⓮安之　安於聖人之愛。

【語譯】聖人知曉萬物世界之事物皆相互牽制，然而一切事物本為一體，而其不知自己所以如此，此乃本性使他如此。其或靜寂或動作以自然為法，人們則從而稱其為聖人。世人之所憂，在其知生命歷時恆無幾時，隨即終止，為之奈何？人生而美者，別人與他比照，不告則不知其比人美。其或知己美，或不知，或聞，或不聞，而始終樂其所樂，人們之喜好其美亦不止，兩者皆自然本性所致。聖人之愛人，人們給予他聖人之名，不告則不知其愛人。其或知愛人，或不知，或聞，或不聞，其愛人始終不止，人們之安於聖人之愛亦不止，此亦本性使他們如此。

舊國舊都，望之暢然❶。雖使❷丘陵草木之緡❸，入❹之者十九❺，猶之❻暢然。況見見聞聞❼者也，以十仞之臺縣眾間者也❽。冉相氏❾得其環中❿以隨成⓫，與物無終無始，無幾無時⓬。日與⓭物化者，一⓮不化者也，闔⓯嘗舍之。夫師天⓰而不得師天⓱，與物皆殉⓲，其以為事也若之何⓳？夫聖人未始有天，未始有人，未始有始，未始有物⓴，與世偕行㉑而不替㉒，所行㉓之㉔備㉕而不洫㉖，其合之也若之何㉗？湯得其司御門尹㉘登恆㉙為之傅㉚之，從師㉛而不囿㉜，得其隨成。為之司㉝，其名㉞。之㉟名、嬴法㊱，得其兩見㊲。仲尼之盡慮為之傅之㊳。容成氏㊴曰：「除日無歲㊵，無內無外㊶。」

【章旨】此節論述聖人內心虛靜而道存，以自然為法則，任物自然而使之隨成。湯對於他的輔佐者，即能聽從而不加管束，故即成其事。孔子亦以無所思慮輔佐其君。

【注釋】❶暢然　喜悅貌。❷雖使　即使。❸緡　盛。❹入　蔓延侵入。❺十九　十分之九的面積。❻猶之　還是如此。

❼見見聞聞　見所曾見聞所曾聞。❽以十仞句　喻其事理顯然。以，猶「如」。縣，同「懸」。顯示。❾冉相氏　傳說之古帝名。❿得其環中　見〈齊物論〉「樞始得其環中，以應無窮」注。⓫隨成　即成。⓬與物二句　謂其與萬物同處於無始無終、無年歲亦無時日之中。幾，通「紀」。年歲。⓭與　隨。⓮一　指「師天」。⓯闔　何。⓰師天　以天為師，即以自然為法。⓱不得師天　不明師天之意。師天之意即「得其環中以隨成」而「一不化」。⓲殉　喪生。⓳其以為句　言其如此行事如何。意謂絕不可取。⓴夫聖人四句　謂聖人內心虛無，從不存有天、人、始、物等意念。謂「未始有天」者，意謂內心不存有天道之意念。因為道本心靈虛靜而自生，所謂「唯道集虛」即此意。㉑與世偕行　隨世俗而為。㉒不替　不改易。㉓所行　行事。㉔之　至。㉕備　成。㉖不洫　無壞敗。㉗其合句　意謂唯此為是。合之，指合於天道。㉘司御門尹　官名。㉙登恆　人名。㉚傅　輔佐。㉛從師　聽從輔佐者。㉜不囿　不加束縛。㉝司　主司。㉞名　有名聲。㉟之　猶「其」。㊱嬴法　美好之法範，指從師不囿以得隨成。㊲兩見　即體現其名聲與其嬴法。見，體現。㊳仲尼句　謂孔子以無思無慮輔佐國君。盡慮，絕慮，即無思無慮。㊴容成氏　傳說上古之帝，已見〈胠篋〉。㊵除日無歲　無日則無歲。㊶無內無外　意謂無內之虛無以存道則無外之隨成。

【語譯】舊國舊都，望見它心中喜悅。即使生長於丘陵之茂盛草木，蔓延侵入已居其十分之九之面積，也仍然如此喜悅。何況見到其所曾見聽到其所曾聽到者，此種情意之明顯如同十仞高之臺出現在眾人中間一樣。冉相氏得知處於環中心之道樞而即成，與萬物同處於無始無終、無年歲亦無時日之中。逐日隨萬物而變化，以自然為法之態度則不變，何曾放棄它。人以自然為法而不明其意，隨物而皆喪其生，則其如此行事怎麼樣？聖人內心未曾有天道，未曾有人，未曾有初始，未曾有物，隨世俗而為而不改易，行事至其成而無所壞敗，其之合於天道怎麼樣？湯得到其司御門尹登恆為其作輔佐，聽從輔佐者而不加管束，隨即得其成。湯為之主司，其有君主之名聲。其有君主之名聲、美好之法範，兩者皆得以體現。孔子以無思無慮輔佐國君。容成氏說：「無日則無歲，無內則無外。」

魏瑩❶與田侯牟❷約，田侯牟背之。魏瑩怒，將使人刺之。犀首❸聞而恥之，曰：「君為萬乘之君也，而以匹夫❹從讎❺。衍請受甲❻二十萬，為君攻之，虜其人民，係其牛馬，使其君內熱❼發於背❽，然後拔❾其國。忌❿也出走，然後抶⓫其背，折⓬其脊。」季子⓭聞而恥之，曰：「築十仞之城，城者既十仞矣，則又壞之，此胥靡⓮之所苦也。今兵不起七年矣，此王之基⓯也。衍，亂人⓰，不可聽也。」華子⓱聞而醜之⓲，曰：「善言伐齊者⓳，亂人也，善言勿伐者⓴亦亂人也，謂伐之與不伐亂人也者㉑又亂人也。」君曰：「然則若何？」曰：「君求其道㉒而已矣。」

【章　旨】此節述梁惠王怒田侯牟背約而欲行刺之，公孫衍言當武力討伐以雪仇，季子以為武力討伐對雙方皆有害，華子則勸其以清靜無為之道處之。繼後戴晉人以蝸角爭戰之寓言啟導惠王當放眼無窮之境，對於爭戰之事當藐視而鄙棄之，惠王因之而感悟。

【注　釋】❶魏瑩　即梁惠王，名瑩，戰國魏國君主。❷田侯牟　齊國君主，名牟。然考史載戰國齊君無名牟者，其人其事皆作者之虛構。❸犀首　戰國魏官名。公孫衍曾為此官，故借以稱其人。公孫衍，魏人，任事於秦魏間。❹以匹夫　謂以匹夫之道。❺從讎　逐討仇敵。讎，同「仇」。❻受甲　授予甲士。❼內熱　體內燥熱。❽發於背　謂內熱見於外癰而背生癰疽。❾拔　攻取。❿忌　田忌。齊將。⓫抶　鞭打杖擊。⓬折　斷。⓭季子　魏臣。⓮胥靡　此指築城刑徒。⓯基　治國之本。⓰亂人　滋生禍亂之人。⓱華子　魏臣。⓲醜之　以季子之言為可惡。《說文》：「醜，可惡也。」⓳善言伐齊者　指公孫衍。⓴善言勿伐者　此指季子。季子注重功業，將致禍患，故亦指為亂人。㉑謂伐之與不伐亂人也者　此華子自指。華子辨明是非，亦將致禍患，故指己為亂人。㉒其道　指清靜無為之道。

【語譯】魏瑩與田侯牟相約，田侯牟違背協定。魏瑩怒，將使人行刺他。公孫衍聽到其事而以之為可恥，說：「君是萬乘之君，而以匹夫之道逐討仇敵。衍請授予甲士二十萬，為君攻打齊國，俘虜其人民，繫歸其牛馬，使其君體內燥熱發於背，然後攻取其國。田忌出走，然後鞭打其背，斷其脊梁。」季子聽到此言而以為可恥，說：「建築十仞高之城牆，城牆既已十仞了，而又破壞它，此刑徒之所苦。現在不起兵已七年了，此君王治國之本。衍，是滋生禍亂之人，不可聽。」華子聽到此言而以為可惡，說：「善於言說討伐齊國者是滋生禍亂之人，善於言說不可討伐者亦是滋生禍亂之人，說討伐齊國與不可討伐是滋生禍亂之人。」君說：「如此則怎麼辦？」說：「君求其道而已。」

惠子聞之，而見❶戴晉人❷。戴晉人曰：「有所謂蝸❸者，君知之乎？」曰：「然。」「有國❹於蝸之左角❺者，曰觸氏❻；有國於蝸之右角者，曰蠻氏。時❼相與❽爭地而戰，伏尸❾數萬，逐北❿旬有⓫五日而後反⓬。」君曰：「噫！其虛言⓭與！」曰：「臣請為君實之⓮。君以⓯意⓰在四方上下有窮乎？」君曰：「無窮。」曰：「知遊心⓱於無窮，而反⓲在通達之國⓳，若存若亡⓴乎？」君曰：「然。」曰：「通達之中有魏，於魏中有梁㉑，於梁中有王。王與蠻氏有辯㉒乎？」君曰：「無辯。」客出，而君惝然㉓若有亡㉔也。客出，惠子見。君曰：「客，大人㉕也，聖人不足以當之㉖。」惠子曰：「夫吹管㉗也，猶有嗃㉘也；吹劍首㉙者，吷㉚而已矣。堯舜，人之所譽也。道堯舜於戴晉人之前，譬猶一吷㉛也。」

【注　釋】❶見　引見。❷戴晉人　姓戴，字晉人，魏之賢者。❸蝸　蝸牛。❹國　建國。❺左角　頭部左側之觸角。❻觸氏　建國者之稱號。下「蠻氏」同。❼時　常。❽相與　相互。❾伏尸　倒斃之屍體。❿逐北　追逐敗逃之敵。⓫有　通「又」。⓬反　同「返」。⓭虛言　空話。⓮實之　證實之。⓯以　依。⓰意　猜測。⓱遊心　即「心遊」。⓲反　同「返」。⓳通達之國　指四海之內。通達，指人所通達。國，地域。⓴若存若亡　猶云若有若無。㉑梁　魏都。在今河南開封。㉒辯　通「辨」。區別。㉓惝然　失意貌。㉔亡　失。㉕大人　偉人。㉖當之　與之相當。㉗管　管樂器。㉘嗃　指吹管樂器所發出的聲音。㉙劍首　劍環頭之小孔。㉚吷　口吹物發出之小聲。㉛譬猶一吷　喻不值一聽。

【語　譯】惠子聽說其事，而引見戴晉人。戴晉人說：「有稱為蝸牛者，君知道牠嗎？」說：「是的。」說：「有在蝸牛之左側觸角建國者，稱為觸氏；有在蝸牛之右側觸角建國者，稱為蠻氏。時常相互為爭地而戰，倒斃之屍體有數萬，追逐敗逃之敵十五日然後返回。」君說：「噫！這是空話吧！」說：「臣請為君證實其事。君猜想在四方上下有窮盡嗎？」君說：「沒有窮盡。」說：「知道使心遊於無所窮盡之境，返回而在人所通達之地域，若有若無嗎？」君說：「是的。」說：「在人所通達之地域之中有魏，在魏之中有梁，在梁之中有王。王與蠻氏有區別嗎？」君說：「沒有區別。」客出門，而君之神色若有所失。客出門，惠子見君。君說：「客，是偉人，聖人不足與之相當。」惠子說：「吹管樂器，尚且有聲響；吹劍首之環孔，則些微之聲而已。堯舜，是人所稱道之人。在戴晉人之前說堯舜，譬如一吹發出之些微之聲。」

孔子之❶楚，舍❷於蟻丘❸之漿❹。其鄰有夫妻臣妾❺登極❻者。子路曰：「是❼稯稯❽何為❾者邪？」仲尼曰：「是聖人僕❿也。是⓫自埋⓬於民，自藏於畔⓭。其聲銷⓮，其志無窮。其口雖言，其心未嘗言。方且⓯與世違⓰，而心不屑與之俱⓱。是陸沉⓲者也，是其⓳市南宜僚邪？」子路請往召之。孔子曰：「已⓴矣！彼知丘之著㉑於己也，知丘之適㉒楚也，以丘為必使楚王之召己也，彼且㉓以丘為佞人也。夫若然者，其於佞人也，羞聞其言，而況親見其身乎！而何以為存㉔？」子路往視之，其室虛矣。

【章旨】此節述孔子至楚，適遇市南宜僚之依附者。孔子以為市南宜僚是隱世之聖人，志本清遠，故不屑與世俗同流，亦不屑見己。事果如孔子所言，其已聞訊避去。

【注釋】❶之　至。❷舍　止息。❸蟻丘　山丘名。❹漿　賣漿家。❺臣妾　男女僕隸。❻極　平頂屋之屋頂。登極以觀望孔子一行。❼是　此。指鄰之夫妻臣妾。❽稯稯　聚集貌。❾何為　為何。❿聖人僕　言聖人之徒。聖人，指市南宜僚。市南宜僚，見〈山木〉注。⓫是　此。指聖人市南宜僚。⓬自埋　自隱。⓭畔　本意謂田界，此指田園。⓮聲銷　名聲沉寂。⓯方且　將。⓰與世違　與世俗之人背道而馳。⓱俱　同流。⓲陸沉　隱於世。⓳其　大概。⓴已　止。㉑著　明。㉒適　往。㉓且　猶「會」。㉔何以為存　即「何以存為」，謂為何要在家呢。

【語譯】孔子至楚國，止息於蟻丘賣漿人家。其家之鄰居有夫妻男女僕隸登平頂屋之屋頂者。子路說：「這些聚集者做什麼呀？」仲尼說：「這些是聖人之徒從。此聖人自隱於民眾之中，自藏身於田園。其名聲沉寂，其志向無窮。其口雖言，其心未嘗言。將與世俗之人背道而馳，其心意不屑與之同流。此人是隱於世者，此人大概是市南宜僚吧？」子路請前往召請他。孔子說：「罷了！他知道我明白自己，知道我前往楚國，以為我必然使楚王召見自己，他會以為我是諂佞之人。如此，其對於諂佞之人，以聽其言為恥，何況親見其人呢！則為何要在家呢？」子路前去看他，其居室已無人了。

長梧❶封人❷問❸子牢❹曰：「君為政❺焉勿鹵莽❻，治民焉勿滅裂❼。昔予為禾⑧，耕⑨而鹵莽之，則其實亦鹵莽而報予⑩；芸⑪而滅裂之，其實亦滅裂而報予⑫。予來年⑬變齊⑭，深其耕而熟耰⑮之，其禾蘩以⑯滋⑰，予終年厭飧⑱。」莊子聞之曰：「今人之治⑲其形⑳，理其心，多有似封人之所謂㉑，遁其天㉒，離其性，滅其情㉓，亡㉔其神，以㉕眾為。故鹵莽其性者，欲惡之孽為性㉖。萑葦㉗，蒹葭始萌㉘，以扶㉙吾形，尋㉚擢㉛吾性。並潰漏㉜發，不擇所出，漂疽㉝疥癰、內熱溲膏㉞是也。」

【章旨】此節長梧封人以禾之得養與否其成果亦別之例說明治政治民亦相類似。莊子則藉以論述心性之養護，以為今人失其養，故不僅喪失其本性，並且致罹深重之疾患。

【注釋】❶長梧　地名。❷封人　守封疆之人。❸問　遺，此謂贈言。❹子牢　不詳。是為政者。❺為政　治理政務。❻鹵莽　粗疏。❼滅裂　草率。❽為禾　種植莊稼。❾耕　犁田。❿則其實句　謂亦以與鹵莽相應的成果回報我。⑪芸　除草。⑫其實句　謂亦以與滅裂相應之成果回報我。⑬來年　第二年。⑭變齊　即齊變，謂耕與芸二者全改變。⑮熟耰　細鋤。⑯以　猶「而」。⑰滋　長。⑱厭飧　飽食。⑲治　與下句「理」為互文。治理，謂養護。⑳形　身。㉑似封人之所謂　言粗疏草率從事。㉒遁其天　改變其天賦。㉓滅其情　泯滅其真樸之情。㉔亡　喪失。㉕以　依。㉖欲惡句　謂萌生之愛惡成其性。欲惡，喜愛與厭惡。孽，通「蘖」。樹木被伐後萌生的枝條。㉗萑葦　兩種蘆類植物。㉘蒹葭始萌　喻「欲惡之孽」。蒹葭，萑葦初生之名。蒹長成後為萑，葭長成後為葦。㉙扶　附。㉚尋　逐漸。㉛擢　引，謂改易。㉜潰漏　因體內潰瘍而流膿。㉝漂疽　皮膚的一種急性化膿性感染。漂，本亦作「瘭」。㉞溲膏　溺糖尿。膏，猶「甘」。

【語譯】長梧守封疆之人向子牢贈言說：「君處理政務不要粗疏，治理百姓不要草率。以往我種植莊稼，犁田而粗疏，則其成果亦以粗疏回報我；除草而草率，則其成果亦以草率回報我。我第二年耕耘二者全改變，深犁而細鋤，其莊稼繁茂而勃長，我終年飽食。」莊子聽到其事而說：「現在之人養護其身，養護其心，多有似守封疆人之所言，改變其天賦，背離其本性，泯滅其真樸之情，喪失其精神，依從眾人之所為。因此粗疏其本性者，萌生之喜愛與厭惡成為其本性，猶如萑葦，蒹葭之始生，由依附於吾身，漸積而改易我之本性。並且體內潰瘍而出現流膿，不擇所出，皮膚之瘭疽疥瘡癰腫、體內爍熱溺糖尿即是。」

柏矩❶學於老聃，曰：「請之❷天下遊。」老聃曰：「已矣！天下猶是❸也。」又請之，老聃曰：「汝將何始？」曰：「始於齊。」至齊，見辜人❹焉，推而強之❺，解❻朝服❼而幕之❽，號天❾而哭之，曰：「子乎！子乎！天下有大菑，子獨先離之❿。」曰：「莫為盜！莫為殺人⓫！」榮辱立⓬，然後覩所病⓭；貨財聚，然後覩所爭。今立人之所病，聚人之所爭，窮困人之身，使無休時，欲無至此⓮，得⓯乎？古之君⓰人者，以得⓱為在民，以失⓲為在己；以正⓳為在民，以枉⓴為在己。故一形㉑有失其形㉒者，退㉓而自責。今則不然，匿為㉔物而愚㉕不識，大為難㉖而罪不敢㉗，重為任而罰不勝，遠其塗⓴而誅不至㉙。民知㉚力竭，則以偽繼之。日出多偽，士民㉛安取㉜不偽！夫力不足則偽，知㉝不足則欺，財不足則盜，盜竊之行，於誰責而可㉞乎？

【章旨】此節述柏矩至齊，見被執之罪人，不禁深為憐憫且為之痛哭，以為天下將有大災難。作者於是發論，以為今日災難之造成其責任全在統治者。因統治者立法治國，使百姓以不能得榮而受辱為患；聚斂財貨，致使百姓爭奪。百姓為此而智盡力竭，又陷於困境，故不得不作偽與盜竊。

【注釋】❶柏矩　姓柏，名矩，魯之賢人。❷之　至。❸是　此處。❹辜人　犯罪人。❺推而強之　言被人推著強迫他行走。❻解　脫下。❼朝服　君臣朝會時穿的禮服。❽幕之　披覆於罪人身上。❾號天　呼天。❿離之　遭遇其災。離，通「罹」。⓫莫為二句　此為作者引述禁令。⓬榮辱立　言制訂得榮或受辱之法令。立，制訂。⓭覩所病　看出人之所患。所患指不得榮或受辱。⓮至此　至此犯罪之地步。⓯得　可能。⓰君　統治。⓱得　成功。⓲失　失敗。⓳正　正確。⓴枉　不正確。㉑一形　一人之狀態。㉒失其形　言失其常態。㉓退　返身。㉔為　猶「其」。㉕愚　一本作「遇」。遇，疑「過」字之誤。過，責。㉖大為難　加大其事之難度。㉗罪不敢　加罪於不敢作者。㉘塗　通「途」。㉙誅不至　懲罰不能到達者。㉚知　同「智」。㉛士民　即人民。㉜安取　何能取向。㉝知　同「智」。㉞於誰責而可　謂能責怪誰。

【語　譯】柏矩學於老聃，說：「請往遊天下。」老聃說：「罷了！天下猶如此處。」又請求之，老聃說：「你將從何處開始？」說：「從齊國開始。」到了齊國，見到犯罪人，被人推著強迫他行走，他脫下朝服披覆在罪人身上，呼天而哭之，說：「你呀！你呀！天下有大災，你一人先遭遇其災。」說：「不可盜竊！不可殺人！」制訂得榮或受辱之法令，然後看出人之所患；財貨聚集，然後看出人之所爭。現在所制訂者是人之所患，所聚集者是人之所爭，使人遭受困厄，使其無有休止之時，欲不至此犯罪之地步可能嗎？古之統治人者，以為成功在於人民，以為失敗在於自己；以為正確在於人民，以為不正確在於自己。因此一人之狀態失其常態，返身而自責。現在則不然，將其物隱匿卻責人不識，加大其事之難度而加罪於不敢作者，加重其責任而處罰不能勝任者，增遠其路程而懲罰不能到達者。人民之才智精力竭盡，則以虛假相繼。逐日出現許多虛假之事，則人民怎能取向不虛偽！力不足則作偽，智不足則欺，財不足則盜竊，盜竊之行為，能責怪誰呢？

蘧伯玉❶行年六十而六十化❷，未嘗不始於是之❸，而卒❹詘之以非❺也。未知今之所謂是之非五十九非也❻？萬物有乎生而莫見其根❼，有乎出而莫見其門❽。人皆尊❾其知❿之所知，而莫知恃其知之所不知⓫而後知⓬，可不謂大疑乎？已乎！已乎！且⓭無所逃⓮。此所謂然與？然乎⓯？

【章　旨】此節以蘧伯玉之見識隨歲時而變化為例說明，人唯依順於道方有真知，世人則重其所知而不知此理，故不免陷於大疑惑之中。

【注　釋】❶蘧伯玉　見〈人間世〉注。❷行年六十而六十化　謂其見識逐時遞變。行年，年紀。❸是之　以之為是。❹卒　終。❺詘之以非　言以為非而棄之。詘，通「黜」。棄。❻未知句　意謂今之所是實亦同於往日所非。是非原無定則。五十九非，五十九年所非。也，猶「邪」。❼根　本源，指道。❽門　即所謂「天門」，為自然造化之門。❾尊　重視。❿知　同「智」。⓫知之所不知　即「智之所不知」，指道，道不可知。⓬後知　然後有真知。⓭且　猶「將」。⓮無所逃　謂世人不可逃避此種大疑惑。⓯此所謂二句　亦意謂是非本無定則。然，是；如此。

【語　譯】蘧伯玉年紀六十而認識六十次變化，未嘗不開始以其為正確，而終了則以為錯誤而拋棄。不知今時以為正確者不是往年五十九次之錯誤呀？萬物有其產生而不見其根源，有其出現而不見其門戶。人們皆重視其智力之所知，而不知依恃其智力之所不知者然後有真知，能不說是大疑惑嗎？罷了！罷了！將不可逃避此種大疑惑。此所言正確嗎？是如此嗎？

仲尼問於大史❶大弢、伯常騫、狶韋❷曰：「夫衛靈公飲酒湛樂❸，不聽❹國家之政❺，田獵畢❻弋❼，不應❽諸侯之際❾，其所以為靈公者何邪❿？」大弢曰：

「是因是⑪也。」伯常騫曰：「夫靈公有妻三人，同濫⑫而浴。史鰌⑬奉御⑭而進所，搏⑮幣⑯而扶翼⑰。其慢⑱若彼⑲之甚也，見賢人若此其肅⑳也，是㉑其所以為靈公也。」狶韋曰：「夫靈公也，死，卜㉒葬於故墓㉓，不吉。卜葬於沙丘㉔而吉。掘之數仞，得石槨㉕焉。洗而視之，有銘㉖焉，曰：『不馮㉗其子㉘，靈公奪而里㉙之。』夫靈公之為㉚靈㉛也久矣，之㉜二人㉝何足㉞以識之㉟！」

【章旨】此節設為孔子問衛之三太史，衛靈公甚為昏亂，為何諡為「靈公」？二人以為其合於「亂而不損」之意，一人則以為見其神靈之故。

【注釋】❶大史　即太史，史官。大，通「太」。❷大弢伯常騫狶韋　三人皆太史之名。❸湛樂　迷戀娛樂。❹不聽　不處理。❺政　政務。❻畢　捕獵之網具。此謂以畢捕獵。❼弋　射獵。❽不應　不應對。❾際　交際。❿其所以句　謂其昏亂如此，何以諡為「靈公」。為，通「謂」。指諡稱。⑪是因是　謂這是由於「靈」包含此意。據《諡法》：「亂而不損曰靈。」⑫濫　浴器。⑬史鰌　即史魚。見〈駢拇〉注。⑭奉御　手捧呈君之物。⑮搏　取。⑯幣　即呈君之物。⑰扶翼　扶持。謂靈公接取其物而以手扶持史魚，以示其對賢臣之敬重。⑱慢　放肆。⑲彼　指與三妻同濫而浴。⑳肅　敬。㉑是　指上述「亂而不損」之事。㉒卜　占卜。㉓故墓　指祖先之墓地。㉔沙丘　地名。在今河北廣宗縣西北大平臺。㉕石槨　石製外棺。㉖銘　刻文。㉗馮　裝，謂安置。㉘其子　即彼子，為對有地位者之稱。㉙里　居。㉚為　有。㉛靈　靈驗。指卜葬與其事相應驗，故諡為「靈」。《諡法》曰：「極知鬼神曰靈。」㉜之　此。㉝二人　指大弢、伯常騫。㉞何足　何能。㉟識之　知之。

【語譯】仲尼問太史大弢、伯常騫、狶韋道：「衛靈公飲酒而迷戀娛樂，不處理國家政務，打獵而用畢弋捕獵，不應對諸侯之交際，其諡為『靈公』是為什麼呢？」大弢說：「這是由於『靈』包含此意。」伯常騫說：「靈公有妻三人，同一浴器洗浴。史魚手捧呈君之物而進洗浴之處，靈公接取其物而扶持史魚。其放肆若那樣過分，見賢人如此之敬重，這是其諡為『靈公』之緣故。」狶韋說：「靈公，死，占卜葬於祖先之墓地，不吉利。占卜葬於沙丘而吉利。掘地數仞，得到石製外棺。清洗而觀看，上有銘文，說：『不安葬哪一位，靈公奪而居之。』靈公之有靈驗久了，此二人怎能知其事！」

少知❶問於大公調❷曰：「何謂丘里❸之言？」大公調曰：「丘里者，合❹十姓百名❺而以為❻風俗也。合異以為同❼，散同以為異❽。今指馬之百體❾而不得馬，而馬係於前者，立其百體❿而謂之馬也。是故丘山積卑⓫而為高，江河合水而為大，大人⓬合并而為公⓭。是以自外入者有主而不執，由中出者有正而不距⓮。四時⓯殊氣⓰，天不賜⓱，故歲⓲成；五官⓳殊職，君不私⓴，故國治；文武㉑大人不賜，故德備㉒；萬物殊理㉓，道不私，故無名㉔。無名故無為，無為而無不為㉕。時有終始，世有變化。禍福淳淳㉖，至有所拂者而有所宜㉗；自殉㉘殊面㉙，有所正㉚者有所差㉛。比於大澤㉜，百材㉝皆度㉞；觀於大山，木石同壇㉟：此之謂丘里之言。」少知曰：「然則謂之道，足㊱乎？」大公調曰：「不然。今計物之數不止於萬，而期㊲曰萬物者，以數之多者號㊳而讀㊴之也。是故天地者，形之大者也；陰陽㊵者，氣之大者也；道者，為之公㊶。因其大以號而讀之則可也，已有之㊷矣，乃將得比㊸哉！則若以斯辯㊹，譬猶狗馬，其不及㊺遠矣。」

【章旨】此節由少知與大公調之間的問答闡述三個論題：一是所謂丘里之言及其與道之比較。丘里之言涉及合異而為同，順自然而不偏私，道無為而無不為，禍福倚伏，材可盡其用等。大公調以為凡此雖皆合於道而非道，道乃一統萬物而無可與比者。二是關於推究萬物產生與消亡之事，以為此乃議之所止。三是對於季真「莫為」、接子「或使」說之評述。大公調以為二說皆局限於物而失其當，議亦因此而起。於是論道，以為對於道不可以為實有，亦不可以為無，其名為「道」，乃屬假借；道既無可言表，亦無可默示；其運行無所始終，無有窮盡。

【注釋】❶少知　虛構人物，為問學者。❷大公調　虛構人物，為得道者。❸丘里　猶鄉里。古時十家為丘，二十家為里。❹合　聚集。❺十姓百名　指姓名眾多之人。❻為　形成。❼合異句　謂異者合而為一。如姓名相異者相聚而為同一丘里。❽散同句　謂同一者分散而成相異之個體。❾百體　指身體之眾多構件。❿立其百體　言使眾多構件各據其位。立，通「位」。⓫積卑　低下者相積累。⓬大人　指得道之人。⓭合并而為公　合單一而為共同。并，專一；單一。⓮是以二句　謂大人即得道之人之涵養。有主，心有主見。不執，不固執。中，心。有正而不距，心有所正而不拒外。距，通「拒」。⓯四時　四季。⓰殊氣　不同的氣候。⓱天不賜　天無所賜予。意謂隨其四季之輪替。⓲歲　一年農事收穫。⓳五官　殷周時分掌政事的五個高級官職，此泛指百官。⓴私　偏私。㉑文武　二字下，據上下文例當補「殊材」二字。㉒備　完備。㉓殊理　不同的原理。㉔無名　道本無名，乃姑且稱之。《道德經》二十五章曰：「吾不知其名，字之曰道。」㉕無不為　無不起其作用。㉖淳淳　流行反覆貌。㉗至有句　此即所謂「禍兮福之所倚」。拂，背逆。㉘殉　追求。㉙殊面　不同取向。㉚正　正確。㉛差　錯。㉜大澤　大藪澤。㉝百材　眾多材料。㉞度　加工木材。此謂可加工而得其用。㉟壇　基。㊱足　可。㊲期　常。㊳號　稱號。㊴讀　言。㊵陰陽　指天地間化生萬物的二氣。㊶為之公　謂為天地萬物之一統者。公，共。㊷有之　指有「道」之名。㊸乃將得比　謂丘里之言不可與道相比。乃，猶「此」。將，猶「豈」。㊹以斯辯　謂以此丘里之言與道相辨別。辯，通「辨」。㊺不及　相差。

【語譯】少知問大公調說：「什麼稱為鄉里之言？」大公調說：「鄉里，是聚合成十成百有姓名者而且形成了風俗。異者相合而為同一，同一者分散而成相異之個體。今分指馬之眾多構件則不能得一完整之馬，而將馬繫於面前，是使馬之眾多構件各據其位而稱之為馬。因此山丘是低下者相積累而成其高，江河是匯合水流而成其大，大人是聚合單一而為共同。因此自外進入內心者心有其主見而不固執，出自內心者因心有所正而不拒外。四季有不同的氣候，天無所賜予，故有一年農事之收穫；五官有不同的職務，君主不偏私，故國家治理；文武官員有不同的才能，大人不賜，故品行完備；萬物有不同的原理，道不偏私，故無其名。無名故無為，無為而無不起其作用。時間有始終，世代有變化。禍福流行反覆，以致在有所背逆之中卻有所宜；所追求之取向各不相同，在正確之中亦有差錯。比之於大藪澤，眾多材料皆可經加工而得其所用；觀於大山，木石同基：此稱為鄉里之言。」少知說：「如此則稱其為道，可以嗎？」大公調說：「不然。現在統計物之數量不止於萬，而通常稱作萬物，這是以數之多者為稱號而言之。因此，天地，是形之大者；陰陽，是氣之大者；道，是為天地萬物之一統者。由於其大而可以作為稱號而言之，已有道之名了，此豈鄉里之言能相比呀！若以此鄉里之言與道相辨別，如同狗馬與道相辨別，其間相差遠了。」

少知曰：「四方之內，六合之裡，萬物之所生，惡起❶？」大公調曰：「陰陽相照❷相蓋❸相治❹，四時相代相生相殺❺，欲惡去就於是橋起❻，雌雄片合❼於是庸❽有。安危相易，禍福相生，緩急❾相摩❿，聚散⓫以成。此名實之可紀⓬，精微之可志⓭也。隨⓮序之相理⓯，橋⓰運⓱之相使，窮⓲則反⓳，終則始。此物之所有，言之所盡，知之所至，極物⓴而已。覩道㉑之人不隨㉒其㉓所廢㉔，不原㉕其所起㉖，此議之所止。」

【注　釋】❶惡起　此前承上文而省略「萬物」二字，讀下文自可知。萬物惡起，謂萬物如何產生。❷相照　相互對應。❸相蓋　相勝。❹相治　相抗。❺相殺　相消亡。❻橋起　猶言蜂起。❼片合　兩者相結合。片，通「牉」。指相結合之兩者中之一方。❽庸　常。❾緩急　謂壽夭。❿相摩　相抗衡。⓫聚散　謂生死。氣聚則生，氣散則死。⓬紀　通「記」。⓭志　通「誌」。認識。⓮隨　順。⓯理　從事。⓰橋　桔槔。⓱運　動。指其衡之升降。⓲窮　盡。指衡升至盡處。⓳反　折返。⓴極物　限於物。極，盡。㉑覩道　明道。㉒隨　追究。㉓其　指萬物。㉔廢　消亡。㉕原　推究。㉖起　產生。

【語　譯】少知說：「四方之內，六合之中，萬物之所生長，它們是如何產生？」大公調說：「陰陽二氣相對應相勝相抗，四季相替代相遞生相消亡，喜愛厭惡離棄趨就於是蜂起，雌雄兩者相結合於是常有。安危相變易，禍福相滋生，壽夭相抗衡，生死因此而定。此名實之可記，精微之可認識。當順其序以從事其事，有如桔槔之順其衡之升降以得其用，衡升至盡處則折返，終而復始。此為事物之所有，言之所盡，知之所至，此則限於物而已。明道之人不追究萬物消亡之事，不推究萬物產生之事，此則議論之所止。」

少知曰：「季真❶之莫為❷，接子❸之或使❹，二家之議，孰正於其情❺，孰偏❻於其理？」大公調曰：「雞鳴狗吠，是人之所知，雖有大知❼，不能以言讀❽其所自化❾，又不能以意❿其所將為。斯⓫而析之，精⓬至於無倫⓭，大至於不可圍⓮。或之⓯使，莫之為，未免於物⓰而終以為過。或使則實⓱，莫為則虛⓲。有名有實，是⓳物之居⓴；無名無實㉑，在物之虛㉒。可言可意㉓，言而愈疏㉔。未生不可忌㉕，已死不可徂㉖。死生非遠㉗也，理不可覩㉘。或之使，莫之為，疑之㉙所假㉚。吾觀之㉛本㉜，其往無窮；吾求之末，其來無止。無窮無止，言之無㉝也，與物同理㉞。

或使莫為，言㉟之本㊱也，與物終始㊲。道不可有㊳，有㊴不可無㊵。道之為名，所假㊶而行㊷。或使莫為，在物一曲㊸，夫胡為㊹於㊺大方㊻？言而足㊼，則終日言而盡道㊽；言而不足，則終日言而盡物㊾。道，物之極㊿，言默不足以載(51)；非言非默(52)，議有所極(53)。」

【注　釋】❶季真　戰國學者。❷莫為　即無為。其說已不得其詳。❸接子　戰國學者。❹或使　即有為。其說亦已不得其詳。❺正於其情　合於事物之情理。❻偏　通「偏」。❼知　同「智」。❽讀　言。❾所自化　所由生，即產生雞之鳴狗之吠之根源。❿以意　此下據上文例疑脫一字，或因重「意」字而誤脫。以意意，謂憑猜想猜測。⓫斯　此；如此。⓬精　微小。⓭無倫　無比。⓮不可圍　無可範圍。⓯之　猶「所」。下句「之」同。⓰未免於物　言局限於物。⓱實　務實。⓲虛　務虛。⓳是　此。⓴物之居　物之所在，即萬物世界。㉑無名無實　指道。㉒在物之虛　言在物所不存在之域。㉓可言可意　皆指道言。㉔言而愈疏　謂以言語表達比意想更為疏遠。因意想者未必能言表。㉕忌　禁。言禁其生。㉖徂　存。言使之存。㉗非遠　謂所常見常聞。㉘覩　明。㉙之　指道。㉚所假　假借之說。㉛之　猶「其」。指道。㉜本　起始。㉝言之無　無以言之。㉞與物同理　言物無所窮盡，實無以言之，道則無異於此。㉟言　議論。㊱本　所自。㊲與物終始　言二說均以物為視點，其議論亦始終停留於物。㊳不可有　言不可以為有其實。㊴有　通「又」。㊵不可無　不可以為無。㊶所假　假借「道」之名稱。㊷行　言。㊸在物一曲　為物之一偏所局限。㊹胡為　即「何謂」。㊺於　猶「比」。㊻大方　大道。㊼足　完善。㊽盡道　言盡合於道。㊾盡物　言盡局限於物。㊿極　至高之主宰。(51)不足以載　謂無可表示。載，任。(52)非言非默　非可以言表，非可以默示。(53)極　已；止。

【語　譯】少知說：「季真之無為，接子之有為，二家之言論誰合於萬物之情理？誰偏離於萬物之情理？」大公調說：「雞鳴狗吠，是人之所知，雖有大智者，不能以言表述其產生之根源，又不能憑猜想猜測其將作什麼。如此而分析之，微小而至於無比，巨大而至於不可範圍。有所為，無所為，局限於物而終失其當。有為則務實，無為則務虛。有名有實，此物之所在；無名無實，在物所不存在之域。道雖可言可意想，而言語表達比意想更為疏遠。未生者不可禁止，已死者不可復存。死生是人所常見，其中之理不可明白。有所為，無所為，是對道有所疑而假借為說。我觀察道之起始，其運行而往無所窮盡；我求其終止，其來無有所止。無所窮盡無有所止，無以言之，與物之無所窮盡無有所止其理相同。有為無為，均以物為視點，其議論亦始終停留於物。道不可以為有其實，又不可以為無。道之作為名稱，是假借而言。有為無為，處於為物之一偏所局限，它們比之於大道怎麼說呢？言而完善，則終日言而盡合於道；言而不完善則終日言而盡為物所拘。道，是物之至高主宰，言與不言都不能表示；非可以言表，非可以默示，此議論之所止。」

【研　析】本文主要亦是論述身心修養、治世之道，以及道與其作用等問題。關於身心修養，主張以天道自然為師，鄙棄名利，離世脫俗，無所思慮，內心淡泊虛靜，放眼於無窮而使心胸無限寬廣，由此而可獲得真知，使道自存。認為反其道而行，則背離天賦，泯滅真情，使本性改易而喪失，以致身罹疾患。

對於治道，以為保養心性是為前提，心性得養，則為治亦必能任物自然而使之隨成。指出今之統治者卻訴諸立法治國與聚斂財貨，致使百姓智盡力竭於求榮免辱與爭奪財貨，故難免作偽與盜竊。社會之災難深重，當歸罪於統治者。很明顯，作者之見雖然不免其固有之局限，然而敢於仗義執言，鋒芒畢露，是所罕見。

在本文中作者提出聖人之愛人出自其本性的觀點頗可注意。文中雖未說明此所謂「愛人」與儒家之仁愛是否相關，但道家於人際關係素尚淡漠，主張有人之形而無人之情，力斥「愛惡」，故此說當視為破例之論。

對於道，認為不可以為有，又不可以為無。此所謂「不可以為有」者，是指有其實，因其本為虛無，無可見聞故云；所謂「不可以為無」者，因其無所不在，且其運行無有始終，無有窮盡故云。由於道微妙絕倫，故以為無可言表，亦不能默示，是智之所不可知，議之所止。對於道之作用，認為其為最高之主宰，無所偏私，是萬物之所出。至於萬物如何產生與消亡的問題，則以為不能推究，當知所止。

文中戴晉人所言蝸牛觸角上觸氏與蠻氏兩國爭戰之寓言可謂別出心裁，十分風趣。蝸角之地細微無倫，然而軍隊輾轉於兩觸角之間，竟要費時半月，且造成伏屍數萬之重大傷亡，真是匪夷所思。作者之誇張到了極致，說明所爭者微不足道，而所付出之代價卻非同小可，兩者形成了鮮明的對比。「蝸角之爭」之典故即出於此。

外物第二十六

【題解】此文亦以篇首之詞為篇名。全文主要論述養心之術、處世之道，而兼及治道等內容。關於養心，以為當使內心平和，使之不因名聲、利害、小智等而受阻塞，從而使精神逍遙自由。關於處世之道，以為處世要能優遊，對於身外之事當無動於衷，要不失本性。關於治道，以為欲求世治，必須擯棄小智小善，訴諸超世離俗之舉，然而此非囿於世俗淺薄之見者所能。如孔子之欲推行仁義，則不僅於世無補，且將貽患萬代。

外物❶不可必❷，故龍逢誅，比干戮❸，箕子狂❹，惡來❺死，桀紂亡❻。人主莫不欲其臣之忠，而忠未必信，故伍員流於江❼，萇弘❽死於蜀❾，藏其血，三年而化為碧❿。人親⓫莫不欲其子之孝，而孝未必愛，故孝己⓬憂而曾參⓭悲。木與木相摩則然⓮，金⓯與火相守⓰則流⓱，陰陽錯行⓲，則天地大絯⓳，於是乎有雷有霆，水⓴中有火㉑，乃焚㉒大槐。有㉓甚憂兩陷㉔而無所逃，螴蜳㉕不得成㉖，心若縣㉗於天地之間，慰暋㉘沉屯㉙，利害相摩㉚，生火㉛甚多，眾人焚㉜和㉝，月㉞固不勝火，於是乎有僓然㉟而道盡㊱。

【章旨】此節論述人事常不能如願以償，世人於此而心火自焚，失卻平和，則必致身心衰敗而喪命。

【注釋】❶外物　指身外之事。❷不可必　此指未必償其願。必，肯定。下述數例即說明無論是賢良忠臣還是佞臣暴君，其結局皆與意願相反背。❸龍逢二句　見〈人間世〉注。❹箕子狂　見〈大宗師〉注。❺惡來　紂臣。飛廉之子。《史記・秦本紀》曰：惡來有力，飛廉善走，父子俱以財力事殷紂。周武王之伐紂，並殺惡來。❻桀紂亡　傳說夏桀被國人放逐而死，商紂則在武王討伐時自焚而死。❼故伍員句　見〈胠篋〉「子胥靡」注。❽萇弘　見〈胠篋〉注。❾蜀　國名。在今四川省西部。❿碧　碧玉。此所述萇弘事屬傳說。⓫人親　人之父母。⓬孝己　人名。傳說為殷高宗武丁之子，以孝行著，後遭後母之讒言，故憂苦而死。⓭曾參　見〈駢拇〉注。傳說曾參至孝，然見憎於其父，故悲泣。⓮然　疑為「熱」字之誤。⓯金指金屬。⓰相守　相接觸。⓱流　金屬因熔化而流動。⓲陰陽錯行　陰陽二氣錯亂失常。⓳大絯　大動蕩。絯，借為「駭」。⓴水　雨水。㉑火　指閃電火光。㉒焚　指因遭閃電所擊而起火。㉓有　有人。㉔兩陷　指天塌地陷。兩，指天地。㉕螴蜳　怵惕。㉖成　保全。㉗縣　同「懸」。㉘慰暋　鬱悶。㉙沉屯　不暢。㉚利害相摩　言心中利害二者相衝突。㉛生火　心中生發之火氣。㉜焚　銷毀。㉝和　指本性之平和。㉞月　古篆文「肉」字，言血肉之軀。㉟僓然　衰敗貌。僓，通「頹」。㊱道盡　路絕。

【語譯】身外之事未必償其心願，因此龍逢被誅，比干被殺，箕子佯狂，惡來死，桀紂亡。君主莫不欲其臣忠心，而忠心未必被信任，故伍員被流屍於江中，萇弘死於蜀，藏其血，三年而變成碧玉。人之父母莫不欲其子孝順，而孝順未必被愛，故孝己憂愁而曾參悲哀。木與木相摩擦則生熱，金與火相接觸則成流液，陰陽二氣錯亂失常，則天地大動蕩，於是乎有雷霆，雨水中有閃電火光，因此焚燒大槐樹。有人十分擔憂天塌地陷而無處可逃，怵惕不能保全，心若懸空於天地之間，鬱悶不暢，心中利害二者相衝突，心中生發之火氣甚為旺盛，眾人因此而焚毀本性之平和，肉體之軀必然不能勝火，於是乎身心衰敗而人生之路斷絕。

莊周家貧，故往貸粟於監河侯❶。監河侯曰：「諾。我將得邑金❷，將貸子三百金❸，可乎？」莊周忿然❹作色❺，曰：「周昨來，有中道❻而呼者，周顧視車轍中有鮒魚❼焉。周問之曰：『鮒魚來❽，子何為者邪？』對曰：『我東海之波臣❾也。君豈❿有斗升之水而活我⓫哉?』周曰:『諾。我且⓬南⓭遊⓮吳越之王,激西江之水⓯而迎⓰子,可乎?』鮒魚忿然作色,曰:『吾失我常與⓱,我無所處⓲。吾得斗升之水然⓳活耳,君乃言此,曾⓴不如早索㉑我於枯魚㉒之肆㉓!』

【章旨】此節記述莊子因貧困而向監河侯貸粟,而遭其婉拒。莊子借車轍鮒魚之寓言揭露其虛情假意。

【注釋】❶監河侯　或是監河之官,而以「侯」稱之。❷邑金　封邑之稅金。❸三百金　三百鎰。古以一鎰為一金。一鎰為二十四兩。❹忿然　發怒貌。❺作色　翻臉。❻中道　半路。❼鮒魚　鯽魚。❽來　語氣詞。❾波臣　海域之民。❿豈　猶「是否」。⓫活我　使我活命。⓬且　猶「將」。⓭南　南行。⓮遊　遊說。⓯激西江之水　謂使西江之水因受阻遏而改道。激,阻遏。西江,蜀江。⓰迎　往迎。⓱與　相依。指相依之水。⓲無所處　無處身之處。⓳然　猶「即」。⓴曾　猶「則」。㉑索　找。㉒枯魚　乾魚。㉓肆　店鋪;市場。

【語譯】莊子家境貧困,故前往監河侯處借貸糧食。監河侯說:「可以。我將獲得封邑之稅金,到時將借貸你三百鎰,可以嗎?」莊周發怒而翻臉,說:「我昨日前來,有半路而呼喊者,我回頭看見車轍中有鯽魚。我問牠說:『鯽魚,你是作什麼的呢?』答道:『我是東海海域之民。您是否有斗升之水而使我活命呢?』周說:『可以。我將南行遊說吳越之王,使蜀江之水因受阻遏而改道而前來迎接你,可以嗎?』鯽魚發怒而翻臉,說:『我失去我一直相依之水,已無處身之所。只要得到斗升之水我就可以活命了,您竟出此言,則不如早在乾魚之店鋪找我!』」

任公子❶為❷大鉤巨緇❸,五十犗❹以為餌❺,蹲❻乎會稽,投竿❼東海。旦旦而釣,期年❽不得魚。已而❾大魚食之,牽巨鉤錎❿沒而下⓫,騖揚⓬而奮⓭鬐⓮,

白波若山，海水震蕩，聲侔⑮鬼神⑯，憚赫⑰千里。任公子得若魚⑱，離⑲而腊⑳之。自制河㉑以東，蒼梧㉒已㉓北，莫不厭㉔若魚者。已而後世㉕輇才㉖諷說㉗之徒皆驚而相告也。夫揭㉘竿累㉙，趣㉚灌瀆㉛，守㉜鯢㉝鮒㉞，其於得大魚，難矣。飾小說㉟以干㊱縣令㊲，其於大達㊳亦遠矣。是以未嘗聞任氏之風俗㊴，其不可與㊵經㊶於世亦遠矣。

【章旨】此節以任公子釣得大魚之寓言，比說唯有通達大道，具有超離世俗之風尚，方可致大治。那些以瑣細之言論務求名聲之徒，因其遠離大道，故無以致治。

【注釋】❶任公子　虛構之人物。❷為　製作。❸巨緇　黑色的粗繩索。❹犗　閹割過的牛。❺餌　魚餌。❻蹲　坐。❼投竿　投放釣竿於水域。❽期年　一整年。❾已而　不久。❿錎　同「陷」。⓫下　下沉。⓬鶩揚　急速向前並上浮。鶩，通「騖」。⓭奮　擺動。⓮鬐　脊背。⓯侔　等同。⓰鬼神　言鬼神之怒吼。⓱憚赫　威震。⓲若魚　此魚。⓳離　剖。⓴腊　製成魚乾。㉑制河　淛江，即浙江（錢塘江）。㉒蒼梧　山名。又名九疑。在今湖南寧遠縣境。㉓已　同「以」。㉔厭　飽食。㉕後世　後裔。㉖輇才　才小識淺。㉗諷說　道聽塗說。㉘揭　舉。㉙累　拴釣鉤之絲線。㉚趣　通「趨」。㉛灌瀆　用以灌溉之水溝。㉜守　守候。㉝鯢　小魚名。㉞鮒　鯽魚。㉟小說　瑣細之言論。㊱干　求。㊲縣令　高名令聞。縣，同「懸」。㊳大達　指達於大道。㊴風俗　風氣習俗。指以高世之為求超俗之得。㊵與　使。㊶經　治理。

【語譯】任公子製作大的魚鉤拴以黑色粗繩索，用五十頭閹割過的牛作為魚餌，坐在會稽山，將釣竿投向東海。日日而釣，整一年釣不到魚。不久，大魚吞食魚餌，牽動大鉤陷沒而下沉，又急速往前並上浮，擺動著脊背，激起的白色波濤高若山陵，海水震盪，聲響與鬼神之怒吼一般，威震千里。任公子得到此魚，剖解而製成魚乾。自錢塘江以東，蒼梧山以北，無不飽食此魚。時隔不久，後裔中才小識淺道聽塗說之人皆驚奇而相告。有人舉釣竿，趨往水溝，守候小魚上鉤，想要釣得大魚，就難了。修飾瑣細之言論而求非凡的好名聲者，其之達於大道亦遠了。因此未曾聽到任公子之以高世之為求超俗之得者，其人不可使之治理世務，其間相差亦遠了。

儒❶以❷《詩》、《禮》❸發冢❹。大儒臚傳❺曰：「東方作❻矣，事之❼何若❽？」小儒曰：「未解裙❾襦❿，口中有珠。」「《詩》固有之曰⓫：『青青之麥，生於陵陂⓬。生不布施⓭，死何含珠為⓮？』」接⓯其鬢⓰，壓⓱其顪⓲，儒⓳以金椎⓴控㉑其頤㉒，徐㉓別㉔其頰，無傷口中珠。」

【章　旨】此寓言描述儒者憑藉《詩》、《禮》以盜墓，且指責死者，以暴露其偽君子之面目。

【注　釋】❶儒　儒者。❷以　依據。❸詩禮　見〈天運〉注。❹發冢　發掘高大的墳墓。❺臚傳　從上傳話告訴下面。❻作　指天亮。❼之　猶「已」。❽何若　如何。❾裙　下裳。❿襦　短衣；短襖。⓫詩固句　下所引之詩為佚詩，今《詩經》中無。⓬陵陂　山坡。⓭布施　施予。⓮為　呢。⓯接　抓住。⓰鬢　面頰兩側近耳之頭髮。⓱壓　按住。⓲顪　下巴之鬚。⓳儒　為「而」字之聲誤。⓴金椎　金屬錘子。㉑控　打。㉒頤　下巴。㉓徐　緩慢。㉔別　掰開。

【語　譯】儒者依據《詩》、《禮》發掘高大的墳墓。大儒者對下面傳話說：「東方亮了，事情怎麼樣？」小儒說：「尚未解開下裳與短襖，口中有珠。」「《詩》中本有其事，說：『青青之麥，生於山坡。活著不布施，死了何必含珠呢？』」抓住他的鬢髮，按住他下巴之鬚，而以金屬錘子打他的下巴，慢慢地掰開他的面頰，不要弄壞口中之珠。」

老萊子❶之弟子出❷薪，遇仲尼，反❸，以告，曰：「有人於彼，修上❹而趨下❺，末僂❻而後耳❼，視若營❽四海，不知其誰氏之子❾？」老萊子曰：「是❿丘也，召而來。」仲尼至。曰：「丘，去汝躬⓫矜⓬與汝容知⓭，斯⓮為君子矣。」仲尼揖而退，蹙然⓯改容而問曰：「業可得進乎⓰？」老萊子曰：「夫不忍一世之傷⓱而驁⓲萬世之患⓳，抑⓴固窶㉑邪？亡其㉒略㉓弗及邪？惠㉔以歡㉕為驁㉖，終身之醜㉗，中民㉘之行進㉙焉耳，相引以名㉚，相結以隱㉛。與其譽堯而非桀，不如兩忘而閉㉜其所譽。反㉝無非傷也，動無非邪也。聖人躊躇㉞以興事，以㉟每成功。奈何㊱哉，其㊲載㊳焉㊴終矜㊵爾！」

【章旨】此節述老萊子召見孔子，指責其驕矜自負，以為其欲以仁義行世以為自傲之資，乃違背物情，將貽害萬世。當無所非譽，如聖人之從容行事。

【注釋】❶老萊子　楚之賢人，隱士。《史記．老子韓非列傳》曰：「或曰老萊子，亦楚人也，著書十五篇，言道家之用，與孔子同時」云。❷出　出門。「出」下當據《闕誤》引張君房本補「拾」字。❸反　同「返」。❹修上　上身長。❺趨下　下身短。趨，通「促」。短。❻末僂　背脊勾曲。❼後耳　耳朵偏後。❽營　管治。❾誰氏之子　何姓氏之人。❿是　此。⓫躬　身。⓬矜　驕傲自負。⓭容知　儀容智慧。⓮斯　猶「則」。⓯蹙然　不安貌。蹙，同「蹴」。⓰業可得句　意謂推行仁義於世。業，學業。⓱不忍一世之傷　意謂因不忍心當今一代之患難而推行仁義。一世，當今一代。傷，患難。⓲驁　通「傲」。輕視。⓳萬世之患　謂將貽患於萬代。⓴抑　猶「豈」。㉑窶　淺薄。㉒亡其　猶「還是」。㉓略　智謀。㉔惠　施加恩惠。㉕歡　使人喜歡。㉖驁　自傲。㉗醜　恥。㉘中民　常人。㉙行進　作為。㉚相引以名　以名聲相互拉攏。㉛相結

以隱　以隱私相勾結。㉜閉　止。㉝反　指違背物情。㉞躊躇　從容。㉟以　因而。㊱奈何　如何。㊲其　猶「將」。㊳載　安。㊴焉　猶「於」。㊵終矜　終身驕矜。

【語　譯】老萊子之弟子出門拾柴，遇仲尼，返回後，將此告訴老萊子，說：「在那邊有個人，上身長而下身短，背脊勾曲而耳朵偏後，目之視如在管治天下，不知他是何姓氏之人？」老萊子說：「此人是孔丘，召喚他過來。」仲尼到來。說：「丘，去掉你身上的驕傲自負與你的儀容智慧，則成為君子了。」仲尼作揖而後退，顯得不安的樣子改變面容而問道：「學業能進一步嗎？」老萊子說：「不忍心當今一代之患難而輕視千秋萬代之禍患，難道是原本就淺薄嗎？還是智略不及呢？施加恩惠使人喜歡而以此自傲，是終身之恥，是常人之作為罷了，以名聲相互拉攏，以隱私相互勾結。與其稱譽堯而指責桀，不如兩者皆忘而停止其稱譽。違背物情無非有傷於物，其行為無非是邪道。聖人從容作事，因而每每成功。怎麼樣呀，將安於終身驕矜吧！」

宋元君❶夜半而夢人被❷髮闚❸阿門❹，曰：「予自宰路❺之淵，予為清江❻使❼河伯❽之所，漁者余且❾得予。」元君覺，使人占之，曰：「此神龜也。」君曰：「漁者有余且乎？」左右❿曰：「有。」君曰：「令余且會朝⓫。」明日，余且朝。君曰：「漁何得？」對曰：「且之網得白龜焉，其圓⓬五尺。」君曰：「獻若⓭之龜。」龜至，君再⓮欲殺之，再欲活之，心疑。卜之，曰：「殺龜以卜⓯。」吉⓰。乃刳⓱龜。七十二鑽⓲而無遺筴⓳。仲尼曰：「神龜能見夢⓴於元君，而不能避余且之網；知㉑能七十二鑽而無遺筴，不能避刳腸㉒之患。如是，則知㉓有所困，神㉔有所不及也。雖有至知㉕，萬人謀之㉖。魚不畏網而畏鵜鶘㉗。去小知㉘而大知明㉙，去善㉚而自善㉛矣。嬰兒生無石師而能言，與能言者處也㉜。」

【章　旨】此節通過神龜雖智而終不免被殺而為人所用之寓言，說明囿於小智則難避禍患，只有棄除小智小善，曉悟天道而順其自然，則自致至善之境。

【注　釋】❶宋元君　即宋元公，春秋宋國君主。❷被　通「披」。❸闚　從門中偷看。❹阿門　側門。❺宰路　淵名。❻清江　水名。古名夷水，發源於今湖北利川縣西，終至宜都縣北入長江。水清澈，因名。此指清江水神。❼使　出使。❽河伯　黃河之神。❾余且　捕魚者姓名。❿左右　指近侍之臣。⓫會朝　朝見君主。⓬圓　龜身周長。⓭若　你。⓮再　又。⓯殺龜以卜　言殺龜而用其甲占卜。此為問辭。⓰吉　謂卜而得吉兆。⓱刳　殺。⓲鑽　用火點燃荊條燒灼龜甲以卜凶吉。⓳無遺筴　謂皆應驗。遺策，失策。筴，同「策」。⓴見夢　猶託夢。㉑知　同「智」。㉒刳腸　猶「剖腹」。㉓知　同「智」。㉔神　心神。㉕至知　即「至智」，最高之智慧。㉖謀之　謀算他。㉗魚不畏句　言魚畏小害而不畏大害。鵜鶘，水鳥名。捕魚為食。㉘小知　同「小智」。淺薄之智。指囿於人我是非利害。⑳大知明　指曉悟天道自然。大知，同「大智」。㉚善　指人為之善。㉛自善　謂自然達於無為之善。㉜嬰兒二句　謂事成於自然。石師，大師。石，借為「碩」。

【語　譯】宋元君半夜夢見有人披髮而從側門向裡窺視，說：「我自宰路之淵，我為清江水神出使至河伯之所，捕魚者余且將我捕獲。」元君醒來，使人占卜其事，占辭說：「此是神龜。」君說：「捕魚者有余且嗎？」左右近侍說：「有。」君說：「令余且朝見。」第二天，余且朝見。君說：「捕魚捕到什麼？」答道：「且用魚網捕到白龜，其周長五尺。」君說：「獻上你的龜。」龜送到，君又想殺牠，又想使牠活命，心中疑惑。占卜其事，問辭說：「為殺龜而占卜。」得吉兆。於是殺龜。七十二次燒灼龜甲以卜凶吉而無失策。仲尼說：「神龜能託夢於元君，卻不能避余且之網；其智慧七十二次燒灼龜甲以卜凶吉而無失策，卻不能避剖腹之禍。如此，可見智有所困窘，心神有所不及。即使有最高之智慧，萬人會謀算他。魚不怕魚網而怕鵜鶘。

去除小智而大智明，去除人為之善而自然達到善了。嬰兒出生無老師而能言，是由於與能言者在一起之故。」

惠子謂莊子曰：「子言❶無用。」莊子曰：「知無用而❷始可與言用矣。夫地非不廣且大也，人之所用容足耳，然則廁足❸而墊❹之致黃泉，人尚有用乎❺？」惠子曰：「無用。」莊子曰：「然則無用之為用也亦明矣。」

【章旨】此節莊子由無用與有用之相互關連，以論證無用之有用。

【注釋】❶言 學說。❷而 猶「乃」。於是。❸廁足 足之側外。廁，通「側」。❹墊 掘。❺人尚有句 此就立足之地而言。因人已無法依靠此容足之地站立，故以為無用。

【語譯】惠子對莊子說：「你的學說無用。」莊子說：「知道無用於是可以開始與他言用了。地面非不廣且大，人之所用者容納足而已，如此則將足所踩之外的地面盡行掘去，深至黃泉，則人立足之地對人還有用嗎？」惠子說：「無用。」莊子說：「如此則無用之為有用已分明了。」

莊子曰：「人有能遊❶，且❷得不遊乎？人而不能遊，且得遊乎？夫流遁❸之志，決絕之行，噫！其非至知❹厚德之任❺與？覆墜而不反，火馳而不顧❻，雖相與❼為君臣，時❽也，易世❾而無以相賤❿。故曰至人不留行⓫焉。夫尊古而卑今，學者之流也。且⓬以狶韋氏⓭之流觀今之世，夫孰能不波⓮？唯至人乃能遊於世而不僻⑮，順人而不失己。彼教⑯不學，承意⑰不彼⑱。」

【章旨】此節論述處世之道，以為至智厚德之人能優遊，對於外界之變故能無動於衷，應時而順事，持其本性而不失。相反，不能優遊於世者，則遁世歸隱，以示決絕。

【注釋】❶遊　優遊。❷且　猶「則」。❸流遁　流蕩隱遁。❹知　同「智」。❺任　為。❻覆墜二句　謂人之能優遊，則於外界之變故能無動於衷。覆墜，天傾地陷。反，同「返」。火馳，火勢迅速蔓延。❼相與　相互。❽時　應時。❾易世　朝代更替。❿無以相賤　不取輕賤人之態度。⓫不留行　不停止行進。指應時順事而優遊。⓬且　猶「若」。⓭狶韋氏　傳說古帝名。⓮不波　不隨波上下。指不逐世上下而失其本性。⓯不僻　不失其正，指不失其本性。⓰彼教　人之所教。⓱承意　奉己之意。⓲不彼　不非人之所教。彼，通「匪」。非。

【語譯】莊子說：「有人能優遊，則能不優遊嗎？有人不能優遊，則能優遊嗎？流蕩隱遁之志，決絕之行為，噫！其非最有智慧德養深厚之作為吧？天塌地陷而不返回，火勢迅速蔓延而不回顧，雖然相互作為君臣，是應時，朝代更替而不取輕賤人之態度。因此說至人不停止其優遊。尊古而卑今，是出於學者之流。若以狶韋氏之輩觀今之世，誰能不隨波上下？唯獨至人才能優遊於世而不失其正，順於人而不失自己之本性。人之所教不學，奉己之意而於人之所教不加非議。」

目徹❶為❷明，耳徹為聰，鼻徹為顫❸，口徹為甘❹，心徹為知，知徹❺為德。

凡道❻不欲❼壅❽，壅則哽❾，哽而不止則跈❿，跈則眾害生。物之有知⓫者恃息⓬，其不殷⓭，非天之罪⓮。天之穿⓯之，日夜無降⓰，人則顧⓱塞其竇⓲。胞⓳有重⓴閬㉑，心有天遊㉒。室無空虛㉓，則婦姑㉔勃谿㉕；心無天遊，則六鑿㉖相攘㉗。大林丘山之善於人㉘也，亦㉙神者不勝㉚。

【章旨】此節論述人之竅是自然使之通暢而盡其所用，故不可阻塞。心智通暢然後可以明道而使精神優遊於天；心智阻塞則其心神被擾而不得安寧。

【注釋】❶目徹　眼之生理通道通暢。徹，通。❷為　使。❸顫　能辨氣味。❹甘　能飲食。❺知徹　產生智慧之生理通道通暢。知，同「智」。❻道　指上述目、耳、鼻、口、心、知之生理通道。❼欲　猶「可」。❽壅　堵。❾哽　梗塞。❿跈　同「趁」。功能受阻。⓫知　同「智」。⓬息　氣息。⓭不殷　不當。指氣息受梗塞不通。⓮非天之罪　謂非自然之過錯。⓯穿　暢通。⓰降　止。⓱顧　反而。⓲竇　孔。⓳胞　胞衣。⓴重　大。㉑閬　空曠。此指大的空間。㉒心有天遊　意謂心神之遊於天宇更是空曠無垠。㉓空虛　空閒之處。㉔婦姑　媳婦與婆婆。㉕勃谿　爭吵。㉖六鑿　六孔竅，泛指目耳鼻口等。㉗相攘　擾亂心神。㉘善於人　為人所善。㉙亦　不過。㉚神者不勝　言帶給精神以無窮之境。不勝，不盡；無窮。

【語譯】目之生理通道通暢使視力明晰，耳之生理通道通暢使聽力靈敏，鼻之生理通道通暢使其能辨別氣味，口之生理通道通暢使其能飲食，心之生理通道通暢使其有智慧，產生智慧之生理通道通暢使其有德養。凡生理通道不可使它受堵，堵則梗塞，梗塞而不止則功能受阻，功能受阻則眾多危害產生。物之有智者依靠氣息，使氣息梗塞而不通，非自然之過錯。自然使之暢通，日夜不止，人則反而堵塞其孔。胞衣內有大的空間，心神之遊於天宇更是空曠無垠。居室中無空閒之處，則媳婦與婆婆爭吵；心神不遊於天宇，則目耳鼻口等六孔竅擾亂心神。大樹林山丘之為人所善，不過帶給精神以無窮之境。

德溢❶乎名，名溢乎暴❷，謀稽❸乎誸❹，知❺出乎爭，柴❻生乎守❼，官事❽果❾乎眾宜。春雨日時❿，草木怒生⓫，銚⓬鎒⓭於是乎始修，草木⓮之到植者⓯過半，而不知其然⑯。

【章　旨】此節論述所謂德者以順乎自然為宜，諸如名聲、智謀、固執等皆損德而非所宜。

【注　釋】❶溢　蕩失。❷暴　曝；顯露。❸稽　至。❹謋　急。❺知　同「智」。❻柴　塞。指不通情理。❼守　執；固執。❽官事　居官者所事。❾果　滿足。❿日時　日日時時。⓫怒生　猛長。⓬銚　大鋤。⓭鎒　同「耨」。似鋤，用以除草之農具。⓮草木　指草言，為偏義複詞。⓯到植者　倒而復生者。到，通「倒」。植，生。⓰不知其然　意謂因其遇春雨之宜的緣故。

【語　譯】成名則使德蕩然無存，顯露則使名聲蕩然無存，事至急迫而生出計謀，因爭辯而產生智慧，不通情理出於固執，居官者所事是滿足眾人心意。春雨日日時時，草木猛長，鋤耨於是開始修理，雜草雖被鏟倒而又復生者竟有過半之數，而不知其所以然。

靜然❶可以補病❷，眥搣❸可以休老❹，寧❺可以止遽❻。雖然，若是勞者之務也，非❼佚者❽之所未嘗過而問焉❾。聖人之所以駴天下❿，神人未嘗過而問焉；賢人所以駴世，聖人未嘗過而問焉；君子所以駴國，賢人未嘗過而問焉；小人⓫所以合時⓬，君子未嘗過而問焉。

【章　旨】此節論述神人處於逍遙無為之最高境界，其他則聖人、賢人、君子、小人各等級各有所務與局限。

【注　釋】❶靜然　環境幽靜貌。❷補病　有益於養治疾病。❸眥搣　息視，即閉目。眥，視。搣，借作「滅」。❹休老休止衰老。❺寧　指心態寧靜。❻遽　指急劇之行為。❼非　通「匪」。彼。❽佚者　即逸者，謂閒適者。❾未嘗過而問焉　謂其本在此境，故無須過問其事。❿所以駴天下　謂使天下震驚之方法。駴，同「駭」。震驚。⓫小人　指平民。⓬合時　合於時宜。

【語　譯】環境幽靜有益於養治疾病，閉目養神可以休止衰老，心態寧靜可以阻斷急劇之行為。雖然如此，此為勞者之事，閒適者未嘗過問其事。聖人用以使天下震驚之方法，神人未嘗過問其事；賢人用以使世人震驚之方法，聖人未嘗過問其事；君子用以使國家震驚之方法，賢人未嘗過問其事；百姓合於時宜之方法，君子未嘗過問其事。

演門❶有親❷死者，以善毀❸爵❹為官師❺，其黨人❻毀而死者半❼。堯與❽許由天下，許由逃之。湯與務光❾，務光怒之。紀他❿聞之，帥⓫弟子而踆⓬於窾水⓭，諸侯弔⓮之。三年，申徒狄⓯因以踣⓰河。

【章　旨】此節記述人或求賞譽而死，或逃避名位，嚮往自在。

【注　釋】❶演門　宋國城門名。❷親　父母。❸毀　居喪時因悲哀過度而損害健康。❹爵　授予爵位。❺官師　諸侯之中士、下士之稱。❻黨人　猶同一鄉里之人。地方戶籍編制，以五百家為黨。❼半　半數。❽與　讓給。❾務光　見〈大宗師〉注。❿紀他　見〈大宗師〉注。⓫帥　率領。⓬踆　古「蹲」字。⓭窾水　水名。⓮弔　慰問。⓯申徒狄　見〈大宗師〉注。⓰踣　赴，即跳入。

【語　譯】居於演門者有死了父母的，居喪時因悲哀過度而致傷身，由於他表現出色而被授予官師之爵位，其同一鄉里之人亦因居喪時悲哀過度而致傷身，以至於死者居居傷者之半數。堯把天下讓給許由，許由逃避。

湯讓給務光，務光發怒。紀他聽到其事，率領弟子逃避於窾水邊，諸侯前去慰問他。三年後，申徒狄因此而跳河。

荃❶者所以❷在魚，得魚而忘荃；蹄❸者所以在兔，得兔而忘蹄；言者所以在意，得意而忘言。吾❹安得❺夫忘言之人❻而與之言哉！

【章旨】此節述作者希望得遇心意默契者，世上難得其人，故深為歎息。

【注釋】❶荃　字當作「筌」，捕魚竹器。❷所以　所用；使用。❸蹄　捕兔網。❹吾　作者自稱。❺安得　如何得遇。❻忘言之人　指莫逆於心者。

【語譯】使用筌心意在於魚，已得魚則筌可忘之；使用蹄心意在於兔，已得兔則蹄可忘之；使用言語心意在於其意，已得其意則言語可忘之。我怎能得遇心意默契之人而與他交談呢！

【研析】本文主要論述身心修養、處世之道，兼及治道。關於身心修養，以為當使內心平和，使之不受阻塞，從而使精神獲得逍遙自由。使心靈受阻塞者，即名聲、利害、淺薄之見識以及人為之善等。作者通過白龜遭遇之寓言，闡明去除淺薄之智可明天道自然的道理。關於處世之道，以為處世要能優遊，要識別世人之虛情假意，和偽君子之面目，對於身外之事當無動於衷，不失本性是為至要。謂見於史事，其人不論善惡，事不稱心而喪身者在所多見，當以為鑑。至於流蕩隱遁，決絕之行，亦非有德養明智者之所為。又謂人或為邀賞譽而死，則更為其下者。關於治道，作者以任公子釣得大魚之寓言說明，欲求世治，必訴諸超世離俗之舉，得魚者即得治之謂。其事遠非囿於世俗淺薄之見識與瑣細之作為者之所能。老萊子譴責孔子，謂其不忍心於今世之患難，違背人情，欲行仁義，則不僅於今世無補，且將貽患於萬代。

本文之寓言頗為生動有趣，尤其是下列幾則：1.莊周貸粟。莊周因家貧而向監河侯借粟，監河侯空口大話許諾，莊周識破其偽善，隨即編造車轍之魚之寓言，現身說法，以撕去其假面。其間之比喻，事事貼切。如以車轍之魚比喻自己已無以自存，危在旦夕；以斗升之水比喻所借之粟所求無多；以許諾將遊說吳越之王而使河水改道以作營救，比喻監河侯之許借是敷衍搪塞；以將置身於枯魚之肆比喻自己難免一死。可見，莊周對於監河侯「可乎」之問，雖不正面作答，而意已獨至。2.任公子釣大魚。此則寓言見作者善於描寫大的事物與場景。作者寫所用之魚餌，竟是五十頭牛，其大真是匪夷所思。魚餌如此，則可以想見其釣鉤之大和繩索之粗；接著寫其人坐於會稽而投竿於東海，則可以想見釣竿之長；再寫大魚上鉤之後，為脫身而掙扎，激起倒海之勢。作者有聲有色地描寫了此種聲勢：白波若山，波濤翻騰，聲如鬼神之號叫，使相距千里之遠的人們聞之亦無不驚恐，足見其聲勢之非同尋常。那麼，此魚到底有多大呢？作者不作正面描寫，只是寫居住於錢塘江以東、蒼梧山以北之廣大區域的人們，無不得以飽餐，則是換了一個角度來寫其大。作者寫得大魚，用以象徵無為而治，如此而已。3.儒者以《詩》《禮》發冢。《詩》《禮》為儒家經典，最講究倫理道德。此儒者暗中幹著盜墓的勾當，卻引詩指責死者為何生不布施，似乎盜取其珠是合乎道義之事。這充分揭示了此儒者之冠冕堂皇而心靈醜惡。作者之詆毀儒家，於此可見一斑。

寓言第二十七

【題解】本文亦以首句開首之詞為篇名。全文所論頗為散雜，主要有下述三題：其一是論言論。推重寓言與所謂重言（指年長而有資歷者之所言），而否定所謂卮言（指自無主見而附和人之言），以為對其當以天道之無所分辨同一之。其二是論身心修養。以為心靈當無所拘束阻滯，順應自然，使精神歸向並融合於大道，超離生死，入於逍遙無待之境。為人當以謙和為上。其三是論治道。以為人之本性源於天道，人心自會合於法度，從而使天下安定。不當捨此而訴諸義利、是非好惡等，凡此則只能服人之口而已。

寓言①十九②，重言③十七④，卮言⑤日出⑥，和⑦以天倪⑧。寓言十九，藉外⑨論之。親父不為其子媒⑩。親父譽之，不若非其父⑪者也。「非吾罪也，人之罪也⑫。」與己同⑬則應⑭，不與己同則反⑮。同與己為是之⑯，異於己為非之⑰。重言十七，所以已言⑱也，是⑲為⑳耆艾㉑。年先㉒矣，而無經緯㉓本末以期㉔年耆㉕者，是非先㉖也。人而無以㉗先人㉘，無人道㉙也；人而無人道，是之謂陳人㉚。卮言日出，和以天倪，因以曼衍，所以窮年㉛。不言㉜則齊㉝，齊與言不齊㉞，言與齊不齊㉟也，故曰無言㊱。言無言㊲，終身言，未嘗不言㊳；終身不言，未嘗不言㊴。有自㊵也而可，有自也而不可；有自也而然㊶，有自也而不然㊷。惡乎然？然於然。惡乎不然？不然於不然。惡乎可？可於可。惡乎不可？不可於不可。物固有所然？物固有所可？無物不然，無物不可㊸。非卮言日出，和以天倪，孰得其久㊹！萬物皆種㊺也，以不同形相禪㊻，始卒㊼若環，莫得其倫㊽，是謂天均㊾。天均者天倪也。

【章　旨】此節先將言語分為寓言、重言與卮言三種，並述其效應之差異，然後則言當同一於天道之無所辨，順應變化而無所言，因為事物之可否、正確與否皆相對，以天道觀之皆同一。

【注　釋】❶寓言　事出假借，旨在寄意之言。❷十九　謂言語之效應如以十計，則用寓言可達九成。❸重言　切要之言。❹十七　謂可達七成。❺卮言　隨和人意無主見之言。❻日出　日去。❼和　同一。❽天倪　指大道之無所分辨。❾藉外　假借他事。❿媒　作媒。⓫非其父　指他人。⓬非吾二句　此設為親父之言。罪，過錯。⓭同　同見。⓮應　應和。⓯反　反對。⓰是之　以之為是。⓱非之　以之為非。⓲所以已言　用以止息爭議。已，止。⓳是　此。⓴為　猶「如」。㉑耆艾　指年長者。古以六十歲為耆，五十歲為艾。㉒年先　年紀居於尊長者。㉓經緯　喻條理。㉔期　為「示」字之誤。示，顯示。㉕年耆　年長。㉖非先　非為尊長。㉗無以　無從。㉘先人　謂在「經緯本末」上居人之前。㉙人道　為人之道。㉚陳人　陳舊之人。㉛和以三句　見〈齊物論〉注。㉜不言　無所言。㉝齊　同一。㉞齊與句　謂同一之境與言語不相一致。因同一之境無以盡表。此從「齊」之角度言。㉟言與句　此從「言」之角度言。㊱無言　無所言。㊲言無言　謂言其主張「無言」之言。㊳未嘗不言　「不」字衍。與下句「未嘗不言」相對為文。未嘗言，謂未曾有所言。㊴終身二句　謂於不言中實有所言。㊵有自　有所由來。㊶然　是；正確。㊷不然　不是；不正確。㊸惡乎十二句　見〈齊物論〉注。㊹孰得句　言何者能恆久。意謂唯有去卮言、和天倪之言方為永恆之真理。㊺種　物種。㊻相禪　相代謝。㊼卒　終。㊽倫　次，謂先後次序。㊾天均　天道之同一。

【語　譯】寓言其效應可達九成，切要之言其效應可達七成，隨和人意無主見之言日益去除，以大道之無所分辨去同一。寓言其效應可達九成，是由於假借他事以言說其事。親父不為其子作媒。親父稱讚其子，不如他人。「不是我稱讚有過錯，是人們自有過錯。」與己同見則應和，不與己同見則反對。同於己見者以之為是，異於己見者以之為非。切要之言其效應可達七成，用以止息爭議，其猶如長者之言。年紀雖居於尊長者，卻於事之本末無以條理以顯示其為尊長，則其實非為尊長。人無從在「條理本末」上居人之前，則無為人之道；人而無為人之道，此則稱為陳舊之人。隨和人意無主見之言日益去除，以天道之無所分辨同一是非，順應天道之無所分辨而變化，以此盡其年歲。無所言則同一，同一之境與言語不相一致，言語與同一之境不相一致，因此說無所言。言其主張「無言」之言，雖終身言，未嘗言；終身不言，未嘗不言。有所由來而可，有所由來而不可；有所由來而是，有所由來而不是。何以為是？因其是而是之。何以為不是？因其不是而不是之。何以為可？因其可而可之。何以為不可？因其不可而不可之。事物固有其是？事物固有其可？沒有事物不為是，沒有事物不為可。不是隨和人意無主見之言日益去除，以天道之無所分辨同一是非，何者能恆久！萬物皆物種，以不同之形相代謝，始終若環，周而復始而不得其序，此即謂天道之同一。天道之同一即大道之無所分辨。

莊子謂惠子曰：「孔子行年六十而六十化，始時所是，卒而非之，未知今之所謂是之非五十九非也❶？」惠子曰：「孔子勤志❷服知❸也。」莊子曰：「孔子謝❹之❺矣，而其未之嘗言。孔子云：『夫受才❻乎大本❼，復靈以生❽，鳴❾而❿當律⓫，言而當法⓬。利義陳乎前，而好惡是非⓭直⓮服人之口而已矣。使人乃⓯以心服而不敢蘁立⓰，定⓱天下之定⓲。已乎！已乎！吾且⓳不得及⓴彼㉑乎！』」

【章　旨】此節記述莊子與惠子對於孔子之議論。莊子以為，孔子之是非能因時而變；其於治道，認為當依人天賦之才性而使其心服於法度，從而使天下安定，此為上；若示以利義，使人僅口服是非利害，此則為下。

【注　釋】❶孔子四句　參見〈則陽〉「蘧伯玉行年六十而六十化，……」之注解。❷勤志　盡心。❸服知　用智。知，同「智」。❹謝　更替；改變。❺之　指「勤志服知」。❻才　才性。❼大本　指大道。❽復靈以生　謂才性乃道回復於心靈而產生。〈人間世〉曰：「唯道集虛，虛者，心齋也。」復，回復。❾鳴　開口。❿而　猶「則」。⓫當律　合於規則。⓬法　法度。⓭好惡是非　謂使人好惡之，是非之。⓮直　僅。⓯乃　猶「竟」。⓰蘁立　對立。蘁，逆。⓱定　確立。⓲定　安寧。⓳且　猶「將」。⓴及　達到。㉑彼　指「使人乃以心服而不敢蘁立，定天下之定」的境界。

【語　譯】莊子對惠子說：「孔子年紀六十而其認識六十次變化，開始時以其為正確，終了則以為錯誤，不知今時以為正確者不是往年五十九次之錯誤呢？」惠子說：「孔子盡心用智。」莊子說：「孔子已改變了這種做法，而未嘗言之。孔子說：『人從大道稟受才性，才性乃道回復於心靈而產生，使其開口自合於規則，言說自合於法度。利或義出示於人面前，而使人好惡之，是非之，則僅能服人之口而已。使人竟以心服而不敢對立，確立天下之安寧。罷了！罷了！我將不能達到那種境界吧！』」

曾子❶再仕而心再化❷，曰：「吾及親❸仕，三釜❹而心樂；後仕，三千鍾❺而不洎❻，吾心悲。」弟子問於仲尼曰：「若參者可謂無所縣其罪❼乎？」曰：「既已縣矣。夫無所縣者❽可以❾有哀乎？彼視三釜三千鍾如觀雀蚊虻相過乎前❿也。」

【章旨】此節述曾參重養親而輕俸祿之品行。

【注釋】❶曾子 孔子弟子曾參。❷化 改變。❸及親 能供養父母。❹三釜 指為仕之俸祿。釜，量名。六斗四升為釜。❺鍾 量名。六斛四斗為鍾。❻不洎 不及，謂不能供養父母。❼無所縣其罪 謂曾參不繫心俸祿。縣，繫。罪，《說文》曰：「捕魚竹網也。」此以利祿比網羅。❽者 猶「則」。❾可以 何以。❿如觀雀蚊虻相過乎前 喻不屑一顧。「雀」字之上據《闕誤》引張君房本脫「鳥」字。相過，飛過其人。

【語譯】曾子兩次出任官職而心思兩次改變，說：「我能供養父母而任官職，三釜之俸祿而心樂；其後任官職，三千鍾之俸祿而不能供養父母，我心悲。」弟子問仲尼說：「若參可以說不繫心於俸祿吧？」說：「已經繫了。無所繫則何以產生悲哀之情呢？他看三釜三千鍾如同鳥雀蚊虻在其面前飛過一樣。」

顏成子游❶謂東郭子綦曰：「自吾聞子之言，一年而野❷，二年而從❸，三年而通❹，四年而物❺，五年而來❻，六年而鬼入❼，七年而天成❽，八年而不知死不知生❾，九年而大妙❿。生有為死⓫也。勸公⓬以其死也有自⓭也，而生陽⓮也無自也，而⓯果然乎？惡乎其所適？惡乎其所不適⓰？天有歷數⓱，地有人據⓲，吾惡乎求之⓳？莫知其所終，若之何其無命也？莫知其所始，若之何其有命也⓴？有以相應也，若之何其無鬼邪？無以相應也，若之何其有鬼邪㉑？」

【章旨】此節述顏成子游告其師東郭子綦自己身心修養在九年中逐年長進之過程，並發論以為生死皆無所自，己亦無所求，更無論所謂有命無命、有鬼神無鬼神之說。

【注釋】❶顏成子游 見〈齊物論〉注。下「東郭子綦」同。❷野 無拘。❸從 順應；不自執。❹通 通達；無所阻滯。❺物 等同於萬物。❻來 人所歸附。❼鬼入 鬼神所歸附。〈人間世〉曰：「鬼神將來舍」。❽天成 自然而成。❾不知死不知生 意謂等同生死。❿大妙 即大冥，謂幽隱。⓫生有為死 即〈齊物論〉之所謂「方生方死，方死方生」。有，通「又」。⓬勸公 勸導人。⓭以其死也有自 以為人之死有其原由。⓮生陽 生為正。陽，正。⓯而 猶「其」。⓰惡乎二句 謂無有適意與不適意。惡，何。⓱歷數 歲時節候之次序。⓲人據 人所依憑。⓳惡乎求之 謂無所求。⓴莫知二句 為互文，謂不知人之所始所終，如何以為其有命無命呢？其，指人。㉑有以四句 為互文，謂事或有應驗或無應驗，如何以為其有鬼神或無鬼神呢？相應，相應驗之事。

【語譯】顏成子遊對東郭子綦說：「自從我聽了先生的學說，一年而無拘，二年而順應，三年而通達，四年而等同於萬物，五年而人所歸附，六年而鬼神所歸附，七年而自然而成，八年而不知死不知生，九年而大隱晦。生又成為死。勸導人以為人之死有其原由，而生為正當而無其原由，其果真如此嗎？什麼是人所適宜？什麼是人所不適宜？天有歲時節候之次序，地有人所依憑者，我何所求？不知人之所終，怎麼以為其沒有命呢？不知人之所始，怎麼以為其有命呢？有相應驗之事，怎麼以為其間沒有鬼神呢？無相應驗之事，怎麼以為其間有鬼神呢？」

眾罔兩❶問於景❷曰：「若❸向❹也俯而今也仰，向也括❺而今也被❻髮，向也坐而今也起，向也行而今也止，何也？」景曰：「搜搜❼也，奚稍問❽也？予有❾而不知其所以。予，蜩甲❿也，蛇蛻⓫也，似之⓬而非⓭也。火⓮與日，吾屯⓯也；陰與夜，吾代⓰也。彼⓱吾所以有待⓲邪，而⓳況⓴乎以有待㉑者乎！彼來則我與之來，彼往則我與之往，彼強陽㉒則我與之強陽。強陽者，又何以有問乎！」

【章　旨】此寓言與〈齊物論〉「罔兩問景」一節寄意相同，說明事物有所待的道理。

【注　釋】❶罔兩　影外之副影。❷景　同「影」。❸若　你。❹向　昔。❺括　束髮。❻被　同「披」。❼搜搜　多所尋思。❽稍問　問得瑣屑。稍，小；瑣屑。❾有　為。❿蜩甲　蟬脫之殼。⓫蛇蛻　蛇蛻之皮。⓬似之　言影之附形有似於蟬脫之殼蛇蛻之皮之本附於蟬蛇之身。⓭非　言蟬脫之殼蛇蛻之皮為有形之物，而影則無形，故非同。⓮火　指光。⓯屯　聚。謂聚而成影。⓰代　謝；消逝。⓱彼　指「火與日」。⓲有待　有所拘。⓳而　通「爾」。你們。⓴況　比。㉑有待　當作「無待」，因涉上之「有待」而誤。有待與無待相對為文。㉒強陽　運動之貌。

【語　譯】影外眾多副影問影說：「你往時低頭而現在抬頭，往時束髮而現在披髮，往時坐而現在起身，往時行走而現在停步，為什麼呀？」影說：「你們多所尋思，為何問得瑣屑呢？我有所為而不知其緣故。我，是蟬脫之殼，蛇蛻之皮，類似於它們而不是。光與日，使我聚集；陰與夜，使我消失。光與日所以使我有所拘束呢，你們將我比作無所拘束者罷！光與日來則我與它們俱來，光與日往則我與它們俱往，光與日運動則我與它們運動。運動，又有什麼可問呢！」

陽子居❶南❷之❸沛❹，老聃西遊於秦❺，邀❻於郊，至於梁❼而遇老子。老子中道❽仰天而歎，曰：「始以汝為可教，今不可也。」陽子居不答。至舍❾，進盥漱❿巾櫛⓫，脫屨戶外⓬，膝行而前，曰：「向⓭者弟子欲請夫子，夫子行⓮不閒，是以不敢。今閒矣，請問其過⓯。」老子曰：「而⓰睢睢盱盱⓱而⓲誰與居⓳？大白若辱，盛德若不足⓴。」陽子居蹴然㉑變容，曰：「敬聞命矣。」其往㉒也，舍者㉓迎將㉔，其家公㉕執席㉖，妻㉗執巾櫛，舍者㉘避席㉙，煬者㉚避竈㉛。其反㉜

也，舍者與之爭席㉝矣。

【章　旨】此節述陽子居聽從老子之教誨，能戒其高傲而以謙和自律。

【注　釋】❶陽子居　姓陽，名朱，字子居。❷南　南行。❸之　至。❹沛　地名。今江蘇沛縣。❺秦　諸侯國名。其地域在今陝西省境。❻邀　迎候。❼梁　地名。今河南開封。❽中道　道路中央。❾舍　旅店。❿盥漱　洗刷。此指洗刷用品。⓫櫛　梳子。⓬戶外　門外。⓭向　往日。⓮行　行事。⓯其過　己之過錯。⓰而　你。⓱睢睢盱盱　形容傲慢自大、目空一切的樣子。⓲而　猶「則」。⓳誰與居　與誰居處。⓴大白二句　《道德經》四十一章作「大白若辱，廣德若不足」。辱，汙濁。盛德，功德盛大。㉑蹴然　不安貌。㉒往　指初往舍之時。㉓舍者　指先行人舍為陽子居安排住宿者。㉔迎將　迎奉。㉕家公　旅店主人。㉖席　坐席。㉗妻　旅店主人之妻。㉘舍者　此指家人，即旅店主人之家人。㉙避席　離開坐席起立。㉚煬者　為炊事者。㉛避竈　離灶。此表示敬意。㉜反　同「返」。㉝爭席　爭席而坐。

【語　譯】陽子居南行至楚國，老聃西遊於秦，陽子居迎候於郊野，至於梁而遇見老子。老子在道路中央抬頭向天而歎，說：「開始以為你可以教導，現在則不可。」陽子居不作答。至旅店，奉上洗刷用品巾與梳子，脫鞋於門外，膝行而向前，說：「往時弟子想請問老師，老師行事而不閒，因此不敢。今日空閒了，請問我之過錯。」老子說：「你傲慢自大、目空一切的樣子而與誰居處？大白若汙濁，功德盛大若不足。」陽子居不安地改變了神色，說：「恭敬地聽到教導了。」他初往旅店之時，先行者迎奉，旅店主人手執坐席，其妻子手執巾與梳子，其家人離開坐席起立，炊事者離灶。其返回時，其家人與他爭席而坐。

【研　析】本文所論較為散雜，大致可歸納為以下三題：一、論言。1.作者將言分為三種，即寓言、重言和卮言。對於寓言和重言表示肯定與推重。以為寓言由於是假借他事論說，故最容易為人們所接受。由此，我們自然會想到，本書在體例上以寓言為主體，作者分明是出於效果上的考慮。至於重言，由於是借重年長而有資歷者之所言，故亦為人們所信服。書中常引用老子與其他許多所謂得道者之言，或許即所謂重言。對於卮言，則表示否定。所謂危言，即無主見而附和人之言。認為當以大道之無所分辨去同一。2.對於是非之言，亦主張以大道之無所分辨去同一，即以大道去同一。既然是同一於大道，則人之所言顯然是多餘。作者於是又說，能「言無言」，即言說無須言之言論，則雖然終身言之，亦是未嘗言之。我們不難察覺，作者這是在為自己占一地盤。人們會問，既然人無須言，那麼你為何要喋喋不休呢？回答說，我是在說無須言的道理，所以終身言之，亦等同於未嘗言。原來自己是例外。

二、論身心修養。文中稱述老聃告誡陽子居當「大白若辱，盛德若不足」，意謂當謙和而戒傲慢。又通過子游闡述身心修養之提高過程，即能無所拘束而順應自然，等同於萬物，歸向且融合於道，超離生死，入於無所待之逍遙之境。子游又述其生命觀，以為生死皆本於自然，無適而不可。更以為生命之所始所終不可知，從而否定命運注定之說。與此相關，對於有鬼論亦提出疑問，這是值得注意的。本書對於鬼神不否認其存在，其用意是藉以助成己說，但也不作強調，因其與己說畢竟取向不同。如寫莊子妻死，是回歸自然，不寫其變成鬼。

三、論治道。文中借孔子之言，以為人之本性是大道回復於心靈之產物，故人之作為自然合於法度，天下亦因此而安定。如捨此而訴諸利義、是非好惡，則但能服人之口而已。曾子看重供養父母而輕視俸祿，即出於其本性。

讓王第二十八

【題解】本篇以「讓王」為名，即取篇文首句「讓天下」之意。全文主要論述保全生命為人生第一要義，故以為對於妨害生命的身外之物，諸如名利、富貴、土地，以至君位之重，皆當擯棄。對於內心修養，以為在於虛靜，無所用心，自足於安貧樂道、自得自足的生活。另又認為保全生命，是為維護道義，生命當與道義同存。論及治道，以為唯求保命而不願治天下者可以託天下，意謂無為則可致治。文中有與道家思想甚不相合者，如對於殉節全義之行為之褒揚等，顯為別家思想之摻入。

堯以天下讓許由，許由不受。又讓於子州支父❶，子州支父曰：「以我為天子，猶之可❷也。雖然，我適有幽憂❸之病，方且❹治之，未暇治天下也。」夫天下至重也，而不以害其生，又況他物乎！唯無以❺天下為❻者，可以託天下也。

舜讓天下於子州支伯，子州支伯曰：「予適有幽憂之病，方且治之，未暇治天下也。」故天下大器❼也，而不以易生❽，此有道者之所以異乎俗者也。

舜以天下讓善卷❾，善卷曰：「余立於宇宙❿之中，冬日衣⓫皮毛，夏日衣葛絺⓬，春耕種，形⓭足以勞動，秋收斂，身足以休食，日出而作，日入而息，逍遙於天地之間而心意自得⓮，吾何以⓯天下為哉？悲夫！子之不知余也。」遂不受，於是去而入深山，莫知其處。舜以天下讓其友石戶⑯之農⑰，石戶之農曰：「捲捲⑱乎，后⑲之為人，葆力⑳之士也。」以舜之德為未至也，於是夫負㉑妻戴㉒，攜子以入於海，終身不反㉓也。

【章旨】此節借堯舜讓位於人而遭拒之事例說明生命重於天下，唯有不從事治理天下者可以託天下。

【注釋】❶子州支父　虛構之隱者名。下亦稱「子州支伯」。❷猶之可　猶「尚可」。之，語助詞。❸幽憂　憂鬱。❹方且　方將。❺無以　不從事。❻天下為　即「為天下」，治天下。❼大器　貴重之器物。❽不以易生　言不因此輕視其生命。易，輕。❾善卷　虛構之隱者名。❿宇宙　指天地。⓫衣　穿。⓬葛絺　細葛布之衣服。⓭形　身。⓮自得　自足。⓯何以　為何。⓰石戶　地名。⓱農　農人。⓲捲捲　用力貌。⓳后　君主。⓴葆力　依恃勤勞。㉑負　背負物品。㉒戴　頭頂物品。㉓反　同「返」。

【語譯】堯把天下讓給許由，許由不接受。又讓給子州支父，子州支父說：「使我做天子，尚且可以。雖然如此，我恰巧患有憂鬱之病，將治療，沒有空閒治理天下。」天下是極其重要的，而不因此有礙其生命，又何況其他事情呢！只有不從事治理天下者，可以寄託天下。舜把天下讓給子州支伯，子州支伯說：「我恰巧患有憂鬱之病，將治療，沒有空閒治理天下。」因而天下是貴重之器物，不因此而輕視其生命，此為有道之人與世俗之人不同之緣故。

舜把天下讓給善卷，善卷說：「我站立於天地之中，冬天穿皮毛，夏天穿細葛布，春耕種，身體可以勞動，秋收藏，身體可以休息飲食，日出而勞作，日入而休息，逍遙自在於天地之間而心滿意足，我為什麼要治理天下呢？悲哀呀！你不瞭解我。」終於不接受，於是離開其地而進入深山，沒有人知其所住之處。舜把天下讓給其友石戶之農人，石戶之農人說：「用力呀！君主之為人，是依恃勤勞之人士。」以為舜之德不完善，於是丈夫背物妻子頂物，攜子而入海，終身不返回。

大王亶父❶居邠❷，狄人❸攻之。事❹之以皮帛❺而不受，事之以犬馬而不受，事之以珠玉而不受，狄人之所求者，土地也。大王亶父曰：「與人之兄❻居而殺其弟❼，與人之父居而殺其子，吾不忍也。子❽皆勉居❾矣，為吾臣❿與為狄人臣奚以異⓫？且吾聞之，不以所用養⓬害所養⓭。」因⓮杖⓯筴⓰而去之⓱。民相連而從之，遂成國於岐山⓲之下。夫大王亶父可謂能尊生⓳矣。能尊生者，雖貴富不以養⓴傷身，雖貧賤不以利累形㉑。今世之人，居高官尊爵者皆重失之㉒，見利輕亡㉓其身，豈不惑哉！

【章　旨】此節述太王亶父為避狄人之侵犯而徙於岐山之事例，讚許太王亶父能視生命重於土地。並指出，世人則惑於富貴名利而輕視生命。

【注　釋】❶大王亶父　周族祖先，周文王之祖父，武王時追尊為太王。大，通「太」。❷邠　即「豳」。其地在今陝西旬邑縣西。❸狄人　對北方少數民族之稱。❹事　事奉。❺皮帛　獸皮和絲帛。❻人之兄　與下句「人之父」為互文，指周族父兄。❼殺其弟　與下句「殺其子」為互文，指周族之子弟。意謂如與狄人爭戰而使周人被殺。❽子　稱周人。❾勉居　用心留居。❿臣　民。⓫奚以異　言有何差別。⓬所用養　指用以養育人之土地。⓭所養　養育之人。⓮因　於是。⓯杖　執持。⓰筴　同「策」。拐杖。⓱去之　離開邠地。⓲岐山　在今陝西岐山縣境。⓳尊生　重視生命。⓴養　指養身之物。㉑累形　傷害身體。㉒重失之　看重失去高官尊爵。㉓亡　喪。

【語　譯】太王亶父居於邠地，狄人進犯其地。用獸皮和絲帛事奉他們而不接受，用犬馬事奉他們而不接受，用珠玉事奉他們而不接受，狄人所要的是土地。太王亶父說：「與人之兄居而殺其弟，與人之父居而殺其子，我不忍心。你們都用心留居，作為我的人民與作為狄人的人民有什麼區別？況且我聽說，不用用以養育人之土地傷害養育之人。」於是手執拐杖而離開其地。人民接二連三地隨從他，終於在岐山之下建國。太王亶父可以說能重視生命了。能重視生命者，即使富貴不以養身之物傷害身體，即使貧賤不以利益傷害身體。今世之人，居高官尊爵者皆看重失去高官尊爵，見利而輕易喪失其身，難道不迷惑嗎！

越人三世弒其君❶，王子搜❷患之❸，逃乎丹穴❹。而越國無君，求王子搜不得，從❺之❻丹穴。王子搜不肯出，越人薰之以艾❼，乘以王輿❽。王子搜援❾綏❿登車，仰天而呼曰：「君乎！君乎！獨⓫不可以舍⓬我乎？」王子搜非惡為君也，惡為君之患也。若王子搜者，可謂不以國傷生矣，此固越人之所欲得為君也。

【章　旨】此節述越人三世弒其君，有懼於此，王子搜逃避而不願為君，越人尋得而強以為君。作者在此是借史事作點綴，從而說明君位雖高貴，有識者自當以保命為要而敝屣其國，以及唯圖保重性命而以無為為君者方合民意。

【注　釋】❶越人三世弒其君　據陳夢家《六國紀年》考證：西元前三七六年，越王翳為其子諸咎粵滑所弒而篡位；前三六三年，越大夫寺區弒諸咎粵滑而立無余之；前三五一年，寺區之弟弒無余之。❷王子搜　即後被寺區之弟立為君而號無顓者。❸患之　謂憂懼自己若被立為君亦難免見弒。❹丹穴　洞穴名。❺從　追尋。❻之　至。❼艾　草名。亦稱艾蒿。❽王輿　即「玉輿」，玉飾之車。❾援　拉。❿綏　車上供拉引以登車的繩子。⓫獨　猶「豈」。⓬舍　捨棄。

【語　譯】越國人三代弒其君主，王子搜憂患其事，逃於丹穴。而越國無君，尋找王子搜未尋到，追尋至丹穴。王子搜不肯出來，越人用艾蒿薰逼他，讓他乘坐玉飾之車。王子搜手拉綏繩登車，抬頭向天而呼喊說：「君主啊！君主啊！難道不可以捨棄我嗎？」王子搜不是厭惡做君主，是厭惡做君主之禍患。像王子搜可以說是不以其國傷害生命了，這是越國人本來想得到而立為君主之人。

韓❶魏相與❷爭侵地❸。子華子❹見昭僖侯❺，昭僖侯有憂色。子華子曰：「今使❻天下書銘❼於君之前，書❽之言曰：『左手攫❾之❿則右手廢⓫，右手攫之則左手廢，然而攫之者必有天下。』君能攫之乎？」昭僖侯曰：「寡人不攫也。」子華子曰：「甚善！自是觀之，兩臂重於天下也。身亦重於兩臂，韓之輕於天下亦遠矣。今之所爭者，其輕於韓又遠，君固⓬愁身傷生以憂戚不得也。」僖侯曰：「善哉！教寡人者眾矣，未嘗得聞此言也。」子華子可謂知輕重矣。

【章旨】此節述韓魏相爭地，韓侯為此憂戚。子華子設喻啟示，使其領悟當以自身為重而以身外之物為輕的道理。

【注釋】❶韓　諸侯國名。其地域在今河南北部及山西東南部。韓魏兩國相毗連。❷相與　相互。❸爭侵地　爭奪土地。❹子華子　此為對華子之尊稱。相傳為古時體道之人。❺昭僖侯　戰國韓國君主。下亦稱僖侯。❻使　猶「以」。❼書銘　書寫銘文。銘，永誌不易之文。❽書　所寫，指銘文。❾攫　取。❿之　指銘文文本。⓫廢　棄，謂斬去。⓬固　猶「乃」。竟。

【語　譯】韓魏相互爭奪土地。子華子見昭僖侯，昭僖侯有憂愁之神色。子華子說：「現在在君之前以天下書寫銘文，所寫之言說：『左手取銘文文本則右手斬去，右手取銘文文本則左手斬去，然而取之者必定擁有天下。』君能取之嗎？」昭僖侯說：「寡人不取。」子華子說：「很好！由此看來，兩臂比天下重要。身體也比兩臂重要，韓國比之於天下輕微遠了。現在所爭者，其比韓國又輕微遠了，君因憂傷其不能獲得而竟愁苦纏身有礙生命。」昭僖侯說：「好啊！開導寡人者多了，未曾能聽到此言。」子華子可以說知道輕重了。

魯君聞顏闔❶得道之人也，使人以幣❷先❸焉。顏闔守❹陋閭❺，苴布❻之衣而自飯❼牛。魯君之使者至，顏闔自對之❽。使者曰：「此顏闔之家與？」顏闔對曰：「此闔之家也。」使者致幣，顏闔對曰：「恐聽者謬❾而遺使者罪❿，不若⓫審⓬之。」使者還，反⓭審之，復來求⓮之，則不得已⓯。故若顏闔者，真惡富貴也。

【章旨】此節述顏闔拒幣事，讚揚其甘居貧賤厭棄富貴之品格。

【注釋】❶顏闔　春秋魯國賢人。❷幣　帛。以之為禮物。❸先　先致其意。❹守　居住。❺陋閭　偏僻的巷間。❻苴布　粗布。❼飯　飼養。❽對之　應對使者。❾恐聽者謬　言恐自己聽錯。聽者，顏闔自指。❿遺使者罪　言使使者蒙罪。遺，加給。⓫不若　不如。⓬審　詢問。⓭反　反覆。⓮求　找。⓯已　同「矣」。

【語　譯】魯君聽說顏闔是得道之人，派人以帛為禮物先致其意。顏闔居住於偏僻的巷間，穿著粗布衣服而飼養牛。魯君之使者至，顏闔自己應對使者。使者說：「這是顏闔之家嗎？」顏闔答道：「這是闔之家。」使者送上禮帛，顏闔回答說：「恐怕聽者聽錯而使使者蒙罪，不如詢問之。」使者轉過身，反覆詢問，重新前來找顏闔，則找不到了。因此若顏闔，是真厭惡富貴。

故曰：道之真❶以治身❷，其緒餘❸以為❹國家，其土苴❺以治天下。由此觀之，帝王之功，聖人❻之餘事也，非所以完身❼養生也。今世俗之君子多危身棄生❽以殉物❾，豈不悲哉！凡聖人之動作也，必察其所以之❿與其所以為⓫。今且⓬有人於此，以隨侯之珠⓭彈千仞之雀，世必笑之。是何⓮也？則其所用者重而所要者⓯輕也。夫生者豈特⓰隨侯⓱之重哉！

【章　旨】此節乃總括前文，論述為人之道所重莫過於生命，當養護之，有道聖人皆以此為準則。世人則多以逐物為先，致有害其生。

【注　釋】❶道之真　道以虛靜為其真髓。真，真髓。❷治身　謂養治身心。❸緒餘　剩餘。指治身之餘力。❹為　治。❺土苴　渣滓；糟粕。此引申為鄙棄意，謂以鄙棄之心。❻聖人　指得道之人。❼完身　保全身體。❽棄生　捨棄生命。❾殉物　追逐身外之物。❿所以之　指聖人動作之緣起。之，猶「是」。⓫所以為　指聖人動作之作法。⓬且　猶「若」。⓭隨侯之珠　傳說之名珠名。隨，或作「隋」。《淮南子・覽冥》高誘注：「隋侯，漢東之國，姬姓諸侯也。隋侯見大蛇傷斷，以藥傳（敷）之。後蛇於江中銜大珠以報之，因曰隋侯之珠，蓋明月（夜光）珠也。」⓮是何　此為何。⓯所要者　所求者。⓰豈特　豈只。⓱隨侯　下當有「之珠」二字。

【語　譯】因此說：道之真髓用以養治身心，以其治身之餘力治其國家，以鄙棄之心治天下。由此看來，帝王之功業，是聖人之餘事，不是用以保全身體養護生命之所為。現今世俗之君子多在危害身體捨棄生命以追逐身外之物，豈不悲哀呀！凡聖人之動作，必定審察其緣起與其作法。現在若有人在此，以隨侯之珠去彈千仞高之雀，世人必定笑他。這是為什麼？那是因為其所用者貴重而所求者輕微。生命豈只像隨侯之珠那樣貴重呀！

子列子窮，容貌有飢色。客❶有言之於鄭子陽❷者，曰：「列禦寇，蓋有道之士也，居君❸之國而窮，君無乃❹為不好士乎？」鄭子陽即令官遺❺之粟。子列子見使者，再拜而辭。使者去，子列子入，其妻望之而拊心❻曰：「妾聞為有道者之妻子皆得佚❼樂，今有飢色，君過❽而遺先生食，先生不受，豈不命邪！」子列子笑謂之曰：「君非自知我也，以人之言而遺我粟，至其罪我❾也，又且❿以人之言，此吾所以不受也。」其卒⓫，民果作難而殺子陽⓬。

【章旨】此節述列子雖貧困而拒絕鄭相子陽之接濟。其原因是列子有鑑於禍福取決於人言，而自己不願受其制。

【注釋】❶客　泛指某人。❷子陽　人名。時為鄭相。❸君　下對上之敬稱。❹無乃　猶「莫非」。❺遺　給予。❻拊心　撫胸。❼佚　通「逸」。❽過　以為過失。即「不好士」。❾罪我　加罪於我。❿且　猶「將」。⓫卒　終。⓬民果句　其事謂因子陽為人嚴酷，人多怒之，其左右誤折其弓，畏懼見罪，故乘國人追逐狂犬之機而殺子陽（事見《呂氏春秋・適威》《淮南子・氾論》《史記・鄭世家》）。作難，起來反抗。

【語譯】子列子貧窮，面容有飢色。有人將此告訴鄭相子陽，說：「列禦寇，是有道之士，居住於君之國而貧窮，君莫非是不喜好賢士嗎？」鄭相子陽即令官府給予他糧食。子列子見使者，拜兩拜而推辭。使者離去，子列子入內，其妻子望著列子而撫著胸說：「妾聽說作為有道者之妻子都能得到逸樂，今有飢色，相國以為過失而給予先生糧食，先生不接受，豈不是命該如此呀！」子列子笑著對她說：「相國不是自己知道我，是憑人之言而給予我糧食，至其加罪於我，又將憑人之言，這是我不接受的緣故。」其終，民眾果真起來反抗而殺子陽。

楚昭王❶失國❷，屠羊說❸走❹而從❺於昭王。昭王反❻國，將賞從者❼，及❽屠羊說。屠羊說曰：「大王失國，說失屠羊❾；大王反國，說亦反屠羊❿。臣⓫之爵祿⓬已復矣，又何賞之有！」王曰：「強之⓭！」屠羊說曰：「大王失國，非臣之罪，故不敢伏其誅⓮；大王反國，非臣之功，故不敢當⓯其賞。」王曰：「見之。」屠羊說曰：「楚國之法，必有重賞大功而後得見，今臣之知⓰不足以存國⓱，而勇不足以死寇⓲。吳軍入郢，說畏難而避寇，非故⓳隨大王也。今大王欲廢法毀約⓴而見說，此非臣之所以聞於天下也。」王謂司馬子綦㉑曰：「屠羊說居處卑賤而陳義㉒甚高，子綦㉓為我延㉔之以三旌㉕之位。」屠羊說曰：「夫三旌之位，吾知其貴於屠羊之肆㉖也，萬鍾之祿吾知其富於屠羊之利也，然豈可以貪爵祿而使吾君有妄施之名乎！說不敢當，願復反㉗吾屠羊之肆。」遂不受也。

【章旨】此節述楚昭王賞賜隨從其出奔者，屠羊說以己無功而辭，昭王賞識其謙讓之高節而欲聘以三公之位，屠羊說固辭不受，安於其屠羊之業。屠羊說實際上是不願受名利地位的牽制。

【注釋】❶楚昭王　春秋楚國君主，平王之子。❷失國　喪失其國而出奔。事之起因是平王聽信讒言而誅戮伍奢與伍尚（即伍子胥之父與兄），子胥奔吳。後子胥請吳王闔閭伐楚，兵入郢都，時平王已死，昭王出奔於隨。後吳內亂，才得返於郢。❸屠

羊說　以屠羊為業，名說，故稱。❹走　跑。❺從　跟隨。❻反　同「返」。❼從者　相隨出奔者。❽及　（行賞）至。❾失屠羊　失去屠羊之工作。❿反屠羊　恢復屠羊之事。反，同「返」。⓫臣　古人對君自稱。⓬爵祿　借指經營屠羊。⓭強之　強迫他領賞。⓮伏其誅　服於被處死。⓯當　承受；接受。⓰知　同「智」。⓱存國　保全國家。⓲死寇　與寇拼命。⓳故　故意。⓴廢法毀約　廢棄法制。㉑司馬子綦　楚臣。昭王兄公子結，任司馬。綦，或作「期」。㉒陳義　陳述道義。㉓綦　此字涉上「子綦」而衍。㉔延　聘請；聘任。㉕三旌　三公之位。㉖肆　操作。㉗復反　回復。

【語　譯】楚昭王喪失其國而出奔，屠羊說跑著跟隨昭王。昭王返回其國，將獎賞相隨出奔者，獎賞至屠羊說。屠羊說說：「大王喪失國家，說喪失屠羊之事；大王返國，說亦返回而重操屠羊之事。臣之爵祿已恢復了，又有什麼可獎賞的呢！」王說：「強迫他領賞！」屠羊說說：「大王喪失國家，非臣之罪，故不敢服於被處死；大王返國，非臣之功，故不敢接受其賞。」王說：「我要接見他。」屠羊說說：「楚國之法，必須有重賞大功然後得以接見，現在臣之智不足以保全國家，而勇不足以與寇拼命。吳軍進入郢都，說畏懼災難而躲避敵寇，不是故意跟隨大王。現在大王欲廢棄法制而接見說，這不是使臣傳聞於天下之作法。」王對司馬子綦說：「屠羊說處於卑賤之地位而陳述道義極為高尚，你為我以三公之位聘任他。」屠羊說說：「三公之位，我知道它比屠羊之操作高貴，萬鍾之俸祿我知道它比屠羊之盈利多，然而豈能因貪爵祿而使我君有隨意給予之名聲呢！說不敢擔當，願回復我屠羊之操作。」終究不接受。

原憲❶居魯，環堵之室❷，茨❸以生草❹；蓬戶❺不完❻，桑以為樞❼而甕牖❽，二室褐以為塞❾；上漏下濕，匡坐❿而弦⓫。子貢⓬乘大馬，中紺⓭而表素⓮，軒車⓯不容巷⓰，往見原憲。原憲華冠⓱縰履⓲，杖藜⓳而應門⓴。子貢曰：「嘻㉑！先生何病㉒？」原憲應之曰：「憲聞之，無財謂之貧，學而不能行謂之病。今憲貧也，非病也。」子貢逡巡㉓而有愧色。原憲笑曰：「夫希世㉔而行，比周㉕而友㉖，學以為人㉗，教以為己㉘，仁義之慝㉙，輿馬之飾㉚，憲不忍為也。」

【章　旨】此節述子貢因仕宦富貴而得意，往訪原憲，對之貧困處境表示驚訝，誤以為遭遇患難。原憲則以學道而不能行之為患難而譏之，言自己不忍為背道之行。

【注　釋】❶原憲　姓原，名憲，字子思。孔子弟子。❷環堵之室　四周各一堵之屋，言其甚為狹小。堵，長高各一丈之土牆。❸茨　以草蓋屋。❹生草　新生未乾之草。❺蓬戶　用蓬蒿編門戶。❻不完　不完好。❼桑以為樞　言圈桑樹枝條作門戶的承軸臼。❽甕牖　用破甕作窗戶。❾二室句　謂以褐衣間隔為內外二室。塞，隔。❿匡坐　正坐。⓫弦　彈奏弦樂器。用作動詞。⓬子貢　已見〈大宗師〉。時為衛相。⓭中紺　言穿著紺色之裡衣。中，指裡衣。紺，深青帶紅的顏色。⓮表素　白色絹帛之外衣。⓯軒車　大夫以上乘坐之車，車馬高大。⓰不容巷　巷道不能容。⓱華冠　謂頭戴中間破裂之冠。華，中間破裂。⓲縰履　無跟之鞋。⓳杖藜　以藜幹為杖。藜為草本，其莖之堅老者可為杖。⓴應門　至門應接。㉑嘻　歎詞。表示驚異。㉒病　患難。㉓逡巡　退卻貌。㉔希世　謂顧望而求迎合世俗。希，為「睎」之省形字。睎，望。㉕比周　結黨營私。㉖友　相交。㉗為人　為應對他人。㉘為己　為顯示自己。㉙慝　掩蓋。㉚輿馬之飾　修飾車馬。

【語　譯】原憲在魯國居住，四周各為一堵之屋，用新生未乾之草覆蓋；用蓬蒿編的門戶不完好，圈桑樹枝條作門戶的承軸臼而用破甕作窗戶，二室之間用褐衣隔開；上漏而下濕，他端正地坐著彈奏弦樂器。子貢往見原憲，乘大馬，穿紺色之裡衣和白色絹帛之外衣，其軒車巷道不能容。原憲頭戴中間破裂之冠，腳穿無跟之鞋，以藜幹為杖而至門應接。子貢說：「嘻！先生得什麼病？」原憲回答他說：「我聽說，無財稱為貧，學而不能行稱為病。現在我是貧，不是病。」子貢後退而面露慚愧之神色。原憲笑道：「行止前顧後望，但求迎合世俗，結黨營私以相交，學是為應對他人，教是為顯示自己，掩蓋仁義之道，修飾車馬，我不忍心去做。」

曾子❶居衛，縕袍❷無表❸，顏色❹腫噲❺，手足胼胝❻。三日不舉火❼，十年不製衣，正冠❽而❾纓絕❿，捉衿⓫而肘見⓬，納屨⓭而踵決⓮。曳縰⓯而歌〈商頌〉⓰，聲滿天地，若出金石⓱。天子不得臣，諸侯不得友⓲。故養志者忘形⓳，養形者忘利，致道者⓴忘心㉑矣。

【章旨】此節述曾子已達到忘貧樂道之境界。

【注釋】❶曾子　曾參。❷縕袍　舊絲綿袍。❸表　外衣。❹顏色　面色。❺腫噲　謂極度浮腫。噲，當作「殨」，病甚。❻胼胝　手足掌上生的老繭。此處用作動詞。❼舉火　點火。指炊事。❽正冠　戴正帽子。❾而　猶「則」。❿纓絕　帽帶被扯斷。纓，繫帽的帶子。⓫捉衿　整理衣襟。衿，同「襟」。古代衣服的交領。⓬肘見　露出臂肘。⓭納屨　穿鞋。⓮踵決　鞋後跟開裂。⓯曳縰　拖著無跟鞋。⓰商頌　《詩經》中「頌」詩之一類。《詩經》之詩皆有曲譜可以歌唱。⓱若出金石　謂其歌聲之美妙若出於金石器樂。金石，金石所製樂器。⓲不得友　不能與之結交。⓳形　身。⓴致道者　得道之人。㉑忘心　忘其思慮。

【語譯】曾子居住於衛國，穿的舊絲綿袍沒有外罩衣，面色極度浮腫，手足掌上生著老繭。三日不點火燒飯，十年不做新衣，戴正帽子則帽帶被扯斷，整理衣襟則露出臂肘，穿上鞋子則後跟開裂。拖著無跟鞋而唱〈商頌〉，聲滿天地間，如出自金石樂器。天子不能使其為臣，諸侯不能與之結交。因此涵養心志者忘其身，養身攝生者忘其利，得道之人忘其思慮。

孔子謂顏回曰：「回，來。家貧居卑❶，胡❷不仕乎？」顏回對曰：「不願仕。回有郭❸外之田五十畝，足以給飦粥❹；郭內之田十畝，足以為❺絲麻。鼓琴足以自娛，所學夫子之道者足以自樂也。回不願仕。」孔子愀然❻變容曰：「善哉！回之意。丘聞之：『知足者不以利自累❼也，審❽自得❾者失之而不懼，行❿修於內⓫者無位而不怍⓬。』丘誦之久矣，今於回而後見之，是丘之得也。」

【章旨】此節述顏回不願出仕而安貧樂道，孔子讚其關注內心修養，能知足，得失任其自然。

【注釋】❶居卑　處於卑微地位。❷胡　通「何」。❸郭　外城。❹飦粥　稠粥和稀粥。❺為　生產。❻愀然　變色貌。❼自累　牽制自己。❽審　明白。❾自得　猶「自足」。❿行　品行。⓫內　內心。⓬不怍　不羞慚。

【語譯】孔子對顏回說：「回，上前。家境貧困而處於卑微地位，為何不做官呀？」顏回回答說：「不願做官。我有外城城外之田五十畝，足以供給喝粥；外城之內田十畝，足以生產絲麻。彈琴足以自娛，所學老師之道足以自樂。回不願做官。」孔子改變神色說：「你的心意真好啊！我聽說：『知足者不以利牽制自己，明白自己所得者失去了也不憂懼，品行修養於內心者無地位也不羞慚。』我誦讀此言久了，今天終於在你身上見到了，此我之所得。」

中山公子牟❶謂瞻子❷曰：「身在江海之上，心居乎魏闕之下❸，奈何？」瞻子曰：「重生。重生則利輕。」中山公子牟曰：「雖知之，未能自勝❹也。」瞻子曰：「不能自勝則從❺，神無惡❻乎！不能自勝而強不從者，此之謂重傷❼。重傷之人，無壽類❽矣。」魏牟，萬乘❾之公子也，其隱巖穴也，難為於❿布衣⓫之士，雖未至乎道⓬，可謂有其意⓭矣。

【章旨】此節述魏牟身雖在野而心仍依戀朝廷，知重生輕利而不能自制。瞻子以為若此甚傷精神而將危及生命。作者則嘉其有向道之意。

【注釋】❶中山公子牟　即魏牟，戰國魏公子。見〈秋水〉注。因其封於中山，故稱。中山本國名，其地在今河北定縣、唐縣一帶，魏曾伐而取之。❷瞻子　即詹何，戰國學者，屬於道家。❸身在二句　謂身雖在野而心存在朝之念。上，指邊岸。魏闕，古代宮門外兩邊高聳的樓觀，借指朝廷。下，猶「中」。❹自勝　克制自己。❺從　通「縱」。下「從」同。❻神無惡　言使精神不致傷害。無惡，無傷。❼重傷　再受傷害。不能自勝為一傷，又強不縱為再傷。❽無壽類　不至長壽之輩。❾萬乘　萬乘之國。❿於　猶「比」。⓫布衣　指平民。⓬道　得道。⓭有其意　指有其達到得道境界之意。

【語譯】中山公子牟對瞻子說：「身在江海之畔，心在朝廷之中，如何？」瞻子說：「看重生命。看重生命則看輕勢利。」中山公子牟說：「雖然知道此理，不能克制自己。」瞻子說：「不能克制自己則放縱，精神不致受到傷害吧！不能克制自己而強求不放縱，此稱為再致傷害。再致傷害之人，是不至長壽之輩。」魏牟，是萬乘之國之公子，他隱居於山洞之中，比之於平民之士為難做到，雖然未達到明道，可以說有其意了。

孔子窮於陳蔡之間，七日不火食❶，藜羹❷不糝❸，顏色甚憊❹，而弦歌於室。顏回擇菜❺。子路、子貢相與言曰：「夫子再逐於魯，削迹於衛，伐樹於宋，窮於商周，圍於陳蔡❻，殺夫子者無罪，藉❼夫子者無禁。弦歌鼓琴，未嘗絕音。

君子之無恥也若此乎？」顏回無以應❽，入告孔子。孔子推琴，喟然❾而歎曰：「由與賜，細人❿也。召而來，吾語⓫之。」子路、子貢入。子路曰：「如此者可謂窮矣。」孔子曰：「是何言也！君子通於道⓬之謂通，窮於道⓭之謂窮。今丘抱⓮仁義之道以遭亂世之患，其何窮之為⓯！故內省而不窮於道，臨難而不失其德，天寒既至，霜雪既降，吾是以知松柏之茂⓰也。陳蔡之隘⓱，於丘其幸⓲乎！」孔子削然⓳反⓴琴而弦歌，子路扢然㉑執干㉒而舞。子貢曰：「吾不知天之高也，地之下也㉓。」古之得道者，窮㉔亦樂，通㉕亦樂。所樂非窮通也，道德於此㉖，則窮通為㉗寒暑風雨之序㉘矣。故許由娛㉙於潁陽㉚，而共伯㉛得㉜乎共首㉝。

【章旨】此節述孔子受困於陳蔡而弦歌自樂，以為經歷困厄，不僅無損於得道，且甚為有益。弟子於是釋其疑惑。

【注釋】❶孔子二句　見〈天運〉注。窮，困厄。❷藜羹　用藜之嫩葉作的湯汁。❸不糝　沒有飯粒。糝，飯粒。❹憊　疲乏。❺擇菜　選取野菜。❻夫子五句　見〈山木〉〈天運〉注。❼藉　凌辱。❽無以應　無法接受。❾喟然　長歎聲。❿細人　小人。⓫語　告。⓬通於道　指在得道上順達。⓭窮於道　指在得道上遭遇困厄。⓮抱　持。⓯何窮之為　即「何謂之窮」。為，通「謂」。⓰茂　卓異。⓱隘　被困。⓲幸　指幸於有此經歷。⓳削然　疑同「倏然」。快疾貌。⓴反　同「返」。指取回。㉑扢然　喜貌。㉒干　盾。㉓吾不知二句　喻孔子與己之見識有天壤之別。㉔窮　指人生經遇之困厄。㉕通　指人生經遇之通達。㉖道德於此　即「道得於此」，謂樂於此窮通時得道。德，通「得」。㉗為　猶「如」。㉘序　順序更替。㉙娛　樂。㉚潁陽　潁水之北。潁水源出河南登封縣嵩山西南，東南流，至安徽壽縣入淮河。傳說許由隱於潁陽。㉛共伯　西周封國諸侯，共地在今河南輝縣，伯為爵名，因稱共伯。㉜得　自足。㉝共首　疑為地名，所在未詳。傳說周厲王暴虐，為國人所逐。共伯為王族子孫，諸侯聞其賢，故擁戴為王，共伯辭而不能，即位，是為「共和」（共伯名和）。共和十四年，天大旱，舍屋生火，占卜以為厲王為祟，於是廢共伯而立宣王。共伯退歸本邑，無所怨恨而得其逍遙。

【語　譯】孔子在陳蔡之間遭遇困厄，七天不能燒飯吃，用藜之嫩葉作的湯汁沒有飯粒，面色十分疲憊，卻在居室撥弦唱歌。顏回在外擇取野菜。子路、子貢一起在說：「老師在魯二次被逐，在衛被逐，在宋遭桓魋拔樹，在商周遇困，在陳蔡之間被圍，殺老師者無罪，凌辱老師者不禁。還撥弄琴弦唱歌，不曾間斷。君子之無恥像這樣嗎？」顏回聽了無法接受，進入居室告訴孔子。孔子推開琴，長歎一聲說：「由與賜，是小人。召喚他們過來，我告訴他們。」子路、子貢進入。子路說：「像這樣可以說困厄了。」孔子說：「這是什麼話！君子在得道上順達稱之為通達，在得道上遭遇困厄稱之為困厄。現在我執守仁義之道而遭遇亂世之患難，怎麼能說困厄！內心反省在得道上不遭受困厄，面臨危難而不失其德，天之寒冷已來臨，霜雪已降，我因此知道松柏之卓異。陳蔡之被困，對於我或許是幸事吧！」孔子快疾地取回琴而撥弦唱歌，子路高興地拿著盾牌起舞。子貢說：「我不知道天之高，地之低。」古之得道者，困厄亦樂，通達亦樂。所樂不是困厄與通達，是因此而得道，則困厄與通達如同寒暑風雨之順序更替了。因此許由在潁陽而樂，而共伯在共首而自得。

舜以天下讓其友北人無擇❶，北人無擇曰：「異❷哉！后❸之為人也，居於畎畝之中而遊堯之門❹，不若是❺而已❻，又欲以其辱行❼漫❽我，吾羞❾見之。」因❿自投清泠之淵⓫。

【章　旨】此節述舜讓位於北人無擇，無擇以為即位為君乃品行卑下之表現，故拒之並投水而死以示其不可汙。

【注釋】❶北人無擇　為虛構人名。❷異　怪。❸后　君。❹居於句　謂由田間耕作而進入堯之朝廷即位為君主。畎畝，田地。遊，求官職。門，指朝廷之門。❺若是　如此。❻已　止。❼辱行　卑汙之品行。❽漫　汙辱。❾羞　恥。❿因　於是。⓫清泠之淵　即清泠水，在今河南南陽市南。

【語譯】舜將天下讓給其友北人無擇，北人無擇說：「奇怪呀！君主你的為人，處於田畝之中而到堯之朝廷求官職，不如此而止，又想以你的卑汙品行汙辱我，我羞恥於見到你。」於是自投身於清泠水。

湯將伐桀，因❶卞隨❷而謀。卞隨曰：「非吾事也。」湯曰：「孰可❸？」曰：「吾不知也。」湯又因瞀光❹而謀。瞀光曰：「非吾事也。」湯曰：「孰可？」曰：「吾不知也。」湯曰：「伊尹❺何如？」曰：「強力忍垢❻，吾不知其他也。」湯遂與伊尹謀伐桀，剋之❼。以讓卞隨。卞隨辭曰：「后❽之伐桀也，謀乎我，必以我為賊❾也；勝桀而讓我，必以我為貪也。吾生乎亂世，而無道之人再來漫我以其辱行，吾不忍數聞也。」乃自投椆水❿而死。湯又讓瞀光曰：「知⓫者謀之⓬，武者⓭遂之⓮，仁者居之⓯，古之道也。吾子胡⓰不立⓱乎？」瞀光辭曰：「廢上⓲，非義也；殺民，非仁也；人犯⓳其難⓴，我享其利，非廉也。吾聞之曰：『非其義者㉑不受其祿，無道之世不踐其土。』況尊我乎！我不忍久見也。」乃負石㉒

而自沉於廬水㉓。

【章　旨】此節述湯謀伐桀且勝之，卞隨、瞀光既不屑預其謀，又拒其以君位讓己。斥湯乃無道之人，其以武力奪取天下與君位，是出於非義之汙穢行為，故寧死而持其清白，且以為使用武力，有背於清靜無為，只會致亂而不可致治。然作者借瞀光之口而倡君位不可犯之論，則又見其陳腐。

【注　釋】❶因　依靠。❷卞隨　姓卞，名隨，隱士。❸孰可　言可與誰謀。❹瞀光　即務光。已見〈大宗師〉。❺伊尹　見〈庚桑楚〉注。❻強力忍垢　謂能竭力忍受屈辱。❼剋之　戰勝桀。❽后　君。❾賊　殘暴。❿稠水　水名。⓫知　同「智」。⓬謀之　謀劃除暴取代事。⓭武者　用武者。⓮遂之　成功其事。⓯居之　居君主之位。⓰胡　通「何」。⓱立　即位。⓲廢上　廢除君主。⓳犯　冒。⓴難　生死患難。㉑非其義者　即「其義非者」。㉒負石　抱石。㉓廬水　水名。

【語　譯】湯將討伐桀，依靠卞隨而謀劃。卞隨說：「不是我的事。」湯問：「可與誰謀劃？」卞隨說：「我不知道。」湯又依靠瞀光而謀劃。瞀光說：「不是我的事。」湯問：「可與誰謀劃？」瞀光說：「我不知道。」湯問：「伊尹怎麼樣？」瞀光說：「他能竭力忍受屈辱，其他我不知道。」湯就與伊尹謀劃伐桀，戰勝了桀。於是將天下讓給卞隨。卞隨推辭說：「君之討伐桀，與我謀劃，必定以為我殘暴；戰勝桀而讓給我，必定以為我貪得。我生於亂世，而無道之人以其卑汙之品行一再來汙辱我，我不忍心多次聽到。」於是自投稠水而死。湯又讓給瞀光說：「智者謀劃其事，用武者成功其事，仁者居其位，是古之道。你為何不即位呢？」瞀光說：「廢除君主，違背道義；殺害民眾，違背仁愛；人冒著生死患難，我享其利，違背廉潔。我聽說：『違背道義者不能接受其俸祿，無道之世不踐其土。』何況尊崇我呢！我不忍心長久見此種事情。」於是抱石而自沉於廬水。

昔周之興，有士❶二人處於孤竹❷，曰伯夷、叔齊❸。二人相謂曰：「吾聞西方有人，似有道者，試往觀焉。」至於岐陽❹。武王聞之，使叔旦❺往見之，與盟❻曰：「加富二等❼，就官一列❽。」血牲❾而埋之❿。二人相視而笑，曰：「嘻！異哉！此非吾所謂道也。昔者神農之有天下也，時祀⓫盡敬而不祈喜⓬；其於人也，忠信盡治⓭而無求⓮焉。樂與政⓯為政⓰，樂與治⓱為治⓲，不以人之壞⓳自成也，不以人之卑自高也，不以遭時⓴自利也。今周見殷之亂而遽㉑為政㉒，上謀㉓而下行貨㉔，阻兵㉕而保威㉖，割牲㉗而盟以為信㉘，揚行㉙以說眾㉚，殺伐㉛以要㉜利，是㉝推亂㉞以易暴㉟也。吾聞古之士遭㊱治世不避其任，遇亂世不為㊲苟存㊳。今天下闇㊴，周德衰，其㊵並㊶乎周以塗㊷吾身也，不如避之以絜㊸吾行㊹。」二子北至於首陽之山㊺，遂㊻餓而死焉。若伯夷、叔齊者，其於富貴也，苟㊼可得已㊽，則必不賴㊾。高節戾行㊿，獨樂其志，不事(51)於世：此二士之節也。

【章　旨】此節述伯夷、叔齊往歸於周，適武王將興師征伐殷紂。伯夷、叔齊以為此乃乘殷之危亂而以殺伐謀利，是為以暴易暴，故棄之而餓死於首陽山。作者讚揚二人不媚俗的高尚志向與節操，然其持論甚有背於道家之主張。

【注　釋】❶士　指賢者。❷孤竹　商周時國名。其地在今河北盧龍縣。❸伯夷叔齊　見〈大宗師〉注。❹岐陽　岐山之南。❺叔旦　即周公旦，武王之弟。❻與盟　與伯夷、叔齊訂立盟約。❼加富二等　加祿二級。❽就官一列　就任第一位次之官職。就，任。列，位。❾血牲　殺牲取血，以血塗於盟書。❿埋之　將盟書埋於壇下。⓫時祀　四季祭祀。⓬不祈喜　不求福。⑬盡治　盡心治理。⑭無求　無所索取於民。⑮與政　有官長。與，猶「有」。政，通「正」。官長。⑯為政　設立官長。⑰與治　有管治。⑱為治　實施管治。⑲壞　失敗。⑳遭時　遭遇時機。㉑遽　急速。㉒為政　進行征伐。政，通「征」。㉓謀　指策謀征伐之事。㉔行貨　運輸征伐物資。㉕阻兵　依恃軍隊。阻，依恃。㉖保威　依恃其威勢。保，依恃。㉗割牲　即殺牲取血。㉘以為信　以示誠信。即信守盟約不違背。㉙揚行　宣揚出師之舉。㉚說眾　取悅民眾。說，同「悅」。㉛殺伐　征伐。㉜要　求。㉝是　此。㉞推亂　推翻殷之亂政。㉟易暴　代以暴虐。㊱遭　遇。㊲為　謀求。㊳苟存　苟且偷生。㊴闇　昏暗。㊵其　猶「與其」。㊶並　猶「依傍」。㊷塗　汙。㊸絜　同「潔」。㊹行　品行。㊺首陽之山　見〈大宗師〉注。㊻遂　竟。㊼苟　苟且。㊽已　同「矣」。㊾賴　取。㊿戾行　背離世俗之品行。(51)事　任用。

【語譯】往時周族興起之時，有賢士二人處於孤竹，名伯夷、叔齊。二人相互說：「我聽說西方有人，似有道之人，試前往察看。」至於岐山之南。武王聽說其事，派叔旦前往接見他們，與他們訂立盟約，盟約寫道：「加祿二級，就任第一位次之官職。」殺牲取血，以血塗於盟書而將其埋於壇下。二人對視而笑，說：「嘻！怪異呀！這不是我們所認為之道。從前神農氏之擁有天下，四季祭祀十分恭敬而不祈求福；他對於人民，忠誠盡心治理而無所求。民樂有官長則設立官長，樂有管治則實施管治，不以人之失敗而成就自己，不以人之卑下而自高，不以遭遇時機而自利。現在周人見殷之亂而急速進行征伐，在上者策謀其事而在下者運輸物資，依恃其軍隊，依恃其威勢，殺牲取血訂立盟約以示誠信，宣揚出師之舉用以取悅民眾，用征伐之手段以求利，這是推翻殷之亂政而代之以暴虐。我聽說古之賢士遇得治之世不迴避任事，遇亂世不謀求苟且偷生。現今天下昏暗，周人之德行衰敗，與其依傍周人而汙穢我身，不如迴避他們而使我們之品行純潔。」二人向北至於首陽之山，竟挨餓而死。若伯夷、叔齊，他們對於富貴，苟且而可得，則必定不取。保持高尚之節操和背離世俗之品行，獨以其志向自樂，不任用於世：此為二賢士之節操。

【研析】本文主要論述養生之道，作者從以下三方面作論述：一、以為保全生命是養生最重要的方面。以此為尺度，凡於生命有妨害者一概予以擯棄。故子州支父以將治病為由拒絕堯之讓位；大王亶父因視生命重於土地故避讓狄人而遷徙；王子搜畏懼為君將有殺身之患而逃避。子華子勸韓僖侯不值得為與魏爭地而愁身傷生；詹何教魏牟當輕利而重生等等。以為世俗之人則與此相反，看重名利地位而不惜傷害生命，是為迷惑不解。看重保全生命，此實作者一貫的主張，只是作者更多的是強調對於生死要「安時而處順」，不訴諸哀樂之情，死乃回歸自然，得其所歸。生命既說要保，又說當順其自然，這明顯是自相矛盾，是作者思想上固有矛盾的反映。至於作者認為，但求活命而不願治天下者，方為寄託天下的最合適人選。這實際上是在說明無為而治的道理。因其不願為治，一切聽之任之，付之自然，故反而得治。

二、以為養護身心要安貧樂道，自得自足。即要使內心虛靜，忘卻功業，忘卻名利地位，忘卻得失，無所用心，自由自在，從而達到得道之境界。文中所寫的顏闔、原憲、曾子等人，都體現了安貧樂道，自得自足的精神素養。這體現了道家的養生之道。探求提出此種主張之起因，從消極方面而言，則是有鑑於禍患之來，在所不測，當預為之備；從積極方面而言，則是作為一種精神追求。此種養生之道，自得失互存。

三、以為保全生命是為維護道義，生命當與道義同存。文中所寫孔子以「內省不窮於道，臨難不失其德」為幸事，即為其例。這比之於將保命視為人生第一要義是一種質的飛躍。於此再推進一步，認為道義、人格、節操高於生命，故兩者不可兼得之時，則捨生而取義。這無疑是一種高尚的行為。然而，假如其思想行為是逆歷史潮流而動，則見其守舊頑固而已。卞隨、瞀光、伯夷、叔齊之思想行為即屬此類。作者對此給予表彰，表明了其思想傾向。卞隨諸例，不僅與以保全生命為養生最重要之方面的觀點相違背，而且亦與道家思想體系格格不入，故當以別家思想之摻入視之。

本文在眾多寓言中以屠羊說一則最可賞鑑。楚昭王與屠羊說雙方，三來三往，充分展現了雙方的誠意。屠羊說之謙讓在理，尤其真切感人。然而作者僅僅是為了褒揚其人其事嗎？屠羊說之所以如此，難道不正與列子之辭粟、顏回之不願仕同其理嗎？其深層寓意正在此，只是作者不言罷了。

盜跖第二十九

【題解】本篇分述三事，而以孔子見盜跖之寓言居首，分量亦最重，其中之盜跖又為故事之主角，故逕以「盜跖」為篇名。全文主要環繞為人之道作論述。盜跖以為人生有限，要保養壽命，在有生之年，當縱情享樂，使心情愉悅。另外，作者又讓其充當訓斥孔子批判儒家的角色，這在本文中顯得十分突出。滿苟得以為人當鄙棄世俗道德，拋棄名利，守持本性，順從天道。其見解體現了道家思想。知和認為人當以生命為至重，不可傷生害性，凡事當准此為進退，以適中合度為宜。此說有其合理性，可是與泯滅利害順從自然之主張已相去甚遠。

孔子與柳下季❶為友❷，柳下季之弟名曰盜跖❸。盜跖從卒❹九千人，橫行天下，侵暴諸侯，穴室樞戶❺，驅人牛馬，取人婦女，貪得忘❻親，不顧父母兄弟，不祭先祖。所過之邑，大國守城，小國入保❼，萬民苦之。孔子謂柳下季曰：「夫為人父者必能詔❽其子，為人兄者必能教其弟。若父不能詔其子，兄不能教其弟，則無貴父子兄弟之親矣。今先生世之才士也，弟為盜跖為天下害而弗能教也，丘竊為先生羞之。丘請為先生往說之。」柳下季曰：「先生言為人父者必能詔其子，為人兄者必能教其弟，若子不聽父之詔，弟不受兄之教，雖今先生之辯❾，將柰之何⑩哉？且跖之為人也，心如湧泉，意如飄風⑪，強足以拒敵，辯足以飾非，順其心則喜，逆其心則怒，易辱人以言。先生必無往。」孔子不聽。顏回為馭⑫，子貢為右⑬，往見盜跖。

【注釋】❶柳下季　即展禽，字季，春秋魯人，僖公時為大夫，食邑柳下，故稱柳下季。又諡惠，故亦稱柳下惠。任士師（法官），世稱清高廉潔之士。❷為友　結為朋友。孔子與柳下季非為同時之人，云其為友，乃出於假託以成其說。❸盜跖　見〈駢拇〉注。云盜跖為柳下季之弟，亦為假託。❹從卒　隨從人眾。❺穴室樞戶　疑當作「扒室摳戶」。穴，疑為「扒」之省形字，意謂擊。樞，《闕誤》引劉得一本作「摳」，為形誤，當據改。摳，同「毆」。擊打。扒室摳戶，謂破人門戶。❻忘　捨棄。❼保　城堡，保，同「堡」。❽詔　教。❾辯　善言辭。❿奈之何　對之奈何。⓫心如二句　言其居心暴虐。飄風，暴風。⓬馭　同「御」。駕車者。⓭右　車右。因居右故稱。一般以有勇力者擔任。御者則居左，尊者居中。

【語譯】孔子與柳下季為朋友，柳下季之弟名為盜跖。盜跖隨從之人眾九千人，橫行天下，侵害諸侯，破人門戶，趕走人之牛馬，掠取人之婦女，貪得而捨棄親人，不顧父母兄弟，不祭祀先祖。所經過之都邑，大國守城，小國之人進入城堡，萬民因此痛苦。孔子對柳下季說：「作為人之父者必定能教其子，作為人之兄者必定能教其弟。假如父不能教其子，兄不能教其弟，則不必貴重父子兄弟之親了。現在先生是世之才士，弟弟盜跖危害天下而不能教，我私下為先生羞恥其事。我請為先生前往勸說他。」柳下季說：「先生說作為人之父者必定能教其子，作為人之兄者必定能教其弟，假如子不聽父之教，弟不接受兄之教，即使像現今先生這樣的善於言辭，將對他怎麼辦呢？況且跖之為人，心如湧泉，意如暴風，力強足以拒敵，言辯足以掩飾謬誤，順其心則喜，逆其心則怒，輕易以言語汙辱人。先生一定不可前往。」孔子不聽。顏回為駕車者，子貢為車右，往見盜跖。

盜跖乃方①休卒徒②大山③之陽④，膾⑤人肝而餔⑥之。孔子下車而前，見謁者⑦曰：「魯人孔丘聞將軍⑧高義，敬再拜謁者⑨。」謁者入通⑩。盜跖聞之大怒，目如明星，髮上指冠⑪，曰：「此夫魯國之巧偽人⑫孔丘非邪？為我告之：爾⑬作言造語⑭，妄稱⑮文、武⑯，冠⑰枝木之冠⑱，帶⑲死牛之脅⑳。多辭繆㉑說，不耕而食，不織而衣，搖脣鼓舌㉒，擅㉓生是非，以迷天下之主，使天下學士㉔不反其本㉕，妄作孝弟㉖，而儌倖㉗於封侯富貴者也。子之罪大極重，疾走歸！不然，我將以子肝益㉘晝餔之膳㉙。」孔子復通，曰：「丘得幸於季㉚，願望履幕下㉛。」謁者復通。盜跖曰：「使來前㉜！」孔子趨而進，避席反走㉝，再拜盜跖。盜跖大怒，兩展其足㉞，案㉟劍瞋目㊱，聲如乳虎㊲，曰：「丘來前！若㊳所言順吾意則生，逆吾心則死。」

【注　釋】①乃方　為同義複詞。乃，猶「方」。②卒徒　徒眾。③大山　即泰山。④陽　山之南面。⑤膾　割。⑥餔　食。⑦謁者　官名。掌管引進拜見者。⑧將軍　諛稱盜跖。⑨敬再拜句　意謂致敬謁者，請謁者引見。⑩入通　入內傳達。⑪髮上指冠　頭髮向上豎起，頂著帽子，為誇張盛怒之貌。⑫巧偽人　巧詐虛偽之人。⑬爾　你。⑭作言造語　造作言語，即編造言語。⑮妄稱　隨意稱譽。⑯文武　周文王、武王。⑰冠　頭戴。⑱枝木之冠　為對孔子所戴禮冠之貶稱。枝，通「支」。支木，以木為骨架。⑲帶　腰束。⑳脅　從腋下至肋骨盡處之部位。此謂此部位之皮。㉑繆　通「謬」。㉒搖脣鼓舌　形容賣弄口才。搖、鼓，皆為動意。脣，嘴唇。㉓擅　任意。㉔學士　學子。㉕不反其本　謂失去為學之本旨。反，同「返」。

㉖孝弟　孝悌之倫理。㉗傲倖　冀望。㉘益　增添。㉙膳　食品。㉚得幸於季　指與柳下季為友。幸，偏愛。㉛望履幕下　為見到跖之謙恭語。意謂對跖不敢仰望其面，但瞻望其鞋而已。履，鞋。幕，帳幕。㉜來前　進來；上前。㉝孔子二句　所寫孔子之舉動，為見尊長者表示恭敬之禮節。趨，小步快走。避席，避開坐席。反走，轉身退卻。㉞兩展其足　伸展其兩足。狀其倨傲。㉟案　通「按」。㊱瞋目　怒目而視。㊲乳虎　育子之母虎。喻其咆哮堪怖。㊳若　你。

【語　譯】盜跖方使徒眾在泰山之南面休息，割人肝而食。孔子下車而上前，見謁者說：「魯人孔丘聞知將軍道義高尚，敬再拜謁者。」謁者入內傳達。盜跖聽了大怒，眼如明星，髮上豎頂著帽子，說：「此魯國之巧詐虛偽之人孔丘不是嗎？替我告訴他：你編造言語，隨意稱譽周文王、武王，頭戴以木為骨架之冠冕，腰束死牛之脅皮。多言以發謬論，不耕而食，不織而衣，擺唇弄舌，任意造作是非，以迷惑天下之君主，使天下學子失去為學之本旨；隨意造作孝悌，而冀望封侯富貴。你罪大極頂，趕快回去！不然，我將用你的肝臟以添加我白天吃的食品。」孔子再使傳達，說：「我得季之偏愛，希望能至帳幕下瞻仰您。」謁者再次傳達。盜跖說：「讓他進來！」孔子快步而進，避開坐席轉身退卻，兩次拜揖盜跖。盜跖大怒，伸展其兩足，手按著劍把怒目而視，聲如育子之母虎，說：「你上前！你所言順我意則活，違我意則死。」

孔子曰：「丘聞之，凡天下有三德❶：生而長大❷，美好無雙，少長貴賤見而皆說❸之，此上德❹也；知❺維❻天地，能❼辯❽諸物❾，此中德也；勇悍果敢，聚眾率兵，此下德也。凡人有此一德者，足以南面稱孤❿矣。今將軍兼此三者，身長八尺二寸，面目有光，脣如激丹⓫，齒如齊貝，音中⓬黃鐘⓭，而名曰盜跖，丘竊為將軍恥不取焉。將軍有意聽臣⓮，臣請南使⓯吳越，北使齊魯，東使宋衛，西使晉楚，使為將軍造大城數百里⑯，立⑰數十萬戶之邑，尊將軍為諸侯，與天下更始⑱，罷⑲兵休卒，收養昆弟，共祭先祖。此聖人才士之行，而天下之願也。」

【注釋】❶三德　三種福。德，猶「福」。❷長大　高大。❸說　同「悅」。❹上德　上福。❺知　同「智」。❻維　包羅。❼能　才能。❽辯　通「辨」。❾諸物　眾物。❿孤　對王侯之稱。⓫激丹　鮮明之丹色。⓬中　合。⓭黃鐘　指音律。見〈駢拇〉注。⓮臣　對己之謙稱。⓯使　出使。⓰數百里　指城周之長。⓱立　建。⓲更始　重新開始；除舊創新。⓳罷　遣返。

【語譯】孔子說：「我聽說，總凡天下有三種福：生而高大，美好無雙，年少年長貴賤者見了都喜歡他，此為上福；智慧包羅天地，才能能辨識眾物，此為中福；勇猛有決斷，聚眾率兵，此為下福。凡人有此一福者，足以南向而坐稱王侯了。現在將軍兼具此三者，身長八尺二寸，面目有光彩，嘴唇如鮮明之丹色，牙齒如整齊的貝殼，聲音合於音律，而名為盜跖，我私下為將軍羞恥而不取。將軍若有意聽我的話，請往南出使吳越，往北出使齊魯，往東出使宋衛，往西出使晉楚，使他們為將軍建造數百里之大城，建數十萬戶之都邑，尊重將軍為諸侯，與天下重新開始，使天下兵卒得到遣返安息，收容撫養其兄弟，共祭先祖。此聖人才士之作為，而天下之願望。」

盜跖大怒，曰：「丘來前！夫❶可規❷以利而可諫以言者，皆愚陋恆民❸之謂耳。今❹長大美好，人見而悅之者，此吾父母之遺德❺也，丘雖不吾譽❻，吾獨❼不自知邪？且吾聞之，好面譽人者，亦好背而毀之。今丘告我以大城眾民，是欲規我以利而恆民畜❽我也，安可❾久長也！城之大者，莫大乎天下矣。堯舜有天下，子孫無置錐之地。湯武立為天子，而後世❿絕滅。非以其利大故邪？且吾聞之，古者禽獸多而人少，於是民皆巢居⓫以避之，晝拾橡栗，暮栖木上，故命之曰有巢氏⓬之民。古者民不知衣服，夏多積薪，冬則煬⓭之，故命之曰知生⓮之民。神農之世，臥則居居⓯，起則于于⓰，民知其母，不知其父⓱，與麋鹿共處，耕而食，織而衣，無有相害之心，此至德⓲之隆⓳也。然而黃帝不能致德⓴，與蚩尤㉑戰於涿鹿㉒之野，流血百里。堯舜作，立群臣㉓。湯放㉔其主㉕，武王殺紂。自是之後，以強陵弱，以眾暴寡㉖。湯武以來，皆亂人之徒也。今子修㉗文武之道㉘，掌㉙天下之辯㉚，以教後世㉛。縫衣淺帶㉜，矯言㉝偽行，以迷惑天下之主，而欲求富貴焉。盜莫大於子，天下何故不謂子為盜丘，而乃謂我為盜跖？子以甘辭㉞說子路而使從之，使子路去其危冠㉟，解其長劍，而受教於子，天下皆曰『孔丘能止暴禁非㊱』。其卒㊲之也，子路欲殺衛君而事不成㊳，身菹於衛東門之上㊴，是子教之不至㊵也。子自謂才士聖人邪，則再逐於魯㊶，削迹於衛㊷，窮於齊㊸，圍於陳蔡，不容身於天下。子教子路菹此患，上無以為身，下無以為人㊹，子之道豈足貴邪！

【注　釋】❶夫　猶「凡」。❷規　規勸。❸恆民　常民，即普通之人。❹今　發語詞。❺遺德　所賜之恩。❻不吾譽　即「不譽吾」。❼獨　猶「豈」。❽畜　馴養。❾安可　怎能。❿後世　後代。⓫巢居　在樹上營造簡陋居所以居。⓬有巢氏　傳說之古帝王，是巢居的發明人。⓭煬　以火取暖。⓮知生　知生火。⓯居居　安靜之容。⓰于于　自得之貌。⓱民知二句　因處於群婚時期，故存在此種現象。⓲至德　指至德之世。⓳隆　盛。⓴致德　達到順其自然而無為之德。㉑蚩尤　傳說中的遠古九黎族首領，為黃帝所戰敗而被殺。㉒涿鹿　地名。在今河北涿鹿縣東南。㉓堯舜二句　意謂實行治理。作，出。㉔放　放逐。㉕主　指夏王桀。㉖以眾暴寡　依靠人多殘害人少的。㉗修　讚美。㉘文武之道　指周文王、周武王修身治國之道與西周的禮樂制度。㉙掌　操縱。㉚辯　言論。㉛後世　後人。㉜縫衣淺帶　此言孔子之服飾。縫衣，寬而長大之衣。淺帶，寬鬆之腰帶。㉝矯言　虛假之言。㉞甘辭　好話。㉟危冠　高冠。㊱止暴禁非　禁止為非作歹。《史記・仲尼弟子列傳》曰：「子路性鄙，好勇力，志伉直，冠雄雞，佩猳豚。陵暴孔子，孔子設禮稍誘子路。子路後儒服委質，因門人請為弟子。」㊲卒　終。㊳子路句　史無子路欲殺衛君之事。衛君，指衛莊公（蒯聵）。西元前四八〇年，時衛君為衛出公（蒯輒）而孔悝專政。輒父聵自戚入衛，強迫孔悝從己而發動政變，被立為衛君，出公出奔。子路時為衛邑宰，因反抗蒯聵政變，在與聵部下交戰時被殺。㊴身菹句　史載子路被殺於孔悝家之壇下（見《左傳・哀公十五年》），非東門之上。菹，被剁為肉醬，為古時酷刑。此謂被殘殺。㊵不至　不當。㊶再逐於魯　見〈山木〉注。㊷削迹於衛　見〈天運〉注。下「圍於陳蔡」同。㊸窮於齊　西元前五一七年，魯內亂，昭公出奔於齊。次年，孔子至齊。齊景公欲以尼溪田封之，晏嬰止之。後齊大夫欲害孔子，孔子聞而返於魯。㊹子教三句　馬敘倫《莊子義證》曰：「子教子路菹此患，上無以為身，下無以為人」十七字為錯簡，當移於上文「身菹於衛東門之上」下。教，使。菹此患，在此災難中被殺害。為身，守護自身。為人，有益於他人。

【語　譯】盜跖大怒，說：「你上前！凡可以利規勸而可以言相諫者，皆稱為愚昧常人。我長大美好，人見而喜歡我，此我父母之賜恩，你即使不稱讚我，我自己難道不知道嗎？並且我聽說，好當面稱讚人者，亦好背後詆毀人。今你以大城眾民告訴我，這是想以利規勸我而以常人馴養我，怎能長久呢！城之大者，莫大於天下了。堯舜有天下，其子孫無立錐之地。成湯武王立為天子，而後代絕滅。不是因為利大的緣故嗎？並且我聽說，古時禽獸多而人少，於是民皆居住在構建於樹上之簡陋居室以躲避牠們，白天拾櫟樹之果實，夜晚棲息在樹上，故稱其為有巢氏之民。古時民不知穿衣服，夏天多積柴草，冬天則用它來生火取暖，故稱其為知道生火之民。神農之世，躺臥則安靜，起來則自覺舒適，民知其母，不知其父，與麋鹿共處，耕而食，織而衣，沒有相害之心，此為隆盛的至德之世。然而黃帝不能達到無為之德，與蚩尤戰於涿鹿之野，流血百里。堯舜出來，封立群臣。成湯放逐其君主，武王殺紂。從此以後，依靠強大侵犯弱小，依靠人多殘害人少的。成湯武王以來皆亂人之徒。現在你讚美文王武王之道，操縱天下之輿論，以教後人。穿著寬而長大之衣服，束著寬鬆之腰帶，用虛假之言虛偽之行為，以迷惑天下之君主，而想求得富貴。盜莫大於你，天下為什麼不稱你為盜丘，而竟稱我為盜跖？你以好話勸說子路而使他隨從你，使子路除下他的高冠，解下他的長劍，而接受你的教導，天下都說『孔丘能禁止為非作歹』。其終了，子路欲殺衛君而事不成，身被殘殺在衛之東門之上，此是你教之不當。你自稱是才士聖人麼，卻兩次在魯被逐，在衛被逐，在齊遇困厄，在陳蔡被圍，在天下不能容身。你使子路在此災難中被殺害，上無法守護自身，下無法有益於他人，你之道豈可貴重呀！

「世之所高，莫若黃帝。黃帝尚不能全德❶，而戰涿鹿之野，流血百里。堯不慈❷，舜不孝❸，禹偏枯❹，湯放其主，武王伐紂，文王拘羑里❺。此六子者，世之所高也。孰❻論之，皆以利惑其真❼，而強反其情性❽，其行❾乃甚可羞❿也。世之所謂賢士伯夷叔齊⓫，伯夷叔齊辭孤竹之君而餓死於首陽之山，骨肉不葬⓬。鮑焦飾行非世，抱木而死⓭。申徒狄⓮諫而不聽，負石⓯自投於河，為魚鼈所食。介子推至忠也，自割其股以食文公，文公後背之。子推怒而去，抱木而燔死⓰。尾生⓱與女子期⓲於梁⓳下，女子不來，水至不去，抱梁柱而死。此六子者，無異於磔犬流豕⑳、操瓢而乞㉑者，皆離名㉒輕死，不念本㉓養壽命者也。世之所謂忠臣者，莫若王子比干㉔、伍子胥㉕。子胥沉江，比干剖心。此二子者，世謂忠臣也，然卒為天下笑。自上觀之，至於子胥比干皆不足貴也。丘之所以說我者，若告我以鬼事，則我不能知也；若告我以人事者，不過此矣，皆吾所聞知也。

【注釋】❶全德　德養完美。❷不慈　指不慈愛其子。傳說堯不將君位傳於其子丹朱而傳於舜，故云。❸舜不孝　傳說舜之父瞽瞍偏愛舜之弟象而疾惡舜，故云。❹偏枯　即偏癱，半身不遂。傳說禹因勤苦於治水，故罹此疾。❺羑里　殷代監獄名。文王為西伯時，因能積善累德，為諸侯所向，紂憂其將不利於己，故因之。❻孰　深入。❼真　本心。❽反其情性　背離其本性。❾行　行為。❿羞　恥。⓫伯夷叔齊　事見〈讓王〉。⓬骨肉不葬　指兩人屍體不得安葬。⓭鮑焦二句　此述鮑焦殉節之事。據《史記・魯仲連鄒陽列傳》正義引《韓詩外傳》曰：姓鮑，名焦，周時隱者也。飾行非世，廉潔而守。荷擔採樵，拾橡充食，故無子胤。不臣天子，不友諸侯。子貢遇之，謂之曰：「吾聞非其政者不履其地，汙其君者不受其利。今子履其地，食其利，可乎？」鮑焦曰：「吾聞廉士重進而輕退，賢人易愧而輕死。」遂抱木立枯焉。今《韓詩外傳》所述略異。飾行，修善品行。非世，詆毀世俗，譏刺世事。⓮申徒狄　見〈大宗師〉注。⓯負石　抱石。⓰介子推五句　此述介子推盡忠而見棄不得好死之傳聞。介子推，春秋晉臣。亦稱「介推」。史載：晉獻公時，晉國因廢立太子事致亂，公子重耳出奔避難，介子推等相從。重耳流亡十九年後，在秦穆公幫助下返國奪取政權，是為文公。文公即位後賞賜隨從者，而不及介子推，介子推遂隱而死。文公後悟及其人，求之不得，遂封其所隱山下之緜上為祭田（見《左傳・僖公二十四年》）。此所謂介之推割股食文公、文公背棄、介子推自焚而死云云，均出於編造。背，離棄。燔死，焚燒而死。⓱尾生　人名。⓲期　約會。⓳梁　橋梁。⓴磔犬流豕　以犬豕受制於人而致死事，喻所謂六賢士受制於他人而致死。磔，分裂牲體以祭祀鬼神。流豕，投豕於水流以祭祀鬼神。㉑操瓢而乞　以乞食喻所謂六賢士皆有所求而為人所制約。操，持。㉒離名　為名節所囿。離，通「罹」。㉓本　指人之根本。㉔王子比干　見〈人間世〉注。㉕伍子胥　見〈胠篋〉注。

【語譯】「世人所推崇者，不如黃帝。黃帝尚且不能德養完美，而在涿鹿之野爭戰，流血百里。堯不慈愛，舜不孝順，禹半身偏癱，湯放逐其君主，武王伐紂，文王被囚於羑里。此六人，為世人所推崇。深入論之，都是因利而使其本心迷惑，而背離其本性，其行為是十分可恥的。世人所說之賢士伯夷叔齊，伯夷叔齊推辭做孤竹之君主而餓死在首陽山，身體不得安葬。鮑焦修善品行詆毀譏刺世俗人事，抱樹而死。申徒狄諫而不聽，抱石而自投於河，被魚鱉所食。介子推最忠心，自割其腿肉給文公吃，文公後來背棄了他，子推發怒而離去，抱著樹焚燒而死。尾生與女子相約在橋下會面，女子不來，水漲而不離開，抱著橋柱子而死。此六人，與將狗體分裂或將豬投於水流以祭祀鬼神、拿著瓢以乞討沒有區別，皆為名節所囿而輕視其死，不思念為人之根本而保養其壽命。世人所說之忠臣，不如王子比干、伍子胥。子胥被沉江，比干被剖心。此二人，世人稱為忠臣，然而結果被天下人所笑。由上所述看來，至於子胥比干皆不可推崇。丘所勸說我的，假如將鬼事告訴我，則我不得而知；假如將人事告訴我，不過如此了，都是我已所聞知。

「今吾告子以人之情：目欲視色，耳欲聽聲，口欲察❶味，志氣❷欲盈❸。人上壽百歲，中壽八十，下壽六十，除病瘦❹死喪憂患，其中開口而笑者，一月之中不過四五日而已矣。天與地無窮，人死者有時❺，操❻有時之具❼，而託於無窮之間，忽然❽無異騏驥❾之馳過隙❿也。不能說⓫其志意⓬，養其壽命者，皆非通⓭道者也。丘之所言皆吾之所棄也。亟⓮去走歸，無復言之。子之道狂狂⓯汲汲⓰，詐巧虛偽事也，非可以全真⓱也，奚⓲足論哉！」

【注　釋】❶察　辨。❷志氣　心志與精神。❸盈　滿足。❹病瘦　生病。瘦，當為「瘐」之誤。❺有時　有時限。❻操持。❼具　物。此指身。❽忽然　迅速貌。❾騏驥　皮毛之花紋猶如棋盤之千里馬。❿隙　縫隙。⓫說　同「悅」。⓬志意　心情。⓭通　曉悟。⓮亟　趕快。⓯狂狂　荒謬。⓰汲汲　借為「岌岌」，危殆貌。⓱全真　使本心完善。⓲奚　何。

【語　譯】「現在我將人之本性告訴你：目欲視色彩，耳欲聽音樂，口欲辨美味，心志與精神欲滿足。人之高壽是百歲，中壽是八十，下壽是六十，除生病死喪憂患，其中能開口笑的，一月之中不過四五日而已吧。天與地是無窮盡的，人之死是有時限的，持有時限之身，而寄託於無窮盡之天地之間，其迅速與駿馬飛奔經過縫隙無所區別。不能使其心情愉悅，保養其壽命者，都是不曉悟道者。你所說的皆是我所拋棄的。趕快走開回去，不要再說了。你之道荒謬危殆，是詐巧虛偽之事，不可以使本心完善，有什麼可說的呢！」

孔子再拜趨走，出門上車，執轡❶三失❷，目芒然❸無見，色若死灰，據❹軾❺低頭，不能出氣。歸到魯東門外，適遇柳下季。柳下季曰：「今者闕然❻數日不見，車馬有行色❼，得微❽往見跖邪？」孔子仰天而歎，曰：「然。」柳下季曰：「跖得無❾逆女❿意若前⓫乎？」孔子曰：「然。丘所謂無病而自灸也。疾走料⓬虎頭，編虎須⓭，幾⓮不免虎口哉！」

【章　旨】此節述盜跖暴亂天下，孔子往勸欲止之，結果反落魄而歸。盜跖指斥孔子是巧偽人，以謬說惑世，冀望富貴，故為世所不容。駁斥儒家所美化之先王皆為尚利亂世之徒，失其本性，故使世道由自在之世之盛德洋溢，陵夷為衰亂無道。同樣，世所推崇之賢士忠臣，亦皆背其本性，囿於名利而受制於人。認為人生本短暫，為人當求保全自己的本性，使心志精神愉悅滿足，並贏得長壽。此節所述之盜跖，其思想觀點鮮明地體現了道家鄙棄名利，擺脫制約，順其本性，尋求個性自由的主張。

【注　釋】❶轡　馬韁繩。❷失　失手。❸芒然　同「茫然」。❹據　扶。❺軾　車箱前供立乘者憑扶的橫木。❻闕然　間隔貌。闕，通「缺」。❼行色　出行貌。❽得微　豈非。❾得無　豈非。❿女　同「汝」。⓫前　指己前之所言。⓬料　通「捋」。撫摸。⓭須　同「鬚」。⓮幾　幾乎。

【語　譯】孔子拜兩下後快步跑出，出門上車，去拿馬韁繩數次失手，目光迷茫看不到東西，面色如同死灰，手扶著車軾低著頭，口不能呼氣。回到魯東門外，恰巧遇到柳下季。柳下季說：「如今已間隔數日沒有見到，車馬有出行之狀，豈非前往見跖了？」孔子抬頭向天而歎，說：「是的。」柳下季說：「他豈非像我之前所說的那樣違背你的心意呢？」孔子說：「是的。我是所謂無病而自己炙療。快跑過去撫摸虎頭，編虎鬚，幾乎不免於虎口呢！」

子張❶問於滿苟得❷曰：「盍❸不為行❹？無行則不信，不信則不任，不任則不利。故觀之名，計之利，而義真是❺也。若棄名利，反❻之於心，則夫士之為行，不可一日不為乎！」滿苟得曰：「無恥者富，多信者❼顯。夫名利之大者，幾❽在無恥而信。故觀之名，計之利，而信真是也。若棄名利，反之於心，則夫士之為行，抱❾其天❿乎！」子張曰：「昔者桀紂貴為天子，富有天下。今謂臧聚⓫曰『汝行如桀紂』，則有⓬怍色⓭，有不服之心者，小人⓮所賤也。仲尼墨翟窮為匹夫⓯。今謂宰相⓰曰『子行如仲尼墨翟』，則變容易色⓱，稱不足者，士⓲

誠貴也。故勢為天子未必貴也，窮為匹夫未必賤也，貴賤之分在行之美惡。」滿苟得曰：「小盜者拘，大盜者為諸侯。諸侯之門，義士存焉⑲。昔者桓公小白⑳殺兄㉑入嫂㉒，而管仲為臣㉓；田成子常㉔殺君竊國㉕，而孔子受幣㉖。論則賤之，行則下之㉗，則是言行之情㉘悖戰㉙於胸中也，不亦拂㉚乎！故《書》㉛曰：『孰惡孰美？成者為首㉜，不成者為尾㉝。』」

【注釋】①子張　姓顓孫，名師，字子張，孔子弟子。此為借其名。②滿苟得　虛構之人名，為得道者。③盍　何。④為行　修養品行。⑤是　準則。指為人處世之準則。⑥反　轉。⑦多信者　看重取信於人者。多，重。⑧幾　大概。⑨抱　持。⑩天　自然本性。⑪臧聚　眾奴僕。臧，奴僕。聚，眾。⑫有　猶「為」。⑬怍色　面色改變。⑭小人　指卑賤之人。⑮匹夫　平民。⑯宰相　高官。⑰變容易色　面色改變。⑱士　官吏。⑲義士存焉　謂仁義之士在其門下。意謂義士實依附於盜國者並為之辯解張揚。⑳桓公小白　齊桓公，名小白。㉑兄　指公子糾。桓公即位前，與公子糾爭位，即位後使魯殺公子糾。㉒入嫂　指娶公子糾之妻。入，納。㉓管仲為臣　管仲本輔糾，糾被殺後，桓公釋其囚而舉以為相。㉔田成子常　即田成子，亦稱田常。㉕殺君竊國　見〈胠篋〉注。㉖孔子受幣　案：史無孔子受幣之事。孔子聞田常弒齊簡公，即請魯哀公予以討伐（見《論語·衛靈公》）。幣，帛。以束帛為禮品。㉗行則下之　謂行為則對之卑下。㉘情　實。㉙悖戰　謂在心中激烈鬥爭。悖，通「勃」。盛。㉚拂　乖戾；相反。㉛書　不詳。㉜首　首領。㉝尾　徒從。

【語譯】子張問滿苟得說：「何不修養品行？沒有品行則不為人所信，不為人所信則不被任用，不被任用則不利。故觀之於名，計之於利，而道義真是準則。如拋棄名利不論，轉而從內心言之，則士人之修養品行，不可一日不修養吧！」滿苟得說：「無恥者富，看重取信於人者出名。大得名利者，大概在於無恥而為人所信。故觀之於名，計之於利，而為人所信真是準則。如拋棄名利不論，轉而從內心言之，則士人之修養品行，守持其自然本性吧！」子張說：「往時桀紂貴為天子，富有天下。今對眾奴僕說『你的品行如桀紂』，則面色為之改變，有不服之心，可見其被小人所卑賤。仲尼墨翟窮困為平民。今對高官說『你的品行如仲尼墨翟』，則面色改變，稱不夠，可見士人確實貴重。因此勢位為天子未必貴重，窮困為平民未必低賤，貴賤之分在品行之美惡。」滿苟得說：「小盜者被拘，大盜者成為諸侯，諸侯之門庭，為道義之士所在。往時齊桓公小白殺兄納嫂，而管仲為臣；田成子常殺齊君竊取其國，而孔子接受其禮品。議論則卑賤他們，行為則對其卑下，則是言行之實在心中激烈鬥爭，不是相反嗎！因此《書》說：『誰惡誰美？成者為首領，不成者為徒從。』」

子張曰：「子不為行，即❶將疏戚❷無倫❸，貴賤無義❹，長幼無序，五紀❺六位❻將何以為別乎？」滿苟得曰：「堯殺長子❼，舜流母弟❽，疏戚有倫乎？湯放桀，武王殺紂，貴賤有義乎？王季❾為適❿，周公殺兄⓫，長幼有序乎？儒者偽辭⓬，墨者兼愛⓭，五紀六位將⓮有別乎？且子正⓯為名，我正為利，名利之實，不順於理，不監⓰於道。吾日⓱與子訟⓲於無約⓳，曰⓴：『小人㉑殉㉒財，君子殉名。其所以變其情易其性則異矣，乃㉓至於棄其所為㉔而殉㉕其所不為㉖，則一㉗也。』故曰：無為小人，反㉘殉㉙而㉚天㉛；無為君子，從天之理㉜。若㉝枉㉞若直，相㉟而天極㊱。面觀四方，與㊲時㊳消息㊴。若是若非，執㊵而圓機㊶。獨成而意㊷，與㊸道徘徊㊹。無轉㊺而㊻行，無成而義，將失而所為㊼。無赴㊽而㊾富，無殉㊿而成，將棄而天。比干剖心，子胥抉眼(51)，忠之禍也；直躬(52)證父(53)，尾生溺死，信(54)之患也；鮑子(55)立乾(56)，申子(57)不自理(58)，廉(59)之害也；孔子不見母(60)，匡子(61)不見父(62)，義之失也。此上世之所傳，下世之所語，以為(63)士者正其言，必(64)其行，故服(65)其殃離(66)其患也。」

【章旨】此節記述子張與滿苟得關於修養之辯論。子張規勸滿苟得修養品行，以為人之貴賤取決於品行之美惡，不修養品行將毀壞倫理。滿苟得則以為人當持其自然本性，世俗所奉為聖賢者，皆追逐名利，言行相背，敗壞倫理，貽患深重。人們當有鑑於此而必依順天道自然。

【注釋】❶即 猶「則」。❷戚 親。❸倫 倫常，即人與人之間關係之準則。❹義 法度。❺五紀 即五倫，指君臣、父子、夫婦、兄弟、朋友五種倫理關係。❻六位 指君、臣、父、子、夫、婦。或謂指父、母、兄、弟、夫、妻。❼堯殺長子 崔譔說：「堯殺長子監考明。」❽流母弟 放逐同母之弟，即象。傳說舜尚為平民時，象以謀殺舜為事。舜即位後，封象於有庳。孟子曰：「象不得有為於其國，天子使吏治其國而納其貢稅焉，故謂之放」（見《孟子・萬章上》）。可見雖有封之名實則放而囚禁之。❾王季 即季歷，是周古公亶父之庶子。❿適 同「嫡」。古公有嫡長子太伯、次子虞仲，而以為季歷賢而欲傳之。太伯、虞仲聞而即奔江南，古公遂以季歷為嫡嗣而立之。⓫兄 指管叔。周公攝政時，紂子武庚與管叔、蔡叔叛亂，周公東征平亂，殺武庚、管叔，放逐蔡叔。⓬偽辭 言辭虛假。儒家主張臣為君諱、子為父諱，故言及人倫常以虛假之言作辯解。⓭兼愛 是墨家的核心思想，主張人們相互友愛，愛人如己。⓮將 猶「則」。⓯正 即使。⓰監 明。⓱日 往日。⓲訟 論說。⓳無約 虛構人名，意謂無所約束而一任自然。⓴曰 下為無約之言。㉑小人 此指平民。㉒殉 追逐。㉓乃 猶「然」。㉔所為 指依循天道自然。所，猶「宜」。㉕殉 守。㉖所不為 宜不為，指追逐名利。㉗一 相同。㉘反 轉。㉙殉 守。㉚而 猶「其」。彼。㉛天 天道自然。㉜理 道。㉝若 似。㉞枉 曲。㉟相 視。㊱天極 自然之法則。㊲與 依從。㊳時 時日推移。㊴消息 變化。㊵執 守。㊶圓機 猶環中。參見〈齊物論〉「彼是莫得其偶，謂之道樞。

樞始得其環中，以應無窮」。㊷意　指泯滅彼此是非之意。㊸與　隨從。㊹徘徊　變化。㊺轉　通「專」。㊻而　通「爾」。㊼所為　宜為。㊽赴　趨。㊾而　猶「其」。彼。㊿殉　貪。(51)抉眼　挖出眼珠。伍子胥諫吳王夫差而被賜死，子胥臨死前曰：吾死後抉吾眼懸於吳東門之上，以觀越軍之滅吳。(52)直躬　傳說人名。(53)證父　告發其父。直躬之父盜人之羊，直躬告發之。(54)信　誠。(55)鮑子　即鮑焦。(56)立乾　站立而僵斃。(57)申子　即申生。(58)不自理　不自己申述。申生為晉獻公之太子。驪姬欲使己子奚齊為太子而謀害申生，申生蒙弒父之冤為慰父意而不自申辯，竟自縊而死。(59)廉　純潔。(60)孔子不見母　未詳。(61)匡子　即匡章，戰國齊人，為齊將。(62)不見父　匡章因諫其父而為其父所逐，終身不見。(63)為　使。(64)必　戒敕。(65)服　受。(66)離　通「罹」。

【語譯】子張說：「你不修養品行，則將使親疏之間沒有倫常，貴賤之間沒有法度，長幼之間沒有次序，五倫六位將怎樣區別呢？」滿苟得說：「堯殺其長子，舜放逐其同母之弟，親疏之間有倫常嗎？湯放逐桀，武王殺紂，貴賤之間有法度嗎？王季作為嫡嗣，周公殺兄，長幼之間有次序嗎？儒者言辭虛偽，墨者倡導兼愛，五倫六位有區別嗎？並且你即使為名，我即使為利，名利之實，不順於理，不明於道。我往日與你在無約處論說，其說：『小人追逐財，君子追逐名。他們改變其本性之原因不同，然而造成其拋棄所適宜做的而執守所不宜做的，則相同。』因此說：不要做小人，轉而執守那天道自然；不要做君子，順從自然之道。似曲似直，審視那自然之法則。面觀四方，依從時日推移而變化。似是似非，守持環中。獨成其泯滅彼此是非之意，隨從道而變化。不要專斷你的作為，不要成全你的道義，將失去你所適宜做的。不要趨向那富有，不要貪求那成功，將違背那天道自然。比干被剖心，子胥被挖眼，是忠心之禍；直躬告發其父，尾生淹死，是守真誠之患；鮑子站立而僵斃，申子不自己申訴，是純潔之害；孔子不見其母，匡子不見其父，是道義之喪失。此上世之所傳，下世之所言，以使士人端正其言，戒敕其行為，因而受其殃遭遇其禍患。」

無足❶問於知和❷曰：「人卒❸未有不興❹名就❺利者。彼富則人歸之，歸則下之❻，下則貴之❼。夫見❽下貴者❾，所以長生安體樂意之道也。今子獨無意焉，知❿不足邪？意⓫知而力不能行邪？故推正不忘⓬邪？」知和曰：「今夫⓭此人⓮，以為與己同時而生、同鄉而處者，以為夫⓯絕俗過世⓰之士焉，是⓱專⓲無主正⓳，所以覽古今之時、是非之分也，與⓴俗化。世去㉑至重㉒，棄至尊㉓，以為其所為也。此其所以論長生安體樂意之道不亦遠乎！慘怛㉔之疾㉕，恬愉㉖之安㉗，不監㉘於體；怵惕㉙之恐，欣懽㉚之喜，不監於心。知為為㉛而不知所以為㉜，是以貴為天子，富有天下，而不免於患也。」

【注　釋】❶無足　虛構之人名。意謂追求名利安樂不知滿足。❷知和　虛構之人名。意謂知以天道之平和自處。❸人卒　人眾。❹興　喜。❺就　趨。❻下之　對之謙下。❼下則貴之　謙下則為人所尊。❽見　表現。❾下貴者　謙下而為人所尊之品行。❿知　同「智」。⓫意　猶「抑」。還是。⓬推正不忘　即不忘以正道相推託。⓭今夫　發語詞。⓮此人　指無足所稱道之成名得利者。⓯夫　猶「彼」。⓰過世　超世。⓱是　此。指此種人。⓲專　全。⓳主正　根本準則。⓴與　隨從。㉑去　棄。㉒至重　指生命。㉓至尊　指道。㉔慘怛　憂傷。㉕疾　痛苦。㉖恬愉　舒適快樂。㉗安　安逸。㉘監　感悟。㉙怵惕　警惕。㉚懽　同「歡」。㉛為為　為所欲為。㉜所以為　為之所由。所為當本於天道。

【語　譯】無足問知和說：「眾人沒有不喜名趨利者。富則人歸附他，歸附則對之謙下，謙下則為人所尊。表現謙下而為人所尊之品行，此為使生命久長身體平安心情快樂之所由之道。現在你獨無意於此，智力不足呢？還是雖有知識而力所不能及呢？因此而不忘以正道相推託呢？」知和說：「此人以為與己同時而生活、同鄉而處者，都認為謙下者是脫俗超世之士，此乃全無根本準則，因此觀察古今之時、是非之分，而相隨世俗而變化。世人拋棄至重之生命，拋棄至尊之道，以為其所為。此則與其論述使生命久長身體平安心情快樂所由之道不是疏遠麼！憂傷之痛苦，舒適快樂之安逸，在自身無所感悟；警懼之恐慌，歡欣之喜樂，在內心無所感悟。知為所欲為而不知為之本於天道自然，因此貴為天子，富有天下，而不免於禍患。」

無足曰：「夫富之於人，無所不利，窮美究勢❶，至人之所不得逮❷，賢人之所不能及❸。俠❹人之勇力而以為威強，秉❺人之知❻謀以為明察，因❼人之德以為賢良，非享國❽而嚴❾若君父。且夫❿聲色滋味權勢之於人，心不待學而樂之，體不待象⓫而安之。夫欲惡避就，固不待師，此人之性也。天下雖非我⓬，孰能辭⓭之？」知和曰：「知⓮者之為，故⓯動以百姓⓰，不違其度⓱。是以足而不爭，無以為⓲故不求。不足⓳故求之，爭四處⓴而不自以為貪；有餘故辭之，棄天下而不自以為廉。廉貪之實，非以㉑迫外㉒也，反監㉓之㉔度。勢為天子而不以貴驕人，富有天下而不以財戲人㉕。計其患，慮其反㉖，以為害於性，故辭而不受也，非以要㉗名譽也。堯舜為帝而雍㉘，非仁㉙天下也，不以美㉚害生也；善卷㉛許由得帝而不受，非虛辭讓也，不以事㉜害己。此皆就其利，辭其害，而天下稱賢焉，則可以有之㉝，彼非以興名譽也。」

【注釋】❶窮美究勢　謂美事與權勢皆可達到極點。❷逮　達到。❸及　達到。❹俠　字當作「挾」，持。❺秉　持。❻知同「智」。❼因　依恃。❽享國　指為國君。❾嚴　威嚴。❿且夫　況且。⓫象　仿效。⓬非我　以我所見為非。⓭辭　推辭。⓮知　同「智」。⓯故　通「固」。⓰動以百姓　言因百姓而動。以，猶「因」。⓱度　法則。⓲無以為　即順乎自然。⓳不足　無有滿足。⓴爭四處　四方爭奪。㉑非以　非因。㉒迫外　為外界所迫。㉓反監　反省。㉔之　猶「其」。㉕戲人　欺侮戲弄人。㉖反　反面。㉗要　求取。㉘雍　通「擁」。謂擁有天下。㉙仁　仁愛。㉚美　美事。㉛善卷　見〈讓王〉注。㉜事　為帝事。㉝有之　有賢之名。

【語譯】無足說：「富對於人，無所不利，使美事與權勢皆可達到極點，至人所不能達到，賢人所不能企及。依靠人之勇力而以為威強，把持人之智謀而以為明察，依恃人之德而以為賢良，不是做國君而威嚴如君父。況且聲色美味權勢對於人，其心不待學而樂於此，其體不待仿效而安於此。愛惡迴避趨就，原本不待效法，此人之本性。天下人即使以我所見為非，誰能對聲色美味權勢推辭不受？」知和說：「智者之作為，本因百姓而動，不違背其法則。因此足而不爭，順乎自然故不求。無有滿足故求之，四方爭奪而不自以為貪；以為有餘故推辭，拋棄天下而不自以為廉。廉貪之實，非因為外界所迫，而是反省其法度。有天子之權勢而不以其尊貴傲視人，富有天下而不以其財貨欺侮戲弄人。計度其患難，思慮其反面，以為有害於本性，故推辭而不接受，非憑藉此以求取名譽。堯舜為帝而擁有天下，非仁愛天下，不以美事而害生；善卷許由能為帝而不接受，非虛假辭讓，不因帝事而害己。此皆趨就其利，推辭其害，而天下稱之為賢，則可以有賢之名，不是因為他們喜好名譽之故。」

無足曰：「必❶持其名，苦體絕甘❷，約養❸以持生❹，則亦❺久病長阨❻而不死者也。」知和曰：「平❼為福，有餘為害者，物莫不然，而財其甚者也。今富人耳營❽鐘鼓管籥❾之聲，口嗛❿於芻豢⓫醪醴⓬之味，以感⓭其意⓮，遺忘其業，可謂亂矣。侅溺⓯於⓰馮氣⓱，若負重行而上⓲也，可謂苦矣。貪財而取慰⓳，貪權而取竭⓴，靜居則溺㉑，體澤㉒則馮㉓，可謂疾㉔矣。為欲富就利，故滿若堵㉕耳而不知避，且馮㉖而不舍，可謂辱㉗矣。財積而無用，服膺㉘而不舍，滿心戚醮㉙，求益而不止，可謂憂矣。內則疑劫㉚請㉛之賊，外則畏寇盜之害，內周㉜樓疏㉝，外不敢獨行，可謂畏矣。此六者，天下之至害也，皆遺忘而不知察。及其患至，求盡性㉞竭財，單㉟以反㊱一日之無故㊲而不可得也。故觀之名則不見，求之利則不得，繚㊳意體㊴而爭此，不亦惑乎！」

【章旨】此節記述無足與知和關於名利之辯。無足以為喜名趨利出於人性，富則使美事與權勢皆可達於至極，故取得名利實為長生安體樂意之道。知和則以為生命是為至重，利生是為人生的根本出發點。致富則無非使身心備受折磨摧殘，實為自貽其患。求取名利，可謂棄其生命於不顧，亦有背於至尊之天道。又以為為利生，當推辭名位，不能則處之以無為無求，此方為長生安體樂意之道。

【注釋】❶必　假如。❷絕甘　不吃甘美食品。❸約養　節約養生之資。❹持生　保持生命。❺則亦　此下《闕誤》引江南古藏本有「猶」字，當據補。❻長阨　長時困厄。❼平　適中。❽營　謀求。❾管籥　兩種管樂器。❿嗛　通「慊」。滿足。⓫芻豢　牲畜。用草料餵養稱芻，用穀物餵養稱豢。⓬醪醴　味甘醇之酒。⓭感　動。⓮意　心。⓯侅溺　謂其感覺身體非常沉重。侅，非常。溺，沉。⓰於　猶「而」。⓱馮氣　胸中脹氣，指其呼吸淺而急速。馮，滿。⓲行而上　即上行。⓳慰　通「蔚」。病。⓴竭　敗亡。貪財貪權二句為互文。㉑溺　通「弱」。㉒澤　通「釋」。鬆懈。㉓馮　即「馮氣」。㉔疾罷病。㉕滿若堵　謂財物堆滿其室，高與牆比。堵，牆。㉖馮　依憑。㉗辱　玷辱。㉘服膺　銘記在心。㉙戚醮　煩惱。㉚劫打劫。㉛請　求，謂勒索。㉜周　遍設。㉝樓疏　有疏間的窗格。設此用以窺視動靜。樓，疏間。疏，窗格。㉞盡性　盡情。㉟單　僅。㊱反　復。㊲無故　無事。㊳繚　束縛。㊴意體　即身心。

【語　譯】無足說：「假如持有其名，而使身體痛苦，不吃甘美食品，節約養生之資以保持生命，則猶如久病長時困厄而不死者。」知和說：「適中為福，有餘為有害，物對於人莫不如此，而財產則猶為深重。現在富人耳則謀求鐘鼓管籥之聲，口則滿足於芻豢醪醴之味，以此而動其心，遺忘其事，可以說亂了。其感覺身體非常沉重而胸中脹氣，如同背負重物而上行，可以說痛苦了。貪財而得病，貪權而取敗，靜居則疲弱，肢體懈怠則胸中氣脹，可以說患病了。為了想富而趨利，故財物堆滿其室，高與牆比而不知迴避，並且依憑而不捨，可以說玷辱了。財物積累而無用，銘記在心而不捨，滿心煩惱，尋求增益其財而不止，可以說憂愁了。對內則懷疑打劫勒索之賊，對外則畏懼盜賊之害，室內周設有疏間之窗格，出外不敢獨行，可以說畏懼了。此六者，天下之極大危害，皆遺忘而不知省察。到了患難已至，請求盡情竭財，僅用以回復一日之無事而不可得。故觀其名則不見，求其利則不得，身心被束縛而爭此，不是迷惑嗎！」

【研　析】本文主要環繞為人之道進行論述，作者在全文三則寓言中向我們展示了三種不同類型之人的為人之道：其一為盜跖。在作者筆下，他是一個橫行天下使人聞風喪膽的大盜。他以為人生有限，除了要保養壽命，以獲得長壽外，在有生之年，務必縱情享樂，使心情愉悅，為此可以為所欲為。他以為，為人當明白此道。可見，他之為人之道是以暴虐兌現其私欲。

　　盜跖本是春秋時期聚眾反叛統治的首領，在本寓言中則被描寫為罪大惡極的歹徒，這並不奇怪。然而，作者在其身上又塗抹上了反儒的色彩，使他成為面斥孔子之人物。儒家主張效法先王，表彰忠臣賢士，盜跖則認為自黃帝之後，堯、舜、禹、湯、文、武等人，皆是利欲惑其真心、違背本性的亂世之徒；所謂忠臣賢士，則是不思本養壽，囿於名節而輕生之輩。此種人皆可恥而可笑。他說，在有巢氏與神農時代，人們安閒自得，無有相害之心，是為至德盛世。其後，由於君主之道德淪喪而訴諸人為而治，於是陷入亂世。很明顯，這是在宣揚道家所主張的無為而治，而否定歷史的文明進程。這樣的話出自一個大盜之口，多不相稱！試想，盜跖為滿足其嗜欲，竟以人肝為食，僅此一端，即使酷如桀紂，亦會歎其莫及。由如此之人而大言不慚地讚美所謂至德盛世，豈非滑天下之大稽！禽獸之人而詆毀文明，又何足怪哉！作者編造此則寓言，固然意欲醜化盜跖，但是其主要用意則是醜化孔子貶斥儒家。讓盜跖出面，將孔子罵個狗血噴頭，其間之痛快真是無以復加。然而作者顯然沒有意識到，這兩者是無法捏合的，到頭來反而弄巧成拙。

其二為滿苟得。他在與子張之爭議中，闡明為人當鄙棄世俗道德，拋棄名利，守持本性，順從天道。他認為倫理道德早已被所謂聖賢所破壞，世俗將忠、孝、廉、義奉為為人之準則，然而實行者反而遭殃。人們貪名逐利，喪失本性，對於品行之美惡，已等若罔視，一切在於勢之成敗。有鑑於此，故為人當把持道樞，循道而變化。滿苟得之見體現了正統的道家思想。

其三為知和。知和在與無足之爭議中，闡明為人當以生命為至重，以道為至尊，明白人事緣於天道。知和雖然強調以天道為至尊，然而實際上卻以不傷生害性為重。故對於權勢地位，認為有害則避，無害則就。與此相關的，以為凡事以適中合度為宜，適中為福，有餘為害，可見其善於權衡利弊。此說有其合理的方面，可是畢竟已與道家之主張泯滅利害順從自然相去甚遠。

說劍第三十

【題解】本篇以「說劍」為名，是概括莊子以「三劍」說趙文王之意。全文亦為一則寓言，言趙文王喜好劍術，故養劍士使之相較量拼殺，致使國家危弱。太子悝聘請莊子，而莊子以「三劍」說王：一為天子之劍。喻一統天下且以武力護衛，又以刑德兼治之治道服天下。二為諸侯之劍。喻依靠忠賢者之輔佐並贏得民心，從而使全國聽命。三為庶人之劍。喻以擊劍相殘殺為事，於國事無所補。趙文王聞而醒悟，故止其所事。此文之主題是反對養俠客而主張以儒道為治。

昔趙文王❶喜劍❷，劍士❸夾門❹而客❺三千餘人，日夜相擊於前，死傷者歲百餘人，好之不厭。如是三年，國衰，諸侯謀之。太子悝❻患之，募❼左右❽曰：「孰能說王之意❾止❿劍士者，賜之千金。」左右曰：「莊子當⓫能。」太子乃使人以千金奉⓬莊子。莊子弗受，與使者俱，往見太子，曰：「太子何以教⓭周，賜周千金？」太子曰：「聞夫子明聖⓮，謹奉千金以幣從者⓯。夫子弗受，悝尚何敢言。」莊子曰：「聞太子所欲用周者，欲絕王之喜好也。使⓰臣上說大王而逆王意，下不當⓱太子，則身刑而死，周尚安所事金⓲乎？使臣上說⓳大王，下當太子，趙國何求而不得也！」太子曰：「然吾王所見唯劍士也。」莊子曰：「諾。

周善為劍[20]。」太子曰：「然吾王所見劍士，皆蓬頭突鬢[21]垂冠[22]，曼胡[23]之纓，短後之衣[24]，瞋目[25]而語難[26]，王乃說[27]之。今夫子必[28]儒服[29]而見王，事必大逆。」莊子曰：「請治[30]劍服[31]。」治劍服三日，乃見太子。太子乃與見王，王脫[32]白刃[33]待之。莊子入殿門不趨，見王不拜。王曰：「子欲何以教寡人，使太子先[34]？」曰：「臣聞大王喜劍，故以劍見王。」王曰：「子之劍[35]何能禁制[36]？」曰：「臣之劍，十步一人[37]，千里不留行[38]。」王大悅之，曰：「天下無敵矣！」莊子曰：「夫為劍者，示之以虛[39]，開[40]之以利[41]，後之[42]以發[43]，先之[44]以至[45]。願得試之。」王曰：「夫子休，就舍待命，令設[46]戲[47]請夫子。」

【注釋】❶趙文王　即趙惠文王。戰國趙國君主。趙國其地域在今河北南部和山西北部。❷劍　指劍術。❸劍士　有劍術者。❹夾門　依恃門下。❺客　為門客。❻悝　太子名。❼募　徵召。❽左右　近侍之臣。❾說王之意　即使王樂意。說，同「悅」。❿止　黜退。⓫當　必定。⓬奉　進獻。⓭教　令。⓮明聖　賢明睿智之人。⓯幣從者　為表敬語。幣，贈送。⓰使　假如。⓱當　合。⓲安所事金　如何使用賜金。所，語氣詞。⓳說　同「悅」。⓴為劍　施展劍術。㉑突鬢　鬢髮前突。㉒垂冠　冠下垂。㉓曼胡　粗貌。㉔短後之衣　為便於擊劍之衣式。㉕瞋目　睜大眼睛。㉖語難　以言語相詰難。㉗說　同「悅」。㉘必　假如。㉙儒服　穿戴儒士之服飾。用作動詞。㉚治　縫製。㉛劍服　劍士之服飾。㉜脫　拔出。㉝白刃　指劍身。㉞先　事先介紹。㉟劍　亦指劍術。㊱禁制　制服。指制服眾劍士。㊲十步一人　言每十步制服一劍士。㊳千里不留行　行千里不停步。㊴虛　空隙；弱點。㊵開　明。㊶利　指於對方有利。㊷後之　後於對方。㊸發　出擊。㊹先之　先於對方。㊺至　擊中。㊻設　安排。㊼戲　比試。指比試劍術。

【語　譯】往日趙文王喜好劍術，劍士依恃門下為門客者三千餘人，日夜相擊於文王之前，死傷者每年百餘人，王喜好其事不厭。如此三年，國家衰弱，諸侯謀伐趙國。太子悝憂慮其事，在左右近臣中徵召說：「誰能使王樂意而黜退劍士者，賜他千金。」左右近臣說：「莊子必定能夠。」太子於是派人將千金奉獻於莊子。莊子不接受，與使者一起，往見太子，說：「太子以何事令周，賜周千金？」太子說：「聽說先生是賢明睿智之人，故慎重地獻上千金以贈送隨從。先生不接受，悝還何敢言！」莊子說：「聽說太子所想用周之事，是想阻止王之喜好。假如臣上勸說大王而違背王之心意，下不合太子之意，則自身受刑而死，周還如何使用賜金呢？假如臣上能使大王樂意，下合太子之意，趙國何所求而不得！」太子說：「然而我王所見者僅為劍士。」莊子說：「可以。周擅長施展劍術。」太子說：「然而我王所見之劍士，都是蓬頭鬢髮前突冠下垂，繫著粗的冠帶，穿著後背短的衣服，睜大眼睛以言語相詰難，王才喜歡他。現在先生假如以儒士之服飾見王，事情必定大受阻礙。」莊子說：「請縫製劍士之服飾。」縫製服飾三日，於是見太子。太子才與莊子見王，王拔出劍而等待他。莊子進入殿門不快行，見王不拜。王說：「先生想以什麼教寡人，而讓太子事先介紹？」說：「臣聽說大王喜好劍術，故憑劍術見王。」王說：「先生之劍術怎麼能制服眾劍士？」說：「臣之劍術，每十步制服一劍士，行千里不停步。」王為此大喜悅，說：「天下無敵了！」莊子說：「施展劍術，向對方出示弱點，表明於對方有利，後於對方而出擊，先於對方而擊中。願能試之。」王說：「先生先休息，歸居舍待命，下令安排比試再請先生。」

王乃校劍士❶七日，死傷者六十餘人，得五六人，使奉❷劍於殿下，乃召莊子。王曰：「今日試使士敦劍❸。」莊子曰：「望之久矣。」王曰：「夫子所御杖❹長短何如？」曰：「臣之所奉皆可。然臣有三劍，唯❺王所用❻，請先言而後試。」王曰：「願聞三劍。」曰：「有天子劍，有諸侯劍，有庶人劍。」王曰：「天子之劍何如？」曰：「天子之劍，以燕谿、石城為鋒⑦，齊、岱⑧為鍔⑨，晉、魏⑩為脊⑪，周⑫、宋為鐔⑬，韓、魏為夾⑭，包以四夷⑮，裹以四時⑯，繞⑰以渤海，帶⑱以常山⑲，制以五行⑳，論以刑德㉑，開以陰陽㉒，持以春夏，行以秋冬㉓。此劍直㉔之無前㉕，舉㉖之無上㉗，案㉘之無下㉙，運㉚之無旁㉛，上決㉜浮雲，下絕㉝地紀㉞。此劍一用，匡諸侯㉟，天下服矣。此天子之劍也。」文王芒然㊱自失㊲，曰：「諸侯之劍何如？」曰：「諸侯之劍，以知勇士㊳為鋒，以清廉士為鍔，以賢良士為脊，以忠聖士㊴為鐔，以豪桀㊵士為夾。此劍直之亦無前，舉之亦無上，案之亦無下，運之亦無旁，上法㊶圓天㊷以順三光㊸，下法方地㊹以順四時，中和㊺民意以安四鄉㊻。此劍一用，如雷霆之震也，四封㊼之內無不賓服㊽而聽從君命者矣。此諸侯之劍也。」王曰：「庶人之劍何如？」曰：「庶人之劍，蓬頭突鬢垂冠，曼胡之纓，短後之衣，瞋目而語難，相擊於前，上斬頸領㊾，下決㊿肝肺：此庶人之劍。無異於鬭雞。一旦命已絕矣，無所用於國事。今大王有天子之位而好庶人之劍，臣竊為(51)大王薄之(52)。」王乃牽而上殿，宰人(53)上食，王三環之(54)。莊子曰：「大王安坐(55)定氣(56)，劍事已畢奏矣。」於是文王不出宮三月，劍士皆服斃(57)其處也。

【注　釋】❶校劍士　使劍士相較量。校，較量；對抗。❷奉　持。❸敦劍　謂勉力劍術。敦，勉。❹所御杖　指執用之劍。御，用。杖，執。❺唯　聽任。❻用　主宰；決定。❼以燕谿句　以燕谿、石城為箭端。燕谿，地名。在燕國。石城，塞外山名。鋒，箭端。❽岱　泰山之別稱。❾鍔　劍刃。❿晉魏　當從各本作「晉、衛」。下既言「韓魏」，此不得言「晉魏」。且韓、趙、魏三家分晉，故尤不當以「晉、魏」並稱。⓫脊　劍背。⓬周　周王朝，時已等同於小國諸侯，故舉之。⓭鐔　劍柄與劍身連接處兩旁突出之部分。⓮夾　當從一本作「鋏」，劍把。⓯包以四夷　意謂使四夷護衛。⓰裹以四時　意謂終歲護衛不懈。裹，意同「包」。⓱繞　圍，即守衛。⓲帶　圍繞，守衛意。⓳常山　即恆山。在今河北北部。自「以燕谿」至此所述地名國名等，大致皆在中原地區。莊子將之喻為一劍，意謂天子據有中原且以兵固守。其所列舉之地名國名，但得其意即可，因事本寓言，故不必亦無以一一考核。⓴制以五行　謂以五行相生相剋之理約束。制，約束。㉑論以刑德　謂論治則以法治與德治兼行。刑德，法治與德治。㉒開以陰陽　謂順陰陽消長而動。開，動。㉓持以二句　為互文，謂依順四季轉換而相機從事。持，同「恃」。依順。㉔直　前擊。㉕無前　前無物可存。㉖舉　上擊。㉗無上　上無存物。㉘案　通「按」。下擊。㉙無下　下無存物。㉚運　向四周揮動。㉛無旁　旁無存物。㉜決　斬斷。㉝絕　意同「決」。㉞地紀　傳說維繫地面的繩子。㉟匡諸侯　匡正諸侯。謂使諸侯遵從周禮而不能妄動。㊱芒然　即茫然。㊲自失　內心困惑而若有所失。㊳知勇士　智士勇士。㊴忠聖士　忠臣聖人。㊵桀　通「傑」。㊶法　仿效。㊷圓天　即天。因視天空呈圓形故云。㊸三光　指日、月、星。㊹方地　地有四方故云。㊺和　合。㊻四鄉　四方。㊼四封　四方疆界，此就周朝版圖而言。㊽賓服　歸從。㊾頸領　項頸。㊿決　刺破。(51)為　替。(52)薄之　卑微其事。(53)宰人　掌管膳食之官。(54)三環之　謂圍繞用膳處行三圈。此示其內心深為不安。(55)安坐　靜心而坐。(56)定氣　使心情平和。(57)服斃　倒斃。服，通「伏」。因感憤於為王所鄙棄，故皆自殺。

【語　譯】王於是使劍士相較量七日，死傷者六十餘人，得五六人，使持劍於殿下，才召見莊子。王說：「今日試請劍士勉力擊劍。」莊子說：「盼望其事長久了。」王說：「先生執用之劍長短怎樣？」莊子說：「臣之所持皆可。然而臣有三劍，聽憑王決定，請先言而後試之。」王說：「願聞三劍。」說：「有天子之劍，有諸侯之劍，有平民之劍。」王說：「天子之劍怎樣？」說：「天子之劍，以燕谿、石城作箭鋒，以齊、岱作劍刃，以晉、衛作劍背，以周、宋作劍鐔，以韓、魏作劍把，使四夷護衛，終歲護衛不懈，以渤海作防衛，以恆山作守衛，以五行相生相剋之理相約束，論治則以法治與德治兼行，順陰陽消長而動，依順四季轉換而相機從事。此劍前擊則前無存物，上擊則上無存物，下擊則下無存物，向四周揮動則旁無存物，向上能斬斷浮雲，向下能斬斷維繫地面的繩子。此劍一用，能匡正諸侯，使天下服從了：此天子之劍。」王茫然困惑而若有所失，說：「諸侯之劍怎樣？」說：「諸侯之劍，以智士勇士作劍鋒，以清廉之士作劍刃，以賢良之士作劍背，以忠臣聖人作劍鐔，以豪傑之士作劍把。此劍前擊亦前無存物，上擊亦上無存物，下擊亦下無存物，向四周揮動亦旁無存物，上仿效天以順日、月、星之運行，下仿效地以順四季之推移，中合民意以安四方。此劍一用，如雷霆之震響，四方疆界之內無不歸從而聽從君命了：此諸侯之劍。」王說：「平民之劍怎樣？」說：「平民之劍，蓬頭鬢髮前突冠下垂，繫著粗的冠帶，穿著後背短的衣服，睜大眼睛以言語相詰難，相擊於王之前，上斬項頸，下刺破肝肺：此平民之劍。與鬥雞沒有區別。一旦已絕命，於國家之事無所用。現在大王有天子之地位而喜好平民之劍，臣私下替大王卑微其事。」王於是攜莊子之手而上殿，宰人奉上食品，王在用膳之處繞行三圈。莊子說：「大王靜心而坐使心情平和，劍術之事已上奏完畢了。」於是文王三個月不出宮，劍士皆倒斃於其處。

【研　析】此文寫莊子作為一介儒士，說服趙文王放棄養劍客使之相較量之喜好，而轉意於以儒道治理國家。莊子這一形象在全文中顯得十分突出，作者主要是通過三個層面進行刻畫：一、先出示難題。趙文王陷溺其事，致使國家危弱。太子悝憂心忡忡，又不好得罪其父，故要招募能使其父樂意放棄其所好之人。既要止其所好，又要使其樂意，此非常人之所能。二、寫太子悝之左右推薦莊子，以為莊子必定能勝任其事。表明莊子才能非凡，已深得人心，故享譽四方。這兩個層面是為顯示其才能先作鋪墊。三、寫其以一席話使趙文王改弦易轍，正面展示其才能。首先，莊子為投趙文王之所好，不僅自身作劍士打扮，而且誇耀自己之劍術所向無敵，這就博得趙文王之歡心，以誘其入彀。然後，以「三劍」為話題，闡發其以儒道治國之思想，使趙文王之注意力由劍術而轉向國家之治理，並激勵其發憤圖強，以致無敵於天下。試想，劍是劍，治國歸治國，二者本為兩碼事。莊子將一統天下且以武力護衛，又以刑德兼治之治道取服天下之思想，化形為一把「天子之劍」；將依靠忠賢者之輔佐並贏得民心，從而使全國聽命，化形為一把「諸侯之劍」，並且比附亦各得其當，顯示了莊子奇特的想像力。「天子之劍」「諸侯之劍」說完，於是舉示當今趙文王所好之「庶人之劍」，無非造成劍士喪生、國家危弱之結果。與前二者相比，其間之高下利害不言而喻。這就使趙文王徹底醒悟，為之心悅誠服。如此之故事情節，顯示出作者構思之巧妙。十分明顯，以文而論，作者對於莊子其人其事，不僅是充分肯定，而且是讚美有加的。可是，事情並不如此簡單。現實中的莊子，是著名的道家人物，他對儒家刻意攻擊，對於儒家之治道徹底否定，既然如此，他怎麼會搖身一變，充當儒士而粉墨登場呢？他又怎麼會大發以儒道治國之言論呢？很明顯，這是對莊子形象的嚴重歪曲。這就不由得使人聯想到莊子一派所慣用的將孔子描寫成道家人物並讓其宣揚道家學說的手法，兩者可謂如出一轍。故本文之作者或許是出於以其人之道還治其人之身之動機而寫作此文。編集《莊子》者不察其用意，但見其是描寫莊子之事跡，且稱揚其過人之才德，於是將之收錄，以致造成這一失誤。

漁父第三十一

【題解】本則寓言，寫孔子在閒處時得遇一漁父（老漁翁），對之極其敬重，且虔誠求教，故文亦即以「漁父」為名。漁父本為隱士，其所言，內容有二：其一以為孔子本無職事，不該不安其分，推行仁義，修正禮樂，整飭人倫，教化平民，故屢遭患難，乃咎由自取。當知要修養自身，守持本心，使精神無所牽累；其二以為本心即真誠之心，它受之於天，當倍加珍貴。唯出自真誠，才能感動於人。真誠之心之運用於社會人事，則無不圓滿。天子諸侯大夫庶人能各安其位，則為治理之美；若越其位，則致大亂。觀漁父所論，基本上與儒家思想相一致。

孔子遊乎緇帷❶之林，休坐乎杏壇❷之上。弟子讀書，孔子弦歌鼓琴。奏曲未半，有漁父者下船而來，須❸眉交白❹，被❺髮揄袂❻，行原❼以❽上，距❾陸❿而止。左手據⓫膝，右手持頤⓬以聽。曲終而招子貢、子路，二人俱對⓭客⓮。指孔子曰：「彼何為者也？」子路對曰：「魯之君子也。」客問其族⓯。子路對曰：「族孔氏。」客曰：「孔氏者何治⓰也？」子路未應⓱。子貢對曰：「孔氏者性服⓲忠信，身行仁義，飾⓳禮樂，選⓴人倫，上以忠於世主㉑，下以化㉒於齊民㉓，將以利天下：此孔氏之所治也。」又問曰：「有土㉔之君㉕與？」子貢曰：「非也。」「侯王㉖之佐㉗與？」子貢曰：「非也。」客乃笑而還，行言曰：「仁則仁矣，恐不免其身㉘。苦心勞形，以危㉙其真㉚。嗚呼！遠哉！其分㉛於道也。」

【注釋】❶緇帷　林名。❷杏壇　壇名。❸須　同「鬚」。❹交白　俱白。❺被　同「披」。❻揄袂　揮動衣袖。❼原　廣平曰原。❽以　猶「而」。❾距　至。❿陸　土山。⓫據　按。⓬持頤　支著下巴。⓭對　面向。⓮客　來者，即漁父。⓯族　姓氏。⓰何治　何所作為。⓱應　應答。⓲性服　本性秉持。⓳飾　修正。⓴選　整飭。㉑世主　國君。㉒化　教化。㉓齊民　平民。㉔土　封地。㉕君　大夫以上有封地者之通稱。㉖侯王　泛指諸侯。㉗佐　輔佐大臣。㉘不免其身　指代喪生。㉙危　害。㉚真　本心。㉛分　背。

【語譯】孔子遊於緇帷之林，坐在杏壇之上休息。弟子讀書，孔子撥弄琴弦歌唱。奏曲不到一半，有漁父下船而來，鬚眉俱白，披髮而揮動衣袖，行走在原野之上，至土山而止。左手按膝，右手支著下巴而聽。曲終而招子貢、子路，二人都面對漁父。漁父指著孔子說：「他是作什麼的呢？」子路回答說：「魯國之君子。」漁父問其姓氏。子路回答說：「姓孔氏。」漁父說：「孔氏有何作為？」子路未回答。子貢回答說：「孔氏本性秉持忠信，身行仁義，修正禮樂，整飭人倫，上以忠於國君，下以教化平民，將以此有利天下：此孔氏之作為。」又問道：「是有封地之君嗎？」子貢說：「不是。」「是諸侯之輔佐大臣嗎？」子貢說：「不是。」漁父於是笑而返回，邊行邊說道：「仁則仁了，恐怕將喪生。苦心勞體，而危害其本心。啊！疏遠啊！他違背於道。」

子貢還，報❶孔子。孔子推琴而起，曰：「其聖人與！」乃下，求之。至於澤畔，方將杖❷拏❸而引❹其船，顧❺見孔子，還❻鄉❼而立。孔子反走，再拜而進❽。

客曰：「子將何求？」孔子曰：「曩❾者先生有緒言❿而去，丘不肖，未知所謂，竊待於下風⓫，幸聞咳唾之音⓬，以卒⓭相⓮丘也。」客曰：「嘻⓯！甚矣！子之好學也。」孔子再拜而起，曰：「丘少而修學⓰，以至於今，六十九歲矣，無所得聞至教⓱，敢不虛心！」

【注釋】❶報 告。❷杖 持。❸拏 本作「挐」，通「橈」。船槳。❹引 撐開。❺顧 回頭。❻還 指上岸。❼鄉 通「向」。指面向孔子。❽孔子二句 此為對對方表示尊敬之禮節。反走，轉身而跑。❾曩 昔；剛才。❿緒言 發端之言。⓫下風 下方。⓬咳唾之音 代稱對方之言語，表示敬重。⓭卒 急速；趕緊。⓮相 幫助。⓯嘻 歎詞，此處表驚異。⓰修學 學習。⓱至教 最好之教誨。

【語譯】子貢回來，告訴孔子。孔子推開琴而站起身，說：「他是聖人吧！」於是走下壇，去尋求他。至於河畔，漁父正手持船槳而要把船撐開，回頭看見孔子，返身上岸面向孔子而立。孔子回轉身而跑，拜兩次而上前。漁父說：「你將何所求？」孔子說：「剛才先生有開端之言而離去，丘不賢，不知所謂，私自在下方等待，幸能聽到教誨之言，可以趕緊幫助我。」漁父說：「嘻！極點了！你之好學。」孔子拜兩次而起身，說：「丘年少而開始學習，以至於今，六十九歲了，到處都聽不到言真意切的教誨，敢不虛心！」

客曰：「同類相從，同聲相應❶，固天❷之理也。吾請釋❸吾之所有而經❹子之所以❺。子之所以者人事也。天子諸侯大夫庶人，此四者自正❻，治之美也；四者離位❼，而亂莫大焉。官治其職，人憂其事，乃無所陵❽。故田荒室露❾，衣食不足，徵賦不屬⑩，妻妾不和，長少無序⑪，庶人之憂也；能⑫不勝任，官事不治，行不清白，群下⑬荒怠⑭，功美⑮不有，爵祿不持⑯，大夫之憂也；廷無忠臣，國家昏亂，工技⑰不巧⑱，貢職⑲不美，春秋⑳後倫㉑，不順天子㉒，諸侯之憂也；陰陽不和㉓，寒暑不時㉔，以傷庶物㉕，諸侯暴亂，擅㉖相攘伐㉗，以殘㉘民人㉙，禮樂不節㉚，財用窮匱，人倫不飭㉛，百姓淫亂，天子有司㉜之憂也。今子既上無君侯有司之勢㉝，而下無大臣職事㉞之官㉟，而擅飾禮樂，選人倫，以化㊱齊民㊲，不泰㊳多事乎！且人有八疵㊴，事有四患㊵，不可不察也。非其事而事之謂之摠㊶；莫之顧㊷而進㊸之謂之佞；希意㊹道言㊺謂之諂；不擇㊻是非而言謂之諛；好言人之惡謂之讒；析交離親㊼謂之賊㊽；稱譽詐偽㊾以敗惡㊿人謂之慝(51)；不擇善否，兩容(52)頰適(53)，偷(54)拔(55)其所欲謂之險(56)。此八疵者，外以亂人，內以傷身，君子不友(57)，明君不臣(58)。所謂四患者：好經(59)大事(60)，變更易常(61)，以挂(62)功名謂之叨(63)；專知(64)擅事(65)，侵人自用(66)謂之貪；見過不更，聞諫愈甚謂之很(67)；人同於己則可，不同於己，雖善不善謂之矜(68)：此四患也。能去八疵，無行四患，而(69)始可教已(70)。」

【注　釋】❶相應　相應和。❷天　自然。❸釋　闡述。❹經　度量。❺所以　所為。❻正　安其位。❼離位　越位。❽陵　侵犯。❾室露　屋破。❿徵賦不屬　謂所當交納之賦稅不足。不屬，不足。⓫無序　謂失尊卑之次序。⓬能　才能。⓭群下　屬下。⓮荒怠　荒廢懈怠其事。⓯功美　指大的業績。⓰不持　不保。⓱工技　工匠之技藝。⓲不巧　不精湛。⓳貢職　貢品；諸侯上貢天子之物品。⓴春秋　指春秋兩季朝見天子，春曰朝，秋曰覲。㉑後倫　落後於同輩。㉒不順天子　謂不順天子之意。㉓不和　不調和。㉔不時　失常。㉕庶物　眾物。㉖擅　專。㉗攘伐　侵伐。㉘殘　傷害。㉙民人　人民。㉚不節　無節度。㉛不飭　不整治。㉜有司　指天子之主管大臣。㉝勢　權。㉞職事　掌事。㉟官　官職。㊱化　教化。㊲齊民　平民。㊳泰　通「太」。㊴八疵　八種病，指八種不良的品行。㊵四患　四種堪憂者。㊶摠　獨攬。㊷莫之顧　非其當關顧之事。㊸進　進言。㊹希意　觀察對方心意。希，通「睎」。觀。㊺道言　言說。㊻不擇　不辨別。㊼析交離親　離間親友。㊽賊　狠毒。㊾稱譽詐偽　詐偽地稱譽。㊿敗惡　敗壞。(51)慝　居心險惡。(52)兩容　對於善否兩者皆相容。(53)頰適　皆以為適宜。頰，借為「兼」。(54)偷　暗中。(55)拔　取得。(56)險　陰險。(57)不友　不以為友。(58)不臣　不以為臣。(59)經　經營。(60)大事　指國家之要事。(61)變更易常　改變陳規。更，疑為「古」之聲誤。(62)挂　謀劃。(63)叨　為「饕」之重文（《說文》）。貪甚。(64)專知　唯己為智。知，同「智」。(65)擅事　獨攬其事。(66)侵人自用　侵犯他人而自行其是。(67)很　剛愎。(68)矜　自負。(69)而　猶「則」。(70)已　同「矣」。

【語　譯】漁父說：「同類相隨從，同聲相應和，本為自然之理。我請闡述我之所有，以度量你之所為。你之所為是人事。天子諸侯大夫平民，此四者各安其位，是治理完美；四者越位，亂沒有比這大的。官治理其職事，人憂其事，才無所侵犯。因此田地荒蕪房屋破漏，衣食不足，當交賦稅不足，妻妾不和，年長年少無尊卑之次序，此為平民之所憂；才能不能勝任，職事不能治理，品行不清白，屬下荒廢懈怠其事，沒有大的功績，爵祿不保，此為大夫之所憂；朝廷無忠臣，國家昏亂，工匠之技藝不精湛，貢品不美，春秋朝覲天子落後於同輩，不順天子之意，此為諸侯之所憂；陰陽不調和，寒暑失常，而傷害眾物，諸侯暴亂，專相侵伐，而傷害人民，禮樂無節度，財用匱乏，人倫不整治，百姓淫亂，此為天子與其主管大臣之所憂。現在你既上無天子諸侯及其主管大臣之權，而下無大臣掌事者之官職，而擅自修正禮樂，整飭人倫，以教化平民，不太多事嗎！並且人有八種毛病，四種堪憂者，不可不審察。不是其所事而從事其事稱之為獨攬；不是其當關顧之事而就事進言稱之為巴結奉承；觀察對方心意而言說稱之為諂；不辨別是非而言稱之為諛；好言人之惡稱之為讒；離間親友稱之為狠毒；詐偽地稱譽人用以敗壞人稱之為居心險惡；不區別善惡，對兩者相容而以為皆適宜，暗中得其所欲稱之為陰險。此八種毛病，對外則亂人，對己則傷身，君子不以為友，明君不以為臣。所謂四種堪憂者：喜好經營國家之要事，改變陳規，以謀劃功名稱之為饕；唯己為智而獨攬其事，侵犯他人而自行其是稱之為貪；見過錯而不改，聽到勸諫而愈加過分稱之為剛愎；人與己相同則可，與己不同，即使善而不以為善稱之為自負：此為四種堪憂者。能去掉八種毛病，不做四種堪憂之事，則可開始教導他了。」

孔子愀然❶而歎，再拜而起，曰：「丘再逐於魯，削迹於衛，伐樹於宋，圍於陳蔡，丘不知所失，而離❷此四謗❸者何也？」客悽然❹變容曰：「甚矣！子之難悟也。人有畏影❺惡迹❻而去之走❼者，舉足愈數❽而迹愈多，走愈疾而影不離身，自以為尚遲❾，疾走不休，絕力❿而死。不知處陰以休影⓫，處靜⓬以息迹⓭，愚亦甚矣。子審⓮仁義之間，察同異之際⓯，觀動靜之變，適⓰受與⓱之度⓲，理⓳好惡之情，和⓴喜怒之節㉑，而㉒幾於不免㉓矣。謹修而㉔身，慎守其真，還以物與人㉕，則無所累矣。今不修之身而求之人，不亦外㉖乎！」

【注釋】❶愀然　憂愁貌。❷離　通「罹」。遭遇。❸四謗　四次毀傷。❹悽然　痛心貌。❺影　指身之影。❻迹　足印。❼去之走　謂奔跑著想避開自己之身影與足印。去，避開。❽數　頻。❾遲　緩慢。❿絕力　用盡其力。⓫休影　使影消失。

休，止。⓬靜　靜止。⓭息迹　使足印不再產生。⓮審　《說文》「悉也」。此謂盡心。⓯際　分界。⓰適　調節。⓱受與　接受和給予。⓲度　原則。⓳理　端正。⓴和　調適。㉑節　度。㉒而　猶「則」。㉓不免　即「不免其身」。㉔而　通「爾」。你。㉕還以句　即「以物還與人」。還，返歸。物，事。㉖外　離本。

【語譯】孔子憂愁而歎，拜兩次而起身，說：「我在魯兩次被逐，在衛被逐，在宋桓魋伐樹，在陳蔡被圍，我不知過失，為什麼遭遇此四次毀傷呢？」漁父痛心地改變了神色說：「過分了！你之難以醒悟。人有畏懼身影厭惡足印而奔跑著想避開的，舉足愈頻而足印愈多，奔跑愈快而影不離身，自以為還慢，快奔不止，用盡其力而死。不知處於陰暗之處以使影消失，處於靜止狀態以使足印不再產生，愚笨亦過分了。你盡心於仁義之中，察辨同異之分界，觀察動靜之變化，調節接受和給予之原則，端正好惡之情，調適喜怒之度，則幾乎要喪生了。謹慎地修養你自身，慎重地保守你的本心，將其人之事返歸於其人，則無所牽累了。現在不修養自身而求之於人，不是離其本嗎！」

孔子愀然曰：「請問何謂真？」客曰：「真者精誠❶之至也。不精不誠，不能動人。故強❷哭者雖悲不哀❸，強怒者雖嚴不威，強親❹者雖笑不和❺。真悲無聲而哀，真怒未❻發而威，真親未笑而和。真在內❼者神❽動❾於外❿，是所以貴真也。其用於人理⓫也，事親⓬則慈孝⓭，事君則忠貞，飲酒則歡樂，處喪⓮則悲哀。忠貞以功為主，飲酒以樂為主，處喪以哀為主，事親以適⓯為主。功⓰成之美無一其迹⓱矣，事親以適不論所以⓲矣，飲酒以樂不選其具⓳矣，處喪以哀無問其禮矣。禮者世俗之所為也，真者所以受於天也，自然⓴不可易也。故聖人法天㉑

貴真，不拘於俗。愚者反此，不能法天而恤㉒於人，不知貴真，祿祿㉓而受變於俗，故不足㉔。惜哉！子之蚤㉕湛㉖於人偽㉗而晚聞大道也。」

【注釋】❶精誠　純樸真誠。❷強　勉強。❸不哀　不傷心。❹親　親近。❺不和　不溫馨。❻未　猶「不」。❼內　內心。❽神　神色。❾動　顯示。❿外　外表。⓫人理　人倫。⓬親　父母。⓭慈孝　關愛孝順。⓮處喪　守喪。⓯適　舒適。⓰功　事。⓱無一其迹　謂不劃一其形跡。⓲所以　所為。⓳具　酒肴。⓴自然　天然。㉑法天　謂效法天之真誠。此所謂天，是道德意義上之天。㉒恤　憂。㉓祿祿　即「碌碌」，平庸無能貌。㉔不足　不饜足。㉕蚤　通「早」。㉖湛　沉溺。㉗人偽　即「人為」。

【語譯】孔子憂愁地說：「請問什麼稱為本心？」漁父說：「本心是純樸真誠之極致。不純樸則不真誠，不能動人。因此勉強哭者即使悲痛而不傷心，勉強發怒者即使嚴厲而不威，勉強親近者即使笑而不溫馨。真的悲痛無聲而傷心，真的發怒不發而威，真的親近不笑而溫馨。真誠在內心者神色顯示於外表，此即以本心為貴之緣故。本心之體現於人倫，事奉父母則關愛孝順，事奉君主則忠貞，飲酒則歡樂，守喪則悲哀。忠貞以功為主，飲酒以樂為主，守喪以哀為主，事奉父母以舒適為主。事成之美不劃一其形跡了，事奉父母以舒適不論其所為了，飲酒以樂不選擇其酒肴了，守喪以哀不問其禮了。禮是世俗之行為，本心因其是從天道自然所稟受的緣故，因而是天然不可改易的。因此聖人效法自然以本心為貴，不拘於世俗。愚者則與此相反，不能效法於自然而憂人，不知以本心為貴，平庸無能地為世俗所改變，故不饜足。可惜呀！你早就沉溺於人為而晚聞大道。」

孔子又再拜而起，曰：「今者丘得遇也，若天幸❶然。先生不羞❷而比❸之服役❹，而身❺教之。敢問舍所在，請因❻受業❼而卒❽學大道。」客曰：「吾聞之，可與往者，與之至於妙道，不可與往者，不知其道，慎勿❾與之，身乃❿無咎⓫。子勉之，吾去子⓬矣，吾去子矣。」乃刺船⓭而去，延緣⓮葦間。

【注釋】❶天幸　天賜之幸運。❷不羞　不以為羞恥。❸比　視同。❹服役　指弟子。❺身　親自。❻因　隨即。❼受業　從師學習。❽卒　終。❾慎勿　一定不可。❿乃　猶「才」。⓫無咎　無過失。⓬去子　與子分別。⓭刺船　將船撐開。⓮延緣　緩慢移行。

【語譯】孔子又再拜兩次而起身，說：「今日我得遇先生，如天賜之幸運一般。先生不以為羞恥而將我視同弟子，親自教導我。敬問居舍所在，請隨即從師學習而終能學大道。」漁父說：「我聽說，可與他前往者，與他至於妙道，不可與他前往者，其不知其道，一定不可告訴他，自身才無過失。你勉力其事，我與你分別了，我與你分別了。」於是撐開船而離去，在蘆葦叢間緩慢向前。

顏淵還車❶，子路授❷綏❸，孔子不顧，待水波定，不聞拏音而後敢乘。子路旁車❹而問曰：「由得為役❺久矣，未嘗見夫子遇人如此其威❻也。萬乘之主，千乘之君，見夫子未嘗不分庭伉禮❼，夫子猶有倨敖❽之容。今漁父杖拏逆立❾，而夫子曲要磬折❿，言拜而應⓫，得無⓬太甚乎！門人⓭皆怪夫子矣，漁人何以得此⓮乎？」孔子伏軾⓯而歎曰：「甚矣！由之難化⓰也。湛⓱於禮義有間⓲矣，而樸鄙⓳

之心至今未去。進，吾語汝。夫遇長不敬失禮也，見賢不尊不仁也。彼非至人，不能下人⑳。下人㉑不精，不得其真，故長傷身㉒。惜哉！不仁㉓之於人也，禍莫大焉，而由獨擅㉔之。且道者萬物之所由㉕也，庶物㉖失之者死，得之者生，為事逆之則敗，順之則成。故道之所在，聖人尊之。今漁父之於道可謂有㉗矣，吾敢不敬乎！」

【注釋】❶還車　使車回頭。❷授　遞。❸綏　車上供拉引以登車的繩子。❹旁車　依傍車。旁，通「傍」。❺役　弟子。❻威　通「畏」。敬畏。❼分庭伉禮　以平等之禮節相見。❽倨敖　即「倨傲」，傲慢。❾逆立　對面而立。❿曲要磬折　謂腰曲如磬。要，同「腰」。磬，打擊樂器。用玉、石或金屬製成，其形體彎曲，懸於架。⓫言拜而應　謂聞言則拜而受之。應，受。⓬得無　豈非。⓭門人　弟子。⓮得此　得此敬重。⓯伏軾　身前傾靠於軾上。軾，見〈盜跖〉注。⓰難化　難以教化。⓱湛　浸潤。⓲有間　有一定時間。⓳樸鄙　質樸鄙野。⓴下人　對人謙下。㉑下人　指卑下之人。㉒身　指身心。㉓不仁　指「見賢不尊」。㉔擅　據有。㉕所由　本源。㉖庶物　眾物。㉗有　得。

【語譯】顏淵使車子回頭，子路將綏遞給孔子，孔子不顧。等待水波平息，聽不到船槳之聲然後敢乘車。子路依於車旁而問道：「我作為您的弟子已經好長一段時間了，未曾見老師遇到人如此之敬畏。萬乘之國之君主，千乘之國之君主，見到老師未嘗不以平等之禮節相見，老師尚且有傲慢之神色。今漁父手持船槳對面而立，而老師腰曲如磬，聞漁父之言則拜而受之，豈非太過分吧！弟子皆怪老師了，漁人為何得此敬重呢？」孔子身前傾靠於軾上而歎息說：「說得過分了！你真是難以教化。浸潤於禮義有一定時間了，而質樸鄙野之心至今仍未拋棄。上前，我告訴你。遇長者不敬是失禮，見賢者不尊是不仁。他不是至人，不能對人謙下。處於卑下之人不純樸真誠，不能得到其人真誠相待，故使身心長受傷害。可惜啊！不仁對於人，禍害沒有比這更大，而你獨自據有之。並且道是萬物之本源，眾物失道則死，得道則生，做事違背道則敗，順道則成。故道之所在，聖人尊重他。今漁父之於道可以說得到了，我敢不敬嗎！」

【研　析】本寓言中所描寫的漁父，很明顯是一隱士，所以他對於孔子能夠傾心相教，使之改過自新。觀漁父所言，中心是為修身治國之道。其主要觀點是：1.強調「守真」，「貴真」。所謂「真」，即本心，也即真心，真誠之心。他認為此本心是受之於天，為人心所固有，且其純樸真誠已達到完美，故當守持之，珍貴之。聖人即能做到「法天貴真」。「法天」者，謂效法天之真誠。可見，此所謂「天」，已為道德之天，與道家天道即自然之含義有本質上之差異。漁父指責孔子不能修養自身，守持其本心，而苦心勞身於推行仁義，修正禮樂，整飭人倫，教化平民，這是離其本而求之於人，是對本心之傷害。2.認為「真」之運用於社會人事，可致功德圓滿。他說，內心真誠，自然會感動人，故凡事親、事君、飲酒、處喪諸事，都可達到理想的效果。無「真」則不能動人。真誠之可貴，其理即在此。孔子不知自立其誠，以之感動人，而強求於人，故難免禍患相繼，且有生命之憂。

相傳為子思所作的《中庸》云：「誠者天之道，誠之者人之道也。」「唯天下至誠為能化。」「不誠無物，是故君子誠之為貴。」其後，孟子亦云：「至誠而不動者，未之有也；不誠，未有能動者也。」（《孟子・離婁上》）都十分強調「誠」這一道德觀念。「誠」即「真」，統而言之謂之「真誠」。觀漁父所言，與子思、孟子之所言，可謂如出一轍，則其為宣揚儒道已無可置疑。可怪的是，孔子聞漁父之言後，竟說其所言之「道」，乃萬物之本源，得之者生，失之者死；為事順之則成，逆之則敗。欲將作為萬物本源與主宰之道，與之相揉合，顯得極其牽強彆扭。

此則寓言在藝術性上顯得枯燥蒼白，其所寫人物，徒有其形而乏其神，刻板做作，成為觀點的傳聲筒。莊子之文以神采飛揚形神兼備為長，而讀此篇則味同嚼蠟。就以漁父而論，身為隱士，卻聞弦歌之聲而至，且主動詢問，擅自評議。對於孔子之求教，則滔滔不絕，傾其所有。他告誡孔子當去除「八疵四患」，而自己之行為豈非正犯了「非其事而事之」、「莫之顧而進之」之病！更甚者，身為隱士而竟然標榜事君當忠貞，而忠貞以事功為主云云，真可謂是「身在江海之上，心在魏闕之下」，則又何必偽裝成隱士呢？作者塑造之人物其不倫不類如此。孔子在文中雖為正面人物，然而是「未聞道」者，作者對其多有奚落之詞，並非是一位聖人形象。據此而論，我們姑且推測此文之作者是道家之後人，而其觀點則已傾向於儒家。

列禦寇第三十二

【題解】本篇以篇文首句「列禦寇」之名字為篇名。全篇大致是環繞保養身心這一中心進行闡述。作者認為世人皆為世俗所制，心有障蔽，如注重人為，用其智巧，憑其勇敢，自以為是，以爭為習，詆毀異己，以功德自居，喜得賞賜，驕矜狂妄，囿於仁義而克制本性等等。其結果是損害心靈與本性，遭受困厄與禍害。與此相反，主張內心務必虛靜，明白一切都是道在主宰，故無所用心，順從自然，安於自然，不人為造作；明白身心以自由為貴，使精神返歸於道，達於逍遙之境。

列禦寇之❶齊，中道❷而反❸，遇伯昏瞀人❹。伯昏瞀人曰：「奚方❺而反？」曰：「吾驚焉。」曰：「惡❻乎驚？」曰：「吾嘗食於十䊢❼，而五䊢❽先饋❾。」曰：「若是，則汝何為驚已？」曰：「夫內❿誠⓫不解⓬，形諜⓭成光⓮，以外鎮⓯人心，使人輕乎貴老而韲⓰其所患。夫䊢人⓱特⓲為食羹⓳之貨⓴多餘㉑之贏㉒，其為利也薄，其為權也輕，而猶若是，而況於萬乘之主乎！身勞於國而知㉓盡於事，彼將任我以事而效㉔我以功㉕，吾是以驚。」伯昏瞀人曰：「善哉觀乎！汝處㉖已㉗，人將保㉘汝矣。」無幾何㉙而往，則戶外之屨滿矣㉚。伯昏瞀人北面而立，敦㉛杖蹙㉜之乎頤㉝，立有間，不言而出。賓者㉞以告列子。列子提屨跣㉟

而走㊱，暨㊲乎門，曰：「先生既來，曾㊳不發藥㊴乎？」曰：「已矣！吾固告汝曰人將保汝，果保汝矣。非汝能使人保汝，而汝不能使人無保汝也。而㊵焉㊶用之㊷感豫出異㊸也㊹？必且有㊺感㊻，搖㊼而本才㊽，又㊾無謂㊿也？與汝遊者(51)，又莫汝告(52)也。彼所小言(53)，盡人毒(54)也。莫覺莫悟，何相孰(55)也？巧者勞而知(56)者憂，無能者無所求，飽食而敖(57)遊，汎(58)若不繫之舟，虛(59)而敖遊者也。」

【章旨】此節述列子由食漿而發覺人際相制之現象，故懼而不願任官，然歸居後又為人所依附。伯昏瞀人指出其不能無為超脫，闡明只有內心虛寂方可達於逍遙之境界。

【注釋】❶之　至。❷中道　半路。❸反　同「返」。下「反」同。❹伯昏瞀人　即伯昏無人，見〈德充符〉。❺奚方　為何。方，為（《廣雅．釋詁》）。❻惡　何。❼十漿　謂按次序在第十位次供應漿。❽五漿　謂按次序在第五位次供應漿。❾先饋　先供應。❿內　內心。⓫誠　如果。⓬不解　未能懸解，即有所束縛而不能解脫。⓭形諜　顯示。諜，借作「渫」。同「泄」。⓮光　神采。⓯鎮　鎮服。⓰整　同「齎（賫）」。致。⓱漿人　賣漿人。⓲特　只。⓳食羹　羹湯一類食物。⓴貨　買賣。㉑多餘　指成本之餘。㉒贏　贏利。㉓知　同「智」。㉔效　借為「覈」，考查。㉕功　成效。㉖處　安居。㉗已　同「矣」。㉘保　附。㉙幾何　多久。㉚則戶外句　古人入戶，脫履戶外，赤足升堂。履滿，謂來人多。履，古人之鞋。㉛敦　豎。㉜蹙　貼近。㉝頤　下巴。㉞賓者　通賓客之人。賓，通「儐」。㉟跣　赤足。㊱走　奔走。㊲暨　至。㊳曾　乃；竟。㊴發藥　以發藥療病喻啟導失誤。㊵而　通「爾」。你。㊶焉　何。㊷用之　因此。㊸感豫出異　心感愉悅顯示別異。故引人依附。㊹也　猶「邪」。㊺有　通「囿」。㊻感　即「感豫」。㊼搖　動。㊽本才　本性。㊾又　猶「何」。㊿無謂　即「無為」。謂，通「為」。前列子自責「內誠不解」，解即無為，故責問之「又無為邪？」(51)遊者　交往者。(52)汝告　即「告汝」。(53)小言　鄙瑣之言。(54)人毒　害人。(55)何相孰　何以成就人。孰，為「熟」之本字，意為「成」。(56)知　同「智」。(57)敖　通「遨」。(58)汎　同「泛」。(59)虛　指內心虛寂。

【語　譯】列禦寇至齊國，半路而返回，遇到伯昏瞀人。伯昏瞀人問道：「為何而返回？」說：「我害怕。」問道：「害怕什麼？」說：「我曾在賣漿之家喝漿，按次序在第十位次，卻以第五位次先供應。」伯昏瞀人問道：「如此，則你為什麼害怕呢？」說：「內心如果有所束縛而不能解脫，則會顯示於神采，對外則會鎮服人心，使人輕視敬重老人而招致禍患。賣漿人只是為了羹湯買賣成本之餘的贏利，其作為贏利則薄，其作為權則輕，而尚且如此，何況是萬乘之國的君主呢！身勞於其國而智盡於其事，他將使我承擔其事而考查我的成效，我因此而害怕。」伯昏瞀人說：「觀察得不錯呀！你自己安處，人將依附你了。」沒有多久伯昏瞀人前往列禦寇之寓所，則門戶外之鞋放滿了。伯昏瞀人北向而立，豎著拐杖貼近下巴，站立有一些時間，不說話而出。儐者將此告訴列子。列子提著鞋赤足奔走，至門，說：「先生既來，竟不啟導我的失誤嗎？」說：「罷了！我本就告訴你說人將依附你，果然依附你了。不是你能使人依附你，而是你不能使人不依附你。你為何因有所覺悟而心感愉悅顯示別異呢？你必定為心感愉悅所局限，動搖你的本性，怎麼能無為呢？與你交往者，又不告訴你。人之鄙瑣之言，盡是毒害人。不能使人覺不能使人悟，怎麼能成就人呢？巧者勞而智者憂，無能者無所求，飽食而遨遊，浮行如同不繫之舟，這是內心虛寂而遨遊者。」

鄭人緩❶也，呻吟❷裘氏❸之地。祇❹三年而緩為儒❺，河潤九里，澤及三族❻，使其弟❼墨❽。儒墨相與辯❾，其父助翟，十年而緩自殺。其父夢之曰：「使而子❿為墨者予也，闔胡⓫嘗視其⓬良！既為秋柏之實矣⓭。」夫造物者⓮之報⓯人也，不報其人⓰而報其人之天⓱，彼故使彼⓲。夫人⓳以己為有以異於人⓴，以賤㉑其親㉒。齊人之井飲者相捽也㉓。故曰今之世皆緩也。自是㉔，有德者以不知㉕也，而況有道者乎！古者謂之遁天之刑㉖。聖人安其所安㉗，不安其所不安㉘；眾人安其所不安，不安其所安。

【章　旨】此節述緩成為儒者而自以為優異且造福於人。作者以為世人皆若緩之自以為是，無以解脫束縛。當知是造物者之任物自然，而唯聖人能安於自然。

【注　釋】❶緩　其人之名。❷呻吟　吟詠。指學習。❸裘氏　地名。❹祇　通「祗」。只。❺為儒　成為儒者。❻河潤二句　喻因緩成儒而使鄉里與族親受益。三族，父族、母族、妻族。❼其弟　名翟。❽墨　成為墨者。❾儒墨句　謂儒者之緩與墨者之翟相互爭辯。儒墨兩家觀點對立故生爭辯。〈齊物論〉曰：「故有儒墨之是非，以是其所非而非其所是」。❿而子　指翟。而，通「爾」。⓫闔胡　猶「何」。⓬其　緩自指。⓭既為句　謂己之精誠已化為秋柏之實，喻其純潔。既，已。⓮造物者　即天道。⓯報　報應。⓰人　指人為。⓱天　自然。⓲彼故使彼　謂自然為彼，故使成為彼。⓳夫人　彼人，指緩。⓴有以異於人　有比人優異之處，即指成為儒者並造福於人。此謂緩之自以為是。㉑賤　輕視。㉒親　父親。㉓齊人句　意謂鑿井者以鑿井為己功，不許他人汲水，故致相互扭打，其不知泉水本出於自然。此亦謂鑿井者居功而自以為是。相捽，相互扭打。捽，抓住頭髮。㉔自是　自以為是。㉕以不知　以為不智。知，同「智」。㉖遁天之刑　見〈養生主〉注。㉗所安　指自然。㉘所不安　指世俗之束縛。

【語　譯】鄭國人緩，在裘氏之地學習。只三年而緩成為儒者，如河水一樣潤及九里，澤及三族。使其弟成為墨者。兄弟倆相互辯論，其父幫助翟，十年而緩自殺。其父夢見他說：「使你子成為墨者是我，何曾視其賢！已化為秋柏之實了。」造物者給人報應，不報應其人為而報應其自然，本是哪樣，故造物者使其成為哪樣。緩自以為有比人優異之處，而輕視其父。齊國人之飲井水者相互扭打。因此說今之世人都是緩一樣的人。自以為是，有德者以為不智，何況有道者呢！古人稱之為遭受違背自然之刑罰。聖人安其所安，不安其所不安；眾人安其所不安，不安其所安。

莊子曰：「知道易，勿言❶難。知而不言，所以之天也❷；知而言之，所以之人也❸。古之人，天而不人❹。」朱泙漫❺學屠龍於支離益，單❻千金之家❼，三年技成而無所用其巧❽。聖人以必不必❾，故無兵❿；眾人以不必必之⓫，故多兵。順於兵⓬，故行有求。兵，恃之則亡。小夫⓭之知⓮不離苞苴竿牘⓯，敝⓰精神乎蹇淺⓱，而欲兼濟⓲道物⓳，太一⓴形虛㉑，若是㉒者㉓？迷惑於宇宙，形累不知太初㉔。彼至人者，歸精神乎無始㉕，而甘㉖冥㉗乎無何有之鄉㉘。水流乎無形㉙，發泄㉚乎太清㉛。悲哉乎！汝㉜為㉝知㉞在毫毛㉟而不知大寧㊱。

【章旨】此節述聖人與匹夫之異：聖人得道而不言，順乎自然而不爭，精神歸宿於道而逍遙自在；匹夫主張人為，以爭為習，不知大道與宇宙，所見鄙淺，為人事所制。

【注釋】❶勿言　謂對於道知而不言。❷知而二句　道不可言表，只可意會而遵循之，故云。之，至。天，指依順天道自然。❸知而言二句　言則已屬人為，所言者亦非為道，依此而行，則流於人為造作。人，人為。❹不人　不人為。❺朱泙漫　作者虛構之人名。下「支離益」同。❻單　借作「殫」。耗盡。❼家　家產。❽巧　屠龍之技巧。學屠龍之寓言意謂學道但求得而不求用。❾以必不必　言於情理所必然者不求其必須兌現。❿兵　爭。⓫以不必必之　言於情理所不必者而必求其兌現。⓬順於兵　言順著爭之習性。⓭小夫　猶「匹夫」。⓮知　同「智」。⓯苞苴竿牘　指人事與人情往來。苞苴，即包裹，指饋贈於人之禮物。竿牘，書於竹簡之書札。⓰敝　困疲。⓱蹇淺　鄙淺之事。⓲兼濟　普遍救助。⓳道物　引導人。道，同「導」。物，指人。⓴太一　廣泛地同一。太，廣。㉑形虛　有形與無形之事物。㉒若是　如此。㉓者　猶「哉」。㉔太初　道之本源。㉕無始　指道。㉖甘　寬緩，謂無所用心。㉗冥　借為「瞑」，即「眠」。㉘無何有之鄉　見〈逍遙遊〉注。㉙水流句　謂水流之任其自然。喻至人之精神順從自然。無形，無所形蹤。㉚發泄　即歸宿。發，去。泄，止息。㉛太清　指道。

㉜汝　指小夫。㉝為　猶「之」。㉞知　所知。㉟毫毛　喻細瑣之事。㊱大寧　指無為所致之極安寧之境界。

【語　譯】莊子說：「知道容易，知道而不言困難。知道而不言，所以達到依順天道自然；知道而言之，所以至於人為造作。古之人，依順天道自然而不人為造作。」朱泙漫向支離益學習屠宰龍之技術，耗盡千金之家產，三年學成而其技巧無處可用。聖人於情理所必然者不求其必須兌現，因此不發生爭執；眾人於情理所不必者而必求其兌現，因此多所爭執。順著爭之習性，因此動則有所求。爭執，依恃它則滅亡。匹夫之智不離禮物與書札之往來，將精神困疲於鄙淺之事，而想普遍地救助與引導人，廣泛地同一有形與無形之事物，是如此作法嗎？對於宇宙迷惑不知，身心勞累而不知道之本源。至人，使精神以道為歸宿，處心寬緩地臥眠於任何東西皆無之地。水之流向無所形蹤，以道為其歸宿。悲哀呀！你們匹夫之所知在細瑣之事而不知無為所致之極安寧之境界。

宋人有曹商❶者，為宋王使❷秦。其往也，得車數乘。王❸說❹之，益車百乘❺。反❻於宋，見莊子，曰：「夫處窮閭阨巷❼，困窘織屨，槁項❽黃馘❾者，商之所短❿也；一悟⓫萬乘之主而從車百乘者，商之所長⓬也。」莊子曰：「秦王有病，召醫，破癰潰痤⓭者得車一乘，舐痔者得車五乘。所治愈下，得車愈多，子豈治其痔邪？何得車之多也？子行矣！」

【章　旨】此節述曹商以得賞自傲，且諷刺莊子之貧困。莊子則反譏其以卑鄙無恥之行徑換取賞賜，對其極為蔑視。

【注　釋】❶曹商　宋人之姓名，為虛構。❷使　出使。❸王　指秦王。❹說　同「悅」。❺益車百乘　增賜其車百乘。❻反　同「返」。❼窮閭阨巷　偏僻狹隘的里中之道。阨，隘。❽槁項　項頸枯瘦。❾黃馘　黃臉面。❿所短　所不足。⓫一悟　一旦曉悟。⓬所長　所擅長。⓭破癰潰痤　謂挑破癤子排膿。癰，大癤子。痤，癤子。

【語　譯】宋國有個叫曹商的人，為宋王出使秦國。他前往時，得車數乘。秦王喜歡他，增賜其車百乘。返回宋國，見到莊子，說：「處在偏僻狹隘的里中之道，生活困窘而編織鞋子，項頸枯瘦面色臘黃，是商之所不足；一旦曉悟萬乘之國的君主而隨從之車有百乘，是商之所擅長。」莊子說：「秦王有病，召見醫生，能挑破癤子排膿的得車一乘，舐其痔瘡的得車五乘。所治的病愈低下，得車愈多，你難道是治他的痔瘡嗎？為何得車如此多呢？你走吧！」

魯哀公問乎顏闔曰：「吾以仲尼為貞幹❶，國其❷有瘳❸乎？」曰：「殆❹哉圾❺乎！仲尼方且❻飾羽而畫❼，從事華辭❽，以支❾為旨❿，忍性⓫以視⓬民而不知不信⓭，受乎心，宰乎神⓮，夫⓯何足以上民⓰！彼宜女⓱與？予頤⓲與？誤而可矣。今使民離實學偽，非所以視民⓳也。為後世慮，不若休之⓴，難治㉑也。」

【章　旨】此節述魯哀公欲重用孔子以救治其國，顏闔以為孔子僅專注於禮儀辭令之事，且主張克制本性，以虛偽行事，此非示民之道，難以救治國家，勸哀公打消此想法。

【注　釋】❶貞幹　同「楨幹」。楨與幹本為築土牆所用夾板之支撐木柱，引申為主幹，此謂重臣。❷其　猶「或許」。❸瘳　救治。❹殆　危。❺圾　通「岌」。危險貌。❻方且　正在。❼飾羽而畫　指其策劃規範禮儀事。飾羽，以羽為飾。羽為文舞所執。畫，策劃。❽華辭　粉飾辭令。❾支　為「枝」字之省形。指細枝末節。❿旨　旨意。⓫忍性　克制本性。孔子主張「克己復禮」。⓬視　通「示」。⓭不知不信　不知其不真誠。⓮受乎二句　謂將使民心受其「忍性」之說，以之主宰精神。⓯夫　猶「彼」。指孔子。⓰上民　處民之上。⓱女　指哀公。女，同「汝」。⓲予頤　授予養治人民之權位。頤，養。⓳所以視民　示民之道。⓴休之　打消以仲尼為貞幹之想法。㉑難治　謂孔子難以使國治。

【語譯】魯哀公問顏闔說：「我把仲尼作為重臣，國家或許會得到救治吧？」回答說：「岌岌可危呀！仲尼正在策劃規範禮儀之事，從事於粉飾辭令，以細枝末節為其旨意，示民以克制本性而人民不知其不真誠，使民心受其『克制本性』之說，以之主宰精神，他怎麼可以處於人民之上！他適合你嗎？授予其養治人民之權位嗎？可以致誤而已。現在使人民脫離真實學習虛偽，非為示民之道。為後世著想，不如打消以其為重臣之想法，孔子難以使國治。」

施於人而不忘，非天布❶也。商賈不齒❷。雖以事齒之❸，神者弗齒❹。

【章旨】此節闡述若以施予人為己恩而不忘，實可卑，當知以順乎自然為貴。

【注釋】❶非天布　謂其人以為非自然之布施。❷不齒　不願與之平列，或不屑提及。商賈為人所輕，尚且如此。❸雖以句　言雖其事為人們所談論。事，指施予人之事。齒，談說。❹神者弗齒　神人崇尚自然，故不屑言其事。神者，指神人。

【語譯】對於人有所施惠而不忘，以為非自然之布施。此種人連商人也不屑提及。即使其事為人們所談論，神人不屑言其事。

為❶外刑❷者金與木❸也，為內刑❹者動與過❺也。宵人❻之離❼外刑者金木訊❽之，離內刑者陰陽❾食❿之。夫免乎外內之刑者唯真人能之⓫。

【章　旨】此節謂世人難免遭受刑罰與內心之自殘，唯真人能倖免。

【注　釋】❶為　施。❷外刑　指肉體之刑。❸金與木　指金屬與木質刑具。金謂刀鋸斧鉞，木謂捶楚桎梏。❹內刑　指內心之刑。❺動與過　作為與過失。作為與過失皆傷害內心，內心當靜寂，故云。❻宵人　猶「小人」。❼離　通「罹」。遭遇。❽訊　審問。❾陰陽　指造化。❿食　毀損。⓫夫免句　意謂真人內心虛靜，能以無為自處，故免乎內外之刑。

【語　譯】施加於肉體之刑具有金屬與木質的，施加於內心之刑具有作為與過失。小人遭遇肉體之刑的，使用金屬與木質的刑具審問，遭遇內心之刑的造化毀損他。唯獨真人能夠避免肉體與內心之刑。

孔子曰：「凡人心險❶於山川❷，難於知天❸。天❹猶有春秋冬夏旦暮之期❺，人者❻厚貌深情❼。故有貌愿❽而益❾，有長❿若⓫不肖⓬，有順懁⓭而達⓮，有堅⓯而縵⓰，有緩而釬⓱。故其就⓲義若渴者，其去⓳義若熱⓴。故君子遠使㉑之而觀其忠，近使之而觀其敬㉒，煩㉓使之而觀其能，卒然㉔問焉而觀其知㉕，急與之期㉖而觀其信，委㉗之以財而觀其仁㉘，告之以危而觀其節，醉之以酒而觀其側㉙，雜㉚之以處而觀其色㉛。九徵㉜至㉝，不肖人得㉞矣。」

【章　旨】此節為孔子論知人之道，以為人心難知，易被蒙蔽，故須多方考察，取得驗證，方可確知。其中所列考察人之九條標準，完全體現了儒家的倫理道德。故此節當視為儒家言論之羼入。

【注　釋】❶險　難以測度。❷山川　指山高水深。❸難於知天　比知天難。❹天　指天時。❺期　度；常規。❻者　猶「則」。❼厚貌深情　謂其貌其情皆難得其真。厚貌，謂外表不真實。厚，猶「深」。深情，謂感情深藏。❽愿　謹慎老實。❾益當作「溢」，驕溢。⑩長 謂「貌長」，承上省略「貌」字。長謂恭謹敦厚。⑪若 猶「而」。⑫不肖 品行不良。⑬順懁 謹慎拘束。順，通「慎」。懁，同「狷」。拘謹。⑭達 大度。⑮堅 堅強。⑯緩 借作「慢」。懈怠。⑰釬 通「悍」。褊急。⑱就 嚮往。⑲去 棄。⑳熱 指燙手之物。㉑使 遣使。㉒敬 謹慎。㉓煩 繁。㉔卒然 即「猝然」。㉕知 同「智」。㉖期 約。㉗委 委託。㉘仁 愛，指所愛。㉙側 為人之側面。㉚雜 使男女雜處。㉛色 神色。㉜九徵 指上述九方面之驗證。㉝至 通「致」。取得。㉞得 明。

【語譯】孔子說：「人之心地比山之高水之深還要難以測度，比知天還要困難。天時尚且有春秋冬夏旦暮之常規，人則外表不真實而感情深藏。因此有外表謹慎老實而驕傲自滿，有外表恭謹敦厚而品行不良，有外表謹慎拘束而大度，有外表堅強而懈怠，有外表寬緩而褊急。故其嚮往道義若渴者，其棄道義若燙手之物。故君子將其遣使遠地而觀察其忠心，遣使近處而觀察其謹慎，頻繁遣使而觀察其才能，猝然發問而觀察其智慧，與他緊急相約而觀察其誠信，將財物委託給他而觀察其所愛，告訴他危險而觀察其品節，以酒灌醉他而觀察其側面，使男女雜處而觀察其神色。九方面之驗證取得，明白誰是品行不良之人了。」

正考父❶一命❷而傴❸，再命❹而僂❺，三命❻而俯❼，循牆而走❽，孰敢不軌❾！如而夫⑩者，一命而呂鉅⑪，再命而於車上儛⑫，三命而名諸父⑬，孰協⑭唐、許⑮！賊⑯莫大乎德有心⑰，而心有睫⑱，及其有睫也而內視⑲，內視而敗矣。凶德⑳有五㉑，中德㉒為首。何謂中德？中德也者，有以自好㉓也而吡㉔其所不為者也。窮㉕有八極㉖，達㉗有三必㉘，形㉙有六府㉚。美、髯㉛、長、大、壯、麗、勇、敢八者俱過人也，因㉜以是窮。緣循㉝、偃佒㉞、困畏㉟不若人，三者俱通達。知㊱慧㊲外通㊳，勇動㊴多怨㊵，仁義多責㊶。達㊷生㊸之情㊹者傀㊺，達於知㊻者肖㊼，達大命㊽者隨㊾，達小命㊿者遭(51)。

【章　旨】此節所論較雜亂，大致可分兩方面：其一是主張為人當謙恭，不求過人而順從自然，貶斥驕矜狂妄，運用才智而有所作為，如此則自取懲罰；其二是突出攻擊所謂心有惡德，以為其人雖養德而懷利己之心，且出於利己而詆毀異己，以為其必致失敗。

【注　釋】❶正考父　春秋宋人，上卿，位高而益恭，是孔子之七世祖。❷一命　周代官爵分為九個等級，稱九命。一命，在宋指為大夫。《周禮．地官．黨正》賈公彥疏曰：「子、男之卿再命，大夫一命。」❸傴　彎腰。此謂授大夫爵位時彎腰表示恭敬。❹再命　謂授卿之爵位。❺僂　背脊彎曲。❻三命　指授上卿爵位。❼俯　深彎腰。❽循牆而走　表示恭敬。走，奔走。❾孰敢不軌　謂正考父位愈高而愈謙恭，誰還敢違規。軌，規矩。❿而夫　凡夫。⓫呂鉅　驕矜之貌。⓬儛　同「舞」。謂手舞足蹈。⓭名諸父　謂直呼叔伯之名。諸父，指叔伯。上三句謂凡夫位愈高而愈驕矜狂妄。⓮協　合。⓯唐許　指堯和許由。堯以天下讓而許由不受，謂兩人之謙恭。⓰賊　害。⓱德有心　謂有心修養其德。⓲睫　睫毛有遮蔽異物入眼之功能，此取其遮蔽意。⓳內視　指只看到自身。⓴凶德　惡德。㉑五　謂心、耳、眼、舌、鼻。此謂五者所具。㉒中德　心之惡德。中，心。㉓有以自好　謂自己有某種喜好。㉔吡　詆毀。㉕窮　困厄。㉖八極　八端。㉗達　通達。㉘三必　三個確保條件。㉙形　通「刑」。懲罰。㉚六府　六處所在。㉛髯　兩頰的鬍鬚，亦泛指鬍鬚。㉜因　猶「則」。㉝緣循　因循。㉞偃佒　俯仰。言俯仰從人。佒，同「仰」。㉟困畏　怯弱。㊱知　同「智」。㊲慧　《說文》訓「儇」，即敏捷。㊳外通　顯露於外。通，顯。㊴勇動　勇敢有作為。㊵多怨　多所遭怨。㊶仁義多責　此下，《闕誤》引劉得一本有「六者所以相刑也」七字，當據補。相，跟隨。㊷達　明。㊸生　生命。㊹情　真實。㊺傀　偉（《說文》）。㊻知　同「智」。智謀。㊼肖　借作「小」。㊽大命　即天命，亦即天道自然。㊾隨　順從。㊿小命　個人之命運。(51)遭　指遭遇不利或不幸。

【語　譯】正考父授大夫爵位時彎腰，授卿之爵位時背脊彎曲，授上卿爵位時深彎腰，沿牆奔走，誰還敢違規！如凡夫，授大夫爵位時意氣驕矜，授卿之爵位時在車上手舞足蹈，授上卿爵位時直呼叔伯之名，誰能相合於堯、許由！沒有比有心修養其德危害更大，而其心被遮蔽，及其有遮蔽而只看到自身，只看到自身則失敗了。惡德有五種，心之惡德為其首。什麼稱為心之惡德？心之惡德，自己有某種喜好而詆毀不投合者。困厄有八端，通達有三個確保條件，懲罰有六處所在。儀態美好、有鬚、高大、魁梧、強健、姿色美麗、勇猛、決斷八者都勝於他人，則因此而困厄。因循、俯仰從人、自感怯弱不如人，三者都能通達。智慧敏捷顯露於外，勇敢而有作為多所遭怨，行仁義多所譴責，六者於是相隨而受到懲罰。明於生命真實者偉大，明於智謀者渺小，明於天道者順從，明於個人命運者遭遇不利或不幸。

人有見宋王者，錫❶車十乘，以其十乘驕穉❷莊子。莊子曰：「河上❸有家貧恃緯蕭❹而食者，其子沒❺於淵，得千金之珠。其父謂其子曰：『取石來鍛❻之。夫❼千金之珠必在九重❽之淵而驪龍❾頷❿下，子能得珠者，必遭⓫其睡也。使⓬驪龍而寤⓭，子尚奚⓮微⓯之有哉！』今宋國之深，非直⓰九重之淵也；宋王之猛，非直驪龍也，子能得車者，必遭其睡也。使宋王而寤，子為虀粉⓱夫！」

【章　旨】此節述有人得宋王賜車而傲視莊子，莊子以驪龍頷下得珠之故事說明此乃僥倖得之，不然，以宋王之兇猛，必死無疑。

【注　釋】❶錫　通「賜」。❷驕穉　傲視。為同義複詞。❸河上　河邊。❹緯蕭　編蘆荻。❺沒　潛水。❻鍛　擊碎。❼夫　猶「此」。❽九重　九層，意謂極深。❾驪龍　黑龍。❿頷　下巴。⓫遭　遇。⓬使　假如。⓭寤　醒。⓮奚　何。⓯微　細末。⓰非直　不只。⓱虀粉　粉末。

【語　譯】有人見宋王，得到賜車十乘，憑其十乘傲視莊子。莊子說：「河邊有家境貧困依靠編織蘆荻而糊口的，其子潛於淵，得到千金之珠。其父對他說：『拿石頭來把它敲碎。此千金之珠必定在九層深之淵黑龍下巴之下，你能得到珠必定遇到牠在睡覺。假如黑龍醒著，你將連細末都不剩下呢！』現在宋國之深不只九層深之淵，宋王之兇猛不只黑龍，你能得車必定遇到他在睡覺。假如宋王醒著，你已經成為粉末呢！」

或❶聘於莊子，莊子應❷其使曰：「子見夫❸犧牛❹乎？衣❺以文繡❻，食以芻❼叔❽。及其牽而入於大廟❾，雖欲為孤犢❿，其⓫可得乎！」

【章　旨】此節述莊子拒聘，因為他看重自在，不願為富貴而受制於人，以為及禍臨頭，悔之莫及。

【注　釋】❶或　有人。❷應　應答。❸夫　猶「彼」。❹犧牛　供祭祀用之牛。祭祀前三月，被選定作犧牛者分別飼養。❺衣　披覆。❻文繡　刺繡華美的絲織品。❼芻　草料。❽叔　通「菽」。豆類。❾大廟　始祖之廟。大，通「太」。❿孤犢　失去母牛之小牛。⓫其　通「豈」。

【語　譯】有人聘任莊子，莊子應答其使者說：「你看見那供祭祀用之牛嗎？披上刺繡華美的絲織品，用草料豆類飼養。到了牽著牠進入太廟，即使想成為失去母牛之小牛，豈能得其所願呀！」

莊子將死，弟子欲厚葬❶之。莊子曰：「吾以天地為棺槨❷，以日月為連璧❸，星辰為珠璣❹，萬物為齎送❺，吾葬具❻豈不備❼邪？何以加此！」弟子曰：「吾恐烏鳶❽之食夫子也。」莊子曰：「在上為烏鳶食，在下為螻蟻食，奪彼與此，何其偏❾也？」

【章旨】此節述莊子臨死，執意葬身於自然而反對厚葬。

【注釋】❶厚葬　指喪葬之器物與禮節厚重。❷棺槨　棺材與外層套棺。❸連璧　並列的美玉。❹璣　不圓之珠。❺齎送　殉葬品。❻葬具　安葬之器物。❼備　完備。❽烏鳶　烏鴉老鷹。❾偏　不公平。

【語譯】莊子將死，弟子打算厚葬他。莊子說：「我把天地作為棺槨，把日月作為並列的美玉，星辰作為珠璣，萬物作為殉葬品，我安葬的器物豈不完備呀？何以復加！」弟子說：「我們擔心老師被烏鴉老鷹所食。」莊子說：「在上被烏鴉老鷹所食，在下被螻蟻所食，從那類奪了過來給予此類，為何如此不公平呢？」

以不平❶平❷，其平❸也不平❹。以不徵❺徵❻，其徵❼也不徵❽。明者❾唯為之使❿，神者⓫徵之。夫明⓬之不勝⓭神⓮也久矣，而愚者恃其所見入於人⓯，其功外⓰也，不亦悲乎！

【章旨】此節論述當知事皆非恃人為，功歸自然。

【注釋】❶以不平　謂以不平正者作為標準。❷平　去進行平正。❸其平　其所謂平正者。❹不平　謂實為不平正。❺以不徵　謂以未經驗證者作為標準。徵，驗證。❻徵　去進行驗證。❼其徵　其所謂驗證者。❽不徵　謂實為不驗證。❾明者　指所顯示之萬象。❿為之使　為道所主使。之，指「道」。⓫神者　不可見而主宰者，即道。⓬明　即「明者」。⓭不勝　不可超過。⓮神　即「神者」。⓯入於人　歸之於人為。⓰其功外　謂功歸外在。

【語譯】以不平正者去進行平正，則其所謂平正者實為不平正。以未經驗證者去進行驗證，則其所謂驗證者實為不驗證。所見之萬象唯為道所主使，一切驗證於道。萬象不可超越其主宰之道由來已久了，而愚者依恃其所見將之歸於人為，歸其功於外在，不悲哀嗎！

【研　析】本文主要是論述身心保養，辨明其是非。作者認為身心保養，當使內心虛靜，安於自然，無所用心；身心以自由為貴，務必擺脫世俗之束縛；明白一切都是道在主宰，精神當以道為歸宿，故能以因循、怯弱、順從自處，依順天道而不人為造作；明白生死皆出於造化，故能安之若素。身心保養之誤，在於不安於自然而注重人為，故或用其智巧，或仗其勇敢，或倡導仁義而主張克制本性，如此等等。探究其所以涉誤，無不由於心有所制所蔽，功名、賞賜、是非、利害、有心為德、有所作為等等，制約蒙蔽其心。其結果是難免遭受外刑與內刑之懲罰。外刑指受肉體之刑罰而言；內刑指受心靈之懲罰而言。作者認為，人有所作為，造成過失，使心靈受到傷害，這就是心靈受到懲罰。施刑者是造化（陰陽），意謂違背自然者必然自食惡果。總觀以上所述，皆為道家之常論，其中頗可注意的是以為禍害沒有比有心為德更大（「賊莫大乎德有心」）之說。其意是德養在於體道，得之於無為，非能訴諸人為。老子《道德經》三十八章曰：「上德不德，是以有德；下德不失德，是以無德。」或即其所本。此種說法，看似可以成立，而實際上則非是，使德養完善之說，往往見之於行文，可見作者在此問題上觀點搖擺不定。

本文中引莊子之言說：「知道易，勿言難。」此言是否真的出自莊子之口，姑且不論。說這話雖然是作難易之比較，然而明言「知道易」，則言之鑿鑿。道不僅可知，而且不難知。這就有違於歷來所言。道者玄之又玄，故不諱言不可知，每言及道，則撲朔其詞。此言道易知，何以易知，未有隻字言及；最根本的什麼是道，亦未有所述。可見是虛有其詞而已，不必太認真看待。

本篇「曹商」一則寓言中，寫曹商因得賞而洋洋得意，自吹自擂，奚落莊子無能，莊子則以「舐痔」之傳聞反唇相譏。其事雖荒謬絕倫，但寓意則正經嚴肅，說明賞賜，無非是以卑鄙無恥之行徑討好統治者所換取，使之無地自容。或人得宋王之賜車，其事亦與之相仿，莊子以龍頷得珠之寓言警告之。其事雖荒誕離奇，但其寓意則足以醒世悟眾，說明賞賜無異於出於死神之一時疏忽。文中之莊子，未必即現實之莊子，但莊子寓言「寓莊於諧」的藝術特色，在這二則寓言中得到了充分的顯示。

天下第三十三

【題　解】本篇亦以篇文首句開頭之詞作為篇名。這是一篇學術論文，作者先作論述，然後進行評論。其所論述，中心是推尊所謂「道術」。認為它源於「道」，產生於古時，其內容是「備天地之美」而得「萬物之理」。又以為原本只有「道術」，後因天下大亂，道術之行受阻，故滋生百家之說。對於百家之說，認為關尹、老子、莊子是為得「道術」之正宗，而對於別家別派則判明其是非。至於「道術」之體現於治理，則提出所謂「內聖外王」之道。作者所評述之學者，將之歸為六類計十人，涉及道家、墨家、法家、和名家。作者在評述中，推崇讚美道家，肯定與道家思想相接近之學術流派，而對於背離道家思想者，則予以否定。

天下之治方術❶者多矣，皆以其有❷為不可加❸矣。古之所謂道術❹者，果惡❺乎在？曰：「無乎不在❻。」曰：「神何由降？明何由出❼？」「聖❽有所生❾，王❿有所成，皆原於一⓫。」

【章　旨】此節提出「古之道術」之概念，認為眾多學術流派均不可及，其本源於道，聖人王者依之而有成。

【注　釋】❶方術　學術。❷有　指所具之學術。❸不可加　無以復加，即所處最高。加，進。❹道術　指體現「道」之學術，有別於「方術」。❺惡　何。❻無乎不在　謂所在無不體現「道」之學術。❼神何二句　謂聖智由何產生。二句為互文見義。神、明，即神明，指聖智，即最高之智慧。降、出，即謂產生。❽聖　聖人。❾有所生　有所成。❿王　指具聖人之至德之君王。⓫一　指「道」。

【語　譯】天下研治學術之人多了，都以為其所具之學術無以復加了。古之所謂道術，究竟存在於何處？說：「無所不在。」問：「聖智由何產生？」答：「聖人與王者皆有所生成，都本源於道。」

不離於宗❶，謂之天人；不離於精❷，謂之神人；不離於真❸，謂之至人。以天❹為宗，以德❺為本，以道為門❻，兆❼於變化，謂之聖人；以仁為恩，以義為理❽，以禮為行❾，以樂為和❿，薰然⓫慈仁，謂之君子。以法為分⓬，以名⓭為表⓮，以參⓯為驗⓰，以稽⓱為決⓲，其數⓳一二三四⓴是也，百官以此㉑相齒㉒。以事㉓為常，以衣食為主㉔，以蕃息畜藏為意，老弱孤寡皆有以養㉕，民之理㉖也。

【章　旨】此節述凡人因所奉有異，故有天人、神人、至人、聖人、君子、百官、民之別。

【注　釋】❶宗　本源。❷精　純。❸真　質樸。❹天　天道自然。❺德　合於天道之德。❻門　指天地萬物所以出。❼兆　預見。❽理　準則。❾行　規範。❿和　諧和。⓫薰然　溫和貌。⓬分　原則。⓭名　名號。⓮表　職責之標記。⓯參　參互比照。⓰驗　驗證。⓱稽　考察。⓲決　決斷。⓳數　歷數；列舉。⓴一二三四　指事狀。㉑此　指名號。㉒齒　序次。㉓事　勞務。㉔主　根本。㉕以蕃二句　本作「蕃息畜藏，老弱孤寡為意，皆有以養」，依陶鴻慶《讀莊子札記》移正。蕃息，繁殖生長。畜，通「蓄」。意，慮。有以養，有物可供養。㉖理　事。

【語　譯】不離於本源，稱其為天人；不離於純真，稱其為神人；不離於質樸，稱其為至人；以天道自然為本源，以合於天道之德為本，以為道是天地萬物之所出，能預見變化，稱其為聖人；把仁愛視為恩惠，把義作為準則，把禮作為規範之手段，把樂作為諧和之手段，溫和地體現仁慈，稱其為君子。以法作為原則，以名號作為職責之標記，以參互比照作驗證，以考察作決斷，其列舉事狀一二三四即是，百官依名號相序次。以勞務為常，以衣食為根本，以繁殖生長蓄藏為慮，使老人弱者孤兒寡婦都有物可供養，是民之事。

古之人❶其備❷乎！配❸神明，醇天地❹，育萬物，和天下，澤及百姓，明於本數❺，係❻於末度❼，六通❽四辟❾，小大精粗❿，其運⓫無乎不在。其明而在數度⓬者，舊法⓭世傳之史⓮尚多有之。其在於《詩》、《書》、《禮》、《樂》⓯者，鄒魯之士⓰搢紳先生⓱多能明之。《詩》以道志⓲，《書》以道事⓳，《禮》以道行，《樂》以道和，《易》⓴以道陰陽㉑，《春秋》以道名分㉒。其數㉓散於天下而設㉔於中國㉕者，百家之學時或㉖稱而道之。

【章　旨】此節述古時體現道術之治理起到造福天下之效，為古籍所記述和百家所稱道。

【注　釋】❶古之人　即指上文所謂「聖」、「王」。❷備　完備。指「道術」言。❸配　合。❹醇天地　與天地同其淳。醇，同「淳」。❺本數　根本法則。❻係　關聯。❼末度　具體事物之法則。❽六通　六合。❾四辟　四時。❿小大精粗　指萬物世界。⓫其運　道術之運用。⓬數度　制度。⓭舊法　舊時之規章制度。⓮史　史書。⓯詩書禮樂　見〈天運〉注。⓰鄒魯之士　出生於鄒魯之儒士。鄒魯之地多儒士。鄒，國名。其地在今山東省境。⓱搢紳先生　亦指儒者。因搢紳亦為儒者之裝束。搢紳，謂插笏於束衣之大帶。搢，插。紳，束衣之大帶。⓲道志　表述思想感情。⓳事　政事。⓴易　見〈天運〉注。㉑陰陽　陰陽變易之事。㉒名分　名位職分。馬敘倫《莊子義證》曰：自「《詩》以道志」至「《春秋》以道名分」六句，疑古注文，傳寫誤為正文。案：六句當據馬說刪。㉓數　數度。㉔設　施行。㉕中國　中原諸侯國家。㉖時或　時常有人。

【語　譯】古之聖人王者其為完備吧！合於聖智，與天地同其淳，養育萬物，諧和天下，恩澤達到百姓，明白根本法則，使之與具體事物之法則相關聯，凡天地四方，一年四季，萬物世界之小大精粗，道術之運用無處不在。其明白而見之於制度者，舊時之規章制度與世傳之史書多有所述。其存在於《詩》《書》《禮》《樂》者，鄒魯之儒士多能闡明其理。其制度散布於天下而施行於中原諸侯國家者，百家之學說時常有人稱道它。

天下大亂，賢聖不明❶，道德不一，天下❷多得一察❸焉以自好。譬如耳目鼻口皆有所明❹，不能相通❺。猶百家眾技❻也，皆有所長，時有所用。雖然，不該❼不偏，一曲❽之士也。判❾天地之美，析❿萬物之理，察⓫古人之全，寡能備⓬於天地之美，稱⓭神明之容⓮。是故內聖外王⓯之道，闇而不明，鬱而不發⓰，天下之人各為其所欲焉以自為方⓱。悲夫！百家往而不反⓲，必不合⓳矣。後世之學者，不幸不見天地之純⓴，古人之大體㉑，道術將為天下裂㉒。

【章旨】此節論述因天下大亂，道術之實行受阻，故而使持一偏之見的百家之說得以滋生。

【注釋】❶不明　隱逸。❷天下　指天下之士。❸一察　一偏之見。❹譬如句　謂耳明於聲，目明於色，鼻明於氣，口明於味。❺相通　統一。❻眾技　眾多學術。❼該　通「晐」。完備。❽一曲　囿於一偏。❾判　割裂。❿析　離析。⓫察　區分；剖分。⓬備　兼備。⓭稱　合。⓮容　盛。⓯內聖外王　內具聖人之至德，施之於外，則為王者之政。⓰鬱而不發　受阻滯而不能實行。⓱自為方　自創其學術。⓲反　同「返」。⓳不合　指不合道術。⓴純　猶「美」。㉑大體　指重要之道義。㉒為天下裂　謂被天下一曲之士所割裂。

【語譯】天下大亂，賢者聖人隱逸，道德不一，天下之士多得一偏之見以自好。譬如耳目鼻口皆各有所辨，而不能統一。猶如百家之眾多學術，都各有所長，時有所用。雖然如此，其所見不完備不全面，是囿於一偏之士。割裂天地之美，離析萬物之理，剖分古人之全，少能兼備天地之美，合於聖智之盛。因此內具聖人之德外為王者之政之治道，暗而不明，受阻滯而不能實行，天下之士各為其所欲而自創其學術。悲哀呀！百家一意孤行而不返，必定不合於道術了。後世之學者，所不幸的是不能見天地之美，古人所體現的重要之道義，道術將被天下一曲之士所割裂。

不侈❶於❷後世，不靡❸於萬物，不暉❹於數度❺，以繩墨❻自矯❼，而備❽世之急❾。古之道術有❿在於是⓫者，墨翟、禽滑釐⓬聞其風⓭而說⓮之。為之⓯大過⓰，已⓱之大循⓲。作為⓳「非樂⓴」，命㉑之曰「節用㉒」；生不歌，死無服㉓。墨子氾愛㉔兼利㉕而非鬭㉖，其道㉗不怒；又好學而博，不異㉘。不與先王同，毀古之禮樂。黃帝有《咸池》㉙，堯有《大章》，舜有《大韶》，禹有《大夏》，湯有《大濩》㉚，文王有《辟雍》之樂，武王、周公作《武》。古之喪禮，貴賤有儀㉛，上下有等㉜。天子棺槨㉝七重㉞，諸侯五重，大夫三重，士再㉟重。今墨子獨生不歌，死不服，桐棺㊱三寸㊲而無槨，以為法式。以此教人，恐不愛人；以此自行，固不愛己。未敗墨子道㊳。雖然，歌而非歌㊴，哭而非哭㊵，樂而非樂㊶，是果類乎㊷！其生也勤，其死也薄㊸，其道㊹大觳㊺。使人憂，使人悲，其行難為㊻也，恐其不可以為聖人之道，反天下之心，天下不堪。墨子雖獨能任，柰天下何㊼！離於天下，其去㊽王㊾也遠矣。

【章旨】此節評述墨子及墨家，以為上承「古之道術」，肯定其「氾愛兼利而非鬬」的基本主張，然而對其「非樂」、節喪之說以為失之過分，背離天下人心，故不可以為聖人之道。

【注釋】❶不侈　不奢侈。❷於　猶「為」。❸不靡　不浪費。❹不暉　不顯明，猶「不張揚」。❺數度　此指禮樂制度。❻繩墨　準繩；準則。❼矯　厲。❽備　防備。❾急　危急。❿有　呈現。⓫是　指上述主張。⓬禽滑釐　姓禽，字滑釐，墨子弟子。⓭風　信息。⓮說　同「悅」。⓯為之　實行此方面之道術。⓰大過　太過分。大，通「太」。⓱已　節制。⓲大循　或作「大順」，猶言「太甚」。⓳作為　提出。⓴非樂　反對從事音樂娛樂活動。今《墨子》有〈非樂〉篇。㉑命　教誨。㉒節用　要統治者節儉財用。《墨子》有〈節用〉篇。㉓死無服　不為死者服喪（戴孝守喪）。㉔氾愛　廣愛。氾，同「泛」。㉕兼利　廣利。㉖非鬬　反對爭鬥。㉗道　通「導」。㉘不異　指與「古之道術」無所異。㉙咸池　相傳樂曲之名。下所列舉皆同。㉚大濩　或稱《濩》。㉛儀　規章。㉜等　等差。㉝槨　棺外套棺。㉞重　層。㉟再　二。㊱桐棺　以木質差之桐木為棺。㊲三寸　指棺木板之厚度。㊳未敗句　謂墨子其道雖有上述之過，然無損於其根本。未敗，無損。㊴非歌　非出自內心而歌。㊵非哭　非出自內心之哭。㊶非樂　非出自內心之演奏樂曲。㊷是果句　謂此與墨子太過分之主張在不近人情上實相類似。果，終究。類，相類似。㊸薄　喪事儉樸。㊹道　所倡導。道，同「導」。㊺大觳　太簡樸。㊻其行難為　其所行人難以為。㊼柰天下何　謂天下人不能任之，為之奈何。㊽去　離。㊾王　即指「內聖外王之道」。

【語譯】為後世不奢侈，不浪費萬物，不張揚禮樂制度，以準繩自厲，而防備世道之危急。古之道術體現於此者，墨翟、禽滑釐聞其信息而喜悅它。實行此方面之道術太過分，節制而太甚。提出「非樂」，教誨人說「節用」；活著不唱歌，死後不為其服喪。墨子提倡廣愛廣利而反對爭鬥，其引導對人不怒；又好學而博聞，與「古之道術」無所異。不與先王相同者，毀棄古之禮樂。黃帝有《咸池》，堯有《大章》，舜有《大韶》，禹有《大夏》，湯有《大濩》，文王有《辟雍》之樂，武王、周公作《武》。古時之喪禮，貴賤有規章，上下有等差。

天子之棺及套棺七層，諸侯五層，大夫三層，士二層。現在墨子獨自主張活著不唱歌，死後不為其服喪，桐木做的棺材，棺木板三寸厚而無套棺，以此為樣式。以此教人，恐不愛人；以此自行，實不愛己。然而無損於墨子之道。雖然如此，如歌唱而非出自內心之歌唱，哭而非出自內心之哭，演奏樂曲而非出自內心之演奏樂曲，此則終究相類似吧！其活著勤奮，其死後喪事儉樸，其所倡導者太簡樸。其主張使人憂，使人悲，其所作為人難以做到，恐其不可成為聖人之道，違反天下人之心意，天下人不堪忍受。墨子即使獨自能承受，天下人不能承受怎麼辦！背離天下之人，其離內聖外王之道遠了。

墨子稱道曰：「昔禹之湮❶洪水，決❷江河而通四夷❸九州也，名山❹三百，支川三千，小者無數。禹親自操槀❺耜❻而九雜❼天下之川，腓❽無胈❾，脛❿無毛，沐⓫甚雨⓬，櫛⓭疾風，置萬國⓮。禹，大聖也，而形勞天下也如此！」使後世之墨者⓯多以裘褐⓰為衣，以跂蹻⓱為服⓲，日夜不休，以自苦為極⓳，曰：「不能如此，非禹之道⓴也，不足謂墨㉑。」

【章旨】此節記述墨子稱禹為大聖，認為他為治平洪水倍極辛勞，堪為墨家之表率。

【注釋】❶湮　堵塞。❷決　開通。❸四夷　四方少數民族地區。❹名山　為「名川」之誤。❺槀　字應作「橐」。盛土器。❻耜　耒耜，古耕具。❼九雜　聚集，此謂交匯。九，通「鳩」。聚集。❽腓　小腿肚。❾胈　肉。❿脛　小腿。⓫沐　洗頭。⓬甚雨　淫雨，即過量之雨水。甚，當從崔譔本作「湛」。⓭櫛　梳髮。⓮置萬國　謂洪水治平後設立眾多侯國。⓯墨者　墨家成員。⓰裘褐　粗陋之衣。⓱跂蹻　木屐草鞋。⓲服　指鞋。⓳自苦為極　以自己受苦為高尚。⓴道　作法。㉑謂墨　稱為墨家成員。

【語　譯】墨子稱道說：「往時禹堵塞洪水，開通江河而貫通四夷九州，構成名川三百，支流三千，小者無數。禹親自拿著盛土器與耒耜而使天下之河流相交匯，小腿肚沒有肉，小腿沒有毫毛，經受著經久不息的雨水的浸淋，頂著暴風，設置了萬國。禹，是大聖人，而為天下身體勞累如此！」使後世之墨家成員多以粗陋之衣為衣，以木屐草鞋為鞋，日夜不休止，將自己受苦視為高尚，說：「不能如此，不是禹的作法，不可稱為墨家成員。」

相里勤之弟子、五侯之徒，南方之墨者苦獲、己齒、鄧陵子之屬❶，俱誦《墨經》❷，而倍譎❸不同，相謂❹別墨❺。以堅白❻同異❼之辯相訾❽，以觭偶不仵❾之辭相應❿。以巨子⓫為聖人，皆願為之尸⓬，冀得為其後世⓭，至今不決⓮。

【章　旨】此節言及墨家分裂後之流派，相互之分歧，兼及首領之作用與傳承。

【注　釋】❶相里勤二句　此所舉皆為墨家分裂後各流派之代表人物，已無考。❷墨經　疑為墨家之經典，書已失傳。❸倍譎　相背。❹相謂　相互稱對方。❺別墨　非真墨家。❻堅白　見〈齊物論〉注。❼同異　同異論，見〈駢拇〉注。❽相訾　相互詆毀。❾觭偶不仵　奇偶不對立。此即同異論之例。觭，通「奇」。仵，逆。❿應　答。⓫巨子　墨家組織之首領。⓬為之尸　受其主使。⓭後世　後繼人。⓮不決　不絕。謂其傳承尚在繼續。

【語　譯】相里勤之弟子、五侯之徒，南方之墨者苦獲、己齒、鄧陵子之屬，都誦讀《墨經》，而相背不同，相互指對方不是真墨家。以堅白同異之論辯相互詆毀，以奇偶不相對立之辭相應答。以巨子作為聖人，都願受其主使，希望能作為其後繼人，至今不絕。

墨翟、禽滑釐之意則是，其行則非也。將使後世之墨者，必自苦以腓無胈，脛無毛，相進❶而已矣，亂之上也，治之下也。雖然，墨子真天下之好❷也，將求之不得也，雖枯槁不舍❸也，才士❹也夫！

【章旨】此節為對於墨子與墨家之總評，認為其所持之旨意謂是，而作法則不當。一味求自苦以相高，必將致亂。雖則如此，墨子仍不失為天下難得之賢才。

【注釋】❶相進　指在自苦上相互超越。❷好　賢者。❸枯槁不舍　意謂精疲力竭而不止。❹才士　有才德之士。

【語譯】墨翟、禽滑釐之旨意則為正確，其作法則為不正確。將使後世之墨者，必須自己受苦以致小腿肚沒有肉，小腿沒有毫毛，在自己受苦上相互超越而已，是致亂之上策，平治之下策。雖然如此，墨子真是天下之賢者，將求之而不得，即使精疲力竭而不止，有才德之人士吧！

不累於俗，不飾於物❶，不苟❷於人，不忮❸於眾，願天下之安寧以活民命，人我之養畢❹足而止，以此白心❺。古之道術有在於是者，宋鈃❻、尹文❼聞其風而悅之。作為華山之冠❽以自表❾，接❿萬物以別宥⓫為始；語心之容⓬，命⓭之曰心之行⓮，以聏⓯合驩⓰，以調⓱海內，請⓲欲置之⓳以為主⓴。見侮不辱㉑，救㉒民之鬬；禁攻㉓寢兵㉔，救世之戰。以此周行天下，上說下教，雖天下不取，強聒㉕而不舍者也，故曰上下見厭㉖而強見㉗也。

【章　旨】此節記述宋鈃、尹文兩家亦上承「古之道術」，別囿寬容止戰為其主要學術思想。其說雖為人所厭棄而仍能堅持不捨。

【注　釋】❶不飾於物　不以物矯飾。❷不苟　不苛求。苟，為「苛」之誤。❸不忮　不違逆。❹畢　皆。❺白心　表明心意。❻宋鈃　即宋榮子，見〈逍遙遊〉注。❼尹文　戰國齊稷下學士。《漢書．藝文志》列為名家。其學說出入於道法兩家。今本《尹文子》為後人依託。❽華山之冠　高冠名。❾自表　表明自我，意謂以華山之高作為儀範。❿接　接觸。⓫別宥　去除障蔽。宥，借為「囿」。⓬容　寬容。⓭命　稱名。⓮行　德行。⓯聏　調和。⓰驩　通「歡」。⓱調　諧和。⓲請　通「誠」。⓳置之　確立上述之主張。⓴主　本。指為人處世之根本。㉑見侮不辱　被欺侮不以為恥辱。㉒救　阻止。㉓禁攻　禁止侵略。㉔寢兵　收藏兵器。㉕強聒　極力勸說。㉖見厭　厭棄他。㉗強見　極力表明己見。

【語　譯】不為世俗所牽制，不以物矯飾，對人不苛求，對眾不違逆，願天下安寧以使人民生命能保全，人與己之供養皆充足而止，以此表明心意。古之道術體現於此者，宋鈃、尹文聞其信息而喜悅它。製作華山之冠以表明自我，接觸萬物以去除障蔽為始；言心之寬容，稱其名為心之德行，以調和致合歡，用以諧和海內，誠心想確立上述之主張以為根本。被欺侮而不以為恥辱，阻止民之爭鬥；禁止侵略收藏兵器，阻止世上之戰爭。以此說遍行於天下。對上遊說，對下教導，雖然天下人不採取，仍極力勸說而不放棄，因此說上下厭棄他卻極力表明己見。

雖然，其為人太多，其自為太少。曰：「請❶欲固置❷五升之飯❸足矣。」先生恐不得飽，弟子雖飢，不忘天下，日夜不休，曰：「我必得活哉！」圖傲❹乎救世之士哉！曰：「君子不為苛察，不以身假物❺。」以為無益於天下者，明之❻不如已也。以禁攻寢兵為外❼，以情欲寡淺為內❽，其小大精粗❾，其行適❿至是而止。

【章旨】此節稱讚兩家力行不休而自奉甚儉的高貴品格，並概括其學術之要旨在主張禁攻寢兵與情欲寡淺。

【注釋】❶請 通「誠」。❷固置 安置。❸五升之飯 戰國時人一餐用飯之常量。據《中國古代度量衡圖集》，戰國時一升約合二百毫升。❹圖傲 高大之貌。❺假物 假借於物，即被外物所役。❻之 猶「則」。❼為外 對外界之要求。❽為內 對自身之要求。❾小大精粗 謂其主張雖有大小精粗之別。❿適 猶「僅僅」。

【語譯】雖然如此，其為人太多，其為自己太少。說：「誠想安置五升之飯夠了。」為先生者恐不能吃飽，弟子雖然飢餓，不忘天下，日夜不休，說：「我必定能活呢！」崇高啊救世之士呀！說：「君子不做苛察之事，不使自身被外物所役。」認為無益於天下之事，既已明白則不如停止。以禁止侵略收藏兵器為對外之要求，以情欲淺薄為對己之要求，其主張雖有大小精粗之別，然其所行則僅至於此而已。

公而不當❶，易❷而無私，決然❸無主❹，趣物❺而不兩❻，不顧於慮❼，不謀於知❽，於物無擇❾，與❿之俱往。古之道術有在於是者，彭蒙⓫、田駢⓬、慎到⓭聞其風而悅之。齊萬物以為首⓮，曰：「天能覆之而不能載之，地能載之而不能覆之，大道能包之⓯而不能辯⓰之。」知萬物皆有所可，有所不可，故曰：「選則不徧，教則不至，道則無遺者矣。」

【章旨】此節論彭蒙、田駢、慎到於「古之道術」亦有所承，主張「齊萬物」，認為萬物皆有所可與不可，大道則包容而不辨，故無遺。

【注釋】❶當 通「黨」。偏私。❷易 平易。❸決然 必定。❹無主 無主觀之見。❺趣物 隨物而趨。趣，通「趨」。❻不兩 無二意。❼不顧於慮 置思慮於不顧。❽不謀於知 不以智謀。知，同「智」。❾無擇 無所區別。❿與 隨。⓫彭蒙 戰國時齊之隱士，曾遊稷下。⓬田駢 戰國時齊人，遊稷下。《漢書．藝文志》道家類有《田子》二十五篇，已佚。⓭慎到 戰國時趙人，亦為稷下學士。《漢書．藝文志》列為法家，其實是由道而入法，著作有《慎子》四十二篇，已佚，今所傳為後人輯本。⓮首 首義。⓯包之 包容萬物。⓰辯 通「辨」。分辨。

【語譯】為公而不偏私，平易而無私，必定無主觀之見，隨物趨往而不存二意，置思慮於不顧，不以智謀，對於物無所區別，隨之同往。古之道術體現於此者，彭蒙、田駢、慎到聞其信息而喜悅它。以齊一萬物為首義，說：「天能覆蓋萬物而不能承載萬物，地能承載萬物而不能覆蓋萬物，大道能包容萬物而不能分辨萬物。」知萬物皆有所可，有所不可，因此說：「有所選則不周遍，教誨則有所不至，而大道則一無所遺了。」

是故慎到棄知❶去己❷，而緣❸不得已，泠汰❹於物，以為道理。曰：「知不知❺，將薄知❻而後鄰傷之❼者也。」謑髁❽無任❾，而笑天下之尚賢也；縱脫❿無行⓫，而非⓬天下之大聖⓭。椎拍輐斷⓮，與⓯物宛轉⓰；舍是與非，苟可以免⓱。不師⓲知慮⓳，不知前後，魏然⓴而已矣。推而後行，曳㉑而後往，若飄風㉒之還㉓，若羽之旋㉔，若磨石㉕之隧㉖，全㉗而無非㉘，動靜無過，未嘗有罪。是何故？夫無知之物，無建己㉙之患㉚，無用知㉛之累，動靜不離於理㉜，是以終身無譽。故曰：「至於若無知之物而已，無用㉝賢聖，夫塊㉞不失道。」豪桀㉟相與笑之曰：「慎到之道，非生人之行而至死人㊱之理，適得怪㊲焉。」

【章　旨】此節述慎到主張棄智而隨物，排斥聖賢，無所是非，故為人所譏笑。

【注　釋】❶知　通「智」。❷去己　排除自我。❸緣　順。❹泠汰　聽任放縱。❺知不知　欲知所不知。❻薄知　為知所束縛。薄，縛。❼鄰傷之　為知所傷害。鄰，破敝。❽謑髁　乖邪不正貌。❾無任　不任職事。❿縱脫　放縱。⓫無行　無所從事。⓬非　反對。⓭大聖　尊重聖人。⓮椎拍輐斷　喻使自己圓通。椎拍，用椎拍擊。輐斷，圓轉無棱角貌。⓯與　隨。⓰宛轉　變化。⓱苟可以免　謂但求可以避免是非之牽累。苟，猶「但」。⓲師　效法。⓳知慮　以其智而有所求。知，同「智」。慮，求。⓴魏然　獨立貌。㉑曳　拖。㉒飄風　回風。㉓還　旋轉。㉔旋　飄落。㉕磨石　即石磨。㉖隧　旋轉。㉗全　指自身得以保全。㉘無非　不遭譴責。㉙建己　建樹自己功名。㉚患　憂。㉛知　同「智」。㉜理　即前文之所謂「道理」。㉝無用　不需要。㉞塊　土塊。喻無知之物。㉟豪桀　才能傑出者。桀，通「傑」。㊱至死人　導致人死。㊲適得怪　僅得其怪誕。

【語　譯】因此慎到棄智排除自我，而順於不得已，對於物聽任放縱，以為道理。說：「欲知所不知，將為知所束縛然後為知所傷害。」乖邪不正而不任職事，而笑天下之崇尚賢人；放縱而無所從事，而反對天下之尊重聖人。如用椎拍擊使圓轉而無棱角，隨物變化；捨棄是與非，但求可以避免是非之牽累。不效法以智而有所求，不知前後，獨立於世而已。推而後行，拖而後往，若回風之迴旋，若羽毛之飄落，若石磨之旋轉，自身得以保全而不遭譴責，動靜無過錯，未曾有罪過。這是什麼緣故？無知之物，無建樹自己功名之憂，無用智之牽累，動靜不離其道理，因此終身無所稱譽。因而他說：「至於若無知之物而已，不需要賢人聖人，無知若土塊則不失其道。」才能傑出者一起笑他說：「慎到之道，不是活人之行為而是導致人死之理，對於道僅得其怪誕。」

田駢亦然。學於彭蒙，得不教❶焉。彭蒙之師曰：「古之道人❷，至於莫之是莫之非❸而已矣。其風❹窢然❺，惡可而言❻？」常反人❼，不見觀❽，而不免於魭斷❾。其所謂道非道❿，而所言之韙⓫不免於非。彭蒙、田駢、慎到不知道。雖然，概⓬乎皆嘗有聞⓭者也。

【章旨】此節論述彭蒙、田駢尚「不教」而譴是非，並總評三人雖於道術有所聞而實則相違。

【注釋】❶不教　不必教之旨意。❷道人　體道之人。❸莫之是莫之非　即「莫是之莫非之」，謂無所是無所非。❹風　風尚。❺窢然　緘口貌。窢，字又作「閾」，門限。❻惡可而言　有何可言。惡，何。❼反人　反人之意。❽不見觀　不為人所賞識。❾魭斷　無棱角。❿非道　非為「道術」之道。⓫韙　是。⓬概　大略。⓭有聞　於道術有所聞。

【語譯】田駢也是如此。學於彭蒙，得不必教之旨意。彭蒙之師說：「古之體道之人，至於無所是無所非而已。其風尚閉口不言，有何可言？」常反人之意，不為人所賞識，而不免於無棱角。其所謂道非為「道術」之道，而所言之是者不免於非。彭蒙、田駢、慎到不懂得道。雖然如此，對於道術大略都曾有所聞。

以本❶為精❷，以物為粗❸，以有積為不足，澹然❹獨與神明居❺。古之道術有在於是者，關尹❻、老聃聞其風而悅之。建❼之以常無有❽，主❾之以太一❿，以濡弱⓫謙下為表⓬，以空虛⓭不毀萬物為實。

【章旨】此節論述關尹、老聃亦有所承於「古之道術」，兼述兩家學術思想之要旨。

【注　釋】❶本　指「道」。❷精　精微。❸粗　粗疏。❹澹然　安靜貌。❺獨與神明居　謂獨具最高之智慧。❻關尹　見〈達生〉注。❼建　建立其說。❽常無有　即「常無」、「常有」。老子《道德經》一章曰：「故常無，欲以觀其妙；常有，欲以觀其徼。」❾主　主宰。❿太一　指「道」。⓫濡弱　柔弱。濡，同「軟」。⓬表　外在形態。⓭空虛　指心靈空虛。

【語　譯】以道為精微，以物為粗疏，以有積累為不足，安靜地獨具最高之智慧。古之道術體現於此者，關尹、老聃聞其信息而喜悅它。以「常無」、「常有」建立其說，以道為之主宰，以柔弱謙下為外在形態，以心靈空虛無損於萬物為內在。

關尹曰：「在己無居❶，形物❷自著❸。其動若水，其靜若鏡，其應若響❹。芴❺乎若亡❻，寂乎若清❼。同❽焉者和❾，得❿焉者失⓫。未嘗先人而常隨人。」

【章　旨】此節引述關尹之言，以明其處心空虛和以謙下得益之意。

【注　釋】❶居　通「舉」。❷形物　表現之於事物。❸自著　自明。❹其動三句　喻無所用情。應，應聲。響，回聲。❺芴　忽；恍惚。❻亡　通「無」。❼清　空虛。❽同　諧和。指求諧和。❾和　應和。❿得　指求有得於人。⓫失　失人。

【語　譯】關尹說：「在己者不揚舉，表現之於事物則自明之。其動若水，其靜若鏡，其應聲若回聲。恍惚若無，靜寂若空虛。求諧和則得人應和，求有得於人則反失人。未嘗居人之前而常隨從人。」

老聃曰：「知其雄❶，守其雌❷，為天下谿❸；知其白❹，守其辱❺，為天下谷。」人皆取❻先，己獨取後，曰受❼天下之垢❽。人皆取實，己獨取虛，無藏也故有餘，巋然而有餘⑨。其行身⑩也，徐⑪而不費⑫，無為也而笑巧⑬。人皆求福，己獨曲全⑭，曰苟⑮免於咎⑯。以深⑰為根⑱，以約⑲為紀⑳，曰堅則毀矣，銳則挫㉑矣。常寬容於物㉒，不削㉓於人，可謂至極㉔。關尹、老聃乎，古之博大真人㉕哉！

【章旨】此節引述老聃主張謙下、寬容、無為、求全之語並深明其旨，盛讚其崇高，稱譽關尹、老聃為博大真人。

【注釋】❶雄　剛猛。❷雌　柔順。❸谿　谿谷。谿谷為水流所歸，故為天下谿喻天下所往歸。❹白　光明。❺辱　汙濁。此謂昏昧。上引文見《道德經》二十八章。❻取　選擇。❼受　承受。❽垢　借作「詬」。屈辱。❾巋然句　謂此「有餘」乃稀世獨立。巋然，高大獨立貌。❿行身　立身行事。⓫徐　安閒。⓬不費　不自損。⓭笑巧　笑人之智巧。⓮曲全　委曲求全。⓯苟　但。⓰咎　災禍。⓱深　指深藏不露。⓲根　根本。⓳約　儉約。⓴紀　綱紀。㉑挫　挫折。㉒物　事。㉓削　損害。㉔至極　最為崇高。㉕博大真人　偉大的得道之人。

【語譯】老聃說：「知其剛猛，守其柔順，成為天下之谿；知其光明，守其昏昧，成為天下之谷。」人們都選擇居前，自己則選擇處後，說承受天下之屈辱。人們都選擇充實，自己獨自選擇空虛，無所儲藏因而有餘，此為高大獨立於世俗之「有餘」。其立身行事，安閒而不自損，無為而笑人之智巧。人皆求福，自己獨委曲求全，說但能免於災禍。以深藏不露為根本，以儉約為綱紀，說堅則遭受毀壞而已，銳利則遭受挫折而已。遇事常寬容，不損害於人，可謂最為崇高。關尹、老聃啊，古之偉大的得道之人呀！

芴漠無形，變化無常❶，死與生與❷？天地並與❸？神明往❹與？芒乎何之？忽乎何適❺？萬物畢羅❻，莫足以歸❼。古之道術有在於是者，莊周聞其風而悅之。

以謬悠❽之說，荒唐❾之言，無端崖❿之辭，時⓫恣縱而不儻⓬，不以觭⓭見⓮之也。以天下為沉濁⓯，不可與莊語⓰，以巵言⓱為曼衍⓲，以重言為真⓳，以寓言為廣⓴。獨與天地精神㉑往來㉒而不敖倪㉓於萬物，不譴是非，以與世俗處。其書雖瓌瑋㉔而連犿㉕無傷㉖也，其辭雖參差㉗而諔詭㉘可觀。彼其充實㉙不可以已㉚，上與造物者遊，而下與外死生㉛無終始㉜者為友。其於本㉝也，宏大而辟㉞，深閎㉟而肆㊱；其於宗㊲也，可謂調適㊳而上遂㊴矣。雖然，其應於化㊵而解於物㊶也，其理不竭，其來㊷不蛻㊸，芒乎昧乎㊹！未之盡㊺者。

【章　旨】此節述莊子於「古之道術」亦有所承，其精神獨與道相通，深得其旨；其處世則但混其跡，得脫於俗累。又述其文風奇異，究其因則由於身處濁世無可正言使然。

【注　釋】❶芴漠二句　皆指「道」。此乃就道之存在狀態而言。芴漠，猶寂寞。❷死與句　死生二者亦就道而言。寂寞無形似死，變化無常似生，故設疑以問之。❸天地句　此亦就道而言。並，合。❹往　往歸。指往歸於道，意謂悟道。❺芒乎二句　此問道又何所歸屬。芒，通「茫」。渺茫。之，通「至」。忽，恍惚。適，往。❻畢羅　完全包羅。❼莫足以歸　道自身無所歸宿，因其自為本源。❽謬悠　虛遠。❾荒唐　廣大無邊。❿無端崖　無窮盡。⓫時　常。⓬儻　借作「黨」。偏私。⓭觭　一偏。⓮見　示意。⓯沉濁　混濁。⓰莊語　正言。⓱巵言　見〈寓言〉注。下「重言」同。⓲曼衍　散漫不拘，相隨應變。⓳真　真諦。⓴廣　廣明真意。㉑天地精神　即道。㉒往來　相通。㉓敖倪　即「傲睨」，謂傲視。㉔瓌瑋　奇特。㉕連犿　宛轉貌。㉖無傷　謂無損於達意。㉗參差　紛紜繁雜。㉘諔詭　猶奇幻。㉙充實　謂使已充實。㉚已　止。㉛外死生　排除死生之念。㉜無終始　以為生命無有始終。㉝其於本　謂其論及道之根本。㉞辟　開廣。㉟深閎　深廣。㊱肆　恣肆。㊲其於宗　謂其論及道之宗旨。㊳調適　合適。㊴上遂　上達。㊵應於化　順應於變化。㊶解於物　解脫於物累。㊷來往來。㊸不蛻　不脫於道。㊹芒乎句　此就莊子之學術思想而言。芒乎昧乎，即謂「芒昧」，渺茫。㊺盡　謂盡識。

【語　譯】寂寞無形，變化無常，死呀生呀？與天地合而為一呀？是最高之智慧所往歸呀？恍惚呀何所往？恍惚呀何所歸？萬物盡為其所包羅，自身卻無所歸宿。古之道術體現於此者，莊周聞其信息而喜悅它。以虛遠之說，廣大無邊際之言，無窮盡之辭，常恣肆而不偏私，不以一偏示其意。以為天下混濁，不可與人正言，以隨和人意無主見之言以散漫應變，以切要之言為真諦，以寓言廣明真意。獨與天地精神相通而不傲視萬物，不責問是非，以與世俗相處。其書雖奇特宛轉而無損於達意，其辭雖紛繁奇幻而可觀。使己充實不可止，上與造物者遊，而下與排除死生之念以為生命無有始終者為友。其論及道之根本，弘大而開廣，深廣而恣肆；其論及道之宗旨，可謂合適而上達其意了。雖然，其順應於變化而解脫於物累，其理無窮，其往來不脫於道，渺茫呀！對其未能盡識。

惠施多方❶，其書五車❷，其道舛駁❸，其言也不中❹。歷物❺之意，曰：「至大無外，謂之大一；至小無內，謂之小一。無厚，不可積❻也，其大千里❼。天與地卑❽，山與澤平❾。日方中❿方睨⓫，物方生方死。大同而與小同異⓬，此之謂小同異⓭；萬物畢同⓮畢異⓯，此之謂大同異。南方無窮而有窮⓰。今日適越而昔來⓱。連環可解⓲也。我知天下之中央⓳，燕之北越之南⓴是也。氾愛萬物，天地一體也。」

【章　旨】此節評述惠施其道舛駁，其所言不當，並引錄其諸多論題。自此節以下，疑本獨自成篇，郭象將之誤綴於〈天下〉篇之末。

【注　釋】❶多方　學術思想廣博。❷五車　形容數量之多。❸舛駁　謬誤雜亂。❹不中　不當。❺歷物　分別究析事物。❻不可積　不能形成面積。❼其大千里　謂計面積，則略其厚度不論，故謂其大千里。❽天與地卑　天與地同樣低。此與下「山與澤平」即「異同論」之例。❾山與澤平　山與澤同樣平。❿方中　正在天空正中。⓫睨　西斜。⓬大同句　謂事物之大同與小同相異。⓭此之句　謂兩者皆有所同，亦皆有所異，只是有小大之別而已，凡此稱之謂「小同異」。⓮畢同　萬物皆為物，故曰畢同。畢，全。⓯畢異　萬物又皆相異，故曰畢異。⓰南方句　南方是一個無窮與有窮相對的概念，故云。⓱今日句　時間之今昔亦相對，故云。此亦「異同論」之例。適，往。⓲連環可解　連環本不可解，然時日久長則必自壞，則不解自解。⓳天下之中央　指古代我國版圖之中央位置。⓴燕之北越之南　二者為北南邊遠之地。此例用以說明「天下之中央」亦相對之概念。

【語　譯】惠施學術思想廣博，其所著之書五車，其主張謬誤雜亂，其言論不當。分別究析事物之意，說：「至大者其外無所有，稱其為大一；至小者其內無所有，稱其為小一。無厚度之物，不能形成面積，其大有千里。天與地一樣低，山與澤一樣平。日正在天空正中又正在西斜，物正在出生又正在死亡。事物之大同與小同相異，此稱為小同異；萬物全同又全異，此稱為大同異。南方無窮又有窮。今日前往越國而往昔已到達。連環可以解開。我知道天下之中央，是在燕國之北越國之南。廣愛萬物，天地是為一體。」

惠施以此為大❶，觀❷於天下而曉辯者，天下之辯者相與樂之。卵有毛❸。雞三足❹。郢有天下❺。犬可以為羊❻。馬有卵❼。丁子有尾❽。火不熱❾。山出口❿。輪不蹍地⓫。目不見⓬。指不至⓭，至不絕⓮。龜長於蛇⓯。矩不方⓰。規不可以為圓⓱。鑿不圍枘⓲。飛鳥之景未嘗動⓳也。鏃矢之疾而有不行不止之時⓴。狗非犬㉑。

黃馬驪牛三㉒。白狗黑㉓。孤駒未嘗有母㉔。一尺之棰㉕，日取其半，萬世不竭㉖。辯者以此㉗與惠施相應㉘，終身無窮㉙。

【章旨】此節引述辯者與惠施相唱和之論題。

【注釋】❶大　自誇。❷觀　示。❸卵有毛　卵，似指蛋，而實指受精卵。《說文》段注以為卵為陰陽所合，象其分合之象。受精卵發育成胚胎後漸長出羽毛，可見卵中自有羽毛之基因。❹雞三足　以力之平衡而言，凡物之立以三足為穩。雞雖二足，然有一內控力與二足相協調，以共起支撐與平衡之作用，可謂之無形之足，故云雞三足。《墨子・號令》有「雞足置」之言，可見「雞足」與平衡之關係已為時人所注意。❺郢有天下　郢為春秋時楚國都城，其地在今湖北江陵。「天下」範圍之大小本無可定指，其為一相對之概念，故可曰「郢有天下」。❻犬可以為羊　即「犬可以謂羊」。物固無其名，其名無不由人命之。雖命之，然名實兩者之關係並無其必然性，故可移此以名彼。此論題殆用以辨明此種名實關係。❼馬有卵　此卵亦非指蛋，而指受精卵。故「有卵」云者，似謂母馬體內有蛋，有乖於馬為胎生動物，而實謂母馬體內有受精卵。❽丁子有尾　楚人呼蝦蟆為丁子，其幼蟲蝌蚪有尾，故云。❾火不熱　火指燃燒，它與熱量之產生雖相關而所指有別，在概念上非為同一。❿山出口　謂「山」之稱出自人口。說明某一事物有其實又有其名，兩者有別。⓫輪不蹍地　蹍地，謂踐地。輪之踐地者僅處於支點之部位，而非輪之全體，故云。⓬目不見　目為視覺器官，有目未必即具可視條件，故云。⓭指不至　謂所指者為一般性事物或非實體，則不能確指。⓮至不絕　可確指者（指個別事物或實體），則其數無窮。⓯龜長於蛇　長可就形體言，可就壽命言，內涵相異，故可成辯。⓰矩不方　方亦相對而無絕對，故矩雖為成方之器而可云「不方」。⓱規不可以為圓　圓亦相對而無絕對，故規雖為畫圓之器而可云「不可以為圓」。⓲鑿不圍枘　謂鑿孔不包圍榫頭。因為圍與反圍二者是相對的，故也可說枘圍鑿。鑿，木工在木上所鑿之孔。枘，榫頭。⓳飛鳥之景未嘗動　鳥雖飛而其影不會相隨移動。所以看似移動，因其處於從舊影到新影的不斷改換之中。景，古「影」字。⓴鏃矢句　謂箭雖疾行，然在極短暫的時間可視為相對靜止。鏃矢，指箭。鏃，箭頭。㉑狗非犬　狗與犬統言則一，分言則別，狗之大者謂犬。㉒黃馬驪牛三　謂計其數，黃馬一，驪牛一，則為二，黃馬驪牛合計亦為一，故為數三。驪牛，黑牛。㉓白狗黑　白狗乃就其皮毛言，若就其眼珠言則亦黑，故云「白狗黑」。㉔孤駒句　謂駒曾有其母，自為孤駒，則未曾有母。孤駒，失母之小馬。㉕棰　杖。㉖不竭　不盡。謂可繼續取之。㉗此　指上述自「卵有毛」及以下諸論題。㉘與惠施相應　與惠施諸論相應和。㉙無窮　不止。

【語　譯】惠施以此用以自誇，向天下出示而使辯者得知，天下之辯者一起樂於其事。卵有毛。雞有三足。郢擁有天下。犬可以稱謂羊。馬有卵。蝦蟆有尾。火不熱。山出自口。輪子不踐地。目不見。所指不能及物，及物者則無窮。龜比蛇長。矩不方。規不可畫成圓。鑿孔不包圍榫頭。飛鳥之影未曾移動。飛箭之迅疾而有不行不止之時。狗非為犬。黃馬黑牛計數為三。白狗是黑色。失母之小馬未曾有其母。一尺之杖，每日截取其一半，萬世不盡。辯者以此與惠施諸論相應和，終身不止。

桓團❶、公孫龍❷、辯者之徒，飾❸人之心，易人之意❹，能勝人之口，不能服人之心，辯者之囿❺也。惠施日以其知與人之❻辯，特❼與天下之辯者為怪❽，此其柢❾也。

【章　旨】此節評述桓團、公孫龍、惠施與辯者之論辯大體為不能服人心的詭辯怪論。

【注　釋】❶桓團　戰國越國辯士。❷公孫龍　見〈秋水〉注。❸飾　蒙蔽。❹易人之意　改變人之看法。❺囿　局限。❻之為衍字。❼特　猶「只」。❽怪　怪論。❾柢　通「氐」。大略。

【語　譯】桓團、公孫龍、辯者之眾，蒙蔽人之心，改變人之看法，能勝人之口，不能服人之心，是辯者之局限。惠施每日以其所知與人辯論，只是與天下之辯者製造怪論，此其大略。

然惠施之口談，自以為最賢，曰：「天地其❶壯❷乎！」施存雄❸而無術。南方有倚人❹焉曰黃繚❺，問天地所以不墜不陷、風雨雷霆之故。惠施不辭❻而應❼，不慮而對❽，徧為萬物說❾，說而不休，多而無已，猶以為寡，益之以怪。以反人❿為實⓫，而欲以勝人為名⓬，是以與眾不適⓭也。弱於德⓮，強⓯於物⓰，其塗⓱隩⓲矣。由天地之道觀惠施之能，其猶一蚉一䖟之勞者也⓳。其於物也何庸⓴！夫充一㉑尚可，曰愈貴道㉒，幾㉓矣。惠施不能以此自寧㉔，散㉕於萬物而不厭，卒㉖以善辯為名，惜乎！惠施之才，駘蕩㉗而不得，逐萬物㉘而不反㉙，是窮響以聲㉚，形與影競走也㉛，悲夫！

【章旨】此節評述惠施欲以其辯稱雄，結果不僅擾亂了事理，而且自己又落得個「善辯」之名而已，故深為之痛惜。文章最後是評述名家惠施。

【注釋】❶其　猶「之」。❷壯　偉大人士。❸存雄　懷稱雄之心。❹倚人　異人。倚，當為「奇」。❺黃繚　戰國楚人，辯士。❻不辭　不加謙讓。❼應　答。❽對　答。❾徧為萬物說　廣論萬事萬物。❿反人　違反人意。⓫實　真實。⓬為名　成名。⓭適　合。⓮德　指品德修養。⓯強　著力。⓰物　對事物之探究。⓱塗　通「途」。⓲隩　幽暗。⓳其猶句　喻其勞而有害於人。蚉，即「蚊」。䖟，即「虻」。⓴何庸　何用。㉑充一　充當一家之說。㉒愈貴道　愈能使道尊貴。㉓幾　危殆。㉔自寧　自止。㉕散　錯亂。㉖卒　最終。㉗駘蕩　放縱。㉘逐萬物　探究萬物。㉙不反　不顧。㉚窮響以聲　以聲音來阻止回響。聲多則響愈繁，喻事與願違。窮，阻止。㉛形與句　喻徒勞其事。

【語譯】然而惠施之言論，自以為最賢，說：「天地間之偉大人士吧！」惠施懷稱雄之心而無術。南方有異人名叫黃繚，問天地不墜不陷、風雨雷霆之緣故。惠施不加謙讓而應答，不加思考而回答，廣論萬事萬物，說而不停，言多而不止，尚且以為少，增添以怪論。以違反人意者為真實，而想以勝人成其名，因此與眾不合。不重於品德修養，著力於對事物之探究，其道途幽暗了。由天地之道觀察惠施之才能，猶如一蚊一虻之勞。其對於事物有何用處！其充一家之說尚且可以，說愈能使道尊貴，則為危殆之論了。惠施不能以此自止，錯亂萬物而不厭，最終以善辯成名，可惜呀！惠施之才，放縱而無所得，探究萬物而不回頭，此猶如以聲音來阻止回響，形與影比賽奔跑，可悲呀！

【研　析】在本文中作者首先推尊所謂「道術」。其所論之「道術」，可概括為以下幾點：其一，認為「道術」是源於「道」，即是體現「道」之學術思想。其二，認為它產生於古時，故稱之為「古之道術」。其三，認為其內容是「備天地之美」而得「萬物之理」。其四，以「道術」與百家之「方術」之關係而論，以為原本只有「道術」，後因天下大亂，道術之行受阻，故滋生百家之說。具體言及當今之學術，認為關尹、老子、莊子是為得「道術」之正宗。其餘，則雖肯定其於「道術」各有所承，「皆有所長，時有所用」，然就其總體而言，則以為是割裂大道，囿於一偏之見而已。可是，甚可注意的是，其所謂「道術」中，雖奉道家思想為正宗，卻已融合了別家的學術思想。如將能自厲而以救世為己任之思想，以安民生為己願的思想等亦目為「古之道術」。而其中更匪夷所思的是對於儒家思想的吸納。如認為《詩》《書》《禮》《樂》無不體現「道術」，儒士多能明之。故無怪乎將倡導仁義禮樂之儒者稱之為「君子」。其五，此「道術」之體現於治理，即所謂「內聖外王」之治道。與上所述相應，故此種治道，雖仍以老莊思想為本，然亦不排斥他家之主張。我們於此可知，此所謂「道術」，已極大地偏離了道家之本旨。這表明，學派之間的壁壘已被打開，相容已為必然之趨勢。

再觀其評論。文中所評述之學者，作者將之歸為六類計十人（最後所述「惠子」部分別論），涉及道家、墨家、法家、和名家（卻無有儒家）。作者之評述，一般是先述其有所得於「道術」之處，然後舉其學術思想之大要，再作評論。其評論從總體而論，傾向性是十分明顯的，即推崇讚美道家，肯定與道家思想相接近之學術流派，而對於背離道家思想者，則予以否定。

1.推崇讚美道家，見於推讚關尹、老聃為「博大真人」。因關尹崇尚處心空虛，謙下得益；老聃主張謙下、寬容、無為、求全。尤其對於莊子，推崇無以復加。認為其脫於俗累，獨與道相通而得其旨。此三人不僅無所過失，且認為達到至善境界。

2.肯定與道家思想相接近之學派，見於對墨子與宋鈃、尹文兩派。墨子的「氾愛兼利而非鬬」，宋鈃、尹文的「禁攻寢兵」、「情欲寡淺」，因都具有息事寧人之傾向，與道家的主張無為而崇尚自然比較接近，故於兩家雖有所非，卻基本予以認可，間或頗有讚詞。

3.對於背離道家思想者予以否定，見於作者對彭蒙、田駢、慎到之評述，三人歸為一類。彭蒙為隱士，不知其著作與學派所屬，姑勿論。田駢，《漢書・藝文志》列入道家，其學術思想亦不知其詳。慎到則列入法家。其實慎到之學是由道入法，他是以主勢治著稱的法家學者，故其所謂道，所謂「齊萬物」，以及棄智，無所是非云云，無非是在道家的言辭中注入了法家的內涵。或許彭蒙、田駢亦類此，故作者謂三人對於道，「雖然，概乎皆嘗有聞」，其實則「不知道」，「其所謂道非道，而所言之韙不免於非」。

文章最後是評述名家惠施。此文疑非〈天下〉篇所原有。王叔岷《莊子校釋・自序》云：「《北齊書・杜弼傳》稱弼注《莊子・惠施篇》，今考〈天下〉篇『惠施多方』以下一章專論惠子之學說，與上文不必相連，舊必另為一篇。杜弼所注〈惠施〉篇疑即指此，或存莊書之舊，今本蓋郭氏合之也。」似可作參考。以此文而論，其中引舉惠施的諸多論題，以及其與天下辯者之論辯。作者以為惠施所論不能服人之心，徒擾亂事理而已。其實，惠施所論及天下辯者所辯，其中雖有詭辯，然不乏頗有價值之見，故不當一概予以貶斥。

至於本文之作者，歷來眾說紛紜，而實難確指。有人以為即莊子本人，其實非是。我們見於〈內篇〉，莊子之剽剝儒墨，不容其有立足之地，而在本文中，則毫不忌諱地肯定儒道，對於墨家又頗多褒揚之詞，如此相背，則可知絕非出自同一之人。

◎新譯老子解義

吳怡／著

有關《老子》的注解與著述汗牛充棟，對後人而言確實是一筆豐富的資產，但其中許多紛紜複雜的考證和妙絕言詮的玄談，又往往使人望而卻步。本書跳脫一般古籍的注釋形式，吳怡教授以曉暢的語譯和豐富的解義，透過不斷自問的方式，把涉及的各面向問題一層層地剝開。本書是希望了解《老子》真義，而能用之於自己生活、思想上的讀者的最佳參考。

新譯李商隱詩選
新譯范文正公選集
新譯蘇洵文選
新譯蘇軾文選
新譯蘇軾詞選
新譯蘇轍文選
新譯曾鞏文選
新譯王安石文選
新譯唐宋八大家文選
新譯柳永詞集
新譯李清照集
新譯辛棄疾詞選
新譯陸游詩文選
新譯歸有光文選
新譯唐順之詩文選
新譯徐渭詩文選
新譯薑齋文集
新譯顧亭林文集
新譯納蘭性德詞
新譯方苞文選
新譯鄭板橋集
新譯袁枚詩文選
新譯李慈銘詩文選
新譯聊齋誌異選
新譯閱微草堂筆記
新譯浮生六記
新譯弘一大師詩詞全編

教育類

新譯爾雅讀本
新譯顏氏家訓
新譯聰訓齋語
新譯曾文正公家書
新譯三字經
新譯百家姓
新譯幼學瓊林
新譯增廣賢文・千字文
新譯格言聯璧

歷史類

新譯史記
新譯漢書
新譯後漢書
新譯三國志
新譯資治通鑑
新譯史記——名篇精選
新譯尚書讀本
新譯周禮讀本
新譯逸周書
新譯左傳讀本
新譯公羊傳
新譯穀梁傳
新譯春秋穀梁傳
新譯戰國策
新譯國語讀本
新譯說苑讀本
新譯新序讀本
新譯吳越春秋
新譯西京雜記
新譯列女傳
新譯越絕書
新譯燕丹子
新譯東萊博議
新譯唐六典
新譯唐摭言

宗教類

新譯金剛經
新譯高僧傳
新譯碧巖集
新譯百喻經
新譯楞嚴經
新譯梵網經
新譯圓覺經
新譯法句經
新譯六祖壇經
新譯禪林寶訓
新譯維摩詰經
新譯經律異相
新譯阿彌陀經
新譯無量壽經
新譯妙法蓮華經
新譯景德傳燈錄
新譯大乘起信論
新譯釋禪波羅蜜
新譯八識規矩頌
新譯永嘉大師證道歌
新譯華嚴經入法界品
新譯地藏菩薩本願經
新譯悟真篇
新譯无能子
新譯坐忘論
新譯列仙傳
新譯抱朴子
新譯神仙傳
新譯性命圭旨
新譯老子想爾注
新譯周易參同契
新譯道門觀心經
新譯養性延命錄
新譯樂育堂語錄
新譯沖虛至德真經
新譯長春真人西遊記
新譯黃庭經・陰符經

地志類

新譯山海經
新譯水經注
新譯佛國記
新譯大唐西域記
新譯洛陽伽藍記
新譯徐霞客遊記
新譯東京夢華錄

政事類

新譯商君書
新譯鹽鐵論
新譯貞觀政要

軍事類

新譯孫子讀本
新譯司馬法
新譯尉繚子
新譯三略讀本
新譯六韜讀本
新譯吳子讀本
新譯李衛公問對